Max Weber

A Biography of a Westernised German Nationalist

マックス・ヴェーバー

ある西欧派ドイツ・ナショナリストの生涯

今野 元

東京大学出版会

Max Weber:
A Biography of a Westernised German Nationalist
Hajime KONNO
University of Tokyo Press, 2007
ISBN 978-4-13-036230-6

まえがき

私の同僚に、F・W・フェルスターという人物がいます。彼は心情の面では疑いなく純粋なので、私は個人的に高く評価しているのですが、政治家としては勿論、無条件に拒否しています。このフェルスターはその著作で、以下の簡単な命題によって困難を回避できると信じています。その命題とは、「善きものからは善きことのみが、悪しきものからは悪しきことのみが」生じ得るというものです。そういうことなら勿論、この問題領域は全く存在しないことになります。しかしそれにしても、ウパニシャッドから二千五百年も経っているというのに、このような命題がいまだに日の目を見ているとは、何とも驚くべきことです。世界史の経過全般が、その反対を示しているではありませんか。それだけではありません。日常の経験をしっかり見据えていれば、いつもその逆が真なりということになるはずなのです。(1)

この文章は、ドイツの社会科学者・政治評論家マックス・ヴェーバー(一八六四年―一九二〇年)が、晩年のミュンヘン講演「職業としての政治」(一九一九年)で、「心情倫理」の猪突猛進を批判する文脈で述べたものである。ドイツ帝国の崩壊及び敗戦で失意の底にあったヴェーバーがここで説いているのは、煎じ詰めれば「歴史の逆説を見据えなければ現実政治は語れない」という、至極単純なことである。一般に自分の信奉する価値の正しさを確信するものは、その価値が推進されればされるほど、事態がますます好転すると単純に考えたがる傾向にある。そのような傾向の論理的帰結として、その価値に賛同するものは善人、反対するものは悪人という感情的な善悪二元論が生まれる。そうした思考をする人物の一人として、ヴェーバーは当時の高名な平和主義者、フリードリヒ・ヴィルヘルム・フェルスター(一八六九年―一九六六年）の名を挙げ、政治を見据える際の冷静さを求めたのである。

ヴェーバーのこの箴言《しんげん》は、今日に到るまであらゆる政治学者にとって重い誡《いまし》めとなっている。政治学者の任務とは本来、政治実務において決断を下すことではない。実務の重圧を免れ、渦中を離れて政治を観照的に眺めることが許されている代わりに、政治学者は物事を出来るだけ大局的に、且つ繊細に説明することを期待されているのである。けれども政治学者は、実際にはややもすると、自ら政治評論家としての使命感に燃えて、自分が高邁と信じる理想を掲げ、「流れに抗して」それを世間に広めようと奮闘し、それが実際には順当にいかないことを慨嘆する。その結果政治学者は、自分の方針に相応する議論を「学問」の名において賞讃し、相応しない議論を「学問」の権威にかけて否定したい衝動に駆られる。このため学界では、価値観（あるいはそれと密接に関連した分析手法）を同じくするもの同士が小集団を為し、相互に対話しないまま割拠するという光景が、しばしば見られることになる。このような状況こそ、本来ヴェーバーの箴言には最も相応しないものだろう。

けれどもヴェーバーの誡律《かいりつ》は、彼の歿後のドイツでは全く生かされなかった。ヴァイマール共和国の混乱の末に生まれた第三帝国は、反ユダヤ主義的、反自由主義的な類型のドイツ・ナショナリズムを国是とし、これに基づいて善悪を峻別した。政界は勿論のこと、学界においても一般社会においても、体制に合わない思考の持ち主は亡命か、沈黙か、迫害かという運命に見舞われた。第三帝国の崩壊後に、その全面否定を掲げて登場したはずのドイツ民主共和国、ドイツ連邦共和国にも、方向性にこそ大きな差はあれ、国是を明確にして異論を許容しないという意味においては、共通する不寛容さがあった。東ドイツでは、マルクス主義という国是が規定され、これに公然と異論を提起することは事実上困難であった。「闘う民主制」、「実質的法治国家」を掲げる西ドイツでも、事態は容易ではない。一方で一九四五年以前のドイツに何かしら共感があると認定された人物は、第三帝国体制に批判的であったとしても、公共の場で弾劾され面目を失うことが多かった。そうした糾弾の政治文化をとりわけ加速させたのは、一九六〇年代のフィッシャー論争及び学生叛乱である。他方でソヴィエト連邦や東ドイツへの不信感も著しく、新東方政策により一定の遠慮が生まれたも

の の、再統一後は再び激しい東方批判が行われるようになった。更に最近では、イスラム圏やイスラム系移民への不信感も高揚しつつある。いずれにしても「極端の時代」のドイツでは、その時々で正統とされる価値観が社会一般を支配したので、政治学者が落ち着いて歴史研究を営み、「歴史の逆説」を見据える余地などほとんどなかったし、二一世紀初頭の現在でも決して充分というわけではない。

ただドイツ帝国の一国民であったヴェーバーが、こうした時代の興奮状態から超然としていたかと言えば、それはそうではない。我々多くの人間がそうであるように、ヴェーバーの場合もまた、自分が他者に課した厳しい誡律を、自分自身がいつも遵守できるとは限らなかったのである。政治におけるヴェーバーを規定したのは、二つの原理である。それは第一にドイツ・ナショナリズム――ドイツ的なるものを維持・発展させようとする発想――であり、第二に政治的近代化論――自由で主体的な個人を志向する知性主義的政治改革論――である。この二つの原理に関しても、ヴェーバーは観照的な視点を有してはいたが、現実政治の渦中ではそれは打ち捨てられた。ときとしてきわめて独善的になったヴェーバーは、自分の志向に合わない多くの人を面罵し、知的権威主義の権化となった。こうしたヴェーバーの振舞は、数多くの信奉者を生み出すと同時に、彼に批判された多くの人から反撥を買い、文字通り論争に次ぐ論争を呼んだのである。

本書は、西欧（とりわけアングロ＝サクソン圏）に憧憬し、それを模範と仰いでドイツ国民国家の政治的近代化を図ろうとした、一人の「西欧派ドイツ・ナショナリスト」としてのヴェーバーの苦悩の人生を描くものである。「プロテスタンティズムの倫理と資本主義の「精神」」を嚆矢とする宗教社会学研究にも描かれているように、ヴェーバーはアングロ＝サクソン圏の人間性に対する敬意を募らせ、ドイツ官憲国家の萎縮した人間性に対する厳しい批判者になっていった。けれどもドイツ人としての矜持に燃えるヴェーバーは、同時にアングロ＝サクソン圏に対する違和感にも目覚め、また英米人がドイツ人を対等の「西欧人」と認めようとしないことに焦燥感を強めていった。ヴェーバーのポーランド人やロシヤ人、あるいはカトリック教徒に対するきわめて高圧的、否定的な評価は、アングロ＝サクソン圏への愛憎に揺れる彼の苛立《いらだ》ちの裏返しであったかのようである。こうしたヴェーバーの政治的生涯は、読者に政治とは何か、人間とは何かについて考え、「歴史の逆説」を見据える一つの契機を提供することになるだろう。

目次

まえがき　i
主要略号一覧　xii
凡例　xiv
序論　西欧主義の脱構築……1
第一章　政治的人格の形成　一八六四年—一八九二年……13
第一節　生育環境……13
一　国民国家胎動の時代　13
二　職業政治家の家庭　19
第二節　政治的古典との対決……23
一　『君主論』から『オシアン』まで　23
二　ハインリヒ・フォン・トライチュケへの傾倒　28

第三節　政治史叙述の試み …… 31
一　ドイツ政治史の素描　31
二　人間精神発展論の展開　35
第四節　学生組合への加入 …… 37
一　ドイツ・ナショナリズム団体としての学生組合　37
二　ブルシェンシャフト・アレマニア・ハイデルベルクでの日々　39
第五節　軍隊生活の体験 …… 42
一　プロイセン軍の国民皆兵制と一年志願兵制　42
二　一年志願兵から予備役将校への昇進　44
第六節　ドイツ内政の考察 …… 47
一　党派対立――自由主義陣営の危機　47
二　民族対立――エルザス＝ロートリンゲンとドイツ東部　55
三　宗派対立――カトリシズム・正統派プロテスタンティズム・文化的プロテスタンティズム　64
第二章　プロイセン・ユンカーとの対決　一八九二年―一九〇四年 …… 73
第一節　「非常に純粋なブルジョワ」の貴族批判 …… 73
一　プロイセン・ユンカーへの愛憎　73
二　プロイセン・ユンカー論の発現領域　78

第二節 ポーランド人農業労働者論の展開……79
一 修練の場としての社会政策学会 79
二 農業労働者調査への参加 80
三 ドイツ東部農業論の展開 82
四 農業経済論の政治化 85
第三節 取引所論の展開……91
一 取引所問題の勃発 91
二 取引所論の展開 93
三 「世界政策」論 96
第四節 フリードリヒ・ナウマンとの連携……97
一 キリスト教社会派への参画 97
二 ナウマンとの出会い 100
三 ナウマンの政治運動への関与 103
第五節 フライブルク講演「国民国家と経済政策」……107
一 フライブルク大学への転任 107
二 ドイツ国民国家強化の訴え 108
第六節 神経症の苦悩……114
一 神経症の発生 114
二 闘病期における政治方針の一貫性 117

第三章　ドイツの人間的基礎への批判　一九〇四年―一九一四年……121
第一節　「市民層の封建化」論……121
一　プロイセン・ユンカー批判から「市民層の封建化」批判へ　121
二　家族世襲財産問題　122
三　学生組合問題　125
第二節　「官僚制」論……132
一　組織人間批判としての「官僚制」論　132
二　二つの「世界観政党」との対決　133
三　プロイセン官僚制との対決（一）――グスタフ・シュモラー批判　139
四　プロイセン官僚制との対決（二）――「ベルンハルト事件」論　145
五　プロイセン官僚制との対決（三）――「アルトホフ体制」批判　149
第三節　アメリカ旅行による刺戟……155
一　初期ヴェーバーのアメリカ観　155
二　アメリカ旅行の経過　158
三　禁欲的プロテスタンティズムによる政治的近代化の評価　173
四　「人種」概念についての考察　182
第四節　ロシヤ政治の分析……191
一　ロシヤへの両義的態度の起源　191
二　ロシヤ第一革命の分析　202

三　ロシヤ帝国のポーランド問題　210

第四章　第一次世界戦争での奮闘　一九一四年―一九一八年……217

第一節　政治的学者の「出陣」……217

一　国民国家と一体化する個人　217

二　プロイセン陸軍への出仕　220

第二節　戦争目的論の展開……225

一　戦争目的論争の勃発　225

二　第一次世界戦争の考察　228

三　西欧列強との和解　234

四　アメリカ合衆国の警戒　240

五　ロシヤとの対決　243

第三節　東中欧民族問題への取り組み……246

一　「中心的問題」としてのポーランド問題　246

二　ロシヤ領内ポーランド人との連携構想　248

三　ロシヤ領ポーランドを巡るハプスブルク帝国との抗争　252

四　プロイセン＝ポーランド政策を巡る苦悩　255

第四節　アメリカ合衆国参戦回避の運動……258

一　ドイツ潜水艦作戦を巡る闘争　258

二　ドイツの名誉のための道徳主義との格闘　263
第五節　ドイツ帝国及び連邦諸国の内政改革構想 …… 270
一　戦争続行のための人間的基礎の再構築　270
二　各領邦における選挙権の平等化　274
三　議会の活性化による「官僚制」化の抑制　279
四　皇帝及び連邦諸侯の言論統制　284
第五章　失意の死　一九一八年―一九二〇年 …… 293
第一節　ドイツ帝国の崩壊 …… 293
一　東部戦線の終結と西部での大攻勢　293
二　瓦　解　297
第二節　ドイツ国民国家保全の闘争 …… 309
一　ドイツ国民国家の人間的基礎の再構築　309
二　ドイツ戦争責任論の拒否　313
三　領土割譲への対応　323
第三節　ヴァイマール共和国の国制構想 …… 328
一　ドイツ国民国家維持のための危機管理構想　328
二　共和制主義　331
三　大ドイツ主義　333

四　統一主義　336
第四節　最終局面 …… 339
一　婦人参政権の登場　339
二　反ユダヤ主義との対峙　343
三　最後の日々　351
結　論　知性主義の逆説 …… 359
注　373
あとがき　449
年　譜
史料・文献一覧
人名・事項索引

主要略号一覧

Archiv: Archiv für Sozialwissenschaft und Sozialpolitik

BArch: Bundesarchiv

DBE: Deutsche Biographische Enzyklopädie

GARSI: Gesammelte Aufsätze zur Religionssoziologie I, Taschenbuchausgabe, 9. Aufl., Tübingen 1988.

GASS: Max Weber, Gesammelte Aufsätze zur Soziologie und Sozialpolitik, 2. Aufl., Tübingen 1988.

GASW: Max Weber, Gesammelte Aufsätze zur Sozial- und Wirtschaftsgeschichte, 2. Aufl., Tübingen 1988.

GAWL: Max Weber, Gesammelte Aufsätze zur Wissenschaftslehre, 7. Aufl., Tübingen 1988.

GLA: Generallandesarchiv（Karlsruhe）

GStA PK: Geheimes Staatsarchiv Preußischer Kulturbesitz

Interviews: Hideharu Ando（unter Mitarbeit von Hajime Konno）, Die Interviews mit Else Jaffé, Edgar Salin und Helmuth Plessner über Max Weber 1969/1970, in: Kölner Zeitschrift für Soziologie und Sozialpsychologie, Heft 3, Jg. 55（2003）.

Jugendbriefe: Max Weber, Jugendbriefe, Tübingen 1936.

『回想』：安藤英治（聞き手）・亀嶋庸一（編）・今野元（訳）『回想のマックス・ウェーバー——同時代人の証言』（岩波書店，平成一七年）。

NDB: Neue Deutsche Biographie

Lebensbild: Marianne Weber, Max Weber. Ein Lebensbild, Tübingen 1926.

Mommsen, Weber: Wolfgang J. Mommsen, Max Weber und die deutsche Politik, 2. Aufl. Tübingen 1974.

MWG: Max Weber-Gesamtausgabe

Nl. Weber（Berlin）: GStA PK, VI. HA Familienarchive und Nachlässe, Nl. Max Weber

Nl. Weber（München 1）: Bayerische Staatsbibliothek München, Nachlässe Max und Marianne Weber, Ana 446, Depot: Weber-Schäfer

PAAA: Politisches Archiv des Auswärtigen Amtes

PJ: Preußische Jahrbücher

『倫理』：マックス・ヴェーバー（梶山力訳・安藤英治編）『プロテスタンティズムの倫理と資本主義の《精神》』（第二刷）（未来社，平成一〇年）。

SBB/PK: Staatsbibliothek zu Berlin Preußischer Kulturbesitz

『ウェーバーI』：マリアンネ・ウェーバー（大久保和郎訳）『マックス・ウェーバーI』（第二刷）（みすず書房，昭和三九年）。

『ウェーバーII』：マリアンネ・ウェーバー（大久保和郎訳）『マックス・ウェーバーII』（みすず書房，昭和四〇年）。

WG: Max Weber, Wirtschaft und Gesellschaft: Grundriß d. verstehenden Soziologie, besorgt v. Johannes Winckelmann, 5., rev. Aufl., Studienausgabe, Tübingen 1980.

o. D.: ohne Datum

o. O.: ohne Ort

凡例

一．地名の表記については、日本語で慣用されている発音がない限り、原則としてその地域の官庁語による発音に従っている。なお二〇〇六年一一月、オーストリア大使館により日本語国称を英語名「オーストリア」から戦前の日本語名「オーストリー」に戻すことが宣言されて物議を醸したが、筆者はこれを機に「プロイセン」（英語名プロシア）、「バイエルン」（英語名バヴァリア）などの先例に倣い、「エステルライヒ」とドイツ語表記することを提唱する。

二．引用した文面は、既存の刊行邦訳の該当箇所が提示してあるかどうかに拘らず、特に言明のない限り全て筆者（今野元）の責任による翻訳ないし改訳である。引用部分の強調は全て原文に存在するもので、原文ではゲシュペルト、傍線、下線、斜体など様々な形式で強調が為されているが、本書では一貫して傍点で表現する。

三．年月日は原則としてグレゴリウス暦で、日本語書籍の発行年は和暦で、非日本語書籍のそれはグレゴリウス暦で記載する。

四．非日本人の人名表記は、原則として初めて本格的に言及する際に姓名を示し、それ以外は姓のみとする。姓名を共に示す際、名が複数ある場合は、原則として代表的なもののみとする。但し、スラヴ系の人物の父姓は、その人物に初めて本格的に言及する際にこれを記すこととする。爵位は姓の一部と看做し、原則として初めて本格的に言及する際にこれを記載する。学位、官職等は、必要に応じてこれを記載する。

五．ドイツを構成する分邦の呼称について、一九一八年に大半の分邦で国制が君主制から共和制へと大きく転換したことに鑑み、ドイツ革命以前においては「領邦」、革命以後においては「邦」とする。

六．人物の経歴や生歿年などについては、特に注記がない場合には『ヴェーバー全集』の登場人物紹介などを参考にしている。

七．本書の引用部分には、二一世紀初頭の読者の生活感覚に照らして違和感を生じる可能性のある表現が多々登場するが、その文章の著者ないし発話者の趣旨を尊重して原文のまま記載することとする。

序論　西欧主義の脱構築

「オリエンタリズム」という議論がある。イェルサレム出身のアメリカ人研究者エドワード・W・サイード（一九三六年―二〇〇三年）が提起した議論で、欧米世界（特にアングロ＝サクソン圏とフランス）の非欧米世界（特にアラブ系「オリエント」世界）に対する認識の恣意性を批判したものである。イギリス委任統治下のパレスティナでアラブ系キリスト教徒の家庭に生まれ、アングロ＝サクソン系の教育を受けたサイードは、ポール＝ミシェル・フーコー（一九二六年―一九八四年）の「言説」論に依拠しつつ、アングロ＝サクソン圏やフランスの人々が自分たちの公式・非公式の支配を正当化するために、いつもアラブ系「オリエント」世界を、物言わぬ、低俗な、未成熟なものとして観念してきたと批判したのである。[2] この「オリエンタリズム」論は、我々を国際政治史の新しい解釈へと誘ってくれる。それは経済的、軍事的階層構造と並ぶ、知的階層構造の分析である。

この「オリエンタリズム」論に関連して、筆者にはドイツ政治史家として予てから感じていたことが一つあった。それは、サイードの言う「オリエンタリズム」とは、彼が主要な分析対象としたような、アングロ＝サクソン圏やフランスのアラブ系「オリエント」世界への視線に特有の現象ではないということである。支配従属関係を正当化する他者・自己認識は、人類の歴史において普遍的に見られる現象であり、ドイツとてその例外ではない。ドイツ政治史研究でも、昨今はその海外植民地経営の実態が熱心に研究されているが、なるほど海外植民地経営という問題領域に限定すれば、確かにドイツはアングロ＝サクソン圏やフランスほど多彩な分析対象ではないだろう。その代わりにドイツ史研究でしばしば話題となるのは、中東欧諸民族への態度、とりわけポーランド人、ロシヤ人に対する認識である。これは従来も個別の実証研究の対象にはなってきたが、不思議なことにドイツ・ナショナリズムの歴史を総括し、その特質を論じる段になると、いつも「西欧とドイツ」の二項対立ばかりが念仏のように繰り返される嫌いがあった。

こうした「オリエンタリズム」論からも一つの刺戟《しげき》を得て、筆者は二〇〇三年に前著『マックス・ヴェーバーとポーランド問題――ヴィルヘルム期ドイツ・ナショナリズム研究序説』を刊行した。筆者は本書で、著名な社会科学者マックス・ヴェーバーの自由主義政治評論家としての側面に着目し、ヴィルヘルム期ドイツにおいて開陳された彼のポーランド観、ロシヤ観について叙述した。一八九〇年代初頭、まだ駆け出しの法学者であったヴェーバーは、急進的なポーランド人移動労働者排除論を打ち出して、経済学者・政治評論家として衆目を集めるようになった。ヴェーバーの活動は一八九二年の社会政策学会で始まり、一八九〇年代を通じて全ドイツ連盟やドイツ・オストマルク協会へと場を広げていった。この過程でヴェーバーは、「市民的ショーヴィニズムの教授」と呼ばれて農業家同盟の顰蹙《ひんしゆく》を買い、ポーランド人学生「ズドゥンスキ」は憤慨の余り抗議の手紙を送りつけた。そうした批判や抗議を意にも介しないヴェーバーは、更に大学での教育活動でもポーランド問題を話題とし、レオ・ヴェーゲナーのような反ポーランド活動家の育成にも携わっている。従来の研究では、ヴェーバーのポーランド論は一九〇六年のロシヤ政治分析以降、親ポーランド的なものへと劇的に転換したと言われてきたが、これは不正確である。ヴェーバーのポーランド人に対する懐疑は、彼がポーランド独立国家設立支援を打ち出すようになった第一次世界戦争中にも残存しており、とりわけ戦後にポーランド国家が成立して以降は、再び公然たるものになったのである。また戦時中のヴェーバーの親ポーランド人的な一面は、ロシヤ国家やロシヤ人に対する彼の厳しい評価と表裏一体のものであり、東方に対する警戒という政治姿勢は一貫していたことも見逃すべきではない。

『マックス・ヴェーバーとポーランド問題』は、ドイツ・ナショナリズム研究者たる筆者にとって、従来の西欧主義的傾向に対する根本的批判を意味していた。いまだに残る「コーンの二元論」の強い影響が象徴するように、ドイツ・

ナショナリズム研究は今日に到るまで西欧主義的傾向が著しく、いわば「オリエンタリズム」論以前の思考水準に留まっている。啓蒙された知性溢れる自由な個人が、平等な立場で議論に参加し、政治共同体を運営していくという近代的政治理念、いわゆる「西欧的」にして「普遍的」とされる政治理念が、ドイツに充分に定着していなかったという歴史認識のもと、そうした政治理念に無条件の信頼を置かなかったドイツ国内の諸政治勢力を嫌悪する余り、ドイツ・ナショナリズムの厭うべき局面を、可能な限り政治的近代化と対極にあるものとして描写するという従来の歴史解釈は、筆者には余りに一面的であるように思われたのである。西欧主義的なドイツ・ナショナリズム批判が、西欧を中核としたヨーロッパ統合や、その過程で発言権を強めようとするドイツ連邦共和国の対外政策を正当化する理論武装であることは、誰の目にも明白ではないだろうか。従ってそうした時局の要請をそのまま歴史叙述に反映させるという研究姿勢に、筆者は政治史家として強い疑問を感じるようになっていったのである。

さて『マックス・ヴェーバーとポーランド問題』を刊行し、この著作に対する読者の反応を聞き、また更にヴェーバーの政治的言動についての分析を深めていくうちに、筆者は「オリエンタリズム」論、あるいはそれを嚆矢とする「ポストコロニアル」批評[3]という潮流に対して、以下のような三つの疑問を懐くようになっていった。

第一は、「オクシデンタリズム」の問題である。「オリエンタリズム」論では、アングロ＝サクソン圏やフランスを中心とする欧米世界が、自分たちの非欧米世界に対する優越性を正当化するために、都合のいい非欧米世界認識を再生産していると主張されている。しかしそこには「オクシデンタリズム」の問題、すなわち非欧米世界の側が、自分たちの立場を正当化するために、都合のいい欧米世界認識を再生産していることはないのかという問いが欠如している。「オリエンタリズム」論が、非欧米世界に感情移入する反欧米的政治煽動ではなく、人類の共存の歴史についての学問的分析であるとするならば、まるで欧米世界の側が一方的に恣意的な認識をしてきたかのような前提で議論することは許されないはずである。従って筆者は、「オリエンタリズム」論は「オクシデンタリズム」論と対を為して初めて真価を発揮するものだと考えるのである。

マックス・ヴェーバー研究に関して言えば、それはポーランド人側、ロシヤ人側のドイツ認識、ヴェーバー認識を検討することに繋がる。筆者の前著に触れた読者は、多くの場合ヴェーバーの言動に目を奪われるであろうし、実際筆者もそれを中心に議論を構成していた。しかし筆者は別に、ポーランド人、ロシヤ人側に同情し、彼らの主張に特別の正当性を認めたわけではない。例えばヴェーバーのフライブルク講演に抗議した前述のポーランド人学生「ズドゥンスキ」は、ヴェーバーがポーランド人の絶滅を目標としているなどと、大いに誇張されたヴェーバー認識を展開していた。また「ズドゥンスキ」が、タタール人やトルコ人といった蛮族たちからヨーロッパ文明を防衛したのは自分たちであるという、ポーランド・ナショナリズムではお馴染みの西欧主義的自画自讃を披瀝していることも看過できない。更にヴェーバーが、その英雄的な改革努力には共感しつつも、その根強い反ドイツ感情には辟易したロシヤ自由主義知識人に関しては、実際に彼らが反ドイツ的帝国主義に熱狂していたことが歴史研究の上でも確認されている。こうした側面を度外視して、単純にヴェーバーやその同胞たちの反ポーランド的、反ロシヤ的言動にのみ注目するならば、それは歴史理解として公平性を欠くであろう。

第二は、「オクシデント」ではなく「オリエント」としてのドイツという問題である。「オリエンタリズム」論をドイツ政治史研究で活用するとなると、多くの研究者は、欧米世界の一角を占める国としてのドイツで、東欧や非欧米世界がどのように認識されていたかという視点から分析を始めるであろう。筆者の『マックス・ヴェーバーとポーランド問題』も、差し当りそのような視点から出発していた。しかし冷静に考えてみると、「オリエンタリズム」を展開した主体としてのみドイツを取り上げるのは、まことに一面的だということに気付く。そもそも欧米世界と非欧米世界との間には截然たる境界はなく、そこには曖昧な中間地帯が存在する。「コーンの二元論」が想定しているような、西欧世界と非西欧世界との間の場合も同様である。そもそもドイツが、西欧世界の一角を為す国なのか、あるいは西欧世界から逸脱した国なのかは、一概には言えないことのはずである。にも拘らず西欧主義的なドイツ史研究者たちは、ドイツが「非西欧的」であったということのみを殊更に強調し、そこからドイツ連邦共和国の西欧世界への恭順、「ヨーロッパ的ドイツ」の実現という実践的目標を導出することに熱中してきた。また現代のドイツ史研究には、いかなる分野のものであれ、取り敢えず「西欧に対するドイツの後進性」に話題を繋げて置けば、それで大局的な位置付けになるかのような安易な態度が余りに顕著である。これこそまさしく、ドイツを客体とした「オリエンタリズム」であると言わざるを得ない。「オリエンタリズム」論やナショナリズム研究が、特定の国や人間集団を断罪し、封じ込めるための政治煽動ではなく、人類の共存の歴史についての学問的分析であるとするならば、まるで特定の国や人間集団の認識のみが恣意的であったかのような前提で、あらゆる議論を構築することは許されないはずである。

ポーランド問題から出発してマックス・ヴェーバーの分析を進めていくうちに、筆者は彼がいかにアングロ＝サクソン圏のドイツ認識を意識していたかを、痛切に感じるようになっていった。それはヴェーバーにとって、アングロ＝サクソン圏に対する強い憧憬の裏返しでもあった。ヴェーバーのそうした思いに火がつくのは、言うまでもなく第一次世界戦争でドイツがアングロ＝サクソン圏との全面戦争に突入してからのことであるが、その萌芽はすでに一九〇四年のアメリカ旅行で現れていた。ここで興味深いのは、ヴェーバーがドイツ・ナショナリストとして苛立ちを感じていたアングロ＝サクソン圏のドイツ認識と、ヴェーバー自身が懐いていたポーランド認識、ロシヤ認識とが類似しているということである。すなわちそれは、認識対象を後進的なもの、劣等なものとし、もって自分たちの優位を正当化するという論法においてである。従来のヴェーバー研究では、西欧主義的観点から彼のアングロ＝サクソン圏への親近感を称讃するような議論が多く、そこに込められた彼の屈折した思いを繊細に紡ぎ出す作業が不充分であったように思われる。

第三は、「オリエンタリズム」で語られてきたことは「真実」ではなく「表象」に過ぎない、要するに「偏見」であるという前提の問題である。「オリエンタリズム」論は、それが欧米世界の利害に相応する形で不当に歪曲された認識、つまり「事実誤認」であるかのように議論を展開する。パレスティナ国民評議会の議員でもあったサイードにとって、「オリエンタリズム」論とは学問的指摘というより、寧ろアラブ系「オリエント」世界の政治的自己主張に他ならなかった。しかし「オリエンタリズム」論で告発されているような、欧米世界の非欧米世界に対する優越性を弁証し、前者の後者に対する支配を正当化するような事実認識は、果たして本当に全てが事実無根の代物なのだろうか。これはまさに、アーネスト・ゲルナー（一九二五年―一九九五年）のような「近代主義」の論客がサイードに呈する苦言とも関連する点である。なるほどそこに、特定の事実の一面的な強調や、個々の事実の完全な「捏造」、「改竄」、「誤解」が含まれているだろうことは、容易に想像が付く。しかしだからといって、特定の人間集団を批判し、その内部への干渉を正当化するような議論を、全て「虚偽」であると頭から決めてかかるというのは、聊《いささ》か強引ではないだろうか。

この問題は、『マックス・ヴェーバーとポーランド問題』との関連で重要であった。ヴェーバーのポーランド人農業労働者排除論についての筆者の叙述に興味を懐く読者は、しばしば「弘法も筆の誤り」だという感想を述べる。つまり傑出した社会科学者ヴェーバーですら、ときにはポーランド人農業労働者を「文化」が低いと見るような「事実誤認」に陥るのだという感慨である。最新の移民史研究に立脚して、ポーランド人労働者がドイツ人労働者を駆逐したというヴェーバーの「事実誤認」を告発するべきだと、善意の提案をする声も聞かれた（もっともポーランド人の場合とは異なり、ロシヤ人に対するヴェーバーの批判的な認識を問題視する声は余り聞かれなかったのだが。）。だがこれらの反応は、筆者が期待していたものとは異なっていた。なるほどヴェーバーの認識には、しばしば不正確なものがある。社会学者ヴェーバーの宗教史理解は恣意的だという批判論と、そもそも「理念型」による説明は実証主義的批判を免れているという擁護論との応酬は夙に知られているが、政治評論家ヴェーバーについてもその事実関係の誤認、根拠のない引用、論理の飛躍は従来から指摘されてきた。けれども筆者は、ヴェーバーのポーランド観、ロシヤ観を、興奮したドイツ・ナショナリストの「事実誤認」として告発するために紹介したわけではない。寧ろ筆者は、ヴェーバーがかような認識をするに到ったというのは、不可避だったとは言わないまでも、我々にとって充分想定内のことではないかと考えている。ドイツ人であれアメリカ人であれ、自分が低く評価した人間には人格否定も辞さないという峻厳な知性主義者が、ポーランド人やロシヤ人の農業労働者たちに、とりわけ生活様式の面で違和感を懐いたとしても、それは全くの「事実誤認」というわけではないだろうと筆者は推測するのである。蓋し人類はいつの時代も、その生活様式においてきわめて不均等な状況で生存を続けている。ヴェーバーが「プロテスタンティズムの倫理と資本主義の「精神」」（初版一九〇四・五年）で着目した経済活動への熱心さも、その不均等さを測る一つの基準である。他にも衛生面、教育面、栄養面などでの差異がしばしば話題となる。そうした生活様式の差異を統一的な基準で序列化し、そこに優越感や劣等感、支配や権力が生じるというのは、これまで世界史上で繰り返し展開されてきた現象であるし、それらを全て「事実誤認」に基づくものと決め付けることは出来ないだろう。

以上のような前著『マックス・ヴェーバーとポーランド問題』刊行後の思考の進展を踏まえつつ、ヴェーバーの政治的伝記として改めて執筆されたのが、本書『マックス・ヴェーバー――ある西欧派ドイツ・ナショナリストの生涯』である。前著では、ヴェーバーはドイツ対ポーランドあるいはロシヤという、中東欧の政治情勢の中に位置付けられて描かれていた。これに対して本書では、ドイツ・ナショナリズムを信奉する政治評論家ヴェーバーの生涯が、その誕生から死去まで総合的に描写される。そこでは特に、以下の三点を意識して叙述が為されている。第一の焦点は、ヴェーバーの対西欧関係である。前述のように、ヴェーバーは西欧、とりわけアングロ＝サクソン圏に対して、憧憬、劣等感、反撥の入り混じった強烈な拘りを懐いていた。「近代主義」の作品か「近代批判」の作品かで争いのある論文「プロテスタンティズムの倫理と資本主義の「精神」」も、そうしたヴェーバーの苦悩の産物である。またヴェーバーの第一次世界戦争中から戦争後にかけてのアメリカ、イギリスに対する居丈高な態度は、愛憎半ばする彼の西欧観の端的な表現である。前著ではほとんど立ち入らなかったヴェーバーの西欧観を多面的に描き出すことが、本書の重要な課題となる。第二の焦点は、ヴェーバーのロシヤ観である。前著においては、それはポーランド問題に関連した範囲で論じられたに過ぎなかった。しかし本来ロシヤ政治論は、ヴェーバーにとってアメリカ論と並ぶ重要な外国研究であった。つまりそれは、絶望的状況下でのロシヤ自由主義知識人の英雄的闘争を描くことで、惰眠を貪るドイツの左派・政治家知識人に活を入れる試みであり、また一九世紀ヨーロッパ左派の怨嗟の的であった「ヨーロッパの憲兵」が「官僚制」的強化を遂げる様を告発する試みでもあったのである。第三の焦点は、このように西欧と東方とに隣国の存在を意識した上で、ヴェーバーが意図していたドイツ国民国家の改革構想である。ヴェーバーはアメリカ分析やロシヤ分析を踏まえて、ドイツの人間的基礎を根本から再構築する必要があるという発想に逢着していく。ヴェーバーのプロイセン・ユンカー批判も、「市民層の封建化」批判も、「官僚制」批判も、議会強化構想も、直接公選大統領構想も、全てこの文脈から生まれたものなのであった。

前著と同じく、本書もまた従来のドイツ・ナショナリズム研究に対する批判的問題提起として構成されている。筆者は西欧主義的な歴史認識に対する違和感から出発したが、そもそもドイツ・ナショナリズムの本質とは何かというような大局的議論を、ここで拙速に展開するようなディレッタンティズムは回避し、まずはある特定の対象を選択して、それを実証的に分析するという手法を選択した。勿論このような手法には弱点もある。特定の対象を選んだとき必ず挙がるのが、俗に言う「群盲象を撫でる」の域を出ないという批判である。選択した対象がどのようなものであれ、それは全体を文字通り代表することは出来ないので、特定の対象を綿密に分析しても全体のことは分からないという批判は必ず提起されるし、それは強ち不当なものとも言えまい。生憎筆者は、「遺された歯の一片から死滅した過去の動物の全体を復元して見せる古生物学者の大胆さ」を、「歴史学に必須の精神」と呼べるほど豪胆ではない[4]。筆者はヴェーバーというただ一人の人物を研究対象にするに際して、そこにドイツ・ナショナリズムの核心的要素が漏れなく集約されているなどと言明するような虚勢は控えようと考えている。にも拘らず筆者が敢えて対象の限定に踏み切るのは、雄大な砂上の楼閣よりも質素で堅固な小屋を建築することの方が、価値観先行の弊が著しい現在のドイツ・ナショナリズム研究には必要だと考えるためだが、ただそれだけではない。個別対象の分析は面ではなく点の分析に過ぎないとしても、単に先行研究の空白領域だというだけでなく、その点を論じることがドイツ・ナショナリズム研究界に重要な問題提起になるという場合には、特定の対象への集中に特別の意義が生まれる、つまり点の分析が、将来の面の分析への道筋を示すことが出来るのではないかと思われるのである。

それでは、それを論じることがドイツ・ナショナリズム研究界への重要な問題提起になるという分析対象とは一体何かということになるが、それこそまさに西欧派ドイツ・ナショナリズムの世界であるように思われる。ドイツ・ナショナリズムを反西欧思想と同視する発想に親しんできたものであれば、そもそも「西欧派ドイツ・ナショナリズム」という概念それ自体が形容矛盾であり、意味不明に思われるに違いない。しかしドイツ政治史の実証研究に従事したことがあるものなら（特に「学者政治」（Gelehrtenpolitik）（学者の政治的言動）に興味を懐くものなら）、西欧と連携しこれを模範としてドイツ国民国家を強化していこうとした多くのドイツ人たち――ドイツ近代だけを見ても、ルヨ・ブレンターノ、ハンス・デルブリュック、アドルフ・フォン・ハルナック、エルンスト・トレルチュ、オットー・バウムガルテン、フリードリヒ・マイネッケ、マルティン・ラーデ、フリードリヒ・ナウマン、ゲルハルト・フォン・シュルツェ＝ゲーヴェルニッツ、テオドル・ヴォルフ、コンラート・ハウスマン、リヒャルト・フォン・キュールマン、テオドル・バルト、アドルフ・ダイスマン、マクシミリアン・フォン・バーデン大公子、トーマス・マンと枚挙に暇がない――のことを想起しないはずはない。

これらの人物たち、とりわけマイネッケやトレルチュなどは、先行研究でも繰り返し扱われてきたが、その論じ方には大いに問題があった。従来の研究では、彼らが西欧に敵意を懐きつつも、「無条件降服」をしたわけではなく、ドイツ人としての自尊心に固執していたという点が、慨嘆交じりに強調されてきた。このため、当時のドイツ社会で西欧礼讃者として通っていた彼らが、却ってドイツ政治思想の反西欧性の典型例（！）であるかのように論じられるという、不可思議な状況が生じたのである。例えば「理性的共和主義者」批判が示すように、彼らがヴァイマール共和国を支持しながらも、心情的ないし国家技術的な理由で一定程度君主制に好意的評価を与えると、途端に「ドイツの政治的後進性」の好例として現代の歴史家に引用され、糾弾されてしまうのである。同じような問題は、「一九一四年の理念」批判についても言える。その論者たちの左派知識人・政治家としての役柄を忘れ、彼らの親西欧的基本姿勢を等閑視して、第一次世界戦争中における彼らの西欧交戦国への反撥のみを強調するというのは、やはり「木を見て森を見ず」の議論と言わねばなるまい。結局のところ、ドイツの「反西欧」的潮流を問題視する余り、いつの間にかそれがドイツ政治思想の「本質」であると固く信じて疑わなくなっているというのが、従来の研究の実情だったのではないだろうか。

この西欧的ドイツ・ナショナリズムの代表選手こそ、他ならぬマックス・ヴェーバーである。言うまでもなくヴェーバーは、ヴィルヘルム期ドイツを代表するドイツ・ナショナリズムの論客の一人である。社会科学者として世界的に名を馳せたヴェーバーは、その卓越した知性を政治評論の世界でも遺憾なく発揮した。ドイツ・ナショナリズムの一次史料は、様々な時代の様々な政治党派のものが存在するとはいっても、その凝集性と構成力とにおいてヴェーバーほど強烈な印象を読者に与える分析対象が、一体他にどれほどあるだろうか。もし実証研究の対象を一点に絞らなければならないとすれば、ヴェーバーは充分にその候補たり得るというのが筆者の考えであった。だが筆者がヴェーバーを選択した理由の中で最も決定的だったのは、ヴェーバーが西欧志向のドイツ・ナショナリズムに加担した人物であり、しかも今日の西欧主義的なドイツ政治史家の理論的先駆者として、ドイツでもアングロ＝サクソン圏でも繰り返し援用され続けている人物だということであった。特に「ドイツ特有の道」論の総帥ハンス＝ウルリヒ・ヴェーラーの社会構造史研究にとって、ヴェーバーの政治評論や社会学研究の影響はまさに絶大である。現代の西欧主義的なドイツ政治史理解に疑問を提起するのなら、その背後に鎮座する本尊とも言うべきヴェーバーの分析は回避できないであろう。

ドイツ・ナショナリストとしてのヴェーバーを分析する際に、我々がまず検討しなければならないのは、ヴォルフガング・J・モムゼンの業績である。モムゼンはその博士論文『マックス・ヴェーバーとドイツ政治』(一九五九年)[5]以来、政治評論家ヴェーバーの研究に大きな功績を残した[6]。「ドイツ特有の道」論者モムゼンは、自分の遠縁に当るヴェーバーを、西欧主義的な価値観に立脚しつつ道徳主義的に診断した。モムゼンは、ドイツ連邦共和国に体現される西欧化したドイツの成立に貢献したと思われる範囲でヴェーバーを賞讃し、そこから逸脱したと思われる範囲でこれを非難したのである。それまで主に社会学者、経済学者の「学習」対象とされていたヴェーバーを、一人のドイツ人として政治史研究の「分析」対象にしたモムゼンの研究は、ヴェーバー礼讃の傾向が著しいヴェーバー研究界では、いまだに正当に評価されないことが多い。マイネッケやトレルチュら「保守的」な「教養市民」の西欧主義的批判には余念のない研究者でも、何故かヴェーバーだけは「ドイツの良心」の最後の砦として、批判せずに置きたいと考えるようで、モムゼンの研究はその禁忌を犯したものとして毛嫌いされているのである。だがそれでもモムゼンの業績は、ヴェーバーを真摯に研究したいと思うものであれば、誰でも避けては通れない金字塔であり続けている。現在刊行中の『マックス・ヴェーバー全集』も、いち早く刊行されたのはモムゼン門下の担当した政治部門であり、そもそも彼らの綿密な史料批判の技量がなければ、この刊行事業も著者の顕彰を目的とする月並な全集編纂に終始していたかもしれない。

ヴェーバー研究の文献は毎年急速に増え続けているが、彼の政治的言動を分析するのは概ねモムゼン周辺の研究者に限定され、それ以外の業績は（ヨアヒム・ラトカウの浩瀚なヴェーバー伝や、ギュンター・ロートの家族史研究を除けば）[7]基本的に隔靴搔痒《かっかそうよう》なものでしかない。ヴェーバーの政治的言動に関する先行研究では、西欧主義的価値観が多くの場合暗黙の前提とされてきたため、あるものはヴェーバーの西欧的理念からの逸脱を強調して彼を批判し、またあるものはヴェーバーの西欧的側面を強調して彼を擁護するという図式で論争が展開されてきた。前者はかつてジェルジ・ルカーチ、ユルゲン・ハーバーマスにその萌芽があったが、今日ではグレゴール・シェルゲンなどごく僅かである。後者にはカール・レーヴェンシュタイン、デイヴィッド・ビーサム、ユルゲン・コッカ、コルネリウス・トルプ、フリッツ・リンガー、上山安敏、嘉目克彦、佐野誠、牧野雅彦など、いつの時代も多くの論者が名を連ねている。この対抗図式から逸脱する政治史・政治思想史研究には、マルクス主義への共感から「ブルジョワ」ヴェーバーの反社会主義、反革命の傾向を強調した濱島朗や、戦後民主主義世代への反撥からモムゼンらが問題視したヴェーバーの一面を健全なナショナリズムとして逆に称揚した雀部幸隆などがいる。これ以外にも、ヴェーバーの思想における現実政治の役割を低く見積もることで、ドイツの現実政治に関する部分を集中的に描写したモムゼンのヴェーバー像を相対化しようとする研究は、実に枚挙に暇がない。題目には「政治」を掲げながら、ヴェーバーの政治的言動には極力言及しないという羊頭狗肉も、いまだ日常茶飯事という有様である。

これに対し本書が採用した分析手法は、「モムゼン門下の作業の批判的継承」という表現に集約される。「モムゼン門下の作業」を「継承」するということは、ドイツ政治史の文脈においてマックス・ヴェーバーという人物を位置付ける実証的作業を、これまで以上に徹底して実行するということである。筆者の見るところ、モムゼン門下のこれまでの実績を真摯に受け止め、自ら一次史料の山に分け入り、自分がそれをどう改善し得るかを沈思黙考する以外に、政治評論家ヴェーバーについて意味のある研究成果を出す方法はない。ただそれは勿論、人間ヴェーバーのあらゆる面を網羅的に解明するということではなく、ドイツ政治史の観点で問題となるヴェーバーの行動に限定して、それを努めて網羅的に、繊細に描写しようとすることに他ならない。従来のヴェーバー研究では、「政治」に関連する権力や支配、妥協や欺瞞を忌避する余り、極力ヴェーバーを「政治」を達観していた「知の巨人」として描こうとする、いわゆる「政治嫌い」の態度が一般的であった。この傾向はヴェーバーの生前にはすでにあったもので、「ハイデルベルクのミュトス」の語部《かたりべ》として有名な哲学者カール・ヤスパース（一八八三年―一九六九年）なども、第一次世界戦争中にこう嘆いていたという。「かのマックス・ヴェーバーが、自分自身を客観化する代わりに、政治的事柄に浪費している一日一日が惜しい。」[8]また「聖マックス礼讃」の枠内で「近代主義者」と「近代批判者」とが対立している日本でも、そもそもヴェーバーは「社会科学の巨匠」として、あるいは世事を超越した「知的巨人」として解釈されるべきであり、ドイツ・ナショナリストとしての言動に注目するのは不謹慎であるかのような言明を、いまなお目にすることがある。[9]筆者はそうした研究姿勢とは一線を画し、ドイツ・ナショナリストとしてのヴェーバーの解明を、ヴェーバー研究の一分枝、ドイツ政治史研究の一事例分析として遂行する。これに対し「批判的」に「継承」するとは、自分の歴史研究を西欧主義的「政治教育」の一環と考えるのではなく、政治的近代化が人間社会に何を齎《もたら》すのかを分析すること自体に興味を懐くということである。モムゼンは西欧主義の観点から、ヴェーバーをときには礼讃し、ときには批判したが、筆者は西欧派ドイツ・ナショナリストであったヴェーバーが格闘する様を描写すること自体を目標としているのであって、それが後世の我々に模範となるか否かという実践論とは差し当り別次元で思考しているのである。

第一章　政治的人格の形成　一八六四年―一八九二年

第一節　生育環境

一　国民国家胎動の時代

ドイツ国民国家の胎動期に生まれたことは、マックス・ヴェーバーの政治的生涯を大きく規定した。ヴェーバーは自分の誕生、成長と共にドイツ国民国家として登場、発展した「ドイツ帝国」に終生一体感を懐き、自ら愛国的政治評論家としてその維持、強化に奔走したのである。ドイツ国民国家の舵取りをどうするべきかという問題が、熱血漢ヴェーバーの政治的言動を常に支配していたのだった。

ドイツ国民国家建設への道のりは、紆余曲折に満ちたものであった。「ドイツ国民の神聖ローマ帝国」は、九世紀に成立した東フランク王国にその直接の起源を見出すことが出来るが、「ヴェストファーレンの講和」（一六四八年）が象徴するように、大規模領邦の自立化に歯止めが掛からず、常備軍や官僚制を具備した中央権力機構を構築できなかったため、スウェーデン、フランス、デンマーク、ロシヤ、イギリスなどの周辺列強による不断の内政干渉に晒された。特にヨーロッパ最強の陸軍国フランスは、三十年戦争から独仏戦争まで再三に亙りドイツ諸領邦の相互関係に介入し、帝国領西部を蚕食している。それでもドイツがポーランド分割のような破滅的事態を免れたのは、かの自然法学者に「変則的で怪物のような団体[10]」と呼ばれたこの「ドイツ国民の神聖ローマ帝国」にも、なお「法的共同体」としての凝集力が残っていたからであり、また指導的領邦であるエステルライヒやプロイセンが、近代国家建設に成果を上げていたからである。しかしいずれにしても、ドイツはナポレオン戦争の大波を乗り切ることが出来なかった。フランスの対独干渉の頂点とも言えるこの戦争で、ライン川左岸地域がフランス帝国に併合され、「フランス人の皇帝」ナポレオン一世（一七六九年―一八二一年）を庇護者とする第二次「ライン同盟」の結成により、「ドイツ国民の神聖ローマ帝国」は名実共に崩壊した。更に「偉大なる国民」(grande nation) の軍事力に屈したローマ皇帝フランツ二世（一七六八年―一八三五年）は、皇女マリア・ルドヴィカを既婚者ナポレオンの後妻「マリー・ルイーズ」として献上し、新興軍事大国プロイセンの王フリードリヒ・ヴィルヘルム三世（一七七〇年―一八四〇年）も、首都ベルリンを抛棄して遙かメーメルまで逃避するという、まさに未曾有の危機がドイツを襲ったのだった。剰《あまつさ》えこのナポレオン戦争について看過できないのは、それが単なる一覇権国の軍事的膨張ではなかったということである。フランス革命に熱狂した若きゲオルク・ヴィルヘルム・フリードリヒ・ヘーゲル（一七七〇年―一八三一年）は、イエナ＝アウエルシュテットの合戦（一八〇六年）に赴く馬上のナポレオンを目撃して、「世界精神」(Weltseele) が騎行していると感激したが[11]、フランス帝国の侵略戦争は、政治的近代化を「錦の御旗」とする革命国家の、近隣の身分制諸国家に対するイデオロギー攻勢という側面をも有しており、いわば「正戦」との自負のもとに遂行されたものであった。同年、ナポレオンは昂然とこう述べている。「私は確信しているのですが、我々は近いうちに「西欧帝国」の再生を見ることでしょう。何故なら疲弊した諸民族は、最もよく統治されている国民の軛のもとに馳せ参じて来るでしょうから。[12]」「西欧帝国」(l'Empire d'Occident)、すなわち古代西ローマ帝国の再生を目指した革命フランス国家は、まさしく「デモクラシーの帝国[13]」アメリカの露払いとも言うべき存在であった。ナポレオン戦争の戦後処理を討議したヴィーン会議（一八一四年／一五年）は、ドイツ諸国に「ドイツ連邦」という新しい枠組を与えたが、これは「ドイツ国民の神聖ローマ帝国」以上に諸領邦の自主性を認めた国家連合であって、「第三のドイツ」たる中小領邦の整理統合により、エステルライヒ・プロイセンの二元体制が先鋭化しただけであった。

「昨日夕刻、我が愛する妻ヘレーネ（旧姓ファレンシュタイン）は、無事力強い男子を出産した。エルフルト 一八六四年四月二二日 都市参事会員・博士マックス・ヴェーバー。」[14] この広告が『国民新聞』に掲載された丁度そのころ、ドイツ国民国家の胎動もまた始まっていた。まず一八六二年九月二三日、パリ駐箚《ちゅうさつ》公使であったプロイセン保守派内の実践主義者オットー・フォン・ビスマルク（一八一五年―一八九八年）が、プロイセン王国国務院総裁（首相）に就任する。ヴェーバーの生まれた一八六四年四月二一日には、エステルライヒ・プロイセン同盟軍がシュレスヴィヒ＝ホルシュタイン統治の主導権を獲得しようと、ドイツ・デンマーク戦争を遂行している最中であった。ヴェーバー生誕から二年二箇月余りのち、ドイツ連邦はエステルライヒ側とプロイセン側とに分裂し、ドイツ戦争が勃発している。そして同年七月にはケーニヒグレーツの戦いでプロイセン側が勝利を収め、一八世紀中葉から続いた二元体制に終止符が打たれた。プロイセン内部ではビスマルクの軍備拡張政策に反対してきた野党、ドイツ進歩党が左右に分裂し、ビスマルク支持派が国民自由党を結成したほか、正統主義のヨーロッパ国際秩序を護持しようとしてきたプロイセン保守派も分裂し、ビスマルク支持派が新しく自由保守党を結成して、プロイセン保守派の残留組と対峙した。一八七〇年代になるとこの残留組の長老ルートヴィヒ・フォン・ゲルラッハ（一七九五年―一八七七年）は中央党に合流し、他の多くのものはドイツ保守党への発展的解消を遂げることになる。

一八六〇年代に急速な高揚を見せたドイツの国民国家建設運動は、ドイツ固有の歴史的文脈から生じたものではなく、西欧からの刺戟で中欧・東欧の各地で展開されたそれの一環として出現したものであった。ドイツに先立ってイタリアでは一八六一年三月一七日、「フランス人の皇帝」ナポレオン三世の領土欲を利用し、ハプスブルク帝国の北イタリア支配を打破して、サルデーニャ王ヴィットーリオ・エマヌエーレ二世（一八二〇年―一八七八年）を頂く「イタリア王国」が発足していた。ハプスブルク帝国内では、これ以外にもチェック人、ポーランド人、ハンガリー人などの自立運動が続発し、ドイツ戦争での敗北による王朝の動揺とも相俟って、一八六七年の「アウスグライヒ」に代表されるこれら中規模民族の自治拡大容認という事態を迎えることになるのである。またイスラム教のスルタン＝カリフが支配するオスマン帝国では、一九世紀の前半以来ギリシャ人、セルビア人、ルーマニア人、モンテネグロ人、ブルガリア人などのキリスト教系諸民族が次々と蠢動《しゅんどう》を開始し、その「解放」への声援がヨーロッパ中から上がっていたのだった。

ドイツの国民国家建設は「自由」を犠牲にして「統一」を優先させた「上からの」軍事的侵略に過ぎなかったという従来の解釈は、一面的であり問題を孕んでいる。それは寧ろ、所与の国内的・国際的条件下で「自由」、「統一」の双方に意を払いつつ遂行された国家統一事業だったと見るべきだろう。そもそも指導的プロテスタント領邦として百年来指導的カトリック領邦エステルライヒと渡り合い、ヘーゲル国家論が象徴するような啓蒙官僚による改革の伝統があり、経済的にも学問的にも指導的であったプロイセンによるドイツ統一は、単なる武断政治には還元できない「道義的征服」(moralische Eroberungen) としての側面を、実際に有していたのである。一八七一年三月三日には第一回ドイツ帝国議会議員選挙が、男子・普通・平等・直接・秘密選挙法というイギリス以上にデモクラシー的な手法で実施されたが、実はそれはすでに統一前、北ドイツ連邦憲法で規定されていたものであった。この選挙法を導入したビスマルクに一般大衆の保守的心情への期待があったとしても、世界の選挙法のデモクラシー化においてドイツが果たした先駆的役割が消えるわけではない。ビスマルクの保守的大衆への期待に反して、一八七一年の第一回選挙では投票率が五割余りと低く、のち徐々に上昇して一九一二年に八割四分に達するに及んで、筆頭に躍り出たのはビスマルク支持派ではなく、社会主義陣営だったのである。

帝国建設に到るドイツの国民国家形成運動は、ヴェーバーに強烈な印象を与えることになる。当時まだ幼児であったヴェーバーが、ドイツ統一に到る一八六〇年代の政治情勢を同時代にどのように認識していたかは、今日ではもはや知る由もない。ただ当時六歳のヴェーバーは、一八七〇年の独仏戦争の開戦に際しての周囲の興奮ぶりを、ネッカール川を挟んでハイデルベルク城の対岸にある母の実家（ファレンシュタイン・ヴィラ）で体験し、そのときの出来事をのちのちまで心に刻み込んだと伝えられている。このとき少年ヴェーバーが、周囲の大人たちの興奮ぶりを目撃したまさにその部屋で、一九一四年夏には彼自身が、周囲の同志たちとドイツ国民国家の行く末を案じることになるのである。(15) 長じてヴェーバーが、ドイツ統一をプロイセン・ユンカー、つまりエルベ以東の農村貴族が達成した最大の政治的功績とし、その指導者ビスマルクをプロイセン・ユンカーの「政治的本能」の象徴として尊敬するようになるのは、後述する通りである。それだけにヴェーバーには、ビスマルクらプロイセン・ユンカーの遺産である（と彼が考える）既存のドイツ帝国をただ継承し維持していくだけの、いわばビスマルク世代の「亜流」（Epigonen）に甘んじるのではなく、更に新しく発展させていくことこそが、若い世代の担うべき課題であるように思われたのだった。一九世紀生まれのドイツ人であるヴェーバーは、フランスなどからドイツ諸領邦が不断に干渉を受けた過去数百年間のドイツ近代史（特にナポレオン占領期）を念頭に、そういった隣国の干渉を排除してドイツが漸く国際権力政治の主体に上り詰めたという経緯を踏まえ、彼らなりの「過去の克服」として、ドイツ国民国家を強化しようとしたのである。[16]換言すれば、ヴェーバーにとって、あるいは彼の同時代人であるルヨ・ブレンターノ（一八四四年―一九三一年）[17]、ディートリヒ・シェーファー（一八四五年―一九二九年）[18]、ハンス・デルブリュック（一八四八年―一九二九年）[19]、フリードリヒ・ナウマン（一八六〇年―一九一九年）、アルフレート・フーゲンベルク（一八六五年―一九五一年）[20]らにとって、自分が共に生きたドイツ帝国の歴史とは、第三帝国の前史ではなく、外国の干渉に喘いだドイツ中世・近世の後史だったのである。

しかしヴェーバーたちが自己同一化したドイツ国民国家を、世界の覇権を握っていたアングロ＝サクソン圏は次第に警戒するようになっていった。それまでフランスに数百年来の競争相手を見出してきたイギリスは、これまで小国に分裂し、ヨーロッパ諸列強の草刈場と化していたドイツ諸国が、プロイセンに指導されてフランスを撃破し、独自の自己主張を始めるようになっていく有様を目撃して、ドイツ諸国に対する態度を硬化させた。一八七一年二月九日に保守党の領袖ベンジャミン・ディズレイリ（一八〇四年―一八八一年）がドイツ統一について、勢力均衡を完全に破壊しイギリスを苦しめる事件だと苦言を呈したことは、新生ドイツ国民国家に対する当時のイギリスの懸念を表現したものとして有名である。[21]世界の覇権を掌握するアングロ＝サクソン圏を別格の「公平な」調停者として想定し、ドイツ国民国家の建設を「ならず者国家」ドイツの国際権力政治への乱入としてしか見ないという歴史観は、アングロ＝サクソン圏の中心がイギリスからアメリカ合衆国へと移行し、それが第二次世界戦争にも東西冷戦にも勝利した今日では、一九世紀にもまして強い影響力を持ちつつある。例えば一九三八年にアメリカへ亡命したユダヤ系ドイツ人で、ハーヴァード大学教授として国際政治史を講じ、のちにはアメリカ国務長官まで務めたヘンリー・キッシンジャー（独名ハインツ・アルフレート・キッシンガー）（一九二三年－　）は、一八世紀にイギリスが完成し、一九世紀前半にヴィーン会議でクレメンス・フォン・メッテルニヒ＝ヴィンネブルク侯爵（一七七三年－一八五九年）が再建した勢力均衡の構造（"concert of Europe"）を、「ビスマルクのドイツ」が解体してしまい、ヨーロッパ外交を「パワー・ポリティクスの冷酷なゲーム」に作り直したのだという歴史観を披露している。[22] こうしたアングロ＝サクソン圏本位の歴史解釈に対して、ドイツ帝国宰相ビスマルクの態度は冷めきっていた。一八七三年三月一五日、日本の岩倉使節団を歓迎する晩餐会で、ビスマルクはこう喝破している。世界各国は表向き親睦を深めているようだが、裏に回れば弱肉強食の争いを繰り広げている。大国は自分の利益に都合の良いときだけ「公法」を持ち出し、都合が悪ければ軍事力に訴えるという具合に、勝手気儘な振舞を繰り返している。これにプロイセンのような新参の小国が対抗するためには、やはり「国力」を付けるしかないのだと。[23]

国民国家建設を成し遂げて一気に高揚するドイツ・ナショナリズムと、これに苛立ちを募らせるアングロ＝サクソン圏との狭間で、ヴィルヘルム期に政治評論家として立ち現れたヴェーバーもまた難しい判断を迫られることになった。ヴェーバーはビスマルクよりも遥かに多くをアングロ＝サクソン圏から学習し、ドイツの内政を改革してそれをアングロ＝サクソン圏と並ぶ世界列強の一つにしようとした。しかしヴェーバーは、ドイツ国民国家の内政改革の困難に直面し、終生悩み抜くことになる。またヴェーバーは、ドイツを「プロイセン軍国主義」の紋切型に押し込み、是が非でも「ならず者国家」扱いしようとするアングロ＝サクソン圏の道義的攻勢には、強い憤懣を抑え切れなかった。そうしたヴェーバーの半世紀に亙る苦悩を、我々はこのあと見ていくことになるのである。

二　職業政治家の家庭

少年ヴェーバーは、ドイツ国民国家の胎動をとりわけ如実に感じられるような家庭環境に生育した。ベルリン西郊のシャルロッテンブルクにあったヴェーバー邸は、小ドイツ主義的国民国家の形成に人生を賭けた数多の猛者たちが集結する梁山泊だったのである。この現実政治に近接した家庭環境こそが、自信を持って聴衆に政治を語る、のちの政治評論家ヴェーバーの素地を準備したのであった。

ヴェーバーの父マクシミリアン・ヴィルヘルム・ヴェーバー（一八三六年―一八九七年）は、プロイセン及びドイツの職業政治家であった。父マックスは青年期にモーリッツ・アウグスト・フォン・ベートマン・ホルヴェーク（一七九五年―一八七七年）[24]の主宰する『プロイセン週報』や地域新聞の編集に従事し、彼の主宰する「立憲君主党」の中央委員会に属したのち、エルフルトやシャルロッテンブルクの市参事会員として都市行政に従事した。同時に父マックスはルドルフ・フォン・ベニクセン（一八二四年―一九〇二年）[25]を議長とする小ドイツ主義的国民国家期成同盟「ドイツ国民協会」に参画し、長男ヴェーバーの誕生後しばらくして結成された国民自由党にも加入してその幹部となり、プロイセン代議院、ドイツ帝国議会に議席を有した[26]。けれども議事録などから判断する限りでは、この父マックスは淡々と行政実務に従事する地道な政治家で、長男のマックスや義兄のバウムガルテンのように雄弁に政治を語るという人物ではなかった。従ってドイツ・ナショナリズムや政治的近代化について父マックスがどう考えていたのかを調べることも困難であり、長男との間でどの程度共通点、相違点があったのかも判然としないままである。

父マックスは長男ヴェーバーに、二つの政治的財産を残した。第一の財産は、その現実政治に近接した交友環境である[27]。ヴェーバー邸には、ルドルフ・フォン・ベニクセン、ヨハンネス・フォン・ミーケル（一八二八年―一九〇一年）、ハインリヒ・リッケルト（一八三三年―一九〇二年）[28]、フリードリヒ・カップ（一八二四年―一八八四年）、アルトゥール・ホープレヒト（一八二四年―一九一二年）[29]、ルートヴィヒ・エーギディ（一八二五年―一九〇一年）[30]、ユリアン・シュミット（一八一八年―一八八六年）[31]、レヴィン・ゴルトシュミット（一八二九年―一八九七年）[32]、ハインリヒ・フォン・ジーベル

（一八一七年—一八九五年）[33]、ハインリヒ・フォン・トライチュケ（一八三四年—一八九六年）、テオドル・モムゼン（一八一七年—一九〇三年）[34]など、ドイツ国民国家建設の原動力となった代議士や政治評論家が出入し、マックス及びアルフレート・ヴェーバー兄弟に現実政治の息吹を伝えた[35]。ヴェーバーは自由主義政治家としての父を注視し、その同志たちを批評する中で、いつの間にか自由主義陣営に感情移入する習性を身に付けていった。そうしたヴェーバーの自由主義陣営への帰属意識は、結局晩年まで維持されることになるのである。第二の財産は、祖国愛を涵養するドイツ国内旅行である。父マックスは、長男マックス、次男アルフレート、三男カールを、しばしばドイツ国内旅行に連れ出した。こうした旅行体験は、ベルリン育ちの彼らにドイツの国土の美しさを知らしめる契機となった。テューリンゲンからライン川流域までの旅行で無邪気に感動する長男マックスの様子は、今日でも窺い知ることが出来る[36]。

母方の伯父で歴史家（シュトラスブルク大学教授）のヘルマン・バウムガルテン（一八二五年—一八九三年）は、帝国建設の功労者の一人であり、激情的な政治評論家であった。バウムガルテンは、前三月革命期からヴィルヘルム期までの激動の時期を駆け抜けた自由主義者である。イエナのブルシェンシャフトで活動して大学を追われ、カトリシズムやハプスブルク家を激しく非難し、ビスマルク批判からプロイセン主導の国民国家建設支持へと転向したかと思えば、晩年にはトライチュケと論争して再びプロイセン批判者になるなど、バウムガルテンの六十八年の生涯は闘争に次ぐ闘争であった。その政治評論の雄渾な筆致は、のちの甥ヴェーバーのそれを想起させるものがある。シュトラスブルク時代のヴェーバーには、大学での演習参加に加えて、毎週日曜日の午後などにバウムガルテン家を訪問する習慣があった[37]。ヴェーバーは同じくシュトラスブルク在住であった叔父エドゥアルト・ベネッケ（シュトラスブルク大学地質学教授）の一家とも交流しているが、ヴェーバーが政治的刺戟を受けたのは主としてバウムガルテン家からであった。ただヴェーバーがバウムガルテンの見解にどの程度影響されたかは論証できないため、「ヴェーバーはバウムガルテンの「反骨精神」を受容した」といった類の臆測は避けるべきである。そもそもバウムガルテンは小ドイツ主義的なドイツ・ナショナリストであって、プロイセン国家に徹底抗戦を試みた人物ではない。また現存する書簡で見る限りでは、ヴェーバーは寧ろ伯父バウムガルテンに異論を提起していることの方が多い。ただいずれにしても、歴戦の政治評論家バウムガルテンとの意見交換が、のちの雄弁な政治評論家ヴェーバーにとって有意義な修錬になっただろうことは推測される。

同じく母方の伯父（母の異母姉の夫）ユリウス・ヨリー（一八二三年—一八九一年）もまた、義弟バウムガルテンと同じ方向性で帝国建設に大きく貢献した人物であった。ヨリーはマンハイムの商業会議所会頭の息子に生まれ、家系はワロン系であった。ヨリーはハイデルベルク大学で教授資格を獲得したものの、岳父ゲオルク・フリードリヒ・ファレンシュタイン（一七九〇年—一八五〇年）や、その共同生活者で「ゲッティンゲンの七教授」の一人であったゲオルク・ゴットフリート・ゲルヴィヌス（一八〇五年—一八七一年）らの穏健自由主義サークルに属して、小ドイツ主義的な方向での国民国家建設を目指したため、一八五〇年代の「反動期」には大学で昇進することが出来ずにいた。だが一八六〇年代に文化闘争の前哨戦であるバーデンでの反教権闘争が激化すると、ヨリーは穏健自由主義者として国家の優位を断固主張したために大公の好意を得、反教権主義の闘士として一転バーデン政界に進出することになる。やがて内務大臣として、次いで首相としてバーデン大公国の政治を担うようになったヨリーは、ドイツ戦争前夜にバーデンがエステルライヒに加担するのを阻止しようとして失敗するも、独仏戦争の気運が高まる中でビスマルクにバーデンの北ドイツ連邦加入を提案し、エルザス＝ロートリンゲン併合にもいち早く賛成を表明するなど、小ドイツ主義的国民国家の早期実現のために敢えてビスマルクの忠実な従者になったのだった。[38]ヴェーバーはハイデルベルク大学在学中にしばしば書簡でカールスルーエ在住のこの伯父に言及しているほか、一九〇八年の書簡では彼を「「文化闘争」大臣」などと呼んでおり、[39]自由主義政治家として意識していたことが窺い知れる。

ヴェーバー家に集うこうした人々には、一つの共通項がある。それは一八六〇年代という激動の時代に、「自由」と「統一」という二つの理想を情熱的に追求しつつ、その双方を容易には実現できないという現実を直視し、それぞれが自分たちなりの道を模索したという点である。少年ヴェーバーはこのような人々に囲まれて、個々の状況認識は必ずしも共有しなかったにしても、理想と現実との間で真摯に苦悩する態度を忠実に継承した。それが——一九一九年のミュンヘン講演「職業としての政治」の用語法で言えば――「責任倫理」（冷徹な目的合理性の追求）と「心情倫理」（目的合理性を度外視した理想の追求）との間で苦悩する政治評論家ヴェーバーの精神的基盤を用意したのである。

少年ヴェーバーが直接接触した人々に続いて、彼が面識のない母方の祖父ファレンシュタインにも触れておこう。愛国者ファレンシュタインは、少年時代にエステルライヒ軍に身を投じてアウステルリッツの三帝会戦で負傷し、一八一三年からの解放戦争ではプロイセン軍兵士としてパリに進駐している。戦後もフランスへの憎悪を懐き続けたこの熱血漢は、プロイセン国家に仕官しながら、プロイセン王のあるフランス人伯爵への財産贈与に抗議の声を挙げたという。けれどもファレンシュタインは、フランス支配下で制定されたライン法制を評価し、プロイセン国家の介入に反対する姿勢を見せている。後述のようにヴェーバーは、西欧（彼の場合はアングロ＝サクソン圏）を模範としてドイツを批判しつつ、同時に西欧への違和感を胸中に秘めているところがあったが、祖父ファレンシュタインは西欧（彼の場合はフランス）への両義的態度という点では、孫ヴェーバーの到来を予感させる存在であった。またファレンシュタインは、当時ラインラントで展開されていたプロイセン国家の反「教皇至上主義」政策を支持した点でも、「文化闘争」に熱狂した孫を先取りしている。更にファレンシュタインは、その誠実な人柄ゆえに、傍若無人な独善性で周囲との悶着を繰り返したが、これもヴェーバーによって見事に再演されることになった[40]。

剰えヴェーバー周辺の婦人たちにも、その精神構造においてヴェーバーと通じるものがあった。ヴェーバー家やファレンシュタイン家の女性たち、特にヴェーバーの祖母エミーリエ・ファレンシュタインやその娘たち（例えばヴェーバーの母ヘレーネ・ヴェーバー、伯母イダ・バウムガルテン）は、自由主義的プロテスタンティズム信仰を人生の指針とし、道徳的完璧さを目指す傾向を有していた。主婦として家事に邁進しつつ内省の時間をも大切にした彼女たちは、特に性的領域を罪悪視し、政治など現世的問題に目を奪われている夫たちを否定的に見ていたが、それ以外の人々にはより一層侮蔑的な態度を示すところがあった。例えばエルフルト時代（一八六七年）のヘレーネは、自分が熱心に勧めるアングロ＝サクソン系プロテスタンティズムの文献会読に集中しない夫マックスに不平を懐きつつ、更にエルフルトの一般人についてこう慨嘆している。「この種のことに関しては、ここエルフルトは全く死んでいるようなものです。ここではそのようなことについて誰も関心を懐いていませんし、また懐いていたとしても、それはごく少数のサークルだけの話で、しかもそこには神学者が含まれていません。またプロテスタント大会の動向など何一つ知りませんし、多くの人々は知ろうとする意志がないのです。そういったものに興味を懐くことを、彼らは過激な、彼らの考え方とは相容れない振舞だと看做しているのです。これは言っておきますが、あなた方のところやハイデルベルクにいる神学者たちはみな、この地の人々を相手にしている私にとっては、まさしく清涼剤とでも言うべきものです。というのも、そちらにはともかく生命があり、彼らはともかく自分自身で勉強し探究しており、この土地の人のように旧弊を単に延々と繰り返しているだけではありませんもの……」[41]すでに少女時代には文化闘争に突入していたバーデン大公国、とりわけ西南ドイツ・プロテスタンティズムの中心地ハイデルベルクから来たヘレーネには、かつてマインツ大司教領であったエルフルトの風土は、やはり知的に悲惨なものに見えたようである。のちにヴェーバーは、こういったヘレーネやイダの精神構造に、両義的な態度で臨むことになった。一方でヴェーバーは、彼女たちの道徳的厳格さに辟易した。学生組合の決闘で頬に刀傷を付けてきたマックスを、ヘレーネが平手打ちにしたという逸話があるように、息子には母や伯母の分別じみた生活態度を逸脱する自由奔放さが備わっていた。[42]けれども他方で、厳格な自己修練と他人への優越意識とが一体化した姿勢に関しては、マックスはヘレーネのそれを見事に継承していった。政治評論家となったヴェーバーは、まずはポーランド人農業労働者やプロイセン・ユンカーに、次いでドイツ社会全般に矛先を向けていったのだった。

第二節　政治的古典との対決

一　『君主論』から『オシアン』まで

ヴェーバーの政治への取り組みは、政治的古典との対決から始まった。聊か意外なことだが、大学入学前のヴェーバーには、現実政治に言及した形跡がほとんどない。僅かに一八七六年九月、十二歳のときにセルビア、モンテネグロとトルコとの戦争が扱われている程度である(43)。代わりにヴェーバーは様々な古典に触れ、政治的思考能力を鍛えていた。こうした少年ヴェーバーの歩みは、職業政治家にはならないまま、政治にきわめて近接した学問領域で研究し、その成果を現実政治に活用しようとした、いわば政治的学者としての彼の生涯を予感させるものである。ヴェーバーはすでに少年時代から熱心な読書家で、ギムナジウムでの授業中に内職でコッタ社版『ゲーテ全集』を読破してしまったと言われる(44)。当時のヴェーバーが興味を懐いた分野は多岐に亙っているが、なかでも政治史や政治思想、あるいは英雄の叙事詩などは注目される。少年ヴェーバーのそうした政治的古典との対決は、遙か後年の政治評論にまでその影響を及ぼすことになる。

ヴェーバーはすでに十代前半にして、作品解釈に強烈な個性を発揮していた。学校でのヴェーバーは、教師に対して厚かましくはないが、内心敬意を示すこともない不気味な生徒とされていた(45)。また現存するギムナジウム時代の通知表からは、ヴェーバーの成績に教科によって斑《むら》があった様子が見て取れる(46)。このような個性派少年ヴェーバーは、読書の際にはいつも自分の問題関心を明確にし、その観点で作品を評価するという姿勢を貫いていた。ヴェーバーにとって重要だったのは、当該作品と自分の問題関心との相互関係であった。ヴェーバーはどれほど有名な作品にも、いつも不遜なまでに堂々と立ち向かい、ときには情熱的に称讃し、ときには傲然と切り捨てている。ヴェーバーは作品を総合的に、内在的に理解しようとするより、寧ろ自分の問題関心に関連する部分のみに集中し、即断する傾向があったということになるだろう。ヴェーバーは先行研究者の古典解釈にも注意を払うが、重要なのは飽くまで自分と古典作者との一騎打ちであった。こうした意見表明の流儀も、のちの学者・政治評論家ヴェーバーにそのまま引き継がれたのである。

ヴェーバーは王立皇妃アウグスタ・ギムナジウム（シャルロッテンブルク）の初年から政治的古典に接近していった。ギムナジウム時代初期に少年ヴェーバーが自発的に読んだ著作としては、イマヌエル・カント（一七二四年—一八〇四年）、ベネディクトゥス・デ・スピノザ（一六三二年—一六七七年）、アルトゥール・ショーペンハウアー（一七八八年—

一八六〇年）などが挙げられている。[47] また十二歳でヴェーバーは、ギムナジウムの教師らしき人物「ブレンディケ博士」から勧められ、ニッコロ・マキアヴェッリ（一四六九年―一五二七年）の『君主論』を読み、あとでフリードリヒ大王（一七一二年―一七八六年）の『反マキアヴェッリ論』にも触れたいと述べているほか、そしてマルティン・ルター（一四八三年―一五四六年）の著作にも親しんでいる。[48]

少年ヴェーバーがマキアヴェッリをどう読んだかは不明だが、マキアヴェッリという名前はのちの彼の人生にもしばしば登場してくる。学生ヴェーバーは一八八三年一二月、シュトラスブルク大学のバウムガルテンの歴史学演習で、マキアヴェッリの同時代人フランチェスコ・グィッチャルディーニ（一四八三年―一五四〇年）と、パオロ・ジョーヴィオ（一四八三年―一五五二年）との比較検討に大いに興味を感じると述べている。[49] グィッチャルディーニやジョーヴィオは、その約一年前にヴェーバーが読んだランケ『近世歴史家批判』の考察対象でもあるから、ヴェーバーがこの二人に強く反応したのは、ランケへの興味とも関連していたことだろう。また論文「プロテスタンティズムの倫理と資本主義の「精神」」や講演「職業としての政治」には、フィレンツェの市民的愛国者、「暴君」たる教皇に対決する闘士としてのマキアヴェッリが登場する。[50] 更に『宗教社会学論集』序文で、ヴェーバーはマキアヴェッリの「国家学」を、非西洋には類例のない体系的なものとし、西洋にのみ徹底した合理主義が自生したことを示す証左として挙げている。[51] ただこのような断片的事実から、ヴェーバーがマキアヴェッリの政治観に大きく影響されていたなどと、安易に結論付けることは出来ない。ヴェーバーの権力闘争志向をマキアヴェッリ起源として説明したい誘惑に駆られる研究者は多いが、そうした議論には慎重であるべきだろう。

ルターについても、当時のヴェーバーがどう読んだのかは不明だが、のちの彼はルターを毅然たる人物として憧憬を込めて紹介している。ヴェーバーは講演「職業としての政治」で、基本的に「責任倫理」の立場に立ちつつも、ぎりぎりまで最善を尽くした上で示された「心情倫理」には共感を示すと述べているが、ここでヴォルムス帝国議会におけるルターの大立ち回りが意識されている。「ただ――年を取っていようといまいと――成熟した人間が、結果に対するこの責任をしっかりと、心の底から感じ取り、責任倫理に則って行動し、そしてどこかでこう言ったとき、それは測り知れないほど感動的です――「私にはこうしか出来ない。私はここに立つ。」これこそ人間的に真なるものであり、人を感動させるものなのです。」[52]皇帝や聖俗諸侯たちを前にして、恐喝されても自説を曲げなかった闘士ルターに、ヴェーバーは限りない共感を表明しているのである。ヴェーバーにおいてこうしたルターへの共感は、ルター派領邦教会の権威主義への反撥とは別個に存在するものであった。

少年ヴェーバーが初めて本格的な読後感を残したのは、一八七八年にローマの政治家・文人マルクス・キケロ（前一〇六年―前四三年）に触れたときである。ヴェーバーはギムナジウムでのギリシャ語・ラテン語の学習を通じて、古典古代の作品に触れる機会を豊富に有していた。まだヴェーバー家と交流のあったモムゼンは、ローマ史研究の世界的権威であった。ヴェーバーは、ホメロス（生歿年不詳）、ウェルギリウス（前七〇年―前九年）、ヘロドトス（前四八五年頃―前四二五年頃）、リウィウス（前五九年―前一七年）といった文人たちの作品に触れ、詳細に感想を述べているが、とりわけ熱心に論評しているのが、政治家キケロなのであった。[53]ただ少年ヴェーバーのキケロ評は、決して好意的なものではなかった。一般にキケロは、ユリウス・カエサル（前一〇〇年―前四四年）との対比において、ローマ共和制の守護者として賞讃されることが少なくないが、少年ヴェーバーがこの人物に注目したのは、決断力がなく、権力者に媚び諂《へつら》い、他人の誹謗中傷や自画自讃を厭わない、軽薄で卑怯な人間としてであった。ヴェーバーは言語的、哲学的にはキケロを高く評価し、また彼が放埒な欲望を慎む倫理的な人物であることも認めていた。だがヴェーバーが政治家としてのキケロに期待したのは、ローマ国家存亡の危機に際しての毅然とした態度であり、この点でキケロはヴェーバーの眼鏡には適わなかったのである。例えばキケロが元老院で叛逆者ルキウス・カティリーナ（前一〇八年―前六二年）を指弾した「カティリーナ弾劾演説」は、ヴェーバーには彼の「動揺した不安定な政治」が現れた「泣きながら嘆くような詩」でしかないように思われた。またカティリーナをローマ市外へ放逐しようとしたキケロの策略も、ヴェーバーには寧ろ、カティリーナを市外の叛乱軍と合流させるのみで、国家転覆計画を粉砕するという彼の目的には合わないように思われたのである。[54] また殺害されたカエサルを再び称揚し、マルクス・ブルートゥス（前八五年―前四二年）ら共和主義者の実権掌握を阻止しようとするマルクス・アントニウス（前八二年―前三〇年）を弾劾したキケロの「フィリッポス弾劾演説」は、余りに露骨なアントニウスへの誹謗中傷、カエサルの死を喜ぶキケロの卑劣さゆえに、ヴェーバーの嫌悪感を誘った。[55] こののちヴェーバーはキケロ理解を更に深めていくことになるが、彼の感想はいずれも批判的なもので、特に「レガリウス弁護論」については旧敵カエサルへのキケロの追従ぶりを批判したほか、彼の見苦しい自慢話にも眉を顰めている。[56]

古典古代の作品と並んで少年ヴェーバーが熱心に取り組んだのが、スコットランド・ロマン主義文学の世界であった。ヴェーバーは一八七八年末から翌年にかけて、ビーレフェルトの親戚から贈呈されたウォルター・スコット（一七七一年―一八三二年）の『タリスマン』、『クウェンティン・ダーワード』に心を躍らせ、更に『エディンバラの地下牢』をも激賞している。[57] ヴェーバーの熱狂ぶりがとりわけ顕著だったのが、古代ケルト族の英雄叙事詩『オシアン』であった。『オシアン』は三世紀ころスコットランド北部で強盛を誇った領主フィンガル王の息子で、一族の最後の生き残りであるオシアン王子が、息子オスカルの許婚マルヴィーナに語り聞かせた一族の武勇伝を、マルヴィーナが後世に伝えたとされるものである。この作品は一八世紀末以降のロマン主義運動に大きな影響を与え、フランスではジャン＝ジャック・ルソー（一七一二年―一七七八年）、スタール夫人（アンヌ・ルイーズ・ネッケル）（一七六六年―一八一七年）、フランソワ＝ルネ・ドゥ・シャトーブリアン（一七六八年―一八四八年）らが耽溺したほか、ナポレオンも戦地にあってはこれを好んで繙き、遂にはパリ大学にケルト学部を創設してしまったという。ドイツでもその人気は高く、ヨハン・ヴォルフガング・フォン・ゲーテ（一七四九年―一八三二年）、フリードリヒ・フォン・シラー（一七五九年―一八〇五年）、ヨハン・ゴットフリート・フォン・ヘルダー（一七四四年―一八〇三年）、フリードリヒ・レオポルト・フォン・ハルデンベルク男爵（ノヴァーリス）（一七七二年―一八〇一年）、ハインリヒ・フォン・クライスト（一七七七年―一八一一年）らが読み耽ったと言われている。一時はイングランド側から贋作説が提起されたこともあるこの著作は、スコットランド・

ナショナリズムが勃興する契機の一つともなったものである[58]。ヴェーバーはこの作品に現れた死を恐れないケルトの英雄たちの質実剛健さに、南欧人の素朴さ、明るさ、穏やかさとは対照的な雄々しい戦士たちの美学を看取した。ヴェーバーはこの『オシアン』をホメロスと並べて賞讃した上で[59]、一八七九年の作文「インド＝ゲルマン諸国民における民族の性格、民族の発展及び民族の歴史についての考察」でも詳細に分析したのだった[60]。

少年ヴェーバーが残したこれらの読書感想文には、すでにのちの彼が追求した政治家の理想が表現されている。ヴェーバーは『オシアン』の英雄たちのように、逆境にも負けない勇猛果敢で強靭な闘士に憧憬した。だがキケロのように危機にあって動揺したり、他人に罵詈雑言を吐いたりするのは、ヴェーバーの趣味ではなかったのである。騎士道精神を備えた人間を愛好し、卑屈で矮小な人間を忌避するという、政治におけるヴェーバーの一貫した態度は、すでに少年時代にその萌芽を見ることが出来るのである。

二　ハインリヒ・フォン・トライチュケへの傾倒

青年ヴェーバーは、同時代のドイツ歴史学からも刺戟を受けていた。ヴェーバーにとって何より衝撃的だったのは、トライチュケ『一九世紀ドイツ史』[61]との出会いである。当時のヴェーバーは、そもそもプロイセンの文学や歴史学に多角的に興味を懐いていた。ヴェーバーは一八七九年二月に友人とグスタフ・フライターク（一八一六年―一八九五年）の『ジャーナリスト』を観劇しに行くと述べており、同年四月には同じくフライタークの『ドイツの過去の情景』[62]を贈呈されたとも記している[63]。またハイデルベルク時代の一八八二年一一月には、ヴェーバーはレオポルト・フォン・ランケ（一七九五年―一八八六年）の出世作『一四九四年から一五三五年までのロマンス系・ゲルマン系諸民族の歴史』[64]や、その附録『近世歴史家批判』[65]に対して感激を表明している[66]。だがトライチュケ『一九世紀ドイツ史』への取り組みは、ヴェーバーの生涯にとって特別な意味を有していたと言えよう。というのもトライチュケを頂点とする権力主義的政治観は、特にアングロ＝サクソン圏との政治理念上の対決において、後続世代のヴェーバーに示唆を与えたように思われるからである。またこの著作を契機とするトライチュケ・バウムガルテン論争は、帝国建設後のドイツ自由主義陣営の混迷を象徴する事件であり、ヴェーバーもその経緯を注視していたのだった[67]。そこでここでは、ヴェーバーのトライチュケ『一九世紀ドイツ史』との関わりについて見ていくこととしたい。

トライチュケは、ビスマルク期ドイツを代表する歴史家、政治評論家であった。トライチュケはハイデルベルク大学、ベルリン大学教授として歴史学、政治学を講じる傍ら、国民自由党系の週刊誌『プロイセン年報』を編集し、更に帝国議会議員（国民自由党、のち無所属）をも務めていた。トライチュケはエステルライヒに加担するザクセンの軍人貴族の息子でありながら、父に叛逆してプロイセン主導のドイツ国民国家建設を唱道し、ドイツ統一後は反ユダヤ主義に加担してテオドル・モムゼンと、「講壇社会主義」を批判してグスタフ・シュモラー（一八三八年―一九一七年）と論争を行っていた[68]。このトライチュケの代表作『一九世紀ドイツ史』は、ゲルヴィヌス『ヴィーン条約以降の一九世紀史』[69]に対抗して執筆されたものである。ゲルヴィヌスが君主制原理からデモクラシーへの移行という一般的潮流を念頭にヨーロッパ史を概観したのに対し、トライチュケはプロイセン主導のドイツ統一を礼讃する立場からドイツ史を概説し、ゲルヴィヌスの門下生たちと悶着を惹き起こすことになったのだった。

ゲルヴィヌス門下生の一人で、一八八二年一二月六日より公然と『一九世紀ドイツ史』第二巻（ヴィーン会議からカールスバート決議まで）への批判を開始したのが、ヴェーバーの伯父バウムガルテンである。バウムガルテンは、ヴィーン会議直後の状況に関するトライチュケの叙述が、エステルライヒ宰相メッテルニヒの動向を軽視してプロイセンの役割を過大評価し、当時のブルシェンシャフトや自由主義者を酷評するなど、余りにプロイセン弁護が過ぎると苦言を呈した。その上でバウムガルテンは、トライチュケがカトリック系の歴史家のように、主観的判断に没入して客観的な事実認識が出来ず、一面的な歴史記述に陥っていると非難したのだった。

このようなバウムガルテンのトライチュケ批判は、自由主義陣営内に多くの賛同者を生み出す傍ら、トライチュケ本人を始めとする幾人かの反論者の登場を促したが、とりわけトライチュケの後任として歴史学を講じていたハイデルベルク大学教授ベルンハルト・エルトマンスデルファー（一八三三年―一九〇一年）は、一八八三年にユリアン・シュミット編集の雑誌『グレンツボーテン』にバウムガルテンへの批判を発表した。エルトマンスデルファーは、トライチュケの作品を「傑出した国民的歴史書」と絶讃し、これを刊行後僅か二週間で公然と酷評したバウムガルテンの早計を冷笑した。エルトマンスデルファーは、トライチュケの叙述がときとして一面的で、また煮詰まっていない部分もあることは認めつつも、結果として繰り返しトライチュケに軍配を上げたのであった。こののちドイツ伝統史学の権威『史学雑誌』がトライチュケ擁護の書評を出したことで、この論争におけるトライチュケの政治的勝利は確定し、彼は一八八四年一月二一日（フリードリヒ大王の誕生日）にベルリンのプロイセン王国学士院で、ドイツ皇帝・プロイセン王ヴィルヘルム一世から優秀な歴史家を顕彰する「ヴェルダン賞」を贈呈されるに到ったのである。

さて青年ヴェーバーも、当時このトライチュケの話題作に熱心に取り組んでいた。ヴェーバーは一八七九年一〇月の書簡で、刊行されたトライチュケ『一九世紀ドイツ史』第一巻（ヴェストファーレンの講和から解放戦争まで）を、（多くの点で理解が難しいとはしつつも）「素晴らしい書籍」であるとし、これを読むのは「大いなる喜び」だと述べている。(70) またヴェーバーは大学入学後の一八八二年に、父マックスも絶讃していたという例の『一九世紀ドイツ史』第二巻に「本当にわくわくしている」と述べ、伯父アドルフ・ハウスラート（一八三七年―一九〇九年）なども喜びの余り、ヴェーバーら来訪した学生たちにブルシェンシャフトに関する部分を朗読させたと記している。更にもう一人の伯父バウムガルテンが一八八二年一二月上旬にこの文献への批判を発表すると、ハイデルベルクの教授たちがバウムガルテンの物言いに驚愕し、激怒していると書き記している。どうやらヴェーバーは、このトライチュケ・バウムガルテン論争に際して、初めはトライチュケ側に親近感を懐いていたようである。(71) ところが一八八三年一月にオットー・バウムガルテンの結婚式があり、この場でオットーの父ヘルマンに遭遇したヴェーバーは、こののち徐々にバウムガルテンの意見にも理解を示すようになっていく。(72) エルトマンスデルファーがバウムガルテン批判を展開したときなどは、ヴェーバーは彼の批判が本質を外しているとし、ハイデルベルクの教授連がバウムガルテン側に立っているなどと、以前とは正反対にトライチュケ側に不利なことを論《あげつら》うに到っている。[73] とはいえヴェーバーは、トライチュケを全面否定するようになっていったわけではない。ヴェーバーのトライチュケに対する態度は、やはり愛憎半ばするものであったと言うべきである。ここで興味深いのは、ヴェーバーが一八八七年四月、伯父バウムガルテンの古稀の祝いに、その論敵トライチュケの古い詩集をわざわざ入手して贈呈していることである。ヴェーバーはバウムガルテンへの送り状で、トライチュケには粗雑さや不公平さがあるにも拘らず、なお「本当に理想的な特徴」を見付けることも出来るのであり、それは喜びであると記している。そしてこのトライチュケの「理想」主義が、暴力的な行為に訴えることなく目標を達成しようとする努力への軽蔑、すなわち「「現実主義」」(„Realismus") と対置されているのである。[74] つまりヴェーバーは、トライチュケから「現実主義」の政治哲学を導き出して熱狂している同時代人を横目に、トライチュケからは決して「現実主義」だけではなく、「理想」主義をも引き出すことが出来るのだと主張していたのである。

第三節　政治史叙述の試み

一　ドイツ政治史の素描

やがて少年ヴェーバーは政治的古典を読むだけでは飽き足らず、自ら政治史を執筆するようになる。少年ヴェーバーの作文として今日残されているのは、「シュタウフェン家」、「ドイツ史の経過一般」、「ローマ帝制期」、「インド＝ゲルマン諸国民における民族の性格、民族の発展及び民族の歴史についての考察」の四作品である。[75] このうち前三者は、広義のドイツ史叙述として理解するべき内容のものとなっている。最後の一つは、正確には「政治史」と言うより、寧ろその背景にある「人間精神発達史」とでも呼ぶべきものである。

十二歳のヴェーバーは一八七六年九月二〇日、祖母エミーリエ・ファレンシュタイン宛の書簡で、自分はメロヴィング朝、カロリング朝、ホーエンシュタウフェン朝、ホーエンツォレルン朝、ハプスブルク朝といった王朝の系図を書けると誇らしげに記しているが、[76]同年九月末から一二月一八日に掛けて執筆され、降誕祭に祖母に献呈された作文「シュタウフェン家」[77]は、「不敗で、輝かしく、強い」中世ドイツ＝ローマ帝国に対する彼の憧憬を表現した作品に仕上った。曰く「人々は到るところで、彼らの権勢と客人の歓待ぶり、彼らの強靭な粘り強さと威風堂々たる勇気に、感嘆の声を挙げたのである。」ヴェーバーがこのシュタウフェン朝論の中心に位置付けたのは、東洋の覇者サラディンにも一目置かれたという「西洋で最も権勢を誇った最も強大な領主」、フリードリヒ・バルバロッサ（一一二二年—一一九〇年）であった。これに対しヴェーバーは、ドイツを等閑視したイタリア経営に関してはシュタウフェン朝に批判的で、これをドイツ東方植民運動に貢献したハインリヒ獅子公（一一二九年—一一九五年）の功績と対比している。これはまさしく同時期の「フィッカー・ジーベル論争」を想起させる、小ドイツ主義的な歴史認識である。しかし少年ヴェーバーが単なるジーベルの亜流に止まらないのは、教皇に右顧左眄《うこさべん》することなく地中海大帝国の構想を懐いたローマ皇帝フリードリヒ二世（一一九四年—一二五〇年）にも、大いに興味を示していることである。こののちヴェーバーの叙述は、最後の継嗣コンラーディン（一二五二年—一二六八年）の斬首によるシュタウフェン家の滅亡にまで及ぶが、彼は同家の敢えない最期にも同情の言葉を惜しまない。「まさしく彼らの深い失墜こそが、彼らを決して消えることがないほど深く、人々の心に刻み付けることが出来たのである。」

一八七七年に執筆されたヴェーバーの作文「ドイツ史の経過一般——特に皇帝及び教皇の地位に留意して」[78]は、彼の前作「シュタウフェン家」の拡大版で、フランク王カール（七四二年—八一四年）の西ローマ帝冠取得（八〇〇年）からドイツ戦争（一八六六年）までを扱った、壮大な叙事詩である。その表題にも示唆されているように、この作文にはヴェーバーのカトリシズムへの敵愾心が色濃く滲み出ている。ヴェーバーは帝権・教権の争いを、前者に感情移入しながら叙述し、教皇やそれと結託した聖界諸侯、世俗諸侯がそれぞれ自己の利益のために、帝国の一体化を妨害したことを指摘する。前作の主役であったシュタウフェン朝は、この作文では叙任権闘争を闘ったザリエル朝の後継者、教皇の手強い好敵手として登場する。とりわけフリードリヒ・バルバロッサは、教皇の敵というだけでなく、威風堂々たる雄々しい政治家として、一層の敬意を込めて描かれている。シュタウフェン朝の滅亡後、ヴェーバーの筆致は一気に一九世紀まで進む。ヴェーバーによれば、シュタウフェン朝後の帝権失墜でドイツ諸侯が、次いで宗教改革でドイツ民衆が反教皇闘争に立ち上がった。帝室ハプスブルク家は「私的利害」を追求し、カトリシズムを信奉してドイツ民族から遊離したため、一八六六年の破滅に到ったのだという。最後にヴェーバーは、かのビスマルクの決め台詞を大書して文章を締め括っている――「我々はカノッサには行かない」[79]。

一八七七年一月一日より執筆が開始された作文「ローマ帝制期――民族大移動の時代」[80]は、古代ローマ政治史に胸躍らせる少年ヴェーバーの姿を髣髴とさせる作品である。ヴェーバーはホメロスやキケロのような文学のみならず、古銭や石貨にまで興味を懐く熱狂的な古典古代愛好家であった[81]。ヴェーバーの古典古代への興味は、のちに教授資格論文『ローマ農業史』で本格的に始まる一連の古代史論として開花することになるのだが、その出発点となったのがこの作文であった。ヴェーバーはこのローマ政治史論においても、政治史を権力者の人物伝として構成し、歴代皇帝の政治指導者としての評価に全精力を傾倒している（従って共和制ローマへの言及は全くない。）。当初ヴェーバーは、コンスタンティヌス帝（二七四年？―三三七年）からオットー大帝（九一二年―九七三年）までの壮大な（西）ローマ皇帝列伝の執筆を意図していた。その際、序章ではコンスタンティヌス帝からユリアヌス帝（三三一年―三六三年）までの時代に関する一般的問題が、第一章ではコンスタンティヌス帝（の息子たち）の時代からテオドシウス一世（三四六年―三九五年）までの歴史が扱われる予定であった。だが今日残された現物を見てみると、ウァレンティニアヌス一世（三二一年―三七五年）を扱う第一章第三節で記述が途切れており、それ以降は白紙が続いているので、ここで執筆を断念したものと推測される。もし予定通りオットー大帝まで叙述が続行されていれば、前述の作文「ドイツ史の経過一般」と合わせてコンスタンティヌス帝の時代から一八七〇年／七一年のドイツ統一に到る壮大な（ドイツを中心とした）西部ヨーロッパ史論が完結するはずであった。その計画は完成しなかったが、いずれにしてもこの作文は、皇帝の肖像や地図・系図を含んだかなりの力作である。

ここで注意すべきなのは、以上のようなローマ・ドイツ政治史論を、少年ヴェーバーがドイツ国民国家成立までの道筋を回顧する試みとして構想していたということである。当時のドイツでは、かのトイトブルク森のヘルマン（アルミニウス）記念碑（一八七五年デートモルト郊外）が象徴しているように、古代のローマ・ゲルマニア対決が同時代の西欧（特にフランス）・ドイツ対決と重ねて観念されることがしばしばあった。このヘルマン像は、古代にゲルマニア連合軍が撃破したローマの方角ではなく、五年前にドイツ諸国軍が撃破したフランスの方角を凝視して建てられたのである。また当時、オットー・フォン・ギールケ（一八四一年―一九二一年）のように、ドイツ法学者としてローマ法の行き過ぎた個人主義を批判し、その継受に近代の社会問題の淵源を見出そうとする論者もいた。これに対してローマ法学者であったヴェーバーは、中心地域の高い「文化」水準の法体系が、周縁地域に滲透していく自然な過程としてローマ法継受を捉え、これをドイツ法文化の主体性を揺るがす屈辱的な出来事とは考えなかった[82]。ヴェーバーは博士論文執筆前、ゲッティンゲン大学ドイツ法教授のフェルディナント・フレンスドルフ（一八三三年―一九三一年）とも親密な関係を有していたが、その際自分はローマ法を第一に研究するものの、ドイツ都市法への言及を通じてドイツ法研究とも関係を維持したいと述べていた[83]。この発言は、ドイツ法とローマ法とを相容れないものとはしないヴェーバーの発想の現れであろうと思われる。そうしたヴェーバーのローマ・ドイツ関係理解の予兆を、我々はすでにこの作文に見ることが出来る。ヴェーバーは東西分裂後のローマ帝国（つまり西ローマ帝国）から（ドイツ国民の）神聖ローマ帝国を経てドイツ帝国に到る広義の「ドイツ史」の流れを見据えていたのであり、西ローマ帝国史はドイツ中世・近代史の前史として結び付けて考えられていたのであった。更に指摘するならば、実は少年ヴェーバーの愛読書としてすでに言及したランケ『ロマンス系・ゲルマン系諸民族の歴史』にも、西ローマ帝国からドイツ国民国家への連続というヴェーバー的発想に一脈通じる面があった。ランケはトルコ人、スラヴ人、ラトヴィア人、マジャール人、アラビア人と区別する意味で、「ロマンス系・ゲルマン系諸民族」を（ギールケのように二項対立としてではなく）「一つの統一体」として理解する方針を採っていたのである（なおランケの言う「ロマンス系・ゲルマン系諸民族」は、「西欧とドイツ」の二項対立には対応していない。

前者にはフランス、イタリア、スペインが含まれ、後者にはドイツだけでなくイギリス及びスカンディナヴィア諸民族が含まれているのである。)。のちにヴェーバーは、第一次世界戦争においてドイツと西欧列強との連携を強く主張することになるが、反西欧性のない少年ヴェーバーのドイツ史観は、彼の後年の行動を予告しているかのようである。

二 人間精神発展論の展開

当時のヴェーバーは、国民国家誕生に到るドイツ史の軌跡を辿ると同時に、そうしたドイツ人の歩みを人類発展史の中で相対化するような試みにも挑戦している。一八七九年降誕祭の日付のあるヴェーバーの作文「インド＝ゲルマン諸国民における民族の性格、民族の発展及び民族の歴史についての考察」[84]は、ドイツ史の展開を明確に意識しつつ、その背景にある古代インド＝ゲルマン諸民族の発展史を分析するというもので、ヘーゲルの歴史哲学、バックルやギゾーの文明史論との思想的連関性を窺わせる意欲作である。そしてそこには、「史的唯物論の積極的批判」を掲げてマルクスの経済還元主義を批判した、のちの宗教社会学者ヴェーバーの原型がすでに現れていたのである。

この作文でヴェーバーは民族の発展を「情操的発展」(gemüthliche Entwicklung)、「精神的発展」(geistige Entwicklung)、「政治的・社会的発展」(politische und soziale Entwicklung)の三つの要素に分けて観念している。「情操的発展」とはいわば芸術性の発展を指し、「純朴」(Naivität)の段階から「感傷」(Sentimentalität)の段階へと進展するのだという。ここでいう「情操」とは「詩歌」の中に表現されるものだが、「詩歌」とはゲーテのような個人や民族の一部によって表現されたものではなく、民族の中で語り継がれた「民族的詩歌」(Volksdichtungen)でなければならない。ホメロスの作品は「純朴」の段階（第一段階）にあり、『オシアン』に登場する多くの詩歌は「純朴」と「感傷」との間の段階（第二段階）にあり、三十年戦争のあと一七世紀、一八世紀の「我々の民族」（ドイツ民族）の詩歌は「感傷」の段階（第三段階）に達する。そしてそのあとに「老年性感傷」(Sentimentalität des Alters)という段階（第四段階）があり、自然回帰や性欲追求、宗教的狂乱・絶望、無神論などに陥ると言われる。これに対して「精神」とはいわば実用的理性の発展のことであり、「情操」とは別個に発展するとされる。この「精神」の発展度合はまたその民族の「文化状態」（Culturzustand）をも規定する。ここで言う「文化状態」とは、鉄道、電燈、火薬など物質的・技術的進歩の状態のことである。とはいえ「文化状態」の向上が、「精神的発展」を促すとは限らないという。また「宗教」は、「情操」だけに依拠すると多神教になり、「精神」にも依拠すると一神教となるのだという。ちなみに「情操」も「精神」も気候条件に左右されるものだが、その度合は「精神」の方が大きいという。

「政治的・社会的発展」についてはその内容を解説しないまま、ヴェーバーの叙述は作文の後半で「アーリア諸民族」（あるいは「インド＝ゲルマン諸民族」）と「セム諸民族」との抗争の歴史へと移行している。ここで「セム諸民族」とされているのはアッシリア人、バビロニア人、アラビア人、フェニキア人で、「アーリア諸民族」とされているのは（当初の）ペルシャ人、キンメル人、ヘラス人（ギリシャ人）である。ヴェーバーはこれら諸民族集団の抗争を描写する際に、個々の「アーリア諸民族」が「セム精神」（Semitismus）[85]にどれだけ影響されていたかに強い関心を示し、「セム精神」が否定的な現象として紹介されている。例えば、「セム化」して「セム精神の呪縛」に陥ったヘラスはパルティアやローマに滅ぼされた、「西洋」はトゥール（＝ポワティエ）やベオグラードでの勝利により「セム精神」から救出されて反攻に転じたといった具合にである。少年ヴェーバーは、サラミスの海戦など、ヘラス人と「すでにセム化した」ペルシャ人やフェニキア人との激突を、ヨーロッパにおける「インド＝ゲルマン人」とアジアの「セム人」との最初の決戦であり、これによってその後一千年に亙る地中海での「インド＝ゲルマン人」の覇権が確立した記念すべき事件だと述べている。更にヴェーバーは、「アーリア諸民族」（あるいは「インド＝ゲルマン諸民族」）と「セム諸民族」との抗争を描写するに当り、「アーリア諸民族」の継承者である「我らが国民」ドイツ人（あるいは「ゲルマン人」）の役割を大いに意識していた。つまり「アーリア諸民族」と「セム諸民族」との抗争は、少年ヴェーバーにとっては単なる昔話ではなく、ドイツ国民国家に関係する歴史現象だったのである。ヴェーバーは、「イランのインド＝ゲルマン諸部族」が分裂し、「セム諸民族」の介入を呼んだと説明する際にも、これを一八七一年に到るドイツの分裂状況に擬《なぞら》えている。

ヴェーバーは「セム精神」の病理が、とりわけその「専制」(Despotismus) 政体に顕在化していると見ていた。ヴェーバーによれば、ヘラス文化もローマ文化も「セム精神」の影響で「専制」に陥って滅亡したのであって、「インド＝ゲルマン諸国民」にはこうした「専制」は本質的に向かないのだという。とはいえヴェーバーは、ヘラスの都市共和国、共和制ローマ、フランス革命の帰結を例に挙げ、「インド＝ゲルマン諸国民」には「共和制的状態」もまた向かないのだと主張する。ヴェーバーが「インド＝ゲルマン諸国民」に最適な国制としたのは、「立憲君主制」(constitutionelle Verfassung) であった。この他にもヴェーバーは、多神教的なカトリシズムは南欧の気候に根差しており[86]、従って気候の違う北方では力を持ち得ないとも述べている。古代中心の人間精神発展史論でも、立憲君主制の弁証やカトリシズム批判のような自由主義的主張を出すところに、すでにのちの政治的学者ヴェーバーの片鱗が現れているのである。

第四節　学生組合への加入

一　ドイツ・ナショナリズム団体としての学生組合

十八歳になった少年ヴェーバーは、一八八二年にベルリン郊外シャルロッテンブルクの王立皇妃アウグスタ・ギムナジウムを卒業し、同年復活祭より大学生生活を開始した。ハイデルベルク大学（一八八二年夏学期―一八八三年夏学期）、シュトラスブルク大学（一八八三年／八四年冬学期―一八八四年夏学期）、ベルリン大学（一八八四年／八五年冬学期―一八八五年夏学期、一八八六年夏学期―一八八九年夏学期）、ゲッティンゲン大学（一八八五年／八六年冬学期）と七年間に及ぶヴェーバーの大学生生活が、ここに始まるのである。この大学生生活は、のちのヴェーバーの政治思想に様々な影響を齎すことになるが、本節で扱う学生組合もそこで扱うべき項目の一つである。

「ヴェーバーと学生組合」という問題設定は、先行研究において全く等閑にされてきたものの一つである[87]。「ヴェーバーと学生組合」に関する研究が低調だったのは、そもそも学生組合という組織が、二〇世紀の左派知識人から疑念の目で見られてきたことと無縁ではないだろう。第二次世界戦争後の学生組合は、東ドイツでは一九九〇年まで事実上禁止状態であり、西ドイツの大学では残存したものの、その影響力は低下する一方であった。ドイツ帝国の政治的近代化の旗手とされてきたヴェーバーは、「市民層の封建化」の象徴としてこの学生組合を再三批判したことで知られている。けれども興味深いのは、実はヴェーバー本人がその前半生では熱心な学生組合員だったという事実である。学生組合はドイツ・ナショナリズム発展史において重要な役割を果たした団体の一つであるから、ヴェーバーの学生組合への参加は、彼のドイツ・ナショナリズムの軌跡を辿る際には見逃せない歴史の一齣なのである。

そもそも「学生組合」(studentische Verbindung あるいは Korporation) とは、ドイツ語圏で独自の発達を見せた学生の自発的結社である。その団員たちは、詰襟に肋骨飾りの制服を身にまとい、華やかな帽子を被り、クルールと呼ばれる多彩な襷《たすき》を懸け、鍔《つば》の大きなサーベルを持ち、学生歌を合唱し、ビールを鯨飲し、決闘によって名誉を守ろうとする。[88] 当初女子学生はいなかったので、学生組合団員は必然的に全員が男性で、女性は一部の式典を婦人席から参観できるに過ぎなかった。[89] 各々の学生組合には「標語」(Wahlspruch) と呼ばれるものがあり、それは通常「自由」、「祖国」、「名誉」、「真理」、「誠実」などの言葉の組み合わせから構成されている。こうした「標語」が示唆するように、ヴィーン体制下ドイツにおける学生組合（特に「ブルシェンシャフト」）は、ドイツ連邦諸侯たちの担う国家連合体制を打破し、フランス革命で謳われた政治的近代化の理念を奉じつつ、ドイツ統一国家を希求するという立場を採っていた。そうした当時の「左のナショナリズム」の雰囲気は、事実上のドイツ国歌とされてきた『ドイツ人の歌』や、いまでも学生組合や左派政党により愛唱されている民謡『考えるのは自由だ』(Die Gedanken sind frei) に反映されている。解放戦争での勝利及び宗教改革三〇〇周年を記念したヴァルトブルク祭（一八一七年）では、多くの「反動的」書籍が学生組合団員によって焚書に付された。このためヴィーン体制の立役者メッテルニヒは、カールスバート決議（一八一九年）でブルシェンシャフト禁止の方針を打ち出したのである。学生組合団員らが気勢を上げたハンバッハ祭（一八三二年）は、今日でもデモクラシーの祝祭として記憶されており、当時ゲッティンゲン大学にいた学生ビスマルク（コール・ハンノヴェラ・ゲッティンゲン団員）は、ブルシェンシャフト団員らの「ユートピアニズムと躾《しつけ》不足との結合」を冷ややかに見ていた。[90] ドイツ・ナショナリズムを唱導するこれら学生組合は、「自由と統一」を合言葉とするドイツの「左のナショナリズム」の潮流を象徴する存在であった。ちなみに同じ学生組合とは言っても、「コール」（Korps）が貴族階級の子弟中心だったのに対し、「ブルシェンシャフト」（Burschenschaft）は市民階級の子弟が中心であり、両者の確執は有名であった。のち学生組合は徐々に左派的な色彩を希薄化させ、単に急進的ドイツ・ナショナリズム、反ユダヤ主義を吹聴する「バンカラ学生」の集団と見られるようになっていく。学生組合には「コール」や「ブルシェンシャフト」以外にも、「合唱団」（Sängerverein）、「体操協会」（Turnverein）などがあるが、それはここでは置いておこう。[91] 学生組合への参加が話題となる帝制期の人物には、ビスマルク、マルクス、バウムガルテン、ハウスラート、ニーチェ、シュテッカー、ナウマン、ヴィルヘルム二世などがいる。今日懐かれている印象とは異なり、一九世紀の学生組合は決して保守派ドイツ人のみの団体ではなかった。国際シオニスト大会初代会長となるテオドル・ヘルツル（一八六〇年—一九〇四年）も、当初はユダヤ人側の同化を重視するドイツ・ナショナリストであったため、ブルシェンシャフト・アルビア・ヴィーンの団員として熱心に活動していた。ロベルト・ブルム（一八〇七年—一八四八年）、マクシミリアン・ドゥンカー（一八一一年—一八八六年）、ルートヴィヒ・バンベルガー（一八二三年—一八九九年）、ヴィクトル・アドラー（一八五二年—一九一八年）、ルドルフ・ブライトシャイト（一八七四年—一九四四年）といったドイツの名立たる左派政治家たちも、みな学生組合に参加した経験を有していたのである。[92]

二　ブルシェンシャフト・アレマニア・ハイデルベルクでの日々

さてヴェーバーが参加したのは、ブルシェンシャフト・アレマニア・ハイデルベルクという学生組合であった。そもそもヴェーバーは、日頃父の世代から学生組合について聞いていたのか、すでにギムナジウム時代には週二回も剣術の稽古をしており、[93] またのちに内地留学するハイデルベルクについても、少年時代からイエナと並ぶ学生組合のメッカとして強く意識していた[94]。さて一八八二年四月二三日、新入生ヴェーバーがいよいよ「汝麗しの、古きハイデルベルクよ」(Alt-Heidelberg, Du feine) と謳われたこのドイツ学生文化の聖地に到着すると、これを予め察知していたアレマニア団員数名（ベルリン出身のユダヤ教徒の法学生フーゴー・ヴァイルらと推測されている）が、入団勧誘のために中央駅で待ち構えていた。このアレマニアには母方の親戚スーシェ家のものが六人も所属しており、またのちの妻マリアンネの父エドゥアルト・シュニットガーとも関係があったが、このときヴェーバーはアレマニア団員の強引な勧誘活動を不快とし、その追跡を振り切って旧市街の聖霊教会脇にある宿屋「騎士亭」に投宿している[95]。ヴェーバーは当初、母方に縁の深いブルシェンシャフト・アレマニア・ハイデルベルクではなく[96]、父が所属するブルシェンシャフト・ハンノヴェラ・ゲッティンゲンと同じ上部団体「緑白赤カルテル」に属していたブルシェンシャフト・フランコニア・ハイデルベルクに入団しようと考えていたようである[97]。アレマニア団員を振り切ったヴェーバーは、後日更にコール・レナニア・ハイデルベルクの団員二名の訪問を受けたが、貴族階級中心のコールの団員であるためか、ヴェーバーは彼らをもまた無造作に追い返している[98]。ところが四月二九日に、ヴェーバーは「市参事会員フォークト」（ベルリン市参事会員で父マックスの同僚にあたるフェルディナント・フォークトと推測される）なる人物の仲介で、改めてアレマニア団員二名の訪問を受けた。彼らはヴェーバーに先日の中央駅での強引な勧誘活動について謝罪し、それは当該団員（ヴァイル）の個人的な行動であること、彼はすでにアレマニアを退団したことを告げた。ここで一転してアレマニアに好意を懐くようになったヴェーバーは、その三日後からアレマニアで剣術の稽古などに参加するようになっていく[99]。ヴェーバーはこののちコール・ヴァンダリア・ハイデルベルクからも勧誘を受けたが、アレマニアとすでに交流が深まっていることを理由に入団を断っている[100]。剣術などに熱中し、団員たちとの関係が密接になっていったヴェーバーは、結局二学期目の一一月一日、「新米団員」(Fuchs) の身分でブルシェンシャフト・アレマニア・ハイデルベルクに正式に加入したのである[101]。

ヴェーバーはブルシェンシャフト・アレマニア・ハイデルベルクに入団後、一八八二年／八三年冬学期、一八八三年夏学期に現役団員となり、他の団員たちと青春を謳歌した。一八八三年一月、ヴェーバーは「南ドイツ・カルテル」

（ブルシェンシャフト・アレマニア・ハイデルベルクが加入している上部団体）の傘下にある他の学生組合、ブルシェンシャフト・ゲルマニア・テュービンゲンの「創立記念大宴会」に参加し、同年三月上旬にはバーデン大公国の首都カールスルーエで開かれた、ハイデルベルク、フライブルク、シュトラスブルクの現役学生及び「長老」（Alte Herren）三百人ほどを集めた大宴会に参加している。[102] 同年五月末になると、ヴェーバーは「南ドイツ・カルテル」のカルテル大会と「ドイツ・ブルシェンシャフト」（南ドイツ・カルテルとは別の上部団体）の代表者会議とが同時に開催されていたザクセン＝ヴァイマール・アイゼナハ大公国の一都市アイゼナハに赴き、各地から集結した南ドイツ・カルテル傘下の他大学のブルシェンシャフト団員たちと「本当に素晴らしい一週間」を過ごしたという。[103] ヴェーバーのブルシェンシャフトとの関係は、彼が一八八三年九月に兵役のためハイデルベルクを離れ、ブルシェンシャフト・アレマニア・ハイデルベルクの「現役」を退いたのちも絶えることはなかった。ヴェーバーは一八八五年にシュトラスブルクで軍事演習に参加した際にも、ハイデルベルクでブルシェンシャフト・アレマニア・ハイデルベルクの仲間たちとの旧交を温めており、一八八六年七月五日には特例として「長老」団への加入を承認されている。

ヴェーバーは学生組合に、ドイツ青年のための切磋琢磨の場を見ていた。のちのヴェーバーの政治的発言には、「騎士道精神」、「名誉」、「誠実」などというように、学生組合を連想させる概念が頻繁に登場する。学生組合への反撥を隠さないマリアンネでさえ、学生組合で覚えた学生歌の旋律が生涯ヴェーバーについて回ったと証言し、次のようなヴェーバーの言葉を紹介している。「学生組合での毎日で、また下士官のころに、「毅然たる態度」を日常的に叩き込まれたことが、あのころの私には明らかに強い影響を与えた。子供のころには内心おずおずしていて落ち着かないところが顕著だったが、それはそうした日々に払拭されたのである。[104]」

だがヴェーバーは一八九〇年代以降、徐々にドイツ学生組合制度の徹底した批判者へと変貌し、晩年の一九一八年一〇月一七日にはブルシェンシャフト・アレマニア・ハイデルベルクの「長老」団からも脱退するに到る。その背後には、学生組合にはもはやドイツ青年の人格陶冶は期待できないというヴェーバーの診断があり、そうした思いは一九〇四年のアメリカ旅行で特に強化された。これについてはのちに見ていくことにしよう。

第五節　軍隊生活の体験

一　プロイセン軍の国民皆兵制と一年志願兵制

近代ドイツ批判の定番に、「プロイセン軍国主義」論なるものがある。これは身勝手な軍事行動によって膨張したプロイセン国家の、軍事最優先の気風を批判する議論である。――「プロイセンでは国家が軍隊を有しているのではなく、軍隊が国家を有しているのだ」という揶揄があるように(105)、プロイセン国家では軍事が他のあらゆる事項に優先し、軍隊を尊重する精神構造が文民世界においても徹底されている。プロイセン軍の将校団は「プロイセン・ユンカー」によって支配され、過酷な教練によって徴用した民衆一人一人に国家への忠誠心と、国家の敵への憎悪とを植え付けていく。こうした「プロイセン軍国主義」が、プロイセン主導の帝国建設によってドイツ全土に移植され、「市民社会軍国主義」を形成した結果、一九一四年八月の熱狂が生じ、挙句の果てに第三帝国が登場したのだ――という論調である。そしてまさにこうした「プロイセン軍国主義」論に立脚しつつ、戦勝国は一九四七年二月二七日の管理評議会第四六号決議で、プロイセン国家を「ドイツにおける軍国主義及び反動の担い手」と断定し、その「死亡宣告」を行ったのだった(106)。

この「プロイセン軍国主義」論に依拠して思考する場合、我々が見落としがちな事実が一つある。それは「後備役」(Landwehr)、「国民兵役」(Landsturm) を含むプロイセン軍の国民皆兵制が、プロイセン陸軍大臣ヘルマン・フォン・ボイエン（一七七一年―一八四八年）、アウグスト・ナイトハルト・フォン・グナイゼナウ伯爵（一七六〇年―一八三一年）、ゲルハルト・フォン・シャルンホルスト（一七五五年―一八一三年）らによって推進された「プロイセン改革」の軍事部門での成果であり、カントの啓蒙思想を継承する当時としては進歩的な性格のものであったということである。「プロイセン改革」の眼目は、プロイセン臣民一人一人を自律した責任ある主体的個人へと教育し、もってプロイセン国家の体制を刷新することにあった。それはイエナ＝アウエルシュテットでの大敗（一八〇六年）という国家的危機を起爆剤として、警察大臣ヴィルヘルム・ツー・ザイン＝ヴィトゲンシュタイン＝ホーエンシュタイン侯爵ら保守派の反対を押し切って進められたものなのである。なるほどそれは個人の国家からの自由を前提とするものではなかったし、「義務の平等」に対応する「権利の平等」とも言うべきデモクラシーを提起するものでもなかった。それでも従来のプロイセン臣民をプロイセン公民へと育成するというこの政策の本質は、政治的近代化の一歩として位置付けられるべきものであった。従ってプロイセンの国民皆兵制は、「国家権力」（＝政府）による民衆の籠絡・洗脳であるだけでなく、公共空間としての近代国家への民衆の参画を意味するものでもあったのである。「純粋なナショナリズム、国民皆兵制および民主主義は、なんといっても「三位一体で、切り離せない」もの」（カール・シュミット）だと言われるが[107]、プロイセン軍とてその例外ではなかった。ドイツ帝国ではボイエンやグナイゼナウが左派自由主義の論客によって好んで研究され、ドイツ民主共和国ではグナイゼナウやシャルンホルストらが「国民的人民軍」の理念的始祖として崇拝され、ドイツ連邦共和国では「連邦軍」がシャルンホルストの二五〇回目の誕生日（二〇〇五年一一月一二日）にその生地ボルデナウで一連の創立五〇周年祝賀行事を締め括ったが、これらは決して不可思議な現象というわけではなかったのである[108]。

プロイセン軍制改革の知性主義的側面を際立たせるものとして、かの「一年志願兵制度」がある。フリードリヒ大王以来ほぼ貴族の子弟のみによって構成されていたプロイセン軍の将校団は、「プロイセン改革」を契機に非貴族の子弟にも門戸を開放することにした。つまり平時には市井でそれぞれの生業に就くプロイセンの一般公民たちに、戦時には兵士としてだけでなく将校としても国防を分担させることにより、彼らの持てる活力を軍事的に有効利用しようとしたのである。その際ギムナジウムで一定の学歴を修め、兵役中の兵営での費用を自弁できるものには、通常三年間の兵役を一年間で満了でき、しかも勤務地を自由に選択できるほか、場合によっては一年間の兵役明けに「予備役将校」に昇進できる特典が与えられた。この「一年志願兵制度」は、「教養と財産」に恵まれた市民階級の特権意識を涵養することになった面が強調されがちであるが、元々はプロイセン公民の指導層に軍事的責任を委ねつつ、彼らの知的素質が長期の軍隊生活で損なわれないようにするための配慮であったことを、我々は忘れてはならないだろう。兵役を忌まわしい苦役と考えるカール・フォン・ロテック（一七七五年―一八四〇年）ら一九世紀前半の自由主義者たちは、知的指導層から下層民まであらゆる国家公民が全く同じ兵役を負うことには反対であった。あらゆる国家公民が同じ兵役を負うというのは、人間を精神でではなく肉体で勘定する手法であり、啓蒙の時代には不相応であるように思われたのである。そういった知性主義者の不満を宥《なだ》めるためにも、「一年志願兵制度」は重要な制度だったと言える[109]。

さてこの「一年志願兵制度」の話題が出るとき、その好例としてよく紹介されるのが、他ならぬ青年ヴェーバーの兵営体験である。ヴェーバーは父マックスの財政的援助によって、一八八三年一〇月一日に十九歳でプロイセン陸軍の一年志願兵となり、任地を伯父バウムガルテンらのいるシュトラスブルクに定めることが出来たほか（但し所属連隊がエルザス＝ロートリンゲンからドイツ東部へと配置転換されたために、ヴェーバーも一八八八年以降はポーゼンで勤務することを余儀なくされたのだが）、一年間の兵役終了後（一八八四年九月三〇日）にまず下士官となり、のちには数度の将校としての訓練を経て（当初は予備役の、のち後備役の[110]）陸軍少尉、中尉、大尉へと昇進することに成功した。のちにヴェーバーは、一八九二年から（本格的には一九〇四年から）この「予備役将校制度」を、「市民層の封建化」の一例として厳しく指弾するようになる。しかし労苦の多い兵役を僅か一年間で切り上げ、晩年まで予備役将校であり続けたヴェーバーは、間違いなくプロイセン軍制の知性主義的特典の受益者であった。

二　一年志願兵から予備役将校への昇進

一八八三年一〇月一日から一八八四年九月三〇日まで、ヴェーバーはシュトラスブルクのプロイセン陸軍第四七ニーダーシュレジエン歩兵連隊で一年志願兵として兵役に服したが[111]、これは彼にとってそれまでにない大きな試練であった。兵営生活が始まってまず明らかになったのは、軍事教練の肉体的苦痛もさることながら、知的作業とは無縁の日々が知的欲求の人一倍強いヴェーバーにとっては大変な苦痛となるということであった[112]。一般に日常生活の苦痛に耐えかねているものは、ときとしてこのような軍隊生活に却って一種の精神的な救いを見出すことがあるという。例えば彼の次弟アルフレートは、ギムナジウム時代に兄マックスと比較されて学業に悩み、遂に落第までするに到るが、のちに軍隊生活で気を取り直したという。(113) マックス自身も一八九七年以降、長年に亙って精神的鬱屈と肉体的衰弱とに悩んだ末に、一九一四年八月の第一次世界戦争開戦で再び軍隊に身を投じた際、大いに欣快《きんかい》とするところがあったと言われている。(114)しかし一年半ハイデルベルク大学で充実した学生生活を送ってきた青年ヴェーバーにとって、シュトラスブルクでの一年間の軍隊生活は、愚痴なくしては語り得ないものであった。「何度でも繰り返しますが、最悪なのは時間のひどい浪費です。(115)」まさしくロテックらの危惧した事態が、一年志願兵ヴェーバーを襲ったのである。

ところがヴェーバーが一兵卒の時期を耐え抜いて、徐々に他人を指導する立場へと昇進していくに従い、彼の軍隊生活に対する姿勢は一変していった。一八八四年四月末に分隊長になったとき、ヴェーバーは昇進の喜びを味わい、部下を統率するという新たな任務に邁進するようになった。軍隊生活への憤懣は相変わらず尽きるところを知らなかったが、分隊長になったヴェーバーには、部下のポーランド兵の不衛生さを揶揄したりするだけの精神的ゆとりが出てくるようになった。(116) 一年間の兵役も終りに近づいた七月には、ヴェーバーの余裕ぶりがより顕著なものになる。「私はいまではまあまあよい兵士と見られているようです。それはまさしく、私がもはや体操などのときに肉体的訓練を自ら一緒にやるのではなく、ただ他の連中のやることを直したり、怒鳴り付けたりすればよくなったためです。つまり自分の大きな欠点は気付かせないようし、代わりに一般兵士たちの些細な欠点を出来るだけ探し出すという、心地よい義務を負うようになったということです。」将校たちにもそれなりに礼儀正しく扱われるようになって、すっかり自尊心を取り戻したヴェーバーは、増長した教育係の少尉と口論をするまでに大胆になっている。(117)

一八八四年九月に兵役を終えて下士官に昇進したヴェーバーは、更にドイツ市民階級の子弟にとって憧憬の的であった予備役将校となるべく、一八八五年にシュトラスブルクで、一八八八年にポーゼンで、一八九一年にポーゼンで、一八九四年にポーゼンで短期の軍事教練に参加し、最終的にはプロイセン陸軍後備役中尉としてフライブルク、次いでハイデルベルクの地区司令部に登録することになる。こうした短期の中級軍人としての勤務を通じて、ヴェーバーは軍隊生活を愉快なものと感じるようになっていった。例えばヴェーバーは一八八五年三月二九日、予備役将校になるための最初の訓練に際して、苦しかった軍隊生活が楽しくなってきたと述べ、八週間の短期軍隊勤務を「湯治」と呼ぶ中隊長の意見に同意して、肥満体型が改善されたことを喜んでいる。それどころか兵営における国王誕生日奉祝舞踏会では、女役を務めるほどのお道化ぶりであった[118]。意地悪な下士官に小突き回され、知的に不毛な毎日に愚痴ばかり零していた一年志願兵ヴェーバーは、こうして軍隊生活をそれなりに楽しむ下士官へと変貌し、第一次世界戦争のころまでには、自分が戦場で騎行する姿を夢想する後備役将校になっていたのだった。「私には行軍し騎乗することが出来ないので、前線では軍事的に使い物にならないのですが、これは私には本当に辛いことです。」（一九一五年九月一五日）[119]

軍事指揮官ヴェーバーの精神構造は、彼の兵営外での生活にも影を落としていた。例えばエドガール・ザリーン（一八九二年—一九七四年）は、後備役将校として軍務にも関与していたヴェーバーが、市井の人々にも命令口調で指図していた逸話を紹介する。「例えば食料品の配給券が配布されたとき、女たちが押し合い圧し合いしていました。聞くところによれば、ここにマックス・ヴェーバーがやってきて、「整列！」と叫んだと言います。こうして女たちは二列に並ばせられ、配給券を受け取ったのです。彼は統治したのです！　彼は本当に統治したのですよ！」[120]ハイデルベルクの町中を闊歩する軍人教授ヴェーバーは、周囲の人々にとってはまさしく支配者だったのである。このころヴェーバーは、病院管理業務のために毎日近隣を回っていたが、その（黄色の）自動車は人々から「黄禍」と呼ばれて恐れられていた[121]。またエドゥアルト・バウムガルテン（一八九九年—一九八二年）によれば、戦争中軍務への深入りを躊躇していた彼に、ヴェーバーは騎兵将校になることを強要したという[122]。馬上で颯爽と指揮する騎兵将校は、「騎士道精神」を唱導するヴェーバーの趣味にも相応する職務だったのだろう。

宗教社会学者としてのヴェーバーも、軍隊が精神的鍛錬の場となり得ることに注目するようになっていく。一九〇五年の「プロテスタンティズムの倫理と資本主義の「精神」」第二章で、ヴェーバーはオリヴァー・クロムウェル（一五九九年—一六五八年）の「鉄騎軍」を、驚嘆を込めて次のように描写している。「「克己心」の禁欲的原則は、ピューリタニズムを近代的軍隊規律の父にもした。［……］クロムウェルの「鉄騎軍」は、発射準備の出来たピストルを手にして発射することなく、全速力で敵に向かっていったのである。「鉄騎軍」は、イスラム托鉢僧のように激情に駆られてではなく、逆に冷静な克己心をもって常に指揮官の命令に従っていた。「王党派騎士団」は、威風堂々と嵐のように攻撃を仕掛けるものの、いつも散り散りになるのが落ちだったので、「鉄騎軍」の敵ではなかったのである。」ヴェーバーにとってクロムウェルの軍隊とは、「倫理的」動機に支えられた「市民軍」（Bürgerheer）なのだった。(123) 個々人の活力が最大限発揮されつつも見事に統制の取れた軍隊というものは、ヴェーバーには人間精神の精華であるように思われたのである。

第六節 ドイツ内政の考察

一 党派対立——自由主義陣営の危機

漸く一八八四年ごろからヴェーバーはドイツの現実政治への興味を強めていくが、その契機となったのはドイツ自由主義陣営の凋落であった。比較政治発展論の通説によれば、ドイツ帝国の社会は概ね四つの「社会倫理的環境」(sozialmoralisches Milieu)、いわば部分社会に分断されていたとされる。(124) 第一は保守陣営で、これはプロテスタント保守派を包含していた。保守陣営はビスマルクの出身母体でもあったが、前述のように一八六〇年代にビスマルクの「白色革命」路線への賛否を巡り分裂する。ビスマルク賛成派は自由保守党（帝国議会では帝国党を自称）を結成したが、これは大衆的基盤がないままの少数派名望家政党に留まった。ビスマルク反対派は帝国建設後、徐々にプロイセン愛国主義一辺倒から転換してドイツ・ナショナリズムへの順応を進め、一八七六年に新たにドイツ保守党を結成した。ドイツ保守党にも大衆組織はなかったが、のち農業家同盟（一八九三年結成）と事実上連携するようになったので、ドイツ東部に基盤を有する農業利益政党という色彩を強めていった。第二はカトリック陣営で、地域、階層、政治的傾向を越えてカトリック教徒の利害を守るために団結した集団である。彼らは政党の上では中央党に団結し、のちにはカトリック・ドイツ人民同盟という大衆基盤も構築した。けれども中央党内には、超宗派的党勢拡大を目指すケルン路線とカトリシズムに固執するベルリン路線との路線対立があり、また帝国宰相ホーエンローエやブレスラウ侯爵司教ゲオルク・フォン・コップ（一八三七年―一九一四年）のように教皇庁やプロイセン王家と直結し、大衆化の進む中央党には距離を置く有力カトリック教徒もいた。第三は自由主義陣営で、漸進的改革によって政治的近代化を目標とするプロテスタント教徒が団結したものである。この自由主義陣営は一九世紀中葉まではドイツ左派を代表する勢力であったが、政党形成の上では常に混乱状態にあり、右派自由主義陣営、左派自由主義陣営に分裂していた。前者は国民自由党を称し、ビスマルクと妥協してドイツの「自由と統一」の実現を目指したが、一八七七年／七八年のビスマルクの政策転換で与党の座を明け渡し、党内左派が脱党して「分離派」、のち「自由連合」を形成し、やがて左派自由主義陣営に移動してしまう。後者はドイツ進歩党、のちには「自由連合」と合一して「ドイツ自由思想家党」を称したが、一八九三年に「自由思想連合」と「自由思想人民党」とに分裂し、一九一〇年に再び「進歩人民党」に結集した。自由主義陣営はこうした分裂に悩まされた上に、現存秩序の転覆によって政治的近代化の急速な実現を目論む第四の社会主義陣営（政党は一八九〇年以降「ドイツ社会民主党」）に左派勢力の主導権を奪われ、帝国議会選挙では後退を重ねていった。

ヴェーバーは父が国民自由党員として身を置いていた自由主義陣営に、党員登録をしていた期間こそ僅かだったものの、生涯同行する形で政治活動を展開した。ヴェーバーはナウマンの国民社会協会に（部分的に違和感を懐きつつも）協力し、これが左派自由主義陣営の自由思想連合に合同し、やがて自由思想人民党などとも連合して左派自由主義陣営を包括する進歩人民党が誕生すると、その集会で弁士を務めるようになる。第一次世界戦争中は進歩人民党や、社会民主党及び国民自由党の一部が参画した穏健派ナショナリズム団体「自由及び祖国のための人民同盟」の発起人になり、終戦直後から最晩年までの一年余りは、旧国民自由党左派及び進歩人民党を糾合したドイツ民主党の党員となっている。

この自由主義陣営について、ヴェーバーが苦悩するようになったのは一八八四年秋からのことである。そもそも学生ヴェーバーは、ベルリン大学に転学したこのころから熱心に国内政治の動向を論じるようになっていた。ヴェーバーの内政への関心が増大した契機は、現職代議士であった父マックスの帝国議会議員選挙における落選にあった。そのころからヴェーバーは、父の所属する自由主義陣営に対する自己の帰属意識を明示するようになり、その凋落を慨嘆するようになっていく。あるいはヴェーバーは、このころすでに国民自由党の党員であった可能性もある。というのもゲッティンゲン大学に通学中の一八八六年一月初頭、ヴェーバーは皇帝を讃美する当地の国民自由党の祝宴を訪れ、楽しい時間を共有しているからである。(125)

ヴェーバーの自由主義陣営への帰属意識は、すでに一八八二年五月にはその片鱗を見ることが出来る。大学生になりたてのヴェーバーは、その父親が一八六〇年代のシュレスヴィヒ＝ホルシュタイン紛争の渦中の人で、かつて自由主義陣営の希望の星であったゾンダーブルク家のアウグステンブルク公フリードリヒ八世と何らかの関係があったに違いないという或る法学生に出会って好感を懐いている。(126)とはいえヴェーバーとこの人物との交流はそれ以上進展しなかったようで、ヴェーバーのこの人物に関する記述も、自由主義陣営に関する記述も新たな展開を見せなかった。あるいはこのときにはまだ、ヴェーバーは自由主義陣営の将来にそれほどの危機感を懐いていなかったのかもしれない。

だがシュトラスブルクでの一年間の兵役を終えて、一八八四年一〇月上旬にベルリンに帰郷したヴェーバーは、一〇月二八日の帝国議会議員選挙における自由主義陣営の苦戦に遭遇し、これを契機に自由主義陣営の将来に真剣に向き合うようになった。反ビスマルク勢力の中核を為し、今回の選挙を前に「ドイツ自由思想家党」の旗の下に団結していた左派自由主義勢力は、帝国議会総議席数三百九十七議席（固定）の内、結局六十七議席しか獲得できず、結党後僅か数箇月にしてあっさりと第一党の座を明け渡すことになった（前回一八八一年には前身であるドイツ進歩党及び自由主義連合が合わせて百六議席であった。なお次回の一八八七年選挙では三十二議席にまで凋落する。）。ビスマルク支持派で右派自由主義勢力の国民自由党は五十一議席と微増であったが（前回は四十七議席）、一八七四年には百五十五議席を誇っていたことを考えれば、四議席の微増を評価するよりも寧ろ長期低落傾向から脱出できなかったことを批判的に見るべきだろう。ちなみにこの国民自由党の議員であった父マックス・ヴェーバー（ブラウンシュヴァイク第三選挙区）は、この一八八四年の選挙で帝国議会の議席を喪失し、二度と再選されることはなかった（但しプロイセン代議院議員としては一八九七年まで議席を維持する。）。これに対し政治的カトリシズムを代表する中央党は九十九議席で（前回は百議席）、微減ながら遂に第一党の座を獲得した。自由主義陣営を左右から挟撃する社会主義陣営及び保守陣営は、この選挙で大きく躍進している。社会主義陣営は社会主義者鎮圧法下にも拘らず、一八七〇年代から十前後の議席を維持していたが、一八八四年には二十四議席と議席を倍増させ（前回は十二議席）、ポーランド会派やヴェルフェン家忠誠派などと並ぶ泡沫政党の域を脱出して中規模政党に仲間入りする勢いを見せた（もっとも次回には一旦十一議席まで退潮するのだが）。ドイツ保守党（右派保守陣営）は七十八議席と議席を一・五倍以上にし（前回は五十議席）、帝国党（左派保守陣営）は前回の二十八議席を維持した。

一八八四年の帝国議会議員選挙のこのような選挙結果を受けて、ヴェーバーは落選した父マックスに同情しつつ、事態の推移に憤慨している。ヴェーバーは自由思想家党の後退と社会主義陣営の擡頭とに懸念を表明し、「ドイツ自由主義」の将来が暗澹たるものであることを予測している。[127]また自由思想家党にだけではなく、ヴェーバーは（父が所属する）国民自由党にも「もう期待は出来ない」として、その弱体ぶりに嘆息している。ヴェーバーはプロイセンから自由主義陣営が消滅し、特にプロイセン東部州からは国民自由党員さえも当選できなくなり、自由主義陣営が西ドイツ、西南ドイツだけの政治勢力になってしまいつつあることを慨嘆した。[128]

自由主義陣営の凋落を象徴するかのように、選挙前日の一八八四年一〇月二七日、陣営の指導者の一人フリードリヒ・カップがこの世を去っていた。一八二四年生まれのカップは、青年期よりカール・テオドル・ヴェルカー（一七九〇年―一八六九年）、ルートヴィヒ・フォイエルバッハ（一八〇四年―一八七二年）、アレクサンドル・イヴァノヴィチ・ゲルツェン（一八一二年―一八七〇年）、カール・マルクス（一八一八年―一八八三年）といったヨーロッパ左派知識人の知遇を得、一八四八年の三月革命では統一ドイツ共和国の樹立を夢見る初期社会主義者として活躍した。特に経済的理由でアメリカ合衆国に移住したカップは、現地で共和党に加担する弁護士として活動したが、やがて移住先のアメリカに不満を懐くようになり、同時に社会主義からの脱却とドイツ・ナショナリズムへの覚醒とを遂げ、一八七〇年にドイツに帰国して反社会主義の意気に燃える国民自由党員となった。カップはビスマルク礼讃者であったが、自由貿易論者でもあったため、ビスマルクが打ち出した一八七〇年代末の社会政策、保護貿易政策、植民地政策に抗して一八八一年に「分離派」（のち「自由連合」）として離党し、この集団が一八八四年にドイツ進歩党と合同してドイツ自由思想家党を結成したところで死亡したのである。[129]

自由主義陣営、特に自由思想家党の凋落の原因を、ヴェーバーは彼らの海外進出政策への不熱心さに見ていた。[130]このことから、ヴェーバーがすでに一八八四年の時点で、帝国主義列強間の角逐が必然的なものだと意識していたことが窺える。カップの死を悼む際にも、ヴェーバーの矛先はドイツ自由思想家党の執行委員会議長、副議長であるオイゲン・リヒター（一八三八年—一九〇六年）[131]、ルートヴィヒ・バンベルガー[132]に向けられた。ヴェーバーによればこの二人の所為で、カップは植民問題に関して不利な立場に追い込まれたというのだった。[133]

社会主義陣営の倍増に脅威を感じたヴェーバーは、一八七八年制定の社会主義者鎮圧法には両義的な評価を下している。当時のヴェーバーにとって「社会民主主義者」[134]とは、その煽動活動によって公共生活を危険に晒す元兇であった。従ってこの社会主義者鎮圧法がなければ、言論の自由や集会・結社の自由の厳格な（つまりあらゆる国家帰属民を対象とした）制限が不可避になっていただろうから、ヴェーバーはこの法律を支持する人々を理解できると言う。だが同時にヴェーバーは、社会主義者鎮圧法の問題点にも注意を喚起する。その問題点とは、社会主義者の権利が制限されていることそれ自体では、、、ない、、、、この法律が「例外法」、つまり「法の下の平等」という原則を逸脱し、国家帰属民の一部分集団だけに限定的に適応される不平等なものだったということなのである。それでは何故ヴェーバーが「例外法」であることを危惧するのかと言えば、それは「例外法」は「両刃の剣」だという認識によるものであった。つまりヴェーバーは、社会主義陣営がドイツ帝国指導部に抑圧されることによって、ますます内部での結束を固めて帝国議会に進出してくることを危惧したのである。ヴェーバーは二人、三人を鎖で繋いで置くくらいなら、寧ろ全員に猿轡をかませるべきではないかと述べている[135]。このように「例外法」の危険性を指摘する思考は、自由主義陣営にはお馴染みのものである。社会民主党員との対話を厭わないブレンターノも、社会主義者鎮圧法はマルクス信奉者の「水車に水を注ぐ」愚挙であったと、のちになって慨嘆している[136]。

父マックスの落選を受けて、ヴェーバーは更に帝国議会の平等選挙法を、自由主義陣営にとっての脅威として警戒するに到っている（なおヴェーバーは原文では「普通」選挙法を批判しているが、そこでの標的は事実上「平等」選挙法だったと見るべきであろう。普通選挙法はプロイセンなど諸領邦ですでに一八四八年の三月革命後には（男子だけを対象として）実現しており、帝国議会選挙法の特色はその「平等・秘密・直接」原則にこそあったからである。）。ヴェーバーはこの選挙法を「ビスマルクによるギリシャ人の贈り物」[137]（「トロイの木馬」のこと）、「ビスマルクのカエサル主義の贈り物」と呼び、「言葉の真の意味での平等権の抹殺」だと語気を荒げている[138]。ヴェーバーのこの発言には、人間は肉体ではなく精神で勘定されるべきだという、自由主義陣営の伝統的立場が端的に表現されている。ヴェーバーにとって「言葉の真の意味での平等」とは、あらゆる人間を「個人」として同格扱いし、これに平等の権利を与えることを意味するのではないのである。この関連で看過できないのは、ヴェーバーが一八八五年七月にこういう発言を残していることである。「人々の記憶というのは儚《はかな》いもので、党がかつて何を達成したかなど、もう誰も覚えていないのです[139]。」

とはいえヴェーバーは社会主義を、単に敵視していたわけではなかった。ヴェーバーは社会主義陣営という反体制勢力が存在していることが、ドイツ政治によい刺戟になっているとも見ていたのである。「社会民主主義勢力が存在し、それがあらゆる政党に不安を呼び起こしているのは本当に幸いです。というのも社会民主主義勢力がいなければ、恐らく間違いなく、ドイツの党争がとても不毛なものになるからです[140]。」またヴェーバーは、のちに教壇に立つようになると、同時代の社会主義思想を臆することなく論題としている。ヴェーバーは講義「一般（理論）国民経済学」の参考文献に、ブレンターノ、シュモラーらドイツ歴史学派や、オイゲン・リッター・フォン・ベーム＝バヴェルク（一八五一年―一九一四年）らエステルライヒ学派の業績と並んで、マルクス、フリードリヒ・エンゲルス（一八二〇年―一八九五年）、フェルディナント・ラサール（一八二五年―一八六四年）、カール・カウツキー（一八五四年―一九三八年）、アウグスト・ベーベル（一八四〇年―一九一三年）、エドゥアルト・ベルンシュタイン（一八五〇年―一九三二年）ら社会主義活動家たちの著作を挙げ、愛弟子には個人的に『資本論』を貸し与えていたほどであった。(141) つまりヴェーバーは社会主義（マルクス主義）の存在を一概には拒絶せず、不可欠の政治党派的・思想的要素として認知していたのである。

社会主義陣営に対して両義的な態度を取ったヴェーバーであったが、保守陣営に対してはより明瞭に否定的な態度を示した。青年期のヴェーバーは、意外にもプロイセン・ユンカーにほとんど言及していないが、ベルリンでの帝国議会議員選挙の決選投票でアドルフ・シュテッカー（一八三五年―一九〇九年）が有望になっていることを、「大変不愉快」としていた。(142) シュテッカーはベルリンの宮廷及び大聖堂説教師としてプロイセン王室に知遇を得、キリスト教社会派の結成を訴えた人物である。日雇労働者の家に生まれ、若い日々に工業地帯での司牧活動を経験し、社会問題の深刻さを痛感していた牧師シュテッカーは、ユダヤ人を資本主義、つまり経済的自由主義の象徴と看做して攻撃する経済的反ユダヤ主義によって、自分なりに社会政策への情熱を表現した。そして教会から疎外されてきた労働者たちを再び教会に呼び戻し、社会主義陣営の煽動活動から防衛しようとしたのだった。(143) ヴェーバーは、このシュテッカーを「狂信者」、「凡そ良心など持ち合わせていない人物」と呼んで、嫌悪感を露わにしている。そしてシュテッカーを「新しいルター」として礼讃する保守陣営の動きを、皮肉交じりに描写したのであった。(144)

この一八八四年晩秋の帝国議会選挙以来、自由主義陣営の置かれた状況の深刻さに目覚めたのか、ヴェーバーの自由主義陣営に関する記述は増えていく。それはいずれも自由主義陣営の前途を危惧するものであった。一八八五年七月にも、ヴェーバーは自由主義陣営の前途に暗雲が立ち込めていることを指摘している。ヴェーバーは国民自由党の停滞ぶりを酷評し、エルンスト・フォン・アイネルン（一八三八年―一九〇六年）(145) は「美辞麗句ばかりまくし立てる」、ルートヴィヒ・エンネクツェールス（一八四三年―一九二八年）[146]は「言うこと全てが物笑いの種になりかねない」、ロベルト・フォン・ベンダ（一八一六年―一八九九年）[147]は「年を追うごとにますますのんびりしてきて、そもそも神託か何かのように全く謎めいた存在になっている」と厳しく批判したあと、ホープレヒトと並んで党内最左派になってしまったという父マックスの孤軍奮闘ぶりを、同情を交じえて見守っている。特にヴェーバーは、国民自由党がシュテッカーらと連携を強め、反ユダヤ主義に傾斜していると指摘している。更にヴェーバーが懸念したのは、国民自由党が右旋回すると同時に自由思想家党が左傾化し、その政権担当能力が低下することであった。（「分離派」として国民自由党を離党し）「父とはもはや和解し合うことはない」リッケルト（当時は自由思想家党の指導者）については、その政治雑誌『帝国広報』がますます大衆迎合に走っていると言い、マックス・フォン・フォルケンベック（一八二一年―一八九二年）[148]については、判断に慎重さを欠き、美辞麗句を並べるだけで指導力がなく、人気取りに奔走し、名誉のためには無節操であるという具合で、ヴェーバーの自由思想家党の指導者に対する憤懣は留まるところを知らない。そしてこの文脈で、次のような命題が登場してくることになる。「このような人々が将来ビスマルクの座を占めるかもしれないと思うと、やはりいつも、聊かぞっとしてしまいます。そしてビスマルクが本当に指導者としての素質のある政治的協力者や、場合によっては後継者になるかもしれない人々を、みな潰してしまったり、あるいは全くどうでもいい閑職に追い遣ってしまったりするのに、いかに上手に成功してきたかということが、ますます明らかになってきます。」ドイツの政治家たちにはビスマルクの跡を継ぐ資質がなく、それはビスマルクが後継者候補を徹底して弾圧してきた結果であるというヴェーバーの診断は、第一次世界戦争期になって繰り返されることになるのである。[149]

自由主義陣営、とりわけ自由思想家党の行動に対するヴェーバーの失望は、こののちも繰り返されることになる。一八八七年、帝国砂糖税・蒸留酒税の導入法案に対し、長年に亙って帝国の権限強化を主張してきたはずの自由思想家党が反対を表明したことは、ヴェーバーを激怒させた。ヴェーバーはこうした自由思想家党の行動を、「自由主義の信用を喪失させる」ものであると激しく叱責している。[150]一八八九年一二月になると、ベルリンに帰郷して三度目の帝国議会議員選挙を翌年に控え、社会民主党の倍増と自由主義陣営の更なる弱体化という結果を予想して、ヴェーバーは更に危機感を募らせたのだった。[151]

二　民族対立——エルザス＝ロートリンゲンとドイツ東部

ドイツ帝国は確かにドイツ国民国家建設運動の帰結として誕生した国家ではあったが、実際には「ドイツ国民国家」と呼ぶのに躊躇するような現実があった。第一の問題は、ハプスブルク帝国やロシャ帝国に多くのドイツ人（ドイツ語文化を共有する人々）を残したままの小ドイツ主義的統一であったということである。第二の問題は、ドイツ人であるとは言い難い人間集団が数百万人の規模で含まれていたということである。エルザス＝ロートリンゲンの住民は、会話語にはドイツ語系方言を用い、文章語には標準的なドイツ語を使用していたが、にも拘らず一七世紀以来のフランス支配でフランス国家への帰属意識も少なからず拡大しており、ドイツ帝国への移管後もドイツ国家への帰属意識が徹底されないでいた。[152]またプロイセン東部州では、三百万ものポーランド人がますます民族意識を強化し、ドイツ・ナショナリズムとポーランド・ナショナリズムとの激突が始まっていた。

このようなドイツ国民国家の二つの民族問題は、ドイツ帝国の屋台骨を揺るがす深刻なものとなっていったが、ヴェーバーもそれらに正面から向き合うことになった。第一の在外ドイツ人の問題には、ヴェーバーは最晩年に漸く向き合うことになる。これに対し青年ヴェーバーが直面したのは、第二の問題、つまり少数民族問題であった。ヴェーバーは軍隊勤務を契機に、偶然にも東西両国境の少数民族問題に直面することになったのである。

シュトラスブルクでの一年間の軍隊生活は、ヴェーバーに帝国領エルザス＝ロートリンゲンの行く末について思いを巡らす機会を与えた。独仏の長年の係争地である同地は、一八七一年のフランクフルト条約で新生ドイツ帝国に帰属することになったが、これは一九一八年までドイツ帝国にとっての外政上・内政上の禍根となった。ブルボン朝時代に神聖ローマ帝国（ドイツ王国）の領土であったエルザス＝ロートリンゲンを征服し、一八七一年にこれを喪失したフランスは、陣営の左右を問わずこの地の奪還に執念を燃やし、「侵略者」ドイツの野蛮さ・劣等性を強調した。そこに現れたフランス人のドイツ人観は、ドイツ人のポーランド人観、ロシヤ人観、アジア人観と同様に、より「西欧的」でないものに対する拒絶反応として理解することが出来る[153]。

エルザス＝ロートリンゲン問題に関して、シュトラスブルク在住の伯父バウムガルテンと甥ヴェーバーとの間には微妙な見解の相違があった。バウムガルテンの基本方針は、同地の断固たる「ドイツ化」(Germanisierung) であった。これに対して甥のヴェーバーは、エルザス＝ロートリンゲンのドイツ帝国への帰属を当然とする点ではバウムガルテンと一致していたものの、エルザス＝ロートリンゲンの文化的独自性を意識し、住民の帰属意識がなおフランス国家にあることを強く意識していた[154]。のちに第二回社会学者大会（一九一二年一〇月二一日）で、ヴェーバーはエルザス人のドイツ国民への帰属意識の希薄さを強調する文脈で、自らの記憶を辿るかのようにこう述べている。「彼らの政治的運命は、余りにも長くドイツ外の環境で歴史を刻んできました。彼らの英雄たちは、フランス史の英雄たちなのです。コルマールの博物館の館長があなた方に、エルザスの宝物でとりわけ貴重なものを示そうとするのならば、彼はあなた方をグリューネヴァルトの祭壇のところから、更に一つの部屋へと導くことでしょう。そこには三色徽章や華麗な装飾の付いた、またその他諸々の軍帽が展示してあるのです。そしてそのような一見して実につまらない記憶の品々は、彼らにとっては英雄時代を意味する時期のものなのです[155]。」こうしたエルザス認識のためか、一九一八年の敗戦にフランス軍がエルザス＝ロートリンゲンに進駐してきたとき、ヴェーバーは同地のドイツ支配を早々に諦めたのだった[156]。

少しのちのことだが、ヴェーバーは自分のエルザス＝ロートリンゲン観を裏付けるような格好の書籍に出会っている。のちにシュトラスブルク大学員外教授となったヴェルナー・ヴィティヒ（一八六七年—一九三七年）の『エルザスにおけるドイツ文化とフランス文化』（一九〇〇年[157]）がそれである。豊富な挿絵を交えたこの著作で、ヴィティヒはエルザスの日常生活を生き生きと描き出し、ヴェーバーに絶讃された。ヴィティヒのエルザス論は、マイネッケのように現地文化のドイツ的性格を強調するものではなく、逆にこの地がいかにフランス文化に馴染み、フランス国家に深く統合されていたかを強調するものであり、この点でヴェーバーの実感に相応するものだったと思われる。エルザスのフランス的性格に明らかに好意を懐いていたヴィティヒは、共和制志向でデモクラシーへの帰依が深いエルザスの人々と、君主制志向で官憲国家に卑屈なドイツ人とを見事に対置して見せた。また感性の面では、ドイツ人はフランス人の後塵を拝しているのみならず、イギリスやアメリカ合衆国にも遅れを取っていると、ヴィティヒは厳しく指摘している。こうした西欧主義的なドイツ批判は、ヴェーバーの趣向にも基本的に合致するものであった。

とはいえ当時のヴェーバーは、実際にエルザス＝ロートリンゲンの一般民衆と接触した際には、ヴィティヒのように彼らに好意的にはなれなかった。ヴェーバーは現地の住民がドイツ支配に不満を懐いているのを意識していたが、そこで彼はドイツ支配下の抑圧的なエルザス＝ロートリンゲン政策に憤慨して現地の住民に共感したわけではなく、寧ろドイツ支配に馴染もうとしない現地の住民に対する強い苛立ちを懐くに到っていたのである。ヴェーバーがエルザス＝ロートリンゲン住民の不衛生さ、無作法さ、粗野さを厳しく指摘しているのも、その憤懣の現れであろう[158]。あるときなどは、ライン川の対岸に広がるバーデン大公国の親切な住民たちと比較して、不親切なエルザス＝ロートリンゲンの住民たちのことを「ここの卑劣な下種ども」と吐き捨てるように述べたりもしている[159]。

ただそうしたヴェーバーも、逆にエルザス＝ロートリンゲンの住民が自分たちプロイセン軍人に好意を持って接触してきたときには、彼らに共感を示している。兵役も終盤に入った一八八四年八月、ヴェーバーはこう記述している。「エルザスの民衆が我々プロイセンの軍人と、こうもなかなか和そうとせず、こうもどうでもいいという感じで我々をあしらうのは、実に残念なことだ。ただドイツ軍に息子がいる母親だけは違う。例えば一回、僕が行軍中に、後続の大隊に聊か伝言するために、我が陸軍大尉の命令で送り返され、プファルツブルク近郊の農家でその大隊を待っていたとき、農婦が僕にコーヒー、パン、ワインをたっぷり入れた器を持ってきた。そして食事のあとで代金を受け取ろうとしないのだ。それは何故か。この農婦が顔中を涙で濡らして言うには、彼女が僕をよく扱うなら、恐らく向こう側のプロイセンにも、いま新兵として徴用されているという息子に、同じことをしてくれる人がいるだろうと思うからなのだそうだ。恐らくヴァッサーポラッケンやシュレジエン人たちか何かが、あるいは他にエルザスの連隊の兵士が駐屯しているところで、果たしてこの憐れな婦人の希望を叶えてあげるのだろうか。そんなこと誰に分かるだろう。[160]」

エルザス＝ロートリンゲンでの政治情勢に敏感なヴェーバーは、帝国領エルザス＝ロートリンゲン総督エドヴィン・フォン・マントイフェル男爵（一八〇九年―一八八五年）の動向にも注視していた。プロイセン陸軍元帥であったマントイフェルは、フリードリヒ・ヴィルヘルム四世のもとで王を軍事面で補佐する枢密軍事内府長官を務めたが、ヴィルヘルム一世やビスマルクには敬遠されてエルザス＝ロートリンゲンでの閑職に甘んじていたのだった。[161] 特にビスマルクへの憤懣を抑えきれないマントイフェルは、一八八五年四月一日にシュトラスブルクでビスマルクの古稀記念松明行列が企画された際、総督としてこれに中止命令を出すという行動に出た。[162] マントイフェルの知己でもあるヘルマン・バウムガルテンは、ビスマルクとマントイフェルとの不和がエルザス＝ロートリンゲンの「ドイツ化」事業の障碍となることを懸念したが、[163] このとき偶然シュトラスブルクの兵営にいたヴェーバーもこの事件に着目し、マントイフェルの命令に憤慨する現地人の様子を描写している。[164] 程なくこのマントイフェルが死亡すると、ヴェーバーは早速後任人事に関心を示し、すでに候補に挙がっていたパリ駐箚《ちゅうさつ》ドイツ帝国大使クロートヴィヒ・ツー・ホーエンローエ＝シリングスフュルスト侯爵（一八一九年―一九〇一年）（元バイエルン王国首相、のち帝国宰相・プロイセン王国首相）について、彼に対する現地人の評判が良好であることを書き記している。[165]

ヴェーバーは一八八四年一〇月のベルリン帰郷後もエルザス＝ロートリンゲン情勢を注視し続けたが、彼の問題関心は帝国領エルザス＝ロートリンゲンをプロイセン王国に併合し、同地のドイツ支配を安定させることにあった。ベルリンのヴェーバーにとっては、自分の周囲の人間がなかなかエルザス＝ロートリンゲン政策に関心を示さないことが不満の種であった。ヴェーバーは一八八七年の段階ですでに、エルザス＝ロートリンゲンをプロイセンに併合することで同地のドイツへの統合を断固進めるべきだと主張しており、この考えはのちにも繰り返されることになるのだが、彼の案に自由保守党の論客オットー・アレント（一八五四年―一九三六年）が否定的な見解を述べたとき、ヴェーバーはアレントの見識のなさに苛立ちを表明している[166]。またヴェーバーは、皇帝ヴィルヘルム一世の抵抗を退け、自分の進退を賭けてプロイセンへの併合を実現しようとする総督ホーエンローエに好意的な論評を行っている[167]。

以上、我々は青年ヴェーバーのエルザス＝ロートリンゲン認識を見てきたが、これとは大きく異なるのが彼のドイツ東部への態度である。ヴェーバーはドイツ東部にもエルザス＝ロートリンゲンの場合と同様に、主として軍隊勤務の過程で関係を持つに到った。エルザス＝ロートリンゲンの場合、ヴェーバーはその住民の反ドイツ感情に強い憤りを覚えたが、ドイツ東部の場合ヴェーバーはその「文化」水準の低さに愕然とすることになった。ドイツ東部の「文化」水準についてのヴェーバーの厳しい評価は、一八九二年に始まる彼の農業経済論、あるいはポーランド人農業労働者排除論との関連で注目される。

ヴェーバーの東方への関心は、すでに少年時代から育まれていた。一八七六年の作文「シュタウフェン家」では、ハインリヒ獅子公のメクレンブルク・ポンメルン征服や、その「ドイツ化」が論じられており[168]、翌年の作文「ドイツ史の経過一般」でも、中世の「ポーランド人」ないし「スラヴ人」が、「アラビア人」や「ノルマン人」と並んで「悪い隣人たち」として描かれ、ザリエル朝期にポーランドが神聖ローマ帝国の封臣になったと記されている[169]。

ヴェーバー自身が東方へ向かったのは、今日確認できる範囲では一八八〇年のシュレジエン・ボヘミア紀行が初めてである。このときすでに、ヴェーバーは次のような記述を残していた。「ブレスラウへ列車で行くとき、僕は一人のとても年を取った農夫と一緒になりました。彼はずっと新聞を逆さまに手に持っていて、中を読もうとしないのです。もう一人学校の先生がいて、一生懸命この農夫の有様を直そうとしましたが、うまくいきませんでした。平野を列車で行くのは退屈なので、こんな暇つぶしが本当に必要なのです[170]。」「朝六時、まだ数時間しか寝ていないのに、一人の奴がお父さんの葉書を持って入ってきました。その葉書は、昨日の夕方のうちに持ってきてくれと頼んでおいたものなのに。更にこいつは、僕が頼んでもいないコーヒーを一杯持ってきました。そして恥知らずにも心付けを呉れなどというので、僕は怒ってこいつをドアの外へ追い出してやりました。奴は外でぶつぶつ言っていましたが、僕はまた寝入りました。

あとで分かったことですが、このホテルの従業員はみなカトリック教徒で、早朝の祈りに参加するために、いつもあんな早くに出て行くのだそうです。僕は八時に起床し、その間に冷めてしまったコーヒーを飲んでから、このカトリシズムから脱出することにしました。[171]」シュレジエンからの書簡に見られるこのような表現には、ドイツ東部の「文化」水準を危惧する後年のヴェーバーの思考様式が早くも顔を覗かせている。

シュトラスブルクでの兵役が始まった一八八三年秋、ヴェーバーは兵営でポーランド人兵士に遭遇することになった。ヴェーバーの勤務したプロイセン陸軍第四七ニーダーシュレジエン歩兵連隊が元来一八六〇年にヒルシュベルクで設立された連隊であったためか[172]、あるいはポーランド人兵士を故郷から遠く引き離そうというプロイセン軍当局の方針なのか、彼はドイツ帝国の西端にいながら東端の少数民族を観察する機会に恵まれたのである。ヴェーバーはシュトラスブルクの兵営で、多くのポーランド人兵士が伍長からドイツ語を「叩き込まれている」様を目撃している[173]。またヴェーバーは、しばらくして分隊長になるが、自分の率いる分隊でポーランド人兵士に相対し、その様子を間近で観察することになった。「いま僕は、この一週間半ほどある一分隊を率いていて、どいつだか分隊のポーランドの不潔な子豚野郎が、明け方になって髭を剃らず、顔を洗わず、ぷんぷん嫌な臭いをさせて勤務に出てきたとき、いつも責任を取らされるという光栄に浴しています。僕はまさに一日中兵営中をぶらつき回って、軍隊の「清潔さ」と不潔さとを思い知ることが出来るという寸法です[174]。」

一八八八年七月下旬、ベルリン大学の法学生ヴェーバーは、民族紛争の激戦地ポーゼン州で軍事教練に参加した。これはヴェーバーの所属する第四七ニーダーシュレジエン歩兵連隊の二大隊が、シュトラスブルクからポーゼンへ移転になったことによる[175]。ベルリンの家族に当てた書簡には、ヴェーバーのドイツ東部に対する当惑が切々と綴られている。「ここは大した所ではなく、従ってまた語るべきことも多くはありません。しかしそれでも、僕がまだ生きているということ、そしてその生活がどのようなものであるかということを一度は示さなければいけないと思います。一見したところでは、この田舎町は決して言われているほどひどくはないように見えます。その反対にここには緑豊かな大きな広場があり、幾つかの広い通りがあり、夕方には街頭の照明もついて、面白い古い市庁舎があり、どっしりした劇場や図書館の建物があるので、大都市にでもいるような感じがするのです。しかしとはいっても、宿を探し始めてみると、その好印象も日に日に減じていきます。家を探しに行って幾分なりとも甘受できる住居を手に入れることがほとんど不可能であることに気付くと、もうげんなりしてくるのです。予め言われていたように、僕はホテルに居座っています。というのもここの家主が、僕を従卒二名と共に安く泊めてくれたからで、しかもここが清潔だからです。この清潔さに関してですが、これはどうやらここでは、きわめて稀にしかお目にかかれないようです。ドイツ人やポーランド人は、どうも清潔さには大きな価値を置かないみたいですね。例えばこれまた幾分かなりとも気配りの効いた廊下を整備しようという感覚が欠け、壁や階段が荒っぽい木摺で板張りしてあるのが、しっかりした建物においても目立ちます。しかしもっと不愉快なのは、町の大抵の区域で一時的にではなく不断に非常に悪臭がするということです。ブレージヒが「どこも空気が悪臭で満ち満ちている。」と言った通りです。このことは長くいればいるほど気になってきます。更に不愉快なことに、どこから来るのかは分からないのですが、絶えず塵埃が出てきます。食べ物はいいものが手に入ります。清潔ならの話ですが。ところがこれに対して飲み物は、非常に高価なハンガリー・ワインを除いては、一般にやたらと喉が乾いている場合にのみ飲み込める程度のもので、しかもいつも吐き気が込み上がってくるのです。飲み屋は大抵ひどいです。ここから遠出するというのも、考えられません。現役の戦友たちは稀にしかカジノの外へ出ることがなく、遠くからでも退屈している様子が見て取れます。端的に言えば数日なら過ごせる、それどころかいい感じで生活できるのですが、その後日に日に好ましくなっていくように思われるのです。[176]」宿の不潔さと劣悪さ、町中の悪臭と塵埃、吐き気を催すほどひどい飲料物、退屈で仕方ない日常生活――ヴェーバーにとってポーゼンは、まさに「文化が低い」の一言に尽きる町であった。

ヴェーバーはこの軍事演習に際して、ポーゼン州ブロンベルク県の小都市グネーゼンにも足を伸ばしている。グネーゼンでは偶然にも、母の友人の夫オットー・ノラウが郡長を務めていた[177]。ここでもヴェーバーは、身をもってドイツ東部の異質さを実感することになる。グネーゼンはポーランド首座司教座（グネーゼン＝ポーゼン大司教座）の所在地で、その大聖堂はローマ皇帝オットー三世（九八〇年―一〇〇二年）の時代から二一世紀の今日に到るまで、聖アーダルベルト信仰の巡礼地として有名である。ヴェーバーはグネーゼン滞在中にこの巡礼者たちの行列に遭遇したのだった。「さて日曜日になると、大聖堂から農民の大層な人込みが押し出されてくる様子が見られます。彼らは徒歩で、あるいは荷馬車に乗って聖アーダルベルトの墓所へやってくるのです。多くのものは訳の分からない藁葺き屋根みたいな形をした髪型で、幾世代にも受け継がれ、つまり個々人の体に合わせて仕立てたのではないやたらと長いフロックコートを着ており、一部の者は羊の毛皮を着ています。タタール人の中にでもいるような感じを人に与える顔付きも見えます。婦人の衣装は我々からすれば多彩とでも言ったところですが、美しいとは言えないし、品が良いとも言えません。[178]」

このグネーゼン訪問の際、ヴェーバーは郡長ノラウから王立植民委員会のドイツ人入植地の視察を提案された。ヴェーバーはこの提案を聞いて喜び、演習終了後の二日間再びグネーゼンへ赴いて視察することを決意している。[179] このノラウの提案が彼自身の発案によるものなのか、それともヴェーバーが事前に視察を要求していたのかは、いまのところ判然としていない。ただヴェーバーがこのドイツ人入植地の視察を自ら望んでいたとしても、それは不思議のないことである。というのも、彼の父マックスは一八八六年一月二三日にプロイセン代議院において、プロイセン東部州における「ドイツ系住民」、「ドイツ文化」維持のための学校政策やドイツ人植民政策の断行を迫る「アッヘンバッハ動議」に共同提出者として名を連ねていたからである。[180] 更に父マックスは、同年の「植民法」案審議に際しても、この法案を集中的に審議し各会派の妥協点を探った二十一人の特別委員会に属し、四月七日の採決では賛成票を投じている。[181] 政治に関心の強いその息子が、この重要法案の審議の様子を、家庭で父マックスから全く聞いていなかったとは思えない。

実際にヴェーバーのドイツ人入植地視察が実現したのか、また実現していた場合に彼がそこで何を見たのかについては、今日の史料状況からでは明確な結論が出ない。ヴェーバーが現地視察の感想を述べている文書は、これまでのところ発見されていないのである。しかしいずれにしても、ヴェーバーはこののちもドイツ人入植問題に強い関心を懐き続けた。一八九二年四月、ヴェーバーは教授資格取得二箇月後のある書簡で、前月にプロイセン文部大臣を辞任していたロベルト・フォン・ツェドリッツ＝トリュッチュラー伯爵（一八三七年―一九一四年）[182]に言及し、その政治家としての資質を高く評価した上で、ツェドリッツがプロイセン農林大臣だったなら強力に植民事業を進めただろうにと無念の思いを表明している[183]。ツェドリッツは一八九一年、王立植民委員会初代総裁からカプリヴィ・プロイセン政権の文部大臣に抜擢された人物であるため、ヴェーバーのこの発言は、ツェドリッツの王立植民委員会総裁在任中（一八八六年―一八九一年）の仕事ぶりを評価してのものだろうと推測されるのである。

七月以来のポーゼン州での軍務も後半に入った一八八八年九月、ヴェーバーはポーゼン県西ポーゼン郡の一村落ベンドレヴォに住む「ポトツキ伯爵」なる人物から、破格の歓待を受けている。ヴェーバーらプロイセン軍人のために設けられたこのポーランド人貴族による歓迎の夕べは、実に盛大なものであった。だがその熱烈歓迎ぶりに対し、プロイセン軍人ヴェーバーは冷やかな視線を向けていた。「これに対して木曜日、金曜日には、我々はベンドレヴォに泊りました。これもまたどの駅からも何マイルも離れています。宿泊したのはポトツキ伯爵の城館です。彼はまさしく大盤振舞で、半ばアジア的な絢爛さをもって、文字通り銀や金の器で我々にご馳走してくれました。そしてその際その量の多さにおいては、ほとんど野蛮とも言える贅沢さを展開していました[184]。」

以上から分かるように、青少年期のヴェーバーはポーランド人（ないし一般に東方の人間）を、常に懐疑の目で見詰めていたのである。ヴェーバーの一貫した判断基準は、彼らが身体や公共空間の衛生状態に配慮しているか、洗練された食文化を有しているか、知的な言動をしているかというものであり、彼ののちの表現で言えば「文化」を有しているかというものであった。こうした青年ヴェーバーのポーランド人やドイツ東部に関する個人的体験が、一八九二年以降のポーランド人農業労働者排除論にとって助走の役割を果たしただろうことは、容易に想像が付く。実際一八九六年にヴェーバーのある講演を取材した『フランクフルト新聞』は、次のように論評している。「ちなみに特にこの問題［ポーランド化］に関しては、講演者はかつてポーランドであった諸州における自分の経験を、エルベ川以東全域に過度に移し変えているような感じを受けた。[185]」

三　宗派対立――カトリシズム・正統派プロテスタンティズム・文化的プロテスタンティズム

ヴェーバーはプロテスタント系の家庭に生まれ、終生プロテスタンティズムの枠内に留まったが、このことは彼の政治的言動に大きな影響を及ぼすこととなった。ヴェーバーは一八六四年五月一九日にエルフルトで親戚立会いのもとプロテスタンティズムの幼児洗礼を受け、十五歳になる一八七九年春にはシャルロッテンブルクで堅信礼を受けている。[186]キリスト者ヴェーバーが生を享けたドイツ帝国では、その人口の大半を占めるキリスト教徒は、事実上三つの世界に分裂していた。そのうち一つはカトリシズムの世界であり、あとの二つはプロテスタンティズム内部の新旧両派の世界である。ヴェーバーもこの三つ巴の抗争の中で、自分の立場を表明していった論者の一人であった。

プロイセンがエステルライヒを排除する形で成立したドイツ帝国において、カトリシズムはプロテスタンティズムに対して人口的にも社会的にも劣位に置かれていた。「ドイツ国民の神聖ローマ帝国」では皇帝や過半数の選帝侯、多数の司教領、修道院領を擁していたカトリシズムであったが、フランス革命が勃発しその理念がナポレオンの軍隊によってヨーロッパ各地に宣布されると、宗教改革以来の深刻な危機に陥ることとなった。カトリシズムは「旧体制」と本質的に結合しており、また秘蹟や聖人崇拝に見られるその神秘主義は啓蒙主義の批判の的だったからである。各地域の世俗的支配権を喪失したドイツのカトリシズムは、代わって信心深い一般信徒を大量動員するようになり、反啓蒙主義の姿勢を強める教皇庁の中央集権体制の傘下に入りつつ、啓蒙官僚主導で世俗化を推進するプロイセンのような領邦国家との軋轢を深めていった。一八六〇年代に小ドイツ主義の勝利が明らかになっていくと、カトリシズムとは「教皇至上主義」(Ultramontanismus) を奉じる国際組織であって、ドイツ・ナショナリズムとは本質的に無縁であるという中傷が、プロテスタンティズム側から繰り返されるようになる。一八七一年以降は、プロイセン主導の「ドイツ帝国」への忠誠とドイツ・ナショナリズムとを同視するプロテスタンティズム側から、大ドイツ主義的秩序観を捨てきれないカトリック教徒の「愛国心」が疑問視されることとなった。加えてイタリア統一の進展によるローマ教会国家崩壊の予感に危機感を強めた教皇ピウス九世が、聖母マリア処女懐胎説の教義化（一八五四年）、近代の誤謬を八十箇条にまとめた『誤謬表』の発表（一八六四年）、第一ヴァティカン公会議（一八六九年・七〇年）での教皇の首位性・不可謬性を掲げた憲章『永遠の牧者』の決議（一八七〇年）などの対策を打ち出すと、西欧キリスト教世界では反教権主義運動が幅広く展開され、ドイツでは進歩党の闘士ルドルフ・フィルヒョウ（一八二一年—一九〇二年）の発言に因んで、これに「文化闘争」（Culturkampf）の名が与えられた。またドイツのカトリシズム内部から生まれた、イグナッツ・フォン・デリンガー（一七九九年—一八九〇年）らの反教皇至上主義運動「古カトリシズム」（Altkatholizismus）は教皇庁に破門されることになった。この文化闘争で頻繁に語られた「カトリック教徒の劣等性」、つまりカトリック教徒は愚鈍であるため、主として農業や鉱業に従事し、財界、学界、政官界には余り進出できないという議論は、のちにハイデルベルクのヴェーバー研究室によって一つの学問的承認を得ることになる。

だがドイツ・カトリシズムに対して優位に立つドイツ・プロテスタンティズムも、決して一枚岩だったわけではない。ドイツ・プロテスタンティズムは宗教戦争以来、ローマ教皇庁への対抗上プロテスタント領邦君主に庇護を仰いできた。このため領主を「最高祭司」と仰ぐ領邦教会が形成され、神と信徒個人との直接対話を重視するはずのプロテスタンティズム信仰が、同時に世俗諸侯の統治を聖化する体制宗教としての機能をも果たすという逆説的状況が生まれたのだった。イギリスにはイギリス国教会という甚だしい例があるが、ドイツの有名な例としてはプロイセン「合同教会」が挙げられる。これはブランデンブルク選帝侯であったホーエンツォレルン家のルター派への改宗のために住民もこれに従ったところ、同家が俄かにカルヴァン派に再改宗したためにルター派の住民と対立が生じ、一九世紀になって強引にルター派、カルヴァン派を合同させて新しい領邦教会を構築したというものである。体制宗教と化したプロテスタンティズム信仰（正統派プロテスタンティズム）を精神的に刷新するべきだという意見は、それぞれの時代に応じて繰り返し提起されていたが、自由主義思想の勃興した一九世紀ドイツには、それは「文化的プロテスタンティズム」と総称されていた。ここでいう「文化的」とは、自由主義的な、進歩的な、革新的なという意味の形容詞である。「ドイツ・プロテスタント協会」がその綱領に掲げた、「福音的自由の精神における、我々の時代の文化発展全体と調和した形でのプロテスタント教会の革新」という目標は、文化的プロテスタンティズムの意識を端的に表現するものとして知られている。[187] 文化的プロテスタンティズムの論客たちは、カトリシズムには勿論のこと、「プロテスタンティズム内のカトリック的要素」である正統派プロテスタンティズムにもその鋭い矛先を向けた。この文化的プロテスタンティズムの象徴的人物で、西欧世界一般でも高い評価を受け、皇帝ヴィルヘルム二世（一八五九年—一九四一年）など最高権力者たちとも親密な関係があったドイツ神学界の重鎮が、ベルリン大学教授アドルフ・フォン・ハルナック（一八五一年—一九三〇年）である。[188] 正統派プロテスタンティズムはこの情勢に危機感を懐き、カトリシズムを標的とした文化闘争についてもその激化には警戒感を懐いていた。カトリシズムや正統派プロテスタンティズムの立場から見れば、文化的プロテスタンティズムとはその過剰な個人主義によって無神論、更に道徳的虚無主義に道を開くものであり、いわば宗教としてのキリスト教の自殺に他ならないのだった。実際パウル・ゲーレやマックス・マウレンブレッヒャーのように、文化的プロテスタンティズムを熱心に唱導した挙句に社会民主党に入党し、遂にはキリスト教そのものに懐疑的になるという人物がたびたび登場し、正統派の文化的プロテスタンティズム批判に論拠を与えていた。

ヴェーバーはこうしたキリスト教世界の内部対立において、「古カトリシズム」運動を支援したゲルヴィヌスや、バーデン文化闘争の急先鋒であったヨリー、バウムガルテンらの系譜を踏襲し、文化的プロテスタンティズムと生涯行動を共にした。正統派プロテスタンティズムが保守陣営と、文化的プロテスタンティズムが自由主義陣営と密接な関係にあったことを想起すれば、これもまたごく自然な成り行きであったと言える。とはいえ文化的プロテスタンティズムの内部にも、プロテスタンティズムのキリスト教信仰を追求する（特に初期の）ナウマン、ラーデ、オットー・バウムガルテンらと、「文化」すなわち人間の知的発展に重点を置くヴェーバーらとの間には微妙な不協和音があった。「宗教音痴」を自称するヴェーバーは、[189] 飽くまで人間の精神的発展に関心があり、プロテスタンティズムはその揺籃となってきたという意味で評価されたに過ぎなかったのである。

ヴェーバーの文化的プロテスタンティズムは、一八八四年三月に見事に表現されている。シュトラスブルクの兵営にいたヴェーバーは、堅信礼を前に信仰に確信を持てない弟アルフレートに激励の書簡を書いた。各々のキリスト教徒は、キリスト教の意義についてそれぞれ自主的に考察するべきであるとしつつ、ヴェーバーは自分の考えを以下のように開陳している。(一) キリスト教の偉大さは、それが「我々の文化」の名で総括されるあらゆるものの基盤になっているという点にある。手法はそれぞれ異なっても、キリスト教は二千年来、万人に理解されてきた。この二千年間に作り出されてきたあらゆる「偉大な」もの――成立した諸国家、その「偉大な」行為、その「偉大な」法律・制度、学問、人類の全ての「偉大な」思想――は、キリスト教を主要な基盤の一つとしている。(二) キリスト教の影響はキリスト教徒の世界に留まらず、全人類に及んでいる。キリスト教は「我々と同程度の高さの段階にある」あらゆる民族、人間を繋ぐ共通の絆である。キリスト教徒を自称しないもの、キリスト教とは係わりを持ちたくないというものですら、知らず知らずのうちにキリスト教の教義に従って行為しているのである。(三) 従ってキリスト教の堅信礼を受けて「人類のこの偉大な共同体へ」入ることは、「偉大なキリスト教文化の発展と、それとともに全人類の発展のために働く権利及び義務」を手にすることに他ならない[190]。このような西洋中心的・キリスト教中心的世界観は、ヴェーバーの宗教社会学研究の思想的出発点となったばかりではなく、彼の政治的言動にも影を落とすことになるのだった。

ヴェーバーの青少年期はまさしく文化闘争の最盛期に当り、プロテスタント主導のドイツ帝国におけるカトリシズムの扱いが論争の的となっていた。父マックスが属する国民自由党は文化闘争の急先鋒であり、プロイセン首相ビスマルクのもとで文部大臣を務めたアーダルベルト・ファルク(一八二七年―一九〇〇年)は、退任後に国民自由党、帝国党の支援で帝国議会に選出されている。また前述のようにヴェーバーの伯父ヨリーは、バーデンでの反教権主義運動で功績を挙げた政治家であり、プロテスタント大国プロイセンの断固たる支持者である。このような時代背景や家庭環境を持つ若きヴェーバーは、文化闘争をカトリシズムに対する知的闘争と看做す考え方を受け入れていった。従ってヴェーバーは、それが物質的利益の醜悪な争奪戦になることなく、飽くまで自由な精神のための清廉潔白な「正戦」であることを望んだのである。

ヴェーバーの文化闘争論が最初に認められるのは、前述の作文「ドイツ史の経過一般」（一八七七年）であるが、時事評論であれば一八八六年年頭の書簡が初出である。ここでヴェーバーは、文化闘争を収束させつつあったビスマルクが、一八八五年一二月三一日に教皇レオ一三世（一八一〇年―一九〇三年）から、プロテスタント教徒として初めて「キリスト勲章」を授与され、「キリスト勲章佩用《はいよう》の騎士」に任命されたという事件を、「驚嘆すべきこと」と評していた。そしてヴェーバーは、文化闘争の意義を積極的に評価する立場から、この事件がカトリシズムの封じ込めに効果があるかどうかを見極めようとし、またカトリック聖職者側がこの事件を濫用してくる可能性にも警戒を促していたのだった[191]。

ただ少年ヴェーバーは、文化闘争に世界史的意義を感じていただけに、一八八七年初頭にそれがビスマルクと教皇との直接交渉で収束しつつある様子を目の当りにして、これを遺憾とした。ヴェーバーが問題視したのは、政治的近代化の障碍であるカトリシズムに対する「正戦」が、日常の利益政治と大差ない裏取引の形で決着を見てしまうと、あたかもそれがカトリック教徒という宗教的少数派の信仰を抑圧する運動であったかのような外見が生じてしまうということであった。非があるのは飽くまでカトリシズム側であって、反カトリシズム側こそが良心の守護者なのだという道徳感情が、ヴェーバーをして文化闘争からの戦略的撤退を非難せしめたのであった[192]。同じころ伯父ヨリーも『プロイセン年報』に発表した論考「プロイセンの教会闘争」で政府批判を展開していたから、甥ヴェーバーとしては触発されたところもあっただろう[193]。ただいずれにしても、ヴェーバーやヨリーらの自由主義的な文化闘争論は、ビスマルクには無縁のものであった。そもそもビスマルクにとってカトリシズムとの闘争とは、初めから「帝国の敵」に対する「内政的予防戦」であり、「善悪の彼岸」で行われた権力闘争であった。従って保守政治家ビスマルクが、旗色が悪くなるに従い文化闘争から撤退したのは、彼にとっては良心の痛むことではない。そうした事情を、当時のヴェーバーはどの程度理解していたのだろうか。

このころヴェーバーは、カトリック教徒の伝統主義的な行動様式を痛烈に批判する、同時代のプロテスタンティズム的カトリシズム攻撃の一端を担っていた。すでに一度引用したブレスラウからの少年ヴェーバーの書簡に、ホテルのカトリック教徒の従業員を軽蔑するような表現があったことを、我々はここで想起する必要がある。またシュトラスブルクでのプロイセン軍兵士時代、ヴェーバーは「バイエルン軍を支配している悠々自適さと惰性的振舞」を揶揄する文章を残しているが、この「惰性的振舞」(Schlendrian) という表現は、のち伝統主義の代名詞として彼の社会学的分析にも登場することになるのである[194]。

人間の精神的発展を重視するヴェーバーのカトリシズム攻撃は、こののちも繰り返されることになった。一八九五年九月のアイルランド旅行で、ヴェーバーは現地人とアイルランド自治問題について議論し、その実現はカトリック聖職者の支配に繋がるとの理由で反対論に理解を示している[195]。またヴェーバーは一九〇四年にも、アイルランド「絶滅戦争」に際してクロムウェルが述べた、アイルランドはイギリス人支配下の方が良好な状態だったという発言を紹介している[196]。これらはカトリック的色彩の強い民族への不信感という点で、後述するポーランド問題とも関連する見逃せない発言である。また神経症で療養中の一九〇二年夏にも、文化闘争以来抑制されてきたバーデン大公国でのカトリック男子修道会の新設が再び許可される見通しとなるや否や、ヴェーバーは二つの共同抗議声明に署名して、この新設計画を頓挫させているのである[197]。これはヴェーバー個人の意見表明ではないが、彼のカトリシズムへの年来の警戒心からすれば、この共同声明への参加は自然なことだったように思われる。同じく一九〇二年、神経症で療養中のヴェーバーは、あるカトリック教徒のイタリア人学者を訪問したときのことをこう書き記している。「相当せかせかして休みなく話す同僚のピサニ。そしてそのすでに八十八歳ほどにもなる父親。これは徘徊する骸骨で、靴職人だが、いまは隠居している。第三に兄、彼はいま靴工房、靴屋の主である。第四に眼鏡をかけた妹、彼女は非常に素朴で、ほとんどいつも厨房にいる。彼ら四人がときには明らかに幾分風変わりな、込み入った料理を出して、私に栄養を付けてくれる。会話も絶えず活潑だ。彼らのことをカトリック教徒だと思うものは誰もいないだろう。我々のところではこの種の人々は全く様相が異なるのだ。でも彼らはドイツ・カトリシズムの方が優れていると強く感じている。［ドイツ人カトリック教徒の］阿諛追従《あゆついしょう》ぶりが彼らには印象的だということで、彼らはドイツのカトリック系家族の中にいるとずっと「敬虔」な感じがするのだそうだ。[198]」ここからも、普段ヴェーバーがカトリック教徒をどのような目で観察していたかが窺い知れる。

ヴェーバーのカトリシズム批判の金字塔ともいうべき作品が、一九〇四年秋に刊行された「プロテスタンティズムの倫理と資本主義の「精神」」第一章である。ここでヴェーバーは、現代経済においてプロテスタント教徒がカトリック教徒よりも圧倒的に優位に立っているという事実認識を繰り返している。これはプロテスタンティズム主導のドイツ帝国において、文化的プロテスタンティズムの論客たちが盛んに口にしていた「愚鈍なカトリック教徒」に対する嘲笑を、学問的な言い回しで再現したものに他ならない。ヴェーバーの場合、それは一八九〇年代から一貫して唱えてきたポーランド人農業労働者排除論の延長線上に構想されたものであった。「ここ数年幾度となくカトリック系の新聞や文献において、そしてドイツのカトリック信徒大会で活潑に議論されたことであるが、宗派的に混合している地方の職業統計を垣間見ると、そこには比較的逸脱や例外なくある一つの現象が見て取れる。それは、資本家や企業家が実に圧倒的に、プ、ロ、テ、ス、タ、ン、ト、教、徒、であるということである。それはまた上層部の熟練労働者層、そして特に技術的にあるいは商業的に予め比較的高い訓練を受けた現代の企業の職員にも言えることである。我々がこのような傾向を職業統計の数字に明瞭に見出すのは、ドイツ東部におけるドイツ人とポーランド人との間でそうであるように宗派の違いが民族の違いと一致し、これに伴って文化発展の度合とも一致している地域だけではない。そもそも資本主義が発展し、住民が自分たちの欲求の赴くままに社会的に階層分化し、職業的に分かれていくところならほとんどどこでもそうなのである。そしてこうした資本主義による階層分化が進展していればいるほど、ますます明確にこの傾向が現れるのである。[199]」こういったヴェーバーの表現、あるいはそれに続く叙述を目にして、同時代の文化的プロテスタンティズムによるカトリシズムの知性主義的批判との連関性を感じないものは、少なくとも同時代の読者には一人もいなかったに相違ない。なおこの部分を書くに当って、ヴェーバーは「カトリック教徒の劣等性」論を巡るカトリック側、プロテスタント側の論争に言及し、ヘルマン・シェル（一八五〇年―一九〇六年）、ゲオルク・フォン・ヘルトリング男爵（のち伯爵、バイエルン首相、帝国宰相・プロイセン首相）（一八四三年―一九一九年）ら「文化的カトリシズム」（カトリシズム内改革派）の論客を脚注で示唆している。(200)

このような「カトリック教徒の劣等性」論を、ヴェーバーは学問的検証に耐え得る命題だと確信していた。ハイデルベルク大学におけるヴェーバーの弟子マルティン・オッフェンバッハー（一八七六年―？）は、バーデン大公国の住民を対象としてこの命題の論証を試みていた。ヴェーバーが引用したオッフェンバッハーの結論は、次のようなものであった。「バーデンのカトリック教徒は、［プロテスタント教徒］より穏和である。彼らは営利衝動が少ないので、危険で不安が付きまとうがことによると名誉や富を齎すかもしれない人生よりも、収入はより少なくとも出来るだけ安定した人生を送ることを好む。我々は俗に冗談めかして、「うまいものを食え、さもなくば大人しく寝ていろ」ということがある。前記のことで言えば、プロテスタント教徒は好んでうまいものを食おうとするのに対して、カトリック教徒は大人しく寝ていようとするということになる。(201)」ヴェーバーはオッフェンバッハー論文によって、プロテスタント教徒との比較におけるカトリック教徒の向上心の欠如――「伝統主義」――が立証されたと考えていた。但しヴェーバーはオッフェンバッハーの結論を、ある一点において修正した。それは、プロテスタント教徒の勤勉さはオッフェンバッハーの言う「うまいもの」のような「この世の楽しみ」のためではなく、逆に「この世の楽しみ」を日常生活から排除する「世俗内禁欲」の表現なのだという点である。ヴェーバーは、カトリシズムでは修道院内に限定されていた禁欲を、プロテスタンティズムが日常一般のものにしたと考えた。カトリック教徒こそ敬虔で禁欲的であり、プロテスタント教徒は世俗的で物質主義的であるために資本主義に邁進するのだというブレンターノらカトリシズム側からの批判に対し、(202)ヴェーバーはカトリック教徒の「禁欲」とは真の禁欲ではなく「伝統主義」、つまり切磋琢磨の忌避でしかないと応答したのである。

宗派対立において、ヴェーバーが反撥したのはカトリシズムだけではなかった。ハルナック、バウムガルテン、ラーデらと並ぶ文化的プロテスタンティズムの論客であったヴェーバーは、正統派プロテスタンティズムとも激しく対立したのである。すでに取り上げたシュテッカーへの批判も、結局はこの正統派プロテスタンティズム批判の文脈で生まれてきたものであった。青少年期のヴェーバーは、文化闘争の影響でなおカトリシズムとの対決に重心を置いていたが、彼と正統派プロテスタンティズムとの対決も、一八九二年以降顕著になっていく。例えばヴェーバーは一八九三年九月の結婚に際し、式場となったエールリングハウゼンのアレクサンダー教会で奉職する正統派プロテスタンティズムの牧師には司式を依頼せず、牧師であった従兄のオットー・バウムガルテンをわざわざバーデンから呼び寄せて、自己の意思を貫徹している。(203) ヴェーバーの正統派プロテスタンティズムへの違和感は、一九〇四年以降宗教社会学の場で大いに表現されることになるのである。

第二章　プロイセン・ユンカーとの対決　一八九二年―一九〇四年

第一節　「非常に純粋なブルジョワ」の貴族批判

一　プロイセン・ユンカーへの愛憎

プロイセン・ユンカーは、ドイツ帝国の左派勢力（自由主義陣営・社会主義陣営）にとっての共通の攻撃対象であった。一般にプロイセン・ユンカーとは、荒涼たるエルベ川以東の農業地帯を故郷とし、プロイセンの王朝及び国家に武官、文官として忠誠を誓う、裕福ではないが自負心の強い中・下級のプロテスタント貴族たちのことを指す。「田吾作ユンカー」（Krautjunker）という表現があるように、「ユンカー」という言葉にはしばしばドイツ東部の田舎紳士に対する都会人の知的嘲笑が込められていた。この粗野で強欲なプロイセン・ユンカーたちが、農村地帯では大土地所有者として農業労働者に家父長的支配を行い、首都ベルリンでは大臣、軍人、官吏、貴族院・代議院議員として政治を壟断《ろうだん》しており、その体現者こそ他ならぬ「鉄血宰相」ビスマルクだというのが、近代ドイツ批判の定番である。これに対してプロイセン・ユンカーを評価するものは、農本主義的な観点から農村の健全さと都会の不健全さとを対置し、プロイセン王国、ドイツ帝国の「生命の泉」としてのドイツ東部を称揚するという傾向にあった。(204)

このプロイセン・ユンカーの手厳しい批判者として有名なのが、他ならぬマックス・ヴェーバーである。ヴェーバーにとってプロイセン・ユンカー批判は、彼の経済学者としての、また政治評論家としての、大いなる飛躍の契機となった。ヴェーバーが一八九二年にベルリン大学法学部私講師に就任し、また愛国的政治評論家としてドイツ言論界に登場したとき、まず取り組んだのはこのプロイセン・ユンカーとの対決だったのである。一八九〇年代の青年ヴェーバーは「ユンカーの敵」を自称し、プロイセン・ユンカーがいかにドイツ国民国家の発展を阻害しているかを繰り返し告発した。これに対しプロイセン・ユンカーを重要な支持基盤とする農業家同盟は、ヴェーバーを反ユンカー感情に狂った市民階級のナショナリストと罵倒してこれに応えたのだった。

しかしヴェーバーはプロイセン・ユンカーを、ただ闇雲に批判ばかりしていたわけではなかった。ハイデルベルクのヴェーバー邸に出入りしていた哲学者ヘルムート・プレスナー（一八九二年―一九八五年）は、ヴェーバーのプロイセン・ユンカー像が「愛憎半ば」であったことを指摘している。また晩年のヴェーバーは、初めて参加した一八九〇年二月二〇日の帝国議会議員選挙で、自分の選挙区で立候補していたドイツ保守党、自由思想家党、社会民主党の候補者のうち、父が自由思想家党候補者に投票したのに対し、ドイツ保守党候補者に投票したと回顧している。[205]「ユンカーの敵」を名乗るヴェーバーが、それに必ずしも適合しない行動を取ったのは何故なのだろうか。それは左派言論人ヴェーバーの心中に秘められた、右派的な心情なのだろうか。それともヴェーバーは擡頭する社会主義の脅威に目を奪われて、保守陣営・自由主義陣営間で「ブルジョワ」連合を組もうとしたのだろうか。本章では一八九二年から一九〇四年まで、ほぼ二十八歳から四十歳までのヴェーバーの政治的言動を概観し、その中軸をなしていた彼のプロイセン・ユンカー批判を検討するが、ここで予めその骨子を押さえておくことにしよう。

そもそも左派言論人ヴェーバーは、プロイセン・ユンカーに階級的・党派的反撥を懐いていた。後述のようにヴェーバーは一八九二年、自分たち「自由主義者」には「当然ながら有している」プロイセン・ユンカーへの反撥があると述べている。貴族階級に憎悪しその権威に挑戦するという左派的発想が、ヴェーバーのプロイセン・ユンカー像においてもやはり出発点になっていた。ヴェーバーはプロイセン・ユンカーとの対峙を通じて、自分は「市民層」の一員なのだという自覚を強めていく。学生ヴェーバーのドイツ内政論では、自由主義陣営対保守陣営、自由主義陣営対社会主義陣営という具合に、政治党派間闘争が重要な役割を果たしていた。しかしこの一八九〇年代以降の政治評論では、ヴェーバーは階級闘争の不可避性という発想に傾斜するようになっていく。ここでヴェーバーの言う「市民層」とは、「財産と教養」とを有する非貴族・非カトリック聖職者によって構成された、ドイツ国民国家の中で貴族階級、労働者階級と並立する部分社会である。ヴェーバーは、ドイツ国民国家の内部でこの三つの階級が切磋琢磨するという状態を、当然のものであると考えていた。ヴェーバーによれば、かつてプロイセン・ユンカーは政治指導者として大きな役割を果たし、ドイツ帝国建設という偉業を成し遂げたが、今後は市民階級や労働者階級がドイツ国民国家の牽引車となるべきだというのである。

だがヴェーバーは、かつてのプロイセン・ユンカーに一定の敬意を懐いてもいた。ヴェーバーはプロイセン・ユンカーには本来、市民階級にない独特の「政治的本能」があり、それがドイツ国民国家にとって不可欠の財産であると考えていた。もっともヴェーバーには、実はプロイセン・ユンカーという集団を正面から分析対象としたことが一度もなかった。なるほどヴェーバーには農業経済の観点からドイツ東部にメスを入れた経験はあったが、彼がプロイセン・ユンカーの精神世界に足を踏み入れた形跡はないのである。そのヴェーバーが、プロイセン・ユンカーの「政治的本能」について語る際に具体的に念頭に置いていたのは、ドイツ統一を為し遂げたビスマルクの政治指導力であった。もっともドイツ統一と言えば、現実にはビスマルク以外のプロイセン・ユンカーが一丸となってこれを支持したわけではないはずなのだが、そのような面倒な事情をヴェーバーは器用に迂回してしまう(206)。悲願であったドイツ統一の達成は、ビスマルクの偉大な「政治的本能」の為せる業であり、ビスマルクはプロイセン・ユンカーの象徴であるから、そもそもプロイセン・ユンカーには独特の「政治的本能」が備わっていることになるというような一般化が、ヴェーバーにおいては為されていたように思われる。

但しヴェーバーは、単純なビスマルク礼讃者だったわけではない。一八九二年以前のヴェーバーは、政治家ビスマルクを概ね批判的に見ていた。「カエサル主義者」ビスマルクが導入した帝国議会の普通・平等・秘密・直接選挙法を、ヴェーバーがトロイの木馬として警戒していたこと、ビスマルクが次世代の政治家たちの成長を阻害したと懸念していたことは、すでに見た通りである。それ以外にも、ヴェーバーはビスマルクにしばしば疑問を投げかけていた。例えば一八八五年七月、古稀記念に設立された「ビスマルク基金」を、ビスマルクが自分の生地シェーンハウゼンの買い戻しに流用するという「シェーンハウゼン事件」が勃発したとき、ヴェーバーは私的利益に固執したビスマルクの見苦しさに憤慨したのである。(207) また同じころ、領主の兄系ヴェルフェン家が断絶したブラウンシュヴァイク公国の相続問題で、かつて領国ハノーファーを強奪したプロイセンに敵愾心を懐く弟系ヴェルフェン家（旧ハノーファー王家）の当主、カンバーランド公エルンスト・アウグスト二世（一八四五年―一九二三年）による相続を、帝国宰相ビスマルクが妨害するという事件が勃発したが、これに関してもヴェーバーはビスマルクがドイツ国民の協和を尊重しなかったと苦言を呈している。(208) 更に同時代の「盲目的ビスマルク主義者」に対しても、ヴェーバーは批判的態度を取っていた。(209) けれども一八八八年に即位した新帝ヴィルヘルム二世に対してより深刻な疑念を懐くようになるに連れ、ヴェーバーのビスマルク評は好意的なものに転換していった。(210) ヴェーバーがドイツ東部農業論の文脈で、統一の宰相ビスマルクを賞讃し始めるのは、それから間もなくのことであった。

ヴェーバーがビスマルクを大仰に持ち上げるようになったのは、それによって同時代のプロイセン・ユンカーに掣《せい》肘《ちゅう》を加えようとしたからでもある。ヴェーバーはビスマルクに代表されるかつてのプロイセン・ユンカーの「政治的本能」に敬意を表していたればこそ、同時代の、つまりビスマルク後のプロイセン・ユンカーに物足りなさを感じないではいられなかったのである。ヴェーバーが同時代のプロイセン・ユンカーにおける「政治的本能」の欠如を痛感するようになったのは、ビスマルク後のプロイセン・ユンカーが自分自身の経済的利益に固執し、ポーランド人農業労働者を雇用してドイツ国民国家の利益を損なっていると考えたからである。

ヴェーバーのプロイセン・ユンカー（とりわけビスマルク）に対する反撥と敬意とは、一見すると二律背反のようであるが、実は根底において相通じるものがあった。「自由主義者」としてのヴェーバーがプロイセン・ユンカーに対して「当然ながら有している」反撥とは、人間個々人の自律性を侵害する伝統的な権威に対する彼の違和感に他ならない。これに対しヴェーバーが懐いていたかつてのプロイセン・ユンカーの「政治的本能」への畏敬の念とは、彼がビスマルクという人間に強烈な個性の輝きを見出し、これに憧憬したことの現れとして解釈されるべきものである。そして自分の経済的利害に右往左往するプロイセン・ユンカーに対するヴェーバーの嫌悪は、時代の潮流に翻弄されて主体性を喪失した人間たちに対する彼の軽蔑として解釈されるべきものである。要するにヴェーバーのプロイセン・ユンカー像の背後には、人間の主体性に対する彼の強烈な欲求があり、そこからプロイセン・ユンカーに対する反撥も敬意も派生していたということになるのである。

プロイセン・ユンカーと対決するヴェーバーの脳裡を去らなかったのは、一見平和に見えるときにもドイツはアメリカ合衆国やイギリスなど他の列強との生存競争に晒されているのであって、そこで生き残るためにはどうしてもドイツ国民国家の強化を図らなければならないという思いであった。ヴェーバーが憤慨したのは、かつて（彼の見るところ）ドイツ国民国家の牽引車であったプロイセン・ユンカーが、いまではその中で庇護される存在となり、列強間の生存競争において寧ろその重荷になっているという事態だったのである。

ヴェーバーのプロイセン・ユンカー批判は、ポスト・ビスマルク時代の到来に際してカプリヴィ期のドイツ・ナショナリストたちが懐いた、抑え難い不安感の表現として理解できる。青年ヴェーバーが華々しく論壇に登場したこの時期は、全ドイツ連盟、ドイツ・オストマルク協会、艦隊協会、学校協会など、数々の在野のナショナリズム煽動団体が次々と旗揚げした時期でもあった。彼ら草莽《そうもう》のドイツ・ナショナリストたちは、ビスマルク時代をドイツ対外政策の黄金時代として回顧し、カプリヴィ現政権の弱腰を非難した。彼らはフリードリヒスルーに隠棲中の老宰相を、集って救国の英雄のように神格化した。そして部分的にはビスマルク本人の協力も得て、論壇からドイツ帝国指導部あるいはプロイセン政府に、より強硬な対外政策を進めるよう圧力を加え、その不甲斐なさを執拗に攻撃したのである。こうしたナショナリズム煽動団体においては、エルンスト・ハッセ（ライプツィヒ大学・全ドイツ連盟）、テオドル・モムゼン

（ベルリン大学・学校協会）、グスタフ・シュモラー（ベルリン大学・オストマルク協会）など、第一線の大学教師たちが政治評論家として熱弁を振っていたのであり、この列に若きヴェーバーも加わる形となったのである。

二　プロイセン・ユンカー論の発現領域

さてヴェーバーは、プロイセン・ユンカー論を二つの問題領域で展開した。どちらも直接の契機は外部のものから与えられ、ヴェーバー自身がそれにのめり込むという形で発展したものである。ヴェーバーのプロイセン・ユンカー論の第一戦線は、ドイツ東部のポーランド人農業労働者問題であった。これはプロイセン・ユンカーがドイツ東部の大農場主として安価なポーランド人労働力に依存し、元々ユンカー農場で奉仕していたドイツ人労働者を流出させていると捉え、排外的ドイツ・ナショナリズムの観点からプロイセン・ユンカーの失態を突いたものである。この議論は、ヴェーバーが社会政策学会から農業労働者調査の分析を依頼されたことに端を発するものだが、彼は更に全ドイツ連盟やドイツ・オストマルク協会にも参加して議論を発展させ、ハイデルベルク大学ではレオ・ヴェーゲナーのようなポーランド問題専門家の養成にも関与している。ヴェーバーのプロイセン・ユンカー論の第二戦線は、取引所問題であった。これはドイツ資本主義の発展、延いてはドイツ国民国家の経済力増大に枢要な役割を果たしているベルリンの取引所が、農業家として農産物価格の低下に苦慮するプロイセン・ユンカーによって妨害を受けているのに憤慨したことを契機とするものである。この議論は、政治的盟友フリードリヒ・ナウマンの要請で、ヴェーバーが取引所に関する啓蒙書を執筆したことに端を発したものだが、更に彼はベルリンで取引所問題に関する討議に参加するなど、活動の幅を拡げていったのだった。

プロイセン・ユンカーに対するヴェーバーの批判は、一八九〇年代の彼の政治的言動を規定した。一八九五年五月一三日に行われたフライブルク大学での正教授就任講演「国民国家と経済政策」は、初期ヴェーバーの政治評論の理論的総合とでも言うべきものであった。このフライブルク時代は、初期ヴェーバーの政治活動が頂点に達した時期である。

ヴェーバーは全ドイツ連盟、ドイツ・オストマルク協会に参加したほか、ベルリンでの取引所問題の審議にも経済専門家として参加している。ところがハイデルベルクに移った直後の一八九七年後半から、ヴェーバーは深刻な神経症に陥り、政治は勿論、教育・研究にも従事できなくなる。そして一九〇三年に、ヴェーバーは三十九歳にして事実上の退官を余儀なくされるのである。しかしこの有名なヴェーバーの神経症は、彼の政治的言動を根本的に動揺させるものとはならなかった。神経症が小康状態となった一九〇四年ごろから、ヴェーバーは再びドイツ国民国家の行く末について情熱的に語り始めることになるのである。しかしそのときの議論は、もはやプロイセン・ユンカー批判一辺倒ではなく、より幅広いものへと変貌していたのだった。

第二節 ポーランド人農業労働者論の展開

一 修練の場としての社会政策学会

ヴェーバーは学生時代から学問の道に進むべきか、実務の道に進むべきかで逡巡した挙句、結局は「職業としての学問」を選択しつつ現実政治にも大いに関心を払うという、いわば政治的学者の人生を歩むことにした。博士号取得、教授資格取得を経て、一八九二年二月に二十八歳目前でベルリン大学法学部私講師に就任した直後から、ヴェーバーは現実政治に直結した実践的研究に没入することになる。ヴェーバーは一八九二年二月、社会政策学会が実施中であったドイツ農業労働者の雇用・生活実態調査に、集計の段階から参加したのである。

社会政策学会とは、経済的自由放任主義に対抗し、産業革命後の社会問題により積極的に取り組むべきことを主張して、一八七二年にアイゼナハで第一回大会を開いた学術団体である。政策研究をする団体である以上、社会政策学会は学術団体であると同時に、現実政治に密接な関連性を有する政策集団でもあった。その会員名簿には、大学に籍を置く学者ばかりでなく、大臣や官僚など実務家も多く名を連ねている。但し社会政策学会は、経済的自由放任主義への違和感という思想的共通項は有するものの、それ自身として特定の党派性を帯びていたわけではなかった。社会政策学会の内部には、アドルフ・ヴァーグナー（一八三五年―一九一七年）のようにシュテッカーに近くドイツ保守党に与するものもいる一方で、ルヨ・ブレンターノのようにイギリスの労働組合主義を模範とする左派自由主義陣営の論客もいたのである。社会政策学会の理事長グスタフ・シュモラーは、いわゆる「党派的に中立な」プロイセン官僚制の支持者で、プロイセン貴族院議員を経てプロイセン貴族に列した人物であるが、左右両陣営からの厳しい批判に晒されていた。ヴェーバーが参加した一八九〇年代前半には[211]、更に社会民主党員も顔を見せるようになっていた。

この社会政策学会は、現実政治に強い関心を懐く若手学者ヴェーバーが、最初に直面した政治的修錬の場となった。ヴェーバーは一八九二年に社会政策学会の企画した農業労働者調査に参加し、ここで初めて自由主義陣営の若き論客として姿を現したのである。当時の学界、政界の大物が一堂に会したその大会で講演し、その委員会に迎え入れられたということは、若きヴェーバーにとって大きな名誉であったはずで、彼に大いなる自信と経験とを与えたに違いない。またヴェーバーがこの多様性に富んだ社会政策学会の中で、基本的には高い評価を得ながらも、同時に自分と毛並みの違う人物たちとの対決の機会を有したことは、彼の弁舌家としての成長に大きく貢献したのではないかと推測される。この社会政策学会を皮切りに、ヴェーバーは福音社会会議、全ドイツ連盟、国民社会協会、ドイツ・オストマルク協会へと活動の場を広げていくことになるのである。

二　農業労働者調査への参加

さてそれではここで、この農業労働者調査について説明しておこう。ドイツ帝国全土の農業労働者の雇用・生活実態を、雇用主へのアンケート調査によって把握しようというこの試みは、一八九〇年九月二六日の同学会委員会で採択され、一八九二年九月の同学会ポーゼン大会での結果発表へ向けて作業が進められるようになった（しかしポーゼンでのコレラ発生のため、大会は翌年三月にベルリンで開催された）。農業団体の支援により凡そ四千人の調査対象者が選定され、一八九一年一二月に第一質問票が郵送され、その回答を受けて一八九二年二月には第二質問票が郵送された[212]。この調査は、農業労働者の状況改善のためにまず実態を把握するという趣旨のものであった。つまりそれは社会政策的関心に基づく調査であり、ドイツ・ナショナリズムを直接の動機とはしていなかった[213]。

この社会政策学会の農業労働者調査にヴェーバーが参加した背景には、アウグスト・マイツェン（一八二二年―一九一〇年）との出会いがあったものと推測される。ドイツ東部（ブレスラウ）出身の農業史家マイツェンは、ブレスラウ大学で法学博士号、哲学博士号を取得し、ブレスラウ王立総合委員会に勤務する傍ら、シュレジエン農業経済史の研究を進め、一八七五年からベルリン大学で教鞭を執るに到ったという人物である。このベルリン大学哲学部教授マイツェンと法学部の若手研究者ヴェーバーとは、とりわけ親密な関係にあった。一八八九年ころから、ヴェーバーはベルリン大学で農業史家マイツェンと交流を持つようになった。ヴェーバーは一八八九年のある書簡の中で、マイツェンを自分の「最も尊敬する、そして最も親切な先生の一人、有名な農業史家」と呼んでおり[214]、一八九一年に刊行された教授資格論文『ローマ農業史』の冒頭でも、法学教授資格申請者のヴェーバーが、彼のローマ史研究に懐疑的だった法学部教授のモムゼンにではなく、哲学部教授のマイツェンに献辞を捧げている[215]。またマイツェンも一八九五年刊行の著作『入植と農業』の冒頭で、ヴェーバーを含む協力者たちに謝意を表している[216]。更にマイツェンは社会政策学会の設立当時からの会員であり、シュモラーら学会指導部にも近く、新参者であるヴェーバーの社会政策学会内での急速な上昇も、マイツェンの口添えによるものだった可能性が大きい。なおこの両名は、のちにドイツ・オストマルク協会の全体委員会に名を連ねることになる[217]。

ヴェーバーは軍事教練でドイツ東部に滞在し、特に一八八八年の滞在ではポーランド問題への興味を強く懐いていたが、ここで重要なのはヴェーバーとマイツェンとが、ポーランド問題に関して共通した問題関心を懐いていたということである。その問題関心とは、ドイツ東部においてドイツ人によって高度な「文化」が普及していく過程を分析するというものであった。マイツェンは中世のシュレジエンに徐々にドイツ人が「文化の担い手」として進出し、西漸してきた高度の「文化」が更に東方へ拡大していった様子を描写した。ヴェーバーはドイツ人が長い年月の間に扶植したはずの高度な「文化」が、東方からのポーランド人労働者の流入によって後退しつつあることに警鐘を鳴らし、ポーランド人労働者の排除が「文化」水準の維持のためには必要不可欠だという結論に達したのであった。

三　ドイツ東部農業論の展開

一八九二年から次々に発表されたヴェーバーのドイツ東部農業論は、当初は学問的分析を基本とするものであったが、議論が白熱してくるにつれて徐々に政治的色彩を強めていった。同年一二月、ヴェーバーの分析結果は『エルベ川以東のドイツにおける農業労働者の状況[218]』という単行本に総括されて刊行された。約九百頁にも及ぶこの著作の中で、ヴェーバーはアンケートから得られた膨大な情報を整理して紹介しているが、その末尾に同時代の政治情勢にも踏み込んだ農業経済史的考察を付している。ただそこではなおヴェーバー個人の政治的立場を表現するのは抑制されていたのが、そののちの経過の中で議論が急激に政治化することになるのである。それではここで、政治化したあとのヴェーバーのドイツ東部農業論を見ていくことにしよう。

ヴェーバーの議論は、資本主義に晒される前の家父長的なユンカー農場の描写から始まる。当時のユンカー農場では、インストロイテと呼ばれる小農民が労働に従事していた。このインストロイテは、雇用主であるユンカーの私有地でも耕作に従事するが、同時に小規模ながら自分自身の耕地をも分与されているため、自分自身のためにも労働している。またユンカーの農場での労働に対しては、インストロイテはその報酬として現金ではなく、その収穫物に一定の分け前を認められている。このような事情でユンカーとインストロイテとは、一つの農業生産共同体においてその生産の善し悪しに共通の利害を持つ、半ば共同経営者のような関係にあった。この農業共同体の主人であるユンカーは、インストロイテに対して原則的に無制限の支配権能を有しているが、まだ是が非でも農業経営の利潤を最大化しようという衝動には駆られておらず、従ってインストロイテからの搾取も比較的穏和なものであった。インストロイテの方も、まだユンカーの家父長的支配から脱却したいという強い独立意識を有しておらず、一定水準の生活が保障される現状に甘んじていた。換言すれば、ユンカーはまだ資本家としての利潤追求意欲に完全には目覚めておらず、インストロイテは労働者としての権利意識に目覚めていない、いわば双方が（のちのヴェーバーの概念で言えば）「伝統主義」のまどろみの中にいるような状態が、この家父長的なユンカー農場では展開されていたということになる。

ところが資本主義の精神が徐々に農村部にも進出してくる中で、こうした「伝統主義」のまどろみが覚めるときがやってくる。交通手段の飛躍的な発達でドイツ東部の農業が農産物の国際競争に晒されるようになると、ユンカーは農業者としての生存のために経営合理化を目指さざるを得なくなる。そして労働力投下に際して融通の利かないインストロイテは削減され、一定の現物給を与えるだけのデプタント、あるいは更に一定の貨幣給を与えるだけの賃金労働者、更には一年契約ではなく季節限定の、あるいは日雇いの労働者が重用されるなど、人件費の最小化が図られるようになる。これに対しインストロイテの方も、社会的に上昇の可能性がない家父長的大農場での生活に飽き足らなくなり、そこで保障される一定水準の安定した生活を捨てて、都市や外国に自由を求めて流出するようになっていく。こうしてエルベ川以東の大農場は、家父長的農業共同体から資本主義的経営組織へと変貌を遂げることになるのである。

ヴェーバーは旧来のユンカーが政治の担い手として、一八七〇年／七一年のドイツ統一に象徴される功績を挙げてきたことを高く評価するが、それはかつての大農場のあり方と無関係ではないという。家父長的大農場においては、ユンカーは物質的に満足した状態にあった。自己の大農場の収入でその生活基盤を確保し、政治において改めて自己の利害を追求する必要がないために、ユンカーは本来の政治活動に集中することが出来たのである。ところが資本主義化の流れの中でユンカーの生活基盤が磐石なものではなくなり、ユンカーの政治家としての資質も悪化していったのだという。

ヴェーバーはプロイセン・ユンカーの政治家としての資質を問題視しただけでなく、その農場で労働に従事する住民が軍隊に入る際の兵士としての資質をも問題視した。ヴェーバーによれば、家父長的なユンカー農場は「厳格な国家組織の複製及び基礎」であり、「軍事的規律の心理的前提」である[219]。この農場の権威主義的な秩序の中で鍛えられた

「忌々《いまいま》しい義務と責務」への献身の精神こそが、プロイセンの軍事的成功を担保してきたのだという。従ってヴェーバーは、個人主義的な西・南ドイツの農業労働構造が東部ドイツに拡大することを政治的に望ましくないと考えていた。「全ての大所有を徹底的に叩き潰すに等しい労働構造の形成が、政治的に目標として望ましいでしょうか？――私が思うに、否であります。[220]」

単なる企業家へと変貌したユンカーが惹き起こす具体的な問題として、ここでポーランド人農業労働者の流入という現象が登場してくる。前述のように資本主義化したユンカーの農場は、いまや利潤の追求に専心する経営組織へとその姿を変え、労働者への給付は切り詰められていく。従来のドイツ人の農民は、上昇可能性のない大農場での生活に見切りを付け、都市や外国へと流出する。その代わりに入ってくるのが、安価なポーランド人移動労働者、特にロシヤ国籍ないしハプスブルク帝国籍の出稼ぎポーランド人労働者である。彼らは、ユンカーの需要にはとても適合した労働力である。第一に、彼らは生活における要求水準が低い。つまり人間としての自覚が欠如しているために、家畜のように扱われる屈辱的な生活にでも順応できてしまう。従って雇用主であるユンカーは、労働賃金を大幅に節約することが出来るのである。第二に、外国人労働者の場合、その法的地位はとても不安定であるために、雇用主であるユンカーが恣意的に使役することが可能になる。第三に、徐々に階級意識を強めつつあるドイツ人労働者に対抗する手段として、ポーランド人労働者を雇用し、ドイツ人労働者を解雇するという戦略は有益だというのである。

ポーランド人農業労働者の拡大という意味での「ポーランド化」は、ヴェーバーによれば二つの意味で懸念すべき現象であった。それは第一に「ドイツ人勢力」の後退であり、第二に「文化」の後退である。ここでいう「文化」とは、凡そ現代に相応しい人間の営みとでもいった程度の言葉で、別に反西欧的な、特殊ドイツ的な何かが想定されているわけではない。つまりヴェーバーは、人間の精神的、物質的な成熟度を測定する普遍的基準として「文化」という概念を採用し、ドイツ東部においては「「文化」とまさしく同一な」ドイツ人勢力の主導権を正当化したのである。

ポーランド農業労働者問題はいかにして解決されるべきかについて、ヴェーバーは二つの処方箋を示している。第一は、ドイツ東部から外国籍ポーランド人農業労働者を完全に排除するための、東部国境の封鎖である。この政策は、ビスマルクによって一八八五年に導入されたが、カプリヴィ政権下で廃止されていたものであった。国境封鎖はドイツ東部のあらゆる農業家にとって脅威であり、大農場を経営するユンカーにとっても大いに迷惑となる。そもそもカプリヴィ政権初年の一八九〇年にこの措置が廃止されたのは、ビスマルク在任中からドイツ東部の雇用主の陳情を再三受けたからであった。第二の方策は、ドイツ東部の農村におけるポーランド人住民の拡大に対抗して、プロイセン国家がより積極的にドイツ人農民の国内植民を斡旋することである。ここでは対決すべきポーランド人として、外国籍ポーランド人移動労働者よりも、寧ろプロイセン国内のポーランド人零細農民が念頭に置かれている。ヴェーバーは彼らもまた、外国籍ポーランド人移動労働者と同様に、ドイツ人と比較して「文化」が低い存在として扱っている。

四　農業経済論の政治化

農業経済論であったヴェーバーの分析が政治評論へと変容していったのは、ドイツ保守党側の挑発によるところが大きい。同党の事実上の機関紙『新プロイセン新聞』（通称『クロイツ・ツァイトゥング』）が、一八九三年二月二日夕刊に「「東部大土地所有の嘆き」」という記事を掲載し、ヴェーバーの記事を断片的に援用してユンカーを擁護したことが、ヴェーバーを著しく刺戟したのである。ヴェーバー曰く「私は個人的な功績を、東部のユンカーたちに帰したかったわけではありません。ただ――比較の問題として――相対的な功績をその社会的組織の性格に帰したかっただけです。もし大地主の資本力がより大きかったなら、疑いなくすでに調整の際に農民を完全に吸い込んでいたでしょうし、我々をより一層脱国民化していたでしょう。まあ恐らく私は、寧ろ少し行き過ぎていたのでしょう。しかしそうしたのは、客観的にすることに意義があり、我々自由主義者が当然ながら有している東部大地主への反撥を抑えなければならないと信じたからです。大会では、ユンカーの功績の承認が条件付きのものであることをはっきりさせ、『クロイツ・ツァイトゥング』が図々しくも試みたような、農業利益側の剽窃《ひょうせつ》を防止するべく努力するつもりです――。」(221)

このヴェーバーと『新プロイセン新聞』との紛争が勃発したころ、輿論はドイツ農業の将来を巡って沸騰していた。一八九二年一二月八日、ドイツ保守党はベルリンのティヴォリ醸造所で党大会を開き、関税によるドイツ農業保護の継続や取引所に対する国家統制など農業利益に適う要求項目を掲げ、同党の「理念政党」から「利益政党」への移行を世間に印象付けていた。更に一八九三年二月一八日には、同じくティヴォリ醸造所でドイツの農業利益団体「農業家同盟」の設立大会が開催され、工業重視のカプリヴィ政権の関税政策への反対の意志を鮮明にした。こうした農業利益の動きに、左派系新聞はすかさず非難の声を挙げている。「[……]どんなに騒がしい「わめき声」が聞こえても、政治的責任を真剣に引き受けようとするものなら、国の全体の利益と両立しない要求など支持することは出来ないであろう。そのような要求は、自分の振舞を通して「保守主義」概念の大爆笑の諷刺を提供して見せた「保守」政治家どもにでも任せておかなければならないのである。」（『国民新聞』（国民自由党系新聞）[222]）「昨日ティヴォリで騒々しく効果的に誕生したのは、「農業家同盟」などではなく保守的大地主同盟である。」（『フランクフルト新聞』（左派自由主義系新聞）[223]）「公然たる階級利益が、実践志向の大地主連中と彼らの先週の決議とにおいて、あらゆる項目にいかに見事なまでに粗野で野蛮に表現されているかのを見るのは、ほとんど欣快《きんかい》である。」（『前進』（社会民主党機関紙）[224]）

経済学者としての、また政治評論家としてのヴェーバーの初舞台である一八九三年の社会政策学会大会は、こうした中で遂に三月二〇日・二一日にベルリン大学で開催された。ブレンターノへの書簡が予感させるように、ヴェーバーは報告の冒頭から唐突にユンカーへの宣戦布告を切り出した。それは凡そ学問の場での発言とは思えないほど、個人の政治的価値観を剝き出しにした挑発的なものであった。「私は、確かに幾つかの一般的な観点には、それが実践的な意味を有する限り回帰してみるつもりです。でも私は本質的に自分の課題を、ほとんどこう言ってしまいたいのですが、農業家諸氏にとっての叛逆児のそれに見ています。これは彼らが襲い掛かってくるような攻撃目標を、彼らに提供して差し上げるためです。私はそういう攻撃を期待しているものですから――[225]。」ヴェーバーの講演内容は、すでに前項で解説した基本路線に従ったもので、その点では前年の著作『エルベ以東のドイツにおける農業労働者の状況』から変化はない。しかし大きく変化したのは、前著ではまだ抑制されていたヴェーバー個人の政治的立場が、この講演によって遺憾なく示されたということであった。ヴェーバーはポーランド人農業労働者の雇用増大を、ユンカー攻撃の格好の理論的武器として徹底的に利用したのである。つまりヴェーバーは「東部の大農場」を、「我々民族の最も危険な敵」、「我々の最大のポーランド化推進者」として公然と罵倒したのだった[226]。ヴェーバーの議論は急進化し、遂には大地主がポーランド人を雇用している限り、彼らには「国民的な事柄」を代表するのは不可能だという極論にまで達する[227]。ヴェーバーはボヘミアのドイツ人貴族が周囲のチェック民族に同化されていった様子を引き合いに出して、プロイセン・ユンカーもポーランド人の雇用を通じて「ポーランド化」していくだろうと予言した[228]。

この一八九三年社会政策学会での報告は、ヴェーバーが更に政治評論家として飛躍していく契機となった。ポーランド人農業労働者問題を契機として激しいプロイセン・ユンカー攻撃に踏み切ったヴェーバーは、こののち同様の活動を更に発展させていくことになる。元々社会政策学会の学術調査から出発したヴェーバーであったが、彼は一八九三年までにすっかり政治化し、書斎の人から論壇の人へと変容していた。政治評論家への変貌を遂げた青年学者ヴェーバーを象徴するのが、彼のナショナリズム煽動団体への参加である。従来の研究では、彼の全ドイツ連盟及びドイツ・オストマルク協会への参加が取り上げられてきたが、ヴェーバーとドイツ・オストマルク協会との関係についてはいまだ未解明な部分が多いので、ここではヴェーバーと全ドイツ連盟との関係について紹介してみることにしたい。

ヴェーバーが一八九〇年代に参加していた全ドイツ連盟は、ヴィルヘルム期ドイツ・ナショナリズムの急進的な潮流を代表する団体で、ドイツがイギリス、フランスに比肩する強国となることを目標に掲げて活動していた。ドイツ・ナショナリストたちは一八七〇年／七一年にドイツ国民国家建設という長年の悲願を達成したが、このドイツ国民国家が二十年の歳月を経てヨーロッパ国際権力政治の主体としての地位を確立するにつれ、世界帝国の建設という一段階上の課題を目指そうという動きが出てくることになった。また一八九〇年にビスマルクが帝国宰相・プロイセン首相の職を辞し、後継者に軍人出身のレオ・フォン・カプリヴィ（一八三一年—一八九九年）が就任すると、ザンジバル・ヘルゴランド交換協定や対ポーランド人宥和政策など「弱腰」とも取れる政策が続き、ビスマルク後のドイツに不安を懐くナショナリストたちの危機感を煽ることになった。こうした状況下で、ザンジバル・ヘルゴランド協定への抗議運動を契機として結成されたのが、この全ドイツ連盟（一八九四年四月一二日までは「一般ドイツ連盟」）だったのである。

海外植民推進運動から出発した全ドイツ連盟（一般ドイツ連盟）は、結成と同時にその視野を広げ、ドイツ・ナショナリズムの総合商社たることを目指した。その機関紙『一般ドイツ連盟広報』は、すでにその第一号の第一頁で次のように宣言している。「どのような団体にも一つの専門領域があるものだが、一般ドイツ連盟にはそういうものはない。連盟は、国民意識にとって考慮に値することならどんな問題でも包括する。連盟がその会員に提示するのは、いつも何か別のことである。今日は植民問題、明日は学校、言語と講演の主題が変わるのである。」[229]

若きヴェーバーが熱心に関与したポーランド問題も、多くの懸案の一つとして全ドイツ連盟で議論されていた。全ドイツ連盟のポーランド問題への関与が活潑になるのは、一八九三年後半からのことである。二代目会長エルンスト・ハッセ（一八四六年―一九〇八年）は、既に減退傾向にあった連盟の指導を引き継ぎ、より効果的な煽動活動の展開を試みた。この連盟の上昇局面で、ポーランド問題は枢要な役割を果たすことになる。一八九三年秋から一八九五年まで、ポーランド問題は『一般ドイツ連盟広報』及びその後継誌『全ドイツ広報』において不動の支配的位置を占めていた。連盟がその最初の連盟大会（一八九四年九月）の最初の議題にポーランド問題を据えたことが、この問題に対する連盟の注目度の高さを端的に示している。[230]更に、連盟が発行した最初のパンフレットは『ドイツ・オストマルク』であり、それは文字通りポーランド問題のみを扱ったものであった。[231]しかし一八九五年の最高潮の時期を過ぎると、ポーランド問題は一八九〇年代後半にかけて時の経過と共にその重要度を減退させていった。これは、全ドイツ連盟がポーランド問題に関する見解を改めたということではない。「世界政策」など他に人気のある主題が登場して、ポーランド問題が圧倒的比重を占めているという状況が変化したということである。要するにポーランド問題は、連盟の「最重要課題」から、「最重要課題の一つ」へと移行したのである。

ヴェーバーがいつ、どのような経緯で全ドイツ連盟に加入したのかは判然としないが、取り敢えず一八九三年一〇月には『一般ドイツ連盟広報』に、ヴェーバーの知見に根差してドイツ人国内植民の強化を要求する事務総長アドルフ・レール（一八三九年―一九〇一年）の記事が登場している。「ドイツ東部の国内植民」と題されたこの論稿において、レールはプロイセン・ポーランド政策が融和的方向へ転換していることを警告し、ヴェーバーの社会政策学会での議論を援用して今後のポーランド政策のあるべき姿を探っている。レールはヴェーバーに基づいて、ドイツ東部の大地主が「ポーランド化」を進めている状況を生々しく描写する。けれどもドイツ東部農業利益への敵意がないレールが、その「ポーランド化」は地主たちの意志には反した現象であろうと同情的な言辞を付け加えている点は見逃せない。[232]

一八九四年九月九日、ヴェーバーは全ドイツ連盟ベルリン大会に姿を現す。この大会の最初の議題がポーランド問題であり、フライブルク大学へ赴任する直前であったヴェーバーはここで再び持論を開陳したのである。この日の討論には、他にもカール・ケルガー（一八五八年―一九〇三年）ら数人が参加していたのだが、ヴェーバーの演説内容だけが後日連盟のパンフレット『ドイツ・オストマルク』に紹介された。[233]もっともここで採録されたヴェーバーの演説内容には、連盟側の意向で削除されたのか、彼の持論であるユンカー批判の部分が全く姿を消している。

ヴェーバーの全ドイツ連盟の枠内での活動は一度だけではない。一八九七年三月一三日、ヴェーバーは設立直後の同連盟フライブルク支部でポーランド問題に関して演説している。ヴェーバーはここで、階級対立を好まない連盟の基本方針を無視して「市民的発展」を唱導したほか、ポーランド人フロリアン・フォン・スタブレフスキ（一八四一年―一九〇六年）がカプリヴィ政権下でグネーゼン＝ポーゼン大司教に着座したことを非難している。[234]一八九八年になると、今度は全ドイツ連盟側がヴェーバーのポーランド論を援用した。連盟のパンフレットであるクリスティアン・ペッツェット『ドイツ人勢力のための闘争――プロイセン・オストマルク』[235]の中に、「ドイツの愛国的文筆家、マックス・ヴェーバー博士」が紹介されたのである。ペッツェットがここで引用したのは、ヴェーバーの社会政策学会ベルリン大会での報告の一節であった。[236]

ところが一八九九年四月二二日、良好であるかのように見えた両者の関係に突然破局が訪れた。全ドイツ連盟の中で重宝されてきたヴェーバーが、いきなり連盟に対して絶縁状を叩き付けたのである。ヴェーバーは全ドイツ連盟がポーランド人労働者の排除に不熱心であることを糾弾し、その具体例を挙げた上で、連盟の不熱心さは農業家である保守派への遠慮によるものだろうと断定した。自分を「ユンカーの敵」と規定するヴェーバーは、自分の立場が連盟内部に受け入れられなかったことを遺憾としている。とはいえ絶縁状の末尾で、ヴェーバーは自分の脱退が、自分の「指導的な方々の人格に対する誠実な個人的尊敬」を弱めるものではないということを強調して筆を擱いている。[237]

この一八九九年の絶縁状もまた、ヴェーバーの政治姿勢を象徴するものである。自分の立場を毅然として守り、安易な妥協を潔しとしないという独立不羈《ふき》の態度は、確かに孤高の人ヴェーバーに相応しい。ヴェーバーはのちにはドイツ民主党からも、ドイツ社会学会からも、社会政策学会からも、同じように決然と距離を置いたのである。ただこの書簡でのヴェーバーの主張には、不審な点が目立つ。そもそも連盟がポーランド人農業労働者の排除に不熱心であるというヴェーバーの見解は、連盟の当時の活動を厳密に分析してのものではない。ましてそれが農業利益への妥協であるというヴェーバーの説には、何らの根拠もない。[238] ユンカー批判の点は受容しないまでも、連盟が機会を捉えてヴェーバーの説を繰り返し引用してきたことに対する認識も、どうやら欠如しているようである。愛国心に目覚めたドイツ人を漏れなく結集したいと望む連盟が、ユンカーのようなドイツ人内部の部分集団を標的にしたがらないのは、連盟発足当初からの断固たる方針であり、ヴェーバーがそれを問題視するのならば、そもそも最初から連盟への加入を見合わせるべきだったのである。ただ最後に、あらゆる非難攻撃にも拘らず指導部への敬意を表明するというのも、立場は異なっても成熟した人間であれば尊重するというヴェーバーなりの美学の現れとして興味深い。

結局ポーランド問題は、ヴェーバーが終生情熱を燃やした政策領域となった。ヴェーバーは、全ドイツ連盟やドイツ・オストマルク協会への参加と並行して、ハイデルベルク大学でポーランド問題を研究する学生レオ・ヴェーゲナー（一八七〇年―一九三六年）の博士号取得を支援している。後述のように、ヴェーバーはロシヤ政治論でもポーランド問題に言及し、一九〇八年のポーランド政策の転機に際しても発言している。第一次世界戦争においても、戦後処理に際しても、ポーランド問題はヴェーバーにとって中心的な政治課題の一つであり続けたのである。

第三節　取引所論の展開

一　取引所問題の勃発

自由主義陣営の若き論客として登壇したヴェーバーは、一八九三年になってポーランド問題に続くユンカー攻撃の第二戦線を開いた。これが彼の取引所論である。ヴェーバーの生涯において、この取引所問題はポーランド問題ほど尾を引くものとはならなかったが、「世界政策」論とも関連する重要な意味を孕んでいるので、看過することは出来ない。

一九世紀末のドイツにおける取引所を巡る紛争は、そもそも農業危機の進行を受けて農業利益側が国家（＝政府）による農産物取引の統制を要求したことに端を発する。プロイセン・ユンカーを含む農業家たちは、特に先物取引を投機的な性格を持つ下賤な行為として断罪したのだった。その背景には、国際農産物市場と連携しているドイツ国内の取引所が農産物価格を押し下げ、それがドイツ農業を危機に晒しているという農業家たちの焦燥感があった。このため農業家たちは、不道徳な投機的取引の抑制のためと称して、穀物取引の国家統制を要求したのである。この方面で最も急進的であったのが、東プロイセン州のユンカーの代表者、ドイツ保守党の帝国議会議員（のち議員団長）ハンス・フォン・カーニッツ伯爵（一八四一年—一九一三年）[239]であった。カーニッツが帝国議会で提案した農産物取引の国家統制案は「カーニッツ法」（Lex Kanitz）と呼ばれ、「カーニッツ法なくして艦隊なし」（kein Kanitz keine Kähne）（カーニッツ法案が採用されなければ政府の建艦政策にも賛成しない）という合言葉が農業利益の側から叫ばれるようになった。これに対し市民階級を中心とする銀行家、工業家は、取引所の活性化がドイツ資本主義の発展に繋がるとして、その更なる充実を求めていた。

さてヴェーバーがこの分野に足を踏み入れたのは、彼が一八九四年六月からフリードリヒ・ナウマン、パウル・ゲーレ編の叢書『ゲッティンゲン労働者文庫』に、概説書『取引所Ⅰ――取引所の目的と外的組織』[240]を執筆し、同年一一月に刊行したことに由来する。この叢書は、ナウマンらキリスト教社会派の若手牧師たちが、プロテスタンティズムの立場から社会問題に取り組み、労働者を社会民主党の煽動活動から防禦しようという意図のもとに企画されたものである。元々農業史の専門家として出発したヴェーバーは、取引所問題それ自身に興味を有していたわけではなかった。勿論ベルリン大学法学部で商法、手形法を講じていたヴェーバーにとって、それは全く無縁の領域ではない。だが私講師就任当時にヴェーバーが執筆した関連分野の書評などを見ると、その頃の彼には財政・金融問題に格段の知識も興味もなかった様子が感じ取れる。[241]にも拘らずヴェーバーが一八九四年に『取引所Ⅰ』を刊行したのは、果たしてナウマンの強い要請によるものなのか、あるいは彼自身もそれを積極的に望んだのかについては、彼の言動を理解する際には肝心なことであるにも拘らず、今日なお充分に解明されていない。[242]

ヴェーバーは『取引所Ⅰ』の刊行後、この問題領域にますます深く関与するようになった。ヴェーバーは一八九五年の取引所委員会の調査結果を踏まえ、翌一八九六年にかけて『総合商法雑誌』に長大な論文「ドイツ取引所調査の結果」[243]を発表する。更に一八九六年一一月一九日から二六日まで、ヴェーバーはベルリンの連邦評議会（Bundesrat）議事堂で行われた臨時取引所委員会の討議に参加している。[244]ここでヴェーバーはカーニッツなど農業利益の代表者たちと直接対峙する機会を得ている。普段は連邦評議会の審議が行われている議事堂を借用しての討議という稀有な体験をしたためか、あるいは現実政治の渦中にいるという喜びからか、参加当初のヴェーバーは会議の様子をまるで実況中継でもするかのように興奮しながら詳述している。「我々は連邦評議会の議場で討議を行っている。取引所の連中はプロイセンの議席がある中央の机を全て占領した。農業家たちは幾つかの中規模連邦諸国の議席を占めている。そして両方から疎まれる形で、同僚のレクシス[245]と私とは一番隅の兄系ロイス、弟系ロイスの書類入れの前に腰掛けている。私のすぐ隣に座っているのはエルザスから来たフランス人だ。彼は何が語られているのかさっぱり理解しておらず、そもそも一体何故、何について人々が意見を異にするのかをいつも議論したがるのだ。これまでのところ、まだとても紳士的に議論が展開されている。恐らく急展開があるのは、明日になってからだろう。農業家たちの上等な部類の連中——カーニッツ伯爵やシュヴェリーン伯爵(246)——は沈黙して、アミラ伯爵(247)やガンプ(248)のような武闘派だけが猛烈に騒いでいる。彼らの一人などは、すでに我々他の全員の合計分と同じくらい発言している。」(一八九六年一一月二〇日)(249)「事態はいまやより活気を帯び、また面白くなってきた。私はある委員会の委員に選出されることになり、農業家たちが大いに憤慨したのだ。この委員会では、私はカーニッツ伯爵や多くの取引所連中と、ドイツの穀物取引の将来について討議することになっている。これらの殿方との激しい衝突は、すでに何回か発生している。そしてまた私もこの自暴自棄の野郎どもとすでに何度か矛を交えたが、私の口調はこれまでのところ非常に叮嚀《ていねい》だから、近日中に撃ち合いになるようなことになる虞《おそれ》はないだろう。だがいまこのような具合で議事が進行しているので、私はこれまでのところどうやら億万長者たちに気に入られているようだ。少なくとも枢密商業顧問官フォン・メンデルスゾーン＝バルトルディは、いつも余りに親密に手を握ってくるので、数十万マルクほどの小切手が——普段なら兄系ロイスが使用している——私の書類入れの下にないだろうかといつも思っているほどだった。」(一八九六年一一月二二日)(250)『取引所Ⅰ』の続編である『取引所Ⅱ——取引所取引』が刊行されたのも、やはり同じ一八九六年であった。すでに南独フライブルク大学の正教授となっていたヴェーバーは、全ドイツ、特にベルリンを舞台として展開していたこの取引所論議に、いわば先頭を切って参加していたのである。

二　取引所論の展開

さてここでヴェーバーの取引所論について、政治との関連で重要な部分に力点を置いて整理してみよう。ヴェーバーの意図は、取引所は勤勉な民衆を犠牲にして成り立つ「叛逆者のクラブ」だとする農業利益の煽動を打破することにあった。取引所は「近代の大規模商業取引」にとって必要不可欠なものであって、社会主義経済でも実現しない限り不可欠なものであるから、その廃棄を要求するというのは、物分かりの悪さか私的利害への固執かでしかないというのが、ヴェーバーの主張であった。

ヴェーバーは投機の道義的問題性を指摘する点では農業利益と同意見であったが、これを国家統制ではなく、取引所の自己規制によって解決させようとした点で農業利益と袂を分かっていた。ヴェーバーが模範としていたのは、（ドイツを除く）西欧の選良主義的な取引所である。ヴェーバーによれば、アングロ＝サクソン圏の（とりわけニューヨークやロンドンの）取引所では、その正規の会員となるためにきわめて高額の保証金を支払う必要があり、しかもその権利は世襲される（あるいは売却される）ので、取引業者は「金銭貴族層」(Geld-Aristokratie)を為しているのだという。職業的な取引業者である彼らは、「ツンフトのような」閉鎖的なクラブを形成している。自分たちのクラブに誰が加入するかは、通常は自分たち自身で決定する。これに対しフランス（特にパリの証券取引所）では、取引所への出入り自体は誰にでも認められており、取引業者の閉鎖的なクラブというようなものはないが、政府の任命する取引所の「交換代理人」が取引の仲立ちを事実上独占し、そこから多額の収入を得ている。これら西欧の取引所に対し、ドイツの取引所は一般により自由な取引が認められているというところに特徴がある。例えばハンブルクの取引所では、アングロ＝サクソン圏のそれと違って誰にでも出入りが自由であり、フランスのそれと違って特権的な「交換代理人」もいない。プロイセン、特にベルリンの取引所は、アングロ＝サクソン型とハンブルク型との中間に位置する。そして自由で開放的であればこそ、ドイツの取引所には一攫千金を夢見る投機が跡を絶たないのだというのである。ヴェーバーは、特権と「名誉」心とを共有し、自分たちの問題を自分たちで処理できる能力のある集団によって運営されているからこそ、西欧の取引所はドイツの取引所に見られるような醜悪な強欲さから自由なのだと見ていたのである。

ヴェーバーは、農業利益が要求する取引の国家統制は現実には実行不可能であり、それはプロイセンやエステルライヒでの先例から明らかであると見ていた。農業労働者問題では国家介入を主張していたヴェーバーが、この取引所問題では国家介入に反対しているのは一見矛盾しているようだが、この国家に対する両義的態度にこそ、まさしく彼の人間分析の特色が表現されているのである。人間の資質を見詰めるヴェーバーの視野の中には、彼が自己規制を要求することが出来る高水準の人間と、自己規制を要求することなど出来ない低水準の人間とがいる。取引所で活動する商人たちは、自己規律が出来る「名誉の人々」であるとヴェーバーは確信している。そこには、資産を有するものは単なる強欲な守銭奴なのではなく、資産の大きさに相応しい倫理感や責任感を備えている尊敬すべき名士たちなのだという、当時の等級選挙法（例えばプロイセン三級選挙法）を正当化していた人間観が息づいている。これに対しドイツ東部の農村では、状況が全く異なってくる。経済的利害の追求に躍起のプロイセン・ユンカーに、ヴェーバーはもはや自己規律を期待していない。従って、ドイツ東部では、国家による強力なドイツ人植民事業が求められることになるのである。

ヴェーバーはドイツの取引所を強化して大銀行の資金力を高めることこそ、ドイツ国民の利益に適う方策だと考えていた。曰く「諸国民は仮に軍事的には平和に生活していても、経済的には国民の生存と経済的な権力とを巡って闘争を繰り広げている。この諸国民の闘争は容赦なくまた不可避である。このような状況においては、純粋に理論的・道義的な要求を貫徹するのには、非常に限界があると言わざるを得ない。それは経済的な領域においても、やはり片方の当事者だけが一方的に軍備縮小するわけにはいかないという考慮によるものである。そもそも強力な取引所というものは、決して「倫理的文化」のクラブにはなり得ない。散弾銃や大砲がそうでないように、大銀行の資本もまた「福祉を増進するための機関」ではない。此岸的な目標を追い求める経済政策にとって、それはかの経済闘争における権力手段そのものでしかありえないのである。もし「倫理的な」欲求がこれらの機関に対して自己主張することが出来るとしても、取引所は大いに歓迎することであろう。ただ取引所には、狂信的な利害関係者や世事に疎い経済的平和の使徒が、自分自身の国民から武器を奪ってしまうようなことがないように、最後のところで見張っている義務があるのである。[251]」農業利益（「狂信的な利害関係者」）の言うように先物取引を廃止した場合、世界におけるドイツの取引所の地位が低下するという難点があることに、ヴェーバーは特に注意を喚起しているのである。

三　「世界政策」論

ヴェーバーの取引所論は、この引用部分が示しているように、彼の「世界政策」に関する見方が垣間見える最初の問題領域としても知られている。そこでヴェーバーの「世界政策」論について、これを機にまとめておきたい。

ヴェーバーがどのような経緯で「世界政策」論の領域に入ったのかは、これまで全く不明のままである。ヴェーバーはすでに十五歳のときにハンブルクに親戚を訪ね、「自由ハンザ都市」を自称するこのドイツ随一の貿易港の活気に感嘆の声を上げていたが[252]、あるいはこれがのちの「世界政策」論の一つの淵源を為していたのかもしれない。とはいえ「世界政策」論そのものがヴェーバーの発言の中に登場してくるのは、漸く一八九四年になってからのことである。取引所の充実を求めるヴェーバーは、国際的に展開する資本主義の中で、ドイツが英米と並ぶ経済大国になるためにそれを望んだのであった。

ヴェーバーの「世界政策」論は、帝国主義を排除したものではなかった。一般に当時の文脈で言う「世界政策」とは、海外での公式・非公式の勢力拡大政策のことである。ヴェーバーの発言にも、海外進出を示唆するような発言を見出すことは出来る。例えば一八九六年五月二九日、ヴェーバーは第七回福音社会会議でこう言っている。「一ダースの船が東アジアの岸辺にいれば、それは一ダースの破棄可能な通商条約を結ぶよりも、ある面では価値が大きいのである。」[253]この発言は、当時のヴェーバーが「東アジア」にドイツの（少なくとも経済的な）勢力圏を構築するべきだという考えに立っていたことを示している。

ヴェーバーはこうしたドイツの対外膨張が、ドイツ国内での社会政策の遂行にとっての不可欠な前提であると考えていた。ヴェーバーは一八九五年夏学期、フライブルク大学で「都市及び農村におけるドイツの労働問題」と題する講義を行っているが、この講義の末尾で彼は教壇から「ドイツ民族」の政治的権力の拡大が「「社会問題」」解決の前提条件であると公然と明言している[254]。

更にヴェーバーは、こうした対外膨張が貴族階級に対抗する市民階級の勢力伸張に貢献すると考えていた。一八九八年年頭に発表されたミュンヘン『一般新聞』主催の建艦政策に関するアンケート調査に際して、ヴェーバーは「市民的・工業的」基盤に根差した強力なドイツ「世界政策」の遂行を訴えている。ヴェーバーにとって、対外膨張とはドイツの発展であるばかりではなく、「市民的」発展でもあったのである。これを貴族階級に対する「市民」階級の対抗意識の表れと看做すならば、ヴェーバーの対外膨張論は「自由帝国主義」、すなわち「進歩的な国内政策を伴う強力な海外膨張政策[255]」であると言うことが出来るであろう。

しかし自由帝国主義者ヴェーバーが、ドイツ帝国主義をどのように展開するべきかという具体的構想を披瀝したことはない。その意味でヴェーバーは、きわめて観念的な帝国主義者に留まったと言うことが出来る。ヴェーバーはこの一八九八年の艦隊アンケート調査でも、百人以上に及ぶ他の回答者とは違い、主催者側が用意した具体的争点項目についての質問を完全に無視し、単なる抽象的な意見を述べるに終始している[256]。ドイツが世界列強の一つであり続けることを望むという意味での「世界政策」論は、晩年までヴェーバーについて回ることになるが、こうした具体的要求面での不明確さは最後まで残ったのだった。ただそれを単なるヴェーバーの不勉強さに帰着させることは、やはり妥当ではないように思われる。ヴェーバーの目標は帝国主義の遂行そのものではなく、帝国主義を展開するような世界の指導的諸国家、いわば「名士民族」のサークルにドイツが加わるということだったのである。この論点については、また第一次世界戦争のところで回帰することとしよう。

第四節　フリードリヒ・ナウマンとの連携

一　キリスト教社会派への参画

キリスト教社会運動とは、産業革命の進展に伴う社会問題（特に工業労働者の増大とその生活状態の悪化）の増大を重く見て、社会主義的手法（現存秩序の転覆）に依拠することなく、キリスト教倫理の再生によって対処しようとした潮流のことである。キリスト教社会運動の指導者として有名なのは、ヨハン・ヒンリヒ・ヴィヒェルン（一八〇八年―一八八一年）、そして前述のシュテッカーである。

一八九〇年、シュテッカーらが中心となり福音社会会議という組織が結成された。これはカプリヴィ期に入って社会主義者鎮圧法が廃止され、一般に社会問題への熱心な取り組みが唱導されるようになったという時代を反映したものである。プロイセン領邦教会の司令部である福音高等教会評議会の呼びかけで始まったこの福音社会会議には、対立するプロテスタント教会内部の二つの派閥が一堂に会していた。ここで言う二つの派閥とは、シュテッカー、ヘルマン・クレーマー（一八三四年―一九〇三年）、ルートヴィヒ・ヴェーバー（一八四六年―一九二二年）、ヘルマン・クロパチェク（一八四七年―一九〇六年）ら政治党派的にはドイツ保守党に近い「社会保守主義」の潮流と、ハルナック、マルティン・ラーデ（一八五七年―一九四〇年）、パウル・ゲーレ（一八六四年―一九二八年）ら政治党派的には自由主義陣営に近く、場合によっては社会民主党にも理解を示す「社会自由主義」の潮流とであった。前者は「正統派プロテスタンティズム」に、後者は「文化的プロテスタンティズム」にそれぞれ相応する潮流である。

ヴェーバーはこの福音社会会議にすでに第一回の一八九〇年から参加しているが、これは自主的な参加というよりも、慈善事業に執念を燃やす母ヘレーネ（一八四四年―一九一九年）の同伴という性格が強かったのではないかと思われる。ヴェーバーはこの福音社会会議における討論の浅薄さと、それを嬉々として聞きに行く母の愚鈍さとを諧謔的に描写している。「しばしば幾分無邪気で大抵は滑稽な牧師たちが、取っ組み合いでもするように議論するのを聴くのが、母にとってはいつも大きな喜びなのです。我々が頭を悩ませている経済問題を、神様をもっとよく理解すればいいのだとして、何とも羨ましいほどあっさりと解決してしまい、その議論の薄っぺらさを咎めることすら出来ないというのは、また欣快でもあります。[257]」実家の母エミーリエの薫陶《くんとう》でカルヴィニズムに心酔していたヘレーネは、自分の信仰に絶対的確信を懐く余り、周囲の人間に熱心に賛同を求めるという性癖を有していた。夫マックスの信仰心を喚起しようとして失敗し、深く失望していたヘレーネは、今度は長男マックスや次男アルフレートに自分の信仰心を移植しようと躍起になっていた。[258] 神学者を「偽善者」と呼び宗教を嘲笑する父マックスとは異なり、長男マックスは母ヘレーネの情熱に一定程度調子を合わせる術を心得ていた。マックスは一八七九年に行われた堅信礼にも大いなる感動をもって望んでおり、[259] 母とキリスト教信仰の問題について何度も話し合っていたことが数々の書簡から窺える。しかしヴェーバーのキリスト教に対する態度は、いつも二つの原則に支配されていた。第一にヴェーバーは人間の精神的発達に関心があり、キリスト教がこれまでそれに決定的貢献をしてきたという意味において、これに肯定的評価を下すということである。第二にヴェーバーは「山上の垂訓」に象徴される自己抛棄の倫理（のちにヴェーバーはレフ・ニコラエヴィチ・トルストイ（一八二八年―一九一〇年）にその徹底的追求者を見出すことになる。）に一定の敬意を表明しつつも、現実政治においては（あるいは普通の日常生活においても）人間の闘争心を阻害するという意味で峻拒するようになるのである。

とはいえヴェーバーは、自分でもこの福音社会会議の「社会自由主義」の論客たちと以前から交流を持っていた。我々がすでに取り上げた従兄オットー・バウムガルテン（一八五八年―一九三四年）は、のちにこの福音社会会議の第三代議長となる人物である。また一八八七年になると、ヴェーバーは牧師ラーデの週刊誌『キリスト教世界』に言及するようになる。[260] ザクセン王国生まれのラーデはハルナックの指導下で神学博士となったのち、この『キリスト教世界』の編集を通じて「文化的プロテスタンティズム」の旗手となった人物である。更に一八九二年春になると、ヴェーバーは福音社会会議で事務総長を務める同年輩の牧師補ゲーレを擁護する論文を発表している。同じくザクセン王国生まれのゲーレは、一八九〇年に小冊子『工場労働者・手工業徒弟の三箇月』を出版して一躍有名になった、社会自由主義の論客である。さてこのゲーレは、社会政策学会の農業労働者調査が雇用主のみを事情聴取の対象にしたと社会民主党から批判されると、ヴェーバーと共に福音社会会議主宰による第二の農業労働者調査を企画した。これは、雇用主でも雇用者でもない、在地の牧師（つまりプロテスタント聖職者）を事情聴取の対象としたものであった。この福音社会会議主催の農業労働者調査の企画に関して、再び「社会保守主義」の側からの批判の矢面に立ったゲーレを擁護したのが、ヴェーバーの論文「農業労働者の状況についての「私的アンケート」」であった。[261] 社会問題それ自体には余り熱心ではなく、母ヘレーネの熱狂ぶりにも冷ややかであったヴェーバーが、自主的に「社会自由主義」の陣営に参画したのはやや意外な感もあるが、シュテッカーへの対抗意識のなせる業か、あるいはキリスト教社会派内部の自由主義陣営共感者への援助のためか、一八九二年の段階ではすでに自ら「社会自由主義」の指導的論客の一人として活動し始めたのである。

社会保守主義、社会自由主義の二つの潮流を一旦は統合し得た福音社会会議であったが、ヴェーバーらの活動も影響して両派の確執が激化し、それぞれ「長老派」、「青年派」という異名を取るようになる。この対立は、やがてシュテッカーら「長老派」の脱退、「青年派」による別組織「国民社会協会」の結成という、福音社会会議にとっての危機的な事態を招くことになる。こうした中、「青年派」の中から一際目立つ論客が現れ、彼はヴェーバーにとっても生涯の政治的盟友となった。この人物こそ、かのフリードリヒ・ナウマンであった。

二　ナウマンとの出会い

ドイツ政治において自由主義陣営が退潮した理由の一つとしてしばしば指摘されるのは、個々の成員の個性が特に強烈であり、それが組織的行動に支障を来すということである。組織としての結束が最も強いと言われるのは、世界観政党と言われ強固な党組織を誇った社会民主党、中央党である。ドイツ保守党は独自の党組織を充分に発達させることが出来なかったが、プロイセン東部州ではプロイセン行政の実質的な後援と、農業家同盟との連携とによって強固な基盤を築くことが出来た。これに対し自由主義陣営諸党は、右派、左派とも強固な組織的基盤を持つことが出来ず、路線対立を克服できずにしばしば分裂を繰り返し、選挙のたびに大いに苦戦したのだった。

さてヴェーバーを中心にその周辺の自由主義政治家たちの動向を見ていくと、妥協なき路線対立と相互離反とが展開されていたことに、我々は驚かされることであろう。ヴェーバー父子、ヴェーバー兄弟の激しい対立、ヴェーバーと伯父バウムガルテンとの敬意を秘めつつも激しい論争、「プロテスタンティズムの倫理と資本主義の「精神」」を巡るヴェーバーとブレンターノとの激しい論争は、その最たるものである。ヴェーバーの闘争志向は彼の人生を貫いていたばかりではなく、彼の周辺でも類似の現象が多く展開されていたのだった。

ヴェーバーとナウマンとの政治的盟友関係は、強烈な個性を縦横無尽に発揮するヴェーバーと、これをある程度吸収しつつも自分の個性を維持するナウマンとの微妙な均衡状態の上に築かれたものであった。ヴェーバーは、ナウマンこそ停滞する自由主義陣営を活性化し得る人物であると期待し、幾多の困難を乗り越えて生涯支持し続けた。またヴェーバーは、ナウマンの誠実な人柄には大いに好意を懐いていた。しかしヴェーバーは、ナウマンの楽天的・予定調和的な政治観には違和感を禁じ得ず、これに悪態を吐くこともしばしばであった。ナウマンは、これらヴェーバーの無遠慮な非難に謙虚に耳を傾け、ヴェーバーの見解に従ったこともしばしばであったが、ヴェーバーを苛立たせたその思想の基本的性格は、結局のところ生涯変化することがなかった。

ナウマンは一八六〇年三月二五日に、ザクセン王国ライプツィヒ郊外のシュテルムタールに生まれている。父フリードリヒ・フーゴーは大聖堂主任牧師、母方の祖父フリードリヒ・アールフェルトはライプツィヒの領邦教会宗務局員、妻マリア・マグダレーナ・ツィンマーマンは牧師の娘であった。ナウマンはライプツィヒのニコライ・ギムナジウムに通学したのち、エルンスト・ハッセやパウル・ゲーレらと同様にマイセンの名門校、聖アフラ領主・領邦学校に入学する。一八七九年から一八八三年まで、ナウマンはライプツィヒ及びエルランゲンでプロテスタント神学を専攻し、その後エルツ山脈のランゲンベルクで牧師として奉職した。

ナウマンは「弱者救済」の構想を重視していたが、その思想的根源は彼の若い時代にあったようである。ナウマンはエルランゲンで神学を学んだのち、ランゲンベルクでの司牧活動を経て、ハンブルクの非行少年更生施設に「上級補助教員」として勤務した。そしてエルランゲンの神学生時代の、またこのハンブルクの補助教員時代の体験が、ナウマンに更生施設の設立者ヴィヒェルンの「国内宣教」運動（プロテスタントの革新運動）への理解を深めさせていった。やがて弁舌の才能を認められ、フランクフルト・アム・マインで「国内宣教」付きの「団体聖職者」に就任したナウマンは、シュテッカーの影響で福音社会会議に参加し、本格的に社会問題への発言を開始することになる。福音社会会議の内部で、非デモクラシー的な権威を重視しつつ社会問題の解決を図ろうとする「長老派」と、非デモクラシー的な権威の存在そのものに社会問題解決の障碍を見る「青年派」とが対立するようになると、「長老派」を代表するシュテッカーと、「青年派」を代表するナウマンとは徐々に離反していくことになった。こうして既存の福音社会会議の内部での活動に限界を感じるようになっていったナウマンは、まず一八九五年年頭に自己の編集する政治雑誌『救済』を創刊し、更にそれを踏み台にして一八九六年一一月に新たな政治団体「国民社会協会」の旗揚げを企画したのである。

ヴェーバーとナウマンとは、その政治的基本構想が微妙に異なっていた。ナウマンの基本戦略は、「工業貴族」（市民階級、特に財産市民）と労働者階級とを糾合し、若き皇帝ヴィルヘルム二世を指導者と仰ぎ、「農業貴族」（プロイセン・ユンカー）と「教権貴族」（中央党）とに対抗するというものであった。そして活潑な世界政策によって世界におけるドイツ帝国の取り分を増やすことで、労働者の救済という社会政策上の目標が達成されると見ていた。ナウマンを信頼する母親ヘレーネへの配慮もあったのか、ヴェーバーは一応ナウマンの運動に同伴し、これを資金的に支援しさえしたが、その見解にはしばしば違和感を懐いていた。第一に、彼にはヴィルヘルム二世を指導者と仰ぐというナウマンの発想が、現実的なものであるとはとても思えなかった。後述するように、ヴェーバーはヴィルヘルム二世に対してきわめて批判的であった。政治の実務がますます専門分化する時代においては、君主が文字通り国政を掌握することは不可能であり、それぞれの専門分野に特化している官僚たちの助言に左右される「ディレッタント」にならざるを得ないと、ヴェーバーは確信していたのである。第二に、ヴェーバーにはナウマンに根強い弱者救済の発想に同調することが出来なかった。ナウマンとは違い、ヴェーバーにとって肝心なのは、市民階級や労働者階級が生き生きとしたドイツ政治の担い手となることであって、彼らの労働条件や生活水準が向上することそれ自体ではなかったのである。第三に、闘争を志向するヴェーバーは、階級闘争が不可避であるという考え方に固執し、階級間融和を実現しようという構想には一般に批判的であった。そのためヴェーバーは、貴族階級・市民階級の融和（つまりミーケルの言う「結集」）に消極的であったばかりでなく、ナウマンのような市民階級・労働者階級の大同団結にも拒否的態度を示したのである。「あなたは一体何がしたいのですか？」[262]一八九六年一一月の国民社会協会設立大会でヴェーバーが吐いたこの苛立ちの言葉は、階級闘争を不可避と見て階級融和に懐疑的なヴェーバーと、飽くまで市民階級と労働者階級との融和を夢見るナウマンとの埋まり難い溝を如実に示す証左である。第四に、ナウマンは「世界政策」を高唱したことで有名なヴェーバーよりも、実際にはより深く「世界政策」論（ドイツの海外進出に関する議論）の内容面に踏み込み、ヴェーバーよりも具体的な政策論を展開した。この結果ナウマンはイギリスをドイツの最大の競争相手と看做し、「ロシヤの脅威」を重視するヴェーバーとは異なる国際政治観を取るに到ったのである。

三　ナウマンの政治運動への関与

ヴェーバーがナウマンという人物に初めて出会ったのは一八九三年の福音社会会議であると思われるが[263]、二人の本格的な関係は一八九四年前半ころから史料的に追跡可能になる。ヴェーバーはラーデの要請でその週刊誌『キリスト教世界』にナウマンの論文集『キリスト教社会的とは何か？』[264]の書評を発表した[265]。この書評はナウマンの浮世離れした楽観主義に対する、ヴェーバーの最初の強烈な一撃となった。また国民経済学者としての批評を期待されていたヴェーバーは、ナウマンが経済政策の基本的事項を凡そ理解していないことを手厳しく批判したのだった。

一八九五年五月に行われたヴェーバーの講演「国民国家と経済政策」は、後述するようにヴィルヘルム期ドイツに蔓延する惰性へのヴェーバーの苛立ちの表現であるが、このヴェーバーを苛立たせた惰性の中には、ナウマンその人も含まれていたと解釈するべきだろう。特に「幸福主義」(Eudämonismus) を批判し、ダンテの『神曲』「地獄篇」の中の一節「一切の希望を捨てよ」を引用したくだりは、ナウマンにも批判の矛先を向けていたと見るべきである。しかし当のナウマンは、ヴェーバーの批判を正面からは受け止めず、自分なりに都合よく解釈して受容したのだった。ナウマンは自分の編集する週刊誌『救済』の中で、確かにヴェーバーのフライブルク講演を絶讃している。ここでナウマンは、ヴェーバーのポーランド論を要約し、社会政策もドイツ・ナショナリズムの裏打ちがなければ無意味であると結論付けている。[266] なるほどこれはある意味では、ヴェーバーの意図が成功したことを意味するのかもしれない。ナウマンがヴェーバーの講演を通じて、社会政策の背景に厳しい国際権力政治があることを再認識したのは事実なのである。しかしヴェーバーとナウマンとの不協和音は、本質的には前者の厳格主義と後者の楽観主義とが奏でたものであって、その肝心な点にはナウマンは少しも触れなかったのである。

フライブルク時代のヴェーバーは、ナウマンがプロイセン・ユンカーや労働者と対峙する市民層の政治的牽引車となることを期待していたので、労働者を初めとする社会的弱者に対するナウマンの強い「憐憫主義」(Miserabilismus) を余計であると考えていた。ナウマンへの失望から政治活動全般への希望を喪失しそうになりながらも、ヴェーバーはナウマンとの絶縁を勧める伯父ハウスラートに対しては次のように反論している。「しかし「キリスト教社会派」全員からすっぱり訣別するようにというご助言には、事情があって従えませんでした。私は「キリスト教社会派」では全然なく、非常に純粋なブルジョワです。そして私のナウマンとの関係は、私がその性格を高く評価している彼を、社会主義的志向から解放するということに限定されています。しかしまさにいま、公の場で彼を「否定する」などということは出来ません。[267]」

ヴェーバーのナウマンへの苛立ちは、ハウスラートへの書簡から一箇月後の一八九六年一一月、国民社会協会設立大会で頂点に達する。ナウマンはヴェーバーのフライブルク講演のころからキリスト教色が薄れ、代わってドイツ・ナショナリズム色が濃くなっていく。「キリスト教社会派」から「国民社会派」への脱皮である。この傾向の帰結として、ナウマンは国民社会協会という擬似政党を設立するに到るのである。このようなナウマンの行動は、一見するとまさしくヴェーバーの希望通りではないかと思われるのだが、ヴェーバーにはまだ大いなる不満があった。労働者階級と市民階級とを連合させようとするナウマンの構想が楽観的すぎて、貴族階級（プロイセン・ユンカー）に対する市民階級としての対抗意識が弱すぎると思われたのである。ヴェーバーは、特にナウマンがポーランド人農業労働者の排除に不熱心であることに憤り、これを教唆したヘルムート・フォン・ゲルラッハ（一八六六年―一九三五年）[268]に猛烈な怒りをぶつけている。『時代』は、精力的にポーランド人に対抗する姿勢を取ることを要求する者たちを、意地悪く攻撃したのです。ドイツ人同士が国民的な問題で、お互いにそういう意地の悪い調子で攻撃するべきでは決してないでしょう。ポーランド人がドイツの二級国民に貶められているなんて人は言ったりしましたが、その反対が真実でしょう。我々がポーランド人を獣から人間にしてやったんじゃないですか。[269]」この「獣から人間に」という決め台詞は、政治におけるヴェーバーの態度を先鋭な形で表現したものである。つまりそれは、人間に個人としての主体性を求める余り、それが不充分であるように思えるものに対しては、その尊厳を否定するような発言も憚《はばか》らないという行動様式である。一八九五年のフライブルク講演の直後に、ヴェーバーは「ズドゥンスキ」を名乗る見ず知らずのポーランド人学生から、手厳しい抗議文を受け取っていた。[270]だがそれを意に介することもなく、翌年に改めてポーランド人を「獣」に喩えるというヴェーバーの豪胆さが、我々の目を惹く。ヴェーバーは大会直後のナウマンへの書簡で、三百マルクの資金提供を申し出ているが、「フォン・ゲルラッハ氏の記事の調子」への不満から、『時代』に自分が記事を載せることについては拒否している。[271]

ヴェーバーは、プロイセン・ユンカーに批判的であるのなら、ポーランド人農業労働者の排除を主張するのが当然であると考えていたが、ナウマンやゲルラッハはそういうヴェーバーの考えには同意しなかった。ナウマンやゲルラッハは、ポーランド人を二級国民扱いすることが彼らの団結強化を促し、ドイツ国民の利益が損なわれることを恐れていたのである。[272]ナウマンもゲルラッハも、別にプロイセン・ユンカーに妥協的であったわけではなく、ドイツ国民の利益を等閑にしていたわけでもなかった。ナウマンやゲルラッハは、ヴェーバーと同じ政治目標を掲げてはいたが、ポーランド人農業労働者排除という手法が目的合理性に反すると考えていたのである。だがヴェーバーは、このような目的合理性に対する疑問には耳を貸さず、全てをナウマンやゲルラッハの「憐憫感情」の問題にして非難したのだった。

このように、ヴェーバーのナウマン周辺に対する攻撃は実に激しいものがあったが、一旦保守陣営の側からの攻撃から自由主義陣営を防衛するという局面になると、両者は一転して共闘関係に入った。一八九四年の第五回福音社会会議

における ヴェーバー、ゲーレ、ナウマンら「青年派」のヴァーグナー、シュテッカーら「長老派」に対する大々的な攻撃姿勢、そしてそれに続く新聞紙上、週刊誌上での激しい応酬がその好例である[273]。またヴェーバーは、ナウマンらに近いキリスト教社会派ないし国民社会派の公開講座において国民経済学の講義を引き受けている[274]。一八九五年三月、社会民主党防遏《ぼうあつ》を意図した「転覆法案」に反対する共同声明をナウマン周辺が発表した際には、この声明文に不満の多いヴェーバーも一応はこれに協力していた[275]。ちなみに余談であるが、ヴェーバーは保守陣営と対決するために、ナウマンら「青年派」のみならず、「長老派」も含めたキリスト教社会派全体を援護したことまである。フライブルク大学に赴任した直後の一八九五年初頭、ザールラントの鉄鋼王で、帝国議会議員（帝国党）でもあったカール・フェルディナント・フォン・シュトゥム＝ハルベルク男爵（一八三六年―一九〇一年）[276]は、社会民主党が危険なのは勿論のこと、そもそもキリスト教社会派全体が社会主義を煽動する「講壇社会主義者」だと非難し、「長老派」の有力者ヴァーグナーと激しく対立した。このシュトゥム・ヴァーグナー論争が余りに見苦しい状況に陥ったので、ヴェーバーが見かねて介入したのであった[277]。ヴェーバーはこのとき、皇帝ヴィルヘルム二世もシュトゥムの影響下にあるという主旨の言辞を含んだ記事を『新プロイセン新聞』に投稿したが、「不敬罪」の虞ありとして掲載を拒否された[278]。ちなみに一八九七年年頭、ヴェーバーはシュトゥムの根拠地ザールブリュッケンで、ある自由主義陣営の政治団体での講演を行ったが[279]、それが大いに成功したものだったので、ザールブリュッケンから帝国議会議員選挙に立候補しないかという誘いを受けることになった。これは現実政治への参画を狙うヴェーバーにはまたとない好機であったが、結果として彼はこの勧誘を断った。ヴェーバーはハイデルベルク大学哲学部への転任がすでに決まっており、帝国議会議員の職との両立は不可能と判断したからだという[280]。

ヴェーバーとナウマンとの個人的交友関係、そして政治的協力関係は、このあとも一九一九年のナウマンの死去まで続いていく。それについてはこののちも、また折に触れて見ていくこととしよう。

第五節 フライブルク講演「国民国家と経済政策」

一 フライブルク大学への転任

一八九四年秋にヴェーバーは、バーデン大公国の名門フライブルク大学に国民経済学・財政学正教授として赴任した。フライブルクを中心とするブライスガウ地方は、元来ハプスブルク家領西部（フォルデルエステルライヒ）に属し、一時はフランスの支配下に入ったこともある。それは宗派が混合しているバーデン大公国の領内でもカトリック系住民がとりわけ多い地域で、住民の七割から九割を占めていた。(281) このフライブルクに、ヴェーバーは一八九七年初頭まで滞在することとなる。

このヴェーバーのフライブルク行きは、彼の政治活動にとっては両義的な意味を持つものであった。一方で、ドイツ帝国の首都で世界有数の大都市であるベルリンから、バーデン大公国最南部の田舎町フライブルクへ行くことは、ヴェーバーがドイツ現実政治の刺戟から大幅に遠ざかることを意味していた。バーデン大公国はドイツ帝国の成立以来、バイエルン王国などよりも一層プロイセン王国の強い監督下に置かれており、もはや独自の政治主体であることを止めていた。ヴェーバーのバーデン行きは、文字通り政治的辺境への転任を意味するものだったのである。ヴェーバーも帝都ベルリンから遠く離れた田舎町フライブルクへ移ることで、もはや「彼岸にいる」ような感覚に襲われることを恐れ、そうならないように配慮しなければならなかった。(282) 他方で、ベルリン大学で実定法の員外教授をしていたヴェーバーが、フライブルク大学で国民経済学・財政学を講じられるようになったということは、彼が学者・教師としてより一層現実政治に接近したことを意味していた。またヴェーバーは、フライブルクで全ドイツ連盟の支部の設立に参画し、この町にいながらドイツ政治に立ち向かおうとしていた。更にフランスに近い西南ドイツは、今日に到るまで自由主義陣営の比較的強固な地盤であり、ヴェーバーのバーデン行きは若き自由主義陣営の旗手がその本拠地へ移動したことを意味していたとも言えるのである。

翌年五月一三日に行われた就任講演「国民国家と経済政策」は、活力の絶頂にあった若き政治的学者ヴェーバーの最大の見せ場であった。この講演には、三十一歳の若く自負心の強い正教授ヴェーバーの有様がよく現れている。この講演に当り、ヴェーバーは徹底して挑発的な態度を貫いた。「以下の詳述に対して、聴衆の多くが示したのは賛同ではなく異論であり、こうした異論こそが私をしてこの詳述を公刊せしめたのである。[283]」刊行された講演の冒頭でこう述べるヴェーバーは、傲慢とも言えるほど自信に満ち溢れている。ヴェーバーがこの講演で直接挑発した相手とは、一体誰だったのであろうか。一八九三年三月二〇日の社会政策学会ベルリン大会では、彼の対決相手はユンカー及びその支持勢力であった。それに対しこの講演では、ドイツ社会に徘徊している（ように見える）惰性こそが、ヴェーバーの叩き壊そうとするものであった。絶えざる闘争から戦線離脱して惰眠を貪ることこそ、ヴェーバーが生理的に嫌悪するところのものであり、そのような惰性を助長する勢力こそ、彼のここでの対決相手なのであった。

二　ドイツ国民国家強化の訴え

まずヴェーバーは自己の就任講演を、初めから政治的講演として、つまり自分の価値観を披露する場として位置付けた。「そもそも就任講演とは、経済的現象の評価に際しての個人的な、そしてその限りで「主観的な」立場を公の場で陳述し、そして弁明する機会をまさしく与えるものなのである。[284]」そもそも凡そ大学において、祝賀演説や就任演説の機会に、個人の価値観を教壇から披瀝するのは、古今東西を問わずよくあることであり、それは当時のドイツでも変わりはなかった。従ってここでのヴェーバーのように、自分がその価値観を披瀝すると事前に宣言するというのは、聴衆あるいは読者に予め心の準備を促すものであって、開き直りというより寧ろ誠実さの現れと見るべきであろう。とはいえヴェーバーの行為は、のちに彼が唱導した「教壇禁欲」の誡律には、正面から抵触するものであった。一九〇九年六月、ヴェーバーは国民経済学者ヨハン・プレンゲ（一八七四年―一九六三年）宛の書簡で、他の列強との比較におけるドイツ帝国の軍事費の少なさを輿論に訴えようとしたある統計学的研究を、「「愛国的」目的への学問の嘆かわしい濫用」であると批判している。[285] 更に一九一七年のミュンヘン講演「職業としての学問」では、ヴェーバーはこう主張している。「自分には青年たちの助言者としての使命があると感じ、彼らの信頼を勝ち得ている、そういう教授は、彼らとの個人的な交流においては、その使命を立派に果たしてよいだろう。また、もし彼が世界観や党派的意見の闘争に介入すべきであると感じる場合、外でなら、市井においてなら、彼はそれを実行してもよいだろう。つまり、新聞でも、集会でも、団体でも、いつも好きなところでである。けれども列席者が、そしてひょっとすると別な見解を持っているものが黙っていなければならないような場で、彼が自己の信条を勇ましく示してしまうのならば、それはやはり聊か安易すぎるというものである。[286]」何故ヴェーバーがそのように主張するようになったかと言えば、それは彼が自分とは相容れない年上の教師たちの講義に、とりわけベルリン大学におけるトライチュケの講義に違和感を懐き、これに一部の学生たちが熱狂するのを目にして、苦々しく思ったからに他ならない。しかし他者批判として生まれたヴェーバーの誡律は、大学教師であるヴェーバー自身にも、やがてはブーメランのように向かってくる。就任講演も大学の教壇からの意見表明の一種であり、しかもヴェーバーはそれを、自分の授業「ドイツの都市及び農村における労働者問題」（一八九五年夏学期）の中でも援用していたのであるから、こうした行動がのちに彼が提唱した「教壇禁欲」に抵触しないのかどうかは、かなり疑わしいと言わざるを得ない。[287]

この講演で披瀝されたヴェーバーの個人的信条とは、他ならぬドイツ国民国家への情熱的愛情であった。ヴェーバーは、ポーランド人の流入が野放しになっているのは、ドイツ国民国家に主体性が欠如しているからだと診断する。そしてこのような停滞ぶりに終止符を打ち、世界政治の舞台で毅然とした態度を取ることこそ、ヴェーバーがドイツ帝国に求めていることなのである。「もしドイツの統一が、ドイツの世界権力政治の終りではなく始まりではないのならば、そのようなドイツ統一などは国民がかつて犯し、高く付くから寧ろ止めておけばよかったような若気の至りだったということになってしまいます。このことを、我々は悟らなければならないのです。[288]」世界各地にドイツの黒白赤三色旗がはためき、かつてビスマルクがベルリン会議（一八七八年）を主宰したように、ドイツ代表団が世界政治の舵取りに参画するのを夢見る若きヴェーバーの、意気軒昂たる一言である。

ヴェーバーはこうした主張をする際に、直接の攻撃対象としては「倫理的文化」派を想定していた。「僕は就任講演をしたのだが、僕の見解が余りに野蛮だったので、当地では聴衆の憤激するところとなった。ほとんど一番満足しているのはカトリック教徒だろう。何故なら僕が「倫理的文化」を蹴り飛ばしてやったから。」[289]ヴェーバーがここで「倫理的文化」と呼んでいるのは、カトリック教徒の教育学者フリードリヒ・ヴィルヘルム・フェルスターを中心とする平和主義運動「倫理的文化協会」のことである。人間相互の融和と平和的共生とを目標とするこの団体は、一八九三年にベルリンで設立され、アメリカ合衆国やイギリスにおける同種の団体と密接な連携関係を有していたほか、ハプスブルク帝国にも類似の団体を設立していた。この協会の推進する「倫理的文化」とは、「誠実、公正、人間性、相互尊重」が人間の共同体生活の主要な要素になっているような状態を指すと言われる。フェルスターはフライブルク大学におけるヴェーバーの同僚で、ハインリヒ・リッケルト（子）（一八六三年—一九三六年）の前任者であるアロイス・リール（一八四四年—一九二四年）のもとで哲学博士号を取得しており、あるいはヴェーバーの就任講演をフライブルクで聴講した可能性もある。ヴェーバーは平和主義者たちに国際権力政治の「現実」を思い知らせようとしたが、実はフェルスターの側でもヴェーバーの「世界政策」論の蛮勇ぶりを厳しく批判していたのだった。[290]

「倫理的文化」派などの見解に抗して、ドイツ国民国家の活性化を聴衆に訴えるために、ヴェーバーは様々な修辞を駆使している。第一に、ヴェーバーはドイツ国家がこれまで不甲斐なくも野放しにしてきた「文化」の低いポーランド人労働者の跋扈《ばっこ》が、どれほど恐ろしい事態を惹起しているかを強調している。「ではどこにそのような［ドイツ人とポーランド人の「文化」水準の］区別の根源があるのでしょう。人はすぐに、肉体面及び精神面での人種的資質に根差した、異なる経済的、社会的生存条件への両民族の適応能力に違いがあるのだと信じたい誘惑に駆られます。そして実際、それが原因なのです。——住民と民族との移動に際して見えてくる傾向が、それを証明しています。その傾向は、そのような適応能力の違いが東部のドイツ人に禍を齎すのだということをも、同時に我々に示しているのです。[291]」「ポーランド人零細農民は土地を獲得します。というのも彼らが、幾分なりとも地べたから草を貪り食って生きているからです。つまり彼らが進出するのは、肉体的にも精神的にも生活習慣が低いにも拘らずではなく、低いからこそなのです。[292]」ヴェーバーは一八九二年以来の農業経済論で得た知見を、ドイツ・ナショナリズムの煽動に充分に活用したのである。第二に、ヴェーバーは問題がいま生きている自分たちだけのものではなく、自分たちの「子孫」にも係わるものであることを強調し、聴衆に父祖としての責任感を喚起しようとしている。「我々が子孫に対して歴史の前で何を置いても責任を負っているのは、我々が子孫に伝える経済的組織の様式に関してではなく、我々が子孫のために捥《も》ぎ取り、残してやる勢力範囲の大きさに関してなのです。[293]」結局このように「子孫」を持ち出すことで、ヴェーバーはドイツ・ナショナリズムが単なる自分たちの自己中心主義ではなく、公共的な意味合いを有する営みなのだということを示そうとしているのである。第三に、ヴェーバーは平和主義者の道義的批判を意識して、そもそも自己中心主義的な思考が決して唾棄すべき罪悪ではなく、寧ろ必要不可欠なものであるという議論を展開する。ヴェーバーのこうした発想は、一九一九年に登場する彼のドイツ「戦争責任」否定論にも繋がるものである。ヴェーバーのいわば「健全な自己中心主義」論は、「永遠の闘争」こそが人間世界の「現実」であるという彼の基本認識によって裏付けられている。「表面的には「平和」であるように見えたとしても、民族同士の経済的闘争は進行中であるということが、我々には明らかになったのです。[294]」「グローバル化」で「相互依存」が進展し、ナショナリズムの相克が無意味になるというような希望的観測を、ヴェーバーは明快に否定する。「経済的発展が国民の境界を越えて、諸国民の包括的経済共同体を形成し始めるようになってからのちは、あるいは事情が違うのでしょうか。かの「国民至上主義的」(nationalistisch) 判断基準は、「国民的自己中心主義」(Nationalegoismus) と同様に、経済学においてはそれ以来屑籠《くずかご》にでも棄ててしまうべきものになってしまったのでしょうか。[……] 我々が知っているように、そうではないのです。この闘争は別な形態を取るに到ったのです。そしてその新しい形態が、闘争の沈静化と見るべきものであって、内面化、先鋭化と見るべきものではないのかどうかは、疑問と言わねばなりますまい。このような具合で［国境を越えた］経済共同体なるものもまた、単に諸国民同士の格闘が別の形態を取っただけのことなのです。この新しい形態は、独自の文化を主張するための闘争を沈静化させたのではなく、より困難なものにしました。というのもそれは、国民内部の物質的利害を同盟相手として、国民の将来に刃向かう方向で嗾《けしか》けたからです[295]。」

この引用部分にも見えるように、ヴェーバーはドイツ・ナショナリズムの重要な眼目として、ドイツ「文化」の保全を想定していた。ちなみに我々は、ヴェーバーの政治論に二種類の異なる「文化」概念を見る。第一は、「ポーランド人は文化が低い」という場合の、人間の成熟度を図る普遍的基準としての「文化」であり、第二は、「ドイツ文化の独自性を守れ」という場合の、「ドイツ人」など特定の人間集団固有の営みとしての「文化」である。この就任講演にすでに萌芽が現れ、第一次世界戦争中の政治評論でより鮮明になるのだが、ヴェーバーはドイツ「文化」（第二の意味での「文化」）がイギリス、フランス、ロシヤなどの「文化」に伍して繁栄することを望んでおり、かつドイツ「文化」はポーランド「文化」やロシヤ「文化」よりも「文化」（第一の意味での「文化」）の面でより高いと考えていたのである。

ヴェーバーは、国際権力政治におけるドイツの活躍という外政上の目標を達成できるような内政上の条件が、彼が範と仰ぐイギリスと比較して、ドイツには少しも整備されていないことを慨嘆せざるを得なかった。初めにヴェーバーは、従来通りポーランド人農業労働者問題を例に挙げて、プロイセン・ユンカーがいまだに様々な特権を享受しつつも、すでに農業企業家に堕して政治家としてドイツ国民国家の進路を見定める能力を喪失していると批判した。ヴェーバーは「最後にして最大のユンカー」ビスマルク[296]を引き合いに出し、かつてのプロイセン・ユンカーの政治的本能を賞讃しつつも、彼らが資本主義の滲透で性格を変え、もはや政治的指導を担う状況にないことを強調した。ここでヴェーバーは、プロイセン・ユンカーに代わって経済的に勃興する階級が、いまだに政治的に未成熟であることを問題視して、更に市民階級論、労働者階級論を展開している。ヴェーバーは、自分がその一員であると自覚する市民階級が、ドイツ「国民の政治的指導階級」になることを夢見ていたが、現実にはそれが「政治的未成熟」であるために任に堪えないことを慨嘆した。ドイツ市民階級は一八七〇年／七一年のドイツ国民国家建設で主導権を握ることが出来ず、それが建設されたときには貴族階級出身の「カエサル」ビスマルクがドイツ国民の頂点に君臨していた。こうした状況下で、ドイツ市民階級は現状に「満足」し、あるいはビスマルク後の新しい「カエサル」の出現に期待するなど、「非政治的」になってしまったのだという。ヴェーバーがここで言う「非政治的」とは、端的に言えば「闘志に欠けている」ということである。ヴェーバーは、市民階級が貴族階級に対抗する気概を失って「亜流」、「俗物市民」に甘んじていることと、逞《たくま》しく海外膨張に乗り出そうとしないこととは、基本的に「非政治性」あるいは「政治的未成熟」という同一の原因から派生したものだと考えていたのである。(297) 加えてヴェーバーは、市民階級がドイツ国民国家の政治指導を担う能力を欠いているのに、これに代わって擡頭する労働者階級もまたそれに代わる実力を有していないことが、ドイツ国民国家にとっては殊に不幸であると考えていた。ヴェーバーはイギリスの例を念頭に、熟練労働者たちが労働者階級内の「労働貴族」となり、ドイツ国民国家の指導に貢献できるようになることを期待した。しかしヴェーバーによれば、いまドイツの労働者階級が政治的に成熟している、あるいはその途上にあると言明するのは、大衆迎合的な「おべっか使い」の所業だとしたのである。(298)

個々の人間の主体性が、その所属する階級の国内権力政治における主体性を支え、切磋琢磨する個々の階級の主体性が、その所属するドイツ国民国家の国際権力政治における主体性を支えるという議論こそ、ヴェーバーが一八九〇年代の政治評論を通じて編み出したものであった。そしてそれがこのフライブルク講演によって明確にされたのである。この発想は、重点の置き方に変化はあっても、基本的にはヴェーバーの政治的生涯を貫くものとなった。しかしこのフライブルク講演から二年ほど経った一八九七年ごろから、まだ三十三歳のヴェーバーは神経症という重荷を背負うことになり、しばし自らが旗振り役であった厳しい切磋琢磨の世界から離脱してしまう。このヴェーバーの神経症について、我々は次節で見ていくことにする。

第六節　神経症の苦悩

一　神経症の発生

一八九七年夏学期から、ヴェーバーはフライブルク大学法・国家学部からハイデルベルク大学哲学部へと移籍した。ヴェーバーはハイデルベルク大学から招聘される少し前に、フランクフルト・アム・マインに設立される「メルトン財団」の「社会科学研究所」（のちのフランクフルト・アム・マイン大学）[299]での指導を要請されていたが、これは断っていた。しかしヴェーバーは、ハイデルベルクからの勧誘があったときには、フライブルクからの離別が心情的に容易ではないにも拘らず、これを受諾した。ヴェーバーがフライブルクよりもハイデルベルクを選択した理由としては、そこに自分の少年時代や学生時代の思い出があったこと、ハイデルベルク大学は昔から精神的に活気があるという定評があったこと、そしてドイツ西南端の田舎町フライブルクよりも政治的に「遁世」している感じがなくて済むことがあったと言われる[300]。もしこのマリアンネの説明が正しいとすれば、要するにヴェーバーは政治的にも学問的にも[301]、新たなる飛躍の場を求めてフライブルクからハイデルベルクへ「上京」したということになるだろう。加えてヴェーバーは、住民のカトリック色が強く、大学の神学部もカトリック神学のみであったフライブルクの風土には、元々一抹の違和感を懐いていた。それは丁度母ヘレーネが、エルフルトの風土に対して懐いたのと同様の違和感である。ハイデルベルクに落ち着いたのちのヴェーバーは、フライブルク時代のカトリック的習慣や神学部の同僚を揶揄するような叙述をしており、とりわけあるアメリカ人留学生がフライブルク大学で神学を勉強したいと述べたときなどは、神学部がカトリック系であることを理由に翻意を促し、それでもこのアメリカ人がフライブルクに行ったのちには、彼の神学の勉強は実りあるものにはならなかっただろうと周囲に漏らしていた[302]。このような言動から、ヴェーバーはフライブルク時代、いずれは転出したいとの意向を持っていたのではないかと推測されるのである。

大いなる飛躍を約束するかに見えたハイデルベルク行きであったが、ヴェーバーの人生は間もなく暗転し始める。事の発端は、自分の故郷ハイデルベルクにいる長男夫婦を訪問したいという母へレーネの願望を、夫である父マックスが快く思わなかったことである。子マックスはこの有様を見て、我儘《わがまま》ぶりを曝け出す父マックスを母や妻の前で厳しく叱責し、母の長男訪問の自由を主張したという。この父子の対立は、意外にも二人の永遠の別れを惹き起こすことになった。父マックスは長男の諫言に憤慨し、一人でシャルロッテンブルクの自宅へと引き返した。悪化した親子・夫婦関係が改善しないまま、父マックスはある友人とロシヤ旅行に出発し、その途上リガで急死してしまったのである。(303)

この事件が原因かどうかは不明だが、ヴェーバーは父の葬儀ののち妻マリアンネと出かけたスペイン旅行で、正体不明の神経症を見せ始める。ヴェーバーは一八九八年春休みにはレマン湖で静養し、同年夏休みにはボーデン湖畔の療養所に滞在するなど治癒に努めるが、回復するたびに教壇に立ち、再び病状が悪化するということを繰り返し、一八九九年夏学期からは講義を止め、同年から一九〇〇年にかけての冬学期には遂に辞表を提出した。バーデン大公国文部省やハイデルベルク大学、ディートリヒ・シェーファー学部長を始めとする哲学部は、ヴェーバーに長期休暇を与えて回復を待とうとしたが、病状は様々な治療の試みにも拘らず容易に好転せず、本人の辞意も固いため、一九〇三年、三十九歳の時に「嘱託正教授」への就任という形式で、事実上の退官を承認するに到るのである。(304)

ヴェーバーを不意に襲ったこの神経症は、凄まじい馬力を誇り、自尊心の強い彼に強烈な一撃を加えることになった。一八九八年秋、ヴェーバーは二、三週間外出した際に、妻マリアンネに意味深長な書簡を送っている。「このような病気にも、やはり結構いいところがあるものだ――例えばお袋はいつも、僕には幾分生活の純粋に人間的な側面が欠けていると言うけれども、そういう側面をこの病気は僕に再び開いてくれたわけだ。その度合たるや、これまで経験のないほどだ。僕はジョン・ガブリエル・ボルクマンと共に、こう言うことが出来る。「氷の手が僕を放した。(305)」というのも、僕の病的な素質は過去数年間、何か御守にでもしがみ付くように、学問的作業に引き攣《ひ　つ》ったようにしがみ付くという形で現れていたからだ。しかし何を恐れてそのように学問にしがみ付いていたのかは、僕にはやはり分からないままだったが。自分がそのように学問的作業にしがみ付いていたことは、いま思い起こして全く明瞭だ。病気であれ健康であれ、僕がもうあのようにはならないだろうということは分かっている。仕事の重圧のもとで苦しんでいる感じでいたいという欲求は、消えてなくなってしまった。僕がまずしたいのは、僕の「可愛い子」［マリアンネのこと］と一緒に、人間的に奔放に生きてみるということだ。そしてそのように僕が人間的に生きるような性格の場合、僕の「可愛い子」が幸せになるのが見たいのだ。かつて労働をしていると、心の中で踏み車をぐるぐる回しているような気持ちがしたものだが、僕がこれから人間的に生きたとしても、そのころより僕が上げる業績が少なくなってしまうとは思われない。勿論いつもそのときどきの僕の状態によるけれども。僕の状態が本当に継続的に改善するには、いずれにせよしっかり時間をかけ、休息を取ることが求められるだろう。しかし僕の愛する人、僕は最近君と一緒に生活しているけれども、そのように誰かと緊密に共同生活を送るということは、以前はさっぱり出来なかったことなのだよ。[306]」猛然と仕事に打ち込み、数々の名声を勝ち得てきたヴェーバーにとって、この神経症は自分のそれまでの生き方を再考させるほどの衝撃となったのである。とはいえヴェーバーが、「人間的」に生活してもなお自分の業績は落ちないだろうと喝破しているのは、彼の「業績」への飽くなき執念、旺盛な闘志を示すものとして興味深い。

ヴェーバーの神経症は、結局のところ晩年まで完治することがなかった。イタリアやギリシャへ、あるいはベルギーやオランダへ、あるいはフランスやイギリスへ、あるいはアメリカ合衆国への気分転換の旅行は、第一次世界戦争の勃発まで幾度となく繰り返された。ロシヤ政治論に従事していた一九〇五年ころ、ヴェーバーはベルリン大学のシュモラー、ミュンヘン大学のブレンターノからそれぞれの大学に招聘されているが、人前で話すことが苦痛で、睡眠が出来なくなるとして断っている。[307]一九一二年一二月三〇日にヴェーバーがロシヤ読書室設立五〇周年記念大会で演説を依頼された際には、直前になってこれを断念しようとし、充分な睡眠を取れないまま当日に到ったが、結局は参加して演説をした挙句、午前三時までカフェで討論に没頭し、同伴のマリアンネを憂慮させたという。[308]一つの転機は一九一四年八月の第一次世界戦争勃発で、ヴェーバーは軍務という非学問的な作業への没入によって、それまでの鬱屈を一掃したとも言われる。[309]しかしヴェーバーが一九一八年、ヴィーン大学出講中にハプスブルク帝国の経済学者ヨーゼフ・シュンペーター（一八八三年―一九五〇年）と会見した際には、「相変わらず痼疾《こしつ》の神経症と不眠に悩まされていた」[310]と言われ、またヴィーン郊外のカーレンベルク山への散策に際しても、睡眠剤の手配を巡って悶着を惹き起こしており、[311]死亡直前の一九二〇年四月にも、ハイデルベルク滞在中の労苦のため神経の疲弊に苦悩したというので、[312]結局は軍務による気分転換も一時的なものに留まったと見るのが妥当であろう。

二　闘病期における政治方針の一貫性

けれどもヴェーバーの神経症が、彼のそれまでの政治信条を根本的に揺るがすものだったとは言い難い。確かに数量的な面では、ヴェーバーの活動はこの神経症によって政治の領域でも学問の領域でも非常に減退することになった。ヴェーバーの著作一覧表を見れば一目瞭然であるが、一八九二年以来爆発的な勢いで著述活動を行ってきたヴェーバーが、この時期にはほぼ完全な休止状態に陥っている。一八九六年には短編（三頁以下）三本、中編（四頁以上十九頁以下）一本、長編（二十頁以上）三本、一八九七年には短編一本、中編三本、長編一本を発表していたヴェーバーが、一八九八年には短編一本、長編一本（但し一八九七年に発表したものの改稿版）、一八九九年には短編一本、中編一本、一九〇〇年には短編二本（そのうち一本は僅か五行の文章）しか発表することが出来ず、一九〇一年には遂に発表作品が一つもないという状況に陥った。[313]けれどもこの時期に発表されたヴェーバーの数少ない政治的発言の内容を見てみると、そこには彼の神経症前の基本方針とその情熱的口調とが、そのまま生きているのが看取できる。神経症がヴェーバーの人格を一変させたかのような「近代批判」的ヴェーバー解釈は、実証的に疑問の余地があり、とりわけ彼の政治的言動に関しては全くの誤解である。「病気は彼の堅固な精神的形態をいかなる点でも揺るがすことはなかったし、彼をその本質において少しも変えるものではなかった」というエドゥアルト・バウムガルテンの評価は、本書の読者には納得がいくものであろう。[314]

ヴェーバーはスペインでの発病ののち、一八九七年／九八年冬学期が始まる前、カールスルーエでのキリスト教社会派の講習会で連日講師を務めたほか[315]、マンハイム（一一月一九日及び二六日、一二月三日及び一〇日）[316]、シュトラスブルク（一二月七日）[317]での講演活動にも従事したと言われるが[318]、これらの講演の内容はいずれも一八九二年以来の彼の農業労働者論を敷衍したものであった。それはドイツの状況と英仏諸国の状況とを比較するなど、単なるドイツ東部農業論の域を越えた包括的なものになってはいたが、従来ヴェーバーが提唱してきたようなポーランド人農業労働者排除論も、引き続き展開されていた。「ポーランド人であれイタリア人であれ、異質な人種がドイツの低い労賃に順応することを可能にし、ドイツ人労働者がドイツの状況に相応しい労賃を要求するという正当な行為を妨害するものは、誰であれみなドイツ人勢力の敵である。我々は教授としてではなくドイツ人として、その敵が教授であれ、報道関係者であれ、大臣であれ、それをいつでもとことんまで打倒するであろう[319]。」

「世界政策」論の領域でも、ヴェーバーは従来の立場を維持していた。一八九七年一二月に執筆され、翌年早々に公表されたミュンヘン『一般新聞』の「艦隊アンケート」では、ヴェーバーの意気軒昂ぶりが現れている。「市民を中心として組織されたあらゆる文化的民族が、商業政策の上で拡大しようと努力するのは不可避の現象である。これまでは一時的に、外面上は平和裡の競争が行われてきたが、いまや確実に次のような時代が再訪しようとしている。つまりそれは、ただ権力だけが地球の経済的支配における個々の民族のパイの大きさを決定し、それに伴ってその住民が、特にその労働者が利益を得る範囲を決定するという時代である。こういったことを見落とせるのは、全くの政治的偏向か、無邪気な楽観主義かだけである[320]。」

すでに触れたヴェーバーの全ドイツ連盟への絶縁状も、病状がきわめて深刻であった一八九九年に書かれたものである。ここではその文面を見てみよう。「他に誰にこのような声明を送ればよいのか分からないので、あなたに私は「全ドイツ連盟」からの脱退をお伝えします。その理由は、ポーランド人農業労働者の問題における連盟の態度にあります。連盟は、他のことならそれが重要なものであれ重要でないものであれ（しばしば［一語判読不能］のような本当に瑣末なことを）同じ程度の情熱をもって話し合い、議論するのに、ドイツ人の死活問題においてはあちこちで非常に稀にしか観照的な希望を述べるだけで、完全な——勿論段階的にのみ可能な——ポーランド人の排除を、国民的利益を増進する政治の観点ではまさにどうでもいいデンマーク人やチェック人の追放のときに近い程度の活力で支持したことすら一度もないのです。政府はその類の政策で輿論に目潰しをしようとしているわけですが。ケーニヒスベルクの農業会議所が恥知らずにもポーランド人の入植を要求したり、あるいは領邦議会の大地主たちがポーランド人移入を容易にするよう要求して、政府がロシヤ（！）の許可が得られた場合はよろしいなどと約束したり、そうしたことを連盟は甘受したのです。多くの保守派の連盟会員に代表されている農業資本主義の金銭的利益の考慮が、連盟にとってはドイツ人の死活の利益に優先するというわけです。このことを機会があれば公の場ではっきりさせる自由を得るために、私は脱退します。連盟の態度を変えることは出来ないまま、私はこのことをベルリンやフライブルク等々の講演で連盟の内部で、いつもの決め台詞を繰り返し口にしましたが、私は意味もない労苦にはもううんざりしました。そして特に、あなたもご存知のように、私の声はこのことに関して全く受け入れられていないのです。——私は「ユンカーの敵」で通っているのですよ——。こうしたことは、私が連盟の活動に対して衷心からの共感をも有することを妨げるものではないし、指導的方々の人格に対する誠実な個人的尊敬を弱めるものでもないのですが。(321)」この書簡だけを見るならば、それが神経症で衰弱している人間の書いたものには思えないだろう。プロイセン・ユンカーと対決した若きヴェーバーの情熱は、長い療養生活の中でも生き続けていたのである。

ヴェーバーは異例の退官直後にもまた、その政治的闘争心を喪失してはいなかった。一九〇三年、ナウマンの国民社会協会が遂に解散の憂き目を見る。ドイツ・ナショナリズムと社会政策とを基盤に市民階級と労働者階級とを糾合しようとしたナウマンの野心的な試みは、ここに惨めな最後を迎えたのである。ナウマンはこののち、テオドル・バルトを頼って自由思想連合に加入し、その枠内で活動することになる。ヴェーバーはこのナウマンの蒙った災難に論評を加えているが、そこで自分はそうした政治的な事柄には大いに気を惹かれるけれども、そういった政治活動に常時参画するとなると、体調からして高々二、三箇月が限度であると述べている。また政治に必要な「冷血さ」について、いまの自分には自信がないとしている。[322] つまりヴェーバーは結論としては、体調不良を理由にその時点での政治活動への直接の参加を断念しているのだが、病気が小康状態になりつつあったこの時期に、政治への興味を明確に有していたという事実については、我々は確認しておかなければならないだろう。

マリアンネは神経症発病後のヴェーバーに関して、彼が禁欲と閑暇とを截然と区別し、普段は窓の外の景色も見ずに研究して、美の追求は旅行中に行ったと記しているが、この表現は示唆的である。つまりヴェーバーは、確かに生活のあらゆる局面において禁欲的合理主義に邁進したわけではないが、それを捨てて別な人間になったわけでもなかったのである。もっともそれは、青少年期も含めてヴェーバーの全生涯において言えることであって、マリアンネの言うように発病後の特徴ではないのだが。ちなみにヴェーバーは、実は旅行中にも禁欲的合理主義の鎧を脱いでいたわけではなかった。一九〇六年秋のイタリア旅行の際、ヴェーバーは禁欲的なドイツ人の目で享楽的な南欧人の生活の有様を、楽しみながらも自分自身は共感できない異質なものとして、克己心を持とうとしない未成熟な人間として見ていたという。更にまた一九一一年にヴェーバー夫妻がパリを訪れた際、ヴェーバーは市電の遅延や給仕の遅滞に憤慨していたという。一九一三年のアスコナ滞在に際して、ヴェーバーは次のような発言をしている。「ここは全くの汚らしいイタリア人小部落だ。酒場だけがここに滞在している旅行客によって文明化されている。」旅行中のヴェーバーは、なるほど彼自身は大いに寛いでいたのかもしれないが、稚拙に見える周囲の人々への攻撃性という点では、禁欲的合理主義の人であり続けていたのである。[323]

一九〇四年の家族世襲財産批判を契機に、ヴェーバーは神経症を払拭しないまま政治評論家としての活動を再開させた。このときヴェーバーの構想は、プロイセン・ユンカーとの対決という領域を越え、一般にドイツ国民国家の人間的基礎を活性化させ、ドイツをアメリカ合衆国やイギリスと肩を並べる生き生きとした国にするという、より壮大なものになっていたのである。

第三章　ドイツの人間的基礎への批判　一九〇四年―一九一四年

第一節　「市民層の封建化」論

一　プロイセン・ユンカー批判から「市民層の封建化」批判へ

足掛け七年余りの闘病生活を経て、快癒しないまでも小康状態を得たヴェーバーは、齢四十にしてドイツ国民を叱咤激励する政治評論家として論壇に戻ってきた。復帰後のヴェーバーが腐心したのは、ドイツ国民国家の更なる発展のために、それをその人間的基礎から刷新することであった。その際ヴェーバーがまず取り組んだのは、ドイツ国民国家の中核を担うべきドイツ市民階級の活性化であった。かつて「非常に純粋なブルジョワ」を自称し、「結集」政策を批判していたヴェーバーは、病状が好転した一九〇四年になって、後世「市民層の封建化」(Feudalisierung des Bürgertums) として総括された一連の批判的命題を発表したのである。ヴェーバーは、彼自身が元々帰属意識を懐いていた市民階級が、自立した一つの階級としての主体性を堅持することを止め、単なる貴族階級の模倣者となっていると見て、これを厳しく批判したのだった。ヴェーバーがこの「市民層の封建化」の実例として挙げたのは、市民階級の形成する家族世襲財産、市民階級の子弟が官僚としての出世を見越して参加する学生組合、そして市民階級に君主に対する「家臣」としての恭順を植え付けるという予備役将校制度の三つであった。本節ではこの三つのうち、ヴェーバーが詳しい議論を展開した家族世襲財産、学生組合について検討する。予備役将校制度問題は、その二つの議論の中に織り込まれて登場してくる。

ヴェーバー自身はこの「市民層の封建化」批判を通じて、市民階級による貴族階級の完全な打倒を目指していたわけではなかった。ヴェーバーは階級闘争を不可避のものと見て、個々の階級がそれに活潑に参加することを希望したのである。市民階級が活力のある集団であり続けるためには、これと対峙する貴族階級や労働者階級もまた毅然とした姿勢を維持することが必要であった。従ってヴェーバーの「市民層の封建化」批判は、貴族のドイツ社会からの排除を企図するものではなく、市民階級にドイツ国民国家の担い手としての自覚を要求したものであった。

二　家族世襲財産問題

「家族世襲財産」(Familienfideikommiß) とは、設定者の意思表示により特定の一家門に無期限に結合した財産（土地・資本）のことで、分割相続の防止によって家門の社会的・経済的地位を永遠のものにしようとする制度である。この制度はドイツ古来のものではなかったが、スペイン法やイタリア法の影響でドイツ法にも徐々に継受され、帝国（連邦）法にではなく各領邦法に導入されていった。フランス革命期や三月革命期には、貴族階級の権力の源泉であるこの家族世襲財産の廃止が提起されたが、結局それが徹底して解体されるには到らなかった。プロイセン王国でも三月革命期の影響で、一八五〇年のプロイセン憲法において一旦この家族世襲財産の廃止が決定されたものの、貴族たちの要求により二年後には復活している。一九〇〇年に発効した帝国法「ドイツ民法典」では、家族世襲財産に関する明確な規定が為されなかった。

帝国法による統一化が実現しなかった家族世襲財産は、各領邦に法的整備が委託されることになった。最大領邦プロイセン王国の場合は、場当り的な領土拡張を繰り返してきたために、「プロイセン国家一般領邦法」によって把握されない「普通法」（ローマ法）、「ライン法」（フランス法）の地域を残していたので、ここで家族世襲財産に関する統一的な制度形成が図られることになった。また家族世襲財産に課される印紙税の問題でプロイセン政府に妥協した貴族たちは、その代償として政府が速やかにプロイセン国家共通の規範を打ち立てることを切望した。こうした状況を背景として、一八九九年に提出されたプロイセン農林省の試案「家族世襲財産法綱要」は、伝統的大土地所有がドイツ帝国の支柱であるという前提に立ち、その維持のための手段としての家族世襲財産をドイツ国民救済の切り札と位置付ける趣旨のものであった。この試案は政府部内での更なる検討を経て、一九〇三年に「家族世襲財産に関する法律暫定案」として公表されたが、印紙税に関する項目や家族世襲財産の管轄官庁に関する項目が留保されているなど、法的整備を切望する貴族たちにとっては到底満足できないものであった。加えて注目されるのは、家族世襲財産の対象が農業・林業地に限定されたこと、家族世襲財産の設定が一括してプロイセン王の勅許によるものとされたことであった。

プロイセン王国における家族世襲財産の法的整備は、いつも各政治勢力の論争の的であった。プロイセン貴族院に議席を有する大土地所有者や、プロイセン代議院で万年第一党を占めるドイツ保守党は、家族世襲財産により保護された大土地所有が、ドイツ帝国、プロイセン王国の大黒柱であることを力説していた。これに対し中央党と自由保守党は、家族世襲財産を維持する方針には同意するものの、課税などの面でドイツ保守党ほど断固たる家族世襲財産保護には踏み出していなかった。プロイセン代議院の左派勢力である国民自由党、左派自由主義諸政党は、政治的・経済的自由主義の観点から家族世襲財産に不信感を露わにした。更にプロイセン代議院に容易に進出できなかった社会民主党は、家族世襲財産の全面廃止を主張していた[324]。

神経症で小康状態を得たヴェーバーは、一九〇四年に自由主義陣営の家族世襲財産批判者の一人として名乗りを上げた。ヴェーバーは自らが編集を始めたばかりの『社会科学・社会政策雑誌』に論文「プロイセンの世襲財産問題に関する農業統計的・社会政策的考察」を発表し、旗幟を鮮明にしたのである[325]。ヴェーバーはすでに一八九三年には家族世襲財産に言及しており[326]、そののち一八九〇年代を通じてしばしばこの話題に踏み込んでいたが、それを主題とした論文を発表したのは一九〇四年が初めてである。この論文でヴェーバーは、家族世襲財産設定が再開された一八五〇年以降、シュレジエン州などで家族世襲財産が急増し、一九〇〇年にはすでにプロイセン王国領の十六分の一の面積に達していると警告した。ヴェーバーは、家族世襲財産が収益性の低い地域で「文化の担い手」の役割を担っているという見解を否定し、家族世襲財産が独立自営農民の維持に有効であるという見解を否定し、家族世襲財産が農業者の「故郷への愛着」を高揚させ人口流動に歯止めを掛けるという見解を否定するなど、擁護論者の弁明を次々に攻撃していった。その上でヴェーバーは、家族世襲財産が収益性の高い土地を吸収するのを防止するために、対象となる財産を森林や家屋などに限定し、またその数的増大を防止するために、プロイセン王の勅許ではなく印紙税を活用するべきだと主張した。

実のところヴェーバーは、名門貴族が家族世襲財産で保護されるということには、寧ろ賛成の意向を示していた。一八九二年のドイツ東部農業論でも表明されていたように、そもそもヴェーバーは貴族、特にプロイセン・ユンカーに、ドイツ国民国家の支柱を見ていた面がある。この点でヴェーバーは、家族世襲財産賛成論者と共通の基盤に立っていたということになる。このことは一八九〇年代以来のヴェーバーのプロイセン・ユンカーに対する愛憎半ばする感情を踏まえれば、少しも驚くべきことではない。ヴェーバーはイギリスなどのことも念頭に置いて、名門貴族が指導者気質のある政治家として立ち現れる可能性にも期待していたのであった。そもそもヴェーバーは、家門を個人の自由を阻害する桎梏と看做し、その破壊に全力を傾倒するというような「イエ制度」否定論には与していなかった。ヴェーバーはプロイセン・ユンカー批判に全力を傾倒していた一八九〇年代半ばにおいても、同じ左派自由主義陣営のルヨ・ブレンターノなどとは異なり、農民の単独相続には賛成の意向を表明していた。[327] 卓越した人間たちの登場を何よりも待望し、それを育む環境の一つとしては家門にも期待するというヴェーバーの姿勢は、あるいは彼自身が第一子長男であったことにも由来しているのかもしれない。

ヴェーバーが反対したのは市民階級の富裕なものが新設した家族世襲財産であり、[328] それには二つの理由があった。第一に、ヴェーバーは市民階級が貴族階級、そしてその頂点にいる王朝に対する反骨の精神を忘れ、単なる忠良な臣民に納まってしまうことに不快感を覚えていた。ヴェーバーは「近代的「法感覚」」との調和を標榜する「家族世襲財産に関する法律暫定案」が、家族世襲財産の設定にプロイセン王の勅許を必要としているという矛盾に着目し、また家族世襲財産の設定が市民階級の叙爵に機会を提供している現状を指摘して、貴族的なるものに憧憬する市民階級の虚栄心を満たす制度設計であることを批判したのである。第二に、ヴェーバーは経済的生存競争への果敢な参戦を市民階級の使命と考えており、市民階級のものが大地主に変容して家族世襲財産を設定するのは、地代収入を得るという安直な収益方法を選択する怠慢な行為であると見たのであった。その意味でヴェーバーは市民階級の家族世襲財産を、荒波の渦巻く大海に漕ぎ出すのを恐れて安全な港に退避している船舶に喩えている。市民階級を家族世襲財産から遠ざけるために、ヴェーバーは家族世襲財産の設定者を百年以上続く貴族で、設定対象の財産をすでに長期間に亙って所有してきた家門などに限定するという原則を提案している。

更にヴェーバーは、家族世襲財産が「文化」の低いポーランド人農業労働者及び小農民の集結を惹き起こしていることに強く反撥した。ヴェーバーによれば、収益性の高い農地を家族世襲財産が吸収することにより、残存する収益性の低い農地に農業技術の低いポーランド人小農民らが進出してくるのだという。論文の随所でポーランド人問題への強い拘りを見せるヴェーバーは、更に門弟ヴェーゲナーが執筆した博士論文『ポーゼン州を巡るドイツ人のポーランド人との経済的闘争[329]』を援用し、家族世襲財産がドイツ国民の利益を侵害し、ドイツ東部の「文化」水準を危機に晒していることを告発している[330]。ヴェーバーのこの指摘は、彼の論争相手であるマックス・ゼーリング（一八五七年—一九三九年）が、家族世襲財産の所有者たちは愛国的であり、その家門の維持は重要であると述べたことに対する揚げ足取りでもあったため、激怒したゼーリングは一九〇四年の社会政策学会大会を欠席するという挙に出ている[331]。ヴェーバーは更に、ロシヤ領内から移動してくるポーランド人季節労働者にドイツ農業が依存することは、ロシヤの官僚がドイツの将来を左右するという事態を招くものであるとして、対外政策的な観点からも家族世襲財産の拡大を危惧したのであった。

三　学生組合問題

ヴェーバーの学生組合批判は、本章第二節で詳述する「官僚制」批判とも関連性を有している。ヴェーバーは大学人として、学生（特に法学生）たちが学生組合を将来の官僚としての出世の発条に利用しようとする傾向があると考え、これを大いに批判したのだった。この結果ヴェーバーは、一九一八年になって自らブルシェンシャフト・アレマニア・ハイデルベルクを脱退するに到ったのである。

自ら学生組合団員であったヴェーバーがその批判を始める端緒となったのは、シュトラスブルクでの兵営体験であった。この時期ヴェーバーは、彼のような「ブルシェンシャフト」団員とは予てから競合関係にある「コール」団員が、軍隊での昇進に際し優遇されているのを目の当りにしたのである。精神的にも肉体的にも苦痛の多い軍隊生活に耐えながら、下士官へ、そして将校への昇進を夢見て懸命に努力していた一年志願兵ヴェーバーにとって、このような「コール」団員の優遇は許し難い不正行為に見えたに違いない[332]。

ヴェーバーはすでに一八九二年年末に刊行した『エルベ川以東のドイツにおける農業労働者の状況』で、学生組合についての批判を始めていた。ヴェーバーはこの著作の「結論」で、物質的利益に奔走する人間たちを揶揄する文脈で、「学生組合」(Korporationen) が官僚としての出世に意味を持ち始めていることを指摘しているのである。ヴェーバーにとってそれは、自分の農業企業家としての生き残りのためにポーランド人農業労働者を導入したり、予備役将校になって君主の忠良な「臣下」ぶりを発揮したりすることと同様に、唾棄するべきことであるように思われたのであった[333]。

そののち一八九五年になって、ヴェーバーは学生組合に関する一つの騒動に巻き込まれていた。発端は、ヴェーバーが赴任先のフライブルクで、ブルシェンシャフト八〇周年の祝賀に際して行ったある講演である。一八九五年七月二〇日、ブルシェンシャフト・アレマニア・フライブルクにおいて、ヴェーバーはビスマルクがゲッティンゲン大学の学生時代に所属していた学生組合のコール・ハンノヴェラ・ゲッティンゲンを批判した[334]。ヴェーバーの理解によれば、コール・ハンノヴェラ・ゲッティンゲンはドイツ戦争でプロイセン王国が同地を含むハノーファー王国を併合したことに抗議し、今や征服者となったかつての団員ビスマルクを除籍処分にした。ところが一八七一年にドイツ帝国が建設され、ビスマルクが統一の英雄として崇拝されるようになると、コール・ハンノヴェラ・ゲッティンゲンは秘かにビスマルクの除籍処分を撤回したというのである。ヴェーバーはこの逸話をもって、コールの変節ぶりを嘲笑したのだった。講演会場がブルシェンシャフトであることが示すように、この講演は決して学生組合一般を批判したものではなく、年来のコール対ブルシェンシャフトの対立に後者の立場から参入したものである。ところがヴェーバーの発言はコール・ハンノヴェラ・ゲッティンゲン側の憤激を呼び起こし、彼はその団員から事実無根の発言をしたという糾弾に晒されることになった(335)。この事件におけるヴェーバーの対決相手は、学生組合全体ではなくコールのみであるが、ヴェーバーがこの事件を契機に、ブルシェンシャフトなども含めた学生組合自体への嫌悪感を懐いた可能性はあると思われる。

ヴェーバーの学生組合批判は、一九〇四年の論文「プロイセンの世襲財産問題に関する農業統計的・社会政策的考察」で本格的に展開されるに到った。ヴェーバーの痛烈な議論を、ここで引用してみよう。「多くのものにとってこれら学生組合は、とにもかくにも学生の名誉や習俗を涵養する場だというわけでは決してないのである。それはただ単に、昇進を保証するための機構でしかない。ドイツの枢密顧問官夫人たち、商業顧問官夫人たちの実に弱々しいお坊ちゃま方に必要なのは、刀傷を二つ、三つ付けさせるという、今日の実務においてはまことにささやかな「勇気」を示すことだ。というのもそうすることが、「コネ」を得るのに不可欠だからである。まさしくそのような事例について、関係者の両親が心配して私のもとに苦情を寄せている。——しかしもっとひどいのは、このような行為がいまや技術系の人々にも広まり、更に商科大学の門弟たちにも広まりつつあるように、どうやら見えることである（少なくともその端緒は目に付く）。商科大学の設立に当って、残念ながら次のような推測が、まさしくもっともと言えるような状況が生まれている。すなわち、ときとして商科大学の設立とは、まずは商人の知識欲に応じるためのものではなく、特権的な地位を認められた「大学の」教育に参加し、これによって「名誉回復の決闘を行う資格」を、そしてそれによりまた予備役将校になる資格を取得したいという希望に応じるためのものなのではないかという推測である。私は、ヴィティヒがその論文『エルザスにおけるドイツ文化とフランス文化』において行った卓越した論評に、ただ賛同するばかりである。「大学での」営みが今日常に伴っているような、濃密な労働に立ち向かうことを止めてしまったまま、我々が地球の偉大な労働民族に、特にアメリカ人に伍して強国として引き続きやっていくなどというのは、まことに疑わしいという他はない。封建的な要求に、脇目も振らない市民的労働の精神の代わりが務まるわけがないのである。――ちなみに「決闘資格」という概念は、特にドイツにおける階級形成的な教育免許（大学入学資格、一年志願兵資格など）との関係に変遷が見られたが、とても大きな文化的意義を有するものなので、個別に歴史研究をする価値があるだろう。[336]」ここでもヴェーバーは、「学生の名誉や習俗」には依然として否定的態度を取っていない。名誉のための「決闘資格」の概念に研究に値するような「文化的意義」を見出すという、ヴェーバーの表現も注目される。ところがヴェーバーは、現在の学生組合が多くの学生にとって、そうした「学生の名誉や習俗」の涵養とは無縁な、単なる出世の準備機関に堕しているとする。こうしたヴェーバーの学生組合批判は、過去のユンカーを評価しつつ、それを引き合いに出して現在のユンカーを批判するという、彼の一八九〇年代のユンカー批判と同じ構図になっている。

ヴェーバーの学生組合批判では、勇気がない、怠惰だと思われる人間には鉄槌を振り下ろすという、彼の神経症以前の峻厳さが見事に再現されている。かつて学生時代に大学の同輩たちを軽蔑の眼差しで見詰めていたヴェーバーは、ここではドイツの高級官僚「夫人」の甘えん坊たちの「弱々」しさを嘲笑している。またそうしたドイツ人たちの活力のなさを、ヴェーバーは「アメリカ人」に代表される自由闊達な外国人との国際競争を意識して、非常に危機的だと見ていたのである。「濃密な労働」、「脇目も振らない市民的労働の精神」などの表現も、「市民階級」の子を自覚する合理主義者ヴェーバーの面目躍如たるものである。ヴェーバーが神経症に往生し、自分の極端な合理主義的衝動に距離を見せるようになっていたのを見てきた我々も、この時期のヴェーバーが一八九〇年代の行動様式を取り戻しているのを確認せざるを得ないのである。

「財産市民」を育成する商科大学に学生組合の「封建的」風習が拡大するのを危惧するヴェーバーは、アメリカ旅行後の一九一一年秋、商科大学関係者と激突するに到った。同年一〇月一三日、ドレスデンでの第四回大学教官大会の席上、ヴェーバーは従来通り商科大学における学生組合の滲透を、商人身分が「封建的社会秩序」に順応しようとしている現れだと批判したのだった。その際ヴェーバーは、自分が実地検分したアメリカを称揚した上で、ドイツの現状を酷評した。それによれば、残念ながらアメリカでも全寮制で学生生活を厳しく統制するコレッジ制度は衰退し、「ドイツの状況に近付いている」、つまり「ヨーロッパ化」しているのだが、それでもアメリカ財界の代表者はヴェーバーに、そういったコレッジ制度、つまり学生が商科大学で学問よりも寧ろ大人としての自己主張の精神を学び、アメリカの国家や社会の基盤を為す精神を涵養するような制度の維持に尽力する意思を表明したのだという。それに引き換えドイツの商科大学は、「封建化」に現《うつつ》を抜かしていて情けないというのが、ヴェーバーの零《こぼ》した愚痴なのであった。[337] これに対し一九一一年一〇月二六日にベルリン商科大学教授パウル・エルツバッハー（一八六八年―一九二八年）が、翌一七日に同学長アルトゥール・ビンツ（一八六八年―一九四三年）が、新聞報道でヴェーバーの発言を知って激怒し、左派自由主義系の『ベルリン日刊新聞』に反論記事を掲載した。エルツバッハーらは、商科大学の学生たちが学業に精進していることを強調し、学生組合など商科大学には滲透していないと反論したのである。[338] この商科大学側の反論に応答する形で、ヴェーバーは一九一一年一〇月一八日にビンツ、エルツバッハーに釈明の書簡を送り、同年一一月七日にはベルリン、ケルン、マンハイム、ミュンヘンの各商科大学にも弁明書を送ると同時に、同年一〇月二七日の『ベルリン日刊新聞』に論文「商科大学――応答」を発表している。ここでのヴェーバーの主張は一九〇四年以来の議論の繰り返しだが、自分の発言が不正確に報道されたと主張し、報道機関やその情報に基づいて即座に反論したビンツらに責任を転嫁している点は注目される。実際にヴェーバーが商科大学の現状を揶揄し、その関係者を刺戟したのは事実であるから、報道機関の伝達法に根本的原因があったわけではないはずだが、ヴェーバーは自分の発言が関係者から抗議を受けると、いつも報道の不正確さの所為にする習性があった。またヴェーバーは、自分の批判の標的が商科大学そのものではなく、ドイツ産業界の「封建」化であることを強調して、ビンツらの憤激を幾分なりとも宥めようとしたのであった。[339]

これほど激しい学生組合批判を繰り返しながら、ヴェーバーはブルシェンシャフト・アレマニア・ハイデルベルクには「長老」として登録したまま、年会費の振込も続けていたが、それにも戦争で終止符が打たれた。一九一八年一〇月一七日、ヴェーバーはアレマニア「長老」団長フリッツ・ケラー（一八七五年―一九二六年）に、次のような絶縁状を送っている。「親愛なるケラー君！　僕の名前を、アレマニアの長老一覧表から消しておいてくれるようお願いします。クルールが若者であった僕に何を意味していたか、それを僕は感謝の念を持って振り返ります。また、アレマニアの会員が――当り前のことですが――戦争で男らしく任務を果たしたということを知って、僕は嬉しく思っています。しかし僕は、戦争のあとには、学生組合の時代は、現実に過ぎ去っていないとしても、やはり過ぎ去るべきだろうと思っています。組合学生の古きビールまみれの陽気さというのは、いまの状況には相応しくないものとなっており、学生組合が男らしさの涵養に貢献したことは疑いないけれども、そういうこととは別な道、方法を探していかなければならないでしょう。現存の学生組合の改革というものが出来るとは、僕には思えません。それを妨げているのは、僕がいつも内心、学生に相応しくないと拒否してきた家屋の所有であり、それに関連したカネづるへの、そして長老の「伝統」へのしがみ付きです。特に僕は、年が経つにつれてますます強くなる精神的近親交配が、消えることになるとは思えません。これは、人的交流が限定されるという帰結を齎しています。僕は排他性をそのものとして悪いとは思いませんが、学生組合に見られるような排他性は、恐らく――ドイツの将来の課題にとっては――悪いと思います。このような考えを懐いたことで、僕は余りに学生組合の見解と対立するようになってしまったので、友情をもって、そちらの発展を祈りつつクルールを脱ぐべきだと考えるようになりました。君の健勝を衷心より祈りつつ。マックス・ヴェーバー」[340] ちなみにアレマニアは、ヴェーバーの活動時には宴会を旅館「金獅子亭」で、昼食会を食堂「帝国冠」で開いていたが、一八八九年一二月に独自の家屋をハイデルベルク城址のすぐ下に購入している。学生組合が家屋を所有すれば、様々な儀式や剣術の稽古などは全てそこで行われるほか、一部の団員が下宿としてもそれを利用することになる。居酒屋では他の学生組合の団員も飲食をしているため、そこで「決闘」騒動が起きる可能性もあったが、独自の家屋に籠るとそうした可能性は減少することになる。ちなみにヴェーバーは、一八九七年には大学正教授としてハイデルベルクに戻り、一九一九年まで二十二年間この町に住んだが、この間に彼がアレマニアの家屋を訪れた形跡は見当らないと言われる。[341]

ヴェーバーはアレマニアからの退団後、ますます学生組合への対決姿勢を先鋭化させていった。ポーランド国家の再建に伴い、その領土的帰属がドイツ・ポーランド間で争われていたドイツ東部では、ドイツ系住民とポーランド系住民との対峙が嵩じて騒乱状態に陥っていた。パリ講和会議の開催前にドイツ東部の実効支配という既成事実を作り上げようとするポーランド側に対し、ドイツ側は保守陣営から社会主義陣営まで党派を越えて抵抗したが、このときポーランド側に対する武装蜂起を主張したヴェーバーは、特に学生組合に属するものがそれを率先して行うべきだと論じたのだった。「東部でドイツの都市がポーランド人の支配に陥るような事態にドイツがあるというのに、まだクルールなど着ている奴は卑怯漢だ。お前たちの組合の家屋など売り払ってしまえ。学生組合帽やクルールを脱いで、こうした封建的な馬鹿馬鹿しさにはすっかりおさらばしろ。そんなものもう時代に合わないし、誰の役にも立たないのだ！」（一九一九年一月二日　ハイデルベルク）[342]

度重なるヴェーバーの学生組合攻撃に対し、ハイデルベルクの学生組合は一九一九年になってヴェーバー批判の声を挙げた。まず一月、ネッカール川を挟んでハイデルベルク城址の対岸にあるヴェーバー邸の前で、ハイデルベルクの学生組合員たちが示威行動に出た[343]。更に同月二一日、『ハイデルベルク日刊新聞』にヴェーバーに対する学生組合側の抗議文が発表された。「我々は、ヴェーバー教授が学生組合について腹蔵《ふくぞう》なく述べる権利を有するということに、疑問を呈しているのではない。クルールを着ることがもう時代に合わない、現在の状況の深刻さ、困難さに相応しくないというようなことを言う人々がいるかもしれないということを、充分に理解できるのである。また我々は、自力で正しい方向へ改革していくことが出来ないわけでも決してない。もしヴェーバー教授が即事的に、礼儀正しくこの観点で我々に働きかけたいと望んでいたのなら、彼はきっと容易に我々のところに通じる道を見出すことが出来たであろうし、何を言っても馬耳東風ということにはきっとならなかったであろう。しかし時代に合わせて変革していこうという精神があちこちで、そしてまたあらゆる学生組合の中でも力強く起こり、あちこちで新しい目標の真剣な模索が始まり、古い親愛なる学生組合の中でも新しいものに好ましく純粋で持続しそうなもの全てに若々しい力を捧げようという喜ばしい動きが出てきているのに、彼はそれを知ろうとしないのである。そしてもしヴェーバー教授が失敬にも我々に近づいて、我々の名誉を傷付け、我々を侮辱するのなら、我々はそのような企てをはっきりと、燃える怒りをもって退けるより他はないのである。」[344]

しかしヴェーバーには、すでに「市民層の封建化」の象徴として切り捨てた学生組合に、「即事的に、礼儀正しく」接する意思はなかった。ヴェーバーは一九一九年一月二七日、『ハイデルベルク新報』に反論記事を掲載し、同年三月一三日にはミュンヘンで同趣旨の講演を行っている。実はこのころヴェーバーは、後述するように敗戦後ドイツの青年教育の手段として、ドイツ的な学生組合からアメリカ的な「クラブ」へと関心を移しつつあったのだった。[345]

第二節　「官僚制」論

一　組織人間批判としての「官僚制」論

「市民層の封建化」批判で市民階級を叱咤激励したヴェーバーは、続いて「官僚制」(Bureaukratie) 批判を展開し、ドイツ国民国家の現状に対する憂慮を深めた。ヴェーバーの言う「官僚制」とは、文官・武官の双方を含むものである。またヴェーバーが社会民主党やカトリック教会をも「官僚制」概念で一括りにしたことが示すように、それはいわゆる官庁だけではなく人間の組織一般を指すものであった。つまりヴェーバーの「官僚制」批判とは、自分自身の足で立ち、自分の言動に自分で責任を取ることのない「組織人間」に対する批判だったのである。ヴェーバーは、「官僚」ないし「官僚制」には二つの印象を懐いていた。第一は、「官僚制」は正確性、恒常性、規律性、厳格性、信頼性を有し、つまり予測可能性、集約性、敷衍性、普遍的応用性の点で最高に有能であって、近代的生活に必要不可欠だというものであり、[346] 第二は、「官僚」つまり組織人間は独立自尊の気概を持たないので、政治には向かないというものである。前者の発想は今日、官僚制の過大評価であるとして、行政学者の批判の標的となっているが、ヴェーバーのドイツ・ナショナリズムに関連するのは後者の発想である。不思議なことにそういうヴェーバー自身が、実際にはツェドリッツ＝トリュッチュラー、フーゲンベルク、アルトホフなど、官僚出身の政治家を次々と高く評価し、皮肉にも持論への反証を自ら列挙することになるのだが、それでも一般に「官僚」は機械の歯車であって生気がなく、「官僚制」は上司に従順で自己責任で決断できない人間だけを出世させる組織であるという印象を生涯維持し続けたのであった。

今日でも官僚が政治家や報道機関、政治学者の攻撃対象となるのは日常茶飯事だが、そうした今日の官僚制批判とヴェーバーの「官僚制」批判とが必ずしも同一ではないということに、我々は留意しなければならない。今日の官僚制批判とは、官僚が実質的に強大な権力を掌握しながらデモクラシーの洗礼を受けていないことに対する懸念であり、官僚が安定した俸給や天下り先などの特権を享受していることに対する羨望であり、官僚が仕事上の不手際をしているのではないかという疑念であり、官僚が過去の前例や煩雑な手続きに固執することに対する軽蔑であり、選良集団としての官僚（特にその幹部候補生）に対する一般人の嫉妬である。ところがヴェーバーの「官僚制」批判は、この種の一般的な官僚制批判とは趣を異にするものであった。ヴェーバーは感情に流れやすいデモクラシーを牽制する機構としては官僚制を寧ろ好意的に見ており、国家の雇用者として俸給などが保障されている点では大学教官の彼自身も同じ特権保持者であり、仕事上の優秀さに関してはドイツの官僚は傑出していると確信しており、厳密な手続きは寧ろ合理化の産物として評価しており、若いころから令名が高く三十歳で正教授となった彼にとって官僚人生が嫉妬すべきものであったとも思われない。ヴェーバーの「官僚制」批判とは、とにもかくにも独立自尊の人間を求める彼の内なる欲求の為せる業だったのである。

二　二つの「世界観政党」との対決

ヴェーバーが最初に批判した「官僚制」は、実はプロイセン官僚制ではなく、ドイツ社会民主党の党官僚機構であった。その代わりにヴェーバーは、社会民主党の革命イデオロギーには異論があったにも拘らず、党の「官僚制」化で革命の理想を堅持して格闘する闘士たちには、彼らが主体的に思索し行動しているというだけで喝采を送ったのである。ヴェーバーは社会民主党の「官僚制」化に対する危惧を、早くから繰り返し表明していた。最初の事件は、一八九二年一一月六日のヴィルヘルム・リープクネヒト（一八二六年―一九〇〇年）への挑戦状である。ヴェーバーはこのとき、彼の農業経済論が階級的偏見に根差しているという社会主義陣営からの批判に業を煮やし、自分の論稿を直接この社会民主党の領袖に送り付け、そちらの党の立場への共感はないが開かれた批判は歓迎すると大見得を切っている[347]。こうした応酬が事前にあったためか、一八九三年三月二〇日の社会政策学会ベルリン大会での討論は紛糾した。このときヴェーバーら農業労働者調査の分析担当者は、社会民主党員のマックス・クヴァルク（一八六〇年―一九三〇年）やブルーノ・シェーンランク（一八五九年―一九〇一年）から、この調査が雇用主の見解だけしか聴取しておらず、当事者である労働者の声を全く無視していると批判された。これに対しヴェーバーは、報告「農業労働構造」に続く討論において、社会民主党の党派的結束の強さを揶揄するという行動に出た。ヴェーバーはシェーンランクがヴェーバー報告への論評の中で、自分は「個人としては」ポーランド人流入防止も考慮すべきだと考えていると述べたのを受けて、シェーンランクは社会民主党員なので組織の公式見解に縛られており、個人的見解も自由には言えないのだと揚げ足を取ったのである[348]。その三年後、一八九六年一一月の国民社会協会設立大会でも、ヴェーバーは社会民主党の党員統制に嫌悪感を表明していた。ヴェーバーはナウマンがキリスト教信仰を国民社会協会の共通了解にしようとするのを、社会民主党の党員統制に擬えて批判したのであった。「もし勃興する労働者階級を国民的な労働者の政党の側に勝ち取ろうとするのならば、それは疑いなく一つの進歩でしょう。それは労働者の精神的解放を意味するのです。社会民主党は、思想の自由を許そうとはしません。社会民主党は、大衆の頭にマルクスの壊れた体系を教義として刻印するのです。社会民主党は、良心の自由を許そうとはしません。ベルリンの伝道士なら誰でも報告できることですが、社会民主党においては良心の自由などは言葉だけで、実際には存在しないのです。しかし階級政党に我々の席がないのは、当然というものでしょう。あなたがいまキリスト教信仰を公式の集会信条にして、新しい良心への圧力を行使しようとするのであれば、そういう政党に参加しないのはなおさらのことです。[349]」更に一九〇四年、ヴェーバーは「プロテスタンティズムの倫理と資本主義の「精神」」第一章でも、「兵営調」と揶揄される社会民主党の厳格な規律が、実は工場内の規律に由来するものであると指摘する脚注を一つ加えている。[350]

社会主義陣営内での個人の主体性に固執するヴェーバーは、四十一歳を迎えた一九〇五年に、その矛先をブレンターノにまで向けた。同年九月二五日から二八日までハイデルベルクの隣町で開催された、社会政策学会マンハイム大会でのことである。イギリスの労働組合を理想とするブレンターノは、「民間大工場の労働状況」と題した二六日午前の基調報告で、ドイツにおいて近年労働争議が頻発していることを指摘し、その原因が労働者の団結権の不充分な保護にあるとした。ドイツでは帝国営業条例で、労働者の団結の自由を規定すると同時に、ストライキに参加しないものの保護を規定していたのである。これら「労働希望者」は、ストライキを企画する側からは「スト破り」と非難される人々である。すでにブレスラウ時代には社会民主党系の集会に出席することを辞さなかったと言われるブレンターノは、労働者の労働・生活条件の改善を第一に考え、そのための手段としての労働者の団結をより強固なものとするべく、強制加入の労働組合による労使団体交渉を要求したのだった。これに対してブレンターノの基調報告に論評したヴェーバーは、神経症発病前の一八九〇年代と全く同様に、労働者の個人としての成熟に期待していた。ヴェーバーはブレンターノの提唱するような労使団体交渉を強制する制度を、労働者個々人の主体性を損なう「婆さんのための法」に他ならないと非難したのである。団体交渉の強制によって生活改善の実績を得ようとするブレンターノの実質的自由主義（あるいは社会自由主義）に対し、それでは個々人の主体性が尊重されないではないかと非難するヴェーバーの形式的自由主義は、皮肉にもそれまでシュモラーがブレンターノの労働組合論への批判に用いた論理の繰り返しなのであった。[351]

このブレンターノ報告への論評で、ヴェーバーは労働組合（自由労働組合）が社会民主党の党機関の「官僚制」的統制に服さない存在であり続けることに、この上なく大きな意義があると主張した。ヴェーバーにとって労働組合とは、労働者の利益を増進するための手段というより、寧ろ「それ自身として価値があるもの」、つまり自己目的なのであった。「それは例えば――そしてこれは私にとって決定的なことなのですが――社会民主党内で唯一、へいこらすることなく党の俗物根性に対して理想主義を維持した組織なのです。社会民主党は、我々が数世代に亙って存続し続けるものと考えなければならない政党であり、これからも唯一大衆の教育を掌握する政党です。労働組合がこの党を吹き飛ばすなどということはないでしょう。それは論外だし、馬鹿げた幻想です。［……］しかしそれは、この党がアメリカ的な政党のあり方に変容していくことを妨げるでしょう。理想主義的な労働と理想主義的な心情とを社会民主党内で守る唯一の砦は、ドイツの状況においては労働組合であり、これからもそうでしょう。(352)」このようなヴェーバーの労働組合論は、彼が労働者の人間としての主体性をいかに重要視していたかを示すよい証左である。

「官僚制」化が進行しているように見える社会民主党において、稀に輝きを見せる逸材が現れたと感じたとき、ヴェーバーはその支援に躍起になった。ロベルト・ミヘルス（一八七六年―一九三六年）への肩入れがそれである。アイゼナハのカトリック系商家に生まれたミヘルスは、イタリアやドイツの社会主義者たちとの親交を深め、一九〇三年にドイツ社会民主党に入党した。しかし革命的サンディカリズムに傾倒していたミヘルスは、やがて党内で異論派とされるようになり、一九〇七年には政治活動から撤退している。政治活動の傍ら社会学者としての上昇を図ったミヘルスは、一九〇〇年にハレ大学教授グスタフ・ドロイゼン（子）（一八三八年―一九〇八年）のもとで博士号を取得したが、教授資格が取得できずに苦悩していた。ヴェーバーは『社会科学・社会政策雑誌』に掲載されたミヘルスのドイツ社会民主党分析に繰り返し共感し、とりわけ有名なその「寡頭制支配」論には強い興味を示した（もっともミヘルスが党幹部と対置した「真の人民の意志」という観念には、「架空のもの」に過ぎないという否定的見方を示しているが(353)）。ヴェーバーはこの独立独歩の社会民主党員と家族ぐるみの交流をすると同時に、その昇進に道を開かないドイツ学界の体質を攻撃した。ヴェーバーはヴィルヘルム二世の横槍でベルリン大学での教授資格取得を拒否された社会民主党員の物理学者レオ・アロンス（一八六〇年―一九一九年）の先例を意識して、ミヘルスが教授資格を取れないのは能力の問題ではなく、単なる政党帰属の問題だと確信していた。ヴェーバーによれば、そうしたドイツの大学の偏狭さは、イタリア、フランス、そしてロシヤの状況と比較しても「一文化国民として恥辱」と言うべきものであった。[354] 結局ミヘルスは、ヴェーバーの勧誘通りドイツ学界での昇進を諦め、一九〇七年にイタリアのトリノ大学で教授資格を取得し、ここで一九一四年まで私講師を務めることになった。その際ヴェーバーは、トリノ大学教授アキレ・ロリア（一八五七年—一九四三年）に熱烈な推薦状を送り、ミヘルスのイタリアでの新生活を力強く後押ししている。[355]

一九〇六年にヴェーバーは、隣町マンハイムで九月二三日から二九日まで開催された社会民主党大会を傍聴し、同党における「官僚制」化の進行ぶりに憤慨した。そしてそのときの感想は一九〇七年一〇月二日、社会政策学会マグデブルク大会における部会「都市の制度と行政組織」で披露された。「そこで傍聴者として参列していたロシヤ人の社会主義者たちは、この党を「革命的」だと真面目に思い込み、ドイツの最も偉大な文化的精華にして、全世界の壮大な革命的未来の担い手であるとして尊敬していたわけですが、この党を実際に見てみて、呆れ返っているように私には見えました——そこではでっぷり太った飲み屋の親父の人相、小市民的な容貌が大いに幅を利かせており、革命的な情熱などどこにも見当らず、下手くそに決まり文句を繰り返して不平を述べ立て、嘆きの言葉を連ねて議論し、まくし立てるのです。[356]」同様の憤懣は、後述のようにヴェーバーのロシヤ政治分析でも繰り返された。ヴェーバーはイデオロギー的大言壮語を繰り返しつつ、一般党員を教条的に統制しようとするドイツ社会民主党「正統派」の行状を、ロシヤ自由主義運動家の自己犠牲と対比して罵倒したのだった。

社会主義陣営の「官僚制」化に対するヴェーバーの危惧は、ロシヤ一〇月革命の勃発により更に深いものとなっていった。一九一八年六月一三日に行われた晩年のヴィーン講演「社会主義」は、ヴェーバーの「官僚制」批判の中でも記念碑的な作品である。ヴェーバーは、そもそも大国のデモクラシーは「官僚制」の擡頭を防ぐことが出来ないのであって、社会主義と雖《いえど》もそうした「官僚制」化の運命を変えることは出来ないと力説した。それどころか官僚が経済を統制し、労働者のストライキも規制される国家社会主義においては、労働者は未曾有の隷従状態に置かれると、ヴェーバーは警告したのだった。[357]

社会学者ヴェーバーは、社会民主党と共に「世界観政党」の概念で一括していた中央党、延いてはカトリシズム一般にも、別な意味で「官僚制化」の波が押し寄せていると見ていた。ヴェーバーは第一ヴァティカン公会議の画期的特徴を、教皇不可謬《ふかびゅう》論が発布された点ではなく、教皇の「普遍的司教制」(Universalepiskopat) の宣言により、「助任司祭支配」(Kaplanokratie) が成立した点に見ていた。これは各地の司教や司祭から中世以来の聖職禄を没収して自立性を奪い、ローマ教皇庁の官吏という色彩の強い助任司祭の役割を強化したというものである。こうしたカトリシズムの「官僚制」機構は、のちにヴェーバーが『儒教と道教』で中国官僚制を描写する際にも、説明の枠組みを提供することになった。またヴェーバーは、カトリック教会が中央党を自分たちが統制する機関のように見ていると考えていた。[358] 興味深いのは、カール・シュミット（一八八八年―一九八五年）が論文「ローマ・カトリシズムと政治形態」で示唆しているように、[359] ヴェーバーが一方でカトリシズムを信徒の精神構造において合理化の著しく遅滞したものと見つつ、他方で組織形態において合理化の著しく進展したものと見ていたということである。

「国家の官僚主義」と並び称される「カトリック教会の見事な機械装置」[360] への嫌悪感は、ヴェーバーの言動においてしばしば顕在化することになる。ヴェーバーは一八九二年に自分がゲーレと企画した農業労働者調査で、事情聴取の対象としてプロテスタント聖職者を想定したが、問題はドイツにはプロテスタント教徒が多数派ではない地域が多く存在するということであった。ここでヴェーバーは、カトリック教徒が多数派を占める地域で、カトリック聖職者に協力を要請することを拒否している。ヴェーバーによれば、「官僚制」化が進展しているカトリック教会の内部で、末端の聖職者がこのような調査に参加するのには支障があるだろうと言うのだった。[361] 一九一七年になると、ヴェーバーの憤懣はこれとは別の領域で噴出することになる。同年『フランクフルト新聞』に発表した匿名論文「ザルツブルクのカトリック大学」で、ヴェーバーは当時「新設」(正確には再興) が計画されていたザルツブルク大学で、宗派拘束的な教職だけでなく、一部の非宗派的な教職までもがザルツブルク侯爵大司教の同意を必要とされている点を告発した。ヴェーバーは、このような管理体制下では学問的評価に基づく人事など不可能だとし、その卒業生には通常の大学卒業生と同等の資格は認められないと主張したのである。更にヴェーバーは、そもそもこの大学「新設」計画はザルツブルク界隈の営利的関心から出た発想であると指摘して、物質主義批判の観点からもこの計画を疑問視したのだった[362]。

「官僚制」批判の文脈でヴェーバーがカトリシズムを問題視したのは、聖職者に関してだけではない。ヴェーバーは、一般信徒の信仰姿勢にも鋭い分析の目を向けている。社会学者ヴェーバーは、カトリック教徒にとって究極的に宗教的価値を有するのは、具体的で内容的な倫理的義務でもなければ、方法的に自ら獲得された倫理的な練達者の資質ではなく、功徳を受けるに値する「施設」（Anstalt）への従順そのものでしかないと言い切った。更にヴェーバーは、そうしたカトリシズムの従順の原理は、知性主義的性格を喪失し「施設」に盲従する「黙信的信仰」（fides implicita）のそれであり、敬虔な信徒を特殊な「意思喪失」状態に陥らせるという点で、神秘主義に通じるのだとしたのだった。その意味で、文化闘争期の闘士であった中央党議員ヘルマン・フォン・マリンクロート（一八二一年―一八七四年）の発言は、ヴェーバーにはカトリシズムが個人の自由を押し潰していることの証左であるように思われた。「カトリック教徒の自由とは、教皇の御意に従うことが許されているという点にある[363]。」

但しヴェーバーは、カトリック教徒なら全員一律に低く評価したというわけではなかった。このマリンクロートや、ルートヴィヒ・ヴィントホルスト（一八一二年―一八九一年）のような中央党の闘士たちを、ヴェーバーは指導者気質のあったかつての政治家たちの例として挙げているのである[364]。社会政策学会での同志ブレンターノや、ヴェーバー・サークルの門人パウル・ホーニヒスハイム（一八八五年―一九六三年）もカトリック教徒である。社会主義陣営の場合と同じく、ヴェーバーは例外的と思われる個々人に注目するだけの余裕は終始保っていたということになるだろう。

三 プロイセン官僚制との対決（一）――グスタフ・シュモラー批判

社会民主党やカトリシズムの「官僚制化」を批判したヴェーバーは、徐々にプロイセン官僚制にもその批判的視線を向けるようになっていく。その第一局面は、一九〇五年に表面化した社会政策学会理事長グスタフ・シュモラーとの紛争であった。シュモラーの表明する国民経済学は、公式には政治的中立性を標榜していても、実際には自由放任主義や社会主義を排除し、君主制とプロイセン官僚制への礼讃を込めた、独特の「倫理的」なものであるというのが、ヴェーバーの見立てであった。

帝制期ドイツ学界随一の実力者シュモラーは、トライチュケと同じ„Wahlpreuße“（自分で国籍選択したプロイセン人）である。ヴュルテンベルク王国のハイルブロンで官僚一家に生まれたシュモラーは、テュービンゲン大学で国家学、歴史学を勉強したのち、ヴュルテンベルクでの官僚生活を経て、一八六四年にハレ大学の国家学教授に招聘された。更に新設されたシュトラスブルク大学で教鞭を取り、一八八二年にはベルリン大学に移った。シュモラーはやがてベルリン大学総長となり、同大学を代表してプロイセン王国貴族院に名を連ねた。一九〇八年、シュモラーは遂にプロイセン貴族に名を連ね、「グスタフ・フォン・シュモラー」を称するに到っている。

自由放任主義から出発したシュモラーは、やがて国家介入による社会問題の解決が必要だとする社会改良主義者へと変容していった。このためシュモラーたちは、自由放任主義の論客ハインリヒ・オッペンハイム（一八一九年―一八八〇年）から、「講壇社会主義者」だと揶揄されるようになる。オッペンハイムやバンベルガーら自由放任主義者から見れば、シュモラーを中心とする社会政策学会など階級闘争を煽動する社会民主主義者の露払いに他ならない。同類の危惧は、自由放任主義者とは対極的立場にある保守陣営内でも燻《くすぶ》っていた。また社会ダーウィン主義の立場に立つトライチュケは、シュモラーを批判する論文「社会主義とその庇護者」を発表し、階級対立それ自体を国家介入によって抑制しようとするシュモラーに疑問を投げかけた。トライチュケによれば、自由競争によって適者保存が行われるのは好ましいことだったからである[365]。

社会政策学会内でも、シュモラーは左右双方からの攻撃に見舞われていた。同学会右派を体現するヴァーグナーはドイツ保守党に属する「国家社会主義」の唱導者で、一時期同学会から距離を置いていたこともあった。これに対して同学会左派を体現するブレンターノとの対立は、一八八〇年代末にシュモラーがブレンターノのある弟子の論文を批判したことから火を噴いた。ブレンターノは、自分は個人主義的なローマ法思想やスミス、リカードらのイギリス経済学に鍛錬された強靭な自由主義者だが、シュモラーはドイツ統一のために自由主義陣営に加担した日和見主義者に過ぎないと非難した。これに対してシュモラーは、自分を西南ドイツから引き摺り出したのが強大なプロイセンへの憧憬であったことを認めたが、恵まれた環境で生育し審美的趣味に耽る生来の「貴族」ブレンターノより、中間層にドイツ人の精力源を見る自分の方がデモクラシー的なのだと嘯《うそぶ》いたのであった(366)。

さてシュモラー・ブレンターノ対立が顕在化する少し前、ハイデルベルクの学生ヴェーバーもまたシュモラーに関心を懐き始めていた。ヴェーバーは一八八三年九月、それまでシュモラーを「強固な国家社会主義者で、一途な保護関税論者」だと思っていたが、実際に論文を読んで印象が変わったと記している(367)。この発言から、ヴェーバーがそれ以前にシュモラーに対して、ヴァーグナー路線に比較的近い人物という否定的印象を持っていたことが分かる。このときヴェーバーはシュモラーに対する印象を改めたと述べているのだが、実際にはシュモラーへの懐疑はこのとき完全には払拭されず、二十年ほどを経って再び顕在化することになるのだった。

だが一八九〇年代のヴェーバーには、意外にもシュモラーという人物と正面から向き合った形跡がない。ベルリン大学在学中のヴェーバーは、一八九二年まで同大学の看板教師シュモラーに一切言及しておらず、その授業に参加した形跡すらなかった。しかし教授資格を取得してベルリン大学法学部私講師となった一八九二年二月から、ヴェーバーのシュモラーとの接触が史料上確認できるようになる。一八九二年二月に社会政策学会が農業労働者調査の分析をヴェーバーに依頼したとき、ヴェーバーが受諾の返事をしたのも、同学会理事長のシュモラーに対してだったようである(368)。けれどもヴェーバーが反農業利益・反ポーランド人農業労働者の立場を明確にしていく過程で、彼がシュモラーと直接対決するような局面はなかった。ちなみに一八九八年冬学期に愛弟子エリザベート・フォン・リヒトホーフェン男爵令嬢（エルゼ・ヤッフェ）（一八七四年―一九七三年）がベルリン大学に転学した際、ヴェーバーは彼女に聴講するべき講義を指示しているが、そこにはゼーリングと並んでシュモラーのものも挙げられている(369)。ただこの間すでに一八九三年七月、ヴェーバーがシュモラーに対して一抹の不快感を味わっていたことも見逃せない。ヴェーバーは自分のフライブルク行きを快く思わない文部省大学局長アルトホフが、シュモラーと共に自分を中傷するような噂を、フライブルクとカールスルーエで流していると確信していた。その噂とは、ベルリンでの法学者としての出世が約束されたヴェーバーにとって、フライブルクでの就職など踏み台に過ぎないというものであった[370]。この事件は、シュモラーはプロイセン官僚制の走狗であるというヴェーバーの印象を強めるものであったに相違ない。

神経症の闘病生活を経た一九〇三年ころから、ヴェーバーは徐々にシュモラーへの対決姿勢を鮮明にしていく。一九〇四年、ヴェーバーはエドガール・ヤッフェ（一八六六年—一九二一年）、ヴェルナー・ゾンバルト（一八六三年—一九四一年）と共同で新たに『社会科学・社会政策雑誌』の編集を担うようになったが、これは『ドイツ帝国立法・行政・経済年報』（『シュモラー年鑑』）に対抗する新しい社会科学研究の場を確保する試みでもあった。この『社会科学・社会政策雑誌』とは、ハインリヒ・ブラウン（一八五四年—一九二七年）が編集していた『社会立法・統計雑誌』を買収し、改称して発行し始めたものである。指導的な編集人であったヴェーバーは、同誌第一巻（旧誌から通算第一九巻）に論文「社会科学的及び社会政策的認識の「客観性」」を掲載し、新しい雑誌が『シュモラー年鑑』に垣間見える「国民経済学の「倫理的な」学問への信仰」とは異なり、個々の研究者が自分自身の価値判断に責任を負うことを要求する旨を宣言した。ヴェーバーによれば、何を為すべきかという問いに答えることは学問の課題では有り得ない。価値判断が学問的討論の対象になるのは、そこで目指されている価値が自己目的なのか、それとも他の価値の手段なのかを整理するような場合のみである。しかしどの価値を取るべきかという究極の問いには、学問の権威に依拠してではなく、自分自身がその内面から主体的に答えなければならないというのである[371]。

だが編集者ヴェーバーのこうした立場表明が、実際の『社会科学・社会政策雑誌』の編集に本当に生かされたかどうかは疑問である。そもそもこの雑誌は、編集陣の党派性が非常に明瞭であった。この雑誌の前身『社会立法・統計雑誌』の編集者ブラウンは、社会民主党員であった。ブラウンは党言論誌『新時代』（一八八三年）の発刊に関与し、のちにこの雑誌の編集人を務めたのである。同雑誌をヤッフェに売却したのち、一九〇五年からブラウンは妻リリと週刊誌『新社会』を編集したが、「修正主義者」との批判を受けて失敗し、一九一一年以降は『社会立法・統計雑誌』の続きとして『社会政策・立法年鑑』を発行したのだった[372]。また新編集者の一人であるゾンバルトは、このころ「マルクス主義者」ではないかと警戒され、大学での昇進に際して辛酸を舐めていた。プロイセン文部省の実力者アルトホフに嘱望され、その強引な介入により学部側の意向を無視して、一八九〇年に教授資格のないままブレスラウ大学員外教授に就任したゾンバルトだったが、バーデン大公国の三大学の招聘を受理しようとした際には、バーデン大公が裁可を拒否している。再びプロイセン文部省の強権発動で一九一七年にベルリン大学正教授及び枢密政府顧問官に任命された際にも、学部側からは轟々たる非難が巻き起こったのであった[373]。もう一人の新編集者であるヤッフェも、社会主義に縁の深い人物である。ユダヤ教徒の大商人の息子として、彼は商業活動に従事したあと学界に入り、一九〇四年にブラウンから『社会立法・統計雑誌』を買収して、『社会科学・社会政策雑誌』として再出発させた。第一次世界戦争中に社会主義、共和制理念への確信を強めたヤッフェは、一九一八年一一月九日に「バイエルン自由国」政府で大蔵大臣を務めている[374]。ヴェーバーらの編集のもとでこの『雑誌』に掲載された諸論文も、「客観性」論文で提唱された編集方針には相応しないものが目立つ。例えばヴェーバー自身の論文「ロシヤにおける市民的デモクラシーの状況について」なども、その冒頭からロシヤ自由主義者への党派的加担を鮮明にしたもので、ドイツ国内の左派への叱咤激励や右派への挑発を前面に出した、文字通りの政治的マニフェストであった[375]。結局『社会科学・社会政策雑誌』は、一般的な左派言論誌になっていったと見るべきだろう。

シュモラーに対するヴェーバーの違和感は、一九〇五年九月の社会政策学会マンハイム大会で公然化することになった。同月二七日の部会「カルテルの国家との関係」で自ら報告したシュモラーは、自分の報告をナウマンがラサールなどを援用して批判し、会場から大きな喝采が挙がったという事態を、二八日（最終日）の理事長総括で改めて話題にした。シュモラーは自分がナウマンに対して懐く敬意を強調しつつも、前日の彼を「デマゴーグ」のようだったと形容し、専門知識もないまま「古臭いマルクス主義の決まり文句」を並べ立てたことを強く批判した上で、自分への批判についても峻拒した。更にシュモラーは、そのようなナウマンの発言が会場から大きな喝采を浴びたことに苦言を呈し、自分が今後理事長を務めていけるか疑問であると述べた。これに対してヴェーバーは、すでに退席していた盟友ナウマンを代弁する形で登壇した。ヴェーバーは、ナウマンは「デマゴーグ」的にではなく「正当な理想主義的情熱」によって語ったただけであるとし、またシュモラーが理事長職を利用して会員にかように高圧的な物言いをしたことを批判したのである。とりわけヴェーバーは、シュモラーがナウマンを「デマゴーグ」と呼んだことに神経を尖らせた。ヴェーバーはこの対立を敷衍して、更に公の場でも議論を継続しようとしたが、これはシュモラーの理事長辞任に繋がることを危惧するブレンターノの仲介で中止されたという。但しそれと同時に、シュモラーが理事長としての権限で議論を総括するという習慣も廃止されたのである(376)。

ヴェーバー・シュモラー間の齟齬は、やがて一九〇九年九月二九日に社会政策学会ヴィーン大会で「価値判断論争」を惹き起し、同学会委員会の呼びかけに応えて提出された会員たちの意見書をもとに、一九一四年一月五日にデュッセルドルフで「価値判断問題」に関する非公開の討論会が行われた。この会議に参加した主役のヴェーバーは、唯一ゾンバルトにのみ完全な賛同者を得たものの、それ以外の参加者から多くの反論を受けたのに激昂して退場し、後日副理事長ハインリヒ・ヘルクナー（一八六三年―一九三二年）に、シュモラーには内密でという指示まで付けた匿名の激情的な書簡を送り付けたと言われている。この書簡はもはや失われているが、この討論会にヴェーバーが提出した意見書は、改稿されて論文「社会学・経済学における「価値判断排除」の意味」として発表されている（原版も後年刊行された(377)）。

社会政策学会におけるヴェーバーの脳裡を掠めたのは、強大で優秀な官僚制を擁するドイツでは、精神的に自立した人間が育成されないために、アメリカ合衆国、イギリス、フランスとの国際的競合において不利になるということであった。価値判断論争が火を吹いた一九〇九年の社会政策学会ヴィーン大会において、「官僚制」の問題を「一国の国際的権力状況と文化的発展の観点からも」観察すると述べたヴェーバーは、官僚制の「倫理的」性格を評価するシュモラーを槍玉に挙げて、こう喝破している。「デモクラシー的に統治されている国々［アメリカ合衆国、イギリス、フランス］は、部分的には疑いなく腐敗している官僚制を擁しているのに、我が国の高い倫理性を誇る官僚制よりも、遥かに多くの成果をこの世界で挙げているではないですか。[378]」シュモラーに対するヴェーバーの募る苛立ちは、結局は「世界政策」の領域でドイツが西欧諸国に対して後塵を拝してはならないという、彼のドイツ・ナショナリストとしての焦燥感と密接に結び付いていたのである。

ヴェーバーら社会政策学会左派は、シュモラーの主宰する同学会とは別個に、より厳密に「価値判断排除」を標榜する「ドイツ社会学会」を一九一〇年に設立した。もっとも理事長フェルディナント・テンニース（一八五五年—一九三六年）や、ルドルフ・ゴルトシャイト（一八七〇年—一九三一年）、ゾンバルト、ヴェーバー兄弟のような顔ぶれを見れば明らかなように、この「ドイツ社会学会」は、明らかに社会主義陣営・自由主義陣営の言論人を糾合した組織であり、その議事録を見る限り、多様な政治的傾向の社会科学者たちが意見交換するというような組織ではなかった。やがて価値判断の抑制という当初設定した目標も等閑にされ、発起人のヴェーバーですら第二回社会学者大会（一九一二年ベルリン）ののちには脱退してしまっている。[379]

ただヴェーバーは、シュモラーとの論争の最中にも、この先輩に対して一定の敬意も示し続けた。一九〇八年に行われたシュモラー古稀記念祝賀会に際し、欠席したヴェーバーはハイデルベルクから祝辞を寄せている。ここでヴェーバーは、シュモラーの業績として大学の影響力拡大、社会政策研究の指導、歴史学派経済学の振興の三つを挙げている。[380]プロイセン官僚制に関するヴェーバーのシュモラーへの攻撃姿勢は、大学政策、社会政策、歴史主義における彼との連帯意識を損なうものではなかった。ヴェーバーはドイツ社会学会設立後も、社会政策学会に留まり続けたのである。

四 プロイセン官僚制との対決（二）——「ベルンハルト事件」論

ヴェーバーのプロイセン官僚制批判は、のちにその対象をシュモラー個人から、彼が総長を務めるベルリン大学へと拡大させることになった。その契機となったのが、一九〇八年にベルリン大学哲学部を舞台に勃発した「ベルンハルト事件」である。

ルートヴィヒ・ベルンハルト（一八七五年―一九三五年）は、ヴェーバーよりも十一歳若い国民経済学者であった。[381] 彼の父レオポルトはユダヤ教からキリスト教（プロテスタンティズム）へと改宗した企業家で、富裕な財産市民であった。この父親がベルリン＝モアビートでプロイセン陸軍省に納入する資材などの工場を経営していたことから、[382] ベルンハルト家はユダヤ系住民の中でもドイツに対する同化の程度が高い部類であったものと推測される。ベルンハルトはベルリンで少年時代を過ごしたのち、ミュンヘン大学及びベルリン大学で機械工学を、そして法学と国民経済学とを学び、ブレンターノのもとで博士論文を、シュモラーのもとで教授資格論文を書いている。

ベルンハルトは意気軒昂たる人物で、青年時代のヴェーバーを髣髴とさせるところがあった。ヴェーバーはシャルロッテンブルクの恵まれた家庭環境で碩学や政治家たちに囲まれて育ったが、ベルンハルトも近所の裕福な家庭で成育し、ハルナックなどとの親密な交流があった。若きヴェーバーは周囲から期待され、三十歳でフライブルク大学正教授に就任した新進気鋭の学者であったが、ベルンハルトも若くして博士号、教授資格を取得し、二十九歳でポーゼン・アカデミー教授、三十三歳で当時最高の栄誉とされたベルリン大学正教授に就任した期待の新人であった。ヴェーバーはドイツ・ナショナリズムの政治評論家として、まずは外国籍ポーランド人農業労働者排除論で世に知られるようになったが、ベルンハルトもまた反ポーランド的ドイツ・ナショナリズムに駆られて執筆した『ポーランド問題』（一九〇七年）[383]で一躍論壇の寵児になっている。このような輝かしい実績を反映して、ベルンハルトにはヴェーバーと同じく傲岸不遜なところがあり、学界の長老を名指しで批判して臆するところがなかった。ヴェーバーは社会政策学会におけるヴァーグナーやシュモラーへの攻撃的な態度で周囲を驚かせたが、ベルンハルトもまたブレンターノとの師弟対決で世間を唖然とさせたのである。重厚で複雑な文章を書くヴェーバーと、軽妙で明快な表現を旨とするベルンハルトとは表現法において違いはあったが、共に充実した鋭利な作品を残している。両者はまた、プロイセン文部省から高い評価を受け、プロイセン国内への残留を強く要請された点でも共通していた。

ベルンハルトがヴェーバーを意識していたかどうかは不明だが、ヴェーバーはこの後輩の存在を多分に意識し、能力は認めつつも性格には不快感を懐いていた。ヴェーバーはすでに一九〇六年に、ベルンハルトについて次のような評価を口にしている。「ポーゼンの教授ベルンハルトはよい教師で、頭の鋭い男だが、まだどことなく幼さがちらほらと見受けられる。[384]」ベルンハルトの出世作『ポーランド問題』については、ヴェーバーは「あらゆる学問的未熟さにも拘らず、とにもかくにも書かれていること自体は重要で、手法的に独特のものであることを立証した、そして（少なくとも私には）非常に印象深い本を書いた」と意味深長な評価をしている。[385]ベルンハルトのブレンターノ批判（一九一二年）については、ヴェーバーはベルンハルトの傲岸不遜を懸念していたという。[386]かつての自分のように若く強烈な自負心の強いベルンハルトの擡頭に、ヴェーバーは明らかに警戒の念を懐いていたのである。

ベルンハルトの前途を嘱望したプロイセン文部省の実力者フィリップ・シュヴァルツコプフは、ベルリン大学哲学部に国家学講座を一つ新設して彼を招聘したが、これが「ベルンハルト事件」と呼ばれる大混乱を惹き起こすことになった。ベルンハルトが最初に就職した王立ポーゼン・アカデミーは、正規の大学ではなかった。このポーゼン勤務は、ベルンハルトにとってポーランド論という出世作を生み出した生産的なものではあったが、本人はやはり大学への転出を希望していたようである。ベルンハルトはまずグライフスヴァルト大学へ、次いでキール大学へと転出し、更にヴュルテンベルク王国のテュービンゲン大学への転出を狙うに到った。プロイセン王国内に慰留しようとするシュヴァルツコプフに対し、ベルンハルトは豪胆にも母親が住んでいるベルリン以外には興味がないと返答し、このベルンハルトの希望をシュヴァルツコプフが了承する形で、ベルリン大学への就職が決定したのである。当初の予定では、ベルンハルトはこの人事について一九〇八年四月一日まで他言せず、その間にプロイセン文部省がベルリン大学哲学部との交渉を行うことになっていた。ところがベルンハルトが約束通り一九〇八年四月一日にベルリン大学に出頭してみると、プロイセン文部省の手違いでベルリン大学哲学部側はこの人事を了解していなかった。自分たちの頭越しにベルンハルトが任命されたことに憤慨したベルリン大学では、とりわけ総長シュモラー、哲学部正教授ヴァーグナー、ゼーリングらが強く反撥し、遂にはベルンハルトがゼーリングに決闘を申し込むという事態にまで行き着いた[387]。一九一一年二月一〇日には紛争に加担していなかったベルリン大学哲学部教授連も、ベルンハルトの赴任を望ましくないとする決議をプロイセン文部省に提出したが、文部省側はベルンハルト罷免を飽くまで拒否した[388]。同年三月一五日にはプロイセン代議院でも、この事件でベルリン大学や大学教授の名誉に傷が付くことを憂慮する声が挙がった[389]。

「ベルンハルト事件」勃発から二箇月後の一九〇八年六月、ヴェーバーは匿名で『フランクフルト新聞』に寄稿し、紛争当事者に対する厳しい批判を展開した。ここでヴェーバーは、論点の大胆な組み替えを行っている。ベルリンではプロイセン文部省（及びその後援で赴任したベルンハルト）対ベルリン大学の対立が話題となっていたのに、ヴェーバーはベルリン大学のプロイセン文部省との癒着という正反対の事柄について批判を展開したのである。ヴェーバーによれば、昨今の大学人には「真の学問の指導者」、「絶対的に独立した人格」ではない、ベルンハルトのような凡庸な「ビジネスマン」型教師が多くなっている。彼らはプロイセン文部行政に迎合して俸禄に与ろうとする、大学の教職を物質的（＝金銭的）利益としてしか見ない俗物たちである。そうした現象は、首都にあるベルリン大学で殊に甚だしいものがある。ベルリン大学がプロイセン文部行政と癒着し、御用学者たちに講座を提供するようになると、大学教官という職業集団内の連帯が損なわれることになるのだという。更にヴェーバーは、「ある有名な神学者」（ベルンハルトと親交があったベルリン大学正教授ハルナック）がベルンハルト招聘に関与していたに違いないとして、この「神学者」を暗に非難している[390]。

こうした「ベルンハルト事件」論議の顚末が示すように、ヴェーバーはプロイセン文部行政には適切な学問的評価など出来るはずがなく、御用学者を優遇することしか能がないという前提から出発していた。ちなみにヴェーバーは一九〇三年にも、自分が「嘱託正教授」に就任する際、教授会での投票権の維持を希望したが、そうした措置がバーデン大公国政府（文部省）のではなく、ハイデルベルク大学（哲学部）の主導で進められることに固執している[391]。けれども実際には、大学自治を蹂躙したプロイセン文部行政こそが、ヴェーバーもその不遇に憤慨していた親社会主義系あるいはユダヤ系の研究者に、大学就職の機会を提供したという場合もあった。ヴェーバーが憎悪するプロイセン官僚制が、常に彼の意に沿わないことばかりをしたわけではないのである。ヴェーバーの「ベルンハルト事件」批判の背景には、ベルリン大学にヴェーバーの親友ゾンバルトが就職できなかったことへの憤懣があったと見られている。[392]けれども社会主義に造詣が深く、学界でも警戒されていたゾンバルトを、最初にブレスラウ大学員外教授に抜擢したのも、バーデンの大学への就職を大公に拒否されていた彼を、のちに強引にベルリン大学正教授に就任させたのも、実は大学側の意向を無視したプロイセン文部行政の豪腕だったのである。またヴェーバーが御用学者と決め付けたベルンハルトであるが、彼がユダヤ系であったがゆえに、学界で就職差別を受けていた可能性は大きい。それにヴェーバーは、プロイセン文部行政の介入に憤慨している真最中のベルリン大学哲学部の人々を、どうしてそれとの癒着ゆえに批判するのであろうか。これは勿論ヴェーバーにとって、ベルリン大学が常日頃癒着していたプロイセン文部行政から竹篦返《しっぺがえ》しを受けたことを「いい気味」と嗤う心情（いわば„Schadenfreude“）なのであろうが、そもそも彼が確信するベルリン大学とプロイセン文部行政との癒着とは、それほど決定的なものだったのだろうか。いずれにしてもヴェーバーの論評には、後輩研究者ベルンハルトや、ベルリン大学指導部への個人的な対抗意識が影響していると見るべきだろう。

五　プロイセン官僚制との対決（三）――「アルトホフ体制」批判

プロイセン官僚制を批判して大学（教授会）の自治を称揚するというヴェーバーの議論は、一九一一年一〇月になるとプロイセン文部省のかつての実力者フリードリヒ・アルトホフ（一八三九年―一九〇八年）に批判の矛先を向けた。ドイツ帝国において、シュモラーが学界を象徴する人物であったとすれば、アルトホフは文部行政を象徴する人物であった。アルトホフはボン大学で法学を学んだのち、一八七一年より新領土エルザス＝ロートリンゲンの行政実務に関与し、ドイツ語系大学「シュトラスブルク・皇帝ヴィルヘルム大学」の新設に従事した。このシュトラスブルク大学に事務官、教官として勤務し、大学行政について多角的に経験を積んだアルトホフは、一八八二年に枢密政府顧問官、上奏顧問官としてプロイセン文部省に異動し、大学局長の地位にまで上り詰めた。ドイツ政治史におけるアルトホフは、あるときにはプロイセン文部行政の有能無比な改革派官僚として高く評価され、あるときには研究教育の自由を脅かすドイツ官憲国家の抑圧性の体現者として弾劾されてきた[393]。そして後者の歴史家が拠り所とするのが、他ならぬヴェーバーの議論なのであった。

事件は一九一一年一〇月一二日、ドレスデンでの第四回大学教官大会の席上で、ヴェーバーが自分のフライブルク赴任（一八九四年）に際して、バーデンからの招聘を断るようアルトホフから圧力を掛けられたと発言したことで始まった。「大学教官大会」とは、一九〇七年にドイツ語圏の大学教官たちがザルツブルクに結集し、文部行政の介入によって大学自治が危機に晒されていると憂慮したことに端を発する組織である。研究教育機関の充実に功績があったにせよ、文部官僚アルトホフはやはり学問に重要な「自由」を蹂躙したのだと息巻くブレンターノは、この大学教官大会が「教授の労働組合」となることを期待していた。けれども「アルトホフ体制」のお膝元にあるプロイセンの大学には、この大学教官大会はいま一つ滲透することが出来ず、特にヴェーバーが一九〇八年の「ベルンハルト事件」論で槍玉に挙げたベルリン大学の教官たちの参加は充分に得られなかった[394]。反文部行政で気勢を上げるこの大学教官大会の雰囲気に促されてか、この団体の幹部にも選出されていたヴェーバーは、自分が一八九四年秋のフライブルク大学への転出に際して、アルトホフから受けたという屈辱の逸話を披露した。

事の発端は、一八九三年の私講師ヴェーバーが、ベルリン大学内での昇進とフライブルク大学での正教授就任という、二つの好機の間で板挟みになったことにあった。社会政策学会での初舞台から一箇月後の一八九三年四月二八日、ヴェーバーは妹クララへのフランス語書簡で、当時ドイツ民法典の起草にも当っていたローマ法学者、ベルリン大学正教授エルンスト・エック（一八三八年—一九〇一年）及びアルトホフから、病気で教壇に立てない正教授ゴルトシュミットの後任として商法員外教授に昇任させるという話が来たことを伝えている。ところが同年七月一四日、ヴェーバーはフライブルク大学から、同六日に同大学が彼を、ヴィーン大学に転出するオイゲン・フォン・フィリッポヴィッチ・フォン・フィリップスベルク男爵（一八五八年—一九一七年）の後任として国民経済学正教授に提案し、バーデン大公国政府の関係者も了承しつつあるとの連絡を受けた。ここでヴェーバーを巡って二つの人事考査が同時に進行し始め、彼は選択の余地を大きくするためにどちらもそのままにしたが、内心は「どちらかというと味気ない」法学研究から経済学研究への転向を考えるに到っていたので、休暇中であったバーデン文部大臣ヴィルヘルム・ノック（一八三二年—一九〇三年）が帰還して即決してくれることを望んだ。だが同年七月二六日の母へレーネ宛書簡によると、ヴェーバーはベルリンでの法律家としての将来を嘱望されているので、アルトホフが、シュモラーと共に前述のように「ヴェーバーはベルリンでの法律家としての将来を嘱望されているので、バーデンでの教職は踏み台に過ぎない」という噂をバーデンで流していると考えていた。またヴェーバーは、ローマ法学者である自分の昇任人事が、事実上プロイセン文部省によるドイツ法学者パウル・ラーバント（一八三八年—一九一八年）（シュトラスブルク大学正教授）のベルリン大学招聘を阻止するための同法学部の策謀らしいと考えるようになり、強い不快感を懐くようになっていった。同年七月二七日、ヴェーバーはアルトホフから出頭するよう言われ、「老いぼれの化け物」アルトホフを嫌悪しつつ二九日の出頭を決めた。同時にヴェーバーはフライブルクに、いつ同地の決定は下るのかと催促の電報を打ち、またベルリンのエックはヴェーバーに、法学部は全員一致で彼の員外教授への昇任を了承しているが、その提案は文部省が行うのを待つと述べた。そうすれば先輩私講師たちが後輩の新米私講師ヴェーバーの昇任に異論を唱えることが出来なくなるだろうというのである。(395)

結局同年七月二九日の会談が行われたかどうかは不明であるが、今日史料的に確認できるのは、同年八月五日にアルトホフとヴェーバーとの間で決定的な話し合いが行われたということである。この会談のあとヴェーバーは、同日のうちにアルトホフに合意内容を確認する書簡を送った。その合意内容とは、第一にゴルトシュミットが一八九三年冬学期も休講の場合には、アルトホフはヴェーバーの員外教授昇任をベルリン大学法学部に提案すること、第二にヴェーバーはフライブルクからの招聘を断ることである。これに対しアルトホフは翌日の返書で、ヴェーバーは第二の点に拘束されることはなく、フライブルク行きは飽くまで自由であるということを強調した上で、アルトホフ自身は自分が提示した俸給や授業科目に関する約束は守ると述べた。結局プロイセン文部省の提案、ベルリン大学法学部の承認を経て、一八九三年一一月二五日に一〇月一日付けでのヴェーバーの員外教授昇任が発令された。だがヴェーバーは、ポーゼンでプロイセン軍の将校訓練に参加していた一八九四年四月三日、フライブルク大学から国民経済学正教授への招聘の連絡を受けた。ヴェーバーはアルトホフに書簡を送り、法学研究には自分の生涯の位置を見出せないと弁明した上で、フライブルクに赴く決意を表明した。これに対してアルトホフは、ヴェーバーの決定を複雑な気持ちで聴いたとしつつも、それを悪く取ることは出来ないし、フライブルクで過ごす数年はヴェーバーの学問的発展を促進することは疑いないとして、（「数年」経過後にプロイセンに取り戻す可能性を暗示しつつも）ヴェーバーの出国を承認したのだった。(396)

さて第四回大学教官大会でのヴェーバーは、大学側の意向に理解のあるバーデン大公国やザクセン王国の文部行政と対比して、大学運営への介入を厭わないプロイセン王国のそれを批判し、自分はバーデンに移って「清浄な空気のもとに来た」との感じを否めなかったと述べた。そもそもアルトホフは職務に忠実な文部官僚で、ピストルを胸に恫喝覚悟で大蔵大臣ミーケルから予算を奪い取るほどであり、自分自身もアルトホフから受けた親切には個人的に感謝している。けれども人事に関しては、アルトホフは自分が扱う人間を全てならず者か下品な我利我利亡者かのようにあしらい、どのような手段も厭わなかった。そう言ってヴェーバーは、自分のフライブルク行きをアルトホフが散々妨害したという例を挙げたのである。アルトホフの妨害工作は、ヴェーバーによれば四つの手法で行われたという。第一に、ヴェーバーはベルリンでの法律家としての将来を嘱望されているので、バーデンでの教職は踏み台に過ぎないという噂を流すというもの。第二に、プロイセン代議院予算委員会の国民自由党報告者であった父マックスに圧力を掛けるというもの（結果として父は報告者を辞任したとされる）。第三に、ヴェーバーにフライブルク招聘に関するバーデン文部省側の書簡を見せながら、お前はこんな「野郎」（Kerl）の招聘を受けてバーデンに行くのかと侮蔑的に問うというもの。第四に、自分がヴェーバーをベルリン大学商法員外教授に推挙する代わりに、ヴェーバーにも他大学からの招聘を拒絶する旨の誓約書を書かせるというものである。[397]

ヴェーバーの「アルトホフ体制」批判は、即座に反論の嵐に晒された。まずヴェーバー発言の直後、座席で聴いていたハノーファー工科大学（プロイセン）のある教官が、「清浄な空気のもとに来た」というヴェーバーのプロイセン文部行政批判の表現に苦言を呈し、その主張の検証可能性に疑問を呈した。[398] 次いで一九一一年一〇月一六日、バーデン大公国文部大臣フランツ・ベーム（一八六一年—一九一五年）は、一八九四年にベルリンのアルトホフがヴェーバーの誠実さを疑わせる噂をバーデンで流したというヴェーバーの主張は事実無根だとし、緊急に各紙で報道された発言の訂正をするようヴェーバー本人に要求した。ベームはヴェーバーのフライブルク赴任に関するアルトホフのバーデン文部省宛書簡（一八九四年二月一九日）を引用し、アルトホフが飽くまでヴェーバーを絶讃した上で、フライブルク行きに関する彼の自由な意志決定を尊重し、彼のベルリン大学員外教授への就任も、フライブルク行きを妨害するものではないと明言していた事実を指摘したのである。[399] こののちヴェーバーのドレスデン発言は数々の新聞で取り上げられ、大きな波紋を呼び起こすことになっていった。

こうした反論の続発を受けて、ヴェーバーはベームに繰り返し（多いときには一日に二度も）弁明書を書いた。ヴェーバーは一九一一年一〇月一七日の返書で、新聞報道ではアルトホフが自分の誠実さを疑わせる噂をバーデンで流したと自分が述べたことになっているが、自分が実際に言ったのは、バーデン側のヴェーバー赴任への疑問視をアルトホフがヴェーバーに伝え、プロイセンに慰留しようとしたということだとし、いつもながら不正確な新聞報道が余計な騒動を招いていると弁明した。加えてヴェーバーは、自分がそのような発言をした背景には、一九一一年八月ブレスラウ大学百周年記念式典での、プロイセン文部大臣アウグスト・フォン・トロット・ツー・ゾルツ（一八五五年—一九三八年）の発言があったのだとした。この式典でトロット・ツー・ゾルツは、文部行政は特定の潮流が大学を支配することがないようにすることで、大学における自由を護っているのだと述べていたのである。その上でヴェーバーは、「清浄な空気のもとに来た」という表現や、アルトホフの父マックスへの圧力の話は実際にドレスデンの大学教官大会でしたが、これは撤回することは出来ないと断言した。更にヴェーバーは、同年一〇月一九日のベーム宛書簡で、新聞報道の訂正が進まないことに苛立ちを表明すると同時に、話題を第四の誓約書問題に移した。ヴェーバーの経過説明は以下のようなものである。一八九三年八月五日の会談で、アルトホフは自分から、ヴェーバーの員外教授昇任の提案をベルリン大学法学部にするという約定を認め、封をしてヴェーバーに渡した。ところがヴェーバーが帰宅後開封して文面をよく見てみると、ヴェーバー側が他大学のあらゆる招請を拒絶する義務を負うという約定が付せられていた。これに激怒したヴェーバーは早速アルトホフに抗議すると、アルトホフは自分の約定を維持したまま、その付帯条項だけを撤回すると返答してきたという。今日残されている史料とは大きく食い違うこの説明のあと、ヴェーバーは会談でアルトホフが自分に示したバーデン文部省への侮蔑的態度の逸話を繰り返し、また「アルトホフ体制」一般の問題点を縷々展開して、自説の正しさを証明しようとしている。また同時にヴェーバーは、輿論に対しても自説の正しさを説くべく、『フランクフルト新聞』などで言論活動を展開している[400]。

こうした事件の経緯を踏まえて見えてくるのは、ヴェーバーの「アルトホフ体制」批判には不可解な点が目立つということである。ヴェーバーはアルトホフ個人から受けた親切には感謝すると明言しつつも、結果としてアルトホフ個人の行状について、次々と先走った批判を行い、強引に自己の「アルトホフ体制」像を構成していた可能性が高い。誓約書を巡るヴェーバーの説明は、やはり記憶違いとしか思えない。父マックスが予算委員会での報告者を辞任したという点も、大いに疑問の余地がある。というのも、実際には父マックスは死亡する一八九七年まで予算委員会に属し続け、しかもそもそもこの委員会で一度も「報告」したことがなかったのではないかという反論が、その後の研究で提起されているからである[401]。アルトホフがシュモラーと、ヴェーバーを中傷する噂をばら撒いたという説も、一体どのような情報源からのものかが判然とせず、一八九四年二月一九日のアルトホフ書簡などを考慮すると、ヴェーバーの言い分をそのまま事実とすることは難しい。そもそもベルリンとフライブルクとの二股状態を維持して、結局最大限の利益を引き出したのはヴェーバーであり、「ヴェーバー獲得」という「利益」のためにベルリンとカールスルーエとが熾烈な応酬をしたとしても、彼はそれを非難できる立場にはないはずである。恐らくヴェーバーは、すでに強い自負心を持ちつつもまだ将来への不安があった私講師時代、敏腕の高級官僚アルトホフに対面して、実際に彼から少なからず威圧感を感じたのであろう。その際、今日史料で辿りえないような無遠慮な言葉が、実際アルトホフの口から漏れたのかもしれない。当時のヴェーバーの不安感は、アルトホフを「老いぼれの化け物」と呼んだ当時の私簡からも窺えることである。アルトホフがいかにヴェーバーに好意を示したとしても、この官僚に支配されているという恐怖心を克服できなかったヴェーバーは、その死後に（特に反プロイセン官僚制的な自由主義陣営の）同世代人たちの証言などを総合して、「アルトホフ体制」という恐怖の体制の「理念型」を構築し、それに合うよう（恐らく無意識のうちに）事実を「整理」していったというのが、実際のところだったのではないだろうか。

第三節　アメリカ旅行による刺戟

一　初期ヴェーバーのアメリカ観

ヴェーバーがドイツ国民国家の人間的基礎を変革しようとする際に、決定的な役割を果たしたのがアングロ＝サクソン圏の存在である。特にアメリカ合衆国は、第一次世界戦争におけるヴェーバーが、ロシヤと並んで最も意識したドイツ国民国家にとっての深刻な脅威であった。その際ヴェーバーの判断材料となったのが、この一九〇四年のアメリカ旅行だったのである。従ってヴェーバーのアメリカ旅行を綿密に分析しないでは、後述する彼の戦時政治評論を理解することもまた不可能だと言って過言ではない。

ヴェーバーのフライブルク時代の同僚で、のちにハーヴァード大学教授となった心理学者フーゴー・ミュンスターベルク（一八六三年—一九一六年）[402]は、一九〇一年に刊行した最初の英語の著作『アメリカの特質——あるドイツ人の視点から』で、二〇世紀初頭に擡頭しつつあるアメリカ人とドイツ人とが、お互いを審美的、道義的に批判し合っていることを危惧している。アメリカ人はドイツ人を、自由を知らない反動的な国民であるとし、上には卑屈だが下には横柄で、憲法もない状況で偏狭な国民性を育んできたと見ている。これに対しドイツ人はアメリカ人を、貪欲で下品で、乱暴で腐敗した国民であると見ている。こういう戯画は、交通・通信手段が発達しても一向に解消されないどころか、寧ろ偏見が強化されている。このようにいがみ合いを続けているようでは、どれほど巧みに外交を行おうとも、いずれ正面対決は避けられない。より深い相互理解によって、お互いが内面において通じ合っていることを知り、そうした対決を回避しようというのが、ミュンスターベルクの意図であった。アメリカ在住のミュンスターベルクは、とりわけアメリカ国内で疎外されているドイツ人移民の状況を問題視していた(403)。

ヴェーバーのアメリカ人像も、その基本精神ではミュンスターベルクと相通じるものがあったが、若干異なる一面もあった。ヴェーバーもフェルディナント・キュルンベルガー（一八二一年—一八七九年）の小説『アメリカに飽きた男』(Der Amerikamüde) などを手掛かりに、ドイツ左派が「自由の国」と憧れるアメリカが、腐敗した資本主義の象徴としてドイツ国内でいかに揶揄されてきたかをよく知っていた(404)。その上でヴェーバーは、ドイツ人がアメリカの象徴として唾棄する資本主義の根源にある精神、つまり飽くなき合理化の精神が、実は禁欲的プロテスタンティズムから生まれたのだという歴史の逆説を立証しようとした。またヴェーバーは、ドイツ人が批判するアメリカ人の傲岸不遜さを、逆に自由闊達さと評価し、これをドイツ国民国家の人間的基礎を変革する上での模範にしようとした。けれどもヴェーバーには、同時にキュルンベルガー的なドイツ人のアメリカ人嫌悪に共感している一面もあり、これがヴェーバーのアメリカ評価を複雑なものにしていたのである。

ヴェーバーは元々、アングロ＝サクソン圏にきわめて近接した家庭環境で生育していた。ヴェーバー家は本拠をヴェストファーレンのビーレフェルトに置いていたが、その親類はイギリス、オランダなど西欧各地に分散して居住していた。また母ヘレーネの父の実家ファレンシュタイン家は、その一部（ヘレーネの異母兄弟）がアメリカ合衆国に移住していた。更にフランクフルトのユグノー商家であるヘレーネの母の実家スーシェ家は、その一部はイギリスに在住していた。父マックスは若い時代にアメリカ旅行をした経験があり、ヴェーバーが生誕したころにはエルフルトの市参事会員としてアメリカの鉄道会社「北太平洋鉄道」と関係を有し、一八八三年には再び渡米している。母ヘレーネはイダ・バウムガルテン、エミーリエ・ベネッケら姉妹と共に、結婚前からアメリカの自由主義的神学者ウィリアム・エラリー・チャニング（一七八〇年—一八四二年）、セオドア・パーカー（一八一〇年—一八六〇年）の著作を読み耽っていた。前述のように父のサロンに出入りしていた政治的論客で、ヴェーバーがその死を悼んだカップも、アメリカ亡命を経験したドイツ自由主義者の一人であった[405]。

ヴェーバーは一八八三年、八四年にシュトラスブルクのバウムガルテン家でアメリカ合衆国の宗教文化に密接に触れ、強烈な印象を受けていた。当時バウムガルテン家には、アメリカに渡った母ヘレーネの異母兄弟たちの娘、エミリー、ローラ姉妹が逗留していたのである。エミリーは周囲の反対を押して遙か年下の男性、バウムガルテン家の次男オットーと結婚するが、間もなく早世した。これに対しローラはアメリカ・プロテスタンティズムに心酔するイダ・バウムガルテンの後援を得て、シュトラスブルクのバウムガルテン家を精神的に支配していた。ヴェーバーはこのローラを狂信的なアメリカ・プロテスタンティズム——「キリスト教主義」——の体現者と見て違和感を表明していた。またこの姉妹のドイツ滞在を応援する伯母イダや、あるいはローラをシャルロッテンブルクに引き取ろうとする無邪気な母ヘレーネが熱心に勧めてくるチャニングについても、ヴェーバーはその高潔な道徳心に感服すると同時に、そこに偽善的な空虚さを感じてもいた[406]。

ヴェーバーは国民経済学者として活動を続けるうちに、アメリカ合衆国をドイツの競争相手として非常に強く意識するようにもなっていた。すでに学生組合論のところで見たように、ヴェーバーは次のように述べているのである。「「大学での」営みが今日常に伴っているような、濃密な労働に立ち向かうことを止めてしまったまま、我々が地球の偉大な労働民族に、特にアメリカ人に伍して大国として引き続きやっていくなどというのは、まことに疑わしいという他はない。」ここには、「偉大な労働民族」アメリカに対するヴェーバーの羨望と警戒とが、すでに表現されていると言える。

ちなみにヴェーバーはイギリスには早くから何度も足を運んで見聞を深めていたが、それほど強烈な印象を語った形跡はない。一八九三年九月にヴェーバーが妻マリアンネを伴って一箇月余りの新婚旅行に出掛けた際、行き先はロンドンとパリであり、旅先から母に送った書簡が残されている。[407] またフライブルク大学での正教授就任講演を済ませた一八九五年には、ヴェーバーが再び妻マリアンネとスコットランド、アイルランドに足を運び、途中でブルシェンシャフトの先輩ギールケに遭遇している。ただそこで展開されている紀行文に、他のヴェーバーの紀行文にはない特別の感興というものを感得することは出来ない。同じヨーロッパ内であるためか、「世界の工場」イギリスの圧倒的な工業力、世界の中心ロンドンの活気に対するヴェーバーの感激を、そうした紀行文に見付けることは出来ないのである。

二　アメリカ旅行の経過

ヴェーバーは一九〇四年、四十歳にして幸運にもこの新興国アメリカを実地検分する機会に恵まれた。元来ヴェーバーは、一八九二年一一月にゲーレとシカゴへ旅行する計画を立てていたが、マリアンネとの結婚、フライブルクへの転職などが重なり、実現しないままに終っていた。[408] そののちアメリカ行きの機会を逸してきたヴェーバーだったが、遂に一九〇四年、セントルイス万国博覧会を契機に開催される国際学術会議に招待され、長年の課題を果したのである。ヴェーバーたちを招待したのは、米独和解に奔走していたミュンスターベルクであった。またアングロ＝サクソン圏に近接した家庭に生育したヴェーバーにとって、この旅行は一族の痕跡を辿るという意味をも有していた。加えてヴェーバーは、すでに執筆作業が進んでいた論文「プロテスタンティズムの倫理と資本主義の「精神」」の推敲のために、一九〇四年三月八日の時点でイギリス、アメリカ合衆国に取材旅行に行くことを計画しているとも述べている。[409] それではここでヴェーバーの旅程を、時系列的に分析していくことにしよう。

一九〇四年八月二一日、ヴェーバー夫妻はエルンスト・トレルチュ（一八六五年―一九二三年）と共にハンブルクから出航し、一世一代の大旅行に向けて一歩を踏み出した。マリアンネによると、ヴェーバーは伸び伸びとした船旅で珍しく充分に睡眠を取ることが出来、船酔いにもならずに「陽気な大食漢」ぶりを発揮したので、体重が増加してしまうのではないかと妻を心配させたという。夕食を平らげたヴェーバーは、喫煙室での「親切な政府顧問官」や「何人かの上級技術者」との歓談に興じ、社会政策について明快に説明して「生来の教師」の面目躍如たるところを見せたと言われる。[410] もっともヴェーバーと同じ船舶でニューヨークに向かったのは、優雅に船旅を楽しむ一等船室の乗客ばかりではない。同じ汽船の三等船室には、新天地での再起を夢見る着のみ着のままの移民たちが溢れていた。その存在を少なくとも妻のマリアンネは大いに意識しており、強い違和感を懐いていた。「最下等の客室にいる乗客のことを考えると、それが頭の中だけのことでも、本当にしばしば食欲が失せてしまいます。千百人の乗客がいるのですが、このうち五百人はロシヤ系及びポーランド系のユダヤ人で、彼らはまさに信じられないくらいひどい状態にあるのです。特に女性たちがひどい状況で、ここで見る他のどんなものよりも惨めで汚らしく見えます。[411]」

九月一日の早朝、ヴェーバーは摩天楼や自由の女神像を横目に無事ニューヨーク港に到着し、溢れんばかりの好奇心のために異常な感激ぶりを示した。[412] 到着早々ヴェーバーは上陸・関税手続に痺れを切らし、同乗者に配慮せず一人で先に行ってしまったという。マリアンネはこの時のヴェーバーの様子を、解放されて空高く舞い上がった鷲に喩えている。ヴェーバーたちは入港後、早速「不遜なほど高い高層住宅が密集し、この国の「資本主義の精神」を最も印象的に象徴しているマンハッタン島」（マリアンネ）の商業地域にある二十階建のホテルに宿を定めた。[413] 周囲には三十階建の建造物もあり、地味な客室の窓から覗くと通りが遥か下に見える。ドイツ人旅行者は大抵こうした新世界の殺伐とした風景に馴染むことが出来ず、ヴェーバーに同行したマリアンネやトレルチュも強い違和感を懐いた。特にマリアンネは、安らぎの場である小さなゴシック教会が、ビルの谷間に埋もれて天上への道を奪われていると批判し、アメリカの世俗主義的・物質主義的な生活様式を「資本主義の精神」（„der kapitalistische Geist"）と呼んで軽蔑している。ところがこれに対して、ヴェーバーの態度は全く異なっていた。ヴェーバーは神経症発病後かつてないほど元気になり、ドイツ人同行者たちの不平不満ぶりに憤慨しつつ、ニューヨークで目にする目新しいもの——自由の女神、ブルックリン・ブリッジ、ブルックリン墓地、満員の通勤電車――に強い関心を示した。ヴェーバーは「摩天楼」についても美醜の彼岸にあるものとして受け止め、その観察態度はマリアンネの酷評と好対照を為している。(414)

ニューヨーク滞在を数日で切り上げたヴェーバー一行は、森林に覆われたハドソン川の岸に沿って西進し、一九〇四年九月八日前後にナイアガラ瀑布《ばくふ》に到達した。ヴェーバーはここで壮大な自然の美に目を見張りつつも、寧ろその前々日に訪れた小工業都市ノーストナワンダに思いを馳せていた。(415) この小都市で、ヴェーバーはアメリカの一般庶民の日常生活を実地検分することとなったのである。そこでヴェーバーの興味を惹いたのは、質素ながら趣味のよい住居に住んでいる人々の殊勝な生活ぶりであった。日々の生活に奮闘しつつも精神的活気を喪失しないという人々に、ヴェーバーは目を見張ったのである。(416)

ヴェーバーのアメリカ旅行の次の見学先は、ミシガン湖畔の大都市シカゴ（イリノイ州）であった。ヴェーバーはシカゴを「最も信じ難い町の一つ」と呼んでいるが、それはロンドンよりも大きなこの強烈な町に様々な要素が雑然と共存しているように見えたからである。美しい石造の高級住宅街、道路も舗装されていない木造の住宅街、中国人の酒場、ギリシャ語やポーランド語のポスター、ドイツ系のビヤホール、ストライキを行うイタリア人と黒人、道路掃除をするギリシャ人、靴磨きをするヤンキー、シャイロックに勝訴させる『ベニスの商人』を上演するドイツ系ユダヤ人の劇場、しばしば発生する流血事件、ショーウィンドウに座っている娼婦、牛や豚が機械的に処理されていく屠殺場といったシカゴの様々な表情に驚嘆しつつ、ヴェーバーは「見てご覧、これが近代の現実というものだよ。」と呟いたと言われる。(417)

しかし「近代」は、ヴェーバーにその猥雑な側面のみを見せ付けたわけではなかった。ヴェーバーは他ならぬこのシカゴで、最初にアメリカ・プロテスタンティズムの精神性に触れたのである。ルター派、長老派、「倫理的文化」派、クリスチャン・サイエンス、メソジストといった宗派が軒を連ねる様子を、ヴェーバーは興味深そうに観察している。ヴェーバーのアメリカ・プロテスタンティズムへの情熱は、彼がのちにフィラデルフィアでクウェイカーの儀式を見学したときの描写にも現れている。「この静寂――全く装飾のない部屋の中で――祭壇などが一切ないのです――ただ暖爐のパチパチという音と控え目な咳（寒かったのです）だけが響いていました。最後に「精霊が促した」誰かが起立して好きなことを話します。大抵の場合これは「長老」の一人ですが、この「長老」というのは信仰団によって決められていて——少し高いところに椅子に座っており、男女同数です。我々は女性を期待していたのですが——老練なクウェイカーの女性は最高の弁舌家だそうですから——このときは残念ながらコレッジの図書館員で、有能ではあるがかなり退屈な文献学者でした。初めはかなり退屈なのですが、やがてかなりよい感じになり、新約聖書がキリスト教徒に与える様々な名義の実践志向の解釈を述べるよう、聖霊が彼を促すのです。しかも慎重に準備して。それから再び長い沈黙があり、他の長老による即興の祈りがあり——長い沈黙があって——解散になります。讃美歌やオルガンには縁がありません。[418]」教会の儀式趣味を攻撃する文化的プロテスタンティズムの論客ヴェーバーが、儀式性を排除したアメリカ・プロテスタンティズムの集会に興味を示したのは自然な成り行きであった。

シカゴ郊外にある清教徒のゼクテ（Sekte）、つまり有志による自発的宗教団体が創立したコレッジを見学したとき、ヴェーバーはアメリカ合衆国の潜在力が一体どこにあるかが、遂に分かったように思われた。「青年時代の思い出のあらゆる魔力は、ただこの時期にのみあるのです。集団でのスポーツ、好感の持てる社交術、無限の精神的刺戟、永続する友情がその成果です。そして特に労働に習熟していくということに関しては、我々の学生よりも遥かによく教育されていきます。[419]」このようにヴェーバーは、アメリカ青年の自由闊達な気風がアメリカ・プロテスタンティズムの教育によって育成されているという印象を懐くに到ったのである。ドイツの学生組合に対する後半生のヴェーバーの批判的姿勢の背景に、このようなアメリカ・プロテスタンティズム体験があったことは言うまでもない。のち一九〇四年一〇月二六日にフィラデルフィアでクウェイカー設立のハヴァーフォード・コレッジを訪問したときにも、[420]ヴェーバーはそうした印象を強化している。「これらクウェイカーも、ユニテリアンではないという意味で「正統派」であるに過ぎません。他の古い習慣は全て消滅してしまっています。彼らのクリケット・チームはこの国で最も優秀なものとされており、若造たちは暴れ者ばかりです。[421]」常日頃からスポーツで心身の鍛錬をしているアメリカ人たちが、見事に武装してすでに疲弊しているドイツ軍兵士を襲撃してきたら一体どういうことになるのだろうか——一九一六年にアメリカ合衆国との開戦の危機が迫ったとき、ヴェーバーはドイツ帝国の指導者たちにこう警告することになるのだが、その背後には彼のアメリカ体験があったのである。

こうしたアメリカ・プロテスタンティズムの精神性に素直に感動していただけに、ヴェーバーはそれがアメリカにおいてさえ一部で形骸化しつつあるという現実に愕然とすることもあった。「シカゴのノースウェスタン大学（これはメソジストの創建で、もう一つの大きなロックフェラー創建の大学はバプティストで、同じ町で両者が競合しているのです！）の大学憲章に、次のようにあるのを見ると信じられないような思いに駆られます。学生は毎日行われる礼拝のうち、五分の三に参加しなければなりません。そうでなければ礼拝三時間に付き講義一時間多く聴講しなければならなくなります。もし学生が要求されている以上の「礼拝参加実績」(!!) を挙げると、次の学年でその分が評価され、その分だけ「出席」が少なくて済みます。「礼拝参加実績」が不充分であると、二年後には退学となります。その際の「礼拝」というのがまた奇妙なものです。例えばハルナックの教義史についての講演が時折その代替になったりします。礼拝の最後には次回のフットボール、野球、クリケットの時刻を通知されます——かつてドイツの村々で収穫作業が予告されたような具合です。何もかもが粗雑で混乱しています——その無頓着さがどれほど甚だしいのかは、いまのところはまだ判断するのが困難ですが。そういった無頓着さが——特にドイツ人によって——増大したのはかなり確実です。しかし教会共同体の権力は、我々のプロテスタンティズムと比較して依然として絶大なものがあります。[422]」ここでヴェーバーは、シカゴ大学で礼拝への参加実績が学業単位と互換性を有しているという事実に慨嘆し、また礼拝とハルナックの教義史研究とが混同されているという事態に眉を顰《ひそ》めている。しかしヴェーバーはそうしたアメリカ・プロテスタンティズムの形骸化を、アングロ＝サクソン人の責任ではなく、あとから流入したドイツ人の責任だと見ているのである。

シカゴをあとにしたヴェーバー一行は、いよいよ万国博覧会の開催地セントルイス（ミズーリ州）に入った。このセントルイス万国博覧会は一九〇四年四月三〇日から一二月一日まで開催されていたので、会期も後半に入ったころにヴェーバー一行が登場したということになる。これまでの旅路で異郷アメリカを深く理解しようとしてきたヴェーバーであったが、ここセントルイスではヴェストファーレン出身の「セルフ・メイド・マン」、A・ゲーナー一家の歓待を喜び、万国博覧会の「ドイツ館」の展示に満足するなど、ドイツ的なものに特に関心を示すようになっていた。ただヴェーバーがアメリカにおけるドイツ的なものに興味を惹かれたのは、ここセントルイスが初めてではない。ヴェーバーはすでにニューヨークで、コロンビア大学のドイツ学者「ハーヴェイ教授」を訪問し、彼の一家が「「ドイツ的」風習」を愛好し、またこの「ハーヴェイ」を中心にアメリカの大学人たちがドイツの学生文化（宴会、決闘、ビール、合唱）を熱心に受容しようとしている様子に興味を示していた。更にヴェーバーは、ドイツ系のホテルに宿泊し、ドイツ式教育の大学を見学し、ドイツ系移民がアメリカ社会で甘受する低い地位や、彼らのビール愛飲の習慣への評判を気にしていた。[423] ただ世界中の国民が競演するセントルイスに到着して、ヴェーバーはより一層ドイツ人としての矜持に目覚めたようである。ヴェーバーは万国博覧会という諸国民の闘技場で、祖国ドイツがまずまずの健闘ぶりを見せているのに満足した。[424]「ドイツ人の工芸品はどれも美しく、そしてとても見事に一つの全体像の中に統合されているので、他の国民はどれも遙かに後塵を拝しているという状況です。このことはあらゆる方面からも自発的に承認されています。」[425]

ヴェーバーがこのセントルイスで行った講演も、いわばドイツ帝国からの「出展品」の一つであった。この万国博覧会の開催に当っては、百五十人の外国人学者に招待状が送付され、百十七人が受諾を表明していた。このうち最大派閥は当時の学術先進国ドイツからの代表団で、ヴェーバー以外にもトレルチュ、ハルナック、テンニース、ゾンバルト、そしてカール・ランプレヒト（一八五六年—一九一五年）、ヴィルヘルム・オストヴァルト（一八五三年—一九三二年）など三十二人が参加していた（ちなみにイギリスからは二十一人、ハプスブルク帝国からは十人、日本からは四人（穂積陳重（一八五五年—一九二六年）など）、ロシヤからは一人であった。）。ヴェーバーの講演は一九〇四年九月二一日、午後三時にドイツ語で行われている。[426]

ヴェーバーのセントルイス講演は、彼の一八九〇年代のドイツ東部農業経済論をもとにしているが、そこにはアメリカ合衆国の聴衆を意識したヴェーバーの強烈なドイツ人意識が込められていた。その一つはドイツ君主制の擁護であるが、これについては後述することにしよう。ここで注目するのはもう一つの点、すなわち政治評論家ヴェーバーの十八番であるポーランド人農業労働者論と、アメリカの移民問題との関連付けについてである。「ドイツに関して言うと、ドイツ南西部は農村の社会形成においてはフランスと類似しています。これに対して東部においては発展傾向の結果、イギリス的な状況へ幾分なりとも接近し始めています。しかし一般的に言ってイギリスのような集約的な牧畜は、ドイツ東部では気候の関係で出来ないのです。従って資本は農業に最も適した土地だけを集積することになります。しかしイギリスでは農業に向かない地域は羊のための牧草地として耕作されずに抛《ほう》っておかれるのに対し、ドイツ東部ではそういうところに小農民が入植してくるのです。この過程は、ドイツ人とスラヴ人という二つの民族が経済的に闘うという独特な有様を示すわけです。ドイツ人より要求の少ないポーランド人の農民は、勝利を収めるだろうと思われます。かくして状況の圧力のもとで、質素なスラヴ人の小農民はドイツ人から土地を獲得する一方で、より古く、より高い文化の優越性による中世の文化の東方への進出は、「安い働き手」の資本主義的原則が支配する中で、完全に逆転してしまったのです。合衆国もまた将来似たような問題と格闘することになるのかは、誰にも予言できません。穀倉地帯の州における農業経営の減少は、現在のところ経営の集約化と労働の分配とによるものです。しかし黒人の農場の数もまた増加しており、農村から都市への移動も同様に増加しています。それゆえもし農村地域のアングロ＝サクソン＝ドイツ人の入植地の膨張力が衰え始め、更に古い現地生まれの住民の子供の数が頭打ちになると、そして同時に東欧からの文明化されていない連中が大量にやってくるようになると、ここ合衆国でもドイツと同じように、この国の歴史的に伝達されてきた文化には同化されえない農村住民が、急激に増加するかもしれないということなのです。このような農村住民は合衆国の水準を永遠に変化させ、徐々にアングロ＝サクソン精神の偉大な創造物とは全く別な類型の共同体を形成することでしょう。[427]」ここで注目するべきは、ヴェーバーが「アングロ＝サクソン」、「ドイツ人」、「黒人」、「スラヴ人」、「東欧からの文明化されていない連中」をどのように位置付けているかである。ヴェーバーは「アングロ＝サクソン」

及び「ドイツ人」を同じく「文化」水準の高い集団と看做し、両者の間に上下の区別を認めない。当時のアメリカで「後進的」集団としてのドイツ人移民の排斥運動が猛威を振っていたことを想起すれば、これはドイツ人ヴェーバーの「アングロ＝サクソン」への挑戦とも解釈できるものである。と同時にヴェーバーは、アメリカにおける「黒人」や「東欧からの文明化されていない連中」の拡大と、ドイツにおける「スラヴ人」の拡大とを、同じように高等な「文化」水準を有する共同体を危機に晒す現象と見て警鐘を鳴らしている。ヴェーバーはかつてフライブルク講演（一八九五年）で次のような命題を提示していた。「低い発展度合の類型の人間たちが勝利し、これに対して精神、情操の営みの絢爛たる繁栄が、それを担う人間社会が――いわばその社会組織や人種的資質ゆえに――勝利者である低い人間たちの生活条件に適応できないために絶滅してしまうという事態を、人類の歴史は経験してきたのです。[428]」「悪貨」による「良貨」の駆逐を懸念する一八九五年のヴェーバーの切なる思いは、ここ一九〇四年のセントルイスでも同じだったと言えるだろう。

九月中旬にセントルイス滞在を終えたヴェーバーは、続いて南部に向けて出発した。この南部旅行は元来アメリカに移住した母ヘレーネの異母兄弟の子孫たちを訪問するためのものだったが、結果的にはヴェーバーがアメリカの民族問題に理解を深める契機ともなった。まずヴェーバーは、オクラホマ州のインディアン保留地マスコジーでアメリカ・インディアンとの接触を果たした。ここでヴェーバーは、父親がチェロキー族の一員で、母親がヴァージニア州出身の白人であるという混血インディアン男性の私邸に宿泊し、インディアンの生活ぶりについて事情聴取をする機会に恵まれたのだった。ちなみにチェロキー族とは、アメリカ・インディアンの中でもとりわけ白人入植者との交流にも積極的だった部族である。[429]「今日私はインディアンたちが集団でカネを受け取りに来るのを見ました――純血の連中は表情に独特の疲労したところがあって、まさしく没落する一方です。他の連中の中には知的な面構《つらがまえ》のものも見受けられます。装束はほぼいつもヨーロッパ風です。私は実にさまざまな人々から、他にも面白いことを非常に多く聞きました。私を歓待してくれた友人はチェロキー族に属していますが、［社会科学・社会政策］雑誌で合衆国の最近のインディアン政策について斬って捨てることになっています。それについて語るとき、彼の目は輝いていました。[430]」ヴェーバーはこの書箇で、「純血の連中」には冷淡なものの、「知的な面構」のインディアンには明確に好意を示している。それどころかヴェーバーはこの混血インディアン男性に、自分の編集する『社会科学・社会政策雑誌』でアメリカのインディアン政策を告発する機会まで提供したのだった。

　このあとヴェーバーはカナディアン・リヴァー（ミシシッピー川の支流）畔のフォート・ギブソン（オクラホマ州）で、彼がのちにドイツ青年の新しい精神的陶冶の場として期待することになる、アメリカの「クラブ」を実地検分した。「フォート・ギブソン、つまりクラブ・ハウスは、森の中の魅力的なところです。グランド・リヴァーをかなり遡った地点にあります。クラブ・ハウスは、この種のものがみなそうであるように、我々ドイツ人が知らないある種の心地よさが支配しているところです。「ベッシー小母さん」、「トム小父さん」という二人の大変高齢な黒人が召使として雇用されています。燃えるような夏の灼熱の中で、夜に生のトマト、ハム、卵、天然の蜂蜜、牛乳といった簡単なカントリー・ディナーを摂りにきた人々のためのベッドがあり、そしてとりわけほぼいつも陽気な仲間たちがいます。クラブは——党派の区別なく——あらゆる職業に属する四十人ほどの人々からなり、バロタージュ［白黒の玉による秘密投票］で欠員を補充し、会員は一人当り凡そ七十五ドル（三百十マルク）の年会費を納入します。この会費を納入すると、クラブが居酒屋、パブ、社交場の代わりになります（それは紳士たちの場合で、淑女たちには彼女たち向けのレセプションがあります）。クラブは参加者全員が社会的に排他的な組織に属していることの表現ですから、矜持の対象になっています。クラブというのは、シュンポシオンを米語に翻訳したものです。というのもシュンポシオンとは、まさに娯楽や冗談を涵養するものだからです。場合によってはスポーツもですが、グランド・リヴァー沿いでは機会がありませんし、スポーツのためには他に団体が存在しているのです[431]。」

　フランス領時代の名残を期待して訪れたニューオリンズ（ルイジアナ州）で猛暑に辟易したヴェーバー一行は、北上して黒人教師ブッカー・T・ワシントン（一八五六年—一九一五年）の「タスキーギ黒人尋常学校[432]」を見学するために、一九〇四年一〇月一〇日前後に小都市タスキーギ（アラバマ州）で数日を過ごした。ヴェーバーはここで黒人問題に強い関心を有し、熱心に見聞した成果を記録している。「タスキーギでは、誰も精神労働にだけ従事することは許されません。目的とされているのは農民の鍛錬で、「土地の征服」というのが公言された理想です。教師や生徒は、異常なまでに高揚した感激に包まれています。多くの半黒人、四分の一黒人、百分の一黒人は、法律上は白人との結婚を禁止され、実際にはあらゆる交流を禁止され、（ノックスヴィルでのように）専用の車輛、待合室、ホテル、公園を指定されていますが、それでいて非アメリカ人には白人と見分けが付かないのです。でもタスキーギは、唯一社会的に自由な空気が楽しめるところとなっています。コットン・ベルトの大農園や黒人小屋で目にする半猿どもとの違いは恐るべきものですが、南部白人の精神的状態も表面には人間的魅力があるだけにぞっとするものがあります。ブッカー・ワシントンと彼の業績については、誰もがまちまちなことを口にします。農場主からその「手足」を奪うようなあらゆる黒人教育に反対だという意見もあれば、彼はワシントン、ジェファーソン以外では最も偉大なアメリカ人だというような見解も、南部の白人の間では稀ではありません――けれども人々の意見が例外なく一致するのは、「社会的平等」、「社会的交流」などというものは不可能だという点です。それも教養がありしばしば九割方白人と言えるような黒人上層との間ででも無理、というか寧ろ特に彼らとの間で無理だというのです。そこで白人は、この「人種保護」のためだとされる隔離によって活気を失い、南部で見出される唯一の感激は黒人、つまりその上層のものだという状況が生じています――白人の間では闇雲で放埒なヤンキーへの憎悪が煮え滾《たぎ》っています。」[433] こうした記述にも滲み出ているように、ヴェーバーは黒人の「文化」水準を向上させようとするワシントンの試みに共感する立場に立っていた。その意味でヴェーバーは黒人を、単に黒人であるというだけでは一律に排除しない寛容さを持ち合わせていたと言える。更にヴェーバーは南部における黒人の覚醒ぶりと、白人の沈滞ぶりとを鋭く指摘している。ただ見逃せないのは、ヴェーバーが黒人一般に無条件に同情するという逆差別にも加担していなかったということである。ヴェーバーの評価した黒人とは、ワシントンの施設で教育を受けたような「上層」のものだけであって、大農場で労働しているような「半猿ども」（Halbaffen）は、彼にとってもやはり論外なのだった。ここにはかつてポーランド人農業労働者問題でヴェーバーが見せた、「文化」水準の低い人間に対する彼の峻厳さが再び顔を覗かせている。更にここで看過できないのは、ヴェーバーが（ワシントンが教育によって救済しようとしていた）黒人そのものというよりも、寧ろ白人と黒人との混血者（とりわけ白人の割合の大きいもの）に顕著に共感を寄せているということである。これはのちに触れる一九一〇年のヴェーバーの人種論を考察する際に、再び想起しなければならない点である。[434]

このタスキーギでファレンシュタイン家の末裔との出会いを果たしたヴェーバー一行は、彼らの案内でメソジストの説教、バプティストの洗礼を参観し、アメリカ・プロテスタンティズムへの理解を深めた。「日曜日の朝早く、ジェイムズ、フランク、ベッティと教会に行きました。若いメソジストの説教師が昼にジェイムズのところに来て、教会には何の縁もないジェフやその家族もそこに居合わせました。午後はみなであるバプティストの洗礼に行きました。八人が洗礼に参加するところで、女性三人、そろそろ成人するもの数人、男性二人が野天で、山から流れてくる小川の氷のように冷たい水に浸されました——これが厳格なバプティストの教義による唯一有効な洗礼の方法なのです。説教師は黒服に身を包み腰まで水に浸かって立ち、最高の「ドレス」を着た受洗者が順々に小川に入り、説教師に手を差し出して——それぞれの誓約を述べたのちにがっくりと膝を折ってかがみ込み、顔が水面の下に隠れるまで仰向けになり、ハアハア言いながら水から出て陸に上がって「祝福され」、ずぶぬれのまま帰宅するか、家が遠いときは木造のあばら家で着替えをします。彼らは冬のさなかにもこれを行い、そのために氷を割ったりします——「信仰」のお陰で風邪は引かないのだと、ジェイムズは考えていました。この種のことをナンセンスだと思っているジェフが語ってくれたのですが、ある人に尋ねたそうです。「すごく寒くない、ベン？」——回答はこうでした。「すごく熱いところ（勿論地獄のことです）のことを考えていて、冷たい水のことは気にしていませんでした。」ベティは熱心に教会に通っており、「かつて彼の母がそうだったのとほとんど同じくらい狂信的」だとジェフは考えています。ジェフも他のものみなと同様、絵画の中の僧侶のような顔をしていたという母の恐ろしい厳格さに辟易して、教会と完全に縁を切ったのだと言います。——ちなみに教会通いは退潮気味だと言います。つまり若い説教師が認めているように、古いメソジストのリヴァイヴァルとクラス・ミーティング（隣人サークルで全ての個人が毎週懺悔するというもの）は衰退してしまったということです。――説教は質が高く、まさしく実践的で、非常に興奮した調子で語られ、「覚醒した」と感じたものが前に出て祭壇に跪《ひざまず》きます。一人の老農夫がみなのために、大声で情熱的に祈りました――しかしけたたましい声で何とも言えずものすごい歌を口ずさむので、いつも我々が納屋にいるのだということを思い出してしまいます。勿論祭服の類は全くなく、牧師は［……］ジャケットを着てまさしく政治演説でもするかのように話し、「祭壇」（机）の上には彼のフェルト帽が置いてあります。(435)」

ヴェーバーはフォート・ギブソンで初めて見学したアメリカの「クラブ」に、ここタスキーギで再び言及することになった。フォート・ギブソンの「クラブ」は宗教とは無関係の同好会に過ぎなかったが、このタスキーギの「クラブ」（あるいは「組合」）を見学する中で、ヴェーバーはそれが解体しつつあるゼクテを代替する存在になっているという感触を得ることになる。「これらゼクテの古い社会的機能も弱まっています。確かに牧師も含めて、あらゆる成員は「兄弟」として紹介されますが、ジェイムズはある「組合」[„Orden"]に所属しており、この組合への所属によって大抵の場合世間の信頼が得られるという状況になっています。これに入会するためには五人の会員の提案でバロタージュが行われ、素行が悪くなれば除名されるということになっています。この組合は疾病・死亡・寡婦保険を運営していて、自分には原因がないのに経済的困難に直面してしまったときに信用供与によって相互に扶助し合う義務を会員に課しています――理由なくこの扶助を拒否すると、除名をもって罰せられることになるのです。これはかつてアメリカのゼクテの世俗における最も重要な機能であり、最も強力な梃子《てこ》でした。(436)」

ヴェーバー一行はそののちアメリカ東部に戻り、アシュヴィル（一九〇四年一〇月一三日前後）、ワシントン（一〇月一九日前後）、フィラデルフィア（一〇月二七日前後）、ボストン（一一月二日前後）と旅行を進めた。二箇月に及ぶ異郷見物にすでに食傷気味であったマリアンネとは違い、ヴェーバーの好奇心は相変わらず衰えを知らなかったという。首都ワシントンでヴェーバーたちは「一九番街の優美なバプティスト教会――黒人の教会、つまり繊細な黒人世界の教会」

の礼拝を参観する。ヴェーバーはこれに強い感銘を受け、アメリカ黒人にも高度に洗練された人々がいるという認識を強く懐いたのだった。「正絹の服に身を包み、とても優美な黒人の淑女たち、洗練された聡明そうな黒人やムラートの顔がそこにはありました。説教師は旅行中で、一人の信徒と、それから外から来た客人がその代理を務めていました。説教が徐々に迫力を増し、最後には情熱が迸《ほとばし》るようになって、鈍い呻き声が始まる様子は不気味です。初めは胃がゴロゴロなる音を思わせるような不可解な声ですが、のちには一種の囁くような声になります。どの文章も最後の単語をまずは静かに、それから叫ぶような声で繰り返し、説教師の合図で「イエス、イエス！」あるいは「ノー、ノー！」と言います――この説教師はマウント・エアリーの若いメソジストよりも情熱的だとは言えませんが、シュテッカーと比べてもそれほど見劣りがしません。繰り返しになりますが、この礼拝はやはりひどく不気味です。そのとき我々が座っているところの後ろには、四分の一黒人が微笑み、ムラートの女の子がくすくす笑っていました――我々は黒人層を一括りに観念しがちですが、実は内部にこれだけの差異があるのですね！(437)」ここでヴェーバーは、アメリカ・プロテスタンティズムへの理解をまた一歩深めると同時に、一定の「文化」水準を備えた上層黒人への敬意をも深めたのであった。

ボストンでハーヴァード大学を見学したヴェーバーは、ここで再びアメリカ社会のスポーツへの情熱に関心を示した。

ボストンでヴェーバーは、日露戦争やアメリカ大統領選挙よりもハーヴァード大学対ペンシルヴァニア大学のフットボールの試合に熱狂するボストンの人々に強い印象を懐いている。「そのときに勝利した方から雷鳴のような歌声が――というのもボストン中の人々、そしてフィラデルフィアのかなりの部分の人々がいるものですから――試合のあとにはいつも鳴り響き、シティー・ホール及び全市が旗で一杯になり、ハーヴァードが負けると深い憂鬱に襲われるという具合です。(438)」ヴェーバーはアメリカ滞在中、この社会におけるスポーツの役割に強い関心を示しているが、ここボストンでの全市を挙げての熱狂ぶりは殊に印象的であったようである。

アメリカ周遊旅行を終えたヴェーバーは、再びニューヨークに戻ってきた。ニューヨークに着いたヴェーバーが真先にしたのは、クリスティアン・サイエンスの「サーヴィス」の見学であった。ここでもまた、ヴェーバーは脱魔術化した「礼拝」光景に目を奪われることになる。同じころ、マリアンネは別な教会で長老派の礼拝を見学していた。更にヴェーバー夫妻は、ニューヨークで大きな役割を果たしていた「倫理的文化協会」で、ドイツ人「アドラー博士」なる人物の講演にも足を運んでいる。「倫理的文化」は政治評論家ヴェーバーが批判した「心情倫理」の代表例であり、どのような経緯で彼がこの講演を聴きに行ったのかは不明であるが、ヴェーバー自身はこの講演に全く言及しておらず、マリアンネのみがその様子を伝えている。[439]

ヴェーバーは二度目のニューヨークで、全国消費者連盟の初代事務総長フロレンス・ケリー（一八五九年―一九三二年）に出会った。ケリーは、マルクスやエンゲルスの著作を英訳するほどの筋金入りの社会主義者である。一八八二年にコーネル大学を卒業後、ケリーはペンシルヴァニア大学大学院で法学を志すが、女性に門戸が開かれていなかったためにツューリヒ大学への留学を余儀なくされた。のちにローザ・ルクセンブルク（一八七一年―一九一九年）も学ぶことになるこのツューリヒ大学には、当時政治的亡命者が多く集結しており、ケリーもここで社会主義に感化されたほか、ポーランド系ロシヤ人との結婚、出産、離婚を経験している。ケリーは帰国後ニューヨークでセツルメント・ハウスを営み、多くの女性改革運動家たちと共闘して女性独自の観点に立った労働者保護の運動に乗り出していた。[440] ケリーはヴェーバーに、各州の地域主義に由来する社会立法の遅滞、労働組合幹部の腐敗、女性保護法制の不備など、アメリカ社会の負の側面を多く語った。ヴェーバーはケリーを「情熱的な社会主義を懐く素晴らしい女性」であると絶讃して、悪条件の中で格闘する彼女に――ほぼ一年後にロシヤ自由主義者に懐くのと同様な――篤い共感を懐いたのであった。[441]

ニューヨークで、ヴェーバーはユダヤ人街にも足を運んでいる。ヴェーバーは、ここでユダヤ人が強力な教育施設を作り上げ、後進をアメリカ人ジェントルマンに育成していることに強い印象を受けたと言われる。ニューヨークでの、そしてアメリカ合衆国での最後の夜、ヴェーバーはイディッシュ語の劇場を訪れ、「崩れたドイツ語にヘブライ語やロシヤ語の交じった」芝居『真の力』(Die emtje Kraft) を観劇し、帰宿は午前一時半にもなったという。[442] ヴェーバーのユダヤ人街訪問については、再論することにしよう。

二箇月余りに及ぶ旅行を終えて、ヴェーバーはアメリカ合衆国について次のような総括をしている。「[ケリーが指摘したような負の側面はあるけれども]それでもそれは素晴らしい人民です。ただ黒人の問題や、忌々しい移民流入の問題が大きな暗雲となって垂れ込めてはいますが。[443]」「クラブや組合の猛烈な増加は、ここでは崩壊しつつあるゼクテ組織を代替するものとなっているのです。ほとんどどの農民も、中・下級の商人も、彼らの「バッジ」をボタンの穴のところに付けており、あたかもフランス人が赤いリボンを付けているような具合です。そうするのはともかく虚栄のためというわけではありません。その性格及び素行を調査した――思わず我が国の予備役将校採用時の調査を想起してしまいますが――特定の人間集団によって、その人物がバロタージュを通してジェントルマンとして承認され加入を許可されたことを、そうしたバッジが即座に証明するものであるからこそ、彼らはそれを身に着けているのです。まさしく同じことを、かつてのゼクテ（バプティスト、クウェイカー、メソジストなど）は百五十年前に「推薦状」によって実施していました。この「推薦状」を、自分の所属する共同体から授与されて外部の「兄弟」に提示したのです。[444]」「勿論この旅行の「学問的」成果が、私にとって費用に見合うものであったなどと主張することは出来ません。私は我々の雑誌のために大変な数の興味深い執筆者を獲得しました。以前とは全く異なり、私は合衆国の統計の数字や政府の報告書を理解することが出来ますし、それこそ黒人文学やその類のもの、あるいは他の幾つかの小さな話題についての批評を恐らく書くことでしょう――しかし私の文化史的研究のためには多くは見学しませんでした。見学したところと言えば、私が見なければならないものがあるところ、特に私が利用する必要があった、小さなゼクテやコレッジなど国中に散在する図書館です――このような状況においては、この旅行は（我々のいまの状況では）学問的地平を拡大したという一般的な（そして健康上の）観点でのみ意味があったと言えることになるでしょう。[445]」

一九〇四年年末にアメリカ旅行から帰国すると、ヴェーバーの体調は却って悪化した。マリアンネは、ヴェーバーがアメリカの喧騒よりもハイデルベルクでの均衡の取れた生活の方に耐えられないというのは「奇妙だ」と述べているが、このマリアンネの評価は、アメリカ旅行の最後まで興味津々であったヴェーバーと、長期の見学旅行に辟易していた妻マリアンネとの感覚の相違を端的に表現したものであろう。異郷の風土に眉をひそめるドイツ人同行者たちを尻目に、ニューヨークの町並を嬉々として歩き回っていたヴェーバーにとっては、寧ろ刺戟のないハイデルベルクでの生活の方が苦痛だったのかもしれない[446]。

三　禁欲的プロテスタンティズムによる政治的近代化の評価

アメリカ旅行の興奮冷めやらぬヴェーバーは、旅行体験を同胞に話したいという欲求を抑えられなかった。ナウマン・サークルに属する神学者アドルフ・ダイスマン（一八六六年―一九三七年）[447]が、一九〇五年一月二〇日にハイデルベルクのホテル・タンホイザーで講演会「アメリカの夕べ」を開催した際、トレルチュと並んでマリアンネが報告者として登壇した。このとき妻に同伴していたヴェーバーは、実際には報告者たちよりも長く発言し、体調が優れないと零しつつ、一時間に亙って「アメリカのデモクラシー、黒人政策、選挙状況、アメリカ人の反権威主義、様々なゼクテ、議会、議員の人民との関係」についての所見を披露した[448]。この他にもヴェーバーは、ハイデルベルク大学で彼のアメリカ体験について語る機会を有した。聴衆の証言によれば、ヴェーバーはのちに宗教社会学に結実する内容について熱弁を振い、夫の体調を気遣うマリアンネの制止を振り切ったという[449]。

アメリカ旅行後のヴェーバーは、アングロ＝サクソン圏において禁欲的プロテスタンティズムが齎した政治的近代化の作用に魅了されていた。のち『経済と社会』で図式化されたところによれば、アングロ＝サクソン圏の上流知識人は柔軟で反教会的ではない理神論的・啓蒙主義的宗教精神に今日まで恭順の意を示すが、ラテン系諸国（つまりカトリック圏）の上流知識人は教会敵視ないし教会無視の態度を取った。ドイツでは上流知識人が宗教に無縁な形而上学に傾斜するが、「平民的知性主義」や「賤民的知性主義」は著しく反宗教的性格を帯び、社会主義の擡頭を迎えたというのである。ヴェーバーは宗教としての禁欲的プロテスタンティズムに没入したわけではなく、ある意味それに鬱陶しさすら感じていたが、にも拘らずそれが根付いたアングロ＝サクソン圏の風土で、順調な政治発展が見られたことには羨望の念を懐いていたのである[450]。

アメリカ旅行と前後して、一九〇四年秋から一九〇五年にかけて『社会科学・社会政策雑誌』に発表された宗教社会学の名作「プロテスタンティズムの倫理と資本主義の「精神」」は、ヴェーバーのカトリック教徒（ないしポーランド人）批判と、アメリカ体験を含むプロテスタンティズムとの対決とが合体することで誕生した、文化的プロテスタンティズムの政治的マニフェストでもある。ヴェーバーはこの論文でも学問的分析からの価値判断の排除という誡律を唱導し、自らも範を垂れようと努力はしているが、彼個人の政治活動におけるアングロ＝サクソン圏の意義に照らして読み返すとき、この論文が有しているドイツ国民教化の意図は明白である。しかもそれは言外に込められているだけではなく、文面にも顕在化している。ヴェーバーはアメリカのプロテスタント教徒の峻厳な「世俗内禁欲」を描写することで、退嬰的になりつつあるように見えた同時代のドイツ人たちに活を入れようとしたのである。この論文は二部構成になっているが、ヴェーバーはその第一章をすでに一九〇四年秋のアメリカ旅行前には脱稿しており、第二章は一九〇五年の初めの三箇月に執筆した。ヴェーバーは執筆中、肉体的には不調に悩まされつつも、精神的には幸福感に満たされ、脱稿後すぐに次の作品の計画を語るほどの活力を見せたという[451]。

ヴェーバーは、経済活動においてプロテスタント教徒がカトリック教徒を凌駕しているという話題を提供したのち、プロテスタンティズムが営利活動を使命と考える「世俗内禁欲」の倫理を育成したという確信のもと、プロテスタンティズムの創始者たちの思想に分け入っていく。資本主義に邁進するものは宗教には無関心な場合が多いドイツで、資本主義の根源に宗教を見るという解釈が奇異に見られることを充分承知で、ヴェーバーは意図的に逆説的議論を仕掛けているのである。ヴェーバーのプロテスタンティズム分析で、まず描かれるのはドイツ人ルターである。ヴェーバーによれば、ルターが導入した「職業」（Beruf）概念には、英語の„calling"のように神から授与された使命という宗教的な意味合いが込められている。だがルターの観念世界はますます伝統主義の深みに嵌《は》まるもので、勤労を日常の義務とする「世俗内禁欲」を生み出すには程遠く、その意味でルターは過渡的な思想家であるとされている。ルターが「世俗内禁欲」を育むどころか、世俗権力や所与の生活条件への服従を説くばかりだったとするヴェーバーの指摘は、正統派プロテスタンティズムを攻撃する文化的プロテスタンティズムの基本方針にも合致する歴史解釈である。

ヴェーバーは「資本主義の精神」の代表例として、「誠実さは他人の信用を得るのに有益である」というアメリカ人ベンジャミン・フランクリン（一七〇六年—一七九〇年）の長大な処世訓を引用している。ここで重要なのは、文面上は単なる功利主義的処世術でしかないフランクリンの箴言《しんげん》を、ヴェーバーが功利主義を超越した「倫理」の発露だと懸命に弁明していることである。ヴェーバーはドイツ人たちが、フランクリン処世訓を単なる「偽善」と見るに違いないと予想して、フランクリンの自伝なども援用しつつ、懸命に自説を擁護している。ヴェーバーによれば、そこでは営利活動は物質的欲求のためのものではなく、純粋に「自己目的」として遂行されており、そこには宗教的観念との関連が見られるのだという。ヴェーバーは中国や古代ローマなど歴史上各地で見られた守銭奴根性の例を挙げ、また儲けられるだけ儲ければよいと喝破したドイツ人ヤーコプ・フッガー（一四五九年—一五二五年）の例を挙げて、フランクリン処世訓の倫理性を際立たせようとしている。(452)

このような第一章は、すでにアメリカ旅行以前には脱稿されていた。つまりヴェーバーは、禁欲的プロテスタンティズムが「資本主義の精神」を生み、その実例をアメリカ合衆国に見るという見通しを懐きつつ、アメリカ旅行に出発したということである。ヴェーバーがアメリカでプロテスタンティズム関連施設を熱心に探訪した背景には、禁欲的プロテスタンティズムと「資本主義の精神」との関係を確認したいという意図があったものと推測される。

第一章の脱稿後、ヴェーバーは文化的プロテスタンティズムの重鎮ハルナックと書簡上で討論し、ルターに同情的なハルナックに対抗して、この作品の背景にある政治的意図を告白している。「この点は否定しないのですが、ルター精神は私にとって、その歴史上実際に現れた形態においては、恐怖の中の最たるものです。また将来の発展において、あなたが希望を込めて描くような理想的な形態においてすら、私には我々ドイツ人にとって、そこから人生を断固進めていく力をどの程度引き出せるか、無条件には確証が持てないような代物なのです。」ヴェーバーは「ゼクテ」人間と

「教会」人間との対比をした上で、次のように言明する。「我々の国民が厳格な禁欲主義の学校を一度も、いかなる形態でも経験してこなかったということは、私が我々の国民に関して（同様に私自身に関しても）憎むべきだと思うこと全ての源泉になっていると思うのです。」ただヴェーバーは、ドイツ国民が今後改めてその「厳格な禁欲主義の学校」に入学すればよいとは考えていなかった。何故なら、「ゼクテ」の時代はすでに終ってしまったからである。従ってヴェーバーの議論は、もはや変わりようのないルター精神のドイツ人への嘆息と、「ゼクテ」精神のアメリカ人への憧憬という結論に逢着していったのである。[453]

アメリカ旅行から帰国後に完成された「第二章　禁欲的プロテスタンティズムの職業倫理」では、労働を使命とする世俗内禁欲の倫理を生み出した「禁欲的プロテスタンティズム」（カルヴィニズム、敬虔主義、メソディズム、再洗礼派（バプティズム、メノー派、クウェイカー派））の思想が詳細に検討されることになる。ヴェーバーによれば、禁欲的プロテスタンティズムには何ものにも拘束されない絶対的な神が、全く為す術を知らない無力な人間たちの中から救済されるものを選択するという「予定説」の発想があり、カトリシズムやルター派に残存する教会による魔術的で簡便な救済手法、つまり秘蹟が排除されている。逃げ場のない状況で尋常ならざる孤独感に苛《さいな》まれた信徒たちは、自分が救いに予定されているという確証を得たいがために、労働への邁進という非合理的な行動に出てしまうのだという。ただこうしたヴェーバーの説明は、近世プロテスタント商工業者の心理を史料に基づいて論証した実証史学的成果ではなく、禁欲的プロテスタンティズムの教説からヴェーバーが類推した、一種の思考実験である。ちなみにヴェーバーは、このような悲壮な精神状況で生まれた合理主義の精神を、同じく知性主義的ではあるが楽観的世界観に基づいている（フランス起源の）「啓蒙」（Aufklärung）の理念とは明確に区別されるべきものと考えていた。

ヴェーバーはこの第二章に、アングロ＝サクソン圏の政治にまつわる持論を豊富に盛り込んだ。ヴェーバーは、「予定説」の峻厳さは禁欲的プロテスタンティズムの伝統がある諸国民に、今日なお幻想のない個人主義の気質を刻印し、それが政治的近代化の重要な基盤になっていると考えた。またピューリタン的であった諸国民には「カエサル主義」に対する抵抗力が付いており、総じて内面的自由を尊ぶ気風のあるイギリスでは、「大人物」の擡頭を認めるがこれに盲従することはないという節度ある態度が見られ、ドイツの一八七八年以降（つまり国民自由党との連携解消後のビスマルク時代）の状況とは好対照を為しているという。加えてピューリタニズムによる厳しい自己管理の要求は、現在なお「イギリスやアングロ＝サクソン系アメリカ人の「ジェントルマン」」の最良の部類の人々に見られるのだという。こうした禁欲的プロテスタンティズムに由来するアングロ＝サクソン圏の国民性を、ドイツ人が窮屈で狭量なもののように感じるのは、ルター派における禁欲精神の不足によるところが大きいのだという。剰《あまつさ》え異文化に速やかに順応してしまうというドイツ人の特性も、現世秩序への順応を説くルターに関連があるというのだった(454)。このように、アングロ＝サクソン圏に見られる高貴な人格への溢れんばかりの讃辞と、ドイツ人としての抑えがたい劣等感とを、ヴェーバーは繰り返し洩らしていたのである。

ただヴェーバーは、自己目的化したアメリカ資本主義の暴走には危惧を感じていた。信仰心が希薄化した今日、禁欲的プロテスタンティズムの心理的帰結として生まれた営利活動への邁進が、中身のない「鋼鉄のように硬い殻」(stahlhartes Gehäuse) のように人間の行動を規制し、味気ない人間たちからなる空虚な社会を作り上げつつあると、ヴェーバーは警告したのであった。「今日、「職業上の達成」が直接最高の精神的文化価値に結び付けられ得ないところでは——あるいは同じことだが、そうした「職業上の達成」が主観的にも単なる経済的義務としてしか認知されないところでは——個々の人間は大抵の場合、そもそもそうした「職業上の達成」にどのような意味があるかなどということを穿《せん》鑿《さく》しなくなるものである。資本主義が最も自由に展開する領域、すなわち合衆国では、営利衝動がその形而上の意味を脱ぎ捨てているために、いまでは純粋に競争の情熱と結び付く傾向にある。そうした情熱は、しばしば営利衝動にまさしくスポーツの性格を刻印することになるのである。このような殻の中にこの先どのような人々が住むことになるのか、この物凄い発展の末に全く新しい預言者が現れることになるのか、あるいは古い思想や理念が力強く蘇ることになるのか、それとも——そのどちらでもない場合には——一種の引き攣ったような自己陶酔で粉飾された「支那的」化石化が起こるのか、それはまだ誰にも分からない。それこそこうした「支那的」化石化が現実のものになる場合には、このような文化発展の「最後の人々」に対しては次のような言葉が当てはまることになるだろう。「精神なき専門人、心情なき享楽人、これら無なるものは、自分たちがこれまで誰も到達したことのない人類の段階に登り詰めたと自惚れるのである。[455]」」禁欲的プロテスタンティズムの好意的紹介者であるヴェーバーは、そこから生まれた「資本主義の「精神」」が一人歩きして、やがて元来の精神性とは無縁な「「支那的」化石」という怪物に成長していく虞に気付いていたのである。こうしたヴェーバーの診断は、後期近代の自己目的化した資本主義の批判という意味では、確かに「近代批判」の表現と呼び得る。けれどもその根源となった初期近代の禁欲的プロテスタンティズム――「最高の精神的文化価値」――への最大級の敬意が背後にあるという面では、寧ろ「近代礼讃」の表明だと言うことが出来よう。

この「「支那的」化石化」批判のあとも、アングロ＝サクソン系アメリカ人の精神性自体に対するヴェーバーの畏敬の念は更に高揚していった。実は「プロテスタンティズムの倫理と資本主義の「精神」」には、アングロ＝サクソン圏の禁欲的プロテスタンティズムに対するヴェーバーの心酔ぶりを遺憾なく表現した続編が存在するのである。そもそもこの「プロテスタンティズムの倫理と資本主義の「精神」」は、第二章のあとに「ゼクテ」を扱った第三章が続く予定であった。だがヴェーバーは、この第三章となるべき部分を、結局は独立した論文「「教会」と「ゼクテ」」として一九〇六年四月一三日・一五日に『フランクフルト新聞』に発表し[456]、次いでその修正版「北アメリカにおける「教会」と「ゼクテ」――教会政策的・社会政策的素描」を同年六月一四日・二一日に『キリスト教世界』に発表したのだった[457]。左派自由主義系の媒体に掲載されたこの論文は、政治評論的色彩が強く、ヴェーバー個人の価値観を率直に表現している。ヴェーバーはこの論文で、アングロ＝サクソン系アメリカ人の精神的成熟の起源を、アメリカ社会で顕著な役割を果たす「ゼクテ」に見出した。「ゼクテ」（Sekte）とは、淘汰された「宗教的卓越者」からなる自発的結社であり、互いに切磋琢磨するエリートの集団である。この「ゼクテ」は、ドイツで一般的な大衆救済用施設（Anstalt）の「教会」（Kirche）とは本質を異にする。「教会」の場合、個々人は確たる資格もないまま、いわば「宗教音痴」（religiös unmusikalisch）なものも含めて全員が幼児洗礼を受け、自発性の演出に過ぎない少年期の「堅信礼」を経て、一生漫然と所属し続ける。「ゼクテ」が極限まで抛棄した封建的、王朝的虚飾にも固執し、官憲国家の威光を笠に着る「教会」は、個人の切磋琢磨には無縁の代物である。アメリカ社会の「ヨーロッパ化」に伴い、この「ゼクテ」もまた徐々に形骸化する傾向にあるが、その世俗的発展版たる「クラブ」が人々を選別する機能を継承しているという。

　ヴェーバーにとって「ゼクテ」の問題は、単なる宗教社会学的興味の対象ではなく、優れて現実政治的な事柄であった。そこにこそ伝統主義や官僚制などによって萎縮したドイツ人の対極にいる、自由闊達なアングロ＝サクソン系アメリカ人の秘密が隠されているように思われたからである。これはヴェーバーのようなドイツ・ナショナリストには、見過ごすことの出来ない点なのであった。「ゼクテそのものは、その本性からして「個別主義的」な構築物である――しかしゼクテの宗教精神は、活気のある、伝統的なだけではない「民衆」的宗教精神の特殊形態の一つなのである。ゼクテだけが、積極的な宗教精神と政治的急進主義との結合を成し遂げた。ゼクテだけが、プロテスタンティズムの地盤の上に広範な大衆を、そしてとりわけ労働者を熱烈な宗教的関心で満たすことに成功した。かように熱烈な宗教的関心は、他所では後進的な農民の信心深い狂信主義の形でしか見出せないものである。そしてその点で、ゼクテの意義は宗教の領域を越える。ゼクテだけが、例えばアメリカ・デモクラシーに独特の柔軟な構成と個人主義的な特徴を与えているのである。［……］我が国のロマン主義者のように、「デモクラシー」という言葉で原子にまで粉砕された人間の寄せ集めを観念するものは、少なくともアメリカのデモクラシーが問題となる限り、根本的に誤っている。かような「原子化」の帰結をいつも齎しているのは、デモクラシーではなく官僚制的合理主義なのであり、それは我が国で好まれるように上から「組織化」を命令したところで、除去されることはないのである。本物のアメリカ社会は――そこではそれこそ住民の「中」及び「下」の層もまた関わってくるのだが――そのような砂粒の山であったことは一度としてなかったし、来るものに分け隔てなく門戸を開放するようなものでもなかったのである。［……］ゼクテに起源を有する社会団体は、いつも「人工的産物」であった。それはフェルディナント・テンニースの用語法で言えば、「ゲゼルシャフト」であって「ゲマインシャフト」ではない。つまりそれは「心地よさ」への欲求に根差しているわけではなく、「心地よさの価値」を追求しているわけでもないのである。個々人は社会的団体に属することにより、自分自身を主張する道を模索する。そこにはかの素朴な農民的＝植物的「心地よさ」が欠如している。ドイツ人であれば、そうした「心地よさ」がなくてはゲマインシャフトなど維持できないと考えることだろう。[458]」ゼクテや社会的団体によって鍛錬されたアメリカ人の自由闊達さ、強靭で柔軟なアメリカ・デモクラシーへのヴェーバーの感激、ドイツの停滞した現実に対する彼の焦燥と憤慨、ドイツ人ヴェーバーのアメリカへの抑え難い劣等感が、ここには如実に表現されているのである。

ヴェーバーはこの論文で、アメリカ・デモクラシーを「貴族的」(aristokratisch) なものだと評している。この発想は、第一五回福音社会会議（一九〇四年五月ブレスラウ）で、トレルチュが「貴族的」であることと「保守的」(konservativ) であることとを「混同した」のを批判するという文脈で生まれた。ヴェーバーは「貴族」(Aristokratie) を、社会的排他性を有する人間集団と定義し、その排他性には個人の業績によるものと、祖先の業績によるものとがあると見た。確かにドイツで言う「貴族」は後者が通例なので、トレルチュのような概念理解が生まれてくるのだが、前者のような意味で言えばアメリカ・デモクラシーは「貴族的」なのである。この「貴族」論を通じてヴェーバーは、現在の個人の能力を重視するアメリカの風土を紹介し、現在より過去に拘泥するドイツ社会の甘えぶりを風刺したのである。[459]ただヴェーバーは、そうしたアメリカの特殊性が「ヨーロッパ化」、すなわち「官僚制」化の進展で失われつつあるとも見ていた。アメリカでは大統領が交替する四年ごとに、大統領が任命する三十万以上の官僚もまた交替する。これら官僚は専門的資格による任用ではなく、大統領が属する政党に忠誠を誓う素人である。だがそうしたアメリカですら、徐々にヨーロッパのような専門官僚が幅を利かせるようになってきたというのである。[460]

このあとヴェーバーは、更に文献によってもアメリカ政治の認識を深めていく。その際ヴェーバーが手掛かりとしたのは、今日ヨーロッパ人のアメリカ体験記として多くの政治思想研究者が挙げるであろう、アレクシ・ドゥ・トクヴィル子爵（一八〇五年―一八五九年）の代表作『アメリカのデモクラシー』ではない。ヴェーバーの愛読書は、オクスフォード大学民法欽定講座教授、自由党政治家ジェイムズ・ブライス（のち子爵）（一八三八年—一九二二年）の著作『アメリカ共和国』であった。ヴェーバーがトクヴィルではなくブライスを情報源としたのは、ジャクソニアン・デモクラシー時代のトクヴィルより、同時代のブライスの方が彼の欲する情報を提供していたからか、大胆な「理念型」を駆使するトクヴィルより、具体的で丹念に描写するブライスの方がヴェーバーには学び甲斐があったからではないかと思われる。またヴェーバー、ハルナック、イェリネックのような文化的プロテスタンティズムの論客が、自由な精神の故郷としてフランスではなくアングロ＝サクソン圏に注目していたこと[461]、ブライスがハイデルベルクへの留学経験を有し、一八八三年には父マックスと共にアメリカ旅行をするなど、ドイツやヴェーバー家に馴染みのある人物だったことも、看過できない要因であろう[462]。ヴェーバーがブライスの浩瀚な著作から学んだのは、主としてアメリカで「君主」に等しい地位を占めている政党の有様、とりわけボス制度についてであった。その際比較対象として、シドニー・ロウ（一八五七年—一九三二年）の『イギリスの統治』も参考文献に挙げられていた。この二つの文献は、ヴェーバーにとって非常に印象的であったらしく、当時最も重要な知的話し相手であったミヘルスに是非読むようにと繰り返し勧めている[463]。

ちなみにヴェーバーが愛読したブライス『アメリカ共和国』には、ヴェーバーの政治論と大いに共鳴する一節がある。「アメリカ共和国の政府は、平時にはその力は制限を受けており、活気に欠けるが、潜在的には途方もない力を発揮できる能力を持っている。つまり、いったん緩急あれば、力を一つにあわせ、予期せぬ効果をもたらすことができるのであり、付与された権限を通常の慣例のみならず、通常の法を超越する範囲にまでおし広げることさえあえてなしうるのである。これこそ国家の統一性のしからしむるところである。分裂している国民はたとえ君主に従うとしても脆弱な国民である。統一している国民は、民主的であれば二重の意味で強力である。というのは、強力な各個人の力が政府の総体的な力を増大せしめ、鼓舞し、政府を国内の危機から救うこととなるからである[464]。」これこそまさしく、ヴェーバーが第一次世界戦争でアメリカ参戦を必死に防止しようとした最大の理由であった。「強力な各個人」によって形成された強い「国家」という発想は、ヴェーバーのドイツ評価、ロシヤ評価とも関連する論点なのである。

ヴェーバーは、米独学術交流のためにも行動を起こしている。一九〇七年に刊行されたアメリカの百科事典『アメリカーナ』第七巻では、ヴェーバーが「ドイツ」の項目（ミュンスターベルク編）の「農業と森林」、「工業」の節を分担執筆している。[465]またヴェーバーは、一九〇九年七月にはゲオルク・イェリネック（一八五一年―一九一一年）と共に、ハイデルベルクに国際法・比較政治の米独共同研究機関を設立する計画を立てている。その際ヴェーバーたちは、ワシントンのカーネギー財団やフランクフルトのメルトン財団の資金援助を得ようと画策していた。結局この計画は実現しなかったが、いずれにせよそれはヴェーバー周辺の親アングロ＝サクソン的雰囲気を伝える重要な逸話の一つである。[466]

第一次世界戦争前に書かれたヴェーバーの『経済と社会』には、ドイツ系アメリカ人に関する興味深い記述がある。「ドイツ系アメリカ人は、それが自分の「民族性」を最も意識して維持しているようなものであれ――喜んではないにせよ、それでも場合によっては――遮二無二ドイツと戦うだろう。[467]」ここでヴェーバーは、アメリカにもドイツ人意識に固執するドイツ系移民はいるのだが、いざ米独戦争ということになれば、彼らをかつての祖国ドイツと「遮二無二」戦わせるだけの求心力を、アメリカ国家が保有しているとは予想しているのである。これはアメリカという国の底力に対する、ヴェーバーの評価ないし警戒の表現なのである。

四　「人種」概念についての考察

ヴェーバーにとってアメリカ旅行の第二の成果は、現地の民族問題に理解を深め、「人種」論議への刺戟を得たことであった。ヴェーバーは南部・東部アメリカ旅行で、アメリカの黒人問題、インディアン問題に深い関心を懐くようになる。ヴェーバーはフォート・ギブソンでチェロキー族のインディアンと語り合い、ブッカー・ワシントンのタスキーギ黒人尋常学校を訪問し、首都ワシントンで黒人の礼拝を見学する中で、白人によって賤民のように扱われている黒人やインディアンにも、精神的に成熟した「上層」のものがいるという印象を懐き、彼らに共感を示すようになっていった。しかしその際ヴェーバーは、黒人やインディアンを総体として擁護したわけではなく、飽くまでその「上層」を評価したに過ぎない。それ以外の黒人には、ヴェーバーも「半猿ども」などの辛辣な表現を躊躇しなかった。「文化」水準の低い人間に峻厳であるという点では、ヴェーバーはポーランド人農業労働者を問題視した一八九〇年代から、見事に一貫していたのである。

ヴェーバーは、アメリカの黒人やインディアンを「文化」の此岸にいるものと彼岸にいるものとに分類する際に、人種という遺伝的要素の影響力を意識していた。確かにヴェーバーはこのアメリカ旅行において、人種が人間の「文化」水準を規定するなどと無造作に断定したことは一度もない。けれども知的水準の高い黒人やインディアンの話題を出すとき、ヴェーバーは彼らが純血のものではなく、白人との混血であるということを繰り返し指摘している。またヴェーバーは、見た目は白人にしか見えないのに、僅かに非白人の血が混在しているというだけで混血者を差別する、アメリカ南部白人の偏狭さに憤慨している。アメリカ旅行におけるヴェーバーは、黒人やインディアンの「文化」水準と、白色人種との混血度合との間の相当因果関係の有無に、強い興味を懐いていたものと思われる。

ヴェーバーは一八九〇年代、ポーランド人農業労働者論で一時不用意に人種論を使用し、中途半端に終ったという過去を有していた。ヴェーバーのポーランド人農業労働者論で中心的な位置を占めていたのは「文化」の概念であったが、一八九五年のフライブルク講演の前後にヴェーバーはポーランド人の「文化」の低さを説明する要因として、試験的に「人種」という概念を用いていたのである。ハイデルベルク大学での講義「一般（理論）国民経済学」では、「社会の生物学的・人類学的基礎」の節で「人種」問題が扱われ、社会物理学者アドルフ・ケトレー（一七九六年—一八七四年）、人類学者フランシス・ゴールトン（一八二二年—一九一一年）、ゴビノー礼讃者ジョルジュ・ヴァシェ・ドゥ・ラプージュ侯爵（一八五四年—一九三六年）、人種主義文筆家オットー・アンモン（一八四二年—一九一六年）らの名前が挙げられており、とりわけアンモンへの強い関心が窺われる。(468) とはいえヴェーバーは、結局のところ人種について何ら立ち入った議論を提起することが出来ず、折からの神経症の発生もあって、全てが曖昧なままになっていた。ヴェーバーはアメリカ旅行前に脱稿した「プロテスタンティズムの倫理と資本主義の「精神」」第一章（一九〇四年）では、自治が許されているガリツィアとは異なり、政治的抑圧に晒されているロシヤ領やプロイセン領ではポーランド人が経済に活躍の場を見出している、故郷では惰性から抜け出せないポーランド人やイタリア人も、出稼ぎ先のドイツでは見違えるように勤勉になるという具合に、普段は伝統主義的な人々でも環境変化に伴い合理的に行動することがあるという見方を示して、人種論での説明の限界に充分意を払っていた。(469)

だがアメリカ旅行で再び人種論に目覚めたヴェーバーは、人種衛生学者アルフレート・プレーツ（一八六〇年―一九四〇年）に急接近していくことになる。ブレスラウ出身の医学博士プレーツは、学生時代にカウツキーの社会主義理論や、フェリクス・ダーン（一八三四年―一九一二年）の人種主義思想の影響を受けた。アメリカ合衆国で四年間の医療活動を経験したプレーツは、一八九五年に『我々の人種の有能さと弱者の保護』を刊行して「人種衛生学」を旗揚げする。プレーツは、人間の弱点や病気の原因を単に疾病分類学的に探究するのではなく、遺伝的素質や社会的・経済的状況において理解しようとし、また弱者保護の徹底による淘汰の欠如が人種の有能性を減退させているという印象を懐くに到った。その上でプレーツは、適者保存というダーウィンの鉄則と社会主義という弱者救済の理想とを、遺伝子次元での「不適切な」要素の除去によって調和させようと考えた。プレーツの人種衛生学は、世界史上の人種間権力闘争を見据えて、「文化」的人種たる「アーリア」人種を保護するというものだったため、第三帝国期になると先駆的人種研究として評価されることになる。(470)

この人種衛生学者プレーツを、ヴェーバーは積極的に自分たちの社会学サークルに引き込もうとした。折から設立途上にあった「ドイツ社会学会」の理事選挙に際して、ヴェーバーはプレーツが選出されるよう関係者に運動し、実際プレーツはヴェーバーと共に理事会に名を連ねることになった。ヴェーバーはプレーツを「自然科学的な」社会学の代表者と見て、彼から受ける学問的刺戟に大いに期待していたのだった。またこのころ企画されていた第一回ドイツ社会学者大会で、プレーツの「自然科学的な見方」が聴講できる見通しが付いたときには、ヴェーバーは「大いに満足」だとの感想を漏らしていた。(471) ところが一九一〇年一一月、実際に第一回社会学者大会が開催された際、ヴェーバーはプレーッの講演に違和感を表明し、それ以降彼に対する期待を余り口にしなくなる。この衝突事件は、アメリカ旅行後のヴェーバーの人種主義との訣別を意味するものとして従来説明されてきたが、そのような解釈が本当に妥当なものかどうか、以下で綿密に検討してみよう。

第一回社会学者大会（フランクフルト・アム・マイン）討論第二日目の一九一〇年一〇月二一日、プレーッは自己の「人種」論を開陳した。プレーッはまず、多くの個体を包含した全体において「本来の持続的な生命」が受け継がれるのだと説いた。プレーッはこうした「生命」を受け継ぐ全体を「生命的人種」（Vitalrasse）と呼び、その内部で更に形態的に分類された個別集団を「分類的人種」（Systemrasse）と呼んでいる。その上でプレーッは、生物学的に見て生存競争が果たす機能を説き、本来行われるべき弱者の淘汰が人間社会では「隣人愛」の精神によって妨げられてきたことに警鐘を鳴らした。こういうプレーッが依拠しているのは、ゴールトンやチャールズ・ダーウィン（一八〇九年―一八八二年）、ハーバート・スペンサー（一八二〇年―一九〇三年）、トマス・ヘンリー・ハクスレー（一八二五年―一八九五年）のようなアングロ＝サクソン圏の進化論者たちであり、またエルンスト・ヘッケル（一八三四年―一九一九年）、フリードリヒ・ニーチェ（一八四四年―一九〇〇年）、ヴィルヘルム・シャルマイヤー（一八五七年―一九一九年）のようなこれに共鳴するドイツの生物学者、哲学者、医学者であった。更に社会学との関連で、プレーッは「社会」（Gesellschaft）を個々人が相互扶助を行う集団と規定し、これが「人種」にとっても個々人にとっても生存競争における「武器」となるのだと主張した。更にプレーッは、「社会」を「人種」内部における部分現象と位置付け、その上で「社会生物学」は「人種生物学」の一部であるとした。(472)

プレーッ講演に引き続き行われた討論では、彼の複雑な理論に対する当惑が次々と寄せられたが、そうした発言者の最後に登壇したのがヴェーバーであった。それではここで、ヴェーバーの議論の概略について整理しておこう。

（一）「隣人愛の原則が数千年に亙って我々の倫理を支配してきた」というプレーッの事実認識に対する異論。ヴェーバーは、それはいつ、どのような結果を伴ってかと問い返し、今日隣人愛の原則が支配を強めているというプレーッの認識に疑問を提起している。なるほどカテキズムでは中世でも今日でも隣人愛が説かれているが、そうした公式のお題目が現実生活に、淘汰にどの程度影響しているかは別問題である。確かに幼児死亡率が高く、婚姻も制限されていた中世には、とりわけ下層民は生殖に関して厳しい淘汰に晒されていた。だが中世において隣人愛の原則は、肉体的にも精神的にも優れた人々を修道会の独身生活へと追いやって生殖から排除し、またそれは托鉢の体系的支援により実現したものだった。中世から近世にかけては、カルヴィニズムの峻厳さが示すように、隣人愛の原則は寧ろ後退している。また近代にかけて人間愛の擡頭が社会の深刻な脅威になったという認識も疑問で、寧ろ社会政策が肉体的にも精神的にも優れた部類の下層民に上昇の機会を与えれば、プレーツ流人種衛生学の観点でも好ましいのではなかろうか。このような一見瑣末な事実の列挙によってヴェーバーが言わんとしたのは、カトリシズムの支配する中世から近世の禁欲的プロテスタンティズムを経て近代に移行するに従い、人間の切磋琢磨は強まってきたという歴史認識である。要するに隣人愛精神への対決姿勢ではプレーツの同志であるヴェーバーも、歴史展開を巡る認識は共有できなかったのである。ただいずれにしても、ここで話題となっているのは「人種」論そのものではなく、その背景事情に過ぎない[473]。

（二）「社会状態の興隆はいつもその人種の興隆に依拠している」というプレーツの命題に対する異論。ヴェーバーはこの命題を、研究の現状に鑑みて論証不充分とする。ここでヴェーバーは、古代文化没落論という自分の土俵で持論を展開している。ヴェーバーによれば、古代文化没落の原因は戦争や徴兵により有能なものが一掃されたことにあるという説が提唱されているが、実際にはローマ軍はますます非イタリア人から補充されるようになっていたのだという。このあとヴェーバーは、一転して自らプレーツの「人種」概念に歩み寄りを示している。すなわちヴェーバーは、古代文化の没落は別な様々な要因で充分に説明できるのであって、「人種理論」による補充の必要性を感じさせる痕跡はないのだが、それでももはや認識できないような経路で人種的要素が作用していた可能性はあるというのである。ただヴェーバーは、そのように人種的要素が作用した可能性を検証不可能とし、従って慎重に議論するべきだとした。ちなみにここでヴェーバーが、「伝統なき民族」、「文化なき民族」、「野蛮人」などの分析枠組で議論していることも注目される[474]。

古代文化没落論に脱線したあとで、ヴェーバーは再び「社会状態の興隆はいつもその人種の興隆に依拠している」というプレーツの命題を話題にしている。ヴェーバーはまず、「人種」が「興隆」するとはどういうことかと問うた。自分は部分的にはフランス人、部分的にはドイツ人で、またフランス人として幾分かはケルト人の血が入っているだろう。同じように、多くの人種の系譜を引くドイツ人は現在多いだろう。もしドイツの社会状態が興隆しているとすれば、現在のドイツ人に引き継がれている人種のうち、一体どれが興隆していることになるのかというのが、ヴェーバーの突き付けた問いであった。ここでプレーツは、いまヴェーバーの言ったのは「分類的人種」であって、自分が扱った「生命的人種」ではないと座席から声を挙げたが、これに構わずヴェーバーは話し続ける。ヴェーバーは「人種の興隆」のような表現に見られる、プレーツ「人種」論の「神秘的な性格」を指弾し、いましがたプレーツが挙げた「生命的人種」なども、「止め処のない主観的価値判断の領域」に迷い込んでいると批判したのだった。ヴェーバーは結局、なお洗練不足のプレーツの「人種」概念では「何も始められない」と断言する。とはいえヴェーバーは、プレーツが編集する人種衛生学の雑誌を学問的に評価して、自分ほどそこから得られる刺戟に感謝しているものはいないとも述べている。(475)

(三)「アメリカ合衆国の白人と黒人との社会的状況の違いは文句なしに人種に由来すると断定できる」というプレーツの命題に対する異論。ヴェーバーはここで、プレーツの説は「ありうることだし、主観的に言えば私にはかなりの程度蓋然性のあることのように思われる」として、それに明確に共感を示している。このようなヴェーバーのプレーツへの共感は、ヴェーバーのアメリカにおける黒人描写などと相応するものであろう。しかしヴェーバーは、個々の事実認識についてはプレーツに異論を唱えている。例えばヴェーバーが疑問視したのは、「黒人は体臭がする」というプレーツの事実認識である。アメリカでの個人的体験を引き合いに出して、ヴェーバーは黒人の体臭に関する噂は根拠がないとし、誰でも不衛生にすれば体臭がするだけのことだとして、黒人排除のための北部州人の作り話ではないかと推測する。そしてヴェーバーは、黒人はインディアンと違い奴隷であったために差別されるのだろうとして、「労働への古い封建的な軽蔑」という主観的な契機を重視する。ここでプレーツが座席から、北部州では労働への軽蔑など何の役割も果たしていないと反論したが、ヴェーバーはそうした状況認識はいまでは必ずしも当らないと退けた。その上でヴェーバーは、黒人差別はアメリカの「ヨーロッパ化過程」の現れなのだと推測する。ヴェーバーによれば、ダーウィンやニーチェ、プレーツに感化された「アメリカ市民」は、ヨーロッパ的な意味での「貴族」になるために、何か自分が嫌悪するものを持たなければならないと思っているのだという。しかしこの唐突なヴェーバーの「アメリカのヨーロッパ化」論については、更に議論されることはなかった(476)。

（四）「社会は生き物だ」というプレーツの命題への異論。ヴェーバーがここで違和感を懐いたのは、彼が「個々人の合理的行動を精神面で追体験して理解する」という視角で社会学に取り組んでいるからである。つまりプレーツのように人間社会を一つの生命体であるかのように扱うなら、それは動物社会と何ら変わらなくなり、社会学的考察の余地がなくなるというのである。

（五）「社会学は人種生物学の一部だ」というプレーツの命題への違和感。しかしこれにはプレーツから、自分は「社会生物学」が「人種生物学の一部」と言っただけで、「社会学」一般がそうと言ったわけではないとの反論が提起された。ヴェーバーはこれを受けて、「社会生物学」と「人種生物学」とを区別する基準が判然としないとし、学問分野の区分には慎重であるべきだと述べた。質問の最後にヴェーバーは、プレーツの議論が厳密な事実関係の論証を欠いていると改めて苦言を呈したが、それは人種論という若い学問分野への非難ではないと、一言釘を刺している(477)。

最後の質問者であったヴェーバーが降壇したあと、プレーツが登壇して質問に応答したが、ここで座席に戻ったヴェーバーとの討論が展開されることになった。隣人愛の原則など支配的ではないというヴェーバーの指摘に対して、プレーツはそれが教会や学校で繰り返し説教されている事実を挙げ、民衆一般にはその影響は絶大だと主張した。また「社会状態の興隆はいつもその人種の興隆に依拠している」という命題に対するヴェーバーの疑問について、プレーツはヴェーバーが「生命的人種」と「分類的人種」とを混同しているという反論を繰り返したが、座席のヴェーバーがいずれにしろ何の証拠もないと詰め寄ると、彼は自分の挙げたいのは事実ではなく人種生物学と社会学との研究計画上の接点の所在だと言い逃れた。この問題に関する討論は、古代ギリシャ史を題材として延々となされたが、人種論的歴史解釈を展開するプレーツと、その根拠薄弱さを批判するヴェーバーという対立構図は変わらなかった。この過程でプレーツはポーランド問題にも触れ、ドイツ人が経済的に優位にあるドイツ東部で駆逐されるのは、ポーランド人の生殖能力が高いという「ただそれだけの理由による」のだと述べ、ヴェーバーの驚きを誘った。だがその件に深入りする前に、プレーツは黒人問題に話題を変えた。プレーツは在米経験を踏まえ、実はアメリカ白人たちは黒人の体臭を忌避するのではなく、黒人の知性を欠いた振舞に侮辱を感じるのだとした。これに対しヴェーバーは、アメリカ南部州で最高の社会学者は白人ではなく、黒人のウィリアム・エドワード・バーガード・デュ・ボイス（一八六八年—一九六五年）[478]であり、彼はセントルイスで朝食を共にした限りではジェントルマンだったとして、黒人は知性に欠けるという議論には根拠がないとした。だがプレーツは、アメリカ白人たちの先入観について議論しているときに、個別の知識人を挙げても反証にならないと反論した。ちなみにヴェーバーの、隣人愛の倫理がとりわけ中世における生物学的淘汰を妨げることはなかっただろうという命題についても討論が行われたが、結局のところヴェーバーの理解にプレーツが同意する展開になっている。だがカルヴィニズムの擡頭を隣人愛の理念の後退と見るヴェーバーの理解については、議論がされなかった[479]。

ヴェーバーはこの討論会のあと、国民経済学者フランツ・オイレンブルク（一八六七年—一九四三年）[480]に宛てた書簡で、「プレーツ：ありふれた曖昧模糊とした汎生物学者主義。討論はまあまあの出来。本来の事情通が出席していませんでした。特にあなたが。」と記している[481]。報告前のプレーツへの異常な期待ぶりと比較すれば、ヴェーバーの変容ぶりは明らかだが、討論を全く否定的に評価していたわけでもなかった様子が見て取れる。

ヴェーバーはプレーツとの討論ののちも、引き続き人種論に興味を懐き続けた。一九一二年の第二回社会学者大会を前にして、ヴェーバーは「国民と人種」という論題で真先に議論が行われるべきなのに、その部会が設けられていないと苦情を漏らし、「プレーツ博士なら必ず適当な人材を提案できるだろう」とその役割に強く期待している[482]。ヴェーバー自身の人種論への言及としては、同年一〇月二一日・二二日の第二回ドイツ社会学者大会（ベルリン）におけるパウル・バルト（ライプツィヒ大学教授）の講演「社会学的意味における民族性」への論評、フェルディナント・シュミット（ライプツィヒ大学教授）の講演「少数民族の権利」への論評、フランツ・オッペンハイマー（ベルリン大学私講師）の講演「人種理論的歴史哲学」などへの論評があり、更にそれを総合したものとして、『経済と社会』所収の「種族的共同体」論がある。[483] そして最後が、ヴェーバー死去のころ刊行された以下の『宗教社会学論集』「序文」の一節である。「我々が再三に亙って――相互に独立して発達している（ように見える）生活領域においても――西洋で、しかもそこだけで、特定の種類の合理化が発展しているのを見るとき、ここで遺伝的資質が決定的な土台を提供しているのではないかという仮説が当然出されることだろう。筆者は、自分が個人的に、そして主観的に、生物学的な遺伝素質の意義を高く評価する傾向にあることを告白する。ただ私には、人類学的研究に重要な業績が在るにも拘らず、この研究で探究される発展に占める遺伝素質の役割を、その程度、そして――とりわけ――その種類と契機とに関していくらかでも厳密に把握することは、あるいはまた単に推測として示唆することも、今の段階ではなお不可能なように思われる。[484]」

なおこれまでヴェーバーのプレーッとの対決は、第三帝国に繋がる危険な人種主義者プレーッに対する人道主義者ヴェーバーの英雄的な闘いとして解釈するのが通例であったが、[485] それは適切でないことはもはや明らかであろう。寧ろそれは、「人種」という概念に学問的興味を有し、その可能性に期待していた二人の学者による、知的な切磋琢磨だったと見るべきである。ヴェーバーは、個々の論点についてはプレーッの発言に同意しなかったものの、「人種」問題に取り組む研究者としての彼から受ける知的刺戟には「感謝」の念を懐いており、プレーッとの討論についても一概には否定していなかった。一九〇四年のヴェーバーのアメリカ体験にしても、確かにそれは彼の「人種」概念を巡る思索を豊かなものにはしたが、それが学者ヴェーバーに「人種」概念の断念を迫ったわけではなかった。ヴェーバーはこの問題に関して因果関係の診断に慎重で、プレーッのような「神秘的」人種論には常に警鐘を鳴らし続けたが、人種が人間の行動を規定する一要因かもしれないという学問的仮説は、晩年まで維持されたのである。ちなみに第一次世界戦争中、ヴェーバーはイギリス、フランスがアジア、アフリカの植民地から原住民を兵士として徴用し、ドイツ人兵士との戦闘に投入していることを非難した。ヴェーバーの見るところ、それは「黒人、グルカ族の大群、そして世界のあらゆる野蛮な与太者ども」、「アフリカやアジアの野蛮人や地上のありとあらゆる盗賊ども、与太者ども」を悪用して文化国家の一つドイツを荒廃させようとする、卑劣極まりない行為なのであった[486]。こうした晩年の発言からも、アメリカ旅行後のヴェーバーをアメリカ「公民権運動」の先駆者のように扱う見方が、根本的な誤解を孕んでいることが分かるだろう。

第四節　ロシヤ政治の分析

一　ロシヤへの両義的態度の起源

アメリカ旅行によってドイツを相対化する術を磨いたヴェーバーは、その直後にもう一つの比較対象を得た。日露戦争での敗北に触発されたロシヤ帝国の内政改革が、ヴェーバーにロシヤ政治分析へ没入する契機を与えたのである。アメリカ合衆国のゼクテやその世俗的後身たるクラブは、ドイツ国民国家の人間的基礎を変革しようとするヴェーバーに示唆を与えたが、ロシヤの政治状況も彼にとっては全く別な意味で示唆的であった。ヴェーバーは「西欧人」としての自負のもと、ロシヤの政治的後進性、つまり「西欧的理念」の滲透の遅滞を問題視し、官僚制という近代的装置によって武装しつつある専制体制を憎悪し、「西欧的理念」の受容には不向きなロシヤ農民の無知蒙昧を警戒した。ヴェーバーは、そうした巨大な困難に勇敢に立ち向かうロシヤ自由主義知識人たちに限りない敬意を懐き、それに比べてドイツ左派には覇気や緊張感がないと慨嘆している。しかしヴェーバーは、同時に「ロシヤの脅威」がドイツにとって深刻なものだとも考えていたので、それが彼のロシヤ自由主義知識人たちへの共感にも微妙な影を落としていたのである。

ヴェーバーのロシヤへの言及は断片的ながら少年期にまで遡るが、そこで常に底流を為し、一九〇五年以後のロシヤ政治論で急浮上した論点が、「ロシヤの脅威」に対する警戒であった。この問題意識は、ロシヤの敵視が一九世紀ドイツ左派共通の伝統であったことを想起すれば、少しも意外なものではない。そもそもロシヤ帝国という巨大軍事国家の存在は、ドイツ左派にとってある意味好都合であった。ドイツ左派は多かれ少なかれ、いつもイギリスやフランス、あるいはアメリカの同志たちから向けられる「後進国ドイツ」への差別意識に苦悩している。よって「アジア的」で悪逆非道なロシヤ、旧態依然たる専制と正教の国ロシヤの存在は、「後進的」ドイツ人の劣等感を幾分なりとも柔らげるものであった。何故なら両国を比較し、ロシヤを「アジア」という「野蛮」の側に押し遣れば、ドイツが相対的に「西欧」という「文明」の側に近付くかのような「癒し効果」が期待できるからである。一九世紀前期・中期のドイツ左派は、ロシヤを「ヨーロッパの憲兵」と警戒し、学生組合員カール・ルートヴィヒ・フォン・ザント（一七九五年―一八二〇年）のように「ロシヤの手先」とされた劇作家アウグスト・フォン・コッツェブー（一七六一年―一八一九年）を暗殺したり、ハンバッハ祭（一八三二年）のようにロシヤ支配に喘ぐポーランドの解放を謳歌したり、マルクスやエンゲルスのように「革命戦争」によるロシヤ討伐を主張したりした。「悪の帝国」ロシヤに対抗するとき、ドイツは「西欧」と共同戦線を組む、いや「西欧」の一部になることが出来、ドイツ・ナショナリズムは「西欧」アイデンティティと共生することが出来たのである。これに対しドイツ右派は、ドイツ左派のそういったロシヤ批判を問題視した。ロシヤ、プロイセン、エステルライヒの東方三国の協力関係こそが、革命輸出国フランスや議会制の母国イギリスに対抗する、国際政治的・国内政治的安定の基盤であるというのが、ゲルラッハ兄弟に代表されるプロイセン保守派の秩序意識であり、それはビスマルクの対露協調外交へと継承されている。またカトリック系農業経済学者アウグスト・フォン・ハクストハウゼン男爵（一七九二年―一八六六年）のように、ロシヤの農業共同体「ミール」にドイツではすでに失われた調和的農村共同体の理想を見出し、「西欧」を基準とした知性主義的ロシヤ批判を退ける論者もいた。ただドイツ右派が常にロシヤの親友であったかと言えば、それはそうでもない。ドイツ右派も軍人としては大国ロシヤの軍事的脅威を無視することは出来なかったし、また農業家としてはロシヤから輸入される安価な農産物に脅威を感じていた。ロシヤの「文化水準」に対する左派的揶揄についても、右派がそれに無縁だったわけではなく、自らそれに同調することも珍しくなかったのである。(487)

ヴェーバーは一八八七年六月二九日、伯父バウムガルテン宛の書簡で、初めて「ロシヤの脅威」に言及している。「非常に奇妙なのが、カトリック教会の国家との関係に関して我々のところで起っていることです。ポーゼン州では、中央党の新聞の最も狂った部類のうるさ型が口を塞がれたり、主任司祭の職を巡る数多くの異議申立が国家の言い分どおり片付けられたり、幾人もの司祭が教会の上役に国家の言い分どおりに譴責、出版活動の禁止等を命じられたり、ドイツ人の聖職者が任命されたり、そんなことが行われています。これは現地の聖職者のあらゆる伝統に正面から違反することです。こんなことがどうして可能なのかは、誰にも分かりません。すでにこういう見方が繰り返し表明されました。「国家の利益とカトリック教会の利益とは、この地域では共に、つまりロシヤに対決する形で存している。けれどもドイツで「ドイツ化」が進まない以上、我々はロシヤのカトリック教徒のポーランド人をロシヤに対して嗾《けしか》けることが出来ない。――こういうことを、ビスマルクは教皇庁に分からせることに成功したのだ。だからこそローマのプロイセン＝ポーランド人への姿勢が本当に変わったというわけだ。」何はともあれ、この協調関係には目を見張るものがあります[488]。」ここでヴェーバーは、ドイツ東部でカトリック教会がプロイセン国家の言いなりになっている様子に驚嘆し、ビスマルクが教皇庁を上手に言い含めたのだろうという噂を紹介している。つまりプロイセン国家が自国内のポーランド人を毅然として「ドイツ化」すれば、ポーランド人は生存可能性をロシヤ領内に求めるしかなくなり、ロシヤに対して牙を剝く、それこそがプロイセン国家にとっても教皇庁にとっても都合のいい展開なのだと教皇に言い包《くる》め、プロイセン国内の「ドイツ化」には目を瞑《つむ》らせたというものである。ロシヤに対決するドイツ・ポーランド連合という発想に青年ヴェーバーが関心を示していた事実は、彼の一九〇五年以降の行動を考えるとき興味深い。

一八九二年以降のポーランド人農業労働者排除論でも、ヴェーバーは「ロシヤの脅威」に言及している。ヴェーバーが外国籍ポーランド人労働者を問題視したとき、とりわけ危惧したのはロシヤからのポーランド人労働者の流入であった。また一八九三年三月の社会政策学会ベルリン大会で、ヴェーバーが次のようなことを口にしているのも見逃せない。「もしいま敵が東方国境に現れ、武力をもって我々を脅かすなら、国民が国境の防衛のために軍旗の下に馳せ参じるのは明らかでありましょう。」[489]ドイツ東部農業について討議している社会政策学会ベルリン大会の席上で、唐突にこのような警告を発するところに、ロシヤを仮想敵国として常日頃から警戒していたヴェーバーの国際政治認識が顔を覗かせている。また敵襲を「東方国境」にのみ予想しているところに、ヴェーバーの第一次世界戦争期における親西欧・反東方の対外姿勢の原型を見ることが出来る。

ヴェーバーは、ドイツ東部農業がロシヤ出身の移動労働者に依存すると、その出国を許可する権限のあるロシヤ政府にドイツが翻弄されることになるのではないかと懸念していた。ヴェーバーはすでに引用した全ドイツ連盟への絶縁状（一八九九年）で、プロイセン政府がロシヤ政府の許可を条件に、ロシヤ国籍のポーランド人労働者の雇用簡易化を約束したことに憤慨していた。その際ヴェーバーは、「ロシヤ」という単語に下線を引き、更に括弧つきの感嘆符「(!)」まで付して、ロシヤへの並々ならぬ不信感を露わにしていたのである。[490]更に一九〇四年の家族世襲財産批判で、危険な「外国への依存」に対するヴェーバーの危惧はより明確化された。家族世襲財産法によって大農場を強引に維持しようとすれば、ロシヤ国籍の農業労働者へのドイツ農業の依存を続けることになり、延いては「ロシヤ警察の恣意」にドイツが屈服することを意味するのだという。ヴェーバーはロシヤが、「ザクセン渡り禁止」命令を仄《ほの》めかすことによって、ドイツを脅迫する可能性を予想していたのである。[491]

だがヴェーバーは、ハイデルベルク大学に留学中のロシヤ帝国から来た左派知識人たちと交流するようになり、彼らに強い親近感を懐くようになって、彼のロシヤ観を変容させていった。このようなロシヤ自由主義知識人への共感は、ヴェーバーだけが懐いていたものではなく、当時のドイツ自由主義者にはしばしば見られたものである。例えばブレンターノなども同様の思いを懐いていたと記しているが、[492]それが独自のロシヤ政治分析に繋がることはなかった。またヴェーバーのフライブルク時代の同僚でもあるゲルハルト・フォン・シュルツェ＝ゲーヴェルニッツ（一八六四年―一九四三年）も、一学期間のモスクワ大学滞在（一八九二・九三年）を経て執筆した論文集『ロシヤ経済研究』（一八九九年）において、ロシヤのヨーロッパ化とその困難というヴェーバーと類似した問題意識を示しているが、[493]ヴェーバーの興味に火をつけたのはやはり彼ではなく、ハイデルベルクのロシヤ人であった。ドイツ帝国領内最古の名門ハイデルベルク大学には、当時ドイツ国内からのみならず、アメリカ合衆国や日本など世界各国から学生が押し寄せていたが、ロシヤ人はハイデルベルクに特別の縁があった。ドイツで外科医としての修行を積み、のちハイデルベルクに居住していたロシヤの軍医、枢密顧問官ニコライ・イヴァノヴィチ・ピロゴフ（一八一〇年—一八八一年）[494]が、かつてロシヤ文部大臣の委任を受け、ハイデルベルクに居住して西部ヨーロッパ在住のロシヤ人居留民の統括に当っていたのである。更に一八六一年秋にサンクトペテルブルク大学が騒擾のため閉鎖されると、多くの学生がハイデルベルクへと移ってきた。ハイデルベルクは、西部ヨーロッパ在住のロシヤ人にとっての集合地点になっており、学生以外でも滞在した重要人物は少なくなかった。このハイデルベルクでロシヤ知識人の溜り場となっていのが、かの「ロシヤ読書室」である。これは元来ある菓子屋に併設されていた私設図書館で、のちにピロゴフに因んで（ピロゴフは創設者ではないのだが）「ピロゴフ読書室」と名付けられたものである。このピロゴフ読書室は、ロシヤの新聞、雑誌のほか、ロシヤ国内では禁止された各国の文献を多く所蔵しており、クールプファルツの田舎町にいたヴェーバーにも、ロシヤの反体制知識人と個人的に接触し、ロシヤの最新情報を入手する機会を提供したのである[495]。

そうしたロシヤ知識人の中で、ヴェーバーのロシヤ語学習を援助したとされるボグダン・アレクサンドロヴィチ・キスチャコーフスキイ（一八六八年—一九二〇年）（ドイツではテオドル・キスチアコフスキを自称）は、ヴェーバーにとってロシヤ左派知識人の世界への道案内人であった。キスチャコーフスキイは、キエフ大学の有名な刑法学者の子に生まれ、父の影響で子供時代からウクライナ文化振興・民衆啓蒙団体「フロマーダ」に参加した。この「フロマーダ」の指導者ミハイロ・ドラホマーノフ（一八四一年—一八九五年）は、ウクライナ人には「文化的」自治への権利があることを確信し、ロシヤ帝国の国家連合に改組することを主張はするが、ウクライナのロシヤからの分離には反対するという人物で、後述のようにヴェーバーは強い共感を示している。大学生としてのキスチャコーフスキイは、まずキエフ、ハリコフ、ドルパートの各大学で学んだが、一八九六年以降はベルリン大学及びシュトラスブルク大学を訪れ、九八年にシュトラスブルクのヴィルヘルム・ヴィンデルバント（一八四八年―一九一五年）のもとで博士号を取得している。更にキスチャコーフスキイは、ハイデルベルク大学にも一九〇三年夏学期から一九〇五年／〇六年冬学期まで登録し、ここでヴェーバーとの密接な関係が生じることになる。ドイツにおけるキスチャコーフスキイは、ロシヤでの大学生時代に傾倒していたマルクス主義の影響から脱却し、一九〇三年には同志レーニンと別れて穏健化していた左派言論人ピョートル・ベルンガルドヴィチ・ストルーヴェ（一八七〇年―一九四四年）の指導のもと、シュヴァルツヴァルトのシャフハウゼンで結成された「解放同盟」に参加している。この解放同盟はのちに立憲民主党（カデット）へ発展する団体であるが、当初はロシヤ左派の雑多な潮流を統合する地下組織であった。ロシヤ第一革命当時のキスチャコーフスキイの政治姿勢を表す作品としては、ストルーヴェらと共同で刊行した政治論文集『道標――ロシヤ・インテリゲンツィアについての論文集』所収の「法の擁護のために」がある。（ドイツを含む）「西欧」とは異なり、ロシヤでは満足な法学研究が行われていないが、その背後には「ロシヤ人の法意識」そのものの未成熟さがあるとするこのキスチャコーフスキイの慨嘆は、まさしく西欧主義的な「ロシヤ特有の道」批判に他ならないものであった。[496]

ヴェーバーに本格的なロシヤ政治分析の機会を与えたのは、ロシヤ第一革命の勃発であった。ヴェーバーは一九〇五年六月五日、ハイデルベルク大学の同僚アルフレート・ヘットナー（一八五九年―？）が講演「ヨーロッパ・ロシヤ――民衆・国家・文化」を行った際、それに続く討論で初めて意見表明をしているが[497]、まとまった形で彼の見解が公表されたのは、一九〇六年に『社会科学・社会政策雑誌』に掲載された論文「ロシヤの市民的デモクラシーの状況について」が初めてである。この論文は、ストルーヴェの率いる解放同盟が、一九〇五年にロシヤ語、フランス語で刊行していた憲法草案『ロシヤ帝国基本法』に、ドイツ在住のロシヤ人知識人セルゲイ・И・ジヴァゴが書評を加えたのを契機に、ヴェーバーがそれに補足説明を付すという、恐ろしく迂遠な形式で執筆が開始されているが、実際にはヴェーバーの補足説明は、本体であるジヴァゴの書評の数十倍の規模となったのであった。しかもそこでヴェーバーは、解放同盟の『ロシヤ帝国基本法』だけでなく、ドラホマーノフの憲法構想（一八八四年）や立憲民主党の綱領にも視野を広げ、更に刻々と変化する情勢をも睨みながら、丹念な分析を展開しているのである。この論文「ロシヤの市民的デモクラシーの状況について」は、俄に勉強したロシヤ語を活用して執筆された渾身の力作であったが、ヴェーバー本人は慣れない言語での研究に不安があったのか、資料的に「穴だらけ」で「取り敢えず」の分析に過ぎないと、彼にしては珍しく謙遜している[498]。ヴェーバーのロシヤ政治論は当初この「市民的デモクラシー」論文で終る予定であったが、一九〇六年三月には編集の都合で新たな論文に取り組まざるを得なくなり、大変な労苦の末に漸く夏に校了した。第一論文を上回る規模となったこの第二論文では、「ロシヤの表見的立憲君主制への移行」という挑発的な題目のもと、ドゥーマ開催、ストルィピン内閣成立前後の事実が細々と叙述されており、きわめて豊富な時事的情報を提供してはいるものの、第一論文のような疾風怒濤の躍動感を欠いた冗長な仕上がりになっている。第一論文が自由主義運動側の動向を共感交じりに追跡するものであったのに対し、この第二論文はこれを抑圧する皇帝政府側の対応を告発するという形式を採っている。そこではロシヤにおける政治的近代化がいかに中途半端に終り、ツァーリズムの「官僚制」的合理化が進展したかが、再三再四強調されているのである[499]。

ロシヤ内政改革の欺瞞性を暴露し、ロシヤ自由主義知識人にエールを送るという左派言論人ヴェーバーの議論は、その激情的な筆致ゆえに、伝統的に親ロシヤ的な右派言論界の神経を逆撫ですることになった。保守陣営の論客で、ヴェーバーの東方問題における競争相手となったのが、オットー・ヘッチュ（一八七六年—一九四六年）である。ヘッチュは教授資格取得後、ポーゼン・アカデミー教授に就任し、ついでベルリン大学の東欧史担当員外教授に迎えられている（一九二〇年に正教授就任）。ヘッチュは一九一三年刊行の概説書『ロシヤ』で、ドイツ人分析者が「西欧人としての優越感」をもってロシヤを嘲笑するのを誡め、新ロシヤ国制を「表見的立憲君主制」と批判した（ヴェーバーの）議論を取り上げて、イギリス国制を基準にロシヤを裁断するのを問題視した。またヘッチュは、巻末の文献一覧表にはヴェーバーのロシヤ政治分析を一つも挙げず、代わりに文末注でヴェーバーの二つのロシヤ政治分析を取り上げ、「材料豊富ではあるが、全く一面的で、史料の中に埋没しており、単なるカデットの見解の焼き直しであるマックス・ヴェーバーの作品」と呼んで対抗意識を露わにした[500]。このヘッチュの攻撃に対して、ヴェーバーは第一次世界戦争中、親ロシヤ言論人ヘッチュを糾弾したバルト＝ドイツ人の中世史家ヨハンネス・ハラー（一八六五年―一九四七年）の煽動書『ドイツの家の中のロシヤの脅威』を賞讃し、ヘッチュのロシヤ政治概説を論外と切り捨てることで応答したのであった[501]。

ヴェーバーのロシヤ政治論への没頭は、彼がドイツ内政に感じていた閉塞感と軌を一にしていた。ロシヤ政治論が一段落した一九〇七年一月二五日、帝国宰相・プロイセン首相ベルンハルト・フォン・ビューロ侯爵（一八四九年―一九二九年）が敢行した第一二回帝国議会議員選挙（「ホッテントット選挙」）の結果は、ヴェーバーにとって幻滅するものであった。ドイツ領南西アフリカにおける原住民蜂起の鎮圧を巡り紛糾した帝国議会が解散となり、改選の結果ヴェーバーの敵視する中央党（百議席から百五議席へ）やドイツ保守党（五十四議席から六十議席へ）の勝利となり、国民自由党（四十九議席から五十四議席へ）、自由思想連合（九議席から十四議席へ）、自由思想人民党（二十一議席から二十八議席へ）も増加したものの、社会民主党（八十一議席から四十八議席へ）は激減していた。「帝国議会議員選挙の結果は悲惨です！（農業的）右派が強化され、（彼らが中央党と連携することで）まさしく国民自由党や全ての左派に対抗する反動的多数派を形成する可能性が生まれてしまいました！　唯一の光明はナウマンです。また社会民主党が将来、口先だけの英雄精神を卒業して実践的政治に邁進する可能性が生まれました。しかし本当にそうなるでしょうか？[502]」だがこの選挙を踏まえて、ドイツ保守党から自由思想人民党までの「ビューロ・ブロック」が誕生し、「結集」批判者のヴェーバーにとっては不本意な結果となったのである。ただ帝国や連邦諸国での「教権体制」（中央党支配）を何よりも自由への脅威と恐れていたヴェーバーは、反中央党連合でもある「ビューロ・ブロック」を一概に否定はしていなかった。けれども後述のように、この「ビューロ・ブロック」がビューロの推進する帝国結社法の成立を実現し、そこにポーランド人に対するドイツ語強制措置が含まれていたことに、ヴェーバーは激怒した。ここまで自由主義陣営に妥協を強いる「ビューロ・ブロック」が、プロイセンの三級選挙法改革を実現できなければ、その結成意義はないとヴェーバーは考えていた。またヴェーバーは、「ビューロ・ブロック」に取り込まれた自由思想連合と自由思想人民党とが合同し、前者で影響力を有してきたナウマンの基盤が弱まるのではないかとも恐れている。[503]

ロシヤ第一革命の分析でこの国への興味を掻き立てられたヴェーバーは、それをアメリカのように実地検分したいという強い欲求に駆られていった。ヴェーバーは一九〇六年三月に、自分は数箇月間ロシヤを旅行するつもりだと母へレーネに伝えており、また一九一一年六月には、バルト＝ドイツ人貴族の哲学者ヘルマン・フォン・カイゼルリング伯爵（一八八〇年―一九四六年）の招待で、同年末から一九一二年年頭にかけてモスクワを訪問し、更に一九一二年夏に改めてサンクトペテルブルクや農村部を訪れる予定だと述べている。[504] このようなヴェーバーのロシヤ旅行の試みは、実現していれば彼にとってアメリカ旅行と並ぶ大きな思想的意味を有したことだろうが、結局は実現しなかった。

代わりにヴェーバーは、（しばしばドイツ系の）ロシヤ人知識人をドイツ学界に紹介する役割を果たした。一九一一年六月、ヴェーバーは自分が「表見的立憲君主制」論文で援用した立憲民主党幹部の元農林官僚アレクサンドル・アルカディエヴィチ・カウフマン（一八六四年―一九一九年）の著作『シベリアの農民社会』（一八九七年）、『移民と植民』（一九〇五年）を「画期的」と絶讃し、その新著『統計――その方法と社会学にとっての意義』のドイツ語版刊行のために奔走している。ヴェーバーはこの著作で、とりわけゼムストヴォ関係の統計に拘りを見せていた。一九一二年二月には、ヴェーバーは『道標』派の一人セルゲイ・ニコラエヴィチ・ブルガーコフ（一八七一年―一九四四年）の著書『マルクス主義から理想主義へ』に注目し、その一章分の翻訳を『社会科学・社会政策雑誌』に掲載している。ヴェーバーがブルガーコフの著作に注目したのは、それがマルクス主義からの離反を示す決定的な証拠であり、フョードル・ミハイロヴィチ・ドストエフスキイ（一八二一年―一八八一年）流の神秘主義に彩られている点に興味を懐いたからであった（なおマルクス経済学者として出発したブルガーコフは、一九一七年にはロシヤ正教会の司祭となり、やがて亡命している）。同年五月には、ヴェーバーはドイツの協同組合運動について詳しい「グレゴール・ヘルツェンシュタイン」なるロシヤ人学生（「表見的立憲君主制」論文でも引用された立憲民主党幹部の農業専門家ミハイル・ヤコヴレヴィチ・ゲルツェンシュテイン（一八五九年―一九〇六年）の縁者か）を、ポーゼンでドイツ人入植者協同組合を指導していた門下生ヴェーゲナーに紹介し[505]

ている。同年一一月には、ヴェーバーは『社会科学・社会政策雑誌』に掲載されたロシヤ人国民経済学者フェイテル・リフシュニッツ（一八七五年―一九四七年）の論文「ロシヤの労働者保険」を周囲に紹介している。(506)

ところが一九〇九年春、ロシヤ人知識人の支援者ヴェーバーは、失言問題を契機に彼らと思わぬ感情的対立に陥ってしまう。事の発端は、ヴェーバーがロシヤ自由主義者への同情を公言しながら、同時にロシヤの自由化が齎す「ロシヤの脅威」の増大を危惧していたことであった。新聞報道によると、ヴェーバーは一九〇八年一一月三〇日のハイデルベルクにおける国民自由党の集会で、イェリネックの講演に関連して次のように述べた。「強大なロシヤがデモクラシー的憲法を、議会制を有したならば、それは大変なことであろう。ロシヤは最も恐るべき列強で、そこで議会や憲法が何ら意味を持っていないからこそ、今のところ小さく縮こまっているのである。(507)」ロシヤ自由主義派の新聞『ロシヤ報知』は、このヴェーバーの発言に激怒して、次のような批判を掲載した。「まだ最近のこと、ドイツの国家学者マックス・ヴェーバーがある討論でかようなことを言った。現在の憲法がロシヤに根付かないこと、ロシヤの革新のときがまだ来ていないことは、ドイツにとって勿怪《もっけ》の幸いである、革新されたロシヤは、大陸の他のどんな列強とも比較にならないような新しい力を、道義的な雰囲気及び感激の基盤の上に獲得するであろうと。(508)」ヴェーバーの発言に関する『ロシヤ報知』の報道は、確かに誇張気味のものではあったが、ドイツ・ナショナリストとしての彼の内なる不安を鋭敏に指摘したものであった。

これに対して急遽『ロシヤ報知』に掲載されたヴェーバーの弁明には、彼の苦しい立場が表現されていた。「確かに私は、諸民族の政治秩序のデモクラシー化が国民的反目を緩和する確実な手段であるとは思わない。ボヘミアにおける経過がその反対であることを証明している。ロシヤ・デモクラシー派のサークルでも、恐らく現在ロシヤを統治しているサークルと同じように、多くの反ドイツ的傾向が支配しているということを、私は知っている。［……］ただ、ドイツのためにデモクラシーの理念を掲げ、同時に隣の民族の百万もの農民の願望を犠牲にすることでそれを実現しようとするなどというのは、まさに恥ずべきことである。私はデモクラシー派の率直で誠実な敵意の方が、偽りの友情の約束と吐き気のするような誹謗との間を行き来しているロシヤの反動的なサークルの憎悪よりはましだと思っている。更に私は、ロシヤの革新が実現するだろうし、そして我々を離反させている問題の解決が民衆と民衆との直接の相互作用によって出来るだけ早くなされるように、ロシヤの革新が出来るだけ早く実現することがドイツの利益になると確信している。[509]」ここでのヴェーバーの論理を解析すれば次のようになるだろう。（一）ヴェーバーは結局、デモクラシーが進展すれば民族間の融和が進むだろうという楽観主義には依拠しないことを明言している。そしてその「証明」として、ハプスブルク帝国（ボヘミア王国）におけるドイツ人とチェック人との対立が普通選挙導入（一九〇七年）で却って激化したという事件を示唆している。（二）しかしこのままでは、ヴェーバーの議論は『ロシヤ報知』側の不信感を裏打ちするだけに終ってしまうので、ここで突然「ロシヤの反動的なサークル」というドイツ左派、ロシヤ左派に共通の敵を登場させて、自分に向けられた矛先を逸らそうとしている。ヴェーバーは、同じ反ドイツ的傾向でもロシヤ左派のものは「ロシヤの反動的なサークル」のものよりも「まし」だと述べ、自分が「ロシヤの革新」の信奉者であることを印象付けようとしているのである。その際ヴェーバーは、「ロシヤの反動的なサークル」の下劣さを強調し、これをロシヤ左派の「率直」で「誠実」な態度と対置するという修辞を用いている。（三）その結果ヴェーバーは、「我々を離反させている問題の解決が民衆と民衆との直接の相互作用によって」なされるという、自分が記事の冒頭で疑問視したはずのデモクラシーへの楽観に自ら依拠している。人間性が高潔ではあれ反ドイツ的であることに変わりはないロシヤ左派をどうするのかという（自分が内心危惧している）難問を、ヴェーバーはここで実際にロシヤ左派と対峙させられて、不問に付さざるを得ない状況に追い込まれているのである。ヴェーバーのこの返答によって、『ロシヤ報知』側の不信感が払拭されることはなかったに違いない。

ロシヤ自由主義派への誠実な共感とドイツ・ナショナリストとしての断固たる立場との間で板挟みに苦しむヴェーバーの姿は、のちにも垣間見ることが出来る。一九一二年一二月二〇日、ヴェーバーはピロゴフ読書室五〇周年記念式典での演説で、当時話題になっていたドイツの大学におけるドイツ人学生とロシヤ人学生の紛争に言及した。当時随一の学問大国であったドイツでは、国外から来る多くの留学生と、地元ドイツの学生との間の軋轢も深刻化していた。例えば地元紙『ハイデルベルク日報』は、アメリカを含む西欧、北欧、エステルライヒからの留学生がドイツの大学に問題なく順応するのに対し、ロシヤなどスラヴ系学生については苦情が多く寄せられているとし、彼らはより真剣に「西欧文化」を学び生かすべきだと説いている。同紙はまた、同様の問題がスイスなど他国でも言われている現状を踏まえ、彼らの入学を制限するのは「ショーヴィニズム」ではなく已むを得ない措置だとしている。こうした状況下で一九一二年に勃発した、ハレ大学病院（プロイセン）におけるドイツ人医学生の反ロシヤ人留学生ストライキは、対立の深刻さを知らしめるものであった。[510] こうした騒動を踏まえ、ロシヤ知識人の紹介役であったヴェーバーは、ここでも彼らに助け舟を出した。ヴェーバーは習慣の相違による両者の軋轢を認めつつも、「ドイツにとってのロシヤの文化的意義」を指摘し、独露和解を提唱した。ヴェーバーはまた、同様にロシヤ人留学生擁護の論陣を張ったハイデルベルクの同僚グスタフ・ラートブルフ（一八七八年―一九四九年）にも、のちに激励の言葉を送っている。けれども記念式典でのヴェーバーのロシヤ人評には、少なからず諧謔的な雰囲気も漂っていた。[511] またヴェーバーはこの演説で、一言こう付け加えるのを忘れなかったのである。「両国民間の緊張が高まり、ロシヤがセルビアの支援を義務と感じるに到ったなら、私たちは名誉の戦場で再会することになるだろう。[512]」

二　ロシヤ第一革命の分析

ヴェーバーの問題関心は、「西欧」ではすでに一九世紀中葉に達成されていた、知的に覚醒した個人の自由を尊重するという政治課題が、ロシヤで今後いかに達成されていくのかという点にあった。ちなみにヴェーバーがロシヤ政治分析で繰り返し用いている「西欧」とは、アングロ＝サクソン圏のみならずドイツをも含んだ広範な概念である。ヴェーバーはそのロシヤ政治論で、自らを「西欧人」と呼び、「西欧」ではもはや日々の黒パンのように「在り来り」のものになってしまった政治的価値が、ロシヤでいかに実現し得るかを考えた。ヴェーバーの見るところ、「西欧の理念の力強い流入」はロシヤでも不可避であるものの、様々な障碍に見舞われていた。そもそも「西欧」（ここでは突然ドイツが除外されている）でそれが達成されたのは、（一）海外膨張、（二）初期資本主義、（三）学問による生の征服（人間生活の知的合理化）、（四）禁欲的プロテスタンティズムという、特異な前提条件に恵まれたからに過ぎず、同じものをロシヤに期待することは出来ないというのである。[513]

こうした逆境でも闘志を失わないロシヤ自由主義運動家たちに、ヴェーバーは心から感動した。ヴェーバーの見るところ、彼らは地方のゼムストヴォや都市のドゥーマで活躍する地主や知識人（「第二の要素」）、あるいはゼムストヴォ吏員（「第三の要素」）などであり、いわゆる「ブルジョワジー」、つまり大企業家たちは「一〇月一七日同盟」（オクチャブリスト）や「法秩序党」などの中道右派政党を支持していた。また都市「小市民層」の動向も不透明で、反ユダヤ主義に傾斜して「黒百人組」などに肩入れしていた。つまりロシヤ自由主義運動家たちは、「ブルジョワジー」や「小市民層」とは一線を画し、利益を度外視して理想に生きる人々であり、そこにこそヴェーバーが彼らに共感する理由があったのである。ヴェーバーは一八九〇年代のプロイセン・ユンカー批判において、自分の私的利害を政治に持ち込む人間の醜悪さを告発していたが、ロシヤの自由主義運動家たちが自分たちの経済活動上の便宜を最優先する「ブルジョワジー」ではなく、自分の利益を度外視して行動する知識人たちであったことは、彼にとって実に清々しいことだったのである。彼らの自己犠牲の精神に感激したヴェーバーは、そこにかつてのドイツ人たちの雄姿を重ね合わせた。ヴェーバーによれば、ドイツ人もかつては（とりわけ三月革命前後は）信念に殉じることを厭わなかったのに、いまでは全く精彩を失っているのだという。ヴェーバーがそこで具体的に念頭に置いていたのは、彼が当時その「官僚制」化を激しく面罵していたドイツ社会民主党であった。[514]

なおヴェーバーがこのロシヤ政治分析で、「西洋近代」を超克した全く新しい自由を、他ならぬロシヤに期待したかのような「近代批判」的解釈は、誤解を招くものであり、適切ではない。なるほどヴェーバーはマルクスのような「発展段階論」者（単線的近代化論者）ではなく、一過性の「西欧」的歴史過程をロシヤがそのまま繰り返すわけにはいかないと考えていた。またヴェーバーがドストエフスキイなどの神秘主義や、トルストイの平和主義などを一概に撥ね付けず、寧ろ強い興味を示したというのも確かである。だがヴェーバーのロシヤ政治分析は、やはり徹頭徹尾「西欧の個人主義的な文化」(westeuropäische individualistische Kultur) を肯定する立場から、その後進国ロシヤの実情を批評するという、きわめて西欧主義的な時事評論であった[515]。またヴェーバーの場合、分析対象に興味や敬意を示すということと、分析対象に没入して自己同一化するということとは意識的に区別されていたため、彼は自分が政治において断固拒否していた思想的潮流に対しても、興味や敬意を示す場合があったのである。こうした事情を無視して、ヴェーバーのロシヤ政治分析が対象から距離を置いた観照的・審美的評論であるかのように、あるいは合理主義者ヴェーバーが神秘主義者ヴェーバー、平和主義者ヴェーバーに変容したかのように説明するならば、それはやはり適切ではない。

「西欧の理念」を基準にしてロシヤ政治を審査するヴェーバーが、ロシヤの「歴史的」要素に独自の存在意義を見出すはずもなかった。ヴェーバーはストルーヴェらが起草した憲法草案『ロシヤ帝国基本法』を、「全く非歴史的」なものであるとする批判を不当とし、なるほど事実としては全くその通りだが、そもそもロシヤでは「歴史的」基盤に根差した改革など不可能なのだと述べている。「僅か百年足らず前までその「一番国民的な」諸機関がディオクレティアヌス帝の君主制と酷似していたような国で、「歴史」志向でありながら持続可能な「改革」など、企画できるわけがないのである。」ヴェーバーはゼムストヴォを、ロシヤで「最も活力があり、輿論に最も深く根差していて、その能力を実証された」機関であると賞讃した上で、それが「古モスクワ的な」身分制的因習から最も異質な組織であることを強調したのだった[516]。

ヴェーバーにとってロシヤの「歴史的」要素として第一に問題となるのは、ツァーリズムである。一九世紀ドイツ自由主義者の先例に倣い、ヴェーバーのロシヤ君主制に対する辛辣さには歯に衣着せぬものがあった。ヴェーバーは「タタール人時代に由来するツァーリの絶対権力」をロシヤの「歴史的」要素の代表例として挙げてはいるものの、一七・一八世紀のロシヤに特徴的だった「有機的」社会構造が破壊されたあとで「非歴史的「自由」」を享受している、「虚空に浮かぶ」ようにロシヤ一般社会から遊離した代物だと考えていた。こうした物言いも示すように、ヴェーバーはピョートル一世やエカテリーナ二世の強引な「上からの」近代化には否定的な態度を示し、将来的にもロシヤ皇帝が改革の先頭に立つという可能性は想定しなかった。またヴェーバーは皇帝ニコライ二世（一八六八年―一九一八年）の一挙手一投足を、いつも嘲笑と嫌悪とを込めて描いている。ヴェーバーにとってニコライ二世は、ゼムストヴォ運動やドゥーマの悪辣な妨害者であるばかりでなく、人間としても軽量級であり、彼が軽蔑して止まないヴィルヘルム二世の同類であった。ヴェーバーがどうしてここまでニコライ二世を「小者」扱いするのか、その理由や契機は明らかではないが、彼はその具体的論拠を挙げる必要はないかのような口吻で議論を展開しているのである。ヴェーバーは、ニコライ二世（及びヴィルヘルム二世）の「王朝的虚栄」、「支配者のディレッタンティズム」、「大権の王制」に対する憎悪を募らせるに従って、イギリスの議会主義的な「影響力の王制」に対する憧憬をますます強めていったのだった。(517)

第二に問題となる「歴史的」要素は、ロシヤ正教会である。禁欲的プロテスタンティズムによる政治的近代化に注目していたヴェーバーが、ロシヤの宗教事情に関心を示したのは自然な成り行きであった。ヴェーバーは、解放同盟の綱領が以前熱心に政教分離を説いていたのに、この憲法草案や立憲民主党の綱領ではその要求が後退していることに注目し、立憲民主党指導者でもあるパーヴェル・ニコラエヴィチ・ミリュコーフ（一八五九年―一九四三年）の『ロシヤ文化史概要』（一九〇二年）の一節に共感している。「歴史はフランス人を教会の敵対者に、イギリス人を教会の支持者に育て上げたが、教養あるロシヤ人の場合はそのどちらでもなく、教会に対して何ら関心のない人間に育て上げたのである。」ヴェーバーはロシヤ知識人が宗教に無関心で、いわば「文化的オーソドクス」運動が発生しない背後には、ロシヤ正教会の抱える構造的事情があると見ていた。ヴェーバーは（彼が通常自由の敵として警戒している）カトリシズムが、国家の外部に教皇庁という「アルキメデスの点」を有するために、状況次第では「警察国家」の権力に立ち向かい、（国家に対して信仰の自由や教会の権利を主張するという点で）自由の闘士の役割を演じる場合があることを認めた。これに対しヴェーバーは、元来「皇帝教皇主義」でビザンチン帝国以来国家と不可分に結合し、モスクワ総主教座廃止後は聖宗務院、とりわけ保守的で有名なその総監（モスクワ大学法学部教授・アレクサンドル三世、ニコライ二世の傅育官《ふいくかん》）コンスタンチン・ペトローヴィチ・ポベドノースツェフ（一八二七年—一九〇七年）の統括下にあったロシヤ正教会が、そのような役柄を演じることは有り得ないと考えていたのである。聖宗務院はピョートル大帝がドイツのルター派領邦教会を参考にして設置したドイツ的機関であり、ヴェーバーは教会組織に関するドイツ領邦教会とロシヤ正教会との共通性を常に意識していた。ヴェーバーは選挙制宗務院構想、黒僧（修道僧）と白僧（妻帯僧）との対立、キリスト教社会派ないしキリスト教民主派の運動など、ロシヤ正教会内の新しい動きにも言及しているが、ロシヤ正教会が国家に抵抗する自由の闘士になる、あるいはギリシャやルーマニアのような議会主義的皇帝教皇主義体制が成立するかどうかには、否定的ないし懐疑的であった。寧ろヴェーバーは、ロシヤ正教会の聖職者たちが王権神授説のデマゴーグとして立ち現れる可能性の方を危惧していた。更にヴェーバーは、カトリシズム分析の場合と同様に、ロシヤ正教会を単なる後進的宗教団体と見るばかりでなく、一つの「官僚制」機構としても危険視した。ヴェーバーはロシヤ正教会の「官僚制」支配を打破するものとして「主教会議主義」運動に注目したが、それが成功を収めるとは考えなかった。ヴェーバーは、当時噂されていたモスクワ総主教座復興計画も、結局は教皇中心の「官僚制」を構築したカトリック「教権主義」の輸入に終るだけだと予測したのだった。(518)

「教会」を批判し「ゼクテ」を称揚したヴェーバーは、ロシヤ政治分析でも非正教諸派の動向に強い関心を示している。ヴェーバーがとりわけ期待したのは、当時ドイツの文化的プロテスタンティズムがしばしば注目していた宗派「シュトゥンダ」であった。シュトゥンダはドイツ系プロテスタント居留地の宗教・生活習慣に影響された、農奴解放以降の合理主義的諸宗派の総称で、その名称はドイツ語の「時」(Stunde) に由来している。ヴェーバーはこの宗派の急速な増大に、小ロシヤ（ウクライナ）や南ロシヤの自由主義者が希望を繫いでいることに注目し、その拡大に期待する姿勢を示している。これに対してヴェーバーは、「古儀式派」に対しては冷淡な態度を貫いた。古儀式派はアレクセイ帝の時代、モスクワ総主教ニーコン（一六〇一年—一六八一年）の宗教改革を拒否して旧来の儀式法を墨守したため「分離派」と呼ばれ、公式には一九〇五年まで抑圧されていた宗派である。ロシヤ第一革命の受益者であるこの古儀式派は、ロシヤ商工業に基盤を有するなどの点で、しばしばプロテスタンティズムとの類似性が論じられる宗派であるが、ヴェーバーはこれをもっぱら伝統墨守の集団として扱った。ヴェーバーは古儀式派の解放が進むにつれて、彼らが正教徒のロシヤ人としてカトリック教徒のポーランド人やリトアニア人への対抗心を強めていること、非政治的、反政治的傾向（その意味での「個人主義」）が強いことを指摘して、彼らが「デモクラシー」の信頼できる担い手となる可能性を否定した。(519)

ヴェーバーは第二論文では、ロシヤ正教会やその周辺の土着宗教と、外部の宗教、とりわけ（ドイツを含む）「西欧」のカトリシズムやプロテスタンティズムとの相克に大きな関心を寄せている。アングロ＝サクソン圏を模範とする文化的プロテスタンティズムの論客ヴェーバーが、ロシヤにおいてもプロテスタンティズムの役割に期待したのは当然のことだろう。擬似プロテスタンティズム宗派であるシュトゥンダのみならず、ヴェーバーは本物のプロテスタンティズムにも期待を表明している。しかし更に興味深いのは、ヴェーバーのカトリシズムへの視線である。ドイツ内政の文脈ではカトリシズムに懐疑的であったヴェーバーが、ここではそれを抑圧された少数派として描いているのである。ヴェーバーはロシヤ政府がカトリック聖職者叙任に介入し、教会に対抗する意味で禁欲的分派「マリアヴィータ派」の優遇をしていることに触れ、更にリトアニアのヴィリノ司教エドゥアルト・フォン・デル・ロップ男爵（一八五一年―一九三九年）を党首に「中央党」が結成されていることにも注目して、ドイツとの比較に興味を示している。(520)

第三の「歴史的」要素は、農村共同体である。それはロシヤ住民の圧倒的多数が住む場であり、自由の拡大にとっての最大の障害であった。ヴェーバーにとってロシヤの農村は、無知蒙昧の暗黒世界であり、政治党派的にどう反応するかが読めない不安定要因である。ヴェーバーにはハクストハウゼンのように、まだ資本主義化の度合が低いロシヤ農村を、調和的共同体として称揚するような趣味はない。ヴェーバーはかつてドイツ東部の農村共同体について、それがプロイセンの軍事力を支えているという点では一定の評価をしていたが、後述のようにロシヤ農民は、入営しても烏合の衆になるだけだと見ていた。ヴェーバーは決してロシヤ人一般を低く評価したわけではなく、自由主義運動家に関しては高く評価し、ロシヤ人には地方自治は無理という説を強く否定しているのだが、一般民衆、とりわけ農民は全く別に考えられている。その上でヴェーバーは農村共同体の強固さを指摘し、ロシヤ自由主義運動が唱導する大土地所有制の解体が、農民たちに個人としての自覚を呼び起こすどころか、逆に「非近代的」農村共産主義を強化してしまうのではないかと恐れた。またヴェーバーは、ロシヤ自由主義運動の要求に従いドゥーマに普通平等選挙法が施行される場合、「数世代にも亙る文化的暗黒」が訪れ、困窮した農民たちの不満が皇帝にではなくドゥーマに向けられることを危惧した。農民たちが拙速に実権掌握した場合の混乱を恐れたヴェーバーは、ロシヤで直ちにドイツ帝国議会のような普通・平等・直接・秘密選挙法（四項目選挙法）が施行されることに強く反対したのだった。それでもロシヤの自由主義運動家たちは、四項目選挙法の要求を敢えて掲げ続けた。そもそも二十五年もの間皇帝政府がゼムストヴォの信頼を失墜させようとしてきたため、ロシヤ自由主義には他の「歴史的」糸口がなくなっており、またこの時代にはどの国でも、根本的内政改革を望むものならこの四項目選挙法を要求しないわけにはいかない状況になっていたのである。ロシヤ自由主義運動家のうち多くのものは、一般大衆の支持が選挙の際自分たちに向くものと楽観していたが、一部のものは「正義行われよ、世界滅ぶとも」とばかりに、選挙結果を問わず普通平等選挙法を施行するのが正義の命じるところであると考え、「文化的暗黒」は甘受しつつ将来の選挙の教育的効果に期待する構えを見せていた。こういった精神構造を、ヴェーバーは「結果倫理」の拒否（のちの用語では「心情倫理」）と呼び、ヴラディーミル・セルゲエヴィチ・ソロヴィヨーフ（一八五三年―一九〇〇年）やトルストイ、更にはロシヤ民衆一般にまでその片鱗が見られるとしている(521)。

ロシヤ自由主義運動にとっての困難は、こうした「歴史的」なものだけではない。ヴェーバーは、ロシヤでは自由主義運動の支持層となるべき都市中間層が育成されないまま、資本主義の進展で工業労働者が増大し、ボリシェヴィキ、メンシェヴィキ両派からなるロシヤ社会主義運動が擡頭していることを危惧した。ヴェーバーはこの社会主義運動が、従来解放同盟のもとで大同団結してきたロシヤ左派運動を攪乱しつつあり、イエズス会並みに強固な「ゼクテ」的組織を持って活潑に煽動活動を展開していることに恐怖した。彼らは戦略的な観点からロシヤ自由主義運動と一時的な共闘関係を組むことはあっても、やがてそれを凌駕することを目指しているというのである。年来の「官僚制」批判者であるヴェーバーは、ここでも「夢遊病者」のように奇妙な自信に取り憑かれた教条的マルクス主義者に対する違和感を隠さなかった。(522)

以上のように、自由主義運動に感情移入しつつロシヤ内政改革の行方を追跡していたヴェーバーであったが、その最中にも彼はもう一つ別な問いに頭を悩ませていた。それはいずれは進むと予想されるロシヤの自由化が、ドイツ国民国家の権益にとって好ましいものなのかどうかという問いである。ロシヤ自由主義運動家たちへの同情とは裏腹に、ヴェーバーは彼らが極めて反ドイツ的な傾向を有していることを、論文の端々でしきりに危惧していた。すでに見たように、ヴェーバーはロシヤの自由化がドイツにとって東方の脅威の拡大を意味する可能性に、明らかに気付いていた。ロシヤの自由化が進めば、ドイツは東方の脅威に対抗する軍事的負担から解放され、従って「内政改革」に集中できるなどというような、言わば「デモクラシーの平和」的楽観論に、ヴェーバーは与することが出来なかったのである。(523)

ちなみにヴェーバーは、ロシヤ自由主義者が反ドイツ感情を持つに到った責任を、主として保守的なドイツ人たちの振舞に帰した。ヴェーバーがまず指摘したのは、ロシヤ絶対主義支配の走狗と化したロシヤ＝ドイツ人臣下のロシヤ皇帝への忠誠心、ドイツ警察のロシヤ警察への懇切丁寧な捜査協力であるが、それよりも遥かに決定的なのは、ツァーリズムを思わせるヴィルヘルム二世の「親政」に現れたドイツ内政の反動的性格、ドイツ・ロシヤの王朝間団結の機運だと見ていた。ただヴェーバーは、いまや全てのロシヤ人が党派を問わず、全てのドイツ人を憎悪するようになっているという現実に警鐘を鳴らしている。「いずれにしてもはっきりしていることは、ベルリン会議のあとにロシヤ官僚制から蒙ったのと同じ憎悪を、我々がロシヤ民主主義者からも、いかなる例外もなく蒙っているということ、そしてこうした雰囲気がこれからも続くであろうことである。というのもドイツの対外的権力状況は、官僚的ナショナリズムにとって目の上の瘤《こぶ》であり続けるに違いないし、またドイツの領土占有の状況は、民主的連邦主義にとっては引き続き目障りであるはずだからである。[524]」

三　ロシヤ帝国のポーランド問題

ロシヤ自由主義運動家の活動を追跡する過程で、ヴェーバーはロシヤ帝国の少数民族の「文化的自治」という構想を知る。左派の多民族共存構想としては、同じころカール・レンナー（一八七〇年―一九五〇年）やオットー・バウアー（一八八一年―一九三八年）らエステルライヒ・マルクス主義のものが話題となっていた。[525]後述のようにバデニ言語令反対運動に参加するなどしていたヴェーバーも、ハプスブルク帝国の民族問題に関する基本知識は有していたはずだが、多民族共存構想に関する直接の刺戟は、飽くまでロシヤ自由主義から得たのだった。「文化的自治」という概念でヴェーバーが具体的に念頭に置いていたのは、公共生活における母語の自由使用、民族言語・文学・芸術の奨励のための各種学校設立の自由、小学校における民族言語使用の自由、その地域の言語と中央官庁や陸海軍で使用される「国家語」とのそれ以外の官庁における平等化であり、要するに少数民族が自由に自民族の言語を使用できるかという問題である。ヴェーバーは一九〇六年まで、こうした「文化的自治」構想には賛成とも反対とも述べておらず、そもそも話題にもしていなかったが、このロシヤ政治分析への取り組みを通じて、この問題領域に取り組むようになったのである。[526]

ヴェーバーはこの少数民族の「文化的自治」が、ロシヤ自由主義者の間でも争いの種になっており、そこに皇帝政府が付け込む余地があるという状況に気付いた。ヴェーバーはその証左として、解放同盟の『ロシヤ帝国基本法』が少数民族問題を扱っていないことに注目する。その際論争の的となったのは、ロシヤ帝国の統一とその内部での文化的多様性とは両立するのかという点にあった。ロシヤ自由主義運動家たちの議論を追いつつ、ヴェーバーはゼムストヴォ会議が最後にはポーランド人に一定の「文化的自治」を了承する方向になりつつあることを見て取った。この動向にロシヤの保守陣営は反撥し、とりわけ「法秩序党」は、そもそも議会主義こそが帝国の一体性への脅威だと非難した。[527]

ロシヤ自由主義者がポーランド人への「文化的自治」付与に同意することは、ヴェーバにはドイツ国民国家にも国際権力政治において無関係ではないように思われた。というのも、ヴェーバーはロシヤ自由主義者の議論に、反ドイツ的な含意を読み取ったからである。「ここでまず興味深いのは、ストルーヴェが彼のポーランド人に関する「基本法草案とは」逆の見解を、自ら基本法草案の前に掲載したこの点に関する批判の中で述べる際に、一体どのような根拠を示しているかである。「会議王国に一八一五年憲法を承認するということは、ポーランド自由主義者を満足させる最低限のものであろう。そのようにポーランドを内政上完全に自立させることは、ロシヤにとって何ら脅威ではない。特に、ロシヤからポーランドが本当に分離してしまうことを促進するものでもない。ポーランドは」――ローザ・ルクセンブルクの有名な著作を援用しつつ――「その工業の市場としてのロシヤと経済的に結合しており、それゆえロシヤは一八五一年以来姿を消した関税障壁の再設定を、ロシヤが政治的にポーランドから期待しなければならないあらゆることを貫徹する際の手段として利用できる。それは特にポーランドが、ヤスノポリスキイの証明したように、財政管理の上ではロシヤ側の持ち出しになっている領域だからである。そしてまたポーランドに政治的自治を与えることは、スラヴ人を」――我々ドイツ人が五十年前に言ったように――「「道義的に征服する」ことにもなる。全く似ているのだが、すでにチチェーリンがこの解決を、ドイツに王手をかける唯一の手段であるとし、カトコーフは」――ちなみにこの人物がそう言ったのは一八六三年以前のみのことなのだが！――「完全な内政上の行政的自治を要求していたし、アクサコーフに到ってはそれどころかポーランドの抛棄を要求していたのである。[528]」」ヴェーバーがここで気付いたのは、ストルーヴェを始めとするロシヤ人がポーランドの自立化を考慮しているのは、そうすることでポーランドをロシヤの側に繋ぎとめ、ロシヤの国際権力政治上の道具として利用しようという意図に基づくものだという点である。その際、「王手をかける」べき仮想敵国にはドイツが想定されているということを、ヴェーバーが見逃すはずもなかった。ちなみにヴェーバーは一九一七年になって、一九〇六年当時のロシヤ自由主義とロシヤ帝国主義との関連性をこう強調している。「ポーランドの自治は、将来のロシヤの対外膨張のために「西部国境の友人」を作るという観点でのみ扱われていた。[529]」ヴェーバーは、（ドイツ人がプロイセン東部州を譲渡し得ないように）ストルーヴェも会議王国より東の領域は自治付与の対象から除外して「最終的にロシヤに帰属する」としていることにも着目する。更にヴェーバーは、ストルーヴェが「世界政策的」計算からポーランド人との和解を考慮していることにも注意を促す。小ロシヤ人（ウクライナ人）、ラトヴィア人、ザカフカース諸民族よりもポーランド人を優遇することで、イギリスのような「自由主義的列強」との協商関係を得られるのではないかというストルーヴェの希望的観測を、ヴェーバーは見逃さなかった。[530]

更にヴェーバーが目を見張ったのは、かようなロシヤ自由主義派のポーランド文化自治論に呼応して、ポーランド人側からもロシヤ帝国への帰属を容認するような動きが出てきたことであった。ヴェーバーが注目したのは、ロシヤ領ポーランド王国の二大勢力、ローマン・ドモフスキ（一八六四年―一九三九年）の国民民主党、ユゼフ・ピウスツキ（一八六七年―一九三五年）の社会党と並んで誕生した第三勢力で、ポーランド自由主義勢力を糾合する進歩民主党であった。ヴェーバーには、ロシヤ帝国内での自治を要求するこの政党が強大化しつつあるのは、「政治的に大変な事実」であるように思われた。ヴェーバーはまた、「ロシヤ・ショーヴィニズムの覚醒」への恐れが、「ロシヤ自由主義者のポーランド自由主義者との和解」を促したに違いないと見ていた。[531]

ポーランド問題を始めとするロシヤの少数民族問題に関する考察の締め括りに、ヴェーバーはロシヤ自由主義派の思考の源泉を辿り、ソロヴィヨーフ及びドラホマーノフを挙げている。前者は、ロシヤのスラヴ派がミハイル・ニキフォロヴィチ・カトコーフ（一八一八年―一八八七年）やニコライ・コンスタンチン・レオンチェフ（一八三一年―一八九一年）に見られるように急進的ナショナリズムへと転換し、教会の権威を称揚する方向へ流れた後も、なおスラヴ人の、あるいは最後の目標として世界の平和的な団結を支持することを止めなかった例として紹介されている。これに対しドラホマーノフは、少数民族問題を独立した問題としてはしばしば認めようとしない社会主義者の中では珍しく、すでに一八八〇年代からデモクラシーの基盤の上に立った個々の少数民族の「文化的自治」を伴う「全ロシヤ文化の統一」を模索していた例として紹介されている。そしてヴェーバーの関心は、とりわけ後者にあった。それは、後者が一方で革命運動の中央集権的・大ロシヤ主義的性向や経済中心主義に反抗し、他方で急進的ナショナリストの分離主義にも抵抗して、貴族と専制とに対峙する平民的な基盤の上に立った少数民族の「文化的自治」を提唱する「国民的デモクラート」へと変容したからであった。[532]

一九〇六年のロシヤ政治分析から一九一四年の第一次世界戦争勃発までの間、ヴェーバーはロシヤのポーランド問題にしばしば言及している。一九〇八年四月に成立した帝国結社法は、その第一二条に公的集会におけるドイツ語使用の強制を規定していたが、政友ナウマンがこの法案に帝国議会議員（自由思想連合）として賛成票を投じた際、ヴェーバーは激怒して滞在先のフィレンツェから抗議の書簡を書き送った。ナウマンがこの法案に賛成票を投じたのは、このドイツ語強制条項に賛成であったからではなく、法案の他の条項が従来の各領邦の結社法と比較してより自由の余地を拡大するものに思えたからである。[533] しかしヴェーバーは、ナウマンの立場を理解しようとはしなかった。「ポーランド問題において、私はあなたとはちょっと違う立場です。言語強制は、私には習俗的に言っても政治的に言っても、不可能で無意味なことです。しかし収用には、私の見るところ、即刻次の合言葉が結び付けられるべきでした――大農場の毎年の収用を、到る所で、農民入植のために！「土地を大衆に」がシュルツェ〔＝ゲーヴェルニッツ〕の昔の合言葉ですが、恐らくこの表現はなしのほうがいいでしょう。ポーランド人に対してはいまの法律は無意味で、ただ無制限の収用権のみがそこでは意味を持ったことでしょう。それも次のような意味です。この武器を持っていたなら、我々はいまポーランド人に、彼らの「文化的自治」（ロシヤの「カデット」の綱領の表現です！）を認めた上で、民族の和解を提供できただろうというわけです。[534]」ここから分かるのは、ヴェーバーは一九〇八年四月末の時点で、ポーランド人に対する「文化的自治」付与という発想に加担していたということである。そしてその構想の典拠は、彼自身が自分で示しているように、ロシヤの自由主義者の綱領であった。ちなみにポーランド問題におけるヴェーバーのかつての論敵ゲルラッハや、フライブルク時代の同僚シュルツェ＝ゲーヴェルニッツも、ドイツ語強制の目的合理性を疑問視する声を挙げていた。[535] 帝国結社法成立から二箇月後、ナウマンが帝国結社法案に賛成票を投じたことに憤慨するブレンターノに、ヴェーバーは「ポーランド人は結局ドイツにだけいるわけではないのです！」と述べている。[536] この短い言葉に、ポーランド問題を従来のようにプロイセンの国内問題としてだけではなく、ドイツ・ロシヤ・エステルライヒの国際問題としても扱うようになったヴェーバーの発想の転換が読み取れる。

但し見落とせないのは、ヴェーバーがこの書簡で「文化的自治」よりも、強硬な収用措置を要求するのに多くの文を割いていることである。つまりヴェーバーは、ポーランド人に対し「文化的自治」を与えながら、同時に制定法よりも強硬な収用措置で強い圧力をかけ、いわば「アメとムチ」を併用する形で国家統合を維持しようと考えていたと言える。ヴェーバーの構想が本質的に戦略的考慮によるものであったことが、ここによく現れている。この収用措置に関しては、ナウマンがドイツ国民国家ではないプロイセンでの実施を問題視し、ブレンターノもその有効性に懐疑的であった。これに対してシュルツェ＝ゲーヴェルニッツは、ヴェーバーと同様に言語問題でポーランド人に妥協しつつ、土地問題では強硬に出るという戦略を採り、収用措置にも積極的な姿勢を示していた[537]。

このようにロシヤの存在を意識するようになったヴェーバーは、ロシヤ政治論以降ポーランド人を公然と揶揄することは少なくなった。それどころか、ヴェーバーがロシヤ人学生、ユダヤ人学生と並んで、ポーランド人学生にも共感を示すようにさえなったという証言もあるほどである[538]。確かにハイデルベルク大学でのヴェーバーの講義には、バルチンスキ、ドゥラセヴィチ、ラフミレヴィチ、ロダツキエヴィチ、バデニ伯爵、ストゥトニツキなどと名乗るポーランド系と思しき人々も出席しており、彼らとの交流が意識変化を齎した可能性はある[539]。更にロシヤ系ポーランド人ラディスラウス・フォン・ボルトキエヴィッチ（一八六八年―一九三一年）との交友も、彼のポーランド人観に何がしかの影響を与えた可能性がある。ボルトキエヴィッチはロシヤ軍の大佐の息子としてサンクトペテルブルクに生まれたが、ロシヤ及びドイツの各大学で学業を修め、一九〇一年にはベルリン大学国家学員外教授（のち正教授）に就任していた[540]。両者の間でポーランド問題に関する会話が交わされたとしても、不思議はないであろう。更に言えば、ヴェーバーの愛人となった門下生エルゼ・ヤッフェが、父方の祖母からポーランド人の血を引いていたことも影響していたのかもしれない[541]。

とはいえヴェーバーのポーランド人観が、一九〇六年を契機に決定的に転換したと考えるのは早計である。ヴェーバーは一九〇六年、ネッカール側左岸への引越しを契機に自分の所蔵していた芸術家マックス・クリンガー（一八五七年―一九二〇年）の銅版画をポーゼンの皇帝フリードリヒ博物館へ売却した際、「ポーランド人退治」用の資金で博物館に買ってもらったなどと冗談交じりに書いている。この皇帝フリードリヒ博物館とは、ポーランド人にドイツ人の「文化的」優位性を誇示する意味も込めて、プロイセン政府がプロイセン東部州に意識的に建造した多くの文化施設の一つであった。また一九一三年五月には、ポーゼンのドイツ人入植者協同組合を指導する弟子ヴェーゲナーの副官、フリードリヒ・シュヴァルト（一八八三年―一九五七年）を国内植民問題の専門家として高く評価し、自分の統括する『社会学綱要』（モール社）の分担執筆者に採用している。[542] このようなヴェーバーの言動を踏まえるならば、一九世紀末以来の「文化」の観点からするポーランド人への反撥と、二〇世紀初頭以来のロシヤ情勢を踏まえたポーランド人との和解の必要性の認識とが、彼において並存していたと見るのが妥当であろう。

一九一一年から一九一三年に執筆された『経済と社会』にも、ポーランド問題への言及が見受けられる。これを見ると、ヴェーバーが国際政治の観点からポーランド問題を見るようになっていた様子がよく分かる。「周知のようにこの発展［ロシヤ帝国の関税設定によりドイツ東部の工業生産物をロシヤ西部に輸入するのが不可能になったこと］により、純政治的には不可能なように見えるロシヤ＝ポーランド人のロシヤ帝国理念への政治的加担がありうる話となった。つまりここでは、純経済的に決定された市場関係が、政治的な統合を促したというわけである。[543]」「ドイツ人、イギリス人、アメリカ人、スペイン人、フランス人、ロシヤ人の「国民感情」は、機能の仕方が一様ではない。最も単純な実例を選び出すならば、その規模が経験的に言って「国民」の「理念」とは矛盾する可能性のある政治的団体との関係においてがそうである。この矛盾はきわめて様々な帰結を持ちうる。［……］ドイツ国家団体の内部のポーランド人は、恐らくロシヤ＝ポーランド人とは戦うであろうが、ポーランド人自身の指揮による［エステルライヒの］ポーランド軍と戦うのは困難が伴うであろう。［……］ロシヤ系ポーランド人は、エステルライヒ軍とよりもドイツ軍と戦うときの方が頼り甲斐があるであろう。[544]」後者では、のちに第一次世界戦争で現実のものとなった対戦状況が予想され、しきりにポーランド人の動向が考察の対象になっている。この文章を書いたとき、ヴェーバーはそうした戦いが将来現実化することを、それなりに予感していたのかもしれない。しかしそれが実際に直ぐそこまで迫っていることは、やはりヴェーバーと雖も知らなかったはずである。

第四章　第一次世界戦争での奮闘　一九一四年―一九一八年

第一節　政治的学者の「出陣」

一　国民国家と一体化する個人

一九一四年夏の第一次世界戦争勃発は、多くのヨーロッパ人から停滞を打破する清涼剤として歓迎されたと言われる。この開戦の感激は、かつてはあらゆる人々を巻き込んだ群集心理として語られていたが、昨今ではその地域差、階層差、性別差を指摘することが珍しくない。だがいずれにせよこの熱狂を、無辜《むこ》の民衆を対外戦争へと動員する「民族共同体」の狂気、個人の尊厳への挑戦とのみ解釈してしまうと、ヴェーバーの言動を理解することは難しいだろう。確かに戦争に熱狂し、異論を許さないという雰囲気は、戦争に同意しない個々人の主体性を脅かすという面では、個人の尊厳を基調とする近代政治原理への挑戦だと言える。だが看過できないのは、当該戦争を支持する個々人の主体性は、そうした雰囲気の中で抑圧されるどころか、寧ろ大いに発揮されているという事実である。また当該戦争が専制国家、野蛮国家に対する自由国家、文明国家の防衛・膺懲《ようちょう》戦争と解釈される場合には、開戦の熱狂が個人の尊厳を侵害するものかどうかの判断が一層微妙になる。蓋し個人とは、現実には具体的状況において多種多様な欲求を懐くものであり、当然のように特定の態度を期待できるわけではない。この時期の民族と個人、国家と個人がどのような関係にあったかは、歴史家本人の規範意識とは別個に、個別の事例に即して診断されるべきである。

ハイデルベルクで隠棲中のヴェーバーもまた、開戦の報に感激したヨーロッパ群衆の只中にいた。同時代人の証言によれば、ヴェーバーは「七月危機」から開戦までの時期を、寧ろ暗澹《あんたん》たる気持ちで過ごしていたという。一九一四年六月末、ヴェーバーはフランツ・フェルディナント大公夫妻暗殺の報を聞き、しばしの沈黙の後、「主よ、我等を世界戦争へ突き落とそうとする者どもの愚昧から、我等を護り給え！」と叫んだと言われる(545)。また開戦前最後の日曜日に開かれたヴェーバー邸での茶話会は、対外状勢の悪化を踏まえて重苦しい空気に包まれていたという(546)。ところが開戦直後のヴェーバーは、明らかに愛国心に興奮したドイツ人へと変貌していた。開戦時のハイデルベルクの様子を、マリアンネは感激を込めて描写している。「そのときはやってきた。そしてそれは予想だにしなかった崇高さであった。小さな町での出来事は、確かに外面的にはそれほど大仰なものではなかった。［聖霊］教会と市庁舎との間のマルクト広場には、ほとんど旧市街の小路に住む人々だけが、客目当てに集まっていたに過ぎなかった。荘重な言葉、力強い言葉は響かなかった。人々は黙って立ち尽くし、黙ってそれぞれ分かれて去っていった。しかしそれは、全くもって荘厳なときであった。自己抛棄のとき、みなで一緒に全体へ没入するときである。共同体への熱い愛情が、自我の障壁を破壊したのである。人々は血も体も他人と一体になり、みな親友同士になった。そして親友に奉仕するために、自我を滅却することを決意したのだった(547)。」夫ヴェーバーは開戦の二箇月後に次のように述べている。「この戦争は、どんなにぞっとすることがあるにせよ、やはり偉大で素晴らしいものです。それを体験する価値はあります。――その場にいればもっといいでしょうに。しかし私は残念ながら、戦場では使い物になりません。それが適切な時期に――二十五年前に――行われていたなら、私もお役に立てたでしょうが(548)。」感動の渦の中で、ヴェーバーもまた同胞たちと同じく、ドイツ国民の素晴らしさを謳い上げた。「我々が偉大な文化民族であるということは、すでに試験済みです。洗練された文化の只中に生活し、にも拘らず外で戦争の恐怖に耐えることが出来（セネガルの黒人には朝飯前でしょうけれどね！）、にも拘らず大多数の我が軍兵士がそうであるように本当に行儀よく帰還してくる人間たち――これこそが真の人間というものです。いかに好ましからぬ厚顔無恥な振舞があろうとも、この点を見逃すわけには行きません(549)。」「セネガルの黒人」（植民地出身のフランス軍兵士）とは異なり「文化」水準の高いドイツ人が、日々戦場での苦難に耐えながらも、なお人間としての自尊心を失わずにいるという光景は、ヴェーバーにとって何とも感動的なものなのであった。

ヴェーバーが一九一四年の開戦に感激したのは、この戦争が齎した闊達なる人間性の発露に目を見張ったからである。「その結果がどうなるにしろ、この戦争は本当に偉大で素晴らしいものです。それはあらゆる期待を超えています。期待を超えているのは、戦争の齎す成果ではなく、兵士たちの精神の方です。それはここでも目にすることが出来ました。野戦病院では毎日見ることが出来ます。そして少なくともここでは、とにもかくにも一般民衆の精神が期待以上なのです。」[550]開戦の熱狂に感動した政治評論家ヴェーバーと、人間精神の発達史を分析した社会学者ヴェーバーとは、ドイツ国民国家の人間的基礎への興味という点で共通の基盤に立っていたのである。

こうした興奮状態で、ヴェーバーは長年の盟友ミヘルスとも断交してしまう。一九一三年にイタリア国籍を取得し、トリノを第二の故郷としていたミヘルスは、開戦を機にかつて自分を拒絶した祖国ドイツへの憤懣を晴らすかのような攻撃的言論活動を開始した。三国同盟の一員であったにも拘らず、イタリアはハプスブルク帝国との対立ゆえに中欧列強側に加勢せず、寧ろ対決姿勢を強めつつあった。そのイタリアが一九一五年五月二三日、遂に中欧列強に対して宣戦布告したその一箇月後、ヴェーバーは六月二〇日の書簡でミヘルスの言論活動を批判した。ヴェーバーは二つの祖国を持つミヘルスの難しい立場に理解を示しつつも、彼が協商国側の反ドイツ煽動に同調したことを批判し、ミヘルスには生まれた祖国に対して沈黙する義務があるはずだと主張したのである。ヴェーバーはミヘルスが提唱したエルザス＝ロートリンゲンでの住民投票を、「子供部屋のガラクタ」に過ぎないと一蹴した。住民投票など本気で実行すれば、教皇もローマから、ピエモンテ人もシチリアから追放されるではないかというのである。イタリアに苛立つヴェーバーは、ローマに出現したヴィットーリオ・エマヌエーレ記念堂を酷評し、その悪趣味ぶりはイタリアの同盟違反よりも深刻だなどと毒づいている。[551]しかしヴェーバーの警告は、ミヘルスに翻意を促すものとはならなかった。ヴェーバーは続く九月九日の書簡で、ミヘルスが名前を“Roberto”と表記し、「イタリア人」として言論活動をしていることに神経を尖らせている。[552]「我々は明らかに、もはや分かり合うことはないようですね。」こう言って一〇月二一日、ヴェーバーは更なる激しい応酬の末に、ミヘルスと断交してしまった。[553]のちにミヘルスは、ベニト・ムッソリーニ（一八八三年—一九四五年）のファシスト党に入党することになるが、それはヴェーバーの死から二年を経た、一九二二年のことであった。

もう一人、ヴェーバーが開戦の興奮の最中で断交してしまった友人に、精神的貴族主義の同志である耽美主義的作家シュテファン・ゲオルゲ（一八六八年—一九三三年）がいた。ヴェーバーはフライブルク時代には、リッケルトからの勧めにも拘らずゲオルゲに興味を示さず、また弟子たちのゲオルゲ崇拝にも批判的であった。だがヴェーバーは、神経症後にこれを愛読するようになっていく。ゲオルゲ本人との交流も、ゲオルゲ・サークルの一員でヴェーバー・サークルにも属していたフリードリヒ・グンドルフ（一八八〇年—一九三一年）を仲立ちとして、一九一〇年に始まっていた。ゲオルゲやグンドルフと数々の審美的議論を楽しんだヴェーバーだったが、破局は一九一四年の開戦と共にやってきた。ヴェーバーはこの戦争を、いかに厭わしい側面があろうとも、やはり人間精神の精華であるとして肯定した。けれどもゲオルゲはこの戦争を、世界とドイツ民族との長年の悪弊の帰結であるとし、人間の堕落の象徴であると切り捨てた。こうしてヴェーバーとゲオルゲとは、次第に疎遠になっていったのである。なおのちにゲオルゲは、第三帝国体制においてその理論的先駆者として称揚されたが、当の本人は最後までそうした秋波に応じようとはしなかった。[554]

二　プロイセン陸軍への出仕

開戦翌日の八月二日、以前からプロイセン陸軍後備役中尉としてハイデルベルク地区司令部に登録していたヴェーバーは、自ら志願してハイデルベルクの予備野戦病院委員会の一員としての勤務を開始した。こうしてヴェーバーは、ハイデルベルク在住のまま軍務に就くこととなったのである。なおハイデルベルクはバーデン大公国の一都市であるが、帝国建設までにプロイセン、バイエルン、ヴュルテンベルク、ザクセンの四王国以外のドイツ領邦は独自の軍隊を拋棄したので、バーデン大公国には「プロイセン王国陸軍・第一四軍団」が配置されていたのだった。

ヴェーバーにとってプロイセン陸軍への出仕は、長年の病苦からの一抹の解放をも意味していた。ヴェーバーはハイデルベルク大学での教育活動から身を引いて以来、徐々にその文筆活動を再開させてはいたが、彼の体調が完全に回復していたわけではなかった。ところがこの戦争がヴェーバーに、期せずして気分転換の場を提供したのである。ヴェーバーは休日返上で任務に邁進する中で、鬱屈した精神状態から幾分なりとも解放されていったのだった[555]。もっとも熱烈な愛国者ヴェーバーは、将校として前線に出ることもなく、銃後に残留せざるを得ないのを遺憾に思っていた。ヴェーバーの弟たち、アルフレート、カール、アルトゥールがみな戦場に赴いて将校として陣頭指揮を取っていただけに、銃後での勤務は長男の彼にとって無念なことであった。ヴェーバーは母にこう書いている。「恐らく私は、母上の息子の中で一番好戦的な性格をしているでしょう。この――何はともかく――偉大で素晴らしい戦争という運命や体験を、私の場合はここ事務室で味わい、それらはこのように、「私のもとを通り過ぎて」行ってしまいます。そのことについては、さて置くとしましょう――人生というものはやはり幾度となく、人生を送ることに価値が生まれるような多くのものを齎《もたら》してくれるものなのですね[556]。」

ただこの病院勤務は、ヴェーバーに神経症とは別種の苦痛を齎すことにもなった。ヴェーバーが陸軍野戦病院での勤務を開始したということは、結局のところ彼が武官として、プロイセン官僚制に編入されたことを意味する。シュトラスブルクの兵営で日々の労苦に愚痴を零していた一年志願兵ヴェーバーは、凡そ三十年後に後備役将校としてハイデルベルクで任務に就いたこのときにも、軍隊での共同作業への苦痛を訴えるようになっていくのである。野戦病院におけるヴェーバーは、朝八時前には事務所に現れ、それから十三時間に亙って労働し、ときには日曜日も返上した[557]。それはなるほど当時の、特に戦時の労働条件としては、著しく厳しいとは言えないかもしれない。このころ前線に出ていた実弟・義弟たちは、日々生命の危険と隣り合わせだったのである。だが大学教授という自由度の高い職種に属し、しかも十五年ほどに亙って休養生活を送っていた「高等遊民」ヴェーバーにとって、やはりこうした勤務形態はかなり骨身に堪えるものだったに違いない。

とりわけ問題だったのは、ヴェーバーのような神経質な人間には、病院管理のような組織的業務は向いていないということであった。マリアンネはバーデン大公国の首都カールスルーエの宮内官が掛けて来た電話を、ヴェーバーがハイデルベルクの担当官として受けたときの様子を紹介している。（宮内官）「戦傷者［複数形］の様子はいかがですか。」（ヴェーバー）「どの戦傷者のことですか。」（宮内官）「いや――みなさんのことですが。」（ヴェーバー：皮肉を込めて）「ああ、大変結構ですよ。」（宮内官）「大公妃殿下からそちらをお尋ねしてもよろしいかとの御下問がありましたが。」（ヴェーバー）「私は反対ではありません。でも私には誰かを案内するような時間などありませんよ。」結局この件は、同僚の軍医少佐がヴェーバーから事の仔細を聞いて憤慨し、宮中に謝罪と歓迎の返答をして収拾されたという。マリアンネはこの逸話を、ヴェーバーが「不要な妨害」を撥ね除けた例として、いわば痛快な反骨武勇伝の一つとして紹介しているのだが[558]、それは同時に彼が野戦病院内で遊離していたことを示す証言だとも言える。ドイツに限らず、一般に君主国で士気高揚のために支配家系のものが軍隊を慰問するのは通例のことであり、自ら志願して軍隊の一現場官吏となったものが、自分が多忙だというだけの理由で相手の実務担当者に無礼な対応をしたり、「どの戦傷者のことですか」と揚げ足を取ったりするのは、やはり尋常なことではない。特にバーデン大公家は民衆に近いとして臣民の間で人気が高く、一九一八年一一月のドイツ革命の際にも君主制の崩壊が一四日まで遅延したほどであって[559]、大公妃の行啓が戦傷者たちに歓迎された可能性は高かったと思われる。しかも他ならぬヴェーバー本人が、革命後の一九一八年一二月には同家を懐かしんでこう述べているのである。「王朝への活き活きとした思慕の情が、将来どのような役割を果たしていくのかは、ここでは論じないでおきましょう。我々はそうした心情に忠実でした。それは歴史的記憶に由来することであり、バーデンにおいては当地の王朝の民衆への近接さや堅実さゆえのことでもありました[560]。」日々の仕事に忙殺されて神経質になっていたのか、あるいは年来の「市民層の封建化」への反撥がそうさせたのかは判然としないが、いずれにせよこの逸話は、ヴェーバーを巡る病院組織内の微妙な人間関係を垣間見せるものとして興味深い[561]。

勤務開始から五箇月後の一九一四年の年末、職場に苛立つヴェーバーは遂に辞表を提出するが、このときは結局慰留された。辞意表明の理由は労働による疲弊ではなく、人間関係、つまり「軍人の同僚が現役に復帰して彼［ヴェーバー］の上官になったこと」だったと言われる。それまでの同僚に上官として指図されるのを忌避するというのは、自尊心の強いヴェーバーらしい行動である。プロイセン陸軍当局はヴェーバーの辞職を回避しようと、ここで何らかの解決の道を見出したと言われる。マリアンネはその内容について具体的には語ろうとしないが、ヴェーバーは一〇月二〇日に勲一等ツェーリンゲン獅子章を授与され、更に辞表提出から約一箇月後の一九一五年一月二七日には陸軍後備役大尉へと昇進しているので、あるいはこうした顕彰行為が、彼を陸軍に慰留するための緊急措置だったのかもしれない。[562]

もっとも野戦病院での業務には、ヴェーバーの特技を生かす余地もあった。第一に、収用された傷病兵の間での規律（アルコール摂取に関連することなど）の維持である。この「禁欲的」業務は、ヴェーバーには相応しいものであったと言えよう。ヴェーバーはこの仕事を通じて、日々の罰則事に煩わしさを感じつつも、全体的にはドイツ軍は大変規律正しい集団であるという印象を持つようになっていった。第二に、収容者を対象にした様々な授業の提供である。これは速記術やフランス語のような「専門授業」から、歴史学、戦争地理学、経済関係のような「一般教養」まで、多様なものを用意していた。[563] マリアンネによれば、ヴェーバーは地味な灰色のプロイセン軍の野戦用軍服を着用して教壇に立ち、貨幣制度やドイツ、ロシヤの農業構造について講義を行ったという。[564] ヴェーバーは一九一五年三月の書簡で、自分の仕事内容を野戦病院の「統治」(regieren) だと表現しているが、[565] そこには彼の職務に対する意識が顔を覗かせている。

なおこの野戦病院勤務は、ヴェーバーにドイツ官僚制というものを間近で目撃する一つの契機を与えた。（ドイツの）官僚制はきわめて効率的であるが、個人の主体性を抑圧するという両義的な評価がヴェーバーの「官僚制」論の特徴であったが、前段、つまり（ドイツの）官僚制の有能さの確信は、この病院勤務によって格段に強化されたのである。ヴェーバーは当初自分たち素人軍人が悪戦苦闘していた病院管理が、専門の軍事官僚たちによって整然と処理されていく様子に驚嘆したのであった。[566]

やがてハイデルベルクで日夜格闘しているヴェーバーのもとに、東方から次々と悲報が届くようになった。戦争開始から数週間後、早くもヴェーバーの末妹リリの夫で、建築家のヘルマン・シェーファー（一八七一年—一九一四年）がタンネンベルクの戦いを前に戦死する。[567] 一九一五年になるとヴェーバーのハイデルベルクの同僚で、ガリツィア出身のユダヤ教徒であった哲学者エミール・ラスク（一八七一年—一九一五年）が、ヴェーバーによれば「ガリツィアの荒野で野蛮人と戦って」戦死した。[568] 最後にヴェーバーの実弟で、ハノーファー工科大学の建築学教授であったカール・ヴェーバー（一八七〇年—一九一五年）が、同じく東部戦線で戦死したのだった。[569]

二〇世紀の戦争は、銃後のヴェーバーが夢想していたような胸躍る冒険ではなかった。それはもはや勇猛果敢な戦士たちの一騎打ちではなく、人間の個性を問わない大量殺戮でしかなかったのである。機関銃、毒ガス、戦車などの発達によって、個々の将兵が英雄的な武勲を立てる余地はますます縮小していった。「赤い男爵」リヒトホーフェン（一八九二年—一九一八年）[570]の飛行機部隊が、中世の騎士道精神を現代に髣髴《ほうふつ》とさせたとしても、地上戦で人間の個性が雄々しく発揮される場はもう限定されていたのである。その峻厳な現実は、やがてヴェーバーにも意識されるようになっていく。哲学者ラスクの戦死に関してヴェーバーが殊に慨嘆したのは、この高潔な人物が無差別殺戮の犠牲となり、匿名の一兵士として死んでいかなければならなかったということであった。[571]

病院勤務中のヴェーバーは、ある親友（トレルチュか）とも断交してしまった。その契機となったのは、ドイツ軍の野戦病院に収容されたフランス兵捕虜の扱いに関する紛争であった。当時巷では捕虜取り扱い問題が重要な論点であったが、ヴェーバーもフランス軍捕虜となったドイツ将兵の受ける待遇を考慮して、ドイツ軍野戦病院で傷病フランス兵を鄭重《ていちょう》に扱うよう提唱し、またフランス人を妻とするエルザス出身の同僚（ロマンス言語学教授ハインリヒ・シュネーガンス（一八六三年—一九一四年）か）や、スイス出身の同僚（法学教授フリッツ・フライナー（一八六七年—一九三七年）か）にも、傷病フランス兵の慰問を許可した。けれどもヴェーバーとは別な野戦病院の管理に従事していたこの親友は、このエルザス出身の同僚が自分の病院のフランス傷病兵の慰問に来たときに、猜疑心から軍人一人を同伴させるという措置に出た。この顛末を聞いて激怒したヴェーバーは、そこでこの親友と絶交したのである。[572]

一九一五年九月三〇日、ヴェーバーはハイデルベルクの陸軍野戦病院委員会の解散を契機に軍隊勤務に終止符を打ち、ここから徐々に政治評論活動に傾倒していくことになる。ヴェーバーは、陸軍当局が彼など委員会旧職員の再就職先に苦慮していると聞きつけて自ら辞表を提出したとしているが、すでに一九一四年のうちに一旦辞意を表明し、病院業務にも興味を失っていた彼としては、寧ろ渡りに船だった面もあるだろう[573]。一九一五年九月三〇日にハイデルベルクの野戦病院を去ったヴェーバーは、まずはドイツ軍占領下のブリュッセルに現れた。ブリュッセル行きについては、すでに年頭にヤッフェから数日間の勧誘を受けており[574]、一九一五年六月・七月にもすでに一度訪問していたのである[575]。とはいえヴェーバーは、ブリュッセルで社会政策に関する職務に就くことを希望していたにも拘らず、結局はそれを果たせなかった[576]。続いてヴェーバーは、一九一五年一一月一七日から一二月一八日・一九日にかけてベルリンに滞在し[577]、すでに二年前には執筆が終って『社会科学・社会政策雑誌』への発表が進んでいた「ヒンドゥー教と仏教」に関する補充的な史料蒐集を行ったが、このときにもヴェーバーには帝都ベルリンで政治の息吹を嗅ぎたいという漠然とした希望があった[578]。だがベルリンでの現実政治への参加も期待したほどの成果はないままに終ったので、ヴェーバーはシャルロッテンブルクの実家で鬱々と毎日を送り、不満だらけだった病院時代を「楽しい」日々として回顧するまでになってしまう[579]。結局ヴェーバーが政治の表舞台に登場したのは主に政治評論家としてであり、その活動は一九一五年一二月二五日『フランクフルト新聞』への論文「ビスマルクの対外政策と現在」の掲載をもって始まったのである。

第二節　戦争目的論の展開

一　戦争目的論争の勃発

多くの人々の一生を左右する戦争は、いつも何らかの形で道義的正当化が図られるものである。その点では、帝国主義列強の角逐である第一次世界戦争も、冷戦終焉後に拡大しつつある「ならず者国家」への膺懲戦争も、基本的に変わりはない。もし我々が、パリ講和会議で「戦争違法論」が確立する以前は、好戦的な「官憲国家」の「支配層」が勝手気儘に武力行使を決定でき、平和愛好的な一般民衆が苦悩しつつも唯々諾々と従わざるを得なかったと考えるなら、それは大きな間違いである。「長い一九世紀」においても、戦闘行為は原則的として「最後の手段」であり、その発動には何らかの説得的理由を提示することが求められていた。そうすることが国内の結束を固め、国外に無用に敵を作らないためにも必要だったのである。そこで戦時に勃発するのが、「戦争目的」(Kriegsziel) 論争であった。「戦争目的」論争とは、すでに勃発した戦争をどのようなものと解釈し、それにどう決着を付けるかに関する論争である。総力戦時代の幕開けを告げる第一次世界戦争は、参戦各国で華々しい戦争目的論争が展開されたことでも知られている。

「城内平和」の名のもとに国内党争が抑制され、一九一六年一〇月まで公式には戦争目的論争が検閲によって禁止されていたために、ドイツの戦争目的論争は複雑な様相を呈していた。当時の議会の議事録や各党派の定期刊行物などからは、皇帝や帝国指導部が諸政党を、右派が左派を、左派が右派を賞讃するという具合に、それまでの激しい党争がまるで嘘のように相互に協調ないし迎合していた様子が見て取れる。とりわけ一九一八年八月四日、ベルリン王宮「白堊《はくあ》の間」での帝国議会開会式では、ヴィルヘルム二世の勅語「私はもはやいかなる党派も知らない。私が知るのはドイツ人のみ。」に感激して、参列した全党派が皇帝に祖国への忠誠を誓い、バイエルン王国公使レルヒェンフェルト伯爵の発声で「万歳」(Hurra) を三唱したあと、最後に国歌を斉唱するという、「城内平和」を絵に書いたような光景が現出した。また八月二九日には、「帝国反社会民主党連盟」が「城内平和」体制に鑑みて活動停止を宣言している。(580) しかし「城内平和」体制の分析で重要なのは、公の場で展開された阿諛追従《あゆついしょう》の裏で、内緒話として行われた激しい応酬である。当時の官庁史料を繙けば分かるように、戦争目的に関して忌憚のない見解を記した学者や実務家の個人的意見書が、帝国指導部の各省庁には大量に提出されていたのだった。勿論書面で残らない個人同士の接触も、枚挙に暇がなかったことだろう。こうした状況下で政治評論家ヴェーバーも、当時の帝国指導部に献策しようとした多くの知識人、彼自身の揶揄するところの「文士たち」(Literaten) に、戦争二年目から自ら名を連ねたのであった。

一九一六年前後のドイツの戦争目的論には、大きく分けて三つの潮流があった。第一の潮流は平和主義である。これはドイツ国民国家の利益追求という発想自体に疑問を提起する潮流であるが、現実に国家間の戦争が展開されている状況においては非常に限定されており、しかも「帝国主義戦争」の根源を内政の抑圧性に還元する社会主義系（独立社会民主党及びスパルタクス団）と、これに必ずしも与しない非社会主義系（ルートヴィヒ・クヴィッデ（一八五八年—一九四一年）やフリードリヒ・ヴィルヘルム・フェルスターら）とに分裂していた。第二の潮流は穏健ナショナリズムである。彼らはドイツ国民国家の利益を追求するという原則には異論がないが、実践的ないし道義的理由により急激な領土拡張には慎重な姿勢を示していた。この集団には進歩人民党や多数派社会民主党の議会政治家が属していたほか、帝国宰相・プロイセン首相テオバルト・フォン・ベートマン・ホルヴェーク（一八五六年—一九二一年）も概ねこの路線を採っていた。団体としては、「名誉ある講和のためのドイツ国民委員会」、「自由と祖国のための人民同盟」などがある。第三の潮流は急進ナショナリズムである。彼らは国防条件改善のためとして、積極的な領土拡張を希望していた。この集団にはドイツ保守党、自由保守党（帝国党）、国民自由党（特にグスタフ・シュトレーゼマン（一八七八年—一九二九年））、中央党（特にマティアス・エルツベルガー）の議員が多く見られたほか、「全ドイツ連盟」（議長ハインリヒ・クラース（一八六八年—一九五三年））、「ドイツ的講和のための独立委員会」（議長ディートリヒ・シェーファー）のような民間ナショナリズム煽動団体、工業利益団体、農業利益団体が所属していた。そして戦争指導を担う軍部は、この路線の最大の後見者であった。なおこの急進ナショナリズム勢力は、一般に「全ドイツ派」と総称されることが多い。これは当時「全ドイツ連盟」の存在が印象的だったからだが、実際には「全ドイツ連盟」内に限定された運動ではなかった[581]。

ヴェーバーはこのうち穏健派ドイツ・ナショナリズムの潮流に属していた。ヴェーバーは平和主義に加担しない旨を明言していたが、平和主義の「心情倫理」の観点から見た純粋さに一定の敬意を示してもいた。これに対し開戦前から「純動物的愛国政治」を批判していたヴェーバーは[582]、「全ドイツ派」に厳しい批判を浴びせかけたのである。

二　第一次世界戦争の考察

ヴェーバーが開戦直後にどのような情勢判断をしていたのかは、いまのところ厳密には分からない。当時病院管理に忙殺されていたヴェーバーは、目を通すのは野戦病院の業務日誌だけだったと言われ、すでに引用した開戦への感動やベルギー旅行の感想などを除外すると、戦況についての論評を残していないのである。このころのある書簡でヴェーバーは、多忙な余り「戦争について態度表明する」欲求を懐くことすら出来ないと告白している。[583] プロイセン軍第一四軍団の病院関係書類には、しばしば軍事官僚ヴェーバーの筆跡が登場するが、いずれも日常業務に関わる事務的、断片的な記述に過ぎない。戦争に関するヴェーバーの見解は、結局一九一五年九月三〇日の除隊ののちに、初めて公にされたのである。ただマリアンネによれば、ヴェーバーはすでに開戦当初から周囲には「悲観主義者」と見られており、東方でも西方でもドイツの併合主義を誡めていたという。ヴェーバーはドイツ軍のベルギー侵攻に歓喜したが、その結果起きたイギリスの参戦については深刻な危機とし、「我が国の外交の恐るべき無能」を呪ったと言われる。[584]

そもそもヴェーバーにとって、国際政治とは国家間の権力闘争に他ならなかった。ちなみにこの国際政治観は、ヴェーバーにとっては悲観的なものではない。何故ならそれは、ヴェーバーにとっては別段遺憾な事態ではなかったからである。ヴェーバーの権力闘争志向の国際政治観は戦争勃発でより鮮明になったが、基本的には青年期から最晩年まで一貫していた。ヴェーバーにとって国際政治の主体は国家であり、その国家同士が角逐を繰り広げているのが現実である。ツィンマーヴァルト宣言のように平和を願う「非抑圧階級」の国際的連帯に期待したり、平和学者のように「相互依存」による戦争の無意味化を主張したりということは、ヴェーバーには無縁であった。前述のようにヴェーバーは『ロシヤ報知』への投書（一九〇九年）において、独露両国の権力者たちへの憤激の余り、「民衆と民衆との」連帯を口にしたこともあったが、そうした議論は戦争勃発で跡形もなく掻き消された。クヴィッデらの主催するハイデルベルクでの平和主義者の会議への出席を要請されても、ヴェーバーはその話題すら拒否したと言われる。[585] 一九一五年秋に、ナウマンやマリアンネの盟友ゲルトルート・ボイマー（一八七三年―一九五四年）が、ヘレーネ・ランゲ編集の女性運動雑誌

『女性』で、キリスト教倫理と祖国愛との狭間で苦悩しつつも、結論としてはドイツ帝国の戦争指導を肯定したとき、すでに青年期からチャニングとの関連でこの問題に取り組んできたヴェーバーは、ボイマーをスイスの女性運動家ゲジーネ・ノルトベックの平和主義的批判から擁護しつつ筆を執った[586]。ヴェーバーはここで「山上の垂訓」の徹底した体現者としてトルストイを挙げ、自分がその対極に立つことを宣言したのである[587]。戦争末期の一九一七年から翌年にかけて、ヴェーバー・サークルに社会主義、平和主義を呼号するエルンスト・トラー（一八九三年―一九三九年）らの学生たちが顔を出して来たときにも、ヴェーバーはドイツ人として平和主義を煽動する時機は到来していないと断言した。ヴェーバーによれば、ドイツの国民的自己主張の意志はまだ挫かれておらず、国外で戦闘に従事している兵士たちに困難な義務への嫌悪感を与えてはならない。ただこの戦争がどの国民にも成果がなく意味を喪失していくのなら、平和運動もその地歩を固めていくことになるだろうとしたのである。ヴェーバーが革命勃発直前の一九一八年晩秋、フランクフルト・アム・マインの小サークルで平和主義について議論した際にも、若者たちがキリスト教倫理の誡律全てに従う場合には、ヴェーバー自身は彼らの敵であると言明している。ヴェーバーは彼らに、キリスト教倫理に従い自分の敵となるか、キリスト教倫理と対決して自分たちと共に歩むかの二者択一を迫ったのである[588]。

もっともこのころのヴェーバーには、周囲の平和主義批判の潮流には一線を画そうとするところもあった。戦争前の一九一一年一一月三日、『フランクフルト新聞』はフライブルク大学の竣工式の様子を告発した、ある書簡を掲載した。それによると、この式典で副総長エルンスト・ファブリツィウス（一八五八年―一九四二年）が平和運動を嘲笑し、これに呼応した列席の陸軍中将ベルトルト・フォン・ダイムリング（一八五三年―一九四四年）が、平和運動家は民族を「去勢」し「政治的宦官」にする輩だと罵倒したという。ゲオルク・フォン・ベロウ（一八五八年―一九二七年）、フリードリヒ・マイネッケ（一八六二年―一九五四年）、ハインリヒ・リッケルト（子）（一八六三年―一九三六年）らフライブルクの教授たちは、学生と同席する祝典で愛国心を鼓吹するのは大学教官の権利であり義務であって、それを萎縮させようとする『フランクフルト新聞』の報道は許せないという声明を、同年一一月九日に同紙に掲載した。この声明に関して内々に意見を求めてきた『フランクフルト新聞』の編集人（リッケルト門下生）ハインリヒ・ジーモン（一八八〇年―一九四一年）に対し、ヴェーバーはドイツにおける『フランクフルト新聞』の価値を高く評価する立場から、フライブルクの教授連の感情的反撥に疑問を呈した。その上でヴェーバーは、自分が平和主義とは一線を画していることは明言しつつも、ヴィルヘルム二世のディレッタンティズムこそがドイツの対外政策にとっての脅威であると述べたのだった。[589]

ヴェーバーは国際的権力闘争において、あらゆる国家がその主体たり得ると考えていたわけではない。人口が多く権力闘争を意識して組織された国家――ドイツ、フランス、イギリス、ロシヤ、アメリカ、エステルライヒ、イタリア――のみに、ヴェーバーは国際権力政治における特別な使命を認めた。その使命とは、将来の世代のために自分の「文化の独自性」を維持するというものであった。ヴェーバーによれば、スイスのような小国とは異なり、ドイツのような大国には（ロシヤ、イギリス、フランス、アメリカに対抗して）この「文化の独自性」を維持する「歴史の前での責任」があり、それは「いかなる平和主義的なお喋り」によっても変更不可能な「運命」なのだった。[590] 更にヴェーバーは、安易な膨張政策には懐疑的であったとはいえ、こうした大国が弱肉強食の国際権力政治の中で一定程度の膨張意欲を有するのは当然なことであるとも考えていた。そのことは、ヴェーバーの次の発言に現れている。「確かにエステルライヒはあらゆる大国の中で最も膨張欲がない大国であった。そしてまさにそれゆえに――これは容易に見落とされることだが――最も脅かされていた大国だったのである。」[591] これに対しヴェーバーは、国際権力政治への参入を拋棄した小国には「素朴な市民の道徳」、「真のデモクラシー」などを実現できるという別種の意義があるとして、自分にはそうした小国を軽視する意思のないことを強調している。ただヴェーバーがそこで想定した「小国」とは、スイス、デンマーク、オランダ、ノルウェー、スウェーデンといった西北部ヨーロッパの中小国であり、しかもドイツ軍占領下のベルギー、ルクセンブルクは除外されていた。[592]

ヴェーバーは第一次世界戦争を分析するに当り、視野がほぼヨーロッパに限定されていた。同時期に発表されたヴェーバーの「儒教と道教」、「ヒンドゥー教と仏教」などを読んだものなら、あれほどアジアの歴史に造詣の深い彼が、政治評論家としてはアジアに無関心であったということを意外とするかもしれない。これは主としてドイツ帝国がヨーロッパを主戦場としていたためであろうが、ヴェーバーの視点がそもそも西洋中心主義的であったことにも由来していると思われる。例えばヴェーバーが挙げる大国には、ヨーロッパとアジアとに跨《また》がるドイツの同盟国トルコは含まれていない。ヴェーバーは十二歳のときに、オスマン帝国と交戦中のセルビア侯国、モンテネグロ侯国を応援したことがあったが[593]、概してバルカン情勢には関心が薄かった。またヴェーバーは、東アジアにおけるドイツの交戦国日本や、ドイツが他の列強と侵蝕していた中国なども大国には入れておらず、その政治情勢を探究した形跡もない。ヴェーバーは日本（一九一四年）及び中国（一九一七年）の対独宣戦布告を、ヴィルヘルム二世の軽率な「黄禍論」への応答であるとして、きわめて安易に片付けていた[594]。

ヴェーバーは第一次世界戦争の勃発を、漠然とは予想していた。ヴェーバーはすでに一九一一年、七月の第二次モロッコ事件におけるドイツの失敗を遺憾とし、自分は『フランクフルト新聞』以上の強さで「冷静で不退転の決意を持った対外政策と軍備拡張」を願っていると断言している。その上で、ヴィルヘルム二世に不信感を懐いていたヴェーバーは、この君主のもとでドイツに不利な戦争が始まることを恐れていたのだった[595]。一九一三年四月に帝国議会での審議が開始された軍拡法案についても、ヴェーバーは税負担の増大には嘆息しつつも、「政治家としては」これを望まずには居られないと明言していた[596]。

ヴェーバーはドイツ輿論が、この戦争に過大な期待を懐くことを誡めた。ヴェーバーはこの戦争をドイツ側が開始したものとは認識しておらず、この戦争によってドイツが権益を拡大するべきだという急進ドイツ・ナショナリズムの議論には猛烈に反撥した。ヴェーバーは穏健ドイツ・ナショナリズムに絶対的な確信があったので、急進ドイツ・ナショナリズムが却って「城内平和」体制を動揺させることになると危惧していた。例えば一九一六年七月二七日、ベルリン大学教授シェーファー、ギールケ、ヴァーグナー、ラインホルト・ゼーベルク（一八五九年—一九三五年）、ヴィルヘルム・カール（一八四九年—一九三二年）、エドゥアルト・マイヤー（一八五五年—一九三〇年）、ウルリヒ・フォン・ヴィラモーヴィッツ＝メレンドルフ（一八四八年―一九三一年）がドイツ国民に「我慢」を訴える声明を『フランクフルト新聞』朝刊に発表したとき、ヴェーバーは同紙の翌日朝刊で皮肉交じりにこう反論した。そのように「我慢」、「我慢」と声高に連呼したり、帝国宰相ベートマン・ホルヴェークの「弱腰」を攻撃したりすることで、却ってドイツ「城内平和」体制の破綻ぶりを協商国側の前で白日の下に晒すことになってしまうのだと。(597)「ドイツ的講和のための独立委員会」議長で、かつてハイデルベルク大学の上司であったシェーファーには、ヴェーバーは特に苛立ちを強めていた。「状況は確かに深刻です。ディートリヒ・シェーファーらのような連中の不埒《ふらち》なお喋りはいい加減に止めるべきです。(598)」一九一七年八月にケーニヒスベルクで急進ドイツ・ナショナリストたちが「ドイツ祖国党」に結集したときも、「人民の声」を僭称し、他の同盟国がドイツの領土拡張のために戦う用意がないことを理解せず、内政改革の妨害を真の目的とする団体だとして、ヴェーバーはこれに憤懣を隠さなかった。ヴェーバーによれば、全ドイツ派は議会主義を危惧する余りイギリスを憎悪し、ロシヤに迎合するという具合に、内政上の立場を外政上の方針に反映させているのだという。(599)こうしたヴェーバーの全ドイツ派批判を、全ドイツ派側が甘受するはずがなかった。全ドイツ連盟は一九一六年年末に、その機関紙『全ドイツ広報』で、ヴェーバーがイギリスのボーア戦争へのドイツの介入を批判した一節を取り上げている。そこではヴェーバーが、ドイツの公式の外交政策であったトランスヴァール共和国支援を「無計画な心情政治」と看做したこと、またヴェーバーが連盟結成以前に行われたアフリカの植民地獲得を「全ドイツ的産物」と呼んでいることが事実誤認と批判された。その上で連盟は、ヴェーバーには「教育と家庭での躾」が不足しているとし、「その学問的業績など誰も全く聞いたことがない」彼に、まずは「政治のイロハ」から学ぶようにと指示したのだった。(600)

ヴェーバーは、ドイツ帝国が三協商国全てと同時に対決する形式で、この戦争が展開しているという状態を大いに危惧していた。かつてランケは、七年戦争に勝利したフリードリヒ大王を称揚しつつ、「強国」とは全ての強国を一度に相手にしても持ち堪えられるような国家のことを言うのだと定義したが、(601)実戦の只中にいるヴェーバーには、ドイツの孤立無援ぶりをそのように讃美する余裕などあろうはずがない。ヴェーバーは、この対独包囲網を是非とも解体させせなければならないと考え、西欧列強との和解、アメリカ合衆国の参戦防止、ロシヤとの対決という三つの目標を呈示したのであった。(602)

ヴェーバーが切望したのは、ドイツが戦後も他の世界列強と対等の立場で「世界政策」を遂行し得ることであった。ここで言う「世界政策」とは、ドイツが世界列強としての地位を確保すること、つまり世界大の国際問題に対等の発言権を確保することを意味していた。こうした自分の思いを、ヴェーバーは„Herrenvolk"という概念に託している。(603)ちなみにこの概念は、一般には「主人民族」などと訳され、ドイツ・ナショナリズムの傲岸不遜、ドイツの世界支配への野望の象徴として紹介されている。しかしヴェーバーの場合、この訳語は適切ではない。ヴェーバーの見るところドイツは、「西欧」という世界のエリート・クラブの正会員として敬意を払われるべき存在ではあるが、それはドイツのみが全世界の支配者たるべきだということとは違うのである。従って„Herrenvolk"は、「名士民族」、「ジェントルマン民族」、「エリート民族」などと訳されるべきなのである。ヴェーバーは、敗戦となった場合にはそもそもドイツの世界列強としての地位が剝奪され、「賤民民族」(Pariavolk) へと転落する虞があることを大いに危惧してもいた。(604)

国際権力政治におけるドイツ帝国の立場について考察するに際し、ヴェーバーは国家の軍事的能力だけでなく、戦争の道義的解釈もまた、戦争の帰趨そのものを左右しかねない重要な要因であるという認識を有していた。ヴェーバーはこのような道義的解釈が国際権力政治で発揮する権力を「理念的権力」と呼び、これを「軍事的権力」の効果と同様に考察の対象としている。(605)このような国際権力政治における道義的解釈の影響力へのヴェーバーの強い関心は、やはり彼が常にアングロ＝サクソン圏を意識してきた政治評論家であったことと無関係ではないだろう。ヴェーバーは西欧列強がドイツの「軍国主義」、「侵略主義」を指弾し、(特に高度に発達したイギリスの) 報道機関で西欧列強側の「道徳的使命」を世界に宣伝していることを大いに不快とした。ヴェーバーは、ドイツと西欧列強との戦争に関しては道義的な戦争解釈そのものを拒否し、それを努めて清廉潔白な騎士同士の正々堂々たる決闘として解釈しようとした。ところがヴェーバーは、ドイツのロシヤに対する戦争を論じる場になると、「文明」の「野蛮」に対する戦争という図式を強調し、戦争の道義的解釈を自ら喧伝して憚らなかった。つまり戦争の道義的解釈に関して、ヴェーバーは東西で完全に「二重の基準」を採っていたのである。このようなヴェーバーの論法は、ドイツの敗戦で西欧戦勝国から開戦に関するドイツ単独責任説が喧伝されるようになると、応戦のためにますます顕著になっていくのだった。

ヴェーバーの列強観は、国際権力政治論と比較政治文化論との二重構造になっている。国際権力政治論とはドイツの合従連衡についての戦略的思考であり、比較政治文化論とは各国家の政治的・文化的内情についての考察である。ヴェーバーは各国家の軍事力を、その国の人々の「文化」水準から推測する傾向にあった。ヴェーバーの見るところ「文化」の高い人間たちによって構成された国家の軍事力は強靭で、「文化」の低い人間たちによって構成された国家の軍事力は脆弱なのである。言うまでもなく双方の議論は、決して相互に無関係ではない。ヴェーバーはまず比較政治文化論によって各国家の軍事力を測定し、その成果をもとに国際権力政治論でドイツの同盟戦略について議論したのである。

三　西欧列強との和解

ヴェーバーは第一次世界戦争以前、イギリス政治への憧憬を強く懐いていた。それは何よりもイギリスが世界帝国を構築したという実績に起因するものである。ヴェーバーの見るところイギリスの強さは、その絶妙の混合政体にあった。ヴェーバーは議会に政治の実権を委ねながら、高所からの監督は怠らないという「影響力の王制」に、ドイツ君主制が将来進むべき道を見ていたし、依然として広大な所領を維持して資本主義の荒波に右往左往していないイギリス貴族に、プロイセン・ユンカーの本来あるべき姿を見ていた。ヴェーバーはそうしたイギリスの状況をことあるごとに紹介し、これと比較してドイツの状況を概嘆するという行為を繰り返していたのである[606]。

ヴェーバーのイギリス政治への憧憬は、すでに「プロテスタンティズムの倫理と資本主義の「精神」」において十二分に表現されていた。ヴェーバーは、敬虔なプロテスタンティズムの環境から偉大な資本主義的経営者が生まれたことを指摘し、例としてイギリス帝国主義の象徴セシル・ローズ（一八五三年―一九〇二年）を挙げている。またヴェーバーは、シャルル・ドゥ・スゴンダ＝モンテスキュー男爵（一六八九年―一七五五年）が『法の精神』におけるイギリスに「敬虔、商業、自由」の進展に注目していたことにも言及していた。更にヴェーバーは、自由党のイギリス首相ウィリアム・グラッドストーン（一八〇九年―一八九八年）の政治的業績に、宗教の内部から生まれた輝かしい反権威主義の精神を見出していた。[607]

第一次世界戦争においても、ヴェーバーが西欧列強との和解を語る際、主として念頭に置いていたのはイギリスであった。ヴェーバーによればイギリスとの和解は、必要なだけでなく、現実に可能であった。というのもロシヤ、フランス、イタリアの政府が戦果について自国民に大言壮語した結果、戦争を止められない状況にあるのに対し、イギリスにはそのような内政上の不都合がないように見えたからである。[608]ヴェーバーはフランスよりも反ドイツ的な雰囲気の希薄なイギリスに、ドイツ側が非常な反撥を露わにすることを「感情の政治」であると非難し、またそもそもドイツがイギリスに対抗して海上帝国を目指すなどということは不可能であると指摘した。[609]更にヴェーバーは、イギリスを模範としてドイツの政治を酷評するという戦前からの基本方針を、戦争中も一貫して踏襲していた。イギリスの議会主義的君主制についてのヴェーバーの肯定的評価は戦争中も変わることがなく、ドイツ貴族に絶望していた彼はイギリス貴族に国事に献身する理想の政治階級を見ており、世界に君臨する大英帝国の担い手へと成長したイギリス議会には強烈な憧憬を懐いていたのである。[610]

とはいえヴェーバーは、イギリスが列強角逐におけるドイツの競争相手であることは意識し、その対外政策を批判的に観察していた。ドイツの建艦政策へのイギリスの「俗物市民」、「世界政治家」の過剰反応を非難し、イギリスが海上で享受している特権的地位に苦言を呈する点では、ヴェーバーはドイツの他の反英論者と軌を一にしている。[611]そしてこの戦争の課題として、ヴェーバーはイギリスにドイツの世界政治における存在感を思い知らせることを挙げ[612]、一九一六年五月三一日のスカーゲラク海戦に際しては、ドイツ帝国海軍の勝利を喜ぶ余り、その記録映画まで見に行こうとしたほどであった。[613]海戦から一週間後の六月五日には、ヴェーバーは滞在地ヴィーンで次のように綴っている。「市役所から垂れ下がっている美しく長い旗は、私を喜ばせてくれる。というのも、それらが祝福しているドイツ海軍の勝利は、この戦争のあらゆる奇跡の中でも、何といっても最も驚嘆すべきものだからだ。我らが艦隊の乗員にとって、これはどれほどの祝福となることだろう！」[614]ヴェーバーはイギリスの海上封鎖を不当行為として非難し、これに対抗する手段としてはドイツ海軍の潜水艦作戦をも擁護した。[615]自由主義的であるがゆえにイギリスに共感を持っていた時代があったが、それは永遠に過ぎ去ったという言葉まで、ヴェーバーは残しているほどである。[616]

国際権力政治におけるイギリスの覇権的地位に反撥するだけでなく、ヴェーバーはここでイギリス人の国民性にも違和感を表明している。イギリス人に国民性の違いを誇示したいというヴェーバーの欲求は、すでに一八九五年のイギリス旅行でその前兆が表れていた。現地でギールケと遭遇したヴェーバーは、ギールケがイギリス人たちに自分のドイツ人ぶりを誇示するよう振舞ったのに同調し、無邪気に「トイトブルクの森」流の、つまり古代ゲルマン人風の大喰いを披露したというのである。[617]ドイツ人ヴェーバーのイギリス人への対抗意識は、この戦争によって否応なしに助長されることになった。当時ドイツでイギリス人の国民性を痛烈に批判していた言論人と言えば、とりわけヴェーバーの友人ゾンバルトがいる。その著作『商人《あきんど》と英雄』では、イギリス人が哲学的な深みのない、商人のように自己中心的、世俗的で卑屈な人間集団として描かれている。[618]戦時中のヴェーバーもまた、イギリスの行動を「倫理的でない」、「小商人染みている」と形容し、ゾンバルトが指摘したことを事実上再論していた。[619]

イギリス人の国民性に対するヴェーバーらの苦言を理解するためには、我々は当時英独間で行われていた「文化戦争」（トレルチュ）[620]を念頭に置く必要がある。当時イギリスでは、主要紙『タイムズ』や大学教授らが、トライチュケやフリードリヒ大王を挙げてドイツの軍国主義的伝統を強調したり、効率志向や権威主義を指摘してドイツ社会での個人の弱さを揶揄したりする言論活動を展開していた。ドイツ知識人のロシヤ批判を思わせるこうした物言いは、とりわけドイツ政治を（イギリスを含む）「西欧的」模範に沿って改革しようとしていた、西欧派ドイツ・ナショナリストたちを憤慨させた。ベルリン大学教授となっていたマイネッケは、一九一五年四月一二日の講演「イギリスの評価におけるドイツ文化と権力政治」で、こうしたイギリス側の批判を具体的に検討し、イギリス側の言い分にも一理あるにしても、多くの場合それは寧ろイギリス自身の自画像であるとし、ドイツに対する一方的な批判には強く反撥していた[621]。

西欧列強との和解を唱導したヴェーバーではあったが、彼はフランスとの間には親密な友好関係の成立を期待していなかった。この点でヴェーバーは、イギリス不信から独仏和解を模索したナウマンなどとは方針を異にしていた。一八九三年の新婚旅行ではパリを訪問し、一九一〇年の第一回ドイツ社会学者大会ではユグノーの血を引く自分を「半分フランス人」と称し、一九一一年のパリ旅行に際してもフランスの芸術を堪能したヴェーバーであったが、国際権力政治論的にも比較政治文化論的にも列強としてのフランスをそれほど重視はしていなかった[622]。ヴェーバーの政治評論においてフランスは、果敢な経済活動を避けて安定のみを模索する「年金生活者精神」に埋没し、少子化で人口政策的にも行き詰まった、停滞を象徴する国として描かれている[623]。このようなヴェーバーの否定的なフランス観には、実は長い前史があった。ヴェーバーはすでに十三歳のとき、作文「ドイツ史の経過一般」（一八七七年）で最後のカトリック大国フランスの没落について語っていた。またヴェーバーの論文「プロテスタンティズムの倫理と資本主義の「精神」」（一九〇四年・〇五年）も、フランス大革命の遺産と称讃される「人権宣言」（一七八九年）を、フランス固有のものではなく、それに先行するアングロ＝サクソン政治思想の継承物に過ぎないとした、同僚ゲオルク・イェリネックの挑発的議論から示唆を受けて執筆されたという面があったのである[624]。

ヴェーバーはフランスの根強い対独敵愾心を、ドイツにとっての国際権力政治上の癌であるとし、その病巣をエルザス＝ロートリンゲン問題に見ていた[625]。ヴェーバーは前述のように、一八八三年／八四年のシュトラスブルクでの兵役時代から、この地域に対するドイツの政策を批判的に見てきた。ただ戦時においても、ヴェーバーの批判はこの地域をフランスに割譲させたこと、あるいは併合後この地域に自治を与えなかったことに対してではなく、それを「中途半端な状況」に置いたことに対して向けられていた[626]。従ってヴェーバーの提案は、フランスへの「返還」でも自治の拡充でもなく、現地住民に選ばれた（世襲）総督（あるいは大公）を頂く一領邦にするか、（バイエルンのような中規模領邦ではなく）プロイセンのような大規模領邦へ併合するかというものであった。[627]

なおヴェーバーは英仏共通の問題として、戦前に中立国ベルギーで優遇された条件を享受し、その「中立」性を無意味化してきた点を批判する。そもそもベルギーの独立を脅かしてきたのはフランスであり、ベルギーの傀儡国家コンゴを脅かしてきたのはイギリスであるにも拘らず、ベルギー国境はドイツ方面のみ防備が敷かれ、英仏方面は無防備のままであったというのである。[628] 従ってドイツに占領されたベルギーは、西欧列強の脅威に対する「抵当物権」として利用されるべきであり、またフラマン人が「ロマンスかぶれする」のを妨げることが、ドイツにとっての「文化的利益」になるのだという。[629] ただヴェーバーは、西欧列強との和解の可能性を無にしないために、ドイツのベルギーへの直接支配が恒常化することには断固として反対した。[630] ドイツによるベルギーの併合は英仏の名誉心を否応なく刺戟するし、そもそもワロン人だけでなくフラマン人をも含めて、ベルギーの人々は絶対にドイツの支配を甘受しないだろうというのが、ヴェーバーの確信であった。[631] ルクセンブルク大公国における「一八六七年以前の状態」（ドイツ国家の枠外ではあるがプロイセン軍が駐屯しているという状態）の復旧を除いて、ヴェーバーはベルギー、北フランスなどへのドイツの領土拡張を峻拒したのである。[632]

ヴェーバーのベルギー併合反対論の背景にあったのが、彼のベルギー旅行（一九一五年六月）での体験である。「ブリュッセルの生活は驚くほど不気味なものになっている。地下組織の「並行政府」としてアメリカン・リリーフ・ファンドが存在しており、これがベルギー人に食糧を供給している。それゆえこの組織は、市長に対して権力を握っているのだ。ベルギーの官庁は（陸軍省、植民省以外は）ドイツ人上司とベルギー人下吏とで切り回している。これと並んでドイツの行政府があって、それぞれの部局が好き放題にやっている。豪華な馬車など上品なものが全てなくなったので、ブリュッセルの生活は一変してしまった。そして大きな便所や繊細な家屋に入った店舗などは閉鎖されている。他は全て我々のところと同じように見える。ただ大型の銃火器が司法宮殿の上に、機関銃が官庁の上にあるので、それが前線の近いことを想起させてくれる。また公園や、特に官庁などの前の歩哨も同様だ。大きな洗練された居酒屋はほとんど空で、非常に早く閉店してしまう。ドイツ人の官吏やその他の従業員の雰囲気や意見は、非常に対立しているように思われる。大学教育を受けたものは、併合に反対している。だがこういう意見は、いまのところ何の影響力も有していないのだ。勝利が続くほど平和が遠のくのであり、これが事態の特徴的なところなのだ。」このようにヴェーバーは、ブリュッセルの華やいだ都市生活が失われたことを慨嘆し、ドイツが占領を継続したのでは状況が改善しないと考えていた。ヴェーバーは、「大学教育を受けたもの」ならすぐに分かるそうしたことに、無教養なドイツ人たちが気付かないという現実に憤慨したのである。なお同じ書簡で、ヴェーバーは続いて訪れたルーヴァン（ドイツ語名レーヴェン）についても感想を述べている。このルーヴァンは、侵攻したドイツ軍が市街地（とりわけ有数の蔵書を誇った大学図書館）を破壊したということで、「文明」を破壊する「野蛮」な軍国主義ドイツの戦争犯罪の典型例として、協商国側が当時盛んに槍玉に挙げていた町である。「レーヴェンでは、通りがまさに静寂に包まれている（勿論日曜日も同様）。野菜市場は客の入りが悪い。駅の周り、そしてそこから大聖堂まで、そして市庁舎までは幾つか家が建っているだけで、あとは瓦礫に埋もれている。他のところは大抵の建物が残っており、全焼したのは図書館など幾つかだけだ。何年もかけて復元されたお陰で魅力的になった市庁舎が、瓦礫の中に寂しく建っている。人民広場では木々の間から周り中に瓦礫が見える。大聖堂はどこから見ても瓦礫の山で、いまは屋根が剝がれて上の一部が厚紙で保護されている——塔の壁面は部分的に崩れ落ちている——こんな具合なので、大聖堂は充分にみすぼらしく見える。旧市街のまさしく大半の部分は無傷だが、それでも印象は本当に致命的である。」ヴェーバーはドイツ軍による破壊が徹底的ではないことを強調しつつも、やはり町の印象が悲惨なものであることを認めたのである。(633)

後述のようにヴェーバーは、戦争を通じてドイツの政治的近代化を図る方針ではあったが、かといってその先進国を自認する西欧列強が、教師のようにドイツに指図することには強い苛立ちを見せた。帝国議会「党派間委員会」と第三次最高軍司令部との板挟みに遭って、帝国宰相・プロイセン首相ベートマン・ホルヴェークが退陣した一九一七年夏、これが対戦相手にドイツ国内体制の動揺と評価されるのを危惧したヴェーバーは、誇り高く次のように述べている。

「いま敵方がドイツのデモクラシー派に迎合するのは、デモクラシーの勝利がドイツの弱体化を意味し得ると思い込んでいるからだ。そのようなことは子供にも分かることだが。ドイツ国内の国制問題に介入するという無邪気な傲慢さに対して、党派を問わずあらゆるドイツ人は、ドイツ人を「解放」し幸福にしてやろうなどと約束する外国に対して、包囲されたときのゲッツ・フォン・ベルリヒンゲンの有名な友好的要請の言葉をもって、毅然とこう答えるであろう。我々がドイツの政治機関の「デモクラシー化」と呼ばれるものを切望するのは、我々が恐らくまだ長く継続するであろう自衛の戦争に立ち向かおうとするこの瞬間に、それが国民統一の維持に不可欠の手段であると思うからである。そして我々が議会主義化を要求するのも、政治指導の統一性を保証し、過去にそれこそこの反ドイツ世界連合が結成されるに際して無縁ではなかったような誤謬を、将来には確実に防止するためである。しかしドイツの権益と名誉とを拋棄するような党派が権力の座に着くということは、一瞬たりとも不可能であろうと。(634)」

四　アメリカ合衆国の警戒

ドイツの対戦相手を限定しようとしたヴェーバーは、アメリカ合衆国が予てから友好的な関係にある協商側に加勢して、ドイツに宣戦布告するのを阻止しようと躍起になった。ヴェーバーは多くの同胞たちと同様に、ドイツの潜水艦作戦を、「海上封鎖」というイギリスの国際法違反に対する已むを得ざる応答とはしつつも、アメリカの参戦を恐れる一心でその実施を中止させようとした。後述のようにヴェーバーは、一九一六年三月にドイツの潜水艦作戦がアメリカ参戦を齎す可能性が高いことを力説し、またアメリカが協商側に立って参戦した場合にドイツ側が蒙る損害の甚大さを強調する建白書を共同で執筆し、これを外務省や政党指導者たちなどに送付している。

ヴェーバーは、ドイツ国内ではアングロ＝サクソン圏を模範とする政治的近代化を追求していたにも拘らず、デモクラシーの宣教師トーマス・ウッドロウ・ウィルソン（一八五六年―一九二四年）の対独姿勢には強い拒絶反応を示していた。なるほどヴェーバーはこの戦争中も、ドイツ人たちの嫌米感情を窘《たしな》めるという従来の役柄を拋棄したわけではなかった。一九一七年五月三〇日にテューリンゲンで開催されたラウエンシュタイン文化会議で、ナウマン・サークルの番頭役から社会民主党員を経て、全ドイツ派の論客へと頻繁に転身していたマックス・マウレンブレッヒャー（一八七六年―一九三〇年）のアメリカ批判を耳にしたヴェーバーは、マウレンブレッヒャーの攻撃する「アメリカ主義」とは「国際的なるものであり、ドイツでも強く支持されているもの」なのだと反論し、その拡大の不可避性を指摘している。[635][636]しかしヴェーバーは、アメリカ政治及び輿論がイギリスの反ドイツ煽動に同調し、とりわけアメリカ大統領ウィルソンがデモクラシーの庇護者を自認してドイツ内政に軽蔑的な態度を示す様子を目にして、かつて自分がエミリー、ローラ姉妹やチャニングの作品に対して懐いたような、アメリカ人の生活感覚に対する強い違和感に、再び目覚めるようになっていくのである。

アメリカ合衆国大統領ウィルソンは、アメリカの理想主義的外交の代名詞とされてきた人物である。ウィルソンはスコットランド系の長老派牧師の次男に生まれ、早くから政治実務に興味を示し、プリンストン大学学長、アメリカ政治学会理事長を歴任し、ニュージャージー州知事を経て、民主党選出のアメリカ大統領に転身した。ウィルソンは、「棍棒外交」のセオドア・ローズヴェルト（一八五八年―一九一九年）（共和党・革新党）や、「ドル外交」のハワード・タフト（一八五七年―一九三〇年）（共和党）のような前任者たちの露骨な国益追求路線とは一線を画し、デモクラシー諸国家が一致協力して世界平和を実現するという永遠平和の理想に燃えていた。ウィルソンにとってアメリカは、反動や陰謀の渦巻く国際社会における高潔な例外国家であり、ニューヨークの「自由の女神」像のように、松明《たいまつ》を掲げて人類に進むべき道を示す国である。ウィルソンの「デモクラシーの平和」構想は、ヨーロッパの政治実務家たちからは浮世離れした空理空論と嘲笑されたが、イギリスのノーマン・エンジェル（一八七三年―一九六七年）ら一部の左派知識人らによって実質的に共有され、一九一四年の開戦後「民主党統制同盟」が結成されて労働組合や労働党に支持を広げていった。[637]

ウィルソン外交は、一方で帝国主義列強の軍事的角逐を抑制する方向にも機能したが、他方でメキシコを始め政情不安のラテンアメリカ諸国に軍隊を派遣するなど、ときとして共和党政権以上の攻撃性を見せることがあった。「汎アメリカ主義」、「モンロー原則」を高唱するウィルソンは、とりわけ隣国メキシコの非デモクラシー的体制を指弾し、「人道」(humanity)、「文明」(civilization) を合言葉にアメリカの介入を肯定したのである。自国の使命を確信する熱血派アメリカ・ナショナリストであったウィルソンは、外国に介入するときにはそれが善意に基づくべきだと主張していたが、そうした主張が介入される側にどう聞こえるかには無頓着であった[638]。

こうしたウィルソンの理想主義的積極外交は、第一次世界戦争においてはヨーロッパで英仏と交戦状態にあったドイツ帝国に新しい標的を見出した。かつてローズヴェルトが、ドイツに警戒しつつもなおドイツ皇帝やドイツ文化との関係強化に尽力し、一九〇二年に挙行された皇帝ヴィルヘルム二世のヨット「ホーエンツォレルン号」の進水式に娘を参列させたり、大学教授同士の交換を奨励して一九一〇年にベルリン大学から名誉博士号を授与されたりしたのに対し、理想主義者ウィルソンがそのような人付き合いの良さをドイツ側に示すことはなかった[639]。ウィルソンはヨーロッパの静謐《せいひつ》を攪乱するドイツの専制政治・軍国主義を糾弾するという英仏の煽動を受容し、公式にはアメリカ合衆国の中立を宣言しながら、実際は資金や物資をもって公然と協商国側を支援したのである。綿花産業が盛んな南部のように、アメリカには対ドイツ貿易から利益を得ていた地域もあったため、ウィルソンもドイツを海上封鎖しようとするイギリスに異論を提起していたが、それでもアメリカの政府や報道機関は開戦当初からドイツ軍の「残虐行為」に注目しており、一九一五年のルシタニア号事件以降は明確に対独強硬路線へと傾斜していったのだった[640]。

大統領ウィルソンが「中立」の名のもとに事実上協商国側に傾斜していく中で、アメリカ輿論もまた反ドイツ的傾向を強めていった。興奮したアメリカ・ナショナリストたちは、アメリカ内部にあるドイツ的要素を逐一排除しようと試みた。ドイツの音楽は敬遠され、ドイツ語の学習は批判され、ドイツ語系の名前を冠した都市、通り、建物は改称された。ドイツ料理の定番であるザウアークラウトが「自由キャベツ」と、ハンブルクを連想させるアメリカの大衆食ハンバーガーが「ソールズベリー・ステーキ」、「自由サンドウィッチ」などと改名されたのは、その狂奔ぶりを示す好例である。「自由」の名において「専制」ドイツの関連物を排除しようとするアメリカの自由排外主義運動に対し、反撥するドイツ系アメリカ移民たちは団結し、アイルランド系移民などとも連携しつつ、ドイツのベルギー侵攻や潜水艦作戦を擁護し、万邦無比のドイツ文化を称揚するという逆の煽動に走った。そうしたドイツ系アメリカ移民の運動の中には、かのミュンスターベルクの姿も見られた(641)。

親アングロ＝サクソン的だったはずのヴェーバーが、ここで敢えてアメリカ外交批判に踏み切ったのは、アメリカのドイツ批判にドイツ人としての自尊心を傷付けられたと感じたからであった。のちに引用するように、ヴェーバーはウィルソンを「講義か博士論文の試験かにおける法律家」のようだと揶揄し、ウィルソンらの政治観に対抗して誇り高く自分たちドイツ人の政治観である「現実政治」(Realpolitik)を対置したのである(642)。青年時代のヴェーバーがトライチュケから「「現実主義」」を導き出す同時代の聴衆たちを軽蔑していたことを想起するとき、いまや「現実政治」を奉じてアメリカ外交に対抗するというヴェーバーの変容ぶりには、目を見張るものがある。平時においてヴェーバーは、アングロ＝サクソン圏を模範としてドイツ国内の改革を強く要求した。けれども戦時になってアメリカからドイツの国情を批判されるようになると、ヴェーバーは途端に居直ってドイツ人としての対抗心を剝き出しにしていくのである。このようなヴェーバーの振舞を、西欧派言論人の「変節」ないし「限界」として、従来のように「後進国ドイツ」批判の標的にすることは可能だろう。だがまさにこれこそ、知的階層構造の中で苦悩する「非西欧」知識人に典型的な苦悩なのであり、それは人類の歴史において繰り返された現象なのである。

五　ロシヤとの対決

ヴェーバーの戦時政治評論においてロシヤは、西欧列強とは全く異質の存在として描写されている。ヴェーバーはロシヤを、遺恨なきスポーツ試合を楽しむ「ジェントルマン」の仲間には数えていない。ヴェーバーの見るところロシヤは、ドイツの国民としての、あるいは列強としての存立そのものを絶滅し得る、そしてドイツ文化のみならず世界の文化をも危殆に晒す深刻な脅威である(643)。しかもその脅威は、ヴェーバーによればロシヤの人口増加と共に、将来もますます増大するのだという。[644] ヴェーバーが多少の無理をしてでもドイツと西欧列強との和解を実現しようとしたのは、ドイツとロシアとは「差し当りほとんど架橋不能」であるという状況認識に基づくものであった。[645]

ちなみにここで看過されてならないのは、ヴェーバーが一九一四年八月二日にプロイセン軍に志願した時点では、ドイツが対戦している大国はまだロシアだけだったという事実である（フランスとの開戦は三日であった）。従って東方の脅威ロシアとの正面対決という事態が、ヴェーバーの迅速な出頭を直接促した可能性が濃厚にある。一九一六年には、ヴェーバーはこう述べている。「戦争は西部ではなく、東部で始まったのです。」[646] ここで、先に引用した一八九三年三月二〇日の社会政策学会ベルリン大会でのヴェーバーの一言を、もう一度想起してみよう。「もしいま敵が東部国境に現れ、武力をもって我々を脅かすなら、国民が国境の防衛のために軍旗の下に馳せ参じるのは明らかでありましょう。」まさしく二十年前のこの言葉通り、燃える愛国者ヴェーバーはロシア軍の脅威が東部国境に迫ったのを知って、ハイデルベルクのプロイセン軍旗のもとに馳せ参じたのである。

ロシアがどれほど「文化」の欠如した状態にあるかを、ヴェーバーは遠慮会釈なく描写した。ヴェーバーにとってロシヤ軍は「野蛮人や文盲の軍隊」であり、「文明化された軍隊」とは違って個々の兵士に祖国に奉仕する意志がない「二百万の囚人」、いわば烏合の衆に過ぎない。[647] 加えてヴェーバーは、「民衆帝国主義」（Volksimperialismus）という概念を用いて、「文化」の欠如したロシヤ農民大衆が新しい耕地の獲得によってしか生存できないことが、ロシヤ帝国の領土拡張欲の源泉になっていると主張した。[648] ロシヤ軍兵士は「残虐」であるという古典的命題も、ヴェーバーのロシヤ論では必要不可欠の要素である。「ロシヤの規律なき群れがその時々の進撃の際、部分的には同じ種族も居住している地域で犯した獣のような残虐行為は、中世の蒙古時代を想起させるものである。」[649] このようなヴェーバーの筆致を見るとき、東方の人々の「文化」水準の低さを指摘してその脅威を強調するという一八九〇年代の発想が、主たる標的をポーランド人からロシヤ人に移しただけで、その根幹を維持していたことが明確に看取できるのである。

止目に値するのは、ヴェーバーがこのロシヤに対する強い警戒を、一九一七年に二度の革命が勃発したあとも、その都度臨機応変に改訂しつつ維持しようと努めていることである。ロシヤ・ツァーリズムが崩壊したロシヤ二月革命までの期間、ヴェーバーはロシヤの「官僚の権力利害」、「大公支配」（一九一五年夏までロシヤ帝国軍最高司令官であった反独的なニコライ・ニコラエヴィチ大公の権勢）、「汎スラヴ的伝説」（ハプスブルク帝国を解体しロシヤ官僚による全スラヴ人支配を確立しようとする理念）こそがロシヤの戦闘意欲の根源にあると主張していた。つまりヴェーバーは、（ドイツ官憲国家の類推で理解された）ロシヤ官憲国家の支配者たちが侵略戦争を始めたという見方をとっていたのである。加えてヴェーバーは、前述のように「民衆帝国主義」という草の根膨張主義の恐怖を指摘し、権力者たちの帝国主義が民衆次元でも支持を受けていることに注意を喚起している。[650] しかしロシヤ二月革命で一九一七年三月一四日にゲオルギイ・エヴゲニエヴィチ・リヴォフ公爵（一八六一年―一九二五年）を首班とする「臨時政府」が樹立されると、ヴェーバーはそれが凡そ革命的、デモクラシー的なものではなく、講和への意志もない帝国主義者の集団に過ぎないとする「表見的デモクラシー」論を展開するようになった。ヴェーバーは外務大臣を務める立憲民主党の領袖ミリュコーフ、[651] 陸軍・海軍大臣を務める「一〇月一七日同盟」（オクチャブリスト）の頭目アレクサンドル・イヴァノヴィチ・グチコフ（一八六二年―一九三六年）、ドゥーマ議長ミハイル・ヴラディミロヴィチ・ロジャンコ（一八五九年―一九二四年）ら臨時政府を担うロシヤ中道勢力が積年懐いてきた西方への帝国主義的野心を強調して、ドイツ社会民主党などの対ロシヤ融和論を強く牽制した。[652] ヴェーバーは、そもそも軍事的に優勢なのは「我々」の側であり、七月にはルーマニアを屈服させるので食糧の問題も解消するということをロシヤ側によく認識させるよう強く要求していた。[653] このようにロシヤへの警鐘を鳴らすに当っては、パウル・ロールバッハ（一八六九年―一九五六年）編集「ロシヤの脅威」叢書の第六巻である、ハラーの煽動書『ドイツの家の中のロシヤの脅威』が援用され、ロシヤとの講和を主張するドイツ保守党の顧問、ベルリン大学員外教授ヘッチュや、ドイツ保守党の親露派が激しく罵倒された。一九一七年一一月にロシヤ一〇月革命で「無併合・無賠償」を謳うボリシェヴィキ政権が成立しても、ヴェーバーのロシヤに対する警戒心は少しも揺るがない。ヴェーバーの見るところボリシェヴィキ政権は、レーニンらサンクトペテルブルクの指導的知識人がいかに誠実に構想しようと、

「西欧的な」階級意識の高い労働者の政権などではなく、戦闘で疲弊した兵士たちの軍事独裁（分隊長独裁）にならざるを得ない。そしてこの兵士たちは、「給与と戦利品」を要求しここで講和することに何の利益も感じていない連中である。彼らは「解放」の名のもとにウクライナ、フィンランドなど他民族の領域に軍事介入して貢納を強制しており、「ブルジョワ帝国主義」を批判しながら、実は自らが「ボリシェヴィキ流兵士帝国主義」を実践している。そもそもボリシェヴィキ政権が持続的に権力を維持するなど考えられず、ドイツがこれと講和を締結しても、後続の新たなロシヤ政府との間には何の保証も生まれないと言うのである。ヴェーバーは言う。「あらゆるロシヤの、社会民主主義者も含めた知識人は、権力を掌握すると「国民主義的」になるだけではなく、「国民至上主義的」になります。細心の注意を払う必要があるのです！　というのも、もし農民たちが帰郷すると、反動が始まるからです。まずは非常に急進的に、土地の収用と――割替の要求として。これは農民（地域ごとの集団！）の間での非常に先鋭な利害紛争なしには技術的に不可能です。そうした利害紛争は、独裁なしには解決できないものです。プロレタリアートが弱すぎて、有産者はみな（「カデット」も）君主の権力を強化し、古い状態がより強いロシヤを伴って復活してくることに利益があるので、どちらにしてもそういうことになります。これを止める術は何もありません。このことをシャイデマンが充分明確に認識しているのか、私には分かりません。」（一九一七年四月）「帝国主義的膨張衝動がツァーリ、カデット、ボリシェヴィキのどの体裁をとったところで、言うまでもなくその効果の面では全く同じことである。」（一九一八年二月）[654]。ヴェーバーは、確かに帝国主義的ではない真にデモクラシー的で連邦主義的なロシヤとであればドイツも講和できるとはしているものの[655]、実際にそのような方向でロシヤが変容するとは毛頭考えていなかったのだった。

第三節　東中欧民族問題への取り組み

一　「中心的問題」としてのポーランド問題

ヴェーバーは独露戦を第一次世界戦争の正念場と捉えていたが、その勝敗の帰趨を決定する焦点が、ポーランド人、ウクライナ人、リトアニア人などの東中欧諸民族の処遇であった。彼らはそれまで近代国家を運営した経験が乏しい、あるいは全くない集団であり、またホルム問題に代表される泥沼化した境界紛争は、支配者ロシヤにとっても頭痛の種となっていた。ロシヤ帝国西端を占領してこれらの民族紛争に直面せざるを得なくなった中欧列強は、ともかく対ロシヤ戦遂行のためにこの問題を利用するのが先決と考えた。とはいえ安易に一方の紛争当事者に加担すると、中欧列強自身が紛争当事者と看做されて、そうした東中欧の民族紛争に引き摺り込まれる危険性があった。結局一九一八年一一月に、翻弄されて疲弊した中欧列強軍は空しく母国へ撤退することになったのである。

中東欧の民族問題で中欧列強が最も辛酸を舐めたのは、言うまでもなくポーランド問題の扱いを巡ってであり、一九一六年のヴェーバーはこれを「中心的問題」と位置付けて熱心に取り組んでいた。[656]「ポーランドの事柄だけが私の興味を惹く。それ以外に興味があるのも政治的な事柄だけだ。他のことはまあ手段に過ぎないね。[657]」開戦と同時に中欧列強もロシヤ帝国も、戦況を有利にするためにポーランド人の自立を支援するという外交辞令を展開したが、それは結局のところ自分たちの勢力を拡大しようという目的に対する手段に過ぎないのであり、それに刺戟されて自国領内のポーランド人が自立化運動を起こすということは大いに迷惑なのであった。国境外のポーランド人を支援しつつ、国境内のポーランド人を抑制するという不可能な課題に取り組んだ中欧列強は、結果的には敗戦によってポーランド人居住地域全てを喪失することになったのである。

最大のポーランド系住民を抱えるロシヤ帝国では、開戦後数日の内に政府がポーランド人勢力の懐柔に動き出した。八月一四日にロシヤ帝国軍総司令官ニコライ・ニコラエヴィチ大公（一八五六年―一九二九年）が、ロシヤ皇帝のもとでポーランド人に宗教的・言語的自由を約束する宣言を発布したのである。この宣言文を実質的に執筆したのは、かねてから対独戦を想定していたセルゲイ・ドミトリエヴィチ・サゾーノフ外相（一八六一年―一九二七年）とその周辺であったが、これに対しニコライ・アンドレエヴィチ・マクラコーフ内相（一八七一年―一九一八年）は国内のポーランド人への妥協的態度に一貫して反対の態度を取り続けていた。

一八六〇年代以来ポーランド人に実質上の自治を与えてきたハプスブルク帝国は、戦争中を通じてロシヤ領ポーランドのエステルライヒ領ポーランド（ガリツィア）への合併（場合によっては更にエステルライヒ＝ハンガリー＝ポーランド三重帝国の形成）を模索した（エステルライヒ＝ポーランド的解決）。この計画は、ボスニア＝ヘルツェゴヴィナに対してのセルビアのように、ガリツィアにロシヤ領ポーランドからイレデンティズムの波が波及することを危惧しての作戦であった。しかしこの計画は、帝国内での相対的地位低下を恐れるハンガリーやポーランド人以外のスラヴ系民族の反対を抱えており、国内の一致した支持を勝ち得ているわけではなかった。

三百万人余りのポーランド系住民を抱えるドイツ帝国でも、すでに開戦前夜からポーランド人勢力との連携が模索されていた。一九一四年七月三一日、皇帝ヴィルヘルム二世や帝国指導部は、プロイセンのポーランド系貴族院議員でロシヤ領ポーランドにも詳しいポーゼン城代・プロイセン陸軍中佐、ボグダン・フォン・フッテン＝チャプスキ伯爵（一八五一年―一九三七年）を呼び出し、非公式に戦勝後のロシヤ領におけるポーランド独立国家再興を約束している。同年八月一二日には、長年空席であったグネーゼン＝ポーゼン大司教座に、ポーランド人のポーゼン代理司教エドヴァルト・リコフスキ（一八三六年―一九一五年）が据えられることが予告され、翌月実行に移された。とはいえ政府部内でも、プロイセン内務大臣フリードリヒ・ヴィルヘルム・フォン・レーベル（一八五五年―一九三一年）のように、ドイツの親ポーランド政策がプロイセン領内のポーランド・ナショナリズムを激化させる危険性を指摘するものがおり、帝国宰相・プロイセン首相ベートマン・ホルヴェークは、こののちポーランド問題で明確な方針を示すのを躊躇するようになっていった[658]。

二　ロシヤ領内ポーランド人との連携構想

一九一五年までのヴェーバーは、ハイデルベルクでの勤務の傍らポーランド情勢の急展開に注目していた。ヴェーバーの野戦病院勤務が終りに近づいた同年夏、中欧列強軍はロシャ軍をポーランド会議王国の領域から放逐し、これを分割占領するに到る。ワルシャワに司令部を置くドイツ軍占領地域では、フッテン＝チャプスキの助言を受けたドイツ軍ワルシャワ総督ハンス・ハルトヴィヒ・フォン・ベーゼラー（一八五〇年―一九二一年）が、帝国指導部の不明瞭な態度を余所《よそ》に占領地のポーランド人に自主性を与える政策を独断で敢行し始めた。ワルシャワ陥落直後の一九一五年八月二八日、ヴェーバーはマリアンネ宛書簡で次のように述べている。「年が明けたとき、とにもかくにも誰が、こ、ん、な、状況を考えうるなんて思っただろう。ロシャの西部全域が占領され、更にベルギーも北フランスもなんて！」[659] 一九一五年末頃になると、ヴェーバーは戦時政治評論活動の開始に伴い、ロシャ領ポーランドの将来に真剣に目を向けるようになる。ヴェーバーはすでに一九一五年末の時点で、軍事的に必要不可欠である場合に限ってという留保付きではあったが、ロシャ帝国西部国境地帯の幾つかの少数民族に国民国家建設を許容する方針を打ち出していた[660]。

一九一六年の年頭になると、ヴェーバーは自らポーランド人と接触を持とうとするようになる。このためヴェーバーは、俄かにポーランド語の学習に乗り出した。「私はやはりポーランド語を勉強しようと試みるつもりだ。そして分からないがもし頭がついていくなら、それからポーランド人との接触を模索するだろう。」[661] しかし帝国指導部（帝国内務省）は、そもそもヴェーバーのような一介の私人が、独断でロシャ領のポーランド系住民と接触を持つことを好まなかった。帝国指導部がヴェーバーのような学者から期待したのは、ロシャ領ポーランドとの通貨統合は可能かなどといった技術的な問題に対する回答だけであった。自分が先頭に立ってロシャ領ポーランドの将来を考えたいという意気に燃えるヴェーバーにとって、そのような脇役としての参加は到底満足できないものであった[662]。

一九一五年末から始まったヴェーバーの戦時政治評論の中でも、ロシャ領ポーランドの問題は扱われている。最初の公刊論文「ビスマルクの対外政策と現在」で、ヴェーバーはポーランドの犠牲の上に築かれた独露利益共同体が崩壊したことを強調し、ドイツ帝国が少なくとも中欧の北東部では、中欧の新しい対露国境の技術的・軍事的保障を意のままに出来ることを希望した。更にヴェーバーは、ドイツ側が率先してロシャ帝国西部周縁の少数民族の「文化的利益」に奉仕する姿勢を示せば、ロシヤ側も彼らにドラホマーノフ的な「文化的自治」を許可することを余儀なくされ、結果として大ロシヤ主義的神話に基づいたロシヤ膨張欲求の抑制に繋がるに相違ないと考えた。[663] のちに「ヨーロッパ世界列強の中のドイツ」の表題で公刊された一九一六年一〇月二七日の講演「ドイツの世界政治的状況」でも、同様の見解が繰り返されている。[664] ヴェーバーはここで、ドイツがその「国民的虚栄心」から東方への領土拡大を志向すれば、「千五百万人の独露間のスラヴ人」をドイツの「天敵及びロシヤの仲間」にしてしまうとして、東方への領土拡大がドイツに何ら利益を齎さないという見方を強調した。[665]

ヴェーバーはロシヤとの対決を提唱する傍らで、ロシヤとの単独講和の可能性を完全に否定してはいなかったが、仮にロシヤと単独講和する場合にも、彼は（ハプスブルク帝国領の東ガリツィアを代償としてロシヤに渡してでも）ロシヤ領ポーランドをロシヤから分離する方針には断固として固執していた。一九一六年八月一八日、ベルリンのヴェーバーは失意のうちに独露秘密交渉の失敗を妻マリアンネに報告している。「ロシヤとの和平交渉は失敗した。領土交換に関しては（ポーランドは我々に、東ガリツィアはロシヤに）全部合意していた。なのに、そのあとで彼らはカネを（すごくたくさん！）要求してきて、それに結局のところ彼らは自分たちだけでは締結したくなかったというわけだ。こんな様子で交渉は混迷してしまったのだ。[666]」

一九一六年一一月五日、ワルシャワ及びルブリンで独墺両皇帝がロシヤ領内のポーランド人居住地域において「世襲君主制と立憲政体とを備えた独立国家」を形成することで合意したという宣言が華々しく行われたが、ヴェーバーはそれを「余りにも拙速」な措置だと見ていたと言われる。[667] ヴェーバーはプロイセン東部州のポーランド人居住地域を、ロシヤ領におけるポーランド国家建設後もドイツ帝国内に保持するのは難しいということに気付いていたのかもしれない。というのもヴェーバーは宣言直前の一〇月二一日に、シュルツェ=ゲーヴェルニッツに次のように書いていたのである。「ポーランドに関して、まず国家を創立して、その後［プロイセン領の（？）］委譲を留保するというのは非常に困難でしょう。[668]」一九一七年二月に発表されたヴェーバーの論文「ドイツの対外政策とプロイセンの対内政策」は一一月宣言にも言及しているが、初めからそれを受容すべき所与の事実として扱っており、積極的な論評をしていない。[669]

ポーランド王国設立宣言後、ヴェーバーはドイツの占領政策に幻滅することになる。第三次最高軍司令部の実質的指導者である陸軍大将エーリヒ・ルーデンドルフ（一八六五年―一九三七年）は、予てからポーランド軍を編成して中欧列強軍の一翼を担わせようと考えていた。しかしこの徴用が設立宣言の直後に行われたため、祖国再生に沸くポーランド人輿論にドイツ軍の露骨な自己中心主義で冷水を浴びせ掛け、ドイツ軍への不信感を煽るだけに終ってしまう。ヴェーバーは一九一八年になって、ポーランドのドイツに対する地位についてポーランド側との確固とした協定のないまま、ドイツ軍がポーランド軍（将校団）を設立しようとしたのは深刻な誤謬であったと厳しく非難している。[670]

一九一七年三月初めに帝制ロシヤが崩壊し、ロシヤ領ポーランドの情勢に根本的変化が生じるに伴い、ヴェーバーは中欧列強と密接に連携したポーランド国家建設という当初の構想を拋棄したように思われる。ヴェーバーは一九一七年四月一二日に、ナウマンに次のような構想を提示している。「ポーランドは一八一五年のように「再建」される、しかし「自律」していて、中立が保障される［……］ポーランドの東部及び北東部国境は、ポーランド側の要求に従って画定されるべきである！[671]」「ポーランドは一八一五年のように「再建」される」という部分は、ヴィーン会議によって設立されたポーランド王国（つまり会議王国）が、ロシヤ帝国と同君連合の関係に立ちながらも憲法を保障されポーランド国民の自立性に配慮したものであったことを引き合いに出しつつ、新生ポーランド国家がロシヤの影響から独立しているべきことを主張したものだと思われる。「自律」、「中立」という部分が、ロシヤだけでなく中欧列強からも自立しているということを意味するならば、中欧列強によるポーランドの傀儡化を拋棄することで、ロシヤの了解を得ようとしているものと解釈できる。ポーランドの東側国境の画定に際し、ポーランド側の意向を支援すると言いつつ、西部国境には全く言及していないということは、現在のドイツ東部国境の維持を当然のこととし、ポーランド・イレデンティズムの矛先をドイツ・ポーランド国境からポーランド・ウクライナ（あるいはロシヤ）国境へ向ける計算をしていたものと推測される。

ロシャとの妥協を考慮すると同時に、ヴェーバーは政治評論の場でロシャ臨時政府の膨張意欲に警鐘を鳴らしていた。一九一七年四月二六日に公表された論文「ロシャの表見的デモクラシーへの移行」において、ヴェーバーは現在のロシャ臨時政府の担い手であるロシャ自由主義者たちが、一九〇五年／〇六年の段階ですでに西方膨張欲の虜となっており、ドラホマーノフの提唱したロシャ帝国の連邦主義的・デモクラシー的再編構想をまるで受容していなかったと批判した。彼らはウクライナ民族の存在を疑問視し、前に引用したように、ポーランド自治問題も単にロシャが西方へ膨張しようとする際の「友人」を作る目的でしか扱っていなかったというのである。[672] かつてヴェーバーの「同志」であり、その熱烈な共感の対象でもあったロシャ自由主義者は、それから十年余り経ったこの時期には、ポーランド人の好意を争う「恋敵」として彼の政治評論に現れるのであった。

ヴェーバーが戦争の最終局面で旧ロシャ領ポーランドの問題をどのように見ていたかは定かではない。ヴェーバーは一九一七年一〇月二四日に、元外交官・帝国議会議員（中央党）のアルブレヒト・フォン・レッヒェンベルク男爵（一八六一年—一九三五年）を会長としてベルリンで設立された「ドイツ・ポーランド協会」に、賛同の意を表する電報を送っているので、[673] 引き続き旧ロシャ領のポーランド勢力の懐柔に腐心していたことが推測される。

三　ロシャ領ポーランドを巡るハプスブルク帝国との抗争

ロシャ領ポーランドの将来をドイツ主導で決定しようとする際に障碍となる点では、実は同盟国ハプスブルク帝国もロシャと同様に問題であった。政治的にも軍事的にも経済的にもドイツ帝国の後塵を拝していたハプスブルク帝国であったが、ロシャ領ポーランドの処理に関する主導権争いには果敢な取り組みを見せた。一九一五年夏にポーランド会議王国が中欧列強の手中に落ちる中で、ロシャ領ポーランド問題で明確な方針を打ち出せないベルリンのドイツ帝国指導部は、「エステルライヒ＝ポーランド的解決」に目標を定めたヴィーン政府からの外交攻勢に押され気味であった。

前述のように少年時代からハプスブルク帝国に否定的な印象を懐いていたヴェーバーは、それ以降はこれにほとんど言及していなかったが、このロシヤ領ポーランド問題を契機に、再びハプスブルク帝国に対する不信感を爆発させることになった。ここでヴェーバーが危惧していたのは、ドイツ東部有数の工業地帯オーバーシュレジエンの保全であった。もし会議王国全体をハプスブルク帝国が併合するならば、この地域はブレスラウに連なる北西方面以外をハプスブルク家支配下のポーランド国家に包囲されることになる。オーバーシュレジエンがこのような状況に陥ることを恐れたのは、ヴェーバーがハプスブルク帝国に不信感を持ち、また予想されるポーランド・イレデンティズムの猛攻を予想してのことではなかったかと推測される。またヴェーバーは、ハプスブルク帝国の拡大がどうしても不可避な場合には、ハプスブルク帝国がドイツ帝国から未来永劫決して離反することがないという確実な保障を要求した。このためヴェーバーは、独墺両国が緊密かつ永遠の同盟を締結することを要求したのである。

一九一六年二月初頭、ヴェーバーは「エステルライヒ＝ポーランド的解決」阻止のために、ナウマンの「中欧のための作業委員会」に参加し始めた。この組織は、前年の一九一五年に著書『中欧』の大当りで有頂天になったナウマンが、自らの構想を実現させようとその政治的盟友たちを募って結成した私的機関である。ナウマンの構想とは、露仏を除くヨーロッパ大陸諸国を糾合してドイツを中心とする一大経済圏を構築し、イギリス海上帝国の経済圏に対抗させようというものであった。ヴェーバーは、このナウマンの「中欧」運動それ自体には、初めから余り共感も期待も示していなかった。ヴェーバーがナウマンへの書簡の中で、ナウマンの新著『中欧』についての読後感を述べたときも、ナウマンの提案であるドイツ中心の中欧経済圏構築という構想を正面から扱うことなく、ハプスブルク帝国の外交やヴィルヘルム二世の愚行など、自分の十八番ばかりに熱弁を振っている。(674) 要するにヴェーバーは、自分が常々懸念していたハプスブルク帝国の問題に、このナウマンの「中欧」運動という場を借りて取り組もうとしたのであった。ヴェーバーの構想は、ポーランドを併合したハプスブルク帝国がドイツ帝国に反抗しないように、ドイツ帝国とハプスブルク帝国との連携を断固強化するというものであった。(675) 一九一五年一二月上旬にナウマンへの協力を約束するや、ヴェーバーはベルンハルト・デルンブルク（一八六五年—一九三七年）、ハイリンヒ・ヘルクナー（一八六三年—一九三二年）、ゼーリングといった有識者に自ら書簡を送って協力を要請し[676]、一二月中旬に彼らを訪問している[677]。「中欧」委員会が現実に発足すると、ヴェーバーは同委員会の第一回会議（一九一六年二月二三日）から出席し[678]、第二回会議（同年二月二八日）では会議王国及びポーランド語地域全体の経済・財政関係の「徹底した調査」を引き受けている[679]。そして第三回会議（同年三月一四日）では、自らその司会を引き受けた上で記録も作成している。またこの第三回会議では、レッヒェンベルク及びヴェーバーが帝国内務省で行った会談の結果が報告された。ポーランド問題に関して帝国内務省と協力したいという同委員会側の申し出に対し、帝国内務省側からは（ロシヤ領）ポーランドにおける通貨問題の状況に関してはご教示願いたいという要請があるに留まったと言われる。これを踏まえてヴェーバーは、ポーランドの貿易政策の状況を解明するために、ワルシャワ統計委員会文書館にある生産高統計を見る必要があると主張したのだった[680]。

こののちヴェーバーは、活動の舞台を社会政策学会へと広げた。一九一六年四月六日に開催された研究会「ドイツ帝国とその同盟国との間での経済的接近」において、ヴェーバーは明確に「エステルライヒ＝ポーランド的解決」への危惧を表明した。そして独墺両国による「永遠の国家連合」の形成、「政治的、軍事的、通貨政策的及び通商政策的な永遠さ、あらゆる政治的・経済政策的に重要な関係における両国の絶対的で永遠で解消不可能な結合」を要求して熱弁を振っている[681]。ヴェーバーの情熱的な演説には、ハプスブルク帝国の東方拡大に対して彼が懐いている危惧がどれほど強いかが如実に滲み出ていた。

「ポーランド問題が向こうでどうなっているかを見るために[682]」一九一六年五月にブダペスト[683]やヴィーン[684]への視察旅行を実施したのが、ヴェーバーの「エステルライヒ＝ポーランド的解決」への取り組みの山場であった。ヴェーバーはこの旅行中に行われた会談について、検閲を意識してその内容を書簡で書き残していない[685]。ただこの視察旅行で、ヴェーバーは「エステルライヒ＝ポーランド的解決」の危険が差し当り遠ざかったという感触を得ることが出来たために[686]、こののちハプスブルク帝国の問題に余り言及しなくなっていった。「中欧委員会」にしても、ヴェーバーはポーランド問題が議題として取り上げられた第四回会議（同年五月三〇日）を欠席し[687]、第五回会議（同年一〇月二日）の時点ではもはや同委員会に帰属すらしていなかった[688]。一九一六年一一月五日に独墺両皇帝によるポーランド独立国家設立宣言が行われ、ハプスブルク帝国が旧ロシヤ領ポーランドの実権を握るという危機が回避されたのち、一九一七年六月になってヴェーバーは無遠慮にこう放言している。「「中欧」なんて経済共同体としてはお仕舞です。あなたもご存知の通り、私はそもそもほとんど期待していませんでしたけどね。［……］私はあのとき委員会から脱退してやりましたよ[689]。」

四　プロイセン＝ポーランド政策を巡る苦悩

前述のように対ロシヤ戦の開始により、プロイセン＝ポーランド政策を取り巻く政治環境は劇的に変化した。プロイセン＝ポーランド人の自立運動に対するドイツ人諸勢力の不信感が霧消することは遂になかったものの、戦前のように公然とポーランド人だけを標的とした抗議行動を組織することは、「城内平和」の制約上もはや難しくなったのである。とはいえプロイセン＝ポーランド政策は、開戦後も容易には変更されなかった。帝国結社法（一九〇八年）のドイツ語強制条項や、プロイセン植民法（一八八六年）の廃止にさえ、一九一七年まで時間を要したほどである。また前述のようにドイツ・オストマルク協会も解散されることなく息を吹き返し、依然としてポーランド人の自立運動への警戒を訴え続けていた。ドイツ人側がポーランド人側への譲歩を躊躇したことは、プロイセン＝ポーランド人のドイツ帝国に対する不信感を煽る結果となり、戦争後半にはアーダルベルト・フォン・コルファンティ（一八七三年―一九三九年）ら指導的政治家による激しい抗議行動を惹起することとなった。

かつてポーランド人農業労働者排除運動の急先鋒として勇名を馳せたヴェーバーも、この情勢変化に対応するためにそれなりの工夫を強いられた。ヴェーバーはポーランド問題を巡る状況が根本的に変化したとし、今後はプロイセンのポーランド人への配慮が必要であると主張するようになる。同時にヴェーバーは、自分がポーランド人に対するドイツ語強制に反対であったことを改めて強調し、一八九〇年代の反ポーランド煽動家としての自己の印象を薄めようとしたのである。

しかしヴェーバーを含めた対ポーランド人融和派に共通する問題は、獲得したロシヤ領のポーランド人の独立を支援する傍ら、プロイセン領のポーランド人居住地域を寸土《すんど》たりともポーランド人勢力に移管する用意がないという点にあった。ヴェーバーはロシヤ臨時政府がロシヤ国内の少数民族に政治的自治を付与していないことを指摘するが、(690)ドイツ国内のポーランド人にそのような政治的自治を付与するべきかについては一切言及しようとしない。勿論新生ポーランド国家への領土割譲などは論外とされている。(691)ロシヤ領にポーランド国家が再建された場合、怒濤のように押し寄せるであろうポーランド・イレデンティズムの流れに抗して、ドイツ東部を保全するには一体どうすればよいのか――この問いに、彼らは説得力のある返答をすることが全く出来なかった。実際それは、恐らく誰にも答えの出せない難問であったと言えるだろう。

ヴェーバーは一九一五年一二月の論文「ビスマルクの対外政策と現在」において、最初にプロイセン＝ポーランド政策に論評を加えた。ヴェーバーはここで、自分は常に「プロイセンの反ポーランド的言語政策」には反対であったことを強調した。更にヴェーバーはドイツのポーランド人が著しい発展を遂げた結果、一八九〇年代のようにただその要求水準の低さばかりを論《あげつら》うわけにはいかなくなったということを認めた。とはいえ「かつての状況においては」ポーランド人農業労働者排除が不可避であったということを、ヴェーバーはここでも強調している。ヴェーバーは「プロイセン・ポーランド人との和解」が差し迫った政治課題であることを指摘しつつも、それが具体的にどのように達成されるべきものなのかという点に関しては明言を避けた。(692)

ヴェーバーが公表した第二の戦争目的論「ヨーロッパ列強の中のドイツ」で、彼は再びプロイセン＝ポーランド政策に言及し、「ポーランド人との誠実な和解」を提案している。(693)ヴェーバーはポーランド人の影響力が帝都ベルリンの近隣まで迫っていることを強調し、状況が深刻であることについて読者の注意を喚起した。同時にヴェーバーは、ドイツ人の村、ポーランド人の村が複雑に混在しているドイツ東部では、ドイツ・ポーランドの境界線設定が「全く不可能」であることも強調している。(694)

ヴェーバーが正面からプロイセン＝ポーランド政策を議論したのは、ロシヤ二月革命直前の一九一七年二月に公表された論文「ドイツの対外政策とプロイセンの対内政策」である。ヴェーバーはここで改めてプロイセン＝ポーランド政策――ここでは特に言語政策及び「オストマルク俸禄」（プロイセン東部州勤務の官吏の特別手当）――を批判し、その見直しを要求した。「問いはこのようにしか設定できない――一方で、純粋に即事的に考えて帝国及びプロイセンの国家的利益が絶対最小限のものとして必要とするのは何か、他方で、自己の文化の発展についてのポーランド人の利益が絶対最小限のものとして必要とするのは何か、つまり例えば学校・言語政策及び入植政策のような最重要分野で、双方にとって純粋に即事的に考えて、一．不可欠なもの、二．望ましいもの、三．我慢できるものは何かということである。」(695)しかしヴェーバーがこの「問い」に出した答えは、「いずれにしても従来のプロイセン＝ポーランド政策は、今後維持することが不可能である」という抽象的なもので、彼にそれを越える明確な対案があったとは言い難いだろう。ヴェーバーは、プロイセン政府及びドイツ人側の主要政党の代表者とプロイセン＝ポーランド人との間での意見交換を提案し、両者の話し合いの中で具体的妥協点を探っていくべきだとした。そしてヴェーバーは、年末年始にかけてプロセイン代議院で両者の間に感情的なやりとりがあったことを遺憾とした。(696)

説得力ある対案を提示できないまま、ヴェーバーは一九一七年以降、徐々に旧来の観点へと回帰していった。ヴェーバーは一九一七年三月一日に発表された家族世襲財産批判でも、前回一九〇四年と同様に、家族世襲財産によるドイツ東部の「ポーランド化効果」に読者の注意を喚起している。「信じ難いことだが、土地の集積はドイツ人勢力の維持に関する利益と関連付けられることが稀ではない。しかし統計をみれば明らかなように、農業資本家たちは最も頻繁に、異民族の低賃金季節労働者を雇用して耕作しているのである。そしてとりわけ東部の民族的係争地においては、まさしく世襲財産を為している領地こそが、ポーランド人労働者を一番重宝している。金権主義が低賃金労働者の雇用に関して有する利益は、ドイツ人勢力の利益とは両立不可能なのである。」(697)この発言は、ドイツ東部の「文化」の低いポーランド人農業労働者を問題視するヴェーバーの発想が、以前のように執拗にではないにしろ、底流としてはこの時期までそのまま残存していたことを物語るものである。加えてヴェーバーは、戦争末期の選挙法改革論議で、家族の規模を考慮して家長に付与する投票数を調整する方策が検討された際に、「プロレタリアート」や「ポーランド人」が大家族であることを理由にこれを拒絶している。「子供の多いものに特権を付与するですって？　一番多くの子供を持っているのは、プロレタリアートと――ポーランド人ではないですか！」[698]後述のようにヴェーバーは選挙法改革による戦時国内統合の維持を目論んだが、その副作用としてポーランド人勢力が擡頭するのは、やはり本意ではなかったのである。

第四節　アメリカ合衆国参戦回避の運動

一　ドイツ潜水艦作戦を巡る闘争

以上に見てきたようなポーランド問題を中心とする東中欧の民族問題に関する考察は、ヴェーバーにおいてはロシヤ問題に関する考察の一環として行われたものであったが、これと並行してヴェーバーは一九一六年前半に、アメリカ合衆国との対決を意識してドイツ潜水艦問題についての考察をしていた。それではまず、このドイツ潜水艦問題とはどのようなものであったかについて確認してみよう。

第一次世界戦争においてドイツ帝国海軍は、開戦当初から潜水艦という新兵器の使用によって、劣勢にある海上での戦闘を有利に展開させようと考慮していた。一九一四年八月の開戦と共に、世界最大の海軍国イギリスはその艦隊をもってドイツの沿岸線を包囲し、ドイツの対外交易の封鎖によってその戦意を喪失させるという作戦に出た。ドイツはこうしたイギリスの海上封鎖作戦を、中立国のドイツとの交易を妨害しているという理由で、更に非戦闘員であるドイツ文民を間接的に攻撃対象にしているという理由で、戦時国際法に違反する蛮行であると非難したが、協商国側は勿論のこと、中立国の間でも大きな共感を得ることが出来なかった。このためドイツ海軍は、同じくドイツもイギリスを封鎖することでその戦意を喪失せしめるという作戦に出る。当初実施されたのは、ドイツ海軍の巡洋艦による商船の捕獲という戦時国際法の許容範囲内での作戦であったが、やがてドイツ帝国海軍のフーゴー・フォン・ポール軍令部総長（一八五五年―一九一六年）らによってより強硬な潜水艦作戦が提案されるようになる。これはグレートブリテン島及びアイルランド島周辺の封鎖領域内におけるあらゆる商船を、ドイツ海軍の潜水艦によって無警告で撃沈するというものである。これは戦時国際法に違反する行為であったが、イギリスの国際法違反に対する報復という理由でドイツ側では肯定され得ると考えられていた。一九一五年二月四日に封鎖地域を発表したドイツ海軍指導部は、これといった根拠もないまま、この作戦でイギリスを六週間以内に屈服させることが出来ると豪語した。

ところがこの潜水艦作戦の開始により、中立国のアメリカ合衆国とドイツ帝国との関係が険悪なものになっていく。予めアメリカとの紛争を恐れていた帝国指導部は、一九一五年二月一六日にアメリカ商船を攻撃対象から除外する用意があることを示唆した。ドイツ海軍も対外的には中立国の船舶をも（協商国の船舶が中立国の国旗を濫用している可能性があるという理由で）攻撃対象にすると宣言しつつ、内部では中立国の国旗を掲げる船舶には攻撃しないよう潜水艦に指示を出していた。ところが実際には、アメリカとの紛争はアメリカ商船の攻撃によってではなく、協商国の旅客船の撃沈に随伴するアメリカ人乗客の死亡事件によって惹き起こされることになった。一九一五年五月七日にイギリス客船「ルシタニア号」の撃沈によりアメリカ人乗客が死亡すると、アメリカのウィルソン大統領はドイツに厳重抗議を申し込んだ。同じことは一九一五年八月一九日のイギリス客船「アラビック号」撃沈事件に際しても繰り返された。アメリカ側の抗議を深刻に受け止めた帝国宰相ベートマン・ホルヴェークは、中立国との衝突を極力回避するという方針を打ち出し、皇帝ヴィルヘルム二世、プロイセン陸軍参謀総長エーリヒ・フォン・ファルケンハイン（一八六一年―一九二二年）、枢密海軍内府長官アレクサンダー・フォン・ミュラーの同意を得たが、作戦の続行を主張する帝国海軍省長官アルフレート・フォン・ティルピッツ（一八四九年―一九三〇年）や帝国海軍軍令部総長グスタフ・バッハマン（一八六〇年―一九四三年）の反対に直面し、結局皇帝の採決で協商国のものも含め大型客船の撃沈を全て中止することとした。これに反撥したティルピッツらは再三に渡って辞任を示唆して皇帝を牽制し、皇帝や帝国宰相と対峙することになった。

潜水艦作戦の再開を意図するティルピッツら海軍指導部は、そののち陸軍指導部の支援を獲得するべく画策を開始し、一九一六年二月に到ってそれに成功する。作戦再開の暁には一九一六年以内にイギリスを屈服させることが可能であるとの海軍の確約を受けた参謀総長ファルケンハインは、プロイセン陸軍大臣アドルフ・ヴィルト・フォン・ホーエンボルン（一八六〇年―一九二五年）、帝国海軍省長官ティルピッツ、帝国海軍軍令部総長ヘニング・フォン・ホルツェンドルフ（一八五三年―一九一九年）らと協議し、アメリカ合衆国の参戦を覚悟した上で潜水艦作戦を再開するという方針で一九一六年一月上旬に合意した。潜水艦作戦に消極的であったプロイセン陸軍と海軍との合意を踏まえて、一九一六年二月一〇日に帝国指導部は中立国政府に「武装商船の扱いに関する文書」を交付し、「強度潜水艦作戦」の開始を宣言する。これによると武装商船は戦艦と同じ扱いを受け、無警告に撃沈されることになっていた。しかしこの作戦が二月二九日に発効する前に、帝国指導部は二月二三日に武装商船のうち貨物船だけを攻撃し、旅客船は攻撃対象から除外するよう指示を出していた。

とりあえず「強度潜水艦作戦」の実施に成功した海軍指導部は、更に「無制限潜水艦作戦」（武装・非武装、貨物船・旅客船、協商国船籍・中立国船籍の区別なくあらゆる封鎖区域内の船舶の無警告撃沈）の実施を目指し、早くも一九一六年二月一八日にはその旨を海軍軍令部総長ホルツェンドルフから皇帝に上奏した。これに抵抗するベートマン・ホルヴェークは、一九一六年二月二九日の「潜水艦問題に関する文書」の中で、イギリスはドイツ潜水艦の攻撃により喪失した船舶を新造その他の手段で補充する能力を保有していると指摘し、「無制限潜水艦作戦」によってイギリスを早期に屈服させることが可能であるという海軍指導部の試算に疑問を提起した。加えてベートマン・ホルヴェークは、アメリカ合衆国が協商国側に加担して参戦した場合の甚大な影響について説明し、「無制限潜水艦作戦」が目的不合理であることを指摘した。この帝国宰相の報告を受けて軍指導部は反撥し、参謀総長ファルケンハイン及び軍令部総長ホルツェンドルフが、一九一六年三月四日に改めて共同で「無制限潜水艦作戦」開始を求める上奏を行った。

帝国指導部と陸海軍指導部との対立に直面した皇帝ヴィルヘルム二世は、ここで帝国宰相の意向を容れて一八九七年以来の帝国海軍省長官であるティルピッツの更迭に踏み切った。皇帝はティルピッツを長とする帝国海軍省が潜水艦作戦で期待される戦果を誇張し、潜水艦作戦賛成の大衆運動を煽動していることを問題とし、枢密海軍内府長官を通じてティルピッツに対する譴責を行ったほか、海軍の広報業務を帝国海軍省から取り上げて帝国海軍軍令部の専管事項とした。この皇帝からの攻撃にティルピッツは一九一六年三月八日に「病気」を宣言し、同一二日に辞表を提出、同一五日に皇帝の裁可を得た。

潜水艦作戦の要求は、海軍指導部からだけではなく、「勝利の平和」を切望する民間団体からも提起されていた。ティルピッツの辞任が報道されると、潜水艦作戦の再開を懇願していた「全ドイツ派」は激昂し、ベルリン大学教授シェーファーを中心に三万人の署名を集めて皇帝及び帝国議会に潜水艦作戦の開始を請願している。こうした潜水艦作戦の大衆請願運動は、潜水艦作戦に消極的な帝国宰相ベートマン・ホルヴェーク及び皇帝ヴィルヘルム二世にその憎悪を向けるようになっていく。潜水艦作戦を希求する声は、議会からも挙がっている。一九一六年二月九日にはプロイセン代議院特別予算委員会が、社会民主党を除く全政党の賛成により、プロイセン首相でもあるベートマン・ホルヴェークに、アメリカ合衆国への配慮からイギリスへの潜水艦作戦に躊躇することに抗議する議決をし、帝国宰相としてのベートマン・ホルヴェークが、外交及び戦争遂行を憲法上皇帝の専権であるとして却下するという事件が発生している。また一九一六年四月九日には、ドイツ保守党、帝国党、中央党、国民自由党、進歩人民党、社会民主党多数派の賛成により、以下のような決議が採択されている。「潜水艦がドイツの兵糧攻めを狙ったイギリスの戦闘行為に対抗する効果的な武器であることが判明したので、帝国議会は自らの確信を表明することにする。全ての軍事的権力手段がそうであるように、潜水艦もまたドイツの未来を確かにする平和の獲得を保障するものによって使用される必要がある。また外国との交渉に当っては、中立国の正当な権益は尊重しつつも、この武器を使用することでドイツの海上での自己主張に必要な自由を保全することが必要である。」

ところが一九一六年三月二四日、ドイツ海軍の潜水艦がフランス船籍の英仏海峡連絡船「サセックス号」を撃沈するという事件が発生し、「無制限潜水艦作戦」どころか「強度潜水艦作戦」の水準でも中立国との紛争を不可避的に惹起することが明らかになった。この「サセックス号」事件の死者にはアメリカ人が含まれていたため、アメリカ合衆国政府が一九一六年四月一八日の抗議書でドイツとの外交関係の断絶を示唆し、ドイツ帝国指導部は再び潜水艦作戦の中止を決定し、帝国海軍軍令部総長ホルツェンドルフが巡洋艦による商船の捕獲という戦時国際法の枠内の行為のみを行うよう指示を発した。この決定に当っては、従来も最終決定を下してきた皇帝ヴィルヘルム二世の意向が大きかったと見られているが、彼は一九一六年四月三〇日に枢密海軍内府長官ミュラーに、アメリカと断絶したのでは潜水艦作戦の意義はない、一か八かの賭けは止めるべきとの意向を伝えている。ティルピッツの後任の帝国海軍省長官エドゥアルト・フォン・カペレ（一八五五年―一九三一年）も、前任者とは異なり皇帝の意向に同調した。カペレは、実際には従来の撃沈も大半の場合全くの無警告撃沈ではなかったので、戦時国際法の枠内での攻撃でも攻撃の効果は大きくは損なわれないとしたのである。海軍指導部の同意を得て、そして陸軍参謀総長ファルケンハイン、元海軍長官ティルピッツらの反対を退けて、皇帝ヴィルヘルム二世は一九一六年五月一日に帝国宰相ベートマン・ホルヴェークの進言通り潜水艦作戦の中止を決定し、同年五月四日に帝国指導部がアメリカ合衆国政府に伝達した。

こののち潜水艦作戦を巡る議論は更に続行され、スカーゲラク海戦におけるドイツ帝国海軍の勝利（一九一六年五月三一日）に伴う海軍指導部の自信回復、ドイツ帝国海軍の潜水艦作戦を支持する陸軍元帥パウル・フォン・ベネッケンドルフ・ウント・フォン・ヒンデンブルク（一八四七年―一九三四年）及びその副官のエーリヒ・ルーデンドルフを中心とする第三次最高軍司令部の成立（一九一六年八月末）、協商国側によるドイツ帝国指導部の講和提案（一九一六年一二月一二日）の無視という事態の大きな変遷を経て、結局一九一七年二月一日に「無制限潜水艦作戦」の実施が公表され、帝国宰相ベートマン・ホルヴェークの危惧通りアメリカ合衆国は一九一七年二月三日にドイツとの国交断絶を宣言し、協商国側の一端を担うロシヤ帝国の共和制への転換を見届けて四月六日にドイツに宣戦布告した。中欧列強と共に三国同盟の一角を為していたはずのイタリア王国（一九一五年）、ホーエンツォレルン＝ジグマリンゲン家が統治していたはずのルーマニア王国（一九一六年）[699]に続くアメリカ合衆国の参戦で、ドイツの戦争遂行はより一層困難なものになっていったのである。[700]

二　ドイツの名誉のための道徳主義との格闘

このようなドイツ潜水艦作戦を巡る問題は、政治評論家ヴェーバーにも深刻なものであるように思われた。ヴェーバーの見るところドイツ潜水艦作戦の問題とは、主としてドイツの名誉を賭けた論争である。一九〇四年のアメリカ旅行を通じてそのアメリカの潜在力を実感するようになっていたヴェーバーは、ドイツの敗北を回避するためにアメリカの参戦を全力で阻止しようとした。しかしヴェーバーは、海上封鎖というイギリス海軍の戦時国際法違反に、ドイツ海軍が潜水艦作戦という戦時国際法違反で対抗するのは、基本的に已むを得ないとも考えていた。このためヴェーバーは、アメリカ参戦を防止するという意味では潜水艦作戦に反対しつつも、その実施が回避できないときには必ずイギリスに道義的責任を取らせる形式にするよう、ドイツ帝国指導部に強く要求したのである。

ドイツ帝国がアングロ＝サクソン圏と対峙するに当りヴェーバーが最も重視したことは、アングロ＝サクソン圏の道徳主義的な（そしてドイツ側の見るところ偽善的で不誠実な）政治姿勢を逆用するということであった。ヴェーバーはこう指摘している。「ボーア戦争当時、ソールズベリー卿はこう言いました。「我々はダイヤモンド鉱や金鉱などは欲していいません。」この宣言はとても有利に作用しました。のちに軍事的・外交的状況が最終的に確定し、そうした権益を獲得し危険なく確保できる状況になったとき、ソールズベリー卿はそれらを確保したのです。我々はこれまで全く逆にしてきました。それを我々は「誠実」だと思ってきたのです。しかし軍部や、中央党、右派の分別ある指導者たちも、ソールズベリー卿の遣り口の方がより賢いのだということを、やはり心のうちでは了解しておかなければならないと思います。[701]」

ヴェーバーがドイツ潜水艦作戦を巡る論争に関わり始めたのは、彼がポーランド問題に言及するようになった一九一六年二月ころからである。それは一旦撤回された潜水艦作戦が、「強度潜水艦作戦」として再登場する寸前のことである。ドイツの潜水艦作戦が最初にアメリカ合衆国との紛争を惹き起こした一九一五年に、野戦病院で多忙なヴェーバーがこれに論評した形跡はない。しかし一九一五年九月にプロイセン陸軍を去り、一九一六年二月にポーランド問題との関連で「中欧のための作業委員会」に関わり始めたヴェーバーは、同じころから潜水艦問題についても発言するようになる。一九一六年二月七日、ヴェーバーは同委員会への参加をナウマンに表明した書簡で、次のように潜水艦問題に言及している。「ちなみにもしヴィルヘルム街［ドイツ帝国指導部］がアメリカとのことを何が、なんでも――本当に何が、なんでも！――片付けられなければ、我々の作業であれ、他の作業であれ、どのみち意味がなくなります。アメリカとの問題が残るなら、我々は九箇月から一年のうちに全く別種の「問題」に直面することになるでしょう。ともかく望ましいのは、あなたの党［進歩人民党：左派自由主義陣営］が、あるいはあなたの党に属する真面目な政治家たちが個人として、考えうる範囲で最も厳格にあらゆる責任を拒否することです。[702]」

ところがこの書簡を発送した直後、ヴェーバーは潜水艦問題に関して新しい情報を耳にして、憤激に燃えて第二の書簡を同日のうちにナウマンに発送した。「ツィンマーマンのインタヴューは、私が恐れていた最悪のものよりも更に悪いものでした。」ここでいう「ツィンマーマンのインタヴュー」とは、帝国外務次官アルトゥール・ツィンマーマン（一八五四年―一九四〇年）が一九一六年二月四日にアメリカ合衆国の新聞社のベルリン特派員から受けた「ルシタニア号」の撃沈に関するものである。ツィンマーマンはドイツ政府が潜水艦作戦を戦時国際法違反と認めることは拒否するが、損害賠償には応じる用意があると言明したのである。[703] これに対し激昂したヴェーバーは、ツィンマーマンはこう述べるべきだったと主張する。「勿論、攻撃は「国際法違反」でした。しかしそれは、同様に深刻に国際法に違反した相手側に対する報復措置だったのです。我々はアメリカ側の友好の精神を高く評価していたため、周知のようにドイツ軍の潜水艦に全く新しい指示を与えるという形でけじめを付けたわけで、それだけでなく喜んで可能な限りでの配慮をする用意があります。今後はそのような無警告撃沈は違法となるでしょうし、これまでのことについて我々は「損害補償」を約束しました。これをもって我々は、双方に満足のいく形でこの突発的事故が解決されたと看做します。[704]」ここでヴェーバーが提案している回答案には、彼の政治における一貫した基本方針が表現されている。文化闘争に終止符を打ったビスマルクを批判したときと同様、ヴェーバーは政治的闘争が権益の裏取引で処理されることを嫌悪し、飽くまで自分の側に道義的優位があるという形での結着に固執したのである。従ってヴェーバーは、ドイツ帝国指導部が紛争を損得勘定で処理しようとしたことに激怒し、飽くまで先行するイギリスの国際法違反を強調するという点に重きを置いたのだった。またヴェーバーは、アメリカでは（恐らくウィルソンが大統領であるということも考慮して）そうした論理が意味を為すと確信しており、その点でも道義的主張が純粋に戦略的に見ても有効であると固く信じていた。

一九一六年二月下旬、ナウマンの「中欧のための作業委員会」に参加するためにベルリンに来ていたヴェーバーは、折から当地の上層部で「強度潜水艦作戦」の実施が決定され、アメリカ合衆国の参戦問題が緊迫した情勢にあることを察知し、書簡でその憤懣を次々に書き送っている。「そして特にアメリカとの状況はまさに深刻だ。「予想される新たな突発事故」が起こっても躊躇や欺瞞によって、端的に言えば「ちょっとした手段」でなんとか切り抜けられるだろうとみな思っている。それは誤解というものだ。だが海軍は彼らの新しい潜水艦を試すということに夢中になっている。彼らには全てがどうでもいいのだ。」（二月二〇日）[705]「狂った全ドイツ派や帝国海軍の連中が我々をアメリカとの悶着に引き摺り込んでくれさえしなければよいのだが！　アメリカとの戦争になれば、我が国の商船の半数が、四分の一はアメリカの港で、四分の一はイタリアの港で！　没収され、我が国に矛を向けて利用されるのだ。従ってとりあえずイギリスの船舶の増加が見込まれることになる。こういうことをかのロバ野郎どもは考慮しないのだ。第二に、五十万のアメリカ人スポーツマンが義勇兵として、素晴らしい装備で、我々の疲弊した部隊に襲い掛かってくることになる――こういうことをかのロバ野郎どもは信じていないのだが。第三に、敵に四百億マルクの現金が渡ってしまう。第四に、戦争がなお三年は継続することになる。つまりドイツが廃墟と化すことは必至だ。第五に、ルーマニア、ギリシャなどが我々に向かってくる。しかもこういう事態になるのは、全てティルピッツ氏が「出来ることを示す」ようにするためなのだときている。これ以上馬鹿馬鹿しいことは、これまで一度も考えられたことがない。」（二月二三日）[706]「いまやアメリカとの一件は、まさに決裂寸前だ！　本当に私が言っていた通りになってしまった。しかも相変わらず即事的な問題が政府の公式発表では「名誉の問題」とされてしまい、「侮辱」とか何とかということが口にされ、その挙句引っ込みが付かなくなったからというわけだ。」（二月二七日）[707]「そうこうしているうちにアメリカとの危険は臨界点に達してしまった。私には気違いどもの群れが我が国を統治しているかのように思われる。十四日前に私と同じ意見だったものが、全員心変わりした。十四日前に「なに、アメリカ人は決して開戦などしませんよ」と言っていた連中がいまはこうだ。「うん、アメリカ人はどうしても戦争をするつもりなのですよ。」」（三月五日）[708]

皇帝ヴィルヘルム二世が「無制限潜水艦作戦」を要求する陸海軍指導部と、これに反対する帝国指導部との狭間で態度決定を要求されていた一九一六年の三月上旬、ヴェーバーは銀行家フェリクス・ゾマリー（一八八一年—一九五六年）と共同で潜水艦作戦の目的不合理性を力説する文書「強度潜水艦作戦」を作成し、まず三月一〇日に帝国外務省に提出したが、そこで好評を得たため一二日には諸政党指導者十八人に送付した。ヴェーバーによれば、彼らの文書は外務省に大いに歓迎され、「バイエルン首相」（のち帝国宰相になるヘルトリング）など上層部へ配布するよう要請されたという[709]。更にこの文書はヴィルヘルム二世やフランツ・ヨーゼフ一世にも読まれたと言われるが、真偽のほどは定かではない[710]。

この文書「強度潜水艦作戦」には、ドイツ帝国を破滅の淵から救済しようとするヴェーバーの使命感が明快に綴られている。ここでのヴェーバーの議論の骨子を整理すれば、以下のようになるだろう。（一）ドイツの潜水艦作戦でイギリスの交易を完全に妨害することは不可能であり、従ってイギリスを急速に打倒するという見込みも存在しない。（二）ドイツの潜水艦作戦によって中立国にあるドイツの商船が没収され、ドイツ打倒の目的で利用される虞がある。（三）アメリカ合衆国の戦闘能力は巨大であり、これが協商国側に参戦してきたときには、いずれにしてもドイツに戦闘における勝利の見込みはない。（四）単に戦闘においてドイツの立場が危険になるだけではなく、アメリカの参戦はアメリカ資本のヨーロッパ支配（ロンドン・シティー支配）を齎し、同盟国側の経済にも壊滅的な打撃を与える。（五）アメリカの勢力拡大は、ドイツの将来の「世界政策」にも大きな障碍となる。（六）アメリカは開戦に際してドイツと交易している他の中立国にも圧力を行使してくる可能性がある。（七）ドイツ潜水艦作戦は結果としてドイツだけでなく、場合によっては帝室の将来をも危殆に晒すものである。[711]

潜水艦作戦実施の目的不合理性を強調するヴェーバーは、更にアメリカ合衆国の国情について人々を啓蒙することで、アメリカとの開戦は絶対に回避すべきだという認識を滲透させようとした。その活動の場としてヴェーバーが選択したのが、「一九一四年ドイツ協会」(Deutsche Gesellschaft 1914) である。この団体は一九一五年一一月二八日に「城内平和」体制堅持を目標として結成されたものである。二千人未満というその会員には、ジークフリート・フォン・カルドルフ（帝国党）（一八七三年―一九四五年）、マティアス・エルツベルガー（中央党）（一八七五年―一九二一年）、オイゲン・シッファー（国民自由党）（一八六〇年―一九五四年）、アルベルト・ズューデクム（社会民主党）（一八七一年―一九四四年）、カール・レギーエン（社会民主党）（一八六一年―一九二〇年）、エドゥアルト・ダフィート（社会民主党）（一八六三年―一九三〇年）ら政治家、ヘルムート・フォン・モルトケ（プロイセン陸軍参謀総長）（一八四八年―一九一六年）、ホルツェンドルフ、カペレら軍人、フーゲンベルク（企業家・元官僚）、ロベルト・ボッシュ（企業家）（一八六一年―一九四二年）、ヴァルター・ラーテナウ（企業家）（一八六七年―一九二二年）、グスタフ・クルップ・フォン・ボーレン・ウント・ハルバッハ（企業家）（一八七〇年―一九五〇年）ら財界人、デルブリュック（ベルリン大学教授）、トレルチュ（ベルリン大学教授）、ハルナック（ベルリン大学教授）、ゼーリング（ベルリン大学教授）、マイネッケ（ベルリン大学教授）ら学者がおり、議長は帝国植民省長官ヴィルヘルム・ゾルフ（一八六二年―一九三六年）であった。この団体の会員にはベートマン・ホルヴェークに近接するものが多く、ヴァイマール共和国期に入ってドイツ民主党と連携するようになり、一九三四年まで命脈を保つことになる。[712] ヴェーバーはこの団体が毎週開催していた会合で、ゼーリングのクールラント植民論を聴いて憤慨していたが、[713] 今度は自らが同協会にアメリカに関する講演を提案したのだった。ヴェーバーは、自分が「弱腰」だとされているために自分の講演がなかなか歓迎されないのだと不満を漏らしていたが、[714] 結局協会は彼の提案を受諾した。当初ヴェーバーの講演は「アメリカにおける貴族とデモクラシー」という表題で、一九一六年五月八日に実施されるはずであったが、何かの都合で三月二〇日に繰り上げられ、更に一旦延期されて四月三日に実施された。その内容は今日では伝わっていないが、すでに引用した書簡の内容が示唆するように「五十万のスポーツ好きのアメリカ人たち」の闊達さを力説し、これを敵に回す愚を説明するものであっただろうことは想像される。それはかのプロテスタンティズム研究以来ヴェーバーが探究してきた、アメリカにおける「貴族的」人格とデモクラシーとの融合を高く評価する議論なのである。[715]

潜水艦作戦に抵抗したヴェーバーではあったが、その推進者であるティルピッツが一九一六年三月一五日に更迭されると、彼は意外にもこれに抗議の声を挙げている。潜水艦作戦に強硬に反対していた当の本人が、その作戦の立案者の失脚を慨嘆するというのは奇妙な現象であるが、ティルピッツが更迭されたときにヴェーバーはこの更迭が国内外にドイツの敗北を印象付けることになりはしないかと恐れたのである。ティルピッツが更迭されたときにヴェーバーの脳裡を過《よぎ》ったのは、ドイツがアメリカに譲歩するときにいかに自己の威厳を損なわないかという問題であった。加えてヴェーバーはティルピッツを「このヘラクレスのような男」と呼び、彼が閣僚の中で唯一人気のある人物だったと痛惜の念を述べているなど、ティルピッツの国民統合力を肯定的に評価していた。後述のようにヴェーバーは陸軍のヒンデンブルク、ルーデンドルフにも指導者として一定の期待を懐いていたが、あるいは同じような思いを海軍のティルピッツにも向けていたのかもしれない。[716]

ティルピッツが帝国海軍長官を辞任し、「サセックス号」撃沈（一九一六年三月二四日）を契機に腰砕けになった帝国海軍がアメリカの抗議（四月一八日）を前に潜水艦作戦を躊躇するようになると、ヴェーバーの思考はドイツがアメリカの要求にただ単に屈服するのではなく、いかにアメリカとの衝突を回避しつつドイツの名誉を守るかという点に集中していく。「我々はアメリカに譲歩する——だがまたしてもビクビク、コソコソやって「面目を保つ」というわけだ。これは残念なことだ。この連中には洞察力も自尊心もない。」（一九一六年五月二日）[717] ヴェーバーによればドイツ帝国指導部はこのように言明するべきであったという。「よろしい、我々は譲歩する——今度はその「国際法」とやらを、イギリスに対しても貫徹するかどうかに、諸君らの名誉がかかっているのだ。」（一九一六年五月七日）[718]一九一六年五月四日に、ドイツ帝国指導部が潜水艦作戦の中止をアメリカ合衆国政府に申し入れたのち、ヴェーバーはドイツ側の屈服をこのように慨嘆している。「そうだ――アメリカの通牒は確かに事態を収束した。しかし敗北は我々の上に覆い被さってどこうとしない。当時我々は鳴り物入りで脚色し、「侮辱」されたと叫ぶなどした――アメリカの通牒は、我々が元々いたところから少しも進んでおらず、何一つ達成しなかったということを明確にしている。いまや「突発事故」一つでもう充分に戦争になりうるし、イギリスが海上封鎖を強化する好機を得るのだ。［……］ウィルソンは、本当に「誠実」であり続けた――我々には何とも致命的な、細部への拘りを見せて。そしてここドイツでは全く理解されていないことだが、講義や博士号試験における法律家のように、誰かさんが純粋に形式主義的に政治を行い、それどころか彼の通牒の締めの言葉ときたら、きっと自分の講義用ノートにある国際法における責任についての記述から引用してきたようなものなのだ。それに対して我々は、自分たちの「現実政治」にかくも誇りを持っているのだ！――何しろそこから我々は一つの理論を鍛え上げたのだから。この大統領は学問的論争における法学的議論のように政治を行っている。」（一九一六年五月一〇日）[719]

ところが一旦終息したかに見えた事態が悪化してくると、ヴェーバーのアメリカ参戦への危惧が再び増大することになる。ヴェーバーはドイツ側で再び潜水艦作戦支持派が擡頭してくることを警戒し、帝国指導部に毅然たる態度を要求した。[720] 一九一六年一一月二五日には、ヴェーバーも署名したハイデルベルク市民の反潜水艦作戦声明が『ハイデルベルク新聞』に発表されている。[721] またヴェーバーの見るところ、危険は国内だけでなく国外にも存在していた。一九一六年九月二八日、イギリス陸軍大臣（のち首相）デイヴィッド・ロイド・ジョージ（一八六三年―一九四五年）は、アメリカの新聞社の要請で「ノックアウト・インタヴュー」と呼ばれた論評を行っている。ここでロイド・ジョージは、イギリスはドイツ――「プロイセン軍事専制体制」――を「ノックアウト」するまで戦争を継続するだろうし、同盟国のフランスやロシヤも同じ覚悟であると刺戟的な口調で述べている。[722]「ロイド・ジョージは狂信者だ。」こう言ってヴェーバーはこのイギリス政治家を非難したが、ヴェーバーはその挑発の背後に、ドイツの「潜水艦ヒステリー」を煽動して潜水艦作戦再開に踏み切らせ、アメリカはおろかオランダ、デンマークまで味方に付けようとするロイド・ジョージの陰謀を感じ取っていた。このためヴェーバーはシュルツェ＝ゲーヴェルニッツに、進歩人民党がそうした挑発に乗らないように警告し、この台詞はドイツ国内の「腰抜け平和愛好家ども」を脅し付けるのに利用しておけと指示したのだった。[723]

一九一七年二月一日、ドイツは遂に「無制限潜水艦作戦」の開始を宣言したが、この段階ではもうヴェーバーは潜水艦作戦への反対を高唱しなくなっていた。ヴェーバーは作戦開始の事実を所与のものと受け容れた上で、イギリスに事態の道義的責任を取らせるよう、帝国指導部がアメリカ合衆国への通告の文章表現を工夫するべきだとした。[724] そして建造が進む潜水艦が五倍の数に達していることに鑑みて、イギリスだけでなくイタリアなど南欧の敵国もドイツの潜水艦で封鎖できるのではないかと考慮し始めたのであった。[725]

第五節　ドイツ帝国及び連邦諸国の内政改革構想

一　戦争続行のための人間的基礎の再構築

一九一五年の年末以来戦争目的論を発表してきたヴェーバーは、一九一七年三月ころより外政への言及が急速に少なくなり、一転して内政改革論に没頭するようになる。ヴェーバーが戦争中に展開した内政改革論は、国制変革に踏み込むものであった。ヴェーバーはすでに一九一四年以前にも、国制論における議会主義的立場を鮮明にしてはいたが、その発言はいずれも断片的なものに留まっていた。[726] 戦争中のヴェーバーはハイデルベルクにあって、一九一七年五月に始動した帝国議会憲法委員会における進歩人民党の代表コンラート・ハウスマン（一八五七年―一九二二年）[727] の軍師役を務めたほか、自らも『フランクフルト新聞』に次々と政治評論を発表したのである。ヴェーバーの問題関心がこのように外政論から内政論へと急速に転換したのは、当時の輿論の動向に鑑みれば不思議なことではない。内政改革論議は、一九一六年から翌年にかけて「城内平和」体制が綻びを見せる中で、急速に拡大したものだからである。とはいえヴェーバーが突如内政改革論に邁進し始めた一九一七年初頭には、彼にとって衝撃となる二つの事件があったことも見逃せない。それはすなわち、ロシヤにおける君主制の崩壊と、アメリカ合衆国の参戦である。ロシヤにおけるツァーリズムの崩壊は、東方におけるドイツの戦争遂行の道義的正当化がもはや困難になったということであり、またロシヤが予期されるそのデモクラシー化によって、より効果的に総動員体制を構築する可能性が出てきたということでもあった。またアメリカの参戦は、協商国側にほぼ無尽蔵の活力源が加わったということであり、またドイツを「軍事専制国家」として断罪する国際輿論の圧力がますます強まるということでもあった。要するに一九一七年前半の国際情勢は、一九一五年にヴェーバーが危惧していた最悪の状況になりつつあったのである。

戦時内政改革論におけるヴェーバーの目標は、ドイツ人個々人の自発的献身を最大限に引き出し、もってドイツの戦闘能力の維持・強化を図ることにあった。このようなヴェーバーの発想は、彼の比較政治文化的な観点での列強分析を見てきた我々には、違和感なく理解できるものだろう。ヴェーバーの根源的な問題関心は人間の精神的発展であり、ほとんど全ての世界列強の総攻撃を受けて窮地にあるドイツ帝国を強化するために、ヴェーバーはドイツ人の潜在力が十二分に発揮されるような国制を採用するべきだと考えたのである。もっともヴェーバーは戦前から人間の精神的発展を独自の価値と考えていたので、必ずしもそれを単なるナショナリズムの道具に貶めたとは言えないだろうが、戦時・戦後の内政改革論の領域では、恐らく各政治党派に跨る読者を意識して、戦争遂行という目的のために内政改革という手段を用いるという論理が明確にされていた。アメリカ合衆国の加わった西欧列強の陣営が、ドイツを道義的に非難しようとしている状況を意識していたヴェーバーは、ドイツにおける政治的近代化の実現が外国からそれを強制された形態を採り、国内から反撥が出ることを大いに警戒していた。例えば一九一六年の「宰相危機」（ベートマン・ホルヴェークの退陣）を齎したエルツベルガーの講和要求演説などについても、対外的にはドイツの弱体を曝け出し、対内的にはのちに「外国が我々にデモクラシーを押し付けた」という印象を与えかねないという観点から、ヴェーバーは強く非難していたのである。[728]

だが当時のドイツ論壇では、ヴェーバーや帝国議会多数派の内政改革論が、「城内平和」というドイツ戦時内政の建前と両立するのかどうかが激しく争われていた。その背後には、そもそも「城内平和」という大原則についての見解の不一致が伏在していた。ドイツ保守党によれば、「城内平和」とは開戦時点の内政状態を凍結し、党派間対立を一時休止するということである。例えばバーデンの修正主義者で、社会民主党の指導者の一人であったルートヴィヒ・フランク（一八七四年―一九一四年）[729]が、自党を第一次戦時公債賛成（一九一四年八月四日）へと導いた直後に敢然と出陣し、一九一四年九月三日に帝国議会議員の最初で最後の戦死者になったとき、ドイツ保守党を含む全党派はこのユダヤ系議員の愛国的行為を賞讃し、彼の選挙区の補欠選挙では社会民主党以外の党派は対立候補の擁立を断念したのである。このような「城内平和」理解に立脚するドイツ保守党は、選挙法改革のような内政上の重大な変更を戦争中に要求するのは左派の背信行為であり、戦乱に紛れて火事場泥棒的に利益を得ようとする卑劣な振舞だと考えた。それでも戦争遂行に伴って選挙法問題の浮上が不可避になると、プロイセン貴族院は一九一六年秋に家族世襲財産法の強化によって内政の左傾化に対抗し、開戦時の党派間勢力関係を維持しようとしたのである。しかしヴェーバーや、帝国党（自由保守党）から多数派社会民主党にまで及ぶ帝国議会多数派の理解によれば、「城内平和」とは開戦時の内政状況を終戦まで凍結することではなく、全党派が一致してドイツ国民国家の戦争遂行を支援することであり、そのためには帝国政治、領邦政治の抜本的改革も不可避なのだった。ヴェーバーは一九一七年一月に再び上程された家族世襲財産法案を、保守陣営による私的利害の火事場泥棒的な追求と看做し、これをもって「城内平和」は保守陣営側の方から破壊されたと主張した。こうしてヴェーバーや帝国議会多数派は、内政改革論議の提起を正当化したのである。

ヴェーバーの基本方針は、帝国指導部が開戦当初から念頭に置いていたものと類似していた。「新方針」を掲げて戦時内政改革を試みた帝国宰相・プロイセン首相ベートマン・ホルヴェークの非公式の覚書によれば、一九一四年一〇月の段階で以下のような包括的改革が構想されていた。（一）プロイセンの選挙改革――秘密・直接選挙法の導入（但しかなり緩和された形態であれ階級選挙法は維持）、（二）政治教育事業の導入（学問的科目としての「政治」の大学への導入・官吏のための政治アカデミー創設）、（三）幅広い層の高級官僚への昇進の開放、（四）カトリック教徒に対する例外規定の廃止（「イエズス会禁止令」廃止）、（五）ポーランド人に対する例外規定の廃止（植民法の収用条項・帝国結社法の言語条項など）、（六）労働運動の国民・国家への組み込み（労働者組織を「反国家的」と中傷しない）、（七）労働組合の奨励（団結の自由の拡充）、（八）職業団体法の議決、（九）帝国専売制の拡充による帝国財政改革の完成、（一〇）中部運河の完成、（一一）取引所法の改正、（一二）国内植民（農業入植制度・耕地整理・土地改良の奨励）。このようなベートマン・ホルヴェークの「新方針」政策は、帝国内務長官クレメンス・デルブリュック（一八五六年―一九二一年）、帝国大蔵長官（のち帝国内務長官・帝国副宰相）カール・ヘルフェリヒ（一八七二年―一九二四年）ら帝国指導部の閣僚たちの賛同を得たが、内務大臣レーベル、文部大臣トロット・ツー・ゾルツ、農林大臣クレメンス・フォン・ショルレマー＝リーザー男爵（一八五六年―一九二二年）らプロイセン国務院の閣僚たちは難色を示し、とりわけレーベルは一九一五年一一月、自らプロイセン王ヴィルヘルム二世に上奏してこれに抵抗した。同時にプロイセン貴族院の中からも、戦時内政改革に潜在的脅威を感じて強く反撥する声が挙がっていた。こうした中で一九一六年九月二八日、ベートマン・ホルヴェークは帝国議会でこの「新方針」を明確にし、彼の合言葉「有能なもの全てに道を開け」は有名となった。とはいえベートマン・ホルヴェークの内政改革案は、とりわけプロイセン三級選挙法改革に執念を燃やす社会民主党では不充分とされ、「城内平和」体制に不満を募らせる党内急進左派諸集団は、やがて脱党して「独立社会民主党」や「スパルタクス団」を結成していくことになる。[730]

ヴェーバーが要求した内政改革は、以下の三点に集約される。（一）各領邦における前線の兵士への最上級の選挙権の付与、（二）帝国議会の活性化による「官僚制」化の抑制、（三）皇帝及び連邦諸侯の言動統制である。各項目については以下で詳細に検討するが、その前にここでベートマン・ホルヴェーク案と比較した場合の特徴を五つ指摘しておくとしよう。第一に、ドイツ国民国家の強化とは言っても、ヴェーバーの問題関心は一貫してドイツ国民国家の人間的基礎の充実であるため、中部運河建設や帝国財政改革のような項目は彼の視野には入ってこない。第二に、ヴェーバーが目指した選挙法改革は、まさしくベートマン・ホルヴェークの回避しようとした階級選挙の変革であった。第三に、ヴェーバーにとってカトリック教徒の差別撤廃は興味を惹かない項目であり、ポーランド人の差別撤廃には総論では賛成なものの、各論では口を濁していた。第四に、ヴェーバーはベートマン・ホルヴェークとは異なり、君主や官僚など統治機構の改革にも立ち入っている。第五に、ヴェーバーは穀物専売や取引所改革のような農業利益に好都合な論点にはまるで興味がなかった。

二　各領邦における選挙権の平等化

戦時内政改革論議の焦点は、何よりもプロイセン三級選挙法であった。一般にドイツ帝国の選挙法には、行政単位が下位になるに従って政治的近代化の理念から遠退くという傾向があった。帝国議会（一院制）の選挙法は、男子普通・直接・平等・秘密選挙である。一票の格差の問題こそあれ、これは当時の世界で有数のデモクラシー的選挙法であり、だからこそ制定者ビスマルクを含む多くの右派政治家が、のちに国家転覆によってでもこの選挙法を停止しようと繰り返し謀議を巡らすことになったのである。しかし各領邦の次元になると、事情は一変する。最大領邦のプロイセン王国の場合、三月革命の鎮静化以来二院制の「領邦議会」（Landtag）が設けられ、「貴族院」（Herrenhaus）及び「代議院」（Haus der Abgeordneten）が存在していた。プロイセン貴族院は、「身分制的」・「職能制的」議会である。それは、ホーエンツォレルン家（フランケン系（プロテスタント系）及びシュヴァーベン系（カトリック系））の王子、シュトルベルク＝ヴェルニゲローデ侯爵家（ハルツ地方）、ザイン＝ヴィトゲンシュタイン侯爵家（ライン地方）のような旧帝国等族、プロイセンの公爵団、侯爵団、伯爵団の代表、ナウムブルクなどの大聖堂参事会の代表、大土地所有者の代表、ベルリンやフランクフルトなど主要大都市の市長、ベルリンやケーニヒスベルクなど各王立大学の総長、様々な経緯で任命された勅撰議員などで構成されており、いわゆる「貴族」（Adel）だけの議会ではなかった。これに対しプロイセン代議院は公選制議会ではあるが、その議員は「三級選挙法」、つまり男子・普通・間接・等級・公開選挙で選出されていた。この等級は、納税額が多いものが強い投票権を持つように工夫されている。選挙区ごとにプロイセン国籍を有する二十五歳以上の男子を納税額の順に並べ、上位のものから順番に納税額を合計していき、その選挙区の総納税額の三分の一に達したところまでで第一等級とする。そして再び合計を始め、また総納税額の三分の一に達したところまでで第二等級とする。それ以外が第三等級である。そして選挙に際しては、それぞれの等級が同数の選挙人を選出し、その選挙人が最終的に議員を選出したのだった。身分の差異を問わない三級選挙法は、導入当時は比較的進歩的なものとされていたが、社会主義陣営の擡頭につれて、財産による差別が問題視されるようになっていった。この三級選挙法が効果を発揮して、帝国議会では中規模政党に過ぎないドイツ保守党が、プロイセン代議院では俄然第一党になり、帝国議会では最後の選挙（一九一二年）で第一党になった社会民主党が、プロイセン代議院では議席を一つも獲得できないという結果が生じたのだった（ただ最後の二回の選挙では若干の議席を獲得しているが。）。領邦より下位の次元になると、議会の構成はますます保守化する。例えばプロイセン国内の州議会、郡議会は、貴族院と同じく身分制議会の構成をとっていた。ちなみに、最後まで近代的憲法がなかったことで有名なメクレンブルク＝シュヴェリーン大公国、メクレンブルク＝シュトレーリッツ大公国では、そもそも領邦議会に公選制の議院がなく、完全に身分制議会の構成になっていた(731)。

こうした状況を踏まえて、ドイツ帝国議会では男子・普通・直接・平等・秘密選挙法を各領邦議会、とりわけプロイセン代議院に導入するべきだという意見が、戦前から繰り返し提起されていたが、その道は険しいものであった。というのも、そのような選挙法改革は議席数の激変を齎すからである。試算によれば、プロイセン代議院に帝国議会の選挙法を導入すると、ドイツ保守党、自由保守党の議席は四分の一となり、国民自由党は三割、中央党は二割、進歩人民党は一割の議席減となるが、ポーランド会派は三倍、社会民主党は十三倍の議席を獲得すると言われる。このような事態を受け入れられない政党、とりわけドイツ保守党が、選挙法改革に全力で反対したのも不思議はない。また代議院の選挙法改革では直接の影響を蒙らないまでも、デモクラシー化に拍車が掛かることで間接的には危機に晒される貴族院では、「プロイセンから手を離せ」、「帝国議会の方こそ選挙法改正をするべきだ」という抗議の声が挙がっていた。一九一七年春、プロイセン首相ベートマン・ホルヴェークの尽力で「新方針」路線を支持するプロイセン王ヴィルヘルム二世の「復活祭勅書」が発表されると、選挙法改革自体はますます不可避になっていったが、レーベル内務大臣らは「複数投票制」という第三の道を提示して、選挙法改革を骨抜きにしようとした。「複数投票制」とは、財産状況や家族状況により各人の投票数を変化させるというもので、三級選挙法とは別の意味で不平等なものであった[732]。

かつて平等選挙法に警戒的であったヴェーバーは、一九一七年以降は熱心に選挙法改革を訴えるようになっていく。ここで一つ、帝国議会の平等選挙法に批判的であったヴェーバーが、何故ここで各領邦における平等選挙法の推進者になれたのかという疑問が生じる。ここで重要なのは、ヴェーバーがとりわけ復員後の前線兵士に、遜色ない選挙権を与えようとしたことである。ヴェーバーの主張の背景には、前線兵士に敬意を表する戦時ドイツ社会の風潮があるが、それだけではないだろう。他ならぬヴェーバー個人が、日々戦闘に従事している前線兵士たちに、少なからず共感を懐いていたのではないかと思われる。自分も出征したいとヴェーバーが切望していたことは、すでに見てきた通りである。また野戦病院での発言にも現れていたように、ヴェーバーは兵士たちに生き生きした人間性の発露を見ていた。更にヴェーバーは、自分が旅行する際は努めて三等車に乗り、賜暇《しか》中の前線兵士たちの声に耳を傾けているとも述べている[733]。こうした前線兵士への共感は、ヴェーバーにおいては銃後で安逸を貪るものへの強い嫌悪感にも繋がることになった。こうしてヴェーバーは、従来の各領邦の等級選挙法が富裕なものに大きな発言権を与える「金権主義的」性格のものであることを問題視し、卑しむべき戦時利得者が生命を賭して闘う兵士たちよりも大きな権力を持つのは公正ではないと抗議するようになっていったのである。

ヴェーバーの選挙法改革論の先駆けを為したのが、一九一七年三月に再開された家族世襲財産批判である。これに先立つ一九一七年一月、長年論争が続いてきた家族世襲財産法案の第三版が、ドイツ保守党の強い要求によってプロイセン領邦議会に上程され、自由主義諸政党の強い反撥を招いていた[734]。ヴェーバーが改めて家族世襲財産を批判したのは、こうした議会の動向に呼応するものであった。一九〇四年の論文「プロイセンの世襲財産問題に関する農業統計的・社会政策的考察」では、市民階級のものが経済活動を避けて貴族階級の模倣をすることに対するヴェーバーの嫌悪感が議論の主軸を為していた。[735] これに対し一九一七年三月一日に『フランクフルト新聞』に発表された論文「ドイツの外政とプロイセンの内政II——戦時利得の貴族化」では、銃後で戦時利得を得たものがプロイセン王の勅許を経て自分の家財を家族世襲財産として登記し、これを発条にしてプロイセン貴族へと上昇していくという現象（「戦時利得の貴族化」）が非難されたのだった。[736] とはいえそこでは、まだ選挙法そのものに関する議論は展開されていなかった。

ヴェーバーの選挙法改革論は、一九一七年三月二八日に『フランクフルト新聞』に掲載された「帝国の選挙権緊急法——復員兵士の権利」で初めてその姿を現した。ヴェーバーはこの論文で、三月一日の家族世襲財産批判が前線の兵士たちの支持を得たとし、選挙法改革の機運が高まっていることを強調した。そしてヴェーバーは、戦争を遂行しているのは帝国なのであるから、帝国が傘下の各領邦に緊急に選挙法改革を指示すべきだと訴えたのである。[737] 一九一七年四月二一日にエドガール・ヤッフェらが編集する新聞に発表された論文「プロイセン選挙法」では、ヴェーバーの改革案がより具体的に提示された。ヴェーバーの選挙法論議の山場となる論文であるため、詳細に検討することとしよう。

ヴェーバーはアメリカ合衆国の参戦に伴い、戦争終結の見通しがますます立たなくなったことを指摘し、戦争遂行のためには、最大領邦プロイセンの代議院にも、帝国議会と同種の選挙法を導入する必要があると主張した。ヴェーバーは、ドイツ帝国全体の観点から個別地域であるプロイセン王国の問題に介入するという、一九世紀ドイツ左派の伝統的論法を踏襲している。ヴェーバーは、例えばバーデン大公国には帝国建設時の軍事協定によりバーデン軍が存在せずプロイセン軍が駐屯しているように、プロイセンは単なる個別領邦の枠組を越えた全ドイツ的な意義を有する巨大領邦なのだから、プロイセンの選挙法改定の動向はプロイセンの内政事項というよりも、全ドイツ的問題なのだと主張したのだった。更に論文「帝国の緊急選挙法」では等級選挙の存置を前提として復員する兵士たちに最高級の選挙権を付与することを提案していたヴェーバーが、この「プロイセン選挙法」では明瞭に平等選挙法の導入を謳うようになっている[738]。ヴェーバーは、それ以外の解決は復員してくる兵士たちには「詐欺」と看做されるだろうと考えた。ヴェーバーはイギリスが選挙法改正の手続を始めている（実現は一九一八年二月）ことを指摘し、同じことがドイツにも出来るはずだと主張したのである[739]。

ヴェーバーはこれまでプロイセン三級選挙法で選出されてきた、「金権主義的多数派」の害悪を強調する。ヴェーバーによれば、彼らは「専門知識など欠片《かけら》もない」のに、失敬にも「純粋に党派的な理由で」帝国の事項に、それも帝国の戦争遂行に関する事項に口を挟み、従来支配に加担してこなかった人々の政治的「成熟度」を疑っているのだという[740]。

ヴェーバーは、「複数投票制」という第三の道にも批判的姿勢を示していた。第一に、ヴェーバーは「文士たち」に人気のある「教養」を基準とする特権付与を門前払いする。ヴェーバーによれば、大学での試験に合格したからといって、それはその人物の政治的資質を保証するものでは全くないという。専門知識は、学者、官僚、技術者といった専門家としての資質を保証することは出来ても、政治家としてのそれは保証しないことを、ヴェーバーは大学で試験を実施する教師の一人として断固主張している。第二に、ヴェーバーは大家族の家長に大きな投票権を与えるという構想を一蹴する。ヴェーバーはそれを、プロレタリアートやポーランド人のような「子沢山」の政治的擡頭を招く危険な制度だと見ていた。第三に、ヴェーバーは財産を有するものに、あるいは独立自営業者に複数投票を認めるという提案を批判する。それでは銃後に残ったものに有利に働くというのが反対の理由であった。第四に、ヴェーバーは軍功のあるものにより大きな権利を与えるという発想を問題視する。ヴェーバーに言わせると、それは兵士の戦後の権利を現在の上官の匙加減に委ねるものであり、鉄十字章を政治的目的の道具に貶めるものであるという。第五に、ヴェーバーは職能制議会を否定する。職業別の構成を採ることは、現在求められている国内の統一という課題に反するものだという。ヴェーバーはこれら五つの提案を否定した上で、それらはデモクラシー導入を恐れる不毛な「文士層」の「意気地なし」に由来するものであると断言する。そして現代国家は、個人が財産や肩書、勲章に拘らず一人の「国家公民」（Staatsbürger）と看做される秩序を作るべきだと訴えている。[741]

論文の終盤でヴェーバーはこう言明している。「筆者にとって「デモクラシー」とは、一度として自己目的であったことがありません。今も昔も筆者の唯一の関心事は、外に対して一致団結した強力なドイツを実現する即事的な国民政治はいかにして可能かということなのです。[742]」ドイツ国民国家の団結強化が目的であり、デモクラシーは手段に過ぎないと明言するこの発言は、本来はデモクラシーに敵対的な右派勢力にも選挙法改革の必要性を認識してもらうために、やや誇張気味のところがあるのかもしれない。しかしそれは、ヴェーバーの基本的方針には相応したものだと言うことが出来るだろう。

三　議会の活性化による「官僚制」化の抑制

選挙法改革論に一区切りを付けたヴェーバーが次に目指したのは、議会という機関をこれまで以上に重要なものにし、これを進行するドイツ政治の「官僚制」化に対する防波堤にすることであった。

ヴェーバーは「中欧」運動との関連でベルリンの官僚政治家たちとしばしば交渉し、「官僚」には自立した思考・行動能力が欠如しているという自分の印象論に確信を深めるようになっていった。ヴェーバーの否定的「官僚制」観に論拠を与えることになった具体的人物としては、以下の三人を挙げることが出来る。第一の人物は、帝国宰相・プロイセン首相ベートマン・ホルヴェークである。ベートマン・ホルヴェークはプロイセン内務官僚として目覚しい昇進を遂げた人物で、前任者のビューロ帝国宰相のもとでは帝国内務長官を務めていたが、ビューロの辞任で突然帝国宰相に抜擢され、ここでドイツ帝国全体の指導を任されることになった。ベートマン・ホルヴェークは第一次世界戦争中、比較的穏健な戦争遂行政策を取ったため、膨張主義的な潮流からは常にその「優柔不断」を厳しく糾弾された。不用意な膨張主義はドイツの列強としての地位を却って危険に晒すものであると見るヴェーバーは、一九一六年にはベートマン・ホルヴェークを支援する行動を取っているが、にも拘らずその指導力に強い疑念を懐くようになっていた。「宰相は、自分が「強い男」だということを――ティルピッツと同様に「強い」ということを――示さなければならない。そうでなければ彼は保守派の叛乱に敗北するだろう。[743]」「帝国宰相の決断力は彼の一番弱いところのようだ。エステルライヒとの件も本当には進まないではないか。[744]」「こういう雰囲気が非常に拡大している――ベートマンはもはや無理だ、というのも彼は講和交渉に関してはロシヤに、ポーランドの件に関してはエステルライヒに敗北してしまい、決断することが出来ないからだと。実際のところ、そうであるように思われる。彼は全然「政治家」[„Staatsmann“]ではないのだ。憐れな奴。小モルトケが戦略家でないのと同じことだ。[745]」加えてヴェーバーは、帝国内務省の実務官僚との接触によって、官僚に対する否定的印象をますます強化していった。ヴェーバーは、彼が中心的問題と位置付けるロシヤ領ポーランドの扱いを巡る問題で、自分の行動を制約する帝国内務省側の煮え切らない対応に大いに不快感を募らせていたのだった。「ポーランドの事項であなたとうまくいかなかったのは、今回の場合は全く誰の所為でもありません。悪いのは枢密高等政府顧問官フォン・シェーネベックです。ゾマリーや私は出来ることは何でもしました。だがこの野郎は頓馬《とんま》で、あらゆる利巧な人間との競合を恐れているのです。[746]」第三の人物は、プロイセン大蔵省次官から帝国宰相・プロイセン首相に抜擢されたゲオルク・ミヒャエリス（一八五七年―一九三六年）であった。[747]「ちなみにミヒャエリスは勿論結構だ。彼は精力的だから。しかし彼はとても信心に凝り固まっている。ビーレフェルトの正統派の牧師の兄弟だ。」（一九一七年七月一九日）[748]「「新しい男」は確かに輝かしい「官僚」だ。彼は政治家でもあるだろうか？　処女演説はまだその証明にはなっていない。寧ろその反対だ。より意志の強いベートマンというところだろうか。それはまあ一つの利点ではあろうが、それだけではなお充分ではない。」（一九一七年七月三〇日）[749]実際のところ、皇帝、皇太子、帝国議会、プロイセン議会、最高軍司令部、議会外急進ナショナリズム団体、工業団体、農業団体などの調整を器用に行っていくというベートマン・ホルヴェーク以来の「対角線の政治」は、実務官僚出身の新人政治家のミヒャエリスには俄かには習得し得ないものであったようである。一九一七年七月一四日に帝国宰相・プロイセン首相に就任したミヒャエリスは、早くも同年一〇月二四日には退陣し、中央党議員団長、バイエルン王国首相として政治経験を積んだかつての「文化的カトリシズム」の旗手、ゲオルク・フォン・ヘルトリング伯爵が後任に当ることとなった。

ヴェーバーの「官僚制」批判の背景には、自分のような優秀な人間に適切な政治的任務が与えられないのは、拙劣な「官僚」たちに自分を受け止めるだけの度量がないからだという個人的な鬱憤もあった。「官庁から受け入れ可能と思われるには、そもそも完全に馬鹿か我利我利亡者でなければならないのだろうか？　次のような会話についてどう論評すればよいのだろうか。ここ偉大なる参謀本部のX大将「Y少尉殿、貴殿はそこに工業及び農業の生産費用について書いているね。生産費用とは工業のことだけで、農業に関してはそのようなものはないのだよ。だからそこを書き換え給え！」後備役少尉・国民経済学教授（参謀本部で雇用中）「畏まりました、閣下！」――？――何とかならないものでしょうか！」[750]ここでヴェーバーは、偉大な知識人である自分が一軍事官僚に成り下がり、些事に翻弄される様を自虐的に想像しているのである。

一九一六年を通じて「官僚制」支配に深く失望したヴェーバーは、後述するような事情で君主の権威には期待する意思がまるでなかったため、一時的に偉大な戦功を挙げた軍人の指導力に期待したこともあった。ヴェーバーが注目したのは、かのタンネンベルクの英雄ヒンデンブルクである。「だがもし彼［ベートマン・ホルヴェーク］が辞任したら、国民を統合できるのはヒンデンブルクだけだろう。そういうときに講和を締結できる人間を、私は彼以外には知らない。そして彼もまた「政治家」ではないのだ。」[751]また後述するように、ヴェーバーは一九一九年五月三〇日にルーデンドルフを訪ね、彼こそがドイツの「ナンバーワン」であったことは子供でも知っていると述べたと言われる。[752]とはいえヴェーバーは、そもそも軍人支配を望ましいものとは考えていなかった。一九一七年一二月になると、ヴェーバーは「軍の政治化」、「最高軍司令部の政治的党争への介入」を正面から非難するようになる。[753]一九一八年一月にも、ヴェーバーはこう述べている。「同じように見通しが利かないのが、どれだけの期間キュールマンやそもそもヘルトリング自体が、いつも軍指導部との関係を有する重工業界や全ドイツ派の陰謀に抵抗できるかということだ。というのもルーデンドルフは非軍事領域では全く盲目だから。」[754]

ヴェーバーはドイツの貴族にも、もはやドイツ政治の担い手を見出そうとはしなかった。ヴェーバーには青年時代、かつてのプロイセン・ユンカーに憧憬した経験がある。けれどもすでに一八九〇年代、ヴェーバーは同時代のプロイセン・ユンカーが収益に固執する農業企業家へと堕落し、もはや「政治のために生きる」ことが出来なくなっていると非難するようになっていた。こうした青年時代の印象論を、いまやヴェーバーは全ドイツの貴族に敷衍しようとした。彼の見るところ、イギリスの貴族はなお経済闘争から超然とし続け、ゆえにイギリス政治を担う政治的階層として機能しているが、ドイツの貴族で経済的闘争から自由なものは珍しく、よって政治を担うのには不適切なのだという。ドイツ人は徹頭徹尾「平民的な民族」(Prebejervolk) であるというヴェーバーの診断には、ドイツには「成り上がりもの」(Parvenü) はいても貴族はいないという、ドイツ人ヴェーバーのイギリスへの劣等感が込められていた。[755]

官僚制の肥大化を危惧し、君主にも軍人にもその歯止めを期待できないと悟ったヴェーバーは、結局はやはり議会政治家に望みを託す以外にないという結論に到っていた。ヴェーバーが念頭に置いている議会政治家とは、自分の支持者たちの自由な献身を、持続的に集められるような人物である。そのような人物が議会に選出されるためには、自由で平等な公選が必要となる。つまり官僚が有する専門知識が止め処もなく大きな力を持つのを防ぐために、そうした官僚に支配される人民が、指導的な政治家の淘汰に対して最低限の影響力を維持する必要があるというのである。[756]

指導者として実力を発揮し得る政治家たちが議会から多く生まれるためには、ヴェーバーは議会というものがそもそもドイツ政治においてより大きな意義を有する機関にならなければならないと考えた。ヴェーバーは、(クルップの総支配人フーゲンベルクのように) 指導者気質を有した人物は現代ドイツにもいるのに、帝国議会が魅力的な仕事場でないために、官界から実業界へと転身してしまったのだと慨嘆する。[757] 宮廷、軍部、帝国指導部、帝国議会など複数の主体が蠢くドイツ帝国の政治において、帝国議会が別格の存在となるために、ヴェーバーは幾つかの提案を行っている。ヴェーバーの構想は一九一七年五月上旬、帝国議会に設置された憲法委員会の一員ハウスマンの要請で (国法学者ゲルハルト・アンシュッツとの共同作業により) 作成された憲法改定案で初めて披露され、[758] その後「帝国憲法第九条の変更」(一九一七年九月八日)[759]、『ドイツの選挙法とデモクラシー』(一九一七年一一月ごろ)[760]などを経て、最終的に(出版差止を要求する軍司令部の圧力を克服して)[761]刊行された小冊子『新秩序ドイツの議会と政府』[762]によってその集大成を見たのであった。

ヴェーバーは議会強化のために二つの提案をした。第一にヴェーバーは、帝国指導部の首班である帝国宰相が帝国議会議員の中から選出され得るような制度を整備するよう要求した。その際障碍となっていたのが、帝国議会議員と連邦評議会議員との兼任を禁止する帝国憲法第九条第二項「何人も同時に連邦評議会及び帝国議会の議員であることは出来ない。」[763]である。ヴェーバーの見るところ、帝国宰相はドイツ内政を掌握するために事実上どうしても巨大領邦であるプロイセン王国の指導者、プロイセン首相の職を兼任せざるを得ない。ところがプロイセン首相は連邦評議会の構成員であるため、この条項が障碍となって帝国議会議員であることが出来ない。このためプロイセン首相を兼任する帝国宰相は、実質的に帝国議会議員からは選出されないことになる。これを問題視したヴェーバーは、この条項を廃止することで帝国宰相が帝国議会から選出されることを可能にしようとしたのである。もっともここでヴェーバーは、帝国宰相が帝国議会に責任を負うという「議院内閣制」原則を明確に確立しようとまではしていない。帝国宰相の帝国議会からの選出は飽くまで一つの指導者選抜の手段であり、それ自身が自己目的ではなかったのだろう。ヴェーバーの第二の提案は、帝国議会が確固たる「国政調査権」(Enqueterecht)を獲得し、行政実務上の専門知識を独占している官僚に対抗できるようにすることである。ヴェーバーは帝国憲法第二三条を拡充して、帝国議会が特別の調査委員会を設置できるようにし、更に調査委員会設置に関する特別法を制定するよう提案したのだった。このようなヴェーバーの提案は、イギリス議会の委員会制度を参考にしたものであったという[764]。

帝国議会の機能強化に当り、ヴェーバーは連邦評議会に代表されたドイツ連邦諸国とも対決することを余儀なくされた。とりわけ中央党の領袖ヘルトリング伯爵を首相とするバイエルン王国は、帝国議会の機能強化が実質的に「中央集権主義」(Zentralismus)として機能し、「連邦主義」(Föderalismus)というドイツ帝国の基本構造を危機に晒すことになるのを危惧していたのである。ヴェーバーは一九一七年一〇月一五日・一七日に発表した論文「バイエルンと帝国の議会主義化」で、帝国全体から選出される帝国議会に支持基盤を有する帝国宰相（通常はプロイセン首相を兼任）であれば、現在のように巨大領邦プロイセン王国の動向に左右されることが少ないために、バイエルンのようなプロイセン以外の連邦領邦にも有利になるはずだと説明し、「大プロイセン的中央集権主義」を回避したければバイエルンも議会主義化の潮流に同調するべきだと主張したのだった。(765) ヴェーバーは帝国議会強化が中央集権主義には繋がらないと説くために、次のように述べてバイエルンの地域主義的感情を宥めようとしていた。「ヴァイマールに大公ではなくプロイセンの警察署長がいて、ミュンヘンがヴィッテルスバッハ家の居城ではなくプロイセンの田舎町に過ぎないとしたら、残念でしょう。(766)」

ヴェーバーは官僚が、活性化した帝国議会の奉仕者になることを要求する。「官僚は議会に従属するべきです。彼らは技術者なのですから。(767)」このような発言を見るにつけ気付かされるのは、「官僚制」は主体性なき人間の組織であるというヴェーバーの確信が、実は批判的診断であると同時に、希望的観測にもなっているということである。つまりヴェーバーは、官僚たちに主体性がないことを批判はするものの、かと言って官僚が主体性溢れる人間たちであることを希望しているのかと言えば、そうではなかったのである。寧ろ官僚たちに主体性がないことを前提として、これを議会の技術的支援機関として利用しようというのがヴェーバーの意図だったのである。

四　皇帝及び連邦諸侯の言論統制

一九一七年五月の憲法改正案作成に当ってヴェーバーは、君主たちの失言がドイツの対外的立場を悪化させることを危惧して、その事前統制を提案している。このようなヴェーバーの構想には長い前史があるので、まずはそこから見ていくことにしよう。

そもそもヴェーバーは少年期から第一次世界戦争期に到るまで、一貫して君主制の支持者であった。ヴェーバーが初めて君主制に言及したのは、前述のように作文「インド＝ゲルマン諸国民における民族の性格、民族の発展及び民族の歴史についての考察」においてである。ヴェーバーによれば、「インド＝ゲルマン諸民族」には「専制」も「共和制的状態」も向かないので、「立憲君主制」が最良なのだという。[768] 十五歳のヴェーバーの議論は固より素朴であったが、「専制」及び「共和制」のアンチテーゼとしての「立憲君主制」を支持するという彼の基本路線は、結局一九一八年の君主制崩壊のしばらくのちまで維持されることになるのである。一九〇四年になるとヴェーバーはセントルイス講演で、共和制国民であるアメリカ人聴衆を前に、ドイツの君主制を擁護する発言をしていた。「ドイツには独立を維持するために強力な軍隊が必要です。もしドイツのような古い文明国でそのような強力な軍隊を有する必要が生じる場合には、政治機関として世襲王朝の支えが必要なのです。私のようなデモクラシー的制度の断固たる支持者でも、それが維持されているところではその除去を望むことは出来ません。というのも軍事国家において君主制が唯一ではないにしろ最上の、歴史的に推奨される形態だからです（それは権利の維持、合法的政府の維持に個人的に利害があるからです。）。君主制国家においては、フランスが何度も何度も脅かされたような成り上がり軍人の剣によるカエサル的支配を防止することが出来ます。理論的には自分の都合のいいように判断してしまうかもしれませんが、世襲君主制は軍事国家にならざるを得ない国家に、最大限の市民［citizens］の自由を保障するのです。それは本当に君主制国家においては最大限のものです。というわけで王朝は断絶しない限り、国民の多数の支持を得ることになるのです。[769]」つまりドイツはフランスのナポレオンやブーランジェのような成り上がり軍人（支持者から「カリスマ」保持者と仰がれる人物）の独裁に陥らないために世襲君主制を必要とするというのが、アメリカ合衆国でのヴェーバーの君主制擁護論なのだった。第一次世界戦争中の一九一七年にも、ヴェーバーは「君主制的国制」によって「大政治」における政策の一貫性、統一性が担保される、つまり専門家である官僚の割拠状態が架橋されるとして、その利点を強調している。[770]

ヴェーバーが擁護した君主制は、「影響力の王制」、つまり君主が議会に日常政治を委任して、高所から監督するという「立憲君主制」であった。ヴェーバーがその好例と見たのは、イギリス王エドワード七世（一八四一年―一九一〇年）、ベルギー王レオポルド二世（一八三五年―一九〇九年）のような「コーブルク・グループ」の君主たちによる統治である。[771]

ヴェーバーによれば、絶対君主は行政への批判を許容しないため、官僚の状況報告のみに依存し、官僚制を用いてのみ統治するために、官僚の意向に沿わないことは実行できない。だが立憲君主は、彼が被支配者中の社会的に有力な部分と良好な関係にある限りは、許容されている行政への公然たる批判を参考にして統治できるため、絶対君主より却って強力なのだというのである。[772] 予てからヴェーバーは、ドイツの君主制が「大権の王制」、すなわち君主が議会の権威を否定する「表見的立憲君主制」に陥っていることに苛立ちを深めていた。ヴェーバーは一九〇六年のロシヤ政治論でも、自意識過剰なディレッタント君主が大見得を切るという「大権の王制」や、発達した官僚制による抑圧的統治において、ドイツとロシヤとが類似しているとの見方をしていた。同年末、ヴェーバーはヴィルヘルム二世の好戦的で軽率な発言が国際社会でのドイツの立場を弱めているとして、なおもこの皇帝に好意的だったナウマンに警告を発している。「こうした男のこうした体制に「甘んじている」ために、我々がまさしく外国で（イタリアでも、アメリカでも、あらゆるところで！）国民として――（これは決定的なことですが）それは正当な評価なのです！――蒙る軽蔑の度合は、まさしく（我々にとって）第一級の「世界政策的」意義を有する要因となったのです。[773]」世界列強のエリート・クラブにおけるドイツの体面に執着していたヴェーバーは、ヴィルヘルムのような珍奇な男を君主と仰いでいたのでは、イタリア（のような「目下」の国）にも、アメリカ（のような「目上」の国）にも、それ以外の国にもドイツの面目が立たないと慨嘆したのだった。ヴェーバーは一九〇八年にも、ドイツの「大権の王制」を慨嘆しつつ、「フランス、イギリス、オランダ、ベルギーその他を見るがよい」と述べ、西欧諸国との比較を意識している。[774]

ヴェーバーは君主制について思考するとき、一般に君主制が制度としてどう機能するかという理論的問題と並んで、現に君主の地位にあるのはどういう人物かという実践的問題にも踏み込んでいた。『経済と社会』で世襲君主制を「伝統的支配」にではなく、伝統主義化した「カリスマ的支配」、つまり「世襲カリスマ」に分類していることが示すように、ヴェーバーは君主にもそれなりに政治指導者としての役割を期待している節があったので、君主個々人の資質にはとりわけ鋭敏な視線を向けていたのである。[775] ヴェーバーは学生時代、病身の老帝ヴィルヘルム一世（一七九七年―一八八八年）には慈愛に満ちた視線を向け、その死去に際しても神妙な態度を取っていた。[776]ところが親英的、自由主義的でありながらまた優柔不断さでも知られていたその息子フリードリヒ三世（皇太子・王太子フリードリヒ・ヴィルヘルム）（一八三一年—一八八八年）や、そのイギリス人妻ヴィクトリア（一八四〇年—一九〇一年）には、ヴェーバーは露骨に冷淡な態度を取っていた。皇太子に対して、ヴェーバーはすでに一八八五年、皇太子フリードリヒ・ヴィルヘルムに期待する伯父バウムガルテンに対して、皇太子に対する信頼は減退し続けている、皇太子は多くを変えられないだろうと、否定的な見解ばかりを紹介している。一八八七年に皇太子の次男ハインリヒ王子（一八六二年—一九二九年）が婚約した際、プロイセン領邦議会が皇太子妃の意向に沿う形でイギリス流に祝儀百万マルクの献上を検討すると、ヴェーバーはこれに不快感を露わにし、自由思想家党を代表してこれに賛成したベンダらを批判している。ヴェーバーは一八八八年にフリードリヒ三世が即位しても、すでに喉頭癌で重態の新帝には何も出来まいと考えていた。フリードリヒ三世のもとで一八六七年から一八七七年までの自由主義の黄金時代が復活するのではないかという伯父バウムガルテンの期待を、ヴェーバーは現下の党派関係がそれを許さないこと、政局の鍵を握るビスマルクの意向が不透明であることを理由に明確に否定している。[777]これに対しヴェーバーは、即位前後のヴィルヘルム二世に対しては、当初勇気も活力もある若い軍人皇帝としてそれなりに期待していたのだった。[778]確かにヴェーバーは、伯父バウムガルテンが危惧するようなヴィルヘルム王子夫妻の軍部高官やシュテッカー・サークルとの親和性にも目を配り、老帝国宰相が来るべき青年皇帝の「反動的傾向」を「麻痺させる」ことを期待している節があったが、その際にもバウムガルテンほどの悲観論には賛同出来ないと明言している。更にヴィルヘルム二世が実際に即位した直後の一八八八年夏、ポーゼンでの軍事教練で新帝の観兵式に参列した際には、ヴェーバーのヴィルヘルム二世への好感度は頂点に達している。[779]だがこうしたヴェーバーの期待は、こののち急速に失望へと転化していく。ヴェーバーが懸念したのは、繰り返される新帝の軽率な言動であった。「ビスマルクの死は、いずれはあらゆる力関係を変えてしまうに相違ありません。まずは若い皇帝さえしっかりしてくれたらよいのですが！　かのブーランジェ主義的＝ボナパルト主義的な類の声明は、やはりどうにも好ましくないものです。猛烈な速度で走っている列車に乗っていて、次の転轍機の切り替えが大丈夫か不安に思っているといったような感じです。とはいえ当地では、皇帝についての評価がますますよくなっていくことに気付かされます[780]。」ビスマルク退陣翌年の一八九一年になると、新帝に対するヴェーバーの不信感はより一層顕著なものになる。一八八八年の観兵式を回顧して、ヴェーバーは連隊内で皇帝の物言いへの憤激が溢れていたと証言するようになったのである。ヴェーバーによれば、古い「カエサル」ビスマルクから新しい「カエサル」ヴィルヘルム二世への権力移譲が平和裡に行われるのではなく、両者が対立しているのは幸いだというのだった[781]。一八九一年七月にポーゼン州シュリムの兵営で部下に帝室について「講義」するよう命じられた際には、ヴェーバーはこの「悲劇的な課題」への嫌悪感を露わにした[782]。そして翌年には、遂に次のような決定的な評価が下されるに到っている。「どう見ても彼は、政治を単に珍奇な少尉の観点でのみ扱っています。彼が「任務を遂行する」という意味で精力的に義務を履行していることは、一般的に言って争いのないところでしょう。でもその間に紛れ込んでいる天邪鬼《あまのじゃく》と、彼にとりついているぞっとするような権力感情とが、中枢部局にかくの如き未曾有の組織上の混乱を齎しましたし、その行政全体へ影響も恐らくなしでは済まないでしょう[783]。」

ヴィルヘルム二世の「大権の王制」に対するヴェーバーの懸念は、一九〇八年一一月のデイリー・テレグラフ事件に際して爆発した。この事件は、イギリスの新聞『デイリー・テレグラフ』のインタヴューに答えた皇帝ヴィルヘルム二世が、緊迫する英独関係を緩和させようと試みた幾つかの発言が、結果的にイギリス人の自尊心を刺戟し、ドイツ国内でも社会民主党からドイツ保守党まで、ヴィルヘルム二世と輔弼《ほひつ》役の帝国宰相ビューローへの轟々たる非難を巻き起こしたというものである。ヴェーバーはヴィルヘルム二世に対する信頼を早い時期に喪失していたが、デイリー・テレグラフ事件に際しては単にヴィルヘルム二世の人間性を問題視するだけではなく、制度上の欠陥にも関心を払っていた。ヴェーバーによれば、同じような紛争はヴィルヘルム一世やフリードリヒ三世でも起こり得たのだという。要するに君主は「ディレッタント」に過ぎず、それが戦時における最高統帥権、平時における政治指導を掌握するというのは危険であるというのが、ヴェーバーの切なる訴えなのであった[784]。

ヴェーバーは、「親政」（persönliches Regiment）と言われるヴィルヘルム二世の政治介入[785]が続いているのは、その支持勢力が他ならぬ議会にもいるからなのだと考えていた。その際ヴェーバーは、舞台裏で皇帝から授与される「砂糖菓子」、つまり官職に期待する政党として、中央党、国民自由党、「保守党」（帝国党、ドイツ保守党）を名指ししている[786]。ヴェーバーは、とりわけ君主制の藩屏《はんぺい》を自負するドイツ保守党の責任を追及し、その代表例として西プロイセン州のユンカー、帝国議会議員・プロイセン貴族院議員エラルト・フォン・オルデンブルク＝ヤヌシャウ（一八五五年―一九三七年）を挙げている[787]。オルデンブルクはデイリー・テレグラフ事件に際し、皇帝批判決議が為された一九〇八年一一月一一日の帝国議会で、進歩人民党のハウスマンにこう反駁していたのだった。「あなたにとっては、皇帝は一つの機関なのでしょうが、我々にとってそれは一人の人間なのです。我々は命ある限り、怯むことなく、我々が変わらず捧げている古き忠誠心を持ち続け、最後にこと切れるそのときまで、皇帝・国王陛下に個人的にお仕え申し上げるでありましょう[788]。」古武士オルデンブルクの勇ましい忠誠心に垣間見える、個人的君臣関係を国政の中軸に据える思考様式に、ヴェーバーはヴィルヘルム二世の「親政」を許す温床を見出したのである。のちにヴェーバーはこうも述べている。「保守派及び工業家の政策は非常に単純だ。戦争が長引けば長引くほど、ますます社会民主党が「左」に揺れ、王冠及び祭壇の維持には都合がいいわけだ[789]。」

ヴェーバーがこれほど必死に君主の「ディレッタンティズム」を批判したのは、それがドイツによる「世界政策」の遂行を妨げると判断したからであった。言うまでもなくヴェーバーは、ここでドイツはスイスやデンマークのような小国とではなく、イギリスのような大国と同列の国家であるべきだという前提に立っている。ヴェーバーは、世界帝国の頂点に立つイギリス王が、ドイツ皇帝のような虚栄心に囚われず、議会に実権を委ねながら実質的に大きな存在感を維持する「影響力の王制」に自己限定していると考えて、熱烈に羨望していた[790]。第一次世界戦争においてヴェーバーは、ドイツ皇帝・プロイセン王たるヴィルヘルム二世は勿論のこと、各領邦の君主たちもが戦争政策への個人的見解を繰り返し表明し、それがドイツの膨張主義を世界に印象付けようとする協商国側に利用されるという事態を警戒している。

このためすでに触れたハウスマンの要請による憲法改定案（一九一七年五月）では、ヴェーバーは帝国の外政に関わる事項に関する連邦諸侯の口頭でのあるいは書面での発言を公表前に審査する「帝国枢密院」(Reichskronrat) の設置を提案し、また連邦諸侯の発言に関しても審査なしでの発表を禁止するよう要求したのだった。[791] 一九一七年夏になるとヴェーバーがこのような君主の言動制限について公の場で議論しようとして、軍検閲部局よりバーデン文部省経由で発表を見送るよう圧力を加えられるという事件も発生している。[792] 同時期に行われたラウエンシュタイン文化会議では、興奮したヴェーバーが同席していたテオドル・ホイス（一八八四年─一九六三年）に向かって、次のように発言したと言われる。「戦争が終るや否や、私は皇帝が私を法廷に訴えるまで彼を侮辱してやる。そうすればビューロ、ティルピッツ、ベートマン・ホルヴェークといった責任ある地位にあった政治家たちも、宣誓して証言せざるを得なくなるだろう。[793]」ちなみにヴェーバーは、ビスマルクが周囲の指導者気質を有する人物を全て排除してしまった結果、ドイツ帝国ではビスマルク退陣後政治家による指導が行われなくなり、官僚制の著しい肥大化を惹起することになったと説明したが、その際「ディレッタント」に過ぎない君主に「官僚制」化を打破する指導者を見出す議論を厳しく警告した。ヴェーバーの見るところ君主はある官僚を統制しようとすれば別な官僚の援助に依存せざるを得ず、いわば堂々巡りになるというのだった。[794]

君主の政治介入を抑制しようとするヴェーバーは、一般に君主が彼の望まない方向にのみ行動するかのような前提で議論をしていたが、実際には君主が彼の見解に沿った方向でも行動するという事態に及んで、立論に無理が生じることになった。前述のように一九一六年の潜水艦問題において、皇帝ヴィルヘルム二世はそれを抑制しようとする帝国宰相ベートマン・ホルヴェークと、それを推進しようとする陸海軍指導部との狭間にあって、前者に近い立場で行動して潜水艦作戦を求める大衆運動の非難を浴びるに到った。特に皇帝が潜水艦作戦を求める大衆運動を不当に煽動したとして一九一六年三月一五日にティルピッツを更迭したときには、これに対する一般大衆の抗議行動が行われたのである。潜水艦作戦がアメリカ参戦を惹起する可能性に警鐘を鳴らしていたヴェーバーとすれば、煽動家ティルピッツを排除した皇帝の行動を評価してもよかったはずである。だがここに到ってヴェーバーは、突然ティルピッツへの讃辞を漏らし、却ってこれを更迭した皇帝の無慈悲さを非難するに到ったのだった[795]。更に驚くべきことに、七箇月後の一九一六年一〇月になるとヴェーバーは、これとは逆の議論を展開している。潜水艦作戦開始を要求する運動を非難する文脈で、ヴェーバーはこう述べたのである。「潜水艦デマゴギーに対しては上から梶棒で叩き潰さなければ駄目です——それが行われないのなら、我々が何のために「君主国」を称しているのか分からなくなります。これが一番肝心なことです[796]。」ティルピッツ辞任に際してヴィルヘルム二世の介入を批判したばかりのヴェーバーが、今度はヴィルヘルム二世がデマゴギー撲滅のために介入しないことを非難しているのである。つまりヴェーバーのヴィルヘルム二世評は、この人物を批判するという点では一貫していたものの、その方向性においては著しく日和見的だったということになるだろう。

第五章　失意の死　一九一八年―一九二〇年

第一節　ドイツ帝国の崩壊

一　東部戦線の終結と西部での大攻勢

一九一七年晩秋に勃発したロシア一〇月革命は、混迷するドイツの戦争指導に一筋の光明を齎すかに見えた。ヴラディーミル・イリイチ・レーニン（ウリャーノフ）（一八七〇年―一九二四年）らの指導する第二回全ロシア・ソヴィエト大会は、一一月八日に「平和に関する布告」を採択し、全交戦国に講和交渉の即時開始、無併合・無賠償、民族自決などを提案した。これを受けて一二月一五日、中欧列強側四箇国及びボリシェヴィキ政府の代表は休戦協定に調印する。ボリシェヴィキ政権の呼びかけにも拘らず、西欧協商国はこの講和交渉への参加を拒否したので、ボリシェヴィキ政権は一二月二二日単独で中欧列強側と講和交渉を開始することになった。ドイツ占領下のブレスト＝リトフスク城砦で進められた講和交渉で、中欧列強側は一二月二七日、ボリシェヴィキ政権が自ら宣言した民族自決原則に基づき、すでに占領した旧ロシア帝国西部地域におけるポーランド、リトアニア、バルト州（クールラント、リーフラント、エストラント）のロシアからの分離独立を要求した。年末年始に一旦中断したのち、一九一八年一月八日に再開された講和交渉の第二段階では、ボリシェヴィキ政府代表レフ・ダヴィドヴィチ・トロツキイ（ブロンシュテイン）（一八七九年―一九四〇年）が、中欧列強軍撤退後の住民投票による民族自決実現を主張した。これに対しドイツ最高軍司令部代表のロシア通マックス・ホフマン少将（一八六九年―一九二七年）が、そう言うボリシェヴィキ政権こそ暴力に依拠し全ロシヤ住民の信任など得ていないではないかと畳み掛け（ホフマンの「鉄拳制裁」）、トロツキイが交渉を中断してペトログラードへ引き揚げるという事態が生じた。帝国主義国ドイツとの「革命戦争」か、ロシヤ国内の革命遂行のためのドイツ案の受諾かの選択を迫られたボリシェヴィキ政府は、中欧列強国内でのストライキの状況などを視野に入れて交渉を引き延ばすこととし、交渉力強化のために従来の「赤衛兵」を基礎とする「赤軍」の編成を進めたほか、ペトログラードから古都モスクワへの首都移転を検討するに到った。トロツキイは一月三〇日から再び中欧列強側との講和交渉に入ったが、この間に中欧列強側はウクライナ独立を意図して、ボリシェヴィキと抗争していた中央評議会（ラーダ）政府との交渉を進め、同年二月九日に講和調印に漕ぎ着けていた。中欧列強側の独断専行に激怒したトロツキイは、ここで講和交渉を打ち切って首都ペトログラードへ帰還し、周囲から歓呼の声で迎えられた。しかし最高軍司令部の意向でドイツ軍が二月一八日の戦闘再開を決定すると、一転動揺したボリシェヴィキ政権は、激論の末にレーニンの意見を容れて講和締結に踏み切り、二月一九日に中欧列強側に講和条件受諾を連絡した。これに対しボリシェヴィキ政権の状況を察したドイツ帝国指導部は、二月二一日に従来よりも強硬な講和条件を提示し、ボリシェヴィキ政権はもはや「和解の平和」ではないと非難しつつこれを甘受した。三月三日ブレスト＝リトフスクで、ボリシェヴィキ政府代表はリガ、ブレスト＝リトフスク、チェルノヴィッツ、コンスタンツァ付近を通る規程線以西の領土の分離、完全な終戦後のドイツ軍のロシヤ領内からの撤退、ロシヤ軍の動員全面解除とフィンランド、エストラント、リーフラントなどからの完全撤退、ドイツ警察によるエストラント、リーフラントの管理、ロシヤのウクライナとの即時講和などを規定した講和条約に調印した。ドイツはこの講和ののち、すでに一九一六年一一月五日に国家承認をしているポーランドに加え、クールラント、リトアニア、リーフラント、エストラントを次々と国家承認していった。なおブレスト＝リトフスク講和の時点では賠償要求を相互に拋棄することとなっていたが、同年八月の追加条約にはロシヤ側の一部補償金支払や、グルジア独立承認なども盛り込まれた。更に中欧列強はロシヤから独立したフィンランドや、一九一六年以来交戦状態にあったルーマニアとも講和交渉に入り、それぞれ三月七日、五月七日に講和締結を実現した。後者のブカレスト講和は、ハプスブルク帝国やブルガリア王国への領土割譲や戦時賠償を含むなど、ブレスト＝リトフスク講和よりも更に強硬な内容になっていた。(797)

ブレスト＝リトフスク講和は、ボリシェヴィキ政権の道義的攻勢を逆手に取った中欧列強側の外交的・軍事的勝利であった。ボリシェヴィキ政権が「帝国主義列強」に掣肘を加え、革命を「輸出」するべく打ち出した民族自決構想が、いわばブーメランのようにボリシェヴィキ政権自身に向かってきたのである。ドイツは軍事的優位を生かしつつ、表面上は剝き出しの併合主義に走ることなしに、東中欧・東欧諸民族の自決支援という道義的論拠を活用して、かつての隣国ロシアとの間に親ドイツ的緩衝地帯を構築することに成功したのだった。帝国外務長官リヒャルト・フォン・キュールマン（一八七三年―一九四八年）(798)の主導で行われたこの講和交渉は、ドイツ国内では皇帝ヴィルヘルム二世や帝国宰相ヘルトリングの了解を踏まえ、国民自由党から多数派社会民主党までの帝国議会諸会派（ポーランド会派を含む）の支持を概ね得ていたものの、領土拡張に期待するドイツ保守党の議員団長クーノ・フォン・ヴェスタルプ伯爵（一八六四年―一九四五年）や、最高軍司令部のヒンデンブルク、ルーデンドルフの抗議を受けており、また独立社会民主党からはドイツ軍の保障する民族自決とはドイツによる「偽装された併合」に他ならないと非難されていた。独立社会民主党はボリシェヴィキ政権と同じく、ウクライナのロシヤからの独立性にすら疑問を呈していたのである。(799)

ロシヤ帝国主義を終始警戒していたヴェーバーは、ブレスト＝リトフスクでの講和交渉を注視していた。ヴェーバーは、ドイツ代表団の外交戦術が充分でないために、ボリシェヴィキ政府側を屈服させられないのではないかと懸念していた。一九一八年の交渉再開の日、ヴェーバーは苛立ちをこのように表現している。「ブレスト＝リトフスクでの一件は、私によい印象を与えない。この厳しさのない物言いが何を齎すのか、まあ結果が示すに違いないだろう。しかしトロツキイの方が、我々側の連中よりも賢いと思う。」（一九一八年一月八日）(800)一箇月後、ヴェーバーは交渉の行き詰まりに業を煮やし、強い姿勢で事態を打開するべきだと述べている。「無理やり強制されるのでなければ、どんなロシヤ人もリガをドイツに引き渡したりなど出来るものではありません。このような基盤の上に立った講和など、いずれにしてもロシヤが身動き出来ない限りで維持されているに過ぎない、全くの表面的な講和でありましょう。我々がかの国の主要部分を占領する可能性がないために、トロツキイは講和に本当に切迫した関心など持っていないのです。このことははっきり申し上げておかなければなりません。つまりもし交渉を進めたいのなら、軍部が要求したこの定式を選択するべきではないのです。」（一九一八年二月七日[801]）この十日余りのち、ボリシェヴィキ政権はドイツ軍の戦闘再開に「無理やり強制」されて、漸く中欧列強側の提示する講和条件を受諾したのだった。

ブレスト＝リトフスク講和で東部での戦闘に終止符を打ったドイツ軍は、一九一八年三月二一日より西部戦線での大攻勢を試みた。東中欧・東欧に誕生した多くの親ドイツ傀儡国家では、反ドイツ運動や独立した民族相互の紛争、あるいはボリシェヴィキとの抗争が続出したため、ドイツ軍は秩序維持の目的でなお百万もの兵力を東方に配置しておかなければならなかったが、それでもドイツ軍は西部戦線に大規模な軍事力を投入できるようになった。ヴェーバーもこの西部大攻勢の行方には、まだロシヤとの講和問題が解決しない一九一八年一月の段階から注目し、これが早期の講和締結に繋がることを期待したのだった。「西部戦線での攻勢が決定された（計算された損失数は信じ難くぞっとする！）。敵陣突破に我々は全てを期待している。それは正当な期待なのだろうか？　私は二対一で、秋に講和が成立する方に賭ける。しかしそれ以上に高い期待を懐こうとは思わない。というのも我々の軍部は本当に狂っているからだ。選挙法案は順調に進まず、ゼネストが起きれば最悪の事態もあり得る――ラーテナウは更に三年戦争が続く方に賭けると言っている。それはあり得ないだろう。そうなれば革命なしというわけにもいくまい。だが全ては不確かだ。」（一九一八年一月一七日[802]）

西部大攻勢は一旦期待通りの戦果を挙げ、ドイツ軍はマルヌ川渡河に成功してパリに迫り、「花の都」は遂にその長距離砲の射程内に入った。大勝利の報に沸く帝都ベルリンでは、交渉による講和を示唆した帝国外務長官キュールマンが、一九一八年七月九日に辞任に追い込まれるという事件まで発生している。ヴェーバーと同様に、開戦責任をロシヤに負わせ、イギリスとの和解の道を探ってきたキュールマン外交は、ここで頓挫してしまう。しかしこの西部大攻勢でのドイツ軍の損害は余りに大きく、五十年前のようなパリ入城は遂に再現できなかった。アメリカ軍が加勢する協商国側は増強されつつあり、ドイツ軍の奮起ももはやこれまでと思われた。

二 瓦 解

ドイツ軍が西部戦線で最終決戦に臨んでいた一九一八年春、五十四歳のヴェーバーはヴィーン大学でほぼ二十年ぶりの教育活動に臨んでいた。ヴェーバーは当初再び教壇に立つことに難色を示していたが、無理を承知で夏学期だけ社会学の講義・演習を引き受けたのである。企業家の伯父カール・ダフィートの遺産を一部継承し、大学教授としての棒給も得ていたヴェーバーは、戦時下のドイツでは見かけなくなったような食事を堪能し、歌劇を鑑賞し、ヴィーンの森を散策し、知識人たちと懇談し、ドイツの駐在外交官たちと会食するなど、王朝文化が最後の輝きを見せるヴィーンで優雅なひとときを過ごしたのだった。ただ当時のヴェーバーは、自分のように僅かな労働でゆとりある生活をするものが、食糧にも事欠く社会においては「贅沢な存在」になりつつあることを自覚しつつもあった。(803)

一九一八年六月一三日、ヴィーン滞在中のヴェーバーは、ハプスブルク帝国軍将校団のために講演「社会主義」を行い、ボリシェヴィズムに対する批判的見解を披瀝している。この講演は帝国将校団を対象とする政治教育講座でのものであるから、内容が社会主義に批判的なのは当り前とも言えるが、そこで展開されたヴェーバーのボリシェヴィズム論は、寧ろ彼自身の年来の持論を基にしていると見るべきだろう。ヴェーバーは、ボリシェヴィキ政権を永続的なものとは考えておらず、東部戦線の終結も一時的なものと考えていた。またヴェーバーは、「窮乏化テーゼ」を始めとするマルクスの歴史的予言を疑問視し、プロレタリア独裁の必然性・必要性を否定した。それにヴェーバーは、そもそもプロレタリアの困窮解消が最優先の政治課題だとは考えていなかった。こういった点は、社会主義体制ないし「下からの」デモクラシーの歴史的意義を見誤った「ブルジョワ」ヴェーバーの限界として、かつてしばしば批判を浴びたものである。確かにボリシェヴィキ政権が内戦を勝ち抜き、第二次世界戦争や米ソ冷戦を経て一九九一年まで存続するなどということを、一九一八年のヴェーバーは見通すことが出来なかった。けれどもヴェーバーのボリシェヴィズム論は、その「官僚制」化テーゼにおいては的確だったのかもしれない。つまりそれは、ロシヤにおける社会主義政権の誕生が、従来はツァーリズムや農村共同体ゆえに発展しなかった個人の自由を、今度は「官僚制」化によって阻害することになるだろうというものであった[804]。なお社会学者としてもマルクスに疑問を呈していたヴェーバーは、ヴィーン大学で毎週月曜日に一時間行われた講義「経済と社会」に、「史的唯物論の積極的批判」という副題を付けていた[805]。この時期のヴェーバーの厳しい反社会主義的姿勢は、急速に擡頭したボリシェヴィズムに対する彼の応答であったのかもしれない。

このヴィーン滞在中に戦争はいよいよ最終局面に突入し、起死回生を期待していたヴェーバーの苦悩は深まった。西部大攻勢を敢行したドイツ軍が疲弊の極に達し、一九一八年七月半ばから協商国側の反撃が開始されると、ドイツ軍は徐々に退却を余儀なくされるようになった。前線はなお国境の遙か西方にあったものの、ドイツ軍の防衛線の崩壊は時間の問題であった。こうした状況下で、ヴェーバーはヴィーン大学での社会学正教授就任の要請を断り、ドイツ国内での政治活動に改めて意欲を示した。ヴィーン大学への正式な就職に関しては、ヴェーバーは健康上の観点からも難色を示していたが、加えて自分のヴィーンへの移住が、危機的状態にある祖国ドイツでの政治活動の拋棄に繋がってしまうという焦燥感を、ヴェーバーは懐いていたのだった[806]。

中欧列強側の敗北が不可避になったところで、ドイツは漸く長年の懸案であった内政改革に一歩を踏み出した。一九一八年九月一四日にはハプスブルク帝国政府が講和交渉の用意ありと宣言し、同年九月二五日にはブルガリア政府が休戦を提案する。これまで大本営にすらドイツ軍の危機を報告しなかったドイツ軍の最高実力者、第一幕僚長ルーデンドルフは、西部戦線の全面崩壊が迫る中で、俄かに帝国指導部に講和交渉と、議会主義的国制改革とを要求した。帝国宰相・プロイセン首相ヘルトリングはこの急激な情勢変化の中で辞任し、後任の帝国宰相にはマクシミリアン・フォン・バーデン大公子（一八六七年―一九二九年）が就任した（プロイセン首相は空席）。バーデン大公位継承者（次代の大公）にしてプロイセン軍人であるこのマックス・フォン・バーデンは、予てから自由主義的政治信条で知られ、一九一七年には対独協調派の元イギリス外務大臣ヘンリー・ランズダウン侯爵（一八四五年—一九二七年）[807]と対話して「和解の平和」を模索するなどしてきた人物であった。[808]バーデンの帝国宰相就任に際して、ヴェーバーは無任所長官に任命された中央党の領袖エルツベルガーより、新帝国指導部を支援するよう要請されている。エルツベルガーはハイデルベルクのヴェーバーに電報で、講演や新聞記事を通じてバーデン政権を支援する言論活動を行い、内政問題の検討のためベルリンの会議に出席するよう要請している。[809]このバーデン政権にはエルツベルガーの他にも、フィリップ・シャイデマン（一八六五年—一九三九年）（多数派社会民主党・無任所長官）、コンラート・ハウスマン（進歩人民党・無任所長官）など多くの議会政治家が入閣し、議会主義化の潮流を象徴していた。

実はヴェーバーは、この一九一八年一〇月の新宰相選出に当って、あるベルリンの旧友からザクセン社会民主党指導部に、候補として推薦を受けていた。「我々が置かれている内政上の危機は、ある一人の人物によってのみ解決され得るという気持ちを、私は特に捨てることが出来ないでいます。その人物とは、御令息マックスのことです。」この人物は一九一八年一〇月二日付の書簡で、ヴェーバーの母ヘレーネに告白する。「今日ザクセンの社会民主党の指導者数名が私のところに来て、私は彼らと仕事上のことで話す必要があったのですが、自然な成り行きで我々は政治の話をすることになりました。というのも、彼らは丁度党会派の会議から出てきたところで、私に相変わらず宰相が決まらないという話をしましたので。彼らはマックス・フォン・バーデンが全く気に入らないようでした。そこで私は彼らに言いました。「どうして諸君はもう一人のマックス・フォン・バーデン、つまりマックス・ヴェーバーを連れてこないのですか。彼こそ相応しい人物です。恐らく我々が必要としている唯一の人物でしょう。」この着想は彼らの心をうまく捉えたようで、今晩開催される党会派の会議で彼の名前を議論に出したいと言っていました。一度議題になりさえすれば希望は大いにあると思いますし、多数派諸政党［多数派社会民主党・進歩人民党・国民自由党・中央党］の党員は一致団結して彼を支持するでしょう。[810]」しかし実際にはヴェーバーの名前が大きく取り沙汰されることのないまま、翌三日にはバーデンが帝国宰相に就任することになるのである。

バーデン大公子の帝国指導部は、のちに「一〇月改革」と総称される一連の議会主義改革に向けて動き出した。まず帝国指導部は、中核となる「戦時内閣」とこれを包含する「全体内閣」との二重構造になり、前者には指導的な議会政治家が「無任所長官」として入閣した。また各帝国官庁の政務次官にも、多くの議会政治家が任命された。だが戦争遂行や講和交渉などに配慮して国制改革を進めようとする帝国指導部に対し、帝国議会のドイツ保守党は勿論のこと、各連邦諸国の政府代表者機関である連邦評議会は、連邦主義堅持の立場から抵抗した。こうした動きを危惧したヴェーバーは、一九一八年一〇月一七日の論文「次の内政上の課題」で、国制改革を妨害する連邦評議会の抵抗に苦言を呈している。[811]結局帝国指導部は一〇月二八日に、帝国議会多数派諸政党の支持を背景に議会主義化を推進する法律を成立させた。その結果、帝国議会議員が議席を維持したまま帝国やプロイセンの官庁を帝国長官やプロイセン大臣として指導することを禁止した帝国憲法第二一条第二項は廃止され、今後は議員が「無任所長官」ではなく普通の帝国長官として入閣できるようになった。また宣戦布告や講和締結の際に帝国議会の承認を不可欠とし、帝国議会の信任を失った帝国宰相は辞任することとなった。更にプロイセン三級選挙法も、選挙権平等化に向けての審議が開始された。けれどもヴェーバーが批判した帝国憲法第九条第二項は残存し、彼が要求した帝国議会の国政調査権や君主の言動統制は実現を見なかった。[812]

国内改革と並行して新帝国指導部は、「ウィルソンの十四箇条」に基づく講和交渉の開始を同大統領に提案した。これに先立ち最高軍司令部は、一九一八年一〇月二日の帝国議会各会派指導者の会合で、もはや勝利の見込みが立たない状況であることを告白し、講和交渉に向けて国内の団結を固めるよう協力を要請していた。新帝国指導部や各党指導者は、戦況がここまで悪化していることに愕然とし、「許容できる平和」が実現する前に戦線が崩壊することを恐れる最高軍司令部が、いま率先して即時の講和交渉を要求してきた以上、もはやそれを先延ばしにすることは不可能だと悟ったのである。自らの敗北を認めることになるとして、ドイツ側からの講和交渉の提起には反撥していたバーデンにも、もう選択の余地は残されていなかった。一〇月二日・三日のうちに御前会議を経て、ドイツ側による講和交渉の提起は決定され、バーデンは帝国宰相に任命された直後に、スイス政府を介してワシントンに帝国指導部の意向を伝達したのであった。ここで注意するべきなのは、この時点で講和交渉を切望したのは最高軍司令部であり、議会勢力を背景とする新帝国指導部の方がこれに押し切られたということである。このような経緯ゆえに、後年「軍部が議会勢力に敗戦処理を押し付けた」という歴史理解が生まれることになったのだった。実際講和交渉の提起は、新帝国指導部の予想通り、ドイツ側の立場を急速に弱体化させた。一九一八年一〇月八日に到着したアメリカ合衆国政府の第一次回答では、ドイツによるポーランド人居住地域やエルザス＝ロートリンゲンの割譲、講和交渉の前提としてのドイツの占領地からの撤退やデモクラシー推進の意思が問われており、「ウィルソンの十四箇条」を有利な交渉のための叩き台としてしか考えていなかったドイツ最高軍司令部の認識の甘さがここで浮き彫りになった。ドイツを犯罪国家のように扱うウィルソンの態度に、ドイツ側では「勝利の平和」論者だけでなく、「和解の平和」論者も憤激を露わにした。とりわけユダヤ教徒のドイツ人大企業家で、戦時「国家社会主義」の企画者でもあったラーテナウは、一〇月九日の『フォス新聞』で、ドイツ人の「生存圏」(Lebensraum) を侵害するものには「大衆蜂起」(levée en masse) で応じるべきだと訴えた。しかし最高軍司令部はラーテナウの構想を幻想とし、戦線崩壊の危機を訴え続けた。仕方なく帝国指導部は一〇月一二日、「ドイツ人民の名において」アメリカの講和提案を受諾し、講和交渉では個別の論点のみを扱うとアメリカに回答した。但しその際、帝国指導部は全ての連合国がウィルソンの講和原則を承認するよう要求した。(813)

ベルリン政界が急速に講和交渉に傾いていることを、ハイデルベルクのヴェーバーは関係者から聞かされ、動揺を隠せなかった。過去四年間ドイツの勝利を念じ続けていただけに、ヴェーバーはルーデンドルフの悲観論に愕然としつつ、一九一八年一〇月一〇日の書簡で次のように綴っている。「来年には講和がなることであろう。そして我々もみな生活を新たな方向で築いていかなければならない。このような平和を思い描いていたものは、我々のうちには一人もいなかった。私とてどれほど冷静で懐疑的であったにしろ、やはり同様であった。しかし(これはベルリンからの、ある情報通の代議士の書簡が知らせてきたことだが)ルーデンドルフが軍事的状況を「全く望みなし」というのでは、手の打ちようがあるだろうか。新しい体制はいずれにしても未熟練で、ひどい悪評を蒙らなければならなくなるだろう。それもルーデンドルフが平静さを失い、そして――私が信じるところ――状況がそれほど悪くないのなら。ただ新しい人物（ガルヴィッツ?）が頂点に立つ前に我々が撤兵しなければならず、（国境に）集結しなければならないことに変わりはないのだが。そして講和はいずれにしろ、ひどく見栄えのしないものになるだろう。我々はドイツを再興しつつ、もう一度前進を始めなければならない。それは我々の望むところである。そうすればまた、自分はドイツ人でよかったということになるだろう。[814]」思わぬ戦局悪化に意気銷沈するヴェーバーであったが、この時点ではなお、ドイツの全面降伏や君主制崩壊といった更なる大波の襲来を予期してはいなかった。従来の指導者ルーデンドルフが動転しているとしても、冷静になれば最低限の権益は維持し、将来の復興に繋げられると、ヴェーバーは考えていたのである。

しかしドイツの弱体ぶりを見透かしたアメリカ合衆国は、ますます強硬な態度で交渉に臨んできた。一九一八年一〇月一四日に提示されたウィルソンの第二次回答は、他の連合国のウィルソン原則承認には全く触れないまま、ドイツ側のみにアメリカやその連繫諸国の命令に服する義務を課するものであった。またドイツは潜水艦作戦などあらゆる「国際法に反する」戦闘行為を停止し、独断で秘密裡に世界平和を攪乱しようとする「あらゆる恣意的権力の根絶」を実行するよう求められた。内政改革を講和交渉の前提とするアメリカ政府の強硬な要求に接して、ドイツ側は大いに動揺し、苦慮の末一〇月一九日に返答を起草した。これによると、ドイツはまずアメリカに「ドイツ人民の名誉を見捨てる、あるいは正義の平和の理念に合致しないような要求」を承認しないよう希望しつつ、潜水艦作戦の停止を約束した。またドイツ軍の戦闘様式が国際法違反であるという批判に対しては、援護射撃のために一定の破壊行為に及ぶのは軍事的に必要であり、国際法上も許容されているとした。またアメリカが講和交渉の前提とするデモクラシー化については、現帝国指導部のもとで鋭意努力中であり、その過程が不可逆のものであることを保証しつつ、こう付け加えた。「この過程の逆転が危惧されるとすれば、それは以下のような場合のみである。すなわちそれは、ドイツがその独自性と歴史に相応しない国制形態を、外国の顔色を窺いつつ不誠実なまでに拙速に押し付けられる場合である。」この棘《とげ》のある一言で、ドイツ側はデモクラシーの宣教師ウィルソンが指図がましい態度に出ることのないよう釘を刺したのである。この心情はすでに見たように、ゲッツを引用しつつ表明したヴェーバーの心情と全く同じものであった。結局このドイツ側の回答案は、紛糾の末一〇月二〇日夜にワシントンに送られた(815)。

このころからヴェーバーは、皇帝ヴィルヘルム二世の退位を熱心に要求するようになる。ヴェーバーによれば、ドイツ及び王朝の利益のために、皇帝は協商国側から要求される前に退位するべきだというのである。「議会主義的に限定されたものであるにしろ――君主制度及びドイツの王朝の誠実な支持者として、私はいまの皇帝が帝国及び王朝の利益のために退位しなければならないと固く確信しています。もし彼がこう宣言すれば、彼は充分に尊厳を維持しつつ退位することが出来るでしょう。「私は法と良心とに従って、自分がそうせざるを得なかったようにしてきたまでのこと。ただ運命は私に味方しなかった。そして私は、自分が我が民衆の新しい将来の妨げになることを欲しない。」」(一〇月一一日(816))ヴェーバーによれば、皇帝にもドイツ国民にも戦争に関する道義的責任は存在しないが、政治的失策を犯した責任だけは認知するべきであり、そうすることで皇帝もドイツ国民もその尊厳を維持できるのだというのである(817)。このころのヴェーバーは、君主制維持に躍起であった。「革命的・共和制的実験に何かを期待するなど、ドイツでは理性あるものなら誰もしないだろう。それ故王朝の存在を、職務不能になったその担当者を犠牲にして――正直言って権力喪失状態においてはまず摂政制度が必要になるでしょうが――維持することが死活問題なのである。基本的に重要なのは、この一歩が王朝の将来に文字通り決定的に重要であるということを、右派に属する人々が認識することである。特に中央党、国民自由党、自由保守党の人々が――というのも私は極右派の洞察力を信用していないので。」(一〇月一八日(818))「君主制度の支持者の中に、ときがいま彼から何を求めているのかを、君主に直言するものはいないのだろうか？　このような出来事のあとで、そしてもし彼が皇帝であり続けた場合に、縮小されたドイツの元首になるというひどい屈辱がまさしく彼の目前に迫っているというときに、皇帝であり続けるなど、彼には内面的に不可能ではないだろうか？それは名誉と尊厳とにかけて不可能であり、それ故に王朝及び国の利益に反するのだ。」(一〇月二一日(819))ヴェーバーは、ヴィルヘルム二世さえ退位すれば王朝自体は存続すると確信し、政治家たちがそれを認識できないでいることに不満を零している。ヴィルヘルム二世退位による君主制救出という構想は、当時のドイツでは珍しいものではなかった。そのような発想はすでに「デイリー・テレグラフ事件」（一九〇八年）の際にも提起されており、この時期には多数派社会民主党の一部から自由主義陣営まで支持を集めていた。他ならぬ帝国宰相バーデンが、その発想に傾斜していたのである。だが後世から見れば、その目的合理性には異論の余地もあるだろう。ロシヤでは皇帝ニコライ二世が退位し、皇太子アレクセイが継ぐのか、皇弟ミハイル大公が継ぐのかと紛糾するうちに、君主制そのものが倒壊してしまった。日本では敗戦後、あらゆる批判にも拘らず迂闊な行動を控えた昭和天皇（一九〇一年―一九八九年）が、大きな変容は蒙りつつも君主制の維持には成功したのである。ちなみにヴィルヘルム二世の退位要求は、この時期君主制廃止を目指す独立社会民主党など革命勢力の合言葉ともなっており、皇后アウグステ・ヴィクトリア（一八五八年―一九二一年）や側近たちは、皇帝に退位しないよう進言していた[820]。ヴィルヘルム二世さえ退位すれば、必要な改革さえ行えば君主制は維持できるというのが、ヴェーバーの持論ではあったが、本当にそうであったかは疑問の余地があるだろう。

ただいずれにしても、一九一八年一〇月二四日に到着した前日付けのウィルソンの第三次回答は、ドイツの君主制支持者たちの淡い期待を木端微塵に粉砕した。ここでアメリカ側は「デモクラシーの平和」論に則り、「ドイツ人民の真の代表部」とは交渉をするが、「ドイツの軍事的支配者や君主主義的専制者」は相手にしないと明言したのである。イギリス型の議会主義的君主制を目標に国制改革を進めてきたバーデン大公子の帝国指導部や、講和交渉により多少なりとも良い条件での休戦を期待していた最高軍司令部は色を失い、もはやヴィルヘルム二世個人の進退はおろか、君主制の将来すら危ういという見通しが出てきたのである。ウィルソンの態度に激怒した最高軍司令部はここで翻意し、講和交渉を停止した上で「矢尽き刀折れるまで」徹底抗戦する覚悟を固め、ヒンデンブルクとルーデンドルフが自分たちの辞任を示唆しつつ、ヴィルヘルム二世に交渉停止の決断をさせようとした。しかし帝国宰相バーデンも自らの地位を賭けて最高軍司令部の交代を上奏したので、結局ヴィルヘルム二世は一〇月二六日、第一幕僚長ルーデンドルフの退陣の方を受け入れた（但しヒンデンブルクは慰留された）。後任の第一幕僚長には、ヴュルテンベルク王国陸軍のヴィルヘルム・グレーナー陸軍中将（一八六七年—一九三九年）が任命された。ルーデンドルフを排除した帝国指導部は、ウィルソンの要求を甘受しながらもドイツ側の自尊心を表現した回答を構想したが、一〇月二六日夕刻にハプスブルク帝国の戦線離脱が伝えられたことを受けて、出来るだけウィルソンを刺戟しない文面で受諾を表明することにした。一一月五日のアメリカの第四次回答で、ドイツ側は一方的に通知される条件のもとで休戦協定に調印するべく、代表団を派遣するよう求められた。来るべき講和が「交渉による平和」、「正義の平和」ではなく「暴力の平和」であることは充分に予想されたが、帝国指導部は一一月六日、為すすべもなくこれに応じ、同日エルツベルガー率いるドイツ代表団が連合軍の本陣のあるコンピエーニュに向けて出発した。(821) なおすでに一〇月二九日、ヴィルヘルム二世は出処進退を明らかにすることなく、不穏な空気が流れるベルリンを避けて密かにスパーの大本営に移っていた。ヴィルヘルム二世の大本営行きを知らされていなかった帝国宰相バーデンは激怒したが、ヴェーバーもこの行動を「恥知らず」の「脱走」とし、皇帝に諫言しなかったとして保守派の政治家を批判した。いずれにせよ、このとき離京したヴィルヘルム二世は、こののち二度とベルリンの地を踏むことが出来なかった。(822)

一九一八年一〇月二七日、ヴェーバーは論文「休戦と講和」で、ウィルソンの苛烈な道義的要求を批判し、寧ろ彼に英仏の露骨な自己中心主義を抑制する「世界の仲裁者」の役割を期待した。ヴェーバーによると、アメリカが英仏に強い発言権を行使できるのは、ドイツ軍が強大であり続け、これと対峙するのに協商国側がアメリカ軍の助勢を必要とする場合に限られている。もしウィルソンの主張通りドイツ軍が解体されてしまったら、英仏はもはやアメリカの助勢を必要としなくなるため、アメリカの発言権は消滅する。従ってアメリカが発言権を維持しようとするならば、ドイツ軍の解体を講和交渉の前提とするべきではないというのである。(823) ドイツ軍が敗北した以上、その削減は当然の成り行きであるはずだが、ヴェーバーはこのように得意の弁舌を駆使してアメリカ指導部に迫り、理詰めでドイツの権益維持を認めさせようとしたのである。

ところがドイツ帝国は、休戦を目前にして内部に亀裂が生じ始めた。ヴィルヘルム二世がスパーに向かった一九一八年一〇月二九日、軍港ヴィルヘルムスハーフェンの水兵たちが叛乱を起こした。戦争中大きな作戦行動に出られないまま潜水艦作戦も停止を余儀なくされ、苛立ちを強めていた帝国海軍指導部は、帝国指導部がすでにウィルソンの講和条件の甘受を決定したにも拘らず、なお大洋艦隊を出撃させイギリス艦隊との最後の決闘に臨もうとし、演習の名目でヴィルヘルムスハーフェン沖に艦隊を集結させた（「提督たちの叛乱」）。ところが予てから勤務に不満を募らせていた水兵たちが、「海軍の将来と将校団の名誉」のための犬死は出来ないと叛乱を起こした。この叛乱は容疑者逮捕により鎮圧されたが、出撃計画も中止され艦隊は解散した。だがキールに帰還する第三艦隊で再び命令不服従者の逮捕・収監が行われ、これに抗議して水兵たちが上陸し、兵士評議会を結成して軍艦に赤旗を掲げた。この自然発生的な水兵叛乱は、一一月五日から翌日にかけて各地の海軍・陸軍兵士、労働者の叛乱を誘発し、次々に労兵評議会が結成されていった(824)。

キールでの暴発が始まった一九一八年一一月四日、ヴェーバーは進歩人民党のミュンヘン支部に招聘されて講演「ドイツの政治的新秩序」を行い、戦争に関する持論を繰り返すと同時に、バイエルン分離主義を強く牽制した(825)。帝国第二の領邦であり、農業国、カトリック保守王国であるバイエルンは、第一次世界戦争による中央集権化、工業優先政策に不満を募らせ、ハプスブルク帝国の戦線離脱後は連合軍の脅威にも晒されていた。伝統あるヴィッテルスバッハ王家を擁し、社会民主党も修正主義的であるなど(826)、バイエルン王国は元来きわめて保守的な領邦であったが、このときは敗戦を目前にして著しい動揺を見せていた。すでに一〇月六日、ヴェーバーはドイツ帝国が最後の国民的抵抗に訴えるとき、バイエルン王国は帝国から離脱するだろうし、バイエルン王も君主制維持のためにそれを甘受せざるを得ないだろうと予想していた(827)。こうした判断を踏まえて、ヴェーバーは一一月初頭ミュンヘンに乗り込んで聴衆にドイツ人としての団結を訴えたのである。しかしバイエルン分離主義を罵倒するヴェーバーの講演に対し、バイエルンの単独講和を主張していたエーリヒ・ミューザム（一八七八年―一九三四年）らミュンヘンのボリシェヴィスト、アナーキストたちは野次を飛ばして応戦した。講演者ヴェーバーや聴衆たちは、講演後エーリヒ・カッツェンシュタインの私邸に移動して討論を継続したが、両者が意見の一致を見ることはなかった[828]。

こういった急進左派知識人たちとの交流には、ヴェーバーはすでにそれなりの経験を有していた。一九一三年・一四年の春、ヴェーバーはある訴訟に関与してスイスのアスコナに滞在し、そこで無政府主義者、共産主義者、自然愛好者、菜食主義者、フロイト信奉者などに遭遇している。ヴェーバーは彼らに興味を示し、自己の信念に真摯なその態度に共感すら示している[829]。但しそうした彼らの毅然とした姿勢に対する共感を、ヴェーバーの政治思想上の変容と解釈するのは正確ではない。トルストイやフェルスターに対してもそうであったが、ヴェーバーにとって相手の精神的態度への敬意と、相手の思想内容への同意とは厳格に区別されていたからである。ヴェーバーの急進左派知識人への親近感は、彼のナショナリズムから無政府主義、共産主義、自然愛好、菜食主義、フロイト主義への転向を意味するものでは毛頭なく、それはこのミュンヘンでの対決にも端的に現れている。

ヴェーバーが講演を終えてミュンヘンを離れた直後、そのミュンヘンで遂に革命が勃発する。その指導者こそ、晩年のヴェーバーが対決することとなるクルト・アイスナー（一八六七年―一九一九年）であった。マルクスよりカントに強く影響された左派言論人アイスナーは、社会民主党内では「修正主義者」との批判を受けていたが、プロイセンからバイエルンへの移住後はシュヴァービングのボヘミアンたちと交流を深め、戦争中期からは平和主義に傾斜して独立社会民主党に属していた。一九一八年の「一月ストライキ」に参加して収監されたアイスナーは、一〇月に釈放されるとバイエルン王国政府の動揺に乗じて革命運動を発展させようと考えた。独立社会民主党だけでなく多数派社会民主党をも糾合して、アイスナーは一一月七日テレジエンヴィーゼでの集会を組織して気勢を上げ、夜半に「バイエルン自由国」政府を旗揚げして君主制の廃止を宣言した。この革命運動の指導者には、ミューザムやカッツェンシュタインなど四日のヴェーバーの講演を聴きに来ていた人々が含まれていたほか、ヴェーバーとは因縁のある「倫理的文化」の唱導者フェルスター、『社会科学・社会政策雑誌』の共同編集者ヤッフェも、それぞれベルン駐箚バイエルン公使、バイエルン大蔵大臣として参画していた。この動乱に抵抗する術がなかったバイエルン王ルートヴィヒ三世（一八四五年―一九二一年）は、八日に王宮を出てザルツブルク方面に落ち延びた[830]。

バイエルンで始まった革命は、やがてドイツ全域に拡大していく。ブラウンシュヴァイク公国では一一月八日大規模ストライキが嵩じて宮殿や官庁が占領される事態となり、夕方にはブラウンシュヴァイク公エルンスト・アウグスト（一八八七年―一九五三年）が退位を宣言した。シュヴェリーンでもメクレンブルク＝シュヴェリーン大公（兼メクレンブルク＝シュトレーリッツ大公国摂政）フリードリヒ・フランツ四世（一八八二年―一九四五年）が労兵評議会によって議会主義的憲法の制定や左派政権の樹立を強要された（一一月一四日に退位）。これ以外にも大都市では次々に労兵評議会が結成され、中小領邦では国外から侵入した革命勢力によって君主が退位させられる事態が生じた。この状況下で、帝国宰相バーデンは内戦回避のため、ヴィルヘルム二世にも退位するよう手を尽くして要請した。バーデン大公子の要請に憤慨した大本営のヒンデンブルクやグレーナーは、実力でヴィルヘルム二世を庇護することを一旦決意したものの、続々と入る各領邦での革命勃発の報に色を失っていった。一九一八年一一月九日、ベルリンの大規模ストライキを前に帝国宰相バーデンは、独断でヴィルヘルム二世のプロイセン王及びドイツ皇帝としての退位を宣言したが、それでも事態は収拾されなかった。それまでバーデン政権の一角を担ってきた多数派社会民主党は、シャイデマンが帝国議会議事堂の窓から群集に対し即興で「共和国」設立宣言を行い、またその数時間後にはスパルタクス団のカール・リープクネヒト（一八七一年―一九一九年）が王宮から「社会主義共和国」設立宣言を行って、共に主導権を掌握しようとした。一〇日に大本営でベルリンでの革命勃発を知ったヴィルヘルム二世は、大本営の警備兵まで充分に信頼できない状況下で、急遽直近の君主国オランダに亡命することにした（退位文書への署名は一一月二八日）。ベルリンではフリードリヒ・エーベルト（一八七一年―一九二五年）を中心とする多数派社会民主党・独立社会民主党の人民委員評議会が誕生し、一一月一一日にドイツ代表がコンピエーニュで連合国との休戦協定に調印した[831]。

ヴェーバーは、暴動がキールやミュンヘンからドイツ各地に飛び火していくのを目にして、落胆を隠せなかった。とりわけ帰郷した将校が若者から肩章を剝奪されたという報に接して、ヴェーバーは事態を「革命という名誉ある名称を名乗るに値しない血みどろのカーニヴァル」と呼んで嘆息したと言われる[832]。一一月一二日、ヴェーバーは将来への不安をこう記している。「この恐ろしい屈辱と古きドイツの苦悩の忌々しい死も、いまの我々にはこれから何年も［……］続く苦しみの漠然たる予感程度にしか感じない[833]。」

とはいえヴェーバーは、この騒乱をいつまでもただ慨嘆していたわけではない。ヴェーバーは依頼されて、地元ハイデルベルクの労兵評議会に進歩人民党代表として参加していた[834]。これは勿論、革命運動の支援のためではなく、ボリシェヴィズムを阻止しようとする多数派社会民主党員の援護射撃のための行動であった[835]。また一九一八年一一月一七日には、ヴェーバーは進歩人民党ハイデルベルク支部で講演「ドイツの将来の国家形態」を行い、共和制、大ドイツ主義、統一主義を前提とした新国制構想を発表するに到っている[836]。更に一一月末からは『フランクフルト新聞』に招聘されてフランクフルト・アム・マインへ赴き、同紙に掲載する論文「新しい国家形態」の執筆に取り掛かった。そして一一月二八日には、十二日前に進歩人民党及び国民自由党の一部を糾合して結成されていた「ドイツ民主党」の臨時幹部会員に、左派自由主義系新聞『ベルリン日刊新聞』の編集人テオドル・ヴォルフ（一八六八年—一九四三年）の提案で選出されている[837]。このようにヴェーバーは、君主制が崩壊していまだ革命の終結点が見えない一一月後半、すでに政治評論家として新たな一歩を踏み出していたのである。

第二節　ドイツ国民国家保全の闘争

一　ドイツ国民国家の人間的基礎の再構築

一九一八年一一月二四日、ヴェーバーはミュンヘン大学教授フリードリヒ・クルジウス宛書簡で、ドイツ国民国家を巡る情勢について「文化問題」の観点からの考察を行っている。ここでいう「文化問題」とは、人間の精神に関わる問題のことであり、ヴェーバーにとっては最も肝心なことであった。ヴェーバーはドイツ人の「きわめて冷静な道徳的

「上品さ」」を回復するために、ここで一大教育事業を起こすべきだと主張した。

ヴェーバーはドイツの精神的革新の模範を、これまでも意識してきたアングロ＝サクソン圏、特にアメリカ合衆国に見出した。ヴェーバーによれば、ドイツの「あのきわめて冷静な道徳的「分別」」を回復する方法は、唯一「アメリカのクラブ制度」でしかあり得ないのだという。ここでヴェーバーはアメリカの「クラブ制度」を、「「教会」のような権威的な形式」の対極に位置付けている。実のところヴェーバーは、このような「アメリカのクラブ制度では「紳士教育」（„weltmännische Erziehung"）、つまり「貴族的」（„aristokratisch"）教育の実が挙がらないと慨嘆する文脈で、ヴェーバーはこう述べている。「アングロ＝サクソン圏のクラブなら、最も凡庸な部類のものであれ、そうした紳士教育の面では遙かに有益です。なるほど例えばそこで、しばしば疲弊するほどスポーツに邁進するというのは、「無意味」に思えるかもしれません。だがそれでも有効であるというのは、とりわけ以下のような理由によります。アングロ＝サクソン圏のクラブでは、しばしば非常に厳格な淘汰が行われますが、そこでは常にジェントルマンの平等という原則が厳格に支配しています。ところがドイツの学生組合においては、下級生虐待の風習が支配しており、それを官僚側が官庁での規律維持のための予備教育として高く評価しています。学生組合も官僚側から庇護されているので、これに取り入ろうと必死になるというわけです。[838]」ドイツ官憲国家の階層秩序によって歪曲されたドイツ人の卑屈さを、アングロ＝サクソン圏の「平等」主義的で「貴族的」な「ジェントルマン」教育で矯正し、ドイツ民族を、「アングロ＝サクソン民族」や「ロマンス民族」と並ぶ「名士民族」にしようというのが、ここでのヴェーバーのドイツ国民国家再建構想だったのである。

ヴェーバーはこの「アメリカのクラブ制度」の端緒が、ドイツでは「ドイツ自由青年団」（Freideutsche Jugend）に現れていると見ていた。この「ドイツ自由青年団」とは、ヴァンダーフォーゲル運動の代表者が一九一三年一〇月一一日カッセル南方のホーアー・マイスナー山に集結して誕生した団体である。ヴァンダーフォーゲル運動は一八九六年にベルリン＝シュテークリッツで産声を上げた青年運動で、現代の技術的・機械的文明に飽き足らないロマン主義的な、主としてプロテスタント教徒の若者たちが徒党を組んで制服や団旗を制定し、低山を徘徊して野営し、ドイツ民謡を合唱するなどして、自己を心身ともに鍛錬するというものであった。それはしばしば現実政治（特に政党政治）から逃避する傾向を有していたが、にも拘らずドイツ・ナショナリズムには明瞭に加担しており、ヴァイマール共和国末期になると人種主義的な色彩を強化していくことになる。前述のように学生組合に見切りを付けた一九一八年のヴェーバーが、このヴァンダーフォーゲル運動に新しい若者の鍛錬を委ねようとしたのは決して意外とは言えないだろう。というのもすでにナウマン、ボイマー、弟アルフレートといったヴェーバー周辺の人物たちが、この運動を支持する姿勢を打ち出していたからである。とはいえこの運動と連携しようとする勢力には、自由主義陣営以外にも、全ドイツ連盟や平和主義者フェルスターなど、ヴェーバーとは様々な意味で対立するような勢力・人物も含まれており、また第一次世界戦争前後には、ヴェーバーが批判的に見ていた反ユダヤ主義的傾向も強化されていた。やがてヴァンダーフォーゲル運動は、ヴァイマール共和国期、第三帝国期の急進的・排外的ナショナリズムの一角を担うようになっていくのである。(839) そのような経緯にも拘らず、ヴェーバーがこの団体に期待したのは、ドイツ伝統の学生組合に失望した彼が、それに対抗する形で擡頭したこの運動に、とりあえず賭けてみたいという思いがあったからではないだろうか。

ドイツ国民国家の精神的覚醒に期待するヴェーバーは、伝統的権威のみならず新しい思想的潮流にもその障碍を見出していた。「神秘主義から「表現主義」に到るありとあらゆる種類の精神的麻酔剤」を拒否し、即事性、羞恥心など厳しい自己規律の精神を涵養するよう要求していることに現れているように、ヴェーバーは同時代の対抗文化の勃興にドイツ国民国家の基礎を崩壊せしめる危険な兆候を看取していたのである。「表現主義」は主としてベルリンで特に発達した芸術運動で、外界の印象に基礎を置く印象主義に対して内面の表現を重視するとして、絵画、音楽、文学と多岐に亙って進展を見せたものである。演劇の領域では熱狂的、陶酔的な傾向を有し、独白、絶叫、幻覚などの表現が好まれ、その代表的作家の一人にはハイデルベルクのヴェーバー邸に出入りした革命家エルンスト・トラーがいた。ヴェーバーはラウエンシュタイン城の文化会議で出会い、のちにハイデルベルクの自宅にやってきた若い芸術家や文筆家を目にして、現実政治との不適合を痛感したのではないかと思われる。

歴史家ヴェーバーは、一九一八年のドイツの状況を世界史的視野で考察し、その克服の道を模索している。ヴェーバーはスパルタやマケドニアに敗北したアテナイ、プロイセンの率いるドイツ諸国連合に敗北した第二帝制のフランスを引き合いに出し、いまのドイツはそれ以上に面目を喪失したのだとした。しかしヴェーバーは、三十年戦争における荒廃やナポレオン戦争における凋落（がその後のドイツの飛躍に繫がったこと）を想起して、今回もやがてはドイツが苦難の淵から飛躍していくだろうと期待した。ヴェーバーは、自分がそれまで対外政策構想の中心に据えてきたドイツの「世界政策」が終焉を迎えたことを認め、一八七一年に対独講和を締結したフランス第三共和制初代大統領ルイ・アドルフ・ティエール（一七九七年—一八七七年）の言葉を借用して、「ああ、それを招いたのは我々なのだ！」と「アングロ＝サクソンの世界制覇」を慨嘆した。だがヴェーバーは、それはいずれにしても「ポエニ戦争後のローマの覇権と同様に」回避不可能なものだったのであり、已むを得なかったのだと自分に言い聞かせている。これに対してヴェーバーは、ドイツが「ロシヤの鞭」を防止したことはドイツの名誉になるとして、一定の気休めを得ようとしている。そしてロシヤの脅威は差し当り回避されたに過ぎず、引き続きロシヤが覇権的地位に就くことのないよう警戒するべきだとしたのである。対西欧関係の憤懣を対東方関係に振り向けるというヴェーバーの思考法が、ここにまた明瞭に表現されている。[840]

ヴェーバーは逆境にあっても、飽くまでドイツ人の底力を信じていた。一九一八年一二月二日、フランクフルトに滞在していたヴェーバーは、当地にドイツ将兵が威風堂々と帰還し、これを住民が熱狂的に歓迎する光景に遭遇して、いたく感激したと言われる。またスパルタクス団の蜂起が迫っていた一二月二六日、ヴェーバーはこう書き記している。「我々はいずれにしても、内戦や侵略を蒙るのではないかと恐れます。それがどれほど困難で恐ろしいものであろうとも、我々はそれを克服するに違いありません。というのも私は、このドイツが破壊されないことを信じているからです。そして私は、この悲惨極まりない汚辱の日々ほど、ドイツ人であるという天寵を強く感じたことは一度もありません。」[841]

ヴェーバーはドイツ・ナショナリストとして、ドイツ国民が再びその覇気を回復し不死鳥のように蘇ることを熱望していたし、しかもそれは適切な手段を用いれば充分に可能だと考えていたのである。

二　ドイツ戦争責任論の拒否

ところがドイツ国民国家の再生を願うヴェーバーを愕然とさせるような事件が、突如ミュンヘンで勃発した。「バイエルン自由国[842]」首相アイスナーが、ドイツが第一次世界戦争の開戦に単独責任を負うという西欧戦勝国の主張を後押しするような議論を展開し始めたのである。そもそも一九一八年一一月一八日、帝国宰相バーデンからドイツ指導を継承していたエーベルト（多数派社会民主党）ら人民委員評議会（多数派及び独立社会民主党により構成）は、ドイツ外務省補佐官であったカウツキー（独立社会民主党）に、戦争開始の原因究明を依頼していた（但し独立社会民主党は一九一九年一月三日に人民委員評議会政府を脱退した。）。その五日後の一一月二三日に今度はアイスナーが、バイエルン王国ベルリン代表部の公使フーゴー・フォン・レルヒェンフェルト＝ケーフェリング伯爵（実際はその部下ハンス・フォン・シェーンの執筆）のバイエルン王国首相ヘルトリング宛報告書（一九一四年七月一八日）、バイエルン代表部の電話での会話二つ、そして同様の報告書（同年八月四日）を縮小・抜粋して掲載し、ドイツ帝国指導部が開戦に責任を有していたと主張したのである。アイスナーの意図は、一九一四年七月末におけるドイツ帝国指導部の開戦意志を明確にし、自分がバイエルンで始めたドイツ革命に抵抗する勢力に打撃を与えるところにあった。

このような国内からのドイツ戦争責任論の擡頭に憤激したヴェーバーは、直ちに反攻を試みた。すでに一九一八年三月一八日、ヴェーバーはフェルスターによるドイツ側からの罪責告白論を批判していたが[843]、敗戦直後の一一月一三日にはこう述べていた。「私は戦争における他者の「罪」については沈黙してきました。また吐き気のするような道徳化にも加担しませんでした。それはどちらの陣営から為されるにしても、同じ様に吐き気がしますよ。だから私はいまこう言うことが出来ます――私が何度も目にする、この罪悪感の掻き立ては病気です。宗教の領域における鞭打苦行、性的な領域における自虐趣味とまさしく同様にです。あなたはきっと再びそこから自由になると思います。過去二年間の政策は不埒なものではありました。しかしその理由は、それが戦争政策であったからではなく、それが軽率な政策で、嘘で固められていたからです。我々の戦争前の政策は愚かでした。しかし倫理的に見て非難に値するというわけではありません。それは問題にならないし、この点は譲れないのです[844]。」

「鞭打苦行」、「自虐趣味」という刺戟的表現で、ドイツ人によるドイツ「罪責告白」を痛罵するヴェーバーの議論は、彼が青年期から信奉してきた政治観の一つの帰結である。ヴェーバーにとって（戦争も含めて）凡そ闘争はごく自然な人間の営みであり、これを回避しようする、あるいは回避できると思うのは政治の誤解でしかない。闘争を回避しようと必死に人間同士の融和を図り、そのためには自分の主体性すら犠牲にしかねない「山上の垂訓」の倫理観は、ヴェーバーによれば健全な政治原則とは言えないのである。この観点からヴェーバーはナウマンを揶揄し、トルストイの道徳観を政治においては峻拒し、戦争末期にはウィルソンの道徳主義的外交理解や平和主義者フェルスターの罪責告白を却下した。ドイツは実際に敗北したが、それは「罪」深いドイツが「罰」を受けたわけではなく、「西欧」という「ジェントルマン」の「クラブ」に属するドイツと英・米・仏とが公明正大な決闘を行い、今回はドイツが武運拙く敗北しただけのことである。またそもそも戦争それ自体は、何ら非難に値する行為ではないというのが彼の信念であった。

やがてヴェーバーはこのような「罪責告白」批判を、公衆に向かって開陳するようになっていく。ヴェーバーはまず一九一八年一二月一日、憲法制定国民議会議員選挙へ向けてのドイツ民主党の演説会で同様の主張を展開した[845]。更に一九一九年一月一七日、ヴェーバーは論文「「戦争の罪」について」を発表して、持論をより体系的に整理した。それ以外の政治評論でも、ヴェーバーはしばしばこの論点に言及している。ヴェーバーはアイスナーら「罪責告白」派を、「戦争の恐ろしさによって打ち砕かれた、あるいはその素質からして熱狂的な彼らの精神の欲望を、「戦争の罪」なるものへの感情を煽動することで満足させている文士ども」と呼んだ[846]。加えてヴェーバーは、ツァーリズム・ロシヤが「洗練された民衆去勢の手段」を持つ恐怖の体制であったことを強調し、これを崩壊へと導いたドイツの功績を謳歌した。

ヴェーバーによると、ドイツの対ロシヤ戦は「よき戦争」(ein guter Krieg) であったのだから、これを勝利に導いた「ドイツ軍の指導者の功績」は「永遠にドイツ史の栄光の一頁を飾る」のであって、「ロシヤ・ツァーリズムの絶滅」については「ドイツの兵士たち」に感謝しなければならないというのである[847]。このヴェーバーの「ロシヤの脅威」論は、彼の同志たちとも歩調を合わせたものであった。例えばシュルツェ＝ゲーヴェルニッツは、一九一九年六月に西欧列強国内の輿論に訴えるフランス語、英語の「公開書簡」を発表し、ロシヤ帝国及びボリシェヴィズムの脅威を強調すると同時に、「人道」や「自由」のために「ヨーロッパ」及び「あらゆる人種」を護る「防壁」としてのドイツの役割に理解を求めている。つまりロシヤは、敗戦国ドイツの体面を回復する際の引き立て役として重宝されていたのである[848]。

一九一九年二月以降、ヴェーバーは「正義の政治のための作業共同体」(ハイデルベルク連合) に参画している。これは来るべき講和交渉で予想される戦勝国側の道義的攻勢に備えて理論武装するために、最後の帝国宰相バーデン大公子の周辺によって結成された団体である。その参加者は、ブレンターノ、弟アルフレート、アルブレヒト・メンデルスゾーン・バルトルディ (一八七六年―一九三六年)、リヒャルト・トーマ (一八七四年―一九五七年)、マクシミリアン・モンジュラ伯爵 (一八六〇年―一九三八年) らであったと言われ[849]、人脈的には「自由及び祖国のための人民同盟」とほぼ連続していた。この団体は一九一九年二月三日及び四日にハイデルベルクのヴェーバーの私邸で会合を開き、その事務局は同年六月にヴァイマールに移転するまでこのヴェーバー私邸にあったが[850]、このことからもヴェーバーがこの団体で重要な役割を果たしていたことが看取できる。

ドイツの道義的責任を否定するヴェーバーは、西欧戦勝国の人間に昂然たる態度で接していた。「今日、また一人のイギリス人 (海軍のギブソン) が私のところへやってきました。彼は「供給問題」に関する用件でドイツに来ているそうですが、一般の政治について話がしたいとのことでした。私は大体こういう趣旨のことを言いました。我々が話が出来るとすれば、それはジェントルマンとしてか、あるいは「オールドミス」としてかでしかない。後者の場合には、「罪」とかその類のものが話題になるに決まっているが、それは双方にとって品位の欠如したものとなるだろう。前者の場合は、次のように言われなければならない。「我々は勝負に負けた。あなた方が勝ったのだ。歴史における責任に向き合うために何がなされるべきだろうか？」イギリスにもドイツにも唯一相応しいこうした処理の仕方を、イギリスの政治家は理解していないと私は言わざるを得ない。あなた方の側が性根を根本的に入れ替えなければ、希望などあったものではない。というのも我々は、名誉の侵害については忘れることは出来ないであろうから。私も「糞坊主ども」と交渉の席に着くことなど出来ないと――ちなみに私は彼に言いました。ドイツ政府が武器の備蓄分を全て保有していない限り、私はそれが交渉可能だとは思わない。この条件に関する連合国側の立場を私は即事的には理解するが、いま討議されている他の条件（国防軍の制限など）は我々の内政事項への名誉毀損的介入であり、本当に何の役にも立たないし、いかなる即事的利益によっても規定されない、賢明さを全く欠くものだと。」[851]ここに表現されているのは、ドイツ国民国家が西欧という名誉ある選良クラブの正会員であることを確信する一人のドイツ人が、それを非会員扱いする西欧列強国側の人間に抵抗しようと懸命に胸を張る有様である。「勝負」、「名誉」といった学生組合的な言辞を駆使し、「オールドミス」、「糞坊主ども」といった刺戟的な言葉を交えつつ、ヴェーバーは第一次世界戦争の道義的解釈それ自身を否定しようとする。丁度この時期に行われたミュンヘン講演「職業としての政治」（一九一九年一月二八日）でも、ヴェーバーは西欧戦勝国が自分たちの勝利をその「正しさ」の表れと見るのを、騎士道精神に反する行為だと厳しく非難していた。[852]

ヴェーバーは一九一九年三月からバーデンの要請で、三月末にベルリンのドイツ外務省でのヴェルサイユでの講和交渉の準備会議に出席し、更に講和交渉を支援するために自らヴェルサイユへ赴いている。実はヴェーバーはこの講和交渉支援への参加には終始消極的であった。それはヴェーバーが、祖国ドイツへの奉仕に消極的であったからではない。ヴェーバーは誰もが我先にこの講和交渉支援に参加しようとしていると見ていたので、その人々の列に自分が加わるのは自尊心が許さなかったと言われる。しかしヴェーバーは、最終的にはこの任務を引き受けることにした。[853]ただ自分の絶対的優越を確信し他の参加者を歯牙にもかけないヴェーバーは、彼らと共同で講和交渉の後方支援をするという役柄には我慢が出来なかった。後述するように三月末のベルリンでの準備会議で、すでに議論の内容に不満を懐いたヴェーバーは、議長ヨハン・フォン・ベルンシュトルフ伯爵（元ワシントン駐箚大使）（一八六二年―一九三九年）にヴェルサイユ行きに難色を示すなど悶着を起こしていた[854]。

だがそれでもヴェーバーはバーデンやベルンシュトルフに促されて[855]、ヴェルサイユ行きを決意することになる。ハイデルベルクからヴェルサイユに向かう途上ヴェーバーは再びベルリンに立ち寄り、一九一九年五月一三日に東部国境問題に関するドイツ内務省の会議に出席していたが、翌一四日にドイツ講和交渉団を率いるドイツ外務大臣ウルリヒ・フォン・ブロックドルフ＝ランツァウ伯爵（一八六九年―一九二八年）がベルン駐箚ドイツ公使館を通じて電報でベルリンのヴェーバーに即時ヴェルサイユ入りを要求してきたため、一六日早朝にはヴェルサイユに入った。ヴェルサイユに到着したヴェーバーは、その日のうちに東部国境問題に関するドイツ交渉団の討議に参加し、今後の対応を協議している[856]。

ヴェーバーがドイツ代表団の加勢のためにヴェルサイユ入りしたのは、一九一九年五月七日に同代表団が講和会議議長ジョルジュ・クレマンソー（一八四一年―一九二九年）から講和条件を交付され、窮地に立たされているときのことであった。「ウィルソンの十四箇条」を基盤として一一月一一日に休戦協定を締結し、交渉によって出来るだけ有利な講和条約の締結を希望していたドイツ側の甘い見通しとは裏腹に、西欧戦勝国は一九一九年一月一八日に独自の講和会議準備会議を設置し、一方的に講和条件を決定してこれを五月七日にドイツ側に提示したのである。この準備会議の主導権は、ウィルソン、ロイド・ジョージ、クレマンソー及びヴィットーリオ・エマヌエーレ・オルランド（一八六〇年―一九五二年）（イタリア首相）の四人が掌握していた。この講和条件では、開戦におけるドイツの単独責任が明記され、その上で皇帝や指導的政治家の処罰、海外植民地や東部、西部での大幅割譲、継続的な軍事的・経済的弱体化などが規定されていた。ドイツ国内ではすでに翌八日にはこの講和条件がドイツの名誉を著しく毀損する「命令の講和」（Diktatfriede）だとする抗議行動で騒然となり、ドイツ首相シャイデマン（多数派社会民主党）を始め、プロイセン首相パウル・ヒルシュ（多数派社会民主党）（一八六八年―一九四〇年）、アルトゥール・フォン・ポザドフスキー＝ヴェーナー伯爵（ドイツ国民的人民党）（一八四五年―一九三二年）、グスタフ・シュトレーゼマン（ドイツ人民党）（一八七八年―一九二九年）、コンラート・ハウスマン（ドイツ民主党）、アドルフ・グレーバー（中央党）（一八五四年―一九一九年）、ヘルマン・ミュラー（多数派社会民主党）（一八七六年―一九三一年）、フーゴー・ハーゼ（独立社会民主党）（一八六三年―一九一九年）が声を合わせて講和条件に抗議した（但しハーゼは講和条件に抗議しつつも回避不能とした）。とりわけヒルシュの「奴隷になるより死んだほうがましだ！」（lieber tot als Sklave!）は、当時のドイツ人の合言葉となった[857]。

ヴェーバーたちドイツ代表団は、宿泊所として提供されたヴェルサイユのホテルに事実上拘禁され、講和会議の主導権を握る西欧戦勝国を前に為す術もなかった。講和条約の草案に抗議して、ヴェーバーはデルブリュック、ブレンターノの友人でバイエルン軍陸軍大将のモンジュラ伯爵、高名な音楽家の孫で国際法学者のメンデルスゾーン・バルトルディと共同で第一次世界戦争におけるドイツの立場を擁護する『教授文書』に署名しているが[858]、これは彼らが討議の上で起草したものではなく、ドイツ外務省が準備したものに急遽署名しただけのものであった。パリ講和会議のドイツ代表ブロックドルフには、かつてヴィーン会議のフランス代表シャルル＝モーリス・ドゥ・タレイラン＝ペリゴール（一七五四年―一八三八年）が享受したような外交交渉の余地は認められておらず、ヴェーバーたち後方支援部隊の活動にも自ずと限界があったのである。ヴェーバーらが署名した『教授文書』の甲斐もなく、西欧戦勝国はドイツに戦争開始の単独責任を帰する見解に固執した。またドイツ外務省側も知識人としてのヴェーバーの国際的声望をドイツの外交力増強に活用する意志はあっても、ヴェーバーに交渉の主導権を渡す意志があるはずもなかった。ブロックドルフが講和会議議長クレマンソーに『教授文書』を手渡した一九一九年五月二八日、ヴェーバーは失意のうちに二週間のヴェルサイユ滞在を打ち切って、ひとまずベルリンへ向かった[859]。

ヴェーバーは西欧戦勝国がドイツ帝国の政治的・軍事的指導者の引渡しを要求したと聞き、それをドイツに対する名誉毀損だとして憤慨すると同時に、ルーデンドルフ、ティルピッツ、カペレ、ベートマン・ホルヴェークらに、西欧戦勝国から強要される以前に自発的に出頭することを期待した。「彼らが敵に自分の意思で「首を差し出す」場合のみ、将校団はまた輝かしく復活できるのです。[860]」ヴェーバーは指導者に、敗北のときに命を投げ出す気概を要求したのである。ヴェーバーはこれらドイツの指導者たちの中で、とりわけルーデンドルフに格別の敬意を懐いていた。ヴェーバーはルーデンドルフが輿論の批判を浴びるようになったとき、これを擁護する論文を発表しようとまでした。のちルーデンドルフのポーランド政策、トルコ政策への越権行為の有害性を知って憤慨するようになったヴェーバーは、この弁護論発表の計画を取り止めたが、それでもこの将軍の人格への彼の敬意は失われなかった。[861]それだけにヴェーバーは、彼の自己犠牲がドイツの名誉を守ると確信し、ヴェルサイユ行きの前に自分の意志を伝える書簡を送っていた。ヴェーバーは、敗戦時に指導者が「首を差し出す」のは大衆によい教育効果があり、将校団の再建に資すると考えていた。またルーデンドルフが出頭すれば、ティルピッツ、カペレ、ファルケンハイン、ホフマンなど陸海軍指導部がこれに続くと見ていたのである（なおベートマン・ホルヴェークに関しては、ヴェーバーは自分が「古き弁護人」として戦勝国の法廷で弁護すると息巻いていた[862]）。しかしヴェルサイユから戻った時点でもまだルーデンドルフからの返答を得られていなかったので、ヴェーバーはベルリンに戻ってすぐあるドイツ人民党議員の仲介でルーデンドルフに直接面会を申し入れ、その説得を試みたのだった。ルーデンドルフ「何故あなたはこんな手紙を持ってわたしのところへ来るのですか？　こんな無理なことを私にどう強要できるというのでしょう？」ヴェーバー「あなたが自発的に出頭する以外に、国民の名誉が救われることはないではありませんか。」ルーデンドルフ「国民なら私を構わないでいられるはずですよ！　かような恩知らずは堪忍なりません！」ヴェーバー「それでもなおあなたはこの最後の奉仕を我々にしなければなりません。」ルーデンドルフ「私にはもっと重要な奉仕が出来ると思いますけどね。」ヴェーバー「おや、そういうあなたの申されようはまたそれほど真面目に考慮されたものではないのでしょうね。ちなみに問題なのはドイツ民族だけではなく、将校団や軍の名誉が再興されることなのですよ。」ルーデンドルフ「どうしてあなたはヒンデンブルクのところへ行かないのですか？　彼はともかく元帥だったではありませんか？」ヴェーバー「ヒンデンブルクは七十歳です。それにあなたが当時ドイツでナンバーワンだったことは、どんな子供でも知っていますよ。」ルーデンドルフ「おやおや！」二人の会話は、更に国制問題にも及んだ。ルーデンドルフ「ほら、あなたは賞讃していたデモクラシーを遂に手にしたではありませんか！　あなたやフランクフルト新聞の所為ですよ！　一体何がよくなったと言うのですか？」ヴェーバー「いま我々が目にするこの糞馬鹿馬鹿しい状況を、私がデモクラシーと呼ぶとでも思っているのですか？」ルーデンドルフ「そういう物言いをされるなら、恐らく我々の間での意思疎通は可能でしょう。」ヴェーバー「でも以前の糞馬鹿馬鹿しい状況も、君主制なんて言えませんよ。」ルーデンドルフ「それならあなたの言うデモクラシーとは何ですか？」ヴェーバー「デモクラシーにおいては、人民が自分の信頼する指導者を選ぶのです。そして選ばれたものが言うのです。「さあ口を噤《つぐ》め。そして言う通りにしろ。」人民及び政党はもはや彼に口を挟むことは許されません。」ルーデンドルフ「そんな「デモクラシー」なら、私としても好きになることが出来るのだが！」ヴェーバー「もし指導者が過ちを犯したら、のちに人民が彼を絞首台に送ることが出来るのです！」(863) ルーデンドルフとの話し合いは物別れに終り、ヴェーバーはルーデンドルフの人格に深い失望を味わった。そしてまさにそれゆえに、ヴェーバーはルーデンドルフの身柄が引き渡されない方が、ドイツにはよいのかもしれないと結論付けるに到ったのである。(864)

英雄だと信じていたルーデンドルフの自己防衛に失望したヴェーバーは、イギリスのスカパ湾におけるドイツ海軍将兵の態度に一抹の気休めを感じていた。このスカパ湾の事件とは、一九一九年六月二一日に発生したドイツ艦隊の自沈事件のことである。スカパ湾には当時休戦協定に基づいてドイツ海軍の艦船が抑留されていたが、その乗組員であった海軍少将ルートヴィヒ・フォン・ロイター（一八六九年―一九四三年）指揮下のドイツ海軍将兵は、この日総計五十三隻の艦船を自沈させた。その際これを阻止しようとするイギリス海軍将兵との間に小競り合いが生じ、数人の死傷者が出たほか、残りのドイツ海軍将兵は身柄を拘束された。ロイターはこの自沈作戦の責任を一手に引き受け、艦船を決して敵国に渡さないようにという一九一四年の勅命を実行したまでだと喝破したと言われる。(865) この事件を聞いて、ヴェーバーは多くのドイツ人同胞と共に狂喜し、感激の余り次のように述べたのだった。「この数箇月が何を意味したか、いまはみな身をもって感じていることでしょう。みながじっと黙って何かの「奇跡」を――あるいはスカパ・フロウの勇敢な水兵たちがしたような名誉回復を――どれほど真剣に望んでいることでしょうか。」(一九一九年六月二六日)、「唯一の光明はスカパ・フロウです。ルーデンドルフやその他の人々が、いまでもなお――勿論もう遅すぎますが――名誉ある形で引渡しの手間を省いてくれる方法を見付けてくれるといいのですが。」(一九一九年六月二八日)[866]

スカパ湾での事件が勃発した一九一九年六月下旬、ドイツでは講和条約締結の是非を巡って議論が沸騰していた。ブロックドルフ外相は国民議会で講和条約調印拒否を主張しようとヴァイマールに赴いた。ドイツ政府においては、エーベルト大統領(多数派社会民主党)、シャイデマン首相(多数派社会民主党)、ブロックドルフ外相(無党派)、ゲオルク・ゴータイン大蔵大臣(一八五七年―一九四〇年)(ドイツ民主党)、フーゴー・プロイス内務大臣(一八六〇年―一九二五年)(ドイツ民主党)らが調印拒否を主張し、グスタフ・ノスケ国防大臣(一八六八年―一九四六年)(多数派社会民主党)、グスタフ・バウアー労働大臣(一八七〇年―一九四四年)(多数派社会民主党)、エルツベルガー無任所大臣(中央党)、ヨハンネス・ベル交通・植民大臣(一八六八年―一九四九年)(中央党)らが調印不可避と判断した。軍部ではヴィルヘルム・ラインハルト陸軍大臣、アドルフ・フォン・トロータ海軍軍令部総長(一八六八年―一九四〇年)、東部方面の司令官たちが調印拒否の姿勢を示した。分邦政府では、プロイセン、リッペ、ハンザ都市国家の首脳が調印拒否の姿勢を堅持したのに対し、バイエルン首相は態度を留保し、ザクセン、ヴュルテンベルク、バーデン、ヘッセンの首相は調印不可避との見方を示した。閣内不統一に陥ったシャイデマン内閣は一九一九年六月二〇日に総辞職し、代わって翌日バウアーを首相とする新内閣が誕生した。六月二二日、講和条約調印の是非は国民議会で審議され、バウアー首相は改めて西欧戦勝国の提示した講和条件に抗議した上で、ドイツの単独戦争責任に関する条項、ドイツの政治家の引渡しに関する条項を除外するという条件付きの講和調印を提案して議会の可決を得た(独立及び多数派社会民主党、中央党の賛成、ドイツ民主党の多数、ドイツ人民党、ドイツ国民的人民党の反対)。しかし西欧戦勝国は一切の留保を拒否したので六月二三日に改めて審議が行われ、更に中央党の一部が反対に回ったがやはり調印が決定した。一九一九年六月二八日、ミュラー外務大臣とベル交通・植民大臣がヴェルサイユで講和条約(及びライン協定)に調印し、講和交渉は終りを告げた。[867]

講和締結の是非が国論を二分する中で、ヴェーバーは心情的には断固調印拒否の姿勢を取りつつも、それが齎すであろう帰結を考えて危惧していた。一九一九年六月二〇日、ヴェルサイユから帰国してミュンヘン大学での教育活動を開始していたヴェーバーは、絶望してこう告白している。「私は正直言って、政治的に全くどうしていいか分かりません。個人的にはどんな危険を冒してでも調印拒否なのですが。[868]」ヴェルサイユ講和条約調印の六月二八日、ミュンヘン大学で教鞭を取っていたヴェーバーのもとへ、プリーエン・アム・キームゼーに隠棲していた前任者ブレンターノが訪ねてきた。「今日ブレンターノに会った。彼は二時間、私のところにいたのだ。［……］――もう猛烈に講和とエルツベルガーとに怒り狂っていた。「この犬畜生」とか何とか言って――なあ、愛しい人。このことは確かに簡単ではないね。しかしこの講和で、我々はまだ悲惨の始まりに立っているだけなのではないかと思うのだ。というのもこの講和はもう全く履行不能で、フランスはここでいよいよ我々を虐め、嫌がらせをし、ラインラントを分断するなどいろいろ始めるだろうから。これが「終りなき恐怖」になるのではないかと思う。我々はまさしく帝国の（部分的）占領や解体を余儀なくされるだろう。[869]」調印決定に憤懣を抑えられないヴェーバーは、七月に開始された講義に際して、学生を前にその個人的心情を吐露している。「我々はユダヤ人のように賤民民族になってしまった。［……］外国支配への革命の権利は、なくすことなど出来るものではない。我々の目標とし得るのはただ一つ、講和条約を紙屑にすることだ。今のところは現実にはまだどうにもしようがない。いま必要なのは沈黙している技術だ。前は大学の文士、講師、学生がぺらぺら喋り過ぎたのだ――地味な日常の労働へ再び慣れていくことが、我々の義務である。どんな職業においても、労働における有能さが問題とならなければならない。[870]」

但しこのようなドイツ「戦争責任」論への対決の最中でも、ヴェーバーは戦争中に引き続いて「全ドイツ派」と呼ばれる併合主義者との対決をも止めなかった。ヴェーバーは数々の演説の中で「帝国主義」を否定し、「反国民主義的」(antinational) ではないが「反国民至上主義的」(antinationalistisch) ではあるべきことを説いている。「戦争責任」論攻撃において方向性が類似しているように見えるヴェーバーと「全ドイツ派」とであるが、両者の間には依然溝があったのである。また「帝国主義」否定に関連して、ヴェーバーは「徹底した脱軍事化」にも言及した。ヴェーバーがそこで念頭に置いていたのは、従来欠如していた文民統制の原則を貫徹すること、そして軍隊組織を純粋に防衛的な民兵組織にすることであった。とはいえヴェーバーは、ドイツが非武装でいるということは「ロシヤの帝国主義的脅威」を考えれば論外であると考えていた。ヴェーバーの見るところ、ロシヤはアメリカ合衆国以外では唯一国際連盟の制裁を容易に乗り切れる国であり、その脅威はドイツにとって引き続き無視できないものなのであった(871)。

三　領土割譲への対応

ドイツは講和締結に際し、大規模な領土割譲を余儀なくされた。ドイツが広範な領土を喪失したのは、とりわけ東部国境地帯においてである。プロイセンのポーゼン州、西プロイセン州の大部分、東プロイセン州の一部は新生ポーランド国家に譲渡され、東プロイセン州のメーメル地方はリトアニアに譲渡され、「ポーランド回廊」によって東プロイセン州とそれ以外のプロイセン領とが分断され、ダンツィヒは自由都市国家とされた。更に東プロイセン州南部、西プロイセン州の一部、シュレジエン州オーバーシュレジエン地方は国家帰属が住民投票に委ねられ、前二者はドイツへの帰属が決定したが、オーバーシュレジエンではドイツ側が辛勝したものの、ポーランド側の武装蜂起が相次ぎ、結局ドイツ・ポーランド間で分割されることになった。それ以外では、まず帝国領エルザス＝ロートリンゲンが住民投票なしでフランスへ割譲された。北シュレスヴィヒは住民投票の結果、ドイツとデンマークとに分割された。オイペン＝マルメディはベルギーへ、シュレジエン州のフルチン地方はチェコスロヴァキアへ、それぞれ住民投票なしで割譲された。ドイツ系エステルライヒはその全ての主要党派がドイツとの合併を切望していたにも拘らず、それを禁止された。ザール地方は国際連盟の監督下で、一九三五年に実施予定の住民投票までは事実上フランス行政のもとに置かれることになった。ラインラントは、広範な領域が「非武装化」された。アジア・アフリカの海外植民地は、その全てが失われた。

ヴェーバーはこの各地域の扱いに異なる対応を見せた。エルザス＝ロートリンゲンに関しては、ヴェーバーはそのフランスへの再度の移管を慨嘆しつつも、早くも一九一八年一二月初旬には事実上容認している[872]。国家帰属に関する住民投票すら要求しないという、ヴェーバーのエルザス＝ロートリンゲンに対する淡白さは、彼がヴィティヒなどを手掛りに同地の異質性を強調していたのを想起すれば、ある程度予想されたものだった。但しヴェーバーは、フランスの領土要求に総じて従順だったわけではない。同じくフランスが併合を目論んでいたザール地方に関しては、割譲に強い拒否反応を示した。ザール地方は旧プロイセン、バイエルン領の一部から新たに構成された地域で、シュトゥム財閥の経営する石炭・鉄鋼業が繁栄していたために、フランスの興味を引いたのであった。ザール地方にも程近いバーデンのハイデルベルク大学で行われた抗議集会では、ヴェーバーが同僚の歴史家ヘルマン・オンケン（一八六九年―一九四五年）と共に、フランスの要求を拒否する論陣を張っている。この抗議集会で経済問題を担当したヴェーバーは、ザール地方がドイツ経済圏の一構成要素であることを強調している。ただヴェーバーにとっては、そもそもザール地方帰属問題で決定的なのは、自分が担当したような物質的利害の問題ではなく、「心情」、つまり精神的問題であるように思われたのであった[873]。ドイツ系エステルライヒに関しては、ヴェーバーはそのドイツとの合邦を支持し、その条件作りのためにプロイセン中心の従来のドイツの国家構造を見直すよう訴えている[874]。更にヴェーバーは、戦争末期から懸念していたバイエルンのドイツ国家からの離脱に君主制崩壊・敗戦ののちも引き続き警戒を強めていた[875]。北シュレスヴィヒ、オイペン＝マルメディ、海外植民地などに関しては、特に見解を表明していない。

ヴェーバーが最も感情的に抵抗したのは、やはりドイツ東部における割譲に対してである。すでに休戦協定締結直後の一一月一三日の書簡で、ヴェーバーはスラヴ系勢力の東部ドイツ人居住地区への侵入を拒否する意向を示している。「いまもしポーランド人がダンツィヒやトルンに、あるいはチェック人がライヒェンベルクに進駐してくるのなら、まずはドイツのイレデンタが涵養されなければならないでしょう。私はそれを遣りませんよ。私自身は健康状態から言って戦争には使い物になりませんから。でもあらゆるナショナリストはそれをしないといけません。そして特に学生はそうです。イレデンタとは、革命的暴力手段を伴ったナショナリズムのことです。恐らくそう言ったほうが、あなたには「戦争」というよりもずっと好感が持てるのではないですか。しかしそれは同じことであり、勿論私もそういう意味で言ったのです。公の場でも私はそう言うでしょう。[876]」ここでヴェーバーは、「あらゆるナショナリスト」に、ポーランド人やチェック人に対する武装蜂起を促している（もっとも自分は参加できないと予防線を張っているのだが）。特に学生組合との紛争の渦中にあったヴェーバーは、日頃雄弁に愛国心を鼓吹している彼らに、「ここがロードスだ、ここで跳べ！」とばかりに、覚悟のほどを問うたのである。

ドイツ東部の将来についてヴェーバーが懐いた危機感は、一九一八年年末のドイツ輿論においては何ら孤立したものではなかった。この時期は保守陣営から中央党、自由主義陣営まで、類似の見解を表明していたのである。[877]臨時政府の中核を担う多数派社会民主党は、当初この問題について楽観的な見通しを持っていたが、[878]ポーランド側の煽動が活撥化するのに伴い態度を硬化させた。[879]独立社会民主党はポーランド政府の「大ポーランド的策動」を批判しつつ、ドイツ側の反ポーランド的挑発行為にも批判を向けていた。[880]革命の更なる急進化に全力を注ぐスパルタクス団、更にドイツ共産党は、ドイツ東部喪失には関心が薄く、単にエーベルトの方針を揶揄する姿勢を示している。[881]

けれどもヴェーバーの政治的盟友たちは、必ずしも彼のような強硬姿勢を共有してはいなかった。例えば戦争中に独波友好を歌い上げていたデルブリュックやナウマンは、敗戦後に独波武力抗争が激化する中で絶句し、もはや公式の場でポーランド問題に深入りすることはなかった。一八九六年からヴェーバーと対立していたゲルラッハは、人民委員評議会政府のプロイセン大蔵省次官として休戦直後に独波調停に当り、武力対立が激化したのち一月にドイツ側の対応を非難して辞任した。その上でゲルラッハは、ドイツの過去のポーランド政策と現在の武力抗争におけるドイツ側の責任を追及するパンフレットを作成したのであった。[882]

ヴェーバーは一九一九年の春から夏にかけて、ドイツ東部割譲阻止へ向けての外務省の準備作業に関与している。その作業における彼個人の役割は今日では知る由もないが、[883]三月二九日の外務省におけるヴェルサイユ講和交渉の準備会議「オーバーシュレジエン、ポーランド、ポーゼン」だけは例外的に議事録が残っている。[884]この会議で、報告担当者の一人であったオーバーシュレジエンのユダヤ人石炭王（元プロイセン貴族院議員）エドゥアルト・アルンホルト（一八四九年―一九二五年）が、オーバーシュレジエンにおけるポーランド人労働者の流入に反対したのに相槌を打つ形で、ヴェーバーは持論であるポーランド人労働者流入反対論を開陳したのだった。ヴェーバーはポーランド人労働者が「東部全体のポーランド化の最も確実な手段」であることを指摘し、「あらゆるポーランド人労働者に対する絶対的な国境封鎖」を要求する。「もし我々にどんなときでもこの国境封鎖を導入する可能性が開かれていなければ、それはドイツ民族に対して一つの冒瀆であろう。[885]」しかし社会政策学会や全ドイツ連盟でのときとは違って、ヴェーバーのポーランド人労働者流入反対論は、列席の工業家や労働者の代表者たちの不興を買ってしまった。枢密顧問官エヴァルト・ヒルガーは、ヴェーバーの主張するような国境封鎖は、オーバーシュレジエンにおける労働力不足を深刻化させ、直接その地域の経済的破綻を惹起すると懸念を表明した。このヒルガーの苦情に対し、ヴェーバーは過去の自分の持論を回顧しつつ反論を展開する。「我々はいま、私がもう二十五年も昔に農業において定式化したのと同じ問題の前に、再び立っているのです。それは生産の利益と国民の利益との対立の問題です。その場合私にとっては、どんなことがあっても国民の利益が優先です。国民の立場に立つ人間なら誰でも、いつ何時にでも流入禁止を発令する可能性を残しておくよう心しないといけません。この場合はそれが［現地のドイツ人の］労働者の利益にもなるのですから。[886]」だがヴェーバーの反論に、オーバーシュレジエンの生産当事者たちは再び反撥した。ヒルガーは「生産の利益」対「国民の利益」というヴェーバーの二項対立論を批判し、石炭を多く生産することこそ国民的義務ではないのかと声を挙げた。また労働者代表である『一般ドイツ労働組合通信』の主幹ヴィルヘルム・ヤンゾンは、ポーランド人労働者流入禁止措置は現地のドイツ人労働者の利益になるはずというヴェーバーの主張に反撥する。ヤンゾンは、すでに戦争中に大抵のドイツ人はオーバーシュレジエンを離れてしまっていると指摘した。それにもしポーランド人に対しても自由通行が認められないと、その報復にドイツからの流入民を入国させてきたアメリカ合衆国やイギリスが、将来ドイツ人排除に動く危険性があると述べた。しかしヴェーバーは、国境を開放しポーランド人のオーバーシュレジエンへの流入を許せば、この地域にかつての住人であるドイツ人が帰郷することが不可能になると主張した。加えてヴェーバーは、国境開放こそアメリカ合衆国などへドイツ人住民を追い遣る行為であり、そのようなものは断固拒否するとした。この遣り取りを聞いていたベルンシュタインは、ヤンゾンの立場を「全く筋が通っていて理解できる」とし、「ヴェーバー教授が阻止しようとするようなドイツ東部の更なるポーランド化を妨げるためには、別な措置を講じるが良かろう。」と素気なく切り捨てた。(887)

オーバーシュレジエン経済の実務家たちに拒絶されたヴェーバーは、翌一九一九年三月三〇日には会議への不満を周囲に漏らしている。「当地では昨日最初の会議があった。どう仕様もなく無目的で無駄な営みだ。問題状況についての長々とした「報告」があったが、大抵は新味がなく、ほとんど何の討論もなかった。二つの点について私も発言したが、全ては「学問的」で、無駄話をしていないという保証はどこにもない。(888)」このようなヴェーバーの状況認識は、上記の討論の実情を知るものには意外に思われることだろう。ポーランド人労働者問題で激しい応酬があったにも拘らず、ヴェーバーは二九日の会議を「ほとんど何の討論もなかった」と形容し、また実務家たちの方が学者ヴェーバーのポーランド人労働者排除論を実行不可能と批判したのに、ヴェーバーは寧ろ周囲の人間の方が「学問的」な（いわば観照的で現実味のない）議論をして、自分の方が現実的な議論を展開したとしているのである。いずれにしてもヴェーバーは、ポーランド人労働者問題については自分の主張こそが正鵠を射ているという確信を、最後まで強固に維持していたのだった。

一九一九年三月二九日の不本意な討論のあとでも、ヴェーバーはなおベルリンの討議に参加している。ドイツ内務省はパリ講和会議の準備のために東部国境問題を審議する作業部会を設立し、一九一九年五月一三日にその第一回の会合をベルリンで開催した。ハイデルベルクからヴェルサイユに向かう途上であったヴェーバーも、このとき首都に立ち寄って内務省での会議に出席している。なおこの会議には、戦争中にヴェーバーが激しく攻撃したヘッチュや、急進ナショナリズムの陣営で活動し社会政策学会を脱会していたかつての弟子ヴェーゲナーも招待されていた。このように「役者」の揃ったこの作業部会で、どのような討論が交わされたのかは興味深いところだが、そこでヴェーバーが果たした役割についてはいまだ明らかにされていない[889]。

第三節　ヴァイマール共和国の国制構想

一　ドイツ国民国家維持のための危機管理構想

ヴァイマール共和国は「即興のデモクラシー」(テオドル・エッシェンブルク)だったというのが従来の通説だが、これはかなり割り引く必要がある歴史観である。なるほど一九一八年一一月に君主制が崩壊したとき、それを予め望んでいたものは多くなかった。共和制がデモクラシーに最適の国制であるとすれば、残存する君主制への憧憬は確かにデモクラシーの徹底に障碍だったのかもしれない。けれども一旦共和制が樹立されると、元来共和制志向であった共産党や社会民主党は勿論のこと、自由主義陣営、更にはドイツ国民的人民党に到るまで、公然とあるいは事実上、新国制に順応していった。またそもそも民衆が政治の中心的主体であるべきだというデモクラシーの理念は、ドイツ官憲国家の担い手たちがどれほど忌避しようとも一九世紀を通じて擡頭しており、遂には社会民主党を帝国議会第一党に押し上げ、三級選挙法の障碍を乗り越えてプロイセン代議院にまで進出せしめていた。しかも四年余りの総力戦は、否応なしに大衆の政治参加や社会の平等化を推し進めていた。更にはドイツを包囲した西欧連合国は、君主制崩壊も含めてドイツ国内のデモクラシー推進を決定的に後押しした。それでも敗戦直後の状況は、ドイツの新しいデモクラシー建設に最良の環境だったというわけではないが、大局的に見れば国内で守勢に立たされていたのは、自由主義陣営からスパルタクス団にまで及ぶデモクラシー推進派ではなく、保守陣営に残存するデモクラシー反対派だったと言う他はない。蓋し「即興のデモクラシー」という評価は、一九一九年の状況を正視した上での診断というより、寧ろ一九三三年前後の印象を遡及的に投影したものと言うべきであろう。

ヴァイマール共和国建国期の問題は、デモクラシーへの反撥というよりも、寧ろ国家の土台の脆弱さであった。前節で見てきたように、ドイツ国民国家はまさに存亡の危機に立たされていた。ドイツ統一からまだ半世紀も経ていない当時、ドイツが再び分断され周辺列強の草刈場にされる恐怖は大きなものであった。各地で頻発する分離運動、ドイツ東部の国境紛争、ボリシェヴィズムの蜂起、国外のドイツ人少数派の迫害、弾劾的な講和条約に苦悩する点では、多数派社会民主党からドイツ国民的人民党まで一致していたのである。またデモクラシーにしても、外部から他に選択肢がない状況で強制されたことは、デモクラシー推進派にとっても屈辱的なことであった。従ってヴァイマール共和国国制の審議に当っては、内政的制度をどう設定するかという問題もさることながら、国際社会においてドイツ国家の旗印をどう死守するかという点が重要とされていた。ヴァイマール共和国憲法に一八四八年の大ドイツ主義を象徴する黒赤金の三色旗が規定されたり、従来は君主制的色彩が強かった国称 „Reich" がわざわざ継承されたり、強大な直接公選大統領制が採用されたりしたのは、新国制審議における対外的配慮の大きさを物語るものでもある。

ヴェーバーの戦後国制構想も、厳しい対外状況に対応するための危機管理構想として提示されていた。つまりそれはヴェーバーによる理想の国作り構想ではなく、状況依存的な「可能性の芸術」に過ぎなかったのである。しかもヴェーバーは、折角起草した戦後国制が全て時流に取り残されてしまう可能性すらあるのではないかと考えていた。[890] ヴェーバーの脳裡を去らなかったのは、ドイツが「外国支配」のもとにあるという厳然たる現実である。[891] ヴェーバーは、敗戦の産物である新国制がドイツに定着するのは困難だろうと予想していた。[892] エルザス＝ロートリンゲンの脱落、ドイツ東部でのポーランド人の蜂起、ポーランド、チェコスロヴァキアなど中欧新興諸国に散在するドイツ人少数派の迫害、予想される厳しい講和条約といった悪条件の中で、ドイツ国民国家をともかく維持していくことが、ヴェーバーの最大の関心事であった。「国民の利益及び課題が、我々にはあらゆる心情を凌駕して高く聳《そび》えているのです。[893]」

ヴェーバーは休戦から二週間と経たないうちに、すでにドイツ新国制に関する構想を発表し始めた。この時期は他にも多くの言論人が新国制構想を発表していたが、ヴェーバーの場合は単なる一私人の意見表明の域を越えて、聊かなりとも実際の憲法策定作業に関与した点で注目される。すでに一九一八年一一月一五日、旧帝国指導部に代わって一一月一〇日以来ドイツ国家の政治指導を担っていた人民委員評議会（多数派及び独立社会民主党により構成）は、社会主義陣営だけでは政権を担うだけの充分な人材を賄えなかったので、ハイデルベルクの引退教授ヴェーバーにドイツ内務長官の職責を任せるかどうかを検討していた(894)。実際にそれに任命されたのは、早くも一一月一四日にはその新国制構想を発表し、妥協の取りまとめにも適任と思われたベルリン商科大学学長フーゴー・プロイスであったが(895)、それでもプロイスはヴェーバーのドイツ内務次官就任を希望していたという（但しエーベルトの反対でこれも頓挫した）(896)。一一月二二日、ハイデルベルクでの講演（一一月一七日）を基にしたヴェーバーの論文「ドイツの将来の国家形態」が『フランクフルト新聞』への掲載を開始し、翌年一月一四日には単行本として刊行された(897)。この間一二月九日から一二日まで、ヴェーバーはベルリンのドイツ内務省の準備会議に招聘され、新しい憲法典の草案について討議している(898)。ヴェーバーらの議論を参考にして、ドイツ内務省は一九一九年一月三日に二つの憲法草案を確定した。だが憲法制定には各邦の協力が不可欠だと判断した人民委員評議会は、当初は予定になかった各邦政府からの意見聴取を一月末から二月上旬にかけて行い、ここで大きく連邦主義的な修正が加えられたものを最終的憲法草案として、二月二一日にドイツ内務大臣プロイスによりヴァイマールの憲法制定国民議会に提出したのだった。この憲法草案は第一読会で与党（多数派社会民主党、中央党、ドイツ民主党）、野党（ドイツ国民的人民党、ドイツ人民党、独立社会民主党）によって多角的に検討が加えられたあと、憲法委員会での審議を経て第二読会、第三読会へと進み、一九一九年七月三一日に最終案の議決を迎えた(899)。国民議会議員になれなかったヴェーバーは、この審議過程を傍観するしかなかったが、二月二五日に直接公選大統領制の必要性を訴える論文「ライヒ大統領」を発表している。

ヴェーバーは、ドイツ国内におけるあらゆるボリシェヴィズムの試みに、断固たる拒否を貫いた。ヴェーバーはベルリンでのスパルタクス団（ドイツ共産党）蜂起に激怒し、ドイツ民主党の選挙集会でそうした意向を繰り返し表明した。ヴェーバーは、外国資本（特にアメリカ資本）にドイツ経済が従属しないためにはその復興が急務であるが、そのためには社会主義勢力が高唱する「社会化」は全く目的不合理であると考えた。というのもドイツの「社会化」は、アメリカからの投資の障碍となるからである。一九一八年年頭にベルリンでドイツ共産党を結成して蜂起したルクセンブルクやリープクネヒトに対するヴェーバーの口調は辛辣であった。「リープクネヒトは気違い病院に、ローザ・ルクセンブルクは動物園にでも居ればよい。[900]」ただヴェーバーにはいつものように、ボリシェヴィストであれ平和主義者であれ、自己の信念に殉じるものには立場の相違を越えて一定の敬意を払うところがあった。リープクネヒトやルクセンブルクが虐殺されると、ヴェーバーは両者の誠実さを称讃し、彼らを虐殺したとして街頭の暴徒を非難したのだった。[901]

ヴェーバーの戦後国制構想は、アメリカ合衆国の影響がとりわけ顕著なものになっている。ヴェーバーにとってイギリス国制への親近感は依然として捨て難いものだったが、君主制再興が不可能かつ不都合であると判断したときに、割り切ってアメリカ国制に目標を変えたのである。ヴェーバーはすでにドイツ内務省での審議に際して、些事に到るまでアメリカの事例を援用する傾向を見せている。[902] 直接公選の大統領制や直接公選の各邦代表からなる分邦院の構想は、基本的にアメリカ国制を参考にしたものである。すでに見たように、戦後のヴェーバーは新しいドイツ青少年の育成法をアメリカの「クラブ」制度から学ぶべきだと考えていた。

ヴェーバーの国制構想は、(一) 共和制主義、(二) 大ドイツ主義、(三) 統一主義という三つの原則によって貫かれていた。これらはいずれも、ドイツ民主党の基本方針とも合致するものであり、その意味で左派自由主義の共通了解であったと言ってもよいだろう。それでは、各々の原則について更に検討してみよう。

二 共和制主義

ヴェーバーは一九一八年一一月二二日『フランクフルト新聞』に掲載された論文「ドイツの将来の国家形態」第一章で、君主制再興への反対を明確に表明した（但しその予兆はすでに一一月一七日のハイデルベルク講演にも現れていた[903]）。ヴェーバーはそこでもなお、議会主義的君主制（イギリス的な「影響力の王制」）こそが国家技術的に最も順応性がある最強の国制であり、いかなる急進的デモクラシー化とも両立するものだとは述べている。また心情的にも君主制との離別が辛いことを、ヴェーバーは正直に告白する。[904]にも拘らずヴェーバーが君主制再興に反対するようになったのは、実際に玉座にいた人々（つまり君主制再興の場合に復位してくることが予想される人々）に対する、とりわけ皇帝ヴィルヘルム二世に対する彼の不信感が余りに強烈だったためである。このころヴェーバーは、弟アルフレートや妻マリアンネらが結党したドイツ民主党にも、遅れて加入していた。ヴェーバーは、イギリス的な「影響力の君主制」に未練があるうちは、共和制支持を明言するドイツ民主党への入党を躊躇していたが、君主制再興の断念を決意したことで入党への心理的抵抗が解消したのである。[905]

ヴェーバーによれば、君主たちは次のような罪状を犯したという。（一）ヴィルヘルム二世の「親政」の醜態（デイリー・テレグラフ事件後の「皇帝は以後憲法を遵守する」という約定破棄、帝国議会の講和運動の妨害、ドイツの戦争がアングロ＝サクソン拝金主義に対する彼個人の決闘であるかのような発言、一九一八年一一月上旬の首都からの脱走と国家転覆の威嚇による革命の挑発、自分の責任の大臣への転嫁）とそれによる反ドイツ世界連合形成の誘発、（二）ティルピッツの「提督デマゴギー」やヒンデンブルク、ルーデンドルフの「将軍独裁」、いわば「軍隊の政治化」の抑制失敗、（三）連邦諸侯たちの領土拡張競争の醜態。「いまそれが崩壊したあとで、従来の君主たちに厳しいことを言うのは、騎士道精神に反するだろう。」と言いつつも、ヴェーバーの君主批判はまさに止め処がない。結局ヴェーバーは、常日頃の峻厳な人間分析を君主たちにも適用した結果、「プロイセン＝ドイツの王朝」はもはや支持できないと断ぜざるを得なくなったのである。[906]

かようなヴェーバーの君主批判は、惨めな敗戦を遂げたドイツで流布していた「犠牲の山羊」探しの一類型である。敗戦により大国としての地位を喪失するどころか、ドイツ国家の一体性すら保証の限りでないという状況下で、当時のドイツ人たちは特定の人物や勢力に敗戦の責任を擦り付ける言動に走りがちであった。一方で右派は、「匕首伝説《あいくち》」（背後の一撃説）という発想で左派を弾劾した。この議論は、ドイツ軍はまだドイツ国境外で英雄的に戦っていたのに、不逞分子が国内で革命を起こして、戦闘中のドイツ軍兵士を背後から匕首で襲うような卑怯な行為に出たために敗北したのだというものである。他方で左派は、君主や保守陣営を始めとする「支配層」の失政や悪意にあらゆる問題の責任を帰着させ、彼らこそがドイツの陥った逆境の元兇であったという解釈を唱えたのである。こうした敗戦後のドイツ人の内部抗争において、ヴェーバーの君主批判は左派の右派攻撃の一端を担う役割を果たしていたのである。

君主制的心情を残した不本意ながらの共和制支持者、つまり「理性的共和主義者」の問題はしばしば論じられるが、ヴェーバーの場合共和制支持は必ずしも不本意なものだったとばかりは言えない。ヴェーバーはこの共和制樹立によって、新生ドイツ国家の市民階級の活力に火が付くことを期待したのである。ヴェーバーによれば、従来の官憲国家のもとでは、その庇護に甘える「安逸」（Sekurität）の精神が蔓延し、変革への勇気が不足していた。ヴェーバーはこうした帝制期ドイツの精神構造を、ニーチェの「権力への意志」（Wille zur Macht）に準えて、「無気力への意志」（Wille zur Ohnmacht）と表現している。「共和国はこうした「安逸」に止めを刺した。神の恩寵に由来する正統性の中での社会的・物質的な特権や利益の庇護というのはお仕舞になったのだ。」つまりヴェーバーは、帝制期に顕在化していた「市民層の封建化」の傾向が共和制樹立を契機に克服され、市民階級が政治的に覚醒する（つまり政治的闘争心に目覚める）ことを期待したのだった。[907] すでに戦争前、「自分たちの専制君主の頭を切り落とせないような民族は、文化民族ではない」[908] とまで言い切っていたヴェーバーは、共和制への転換という思わぬ事態を逆手に取って、ドイツ市民階級の覚醒を促そうとしたのである。

三　大ドイツ主義

ヴェーバーは「民族自決」という戦勝国の原則が、敗戦国ドイツに対しても公平に適用されることを強く要求した。「帝国主義的な夢想のはっきりとした抛棄、そして要するに純粋に自立した民族性の理念［の信奉］。国際連盟のサークルの中で我々の独自性をまさしく平和的に涵養するためのあらゆるドイツ地域の一つの独立国家への統合」というのが、ヴェーバーの掲げた目標である[909]。ヴェーバーはすでに失敗したドイツ側の膨張運動には改めて警告を発したが、それは単なるドイツ側の一方的な自己抑制ではなく、戦闘的な膨張運動などに訴えなくてもドイツ人が公平に民族自決の権利を認められ、それを平和裡に行使できるという前提での話であった。実現はしなかったが、ドイツ系エステルライヒ共和国の初代ベルリン駐箚公使ルド・モーリッツ・ハルトマン（一八六五年―一九二四年）やドイツ民主党幹部コンラート・ハウスマンは、ヴェーバーのヴィーン駐箚ドイツ公使への任命を考慮していた[910]。

ヴェーバーがドイツ人の民族自決問題に関して重視したのは、「ドイツ系エステルライヒ」のドイツ国家への併合である。元来ヴェーバーは、ハプスブルク帝国が崩壊するまでエステルライヒには懐疑的であった。ヴェーバーは自由主義陣営の論客あるいはプロテスタント教徒としての立場から、ドイツ・カトリシズムの牙城であるエステルライヒには冷笑的な態度を取っていた。それは少年ヴェーバーの作文「ドイツ史の経過一般」に、あるいはザルツブルク大学批判に表現されている。一九一五年五月のイタリア参戦にしても、ヴェーバーはしかるべきときに適切な譲歩をしなかったハプスブルク帝国の責任だと憤慨していた[911]。しかしヴェーバーは、ドイツ系住民の保護という観点ではエステルライヒの政治情勢に無関心ではいられなかった。一八九八年のバデニ言語令でドイツ系プラハ大学の研究・教育が危機に瀕したとき、ヴェーバーはイェリネックやシェーファーらが企画したドイツ系プラハ大学支援の声明に署名している[912]。ドイツ人・チェック人対立へのヴェーバーの関心は、すでに引用した一九〇九年の『ロシヤ報知』への寄稿などにも現れている。一九一六年初夏に「中欧」運動の一環でヴィーンを訪れたとき、ヴェーバーはこの都市の発散する魅力に感激し、会談したエステルライヒ人たちの親切さや知性にも好感を懐いていた[913]。ヴェーバーはバルト＝ドイツ人をロシヤ皇帝の忠実な封臣と見て連帯意識を持たず、またドイツ語圏であるエルザス＝ロートリンゲンのフランスへの移管を早期に容認したが、エステルライヒのドイツ人とは運命の一体性を感じていたのである。

ヴェーバーの「ドイツ系エステルライヒ」併合要求は、彼の「ドイツ国民」理解に照らしてみれば当然のものであった。ヴェーバーの「ドイツ国民」論は、個々の人間の意志を加味した「文化国民」論とでもいうべきものである。ヴェーバーにとって「ドイツ国民」とは、憲法に忠誠を誓った「憲法愛国主義」信奉者の集団でも、ドイツ皇帝の封臣の集団でもない。それはドイツ語を基盤とするドイツ文化を共有する人間の集団である。但しヴェーバーは、客観的にドイツ語を基盤とするドイツ文化を共有していても、主観的にそうしたドイツ文化の共有を基盤に国民を形成しようと思っていないドイツ人（ヴェーバーの理解によればバルト＝ドイツ人、エルザス＝ロートリンゲンの住民、そしてスイスのドイツ人）を、「ドイツ国民」の範疇に入れようとはしなかった。「ドイツ系エステルライヒ」の場合、住民がドイツ文化を共有し、しかもその多数が党派を超えてドイツ・ライヒへの統合を要求しているのは明らかであったから、ヴェーバーがこれを支援したのはごく自然なことであった。[914]

ドイツ国家による「ドイツ系エステルライヒ」の併合がドイツの権益の増大に繋がるという理由で西欧戦勝国、特にフランスが拒否し、遂にその実現を阻止したことは知られているが、ヴェーバーはドイツ国家が「ドイツ系エステルライヒ」併合で利益を得るということを懸命に否定しようとした。「ちなみに――これは我々には分かりきったことなのだが！――エステルライヒとの統合はライヒに権力と団結とを齎すわけではない。それどころか深刻な問題と重荷とを齎すであろうし、そうに違いないのである。いずれにしてもエステルライヒとの統合はライヒの外的な力を増大させるものではない。つまりそれは現実政治的な意味での必要なのではなく、純粋に心情政治的な意味で必要なのである。[915]」

大ドイツ主義の立場から「ドイツ系エステルライヒ」の併合を要求したヴェーバーは、エステルライヒの反プロイセン感情に配慮し、国制構想においてプロイセンの覇権を抑制するという意味に限っては、「連邦主義」（Föderalismus）の原則が貫かれるべきだと考えていた。前述のようにヴェーバーは、戦争中にも議会主義が「中央集権主義」に帰結するというバイエルン王国の危惧と対決しており、[916]ミュンヘンやヴィーンでの滞在・討論経験も豊富だったので、南ドイツ諸国の自意識とドイツ国民国家の一体性との調整という問題を真剣に受け止めていたのだった。ヴェーバーによれば議会をベルリンとヴィーンとで交互に開催したり、あるいは全く別などこかで開催したりするということも、表面的な方策ではあるが無意味ではないという。そして特にいま憲法制定議会が開催されるに際し、大プロイセン主義からの訣別を印象付けるために、フランクフルト・アム・マイン、ニュルンベルク、ミュンヘンのようなベルリン以外の町が選ばれなければならないと述べている。ドイツ「諸部族」(Stämme) の利益の均衡を図るために、新憲法ではこれまでのプロイセンの優先権（ドイツの首長とプロイセンの首長との同一化、プロイセンの連邦評議会における「覇権的」優先権、プロイセンの軍事協定上の特権）が排除されるだけでなく、それでも残るプロイセンの物質的な重みを是正する補償がなされなければならないというのが、ヴェーバーの見解であった[917]。

しかしヴェーバーのプロイセン覇権抑制論は、「ドイツ系エステルライヒ」併合という目標のための手段であり、プロイセン自体への批判に由来するものではなかった。当時プロイスやデルブリュックらが要求していたプロイセン解体案には、ヴェーバーは寧ろ否定的な姿勢を示したのである。エステルライヒ側の不安を除去するには、プロイセンの解体、特にカトリック教徒が住民の多数を占めるライン地方の分離が有効であっただろう。また軍国主義の代名詞となっているプロイセンの解体は、西欧戦勝国の好意を得るものでもあったはずである。しかしヴェーバーは、「財政的困難、行政技術的な困難」がきわめて大きいから、「エルベ以東の地域主義」が擡頭するからという理由で、プロイセンの解体には消極的な態度を崩さなかったのである[918]。なおプロイセン国家を温存しようとするヴェーバーの意図は、結局はすぐに達成された。プロイスは当初、エステルライヒを併合した上でプロイセンを解体し、全ドイツを十六の分邦に分割する憲法構想を提出したが、プロイセンの抵抗で憲法制定国民議会までには撤回されたのだった[919]。

四　統一主義

ヴェーバーは「ドイツ系エステルライヒ」併合への地均《じなら》しという意味では連邦主義に傾斜していたが、彼の基本姿勢は飽くまで「統一主義」(Unitarismus) であった。「我々は、まず可能な限り統一主義的な解決を擁護する[920]。」これはヴェーバーが対外的危機の中で、ドイツ国民国家の一体性に腐心していたことの反映であると見てよいだろう。ヴェーバーはまた、（彼個人は消極的ではあったが）時代の流行になっている「社会化」にしても、統一した経済、統一した政治機構がなければ不可能ではないかと指摘している[921]。けれども統一主義を重視するヴェーバーの立場は、すでに一二月の内務省会議の際にバイエルン関係者などの反対に遭遇しており、社会民主党関係者の支持はあったものの、貫徹が容易でないのは明らかであった[922]。

統一主義へ向けた第一の方策は、従来の「連邦評議会」(Bundesrat)を解体し、「分邦院」(Staatenhaus)を創設することである。ドイツ帝国の連邦評議会は、各領邦政府がその訓令に従って行動する「代理人」を派遣するという形式で成立していた。これに対してここで提案された分邦院とは、アメリカ合衆国の元老院(上院)などを参考に構想されたもので、邦政府とは独立して直接選挙で選出され、自分自身の意志で行動する各邦の「代表者」によって構成されるものであった。ヴェーバーはこの分邦院によって、各邦政府が地域主義(Partikularismus)に走るのを抑制しようとした。またヴェーバーは直接公選のドイツ国会(Reichstag)に対して、同じく直接公選ではあるが少数の議員で討議する分邦院が、情緒や煽動から距離を置いて冷静で合理的な判断を下し、「権力」の観点で有意義な役割を果たすことを期待した。しかしこの分邦院構想の実現に対しては、各邦政府の強い反撥が予想された。ヴェーバー自身も一九一八年一一月・一二月の論文「ドイツの将来の国家形態」で、自分個人は分邦院に賛成であるものの、結局は連邦評議会の継承が避けられないだろうと危惧していた[923]。このヴェーバーの予想は的中し、プロイス内務長官が提出した「民衆院」、「分邦院」という国会二院制構想は、憲法制定国民議会に提出されるまでの間に修正され、国会の枠外に連邦評議会を継承する「ライヒ評議会」(Reichsrat)を設置するという形式へと変貌していたのだった。ちなみにヴェーバーは、分邦院の権力が大きくなりすぎる場合、これに対する掣肘としては人民投票制度の導入を勧めていた[924]。

統一主義へ向けた第二の方策は、直接公選のライヒ大統領制の導入であった。ヴェーバーは新国制構想に当り、アメリカ大統領のような公選制大統領か、(スイスあるいは)フランス大統領のような議会選出の大統領かという問いを立てていた。ヴェーバーは一九一八年一二月の「ドイツの将来の国家形態」では、まだこの問いに明確な答えを出していなかったが、内務省の準備会議ではすでにアメリカ型を明確に志向するに到り[925]、更に一九一九年二月にエーベルトが憲法制定国民議会から初代大統領に選出されると、論文「ライヒ大統領」を発表して反撥を露わにしている。ヴェーバーは分邦院構想が頓挫し、連邦主義の牙城であった連邦評議会が「ライヒ評議会」という別称で温存されることになったのを受けて、どうにかして統一主義的要素を強めようと、ライヒ大統領により一層期待するようになったのである。またヴェーバーは、プロイセンの首長とドイツの首長とが並び立つという新体制において、ドイツの首長は直接公選でもなければプロイセンの首長に対して権威を保てないと考えていた。なおライヒ大統領は、ヴェーバーによれば人民発議や人民投票によって退陣させることが出来るものとされていた[926]。

ヴェーバーはまた、ライヒ大統領の直接公選に政治的指導者の選抜を期待しようとした。指導者気質を有する政治家に期待するのはヴェーバーの一貫した発想だが、革命までは帝国議会が指導者選抜の場として想定されていたのであった。ヴェーバーが革命後直接公選の大統領に期待するようになったのは、二つの理由によるものである。第一に、ヴェーバーは新生ドイツ国会が比例代表制を採用し、それぞれの党の「官僚制」に従属した人間が議会に続々と現れるという事態を危惧するようになったのである。これには自分自身が一九一九年一月初頭に憲法制定国民議会選挙への立候補を断念せざるを得なかったという事情が少なからず反映しているものと推測される。第二に、新しいドイツ国会の中心に位置する多数派・独立社会民主党に、ヴェーバーは人間の精神的自立性を押し潰す「官僚制」の影を見ていたのである。

統一主義と政治的指導者の選抜と、どちらがヴェーバーの直接公選大統領構想にとってより重要な動機だったかは判断が難しいが、いずれにしろこの二つの発想の基底には、人間の主体性に対する彼の年来の欲求が横たわっている。統一主義とは国際権力政治におけるドイツ国民国家の主体性を維持しようとする、ヴェーバーの強い意志の表れであった。ヴェーバーはライヒ大統領という一人の指導者を仰ぐことで、動揺するドイツ国民を結束させようとしたのである。これに対し政治的指導者の選抜というのは、個人の次元での主体性を追求した仕組みである。ヴェーバーは官憲国家の柵が除去されたいまこそ、個々のドイツ人の主体性が発揮されるときだと期待したのだった。

ちなみにヴェーバーが指導者気質のある政治家を求める際、直接公選大統領に大きく期待したのは事実だが、それは彼がドイツ国会無用論に傾斜したということではない。ヴェーバーは連邦国家と議会主義は両立不可能ではないとして、双方の主張が衝突することのないよう配慮している。また戦争中に要求していた国政調査権について、引き続きドイツ国会の権限として要求することを明言している[927]。比例代表選挙法に対する不満があるにしても、ヴェーバーにとってドイツ国会は依然最重要の一機関とされていたのである。ヴェーバーのミュンヘン講演「職業としての学問」、「職業としての政治」の企画者であったイマヌエル・ビルンバウム（一八九四年—一九八二年）によると、ヴェーバーは飽くまで強力な大統領と強力な（小選挙区制で選出された）国会との勢力均衡を念頭に置いていたと言われる[928]。

第四節　最終局面

一　婦人参政権の登場

一九一九年の年頭、ヴェーバーはドイツ憲法制定国民議会議員選挙への出馬を断念するという屈辱を味わっていた。一九一八年一一月二八日にドイツ民主党の臨時幹部会員に選出されていたヴェーバーは、これを機にいよいよ議員として職業政治家になることを考慮するようになっていった。またベルリンのドイツ民主党指導部も、一二月一日のフランクフルト講演「新しいドイツ」を皮切りに次々と行われたヴェーバーの講演が好評を博したため、彼の名声を党勢拡大に活用しようと考えるようになっていった。しかし（フランクフルトを含む）ヘッセン・ナッサウ選挙区の同党幹部は、戦略的考慮から極端に「社会化」を持ち上げたり、御用組合の活動家を面罵したりするヴェーバーを、「病的で突拍子もない男」（マルティン・ラーデ）と看做して敬遠し、党公認候補には党人派を優先的に採用した。気位が高いヴェーバーも、立候補のために周囲に頭を下げる意志など毛頭なく、飽くまで三顧の礼で迎えられることを期待していたのだろう。こうした膠着状況のもと、当初人気を博したヘッセン・ナッサウ選挙区のみならず、ヴェーバーの居住するバーデン選挙区でも擁立の動きがなく、僅かに（すでにポーランド人占領下にある）ポーゼン選挙区でのみ可能性が残るという事態に直面して、ヴェーバーは一九一九年一月五日に立候補断念を正式に表明したのであった。「支配社会学」で総括すれば、ヴェーバーの目指したのは選挙民の「ヘル」としての議員であり、「コーカス民主制」における党機構指導者たちの下僕としてのそれではなかったのである[929]。

ドイツ国民議会議員への就任に失敗したヴェーバーは、妻マリアンネがバーデン国民議会（のち邦議会）議員（ドイツ民主党）に選出されるに及んで、寂寥感を深めていった。議員マリアンネはカールスルーエの議事堂で繰り返し熱弁を振ったが、扱う話題はいつも決まって女性の待遇改善問題であった[930]。一九二〇年になると、マリアンネは市民層のドイツ女性解放運動を統括する「ドイツ婦人団体連合」の議長に就任する。女性問題一本槍で次々と職務を得る妻を横目に、夫マックスは自分の苦しい胸の内をこう告白している。「マリアンネが宜しくと言っていました。あなたもご存知のように、彼女はバーデン国民議会にいて、そこで法律を作っているのです。そして彼女の作ったそうした法律のもとで、私が生活しなければならないというわけです――これ以上に女っぽいことはあり得ませんよ！　我が家で彼女だけが議員になって、男は誰もなっていないのですから！[931]」

ヴェーバーは若いころから、女性解放運動の熱心な支援者であった。ヴェーバーは青年時代から女性にも人格的自由があるという見地に立ち、知り合いの家庭内での夫の妻への横暴には批判的論評を加えたり[932]、前述のように母ヘレーネの行動の自由を束縛した父マックスと口論したりしている。そしてヴェーバーは一八九三年、燃えるような知的向上心の持ち主マリアンネ・シュニットガー（一八七〇年―一九五四年）を妻に迎えた。ヴェーバーはマリアンネに「自由で対等な」話し相手を求め[933]、婚約時代からその知的成長を後押しした。フライブルク時代のヴェーバー夫婦は、妻が大学の授業に出席するのみならず、クリンガーの裸体画を部屋に掲げるなど、その「進歩的」生活感覚を世間に誇示して、驚愕するフライブルク界隈の因循姑息を睥睨《へいげい》していた（ヴェーバーは、アングロ＝サクソン圏で見られる率直な性愛表現を、自由な精神の発露として歓迎する傾向にあったのである[934]）。また愛弟子エルゼ・ヤッフェも、大学入学を志して先達者マリアンネに接近し、ヴェーバーの手厚い庇護のもとでハイデルベルク大学初の女性哲学博士になっている。更にマリアンネやエルゼの周辺には、ナウマンの腹心ボイマーや、同僚の妻カミラ・イェリネック（一八六〇年―一九四〇年）、カトリシズムに改宗した異色の女教師エリザベート・グナウク＝キューネ（一八五〇年―一九一七年）、バーデン大公国工場監察官マリー・バウム（一八七四年―一九六四年）など、当時の名立たる女性解放論者たちが集っていた。ヴェーバーも、バウムとの共同声明「バーデンの工場監察」（一九〇七年）が示すように、職場で不当に扱われた職業婦人を擁護し、「男性の性的虚栄心」を告発するのに一肌脱いでいる。[935] 親族でも、母ヘレーネは慈善事業（シャルロッテンブルク市の救貧委員会）への参加という形で、家庭外での活動に熱心であった。またヴェーバーの末弟アルトゥール（一八七七年―一九五二年）のノルウェー人妻ヴァルボルグ（一八七八年―一九五九年）も、婚家の雰囲気に触発されて女性解放問題への関心を深めていた。[936]

ヴェーバーの女性運動家支援の頂点を為すのが、一九一〇年の年末に勃発したアルノルト・ルーゲ事件である。シュレジエン州ゲルリッツ生まれのルーゲ（一八八一年―一九四五年）はヴィンデルバントの愛弟子で、カント研究で博士論文、教授資格論文を執筆した哲学者であり、当時はハイデルベルク大学私講師であった。のちに反ユダヤ主義者として名を上げ、ドイツ国民的人民党や国民社会主義ドイツ労働者党にも加担することになるこの人物は、また女性解放運動の批判者としても知られていた。このルーゲが、一九一〇年一二月三日の『ハイデルベルク日報』に記事「X・X究！」を掲載し、その直前に開かれた女性解放運動の集会を次のように揶揄したのである。「今日の婦人運動は――まさしく例のハイデルベルク婦人大会が示したように――老嬢、石女、未亡人、ユダヤ人女から構成された運動である。でも現に母親であり、母親としての義務を果たしているようなご婦人方は、そんなものには参加しないのだ。[937]」この発言に激怒したマリアンネは、早速ルーゲに抗議文を送り、これを『ハイデルベルク新聞』にも公表した。[938] マリアンネは、運動参加者の多くは既婚者、母親であると主張し、ルーゲの揶揄したのは具体的に誰のことかと詰問したのである。両者の言い合いが過熱する中、ヴェーバーは一二月一三日に妻を加勢する形で参戦し、「あなたがしたように振舞う人間が大学に属しているのは残念だ」と書き送っている。[939] この論争はこののち女性解放問題を離れ、ルーゲとヴェーバーとの決闘騒動にまで発展し、更にはこの騒動を軽率に揶揄したハイデルベルク大学員外教授アドルフ・コッホ（一八五五年―一九二二年）とヴェーバーとの間の名誉毀損裁判などにも発展して、第一次世界戦争前夜のハイデルベルクを大いに賑わすことになる。

しかしこのように、騎士道精神で女性運動家を支援しているように見えるヴェーバーの胸中には、それとは別な思いが渦巻いていた。ヴェーバーは男性である自分の主体性と、先鋭化する知的女性の主体性とが、ややもすると衝突する虞があることに、本能的に気付いていたのである。すでにベルリン大学在学中、ヴェーバーは知的女子の擡頭に違和感を懐いていた。このころのヴェーバーは、男女の会話では男性が主導し、女性が限界を決めるものだという役割分担を意識していたので、非学問的な会話でも知的に振舞おうとするベルリン大学の「女子学生」たちの虚栄心に、「審美的」不快感を禁じ得なかったのである。[940] ヴェーバーは婚約時代にも、「単なる主婦」の役柄を嫌悪する許嫁マリアンネに、夫婦は支配領域が異なって初めて共存できるのだと説き、マリアンネに「知的教養」より家事に邁進するよう諭している。[941] 夫婦生活においてマリアンネに向けたヴェーバーの膨大な書簡は、いつも「我が子」(Mein Kind) などの愛称で始まっており、彼が妻に目下の従順な相方を期待していたことを物語っている。一八九五年のフライブルク講演では、ヴェーバーは同時代の古代史叙述において、ローマ・ゲルマン連合軍がフン族を撃破したカタラウヌムの合戦話よりも、ヨハン・バッハオーフェン（一八一五年―一八八七年）の「母権制」論が幅を利かせつつあると嘆いていた。[942] 一九〇四年の「プロテスタンティズムの倫理と資本主義の「精神」」第一章にも、宗教的な躾を受けていない一般のドイツ人（とりわけ未婚）女性労働者たちが、伝統主義に染まって向上心がないという企業家たちの証言を紹介している。[943] 一九一〇年に勃発したルーゲ事件に関しても、ヴェーバーは妻マリアンネの後見人としてルーゲと公の場で対決している自分自身の行動を醒めた目で見詰め、それによって「「夫」としての性的虚栄心を満足させようとしている」のだと述べている。[944] ヴェーバーの一九一六年の論文には、「アメリカ「婦人」の平和主義（但し女性には限らず！）」という一節があるるが、ここには平和主義を「アメリカ「婦人」」に特徴的な思想とし、しかもアメリカでは男性までそれに感化されていると冷笑する意図が込められている[945]。同じ一九一六年の五月、ヴェーバーがスウェーデンの劇作家アウグスト・ストリンドベリ（一八四九年―一九一二年）の『同志』を観劇したときの感想も見逃せない。「同志結婚――婦人運動への嚙み付くような批判、演出も見事だ。台詞の掛け合いも素晴らしい。題材には歪んだところがあるが、それを忘れさせるほどの芸術的的確さに喜びを感じる。面白いのは聴衆だ――灰色の軍服のものが多く、小市民も多い――解放された嫌味な女が、まんまと貧乏籤を引いたときの、男どものこの安堵、その喜びと言ったら！[946]」

ヴァイマール共和国成立による婦人参政権の実現は、知性主義者ヴェーバーの内なる苦悩を深めた。そもそもヴェーバーは、女性解放論を支援していたにも拘らず、自分の国制改革構想で婦人参政権に言及することがなかった。かつてロシヤ立憲民主党のミリュコーフは、党綱領に婦人参政権を入れるかについて党大会で反対論を唱えたが、これに抗議するべく登壇した妻の反論にあって屈服し、列席の同志たちを沸かせたという[947]。主体的な人間を求める自由主義者としても、あるいはドイツ国民国家の総力を結集しようとするドイツ・ナショナリストとしても、ヴェーバーは婦人参政権に無関係ではなかったはずだが、結局彼はこの問題には深入りせずに終わったのである。

二　反ユダヤ主義との対峙

ヴェーバーはその人生の様々な局面で反ユダヤ主義への批判的姿勢を示してきたが、晩年のヴェーバーは敗戦後の混乱の中で勃興する反ユダヤ主義と厳しく対決することを余儀なくされた。またヴェーバーは、まさにこの時期に、『宗教社会学論集』でも白眉とされる「古代ユダヤ教」を執筆している。そこでこれを機会に、ヴェーバーと反ユダヤ主義との関係について整理してみよう。

ヴェーバーの青年時代には、その周辺に数多くのユダヤ系の人物が登場する。ヴェーバーは母方の祖母の実家スーシェ家を通じて、改宗ユダヤ人のメンデルスゾーン・バルトルディ家と遠い姻戚関係にあった。父マックスのサロンに出入していたユダヤ教徒のゴルトシュミットはベルリン大学の商法正教授で、のちにヴェーバーがそのもとで私講師、員外教授を務めることになる。ゲッティンゲン大学時代のヴェーバーを後援したドイツ法学者フレンスドルフは、父マックスのブルシェンシャフト・ハンノヴェラ・ゲッティンゲン時代の友人であるが、ユダヤ教から改宗したプロテスタント教徒であった[948]。ヴェーバーはベルリン大学時代にも、改宗ユダヤ人エドゥアルト・フォン・ジムゾン（一八一〇年―一八九九年）の法律事務所で実務経験を積んでいた。ジムゾンは、一八四九年にフランクフルト国民議会の議長としてプロイセン王フリードリヒ・ヴィルヘルム四世にドイツ皇帝への即位を要請して失敗し、のちにプロイセン貴族に叙せられた人物である[949]。こうした人物たちとの日常的な交流が、若きヴェーバーの彼らに対する垣根を失わせ、前述のようなシュテッカーやトライチュケの反ユダヤ主義煽動への反撥にも繋がっていったものと推測される。

バーデン時代にヴェーバーが交流した人々にも、ユダヤ系のものが少なくない。ヴェーバーのフライブルク大学における同僚であった員外教授ミュンスターベルクは、プロテスタンティズムに改宗したにも拘らず正教授に昇進できず、アメリカ合衆国に移住した心理学者であった。のちにミュンスターベルクは、アメリカから来た交換教授としてベルリン大学で教鞭を執り、一九一一年にはベルリンのプロイセン王国図書館内に「アメリカ研究所」を設立して、アメリカに熱狂していた当時のヴェーバーとも親密に交流することになる[950]。またヴェーバーの同僚イェリネックは、反ユダヤ主義の渦巻くヴィーンを逃れてハイデルベルク大学教授になり、ヴェーバーとは家族ぐるみの交流をしていた。更にヴェーバー・サークルに集った若者たちのうち、前述のオッフェンバッハー、ラスク、プレスナーに加え、カール・レーヴェンシュタイン（一八九一年―一九七三年）、エルンスト・ブロッホ（一八八五年―一九七七年）、ヘルマン・カントロヴィッチ（一八七七年―一九四〇年）、トラーらはユダヤ教徒であった。ときには、自分を新しい救世主だと信じる、黒い縮れ毛の若い「新顔のユダヤ人哲学者」なども姿を見せ、同席のナウマンを困惑させたという[951]。

ハイデルベルク時代のヴェーバーが反ユダヤ主義と正面から向き合ったのは、ゲオルク・ジンメル（一八五八年―一九一八年）の招聘問題に際してであった。ジンメルはヴェーバーよりも年長の社会学者で、一九〇八年にヴェーバーがイェリネックらとハイデルベルク大学に招聘しようとしたが、彼の親が元々ユダヤ教徒であったことや、社会学という学問の存在意義が確立していないことを問題視するシェーファーやヴィンデルバントらの横車で、果たせなかったと言われている。ヴェーバーは、ジンメル問題に関連して次のように述べたという。「いつか私の病気が回復して、演習を持つことが出来るようになったら、私はただロシヤ人、ポーランド人、ユダヤ人のみを引き受ける。[952]」ちなみにヴェーバーが就職を支援したユダヤ系学者はジンメル一人ではなく、他にもオイレンブルクやロベルト・リーフマン（一八七四年―一九四一年）などを熱心に推薦していた。ヴェーバーは「若手の最高度に知的な部類の人々の幾人かはユダヤ系である」という印象を懐いており、「最も間抜けな「アーリア的」インポテンツを最も有能なユダヤ人よりも優先する」というドイツ学界の現状を、「反ユダヤ主義的冗談」と酷評して憚らなかった。[953]

もう一つ注目されるのは、アメリカ旅行の件で触れたニューヨークのユダヤ系移民教育施設の見学である。帰国後一九〇五年に発表された「プロテスタンティズムと資本主義の「精神」」第二章のある脚注で、ヴェーバーは「教育連合」と呼ばれるこの施設が、大量の資金を注ぎ込んで驚くほど効果的に、ユダヤ系移民の「アメリカ化」、言わば「文化人への変貌」（Kulturmenschwerdung）を遂げる様子を描いている。[954]

第一次世界戦争前、ヴェーバーはシオニズム運動に疑問を呈していたが、これも彼のユダヤ人との親密性と関連がある。ユダヤ教徒で隣町マンハイムに在住の生理学者であったエルンスト・レッサー（一八七九年―一九二八年）が一九二二年に記した覚書によると、ヴェーバーはシオニストの国民経済学者ユリウス・ジーモン（一八七五年―一九六九年）の報告に応答するという形式で、一九一二年ないし一三年ころシオニズムについて論評したという。ヴェーバーはシオニズム運動の将来を疑問視する理由として、ここで二つの点を挙げた。第一にヴェーバーは帝国主義列強の角逐に鑑みて、パレスティナにユダヤ人国家が建設されうる可能性を疑問視した。ヴェーバーはオスマン帝国の分割が間近に迫ってお り、パレスティナはおそらくイタリアかギリシャが取得するだろうが、どちらの国も自国民の植民を優先してユダヤ人に渡す意思などないだろうと考えたのである。第二にヴェーバーは西欧文化の求心力を高く評価する観点から、ユダヤ人がパレスティナに渡り、そこに永住する意思が本当にあるかどうかを疑問視した。ヴェーバーは、ユダヤ人が世界の文化的中心地である西欧を離れて、わざわざパレスティナなどに移住するわけがないと考えたのである[955]。

一九一三年八月一八日、ヴェーバーはレッサーに書簡を送り、シオニズムについて詳しく再論している。なるほどパレスティナに五万人余りのユダヤ人入植地を構築することなら出来るだろうし、ユダヤ人労働者をイエメンなどから呼び寄せればユダヤ化も進むかもしれないが、イギリスやトルコはアラビア人への配慮をしなければならないので、こうした入植地は大国に弄《もてあそ》ばれることになるだろうというのが、ヴェーバーの見立てであった。それよりもヴェーバーに深刻と思われたのは、純粋な「心情的」運動であるサンディカリズムとは異なり、シオニズムでは具体的「成果」が内的前提になっている点である。かつてのディアスポラのユダヤ人にとってのマカベア王国、世界に散在するドイツ人にとってのドイツ帝国、イスラム教徒にとっての「カリフ国家」（オスマン帝国）は、どれも強大で影響力を持ち得る国家である。しかし新しいユダヤ人国家には、収益性のある植民地も、自律的な小国家も、病院も、良質な学校も、大学もないであろうから、何ら「約束」の地としての機能を持ち得ない。ヴェーバーがここでとりわけその欠如を問題視するのは、他ならぬ大学である。それでもローマに教皇がいるように、イェルサレムに神殿や大祭司さえあれば、そうした文化国家としての社会資本整備は、シオニストにとって副次的問題なのかもしれないが、実際にはそうした宗教的中枢もない。これでは新しいユダヤ人国家など実現するはずはないというのが、ヴェーバーの見解なのであった[956]。

こうしたヴェーバーとの討論を踏まえて、レッサーは一九二二年の覚書で、どうもヴェーバーはパレスティナ国家にユダヤ人が流出するのを好ましいとは思っていないようだったと所感を述べている。このレッサーの印象が正鵠を射ているならば、ヴェーバーはシオニズムへの懐疑を表明することで、ユダヤ人を批判したのではなく、寧ろユダヤ人との一体感を表現したということになるだろう。つまりそこには、西欧文化に貢献してきた同化ユダヤ人たちが、西欧を退去することを遺憾とするヴェーバーの心情が込められたことになるのである。そもそもヘルツルら当時のシオニストたちが、ヨーロッパ在住のユダヤ人同胞に遥かパレスティナへの移住を促すために、却って反ユダヤ主義勢力からの圧力に期待していたという逆説を、我々はここで想起する必要がある。つまり苛烈な反ユダヤ主義的迫害を受け、もうパレスティナに渡らなければ生きてゆけないと確信しなければ、ヨーロッパを去る意欲が湧かないほど、先進地域ヨーロッパの魅力は大きく、後進地域パレスティナの魅力は乏しいというのが、ヴェーバーやヘルツルらの予想だったのである。(957)

敗戦後の混乱が続くドイツで反ユダヤ主義が顕著な勃興を見せる中、ヴェーバーはそれに否応なしに対応せざるを得なくなっていった。一九一九年年頭、まだハイデルベルクに在住していたヴェーバーは、地元紙に発表された反ユダヤ主義に抗議する知識人の共同声明に署名している。(958) これは当時流布していた、ユダヤ人を標的にしていた「犠牲の山羊」探しを告発し、それがドイツの内的統一を揺るがし外的体面を汚すものであると指弾するものであった。一九一九年六月からのミュンヘン大学での講義では、ヴェーバーはユダヤ系学生が排除されていると感じ、「少数派が暴行された」と一喝して再び彼らが講堂に戻れるように配慮したと言われている。(959)

ヴェーバーは革命を否定する知識人の一人として、革命派にユダヤ人が多く見出されることを残念に思い、彼らのように政治的才能のあるものが動乱の中で評判を落とすことを危惧していたと言われる。確かにヴェーバーが激しく否定したミュンヘン革命の首謀者には、アイスナー、トラー、ヤッフェなどユダヤ教徒が顕著に多かった。また西欧戦勝国の要求で問責された政治家や軍指導者を審問する議会の調査委員会が結成され、ヒンデンブルク、ルーデンドルフ、ベートマン・ホルヴェークらに弁明を求める委員会の三分の一がユダヤ系の政治家から構成されていることに、ヴェーバーは憤慨したという。ヴェーバーが憤慨したのは反ユダヤ主義の立場からではなく、現実政治からいって現下の状況でユダヤ人が指導者として現れるのは、彼らにとって賢明ではないと考えたからであった。(960)

このようにヴェーバーの人生には、反ユダヤ主義に批判的に対峙し、自分の評価した部類のユダヤ人を擁護するという一貫した姿勢を看取することが出来るが、実は彼の人生にはこれとは別なもう一つの一貫性をも見出すことが出来るのだった。それは「反ユダヤ主義的」とは言わないまでも、ユダヤ人という人間集団の異質性に注目し、これを奇異の目で眺め、ときには不快感を示すという姿勢である。

実はヴェーバーの家庭環境は、彼の誕生前に反ユダヤ主義を巡る悶着を起こしていた。ヴェーバーの生誕前に死去してはいたが、母方の祖父ファレンシュタインが決然たる反ユダヤ主義者だったのである。ファレンシュタインはユダヤ人の解放及び同化を厳しく批判し、のちにメンデルスゾーン家と姻戚関係を結んだ後妻の実家スーシェ家とも悶着を起こしていた。これに対してスーシェ家出身の後妻エミーリエは、ユダヤ教徒として最初にハイデルベルク大学教授に就任した商法学者ゴルトシュミットの夫妻を、夫の死後に自宅に居住させるという挑戦的な行動に出ていた。[961]母方の祖父母が惹き起こした反ユダヤ主義を巡る紛争については、少年ヴェーバーも概ね了解していたことであろう。

ヴェーバー自身のユダヤ人に対する違和感は、すでに見た少年時代の作文「インド＝ゲルマン諸国民における民族の性格、民族の発展及び民族の歴史についての考察」にその最初の兆候を見ることが出来る。ヴェーバーがこの作文で用いた「インド＝ゲルマン人」対「セム人」という対立図式は、この時期に反ユダヤ主義的な意味で流行していたものであり、彼がこうした流行の影響を受けていた可能性は濃厚である。そもそもヴェーバーがこの作文を執筆した一八七九年は、ドイツの反ユダヤ主義運動にとって転機の年であった。この年の九月一九日にシュテッカーが最初の反ユダヤ主義的演説「現代のユダヤ人に対する我々の要求」を行い、同じく九月にはヴィルヘルム・マル（一八一九年—一九〇四年）が「反セム主義」(Antisemitismus) という言葉を初めて導入したと言われ、更に一一月になるとベルリン大学教授で国民自由党を離れたばかりのトライチュケがこれまた最初の反ユダヤ主義の論文「グレーツ氏と彼のユダヤ精神」を国民自由党系の週刊誌『プロイセン年報』に発表し、同化する可能性のない東方ユダヤ人の流入に警鐘を鳴らしたのである。少年ヴェーバーが反ユダヤ主義に傾倒していたと即断することは出来ないものの、同時代の反ユダヤ主義の流行語を用いていたことは看過できないことである。またここで見逃せないのは、ヴェーバーが「インド＝ゲルマン人」に起源を有する西欧と、「セム人」に代表された非西欧との対立抗争に強い関心を示していたことである。この図式は一八九〇年代にはドイツ人対ポーランド人という形式を取り、一九〇六年には（ドイツを含む）西欧対ロシヤという形式を取り、晩年の宗教社会学では普遍的な通用力を持つ文化を生み出した西洋と、それを自分では生み出し得なかった非西洋との対比という形式を取ることになるのである。

一九〇四年のアメリカ旅行も、この流れで見逃すことが出来ない一里塚であった。ニューヨークからハンブルクへ出向する前夜に、ヴェーバーはイディッシュ語の劇場を訪問した。このようにアメリカ＝ユダヤ人に非常な興味を示すというのは、ヴェーバーがユダヤ人という人間集団を憎悪することなく、ある程度の親近感を持って観察する用意があったことを示す事例ではあると思われる。とはいえヴェーバーは、このイディッシュ語劇場のことをのちにこう語ったという。「恐ろしく深刻な場面でイディッシュ語の表現が使われると、たしかにその都度笑いをおさえることが出来なかった。ドラマの山場で女主人公が深刻な顔をして「何という嫌な人生であることよ」と叫ぶときでさえ、それが我々の語法と違っている場合には、我々の耳にはおかしく聞こえるものである。(962)」ヴェーバーのこの発言には、イディッシュ語文化に対する親近感が表現されているが、そこにはやや諧謔的な響きがあり、彼個人のユダヤ人集団（とりわけイディッシュ語を話す東方ユダヤ人）に対する距離感もまた窺い知れるのである。

第一次世界戦争勃発後、特に敗戦後になると、ヴェーバーは凋落したドイツをユダヤ「賤民民族」（Pariavolk）の比喩で語ることが多くなる。ヴェーバーの宗教社会学における「賤民民族」概念は、ある社会におけるその民族の置かれた位置を示すものとして用いられており、ヴェーバーが自らユダヤ民族を下賤だと診断しているわけではなく、また世界史においてユダヤ民族のみが「賤民民族」とされているわけでもない。しかしそれでも「ユダヤ民族は賤民民族である」という表現は、論文読者の目を驚かせ、ヴェーバーは反ユダヤ主義者ではないかという疑念を起こさせるには充分なものであると言えよう。それに現実政治に関連してヴェーバーがこの「賤民民族」概念を使用するときには、そこには明確に否定的な意味が込められていた。そこでは、バビロン捕囚により異郷バビロニアに抑留され、更に祖国喪失で離散を余儀なくされて、異国で二級市民の地位に甘んじたユダヤ民族の悲運が、西欧列強の選良クラブから脱落した二級国家ドイツの悲運と類似のものとして扱われ、慨嘆されているのである。

以上ヴェーバーの人生と同時代のユダヤ人問題との関連を振り返ってきたが、最後にヴェーバーの学問的業績におけるユダヤ人論、つまり古代ユダヤ教研究について言及してみたい。ヴェーバーはまず一九一一年から一九一三年にかけて、のちに『経済と社会』として刊行される作品の枠内で「宗教社会学」についての一般的考察を行っており、ここに古代ユダヤ教論が散見される。また一九一六年ごろ改めて研究に「骨と皮」だけになるほど没頭し、その成果がのちに『古代ユダヤ教』として発表されることになった。この一連の研究の中で、ヴェーバーはユダヤ民族が「賤民民族」であったとし、それゆえに倫理的二面性を有してきたと論じている。ユダヤ民族はバビロニアに抑留され、その上祖国を喪失して離散し、移住先の各地域で迫害されてきた。自分たちは選民であり、いつの日か世界の支配者になる。そのために「賤民民族」として卑しめられるいまの境遇に耐え、支配者側に同化しないで結束を維持するべきであると考えている。このためユダヤ民族は、自分たちの共同体の内では厳格に律法を遵守するものの、外では高利貸など暴利資本主義に走って恥じることがないのだというのである。(963) しかし同時にヴェーバーが、キリスト教、特に世俗内禁欲を打ち出した禁欲的プロテスタンティズムの先駆者としてユダヤ教を位置付けていることも注目される。ユダヤ教は他のアジアのいかなる宗教とも異なり、初めて「高度に合理的な世俗内行為の宗教倫理」を構築し、これをパウロが（「賤民民族」としてのユダヤ民族と関連する倫理を排除した上で）キリスト教に引き継いでいったというのである。ヴェーバーのユダヤ教の発展条件を考察することで、我々は西洋及び近東の全文化発展の一主要点に立つのだと主張し、その歴史的意義は、ギリシャの精神文化の発展、ローマ法の発展、ローマの官職制度に基づくローマ教会の発展、中世の身分制秩序の発展、プロテスタンティズムの発展に匹敵すると高く評価している。(964) ここにはもう、「セム人」という概念でユダヤ民族に違和感を表明していた少年ヴェーバーの姿はどこにもない。

結局ユダヤ人に対するヴェーバーの両義的態度は、ユダヤ人と呼ばれる集団内部の多様性に由来するものである。ヴェーバーが優秀な研究者、熱心な学生を見出したとき、彼らがユダヤ系であるというだけの理由で排除されるのを座視することが出来なかった。しかしユダヤ系の人間が全て高度の精神性を具有しているわけではないために、場末の劇場を諧謔的に見物したり、高利貸の暴利資本主義を問題視したりすることもあったのである。ヴェーバーのユダヤ人に対する両義的態度は、ユダヤ人のヨーロッパに対する両義的関係と密接に関係していると言える。ここでシオニズムの提唱者ヘルツルの言葉を想起してみよう。「もしスルタン陛下が我々にパレスティナを下さると仰るなら、我々はその代償として、トルコ財政をすっかり整理して差し上げることも出来るだろう。ヨーロッパのためには、我々はそこにアジアに対する一つの防壁を構築することになる。それは野蛮に対する文化の前哨の任務を果たすことにもなるのだ。我々は中立国家として、全ヨーロッパと結合したままであり続けるだろう。ヨーロッパは、我々の存在を保障しなければならないだろう。キリスト教の聖地は、国際法上領土から除外するという形式にすればよい。我々はこの聖地の周囲に儀仗兵を立てて、この義務を果たすことに責任を負うのだ。この儀仗兵は、我々にとって苦悩に満ちた千八百年の末に、ユダヤ人問題が解決したことを示す偉大なる象徴となるのである。(965)」キリスト教共同体としての「ヨーロッパ」から排除されるユダヤ人の苦悩を語るヘルツルは、ここでトルコという「アジア」のイスラム教勢力を登場させ、ユダヤ人を「ヨーロッパ」と「アジア」との狭間に位置付けている。そして「ヨーロッパ」側の好意を少しでも得ようと、「アジア」の「野蛮」に対抗する「ヨーロッパ」の「文化」に奉仕する劣位の同盟者、キリスト教の聖墳墓の守護者としてユダヤ人を描いているのである。そこにはシオニスト・ヘルツルの「ヨーロッパ」に対する憧憬ないし劣等感、「アジア」に対する軽蔑ないし優越感が込められている。こうしたヘルツルのユダヤ人論との関連で言うならば、結局ヴェーバーがその生涯において肯定的に評価した「ユダヤ人」とは、このように「ヨーロッパ」の「文化」に積極的に参画しようとする部類のそれであって、逆に否定的に評価した「ユダヤ人」とは、「アジア」の「野蛮」の側に連続する意味でのそれであったと整理できるのではないかと思われる。

三　最後の日々

自分と歩みを共にしてきたドイツ帝国が崩壊し、また現実政治に携わる契機も摑めなかったことで、ヴェーバーはすでに一九一九年春には政治への諦念を表明するようになっていた。「政治はここで全てお仕舞だ。」ヴェーバーはドイツの将来を暗澹たる思いで見つめつつ、一九一九年三月に公私双方の場でこう告白している。[966]更にパリ講和会議での幻滅を味わったあとでは、ヴェーバーの絶望感はより深刻なものとなっていた。「私は政治については何一つ書きたくない。一緒にやろうという勧誘を私は全て断った。」[967]ヴェーバーは一九一九年六月からミュンヘン大学国家学部で常勤正教授として教育活動を再開する予定であったため、彼の労力は自然とそちらの方により多く割かれることになっていった。そして一九一九年夏、ヴェーバーの長年の政治的盟友であったフリードリヒ・ナウマン（ドイツ民主党党首）が急死して、ヴェーバーの現実政治との重要な結節点が失われた。ヴェルサイユから帰還して六月末からすでに一人でミュンヘンに住んでいたヴェーバーは、一九一九年秋にハイデルベルクでの送別会のあと、マリアンネを伴ってミュンヘンの英国庭園付近のゼー・シュトラーセにある、作家ヘレーネ・ベーラウ（一八五六年—一九四〇年）の家屋の一角に移住し、一九一九年／二〇年冬学期以降のミュンヘンでの本格的な教育・研究活動に備えた。[968]

ヴェーバーの有名なミュンヘン講演「職業としての政治」（一九一九年一月二八日）は、彼が政治に最も失望していた時期に行われたものである。ヴェーバーはミュンヘンの自由学生団の依頼により、すでに一九一七年一一月七日に講演「職業としての学問」を実施していた。これに対しヴェーバーは、講演「職業としての政治」の実施には非常に消極的で、企画者のビルンバウムを苦慮させた。ヴェーバーが引き受けなければ、アイスナーに依頼するというビルンバウムの一言で、ヴェーバーはようやく講演を引き受けたのだという。そうしたヴェーバーの消極性を反映してか、「職業としての政治」は様々な要素が渾然一体となった、幾分雑然とした構成になっている。そこにはヴェーバーの政治的人生や社会学的思考の断片が、走馬灯のように次々と登場してくるが、全体としては体系性がないものになっている。また名指しで批判しているフェルスターとの対抗上、ヴェーバーが「教壇預言」を慎み、いつものように自由主義弁論家としての時事批評を前面に出していないことも、この講演の理解を難しくしていると言えるだろう。[969]

但しヴェーバーが、この時点で本当に政治への興味を喪失したと考えるのは早計である。「政治的なるものは［……］私の昔からの「密かな恋人」です。」ヴェーバーのこの有名な告白は、ドイツ憲法制定議会選挙への出馬を断念して半月が経過した、一九一九年一月中旬の段階でなされたものである。[970] ヴェーバーのミュンヘン大学での教育活動も現実政治に即応したもので、彼はそこでしばしば政治指導者としての使命感に駆られ、自分が二年前の講演「職業としての学問」で提示していた「教壇禁欲」の誡律を自ら逸脱していった。要するにヴェーバーは、教育の場を利用して政治活動を継続していたのである。また左派自由主義陣営の情熱的な論客としてのヴェーバーの経歴を知る学生たちが、彼の政治分析を純粋な学問的業績として見ることもなかっただろう。

ヴェーバーにとって運命の年となる一九二〇年は、ドイツ国民国家にとっては（そしてまたヴェーバーにとっても）重苦しい一連の課題によって幕を開けた。同年一月一〇日にヴェルサイユ講和条約が発効し、都市ダンツィヒ（旧西プロイセン州都）、メーメル地方（旧東プロイセン州）がドイツ国家から離脱し、ザール地方（旧バイエルン・プロイセン領）は（アメリカ合衆国、ソヴィエト・ロシヤ、ドイツが加入していない）国際連盟の管理下に移行し、西欧戦勝国によるライン地方の軍事占領が開始された。ドイツ大統領エーベルト（社会民主党）及びドイツ政府は、同日ドイツ国家の枠を離れるこれらの地域の住民（「ドイツ人の兄弟姉妹たち！」）に宛てた声明を発表している。「戦争の不幸な結末が我々を無防備のまま敵側の恣意の為すがままにさせ、平和の名のもとに我々にこの上ない犠牲を強いている。だが我々が強いられた最も深刻な犠牲は、東部、西部、北部におけるドイツの領土の拋棄である。国民的自決の権利を無視されて、何十万ものドイツ民族同胞が異国の権力のもとに従属させられることになる。［……］いつの日か、諸君たちにもこの国民的基本権が認められるだろうという希望を、我々は拋棄することがないであろう。」その後も、割譲地域の移管は着々と進んでいった。同年一月一八日にはトルンに、一月二三日にはグラウデンツにポーランド軍が進駐し、二月四日にはシュレジエン州のフルチン地方にチェック軍が進駐した。同年一月二三日には軍事占領下で分離主義団体「ライン人民連合」が設立され、プロイセン自由国の解体によるライン州独自の議会開設を提唱した。こうした緊迫した空気の中で同年一月二六日には、一九一七年七月に急進ナショナリズム陣営から一転「和解の平和」を掲げる穏健ナショナリズム陣営に転向して、前者から深い恨みを買っていたドイツ大蔵大臣エルツベルガー（中央党）が、ベルリンで襲撃され軽傷を負うという事件も発生している（結局エルツベルガーは、翌年再び襲撃に遭い暗殺された）[971]。

ところでミュンヘンでは、一九二〇年一月に「アルコ事件」と呼ばれる騒擾が勃発した。この事件の中心人物であるアントン・フォン・アルコ＝ヴァレイ伯爵（一八九七年—一九四五年）は、ユダヤ系の血筋を引く復員学生で、ドイツの戦争責任を批判していたミュンヘン革命の立役者アイスナーを一九一九年二月二一日にピストルで暗殺し、逮捕されていた。一九二〇年一月一六日にアルコは死刑判決を受けたが、アルコのアイスナー暗殺を愛国的偉業と賞讃する声は大きく、ミュンヘン大学の学生集会でも政府への赦免要求が決議された。そして実際、アルコはバイエルン自由国政府によって、一八日に終身刑へと減刑になった。これに対し社会主義系の学生たちは、死刑制度そのものには反対しつつも、一旦死刑判決が下ったアルコが大衆運動によって赦免されることを問題視し、これを契機にアルコに同情的なミュンヘン大学総長フリードリヒ・リッター・フォン・ミュラー（一八五八年—？）から侮蔑的な扱いを受けたので、同大学教授ヴェーバーに援助を要請した。ヴェーバーはミュンヘン革命の批判者であり、またアイスナーのドイツ戦争責任論の批判者であったが、一月一九日のミュンヘン大学大講堂での授業の際に、アルコ赦免を喜ぶ学生たちを前に、教壇からアルコ赦免を非難する政治演説を行ったのである。

アルコ事件を契機としたヴェーバーの「教壇預言」は、次のような趣旨のものであった。アルコが法廷で「騎士道精神に則り」、「男らしく」振舞ったことを喜ぶ点では、ヴェーバーも学生たちに同感である。アイスナーがドイツの面汚しであるというアルコの考えには、ヴェーバーも同意する。だがヴェーバーは、学生の示威行動で法廷の決断が覆るということは、国家の権威の敗北であり、望ましくないと考えた。またアルコの殉死によって「革命」を僭称するカーニヴァル（ドイツ革命、特にミュンヘン革命のこと）を封じ込めることが出来るはずだったのに、赦免になったためこれが不可能になったと慨嘆した。「アルコが生き続けるから、アイスナーもまた民衆の中に生き続けてしまうのだ。これは国にとって不利に働く。」従ってアルコ赦免は取り消されるべきであり、取り消さないものは「卑劣漢」であるという[972]。つまりヴェーバーは、かつて自分がヴィルヘルム二世やルーデンドルフらに期待した英雄的殉国を、今度はアルコに期待したのであって、その意味で社会主義系の学生たちとの同盟関係は、特別深いものではなかったのである。

しかしこうしたヴェーバーの「教壇預言」に憤慨した学生たちは、直ちに反撃に出た。一九二〇年一月二一日午後六時、大講堂でヴェーバーの講義が始まろうとした途端、彼らは「うるさい音楽だの雑音だののコンサート」を始めて、これを妨害したのである。ヴェーバーが一人では事態を収拾できなかったため、社会主義系の学生たちを侮辱したという例のミュラーも現場に駆けつけたが、それでも学生たちは騒動を止めなかった。最後にミュラーが大講堂閉鎖を宣言して消燈させたので、学生たちは漸く退去したと言われる。同時代人の証言によると、学生たちは更にヴェーバーの自宅の下まで来て騒音を撒き散らしたが、ヴェーバーは一言も抗議の声を挙げず、ただ悔しがって壁を叩いていたという。[973]

アルコ恩赦事件の喧騒からほぼ二箇月が過ぎた一九二〇年三月一三日、全ドイツを震撼させる一大事件が、今度は首都ベルリンで発生した。世に「カップ＝リュトヴィッツ一揆」と呼ばれる武装蜂起である。この事件は、今日ではしばしば君主制再興を目標とする国家転覆運動と解釈されているが、実際の原因は、エールハルト海兵隊、レーヴェンフェルト海兵隊の解体に、指揮官のヴァルター・フォン・リュトヴィッツ男爵（一八五九年—一九四二年）らが反撥したことにあった。「人民の声」の代表を自称する蜂起側のうち、祖国党の創設者で、かつて青年ヴェーバーが死を悼んだフリードリヒの息子ヴォルフガング・カップ（一八五八年—一九二二年）が、ドイツ宰相・プロイセン首相を自称し、大統領エーベルト、宰相バウアーを始めとするドイツ政府は、一時シュトゥットガルトにまで逃避した。この蜂起は、結局はドイツ政府の呼びかけた激しいゼネストのために立ち往生し、国防軍の大半も形勢不利と見て参加を見合わせたので、首謀者たちの亡命をもって僅か数日で幕を閉じることになる。[974] ヴェーバーがこのカップ＝リュトヴィッツ一揆の報を聞いて危惧したのはただ一つ、それが結果としてドイツ国家の一体性を動揺させることになるのではないかという点であった。ヴェーバーはまた一揆の首謀者として、カップ、リュトヴィッツ——「この犬ども」——の他にルーデンドルフの名前が挙がっていたことを大いに慨嘆している。[975] またこの事件の報に接して、ヴェーバーは左派文筆家ゲオルク・ヘルヴェーク（一八一七年—一八七五年）の、「騎士の詩」（一八四一年）を口ずさんで嘆息したと言われる。「いまや不安な夜は過ぎ去った。我々は静かに進む。我々は黙々と進む。我々は奈落の底へと落ちていく。[976]」

一九二〇年四月に末妹リリ・シェーファー（戦死したヘルマン・シェーファーの妻）の自殺という突然の不幸に見舞われたヴェーバーは、その遺児との養子縁組など事後処理のために訪れたハイデルベルクから任地ミュンヘンへ帰還したところで、またしてもドイツ国家の一体性のために発言することになる。今度の問題は、戦争末期以来ヴェーバーが危惧してきたバイエルン分離主義であった。事の発端は、戦争末期から燻《くすぶ》るバイエルンのドイツ国家からの離脱構想に、バイエルン首相グスタフ・リッター・フォン・カール（一八六二年―一九三四年[977]）が支持を与えたという風評であった。カールは公式にそうした風評を否定したが、予てからバイエルン分離主義の粉砕を意図していたヴェーバーは、この事件を契機に事態の決着を付けようと意気込んだ。ヴェーバーは一九二〇年四月一三日に、カール首相に彼の風評否定を更なる宣誓によって確認させようとした。そして更に、カールが分離主義的発言をしたとの風評を流した人物を「卑劣漢」と挑発することで名誉毀損の訴訟を提起させ、以ってこの事件の全容を法廷の場で解明しようと目論んだのである。しかしヴェーバーがこうした広告を発表しようとした新聞が、そうした挑発をしても彼には勝算がないと忠告したために、計画は頓挫することになった[978]。

一九二〇年四月半ば、ヴェーバーは更に「社会化」問題の縺《もつ》れからドイツ民主党と悶着を起こし、挙句の果てに脱党するという騒動を惹き起こした。ヴェーバーは妹クララに次のように書き送っている。「民主党（参事会員ペーターゼン、なかなかの奴だ）が僕に、僕がいま無意味だと思っている「社会化」について一緒に尽力するよう同意を求めてきたので、私は党を離脱してやった。政治家は妥協をしなければならない（ルーデンドルフだって当時はしたものだ）――だが学者がそれを考慮することは許されない。君たちもまた例の集団（かのドイツ国民的な党）から離れて――「君らがあの連中の中にいるのは残念だね」――それをよく見てみなさい[979]。」確かに社会化問題は、ヴェーバーの逆鱗に触れる問題領域であった。ヴェーバーは「官僚制」化を惹起するとして社会主義に消極的であったが、流行の「社会化」を彼が忌避した理由はそれだけではない。ヴェーバーは敗戦で荒廃の極にあったドイツ経済の戦後復興には、どうしても外国資本、特にアメリカ資本の導入が不可欠であると確信していたが、ドイツで勃興する「社会化」運動が、アメリカに資本投下を躊躇させる要因になるのではないかと恐れていたのである。[980] 勿論「社会化」は社会的不平等を解決するべく提案された政策なのだが、「社会的」関心の薄いヴェーバーには「社会化」の必要性が余り感じられなかったのかもしれない。ちなみにここで、ヴェーバーが「政治家」（Politiker）と「学者」（Gelehrte）との相違に言及していることは興味深い。[981] 政治家は妥協するのが義務だが、学者はそれに一線を画するべきであるとするヴェーバーが、政治への燃える情熱にも拘らず遂に政治的学者で終ったのは、彼の能力に対する周囲の無理解のためばかりではなく、「職業としての政治」に対する自身の違和感もあってのことだったのである。

一九二〇年五月にはいよいよミュンヘン大学の夏学期が本格的に始まったが、このときのヴェーバーの教育活動は内容的に現実政治にかなり近接したものになっていた。ヴェーバーは大講堂で「国家学」の講義を行い、これと並んで「社会主義」と題する講義を行っていた。またヴェーバーは上級者向けの特別演習を開催していたが、それはミュンヘンで一年前に鎮圧されたレーテ革命を議題とするものだった。[982] 政治家になりきれない胸中を吐露したヴェーバーであったが、少年期から政治に対して燃やしてきた熱い情熱には、この時期になっても聊かの変化もなかった。ヴェーバーがこののち現実政治について再び発言し、部分的には自ら関与するということも、大いにあり得たことであろう。

ところがここで突然、ヴェーバーの人生に終止符が打たれる。一九二〇年六月初頭、ヴェーバーは聖体祭の翌日に高熱を伴う気管支炎を患った。医師は大事なしとしたものの、長年の闘病生活で基礎体力を大きく損なっていたためか、病床のヴェーバーは六月六日に迫ったドイツ国会議員選挙に足を運ぶ気力すら失っていく（この日はまたバイエルン、ヴュルテンベルク、オルデンブルク、アンハルト、ブレーメンの各邦議会議員選挙の日でもあった）。選挙結果を受けて第一次ヘルマン・ミュラー内閣が倒壊した翌日の九日から精神錯乱が始まり、六月一四日夕刻にヴェーバーは遂に臨終のときを迎えた。[983] 享年五十六歳。ヴェーバーの遺骸は六月一七日にミュンヘン東墓地で火葬されたが、[984] いまは彼が最も長い時間を過ごした町ハイデルベルクの墓地で、妻マリアンネや養子たちと共に眠っている。

失意の底にあったヴェーバーの突然の死は、勿論悲劇的なものではあったが、ドイツの再生を熱望した彼にとってはある意味幸いだったのかもしれない。というのも、一九二〇年にヴェーバーが世を去ってからのドイツ政治は、間違いなく彼の幻滅を誘うようなものだったからである。ヴァイマール共和国がヴェルサイユ体制下で国際政治上の主体性を充分に発揮できず、国内では党派間抗争や経済的混乱に苦しみ、教養市民層を嘲笑する塹壕世代の新しい（しばしば反ユダヤ主義的な）ナショナリズムに翻弄される有様は、ヴェーバーの苦悩を増したことだろう。「指導者」アドルフ・ヒトラー（一八八九年—一九四五年）の擡頭と、彼の攻撃的外交戦術の一九三九年までの成功には、ヴェーバーに一抹の快感を与える面が、あるいはあったのかもしれない。けれども第二次世界戦争における西欧列強との再度の戦争は、ヴェーバーにとって同じ過ちの繰り返しに見えたことであろうし、この戦争の過程でドイツがかくも決定的な道義的負目を蒙ってしまったことは、彼にとって耐え難いことだっただろう。廃墟の中から生まれたドイツ連邦共和国は、ドイツを断固たる「西欧統合」へと導き、ここでヴェーバーの理想を実現したようにも見えるかもしれない。しかしドイツ連邦共和国で称揚された、「西欧的価値共同体」への無条件の帰依なるものは、ドイツの主体性を重視し、ドイツが真に対等な成員として「西欧」というエリート・クラブに迎えられることを願った、西欧派ドイツ・ナショナリストたるヴェーバーの望んだものとはやや異なるものであった。結局ヴェーバーの政治的理想は、実現されることのないままに終ったのである。

結論　知性主義の逆説

ドイツ統一戦争の渦中に生まれたマックス・ヴェーバーは、ドイツ国民国家の維持・発展を、政治における生涯の課題とした。ヴェーバーはビスマルクの指導で誕生したドイツ帝国を、ビスマルク世代の「亜流」として惰性的に継承していくのではなく、更に発展させていくことが、自分たち若手世代の使命であると信じていた。政治評論家ヴェーバーの目標は、漸く統一国家として定着し始めた祖国ドイツを、更にアメリカ、イギリス、フランス、イタリア、エステルライヒ、ロシヤといった国々と並ぶ世界大国にすることであった。そうした「世界政策」へのヴェーバーの憧憬は、「ドイツ帝国」（deutsches Reich）から「世界帝国」（Weltreich）への飛躍が叫ばれた、ヴィルヘルム期ドイツの政治的雰囲気の中で涵養されたものであった。このヴェーバーの方針は、一八九七年以降の神経症によっても基本的には変化なく、晩年の第一次世界戦争終了まで維持されたのである。

ただヴェーバーにはもう一つ、政治においてどうしても譲れない原則があった。それは政治的近代化論、つまり人間の観念世界を脱魔術化＝合理化することで、自由で自立した個人を育成し、その共同生活に見合った新しい政治制度を準備するという、優れて知性主義的な政治構想である。この政治的近代化とは、その時代によって新しい課題が次々に提示されるものであり、いわば終りのない永久革命である。ヴェーバーの生まれた一九世紀には、宗教改革や市民革命で鍛えられたその理念が、ヨーロッパ中で議論され、徐々に滲透していった時期であった。そこでは身分制の伝統や教会の権威といった旧体制の遺物が糾弾の対象となり、自由主義や社会主義といった潮流が思想から運動、体制へと転化して、各国政治において（君主権を制約する）憲法の制定、公選議会の設置、選挙法の普通化・平等化、教会（とりわけカトリック教会）の排撃といった共通の現象が現れていた。ヴェーバーは一九世紀ドイツにおけるその申し子であり、自由主義陣営の政治評論家としてドイツ国内でそれを唱導して止まなかった。ヴェーバーのそうした人間観は、政治活動の枠組を越えて、宗教社会学のような学問的業績にもその痕跡を残したのである。

ヴェーバーの政治的言動がドイツ・ナショナリズムと政治的近代化論との絡み合いとして理解できるということは、従来から大枠では指摘されてきたことであるが、問題なのはその評価の有様であった。従来のヴェーバー研究は、この絡み合い状況を二律背反と評価するところから出発していた。一方でW・モムゼンは、ナショナリズムと政治的近代化論との絡み合いを遺憾なものであるとし、そこにドイツ政治の「後進性」を見出した。フィッシャー論争と同時並行して展開されたモムゼンのヴェーバー研究は、（アメリカを含む）西欧を模範としてドイツの政治的近代化を推し進め、ドイツ・ナショナリズムを否定するという西独「政治教育」の一環を為していた。他方でモムゼン批判者たちは、モムゼンが指摘した二律背反という状況認識を基本的に受け継ぎつつ、ヴェーバーにおけるナショナリズムの部分を極力軽視し、政治的近代化論の部分を出来るだけ強調しようとしてきた。彼らはまた、ドイツ・ナショナリストとしてのヴェーバーを、政治的近代化の提唱者としてのヴェーバーが抑制していたことを、モムゼン批判の論拠として繰り返し指摘していた（もっともその多くは、すでにモムゼン自身も認識していたことであったのだが）。いずれにしても先行研究は、ヴェーバーという一人の人間の身体に、ドイツ・ナショナリストという「エドワード・ハイド氏」的な人格と、政治的近代化の提唱者という「ヘンリー・ジキル博士」的な人格とが、不自然に同居しているとの状況認識に基づき、前者の側面を強調してヴェーバーを批判するか、後者の側面を強調してヴェーバーを擁護するかという選択をしてきたと、大局的には整理することが出来るだろう。

これに対し本書が主張するのは、この二つの思想的潮流の絡み合い状況が、必ずしも二律背反ではなく、寧ろそこには相乗作用があったという点である。なるほど本書も、先行研究の解釈を全く否定するわけではない。本書でも触れたように、放埒な「動物的」ナショナリズムへの知性主義者ヴェーバーの強い警戒感は、確かに彼のナショナリズムに一定の制約を課していたのである。ベートマン・ホルヴェークやヴェーバーらの穏健ドイツ・ナショナリズムも、民間ナショナリズム煽動団体の急進ドイツ・ナショナリズムである以上同類のものとして弾劾されるべきだというような感情論は、行き過ぎると冷静な歴史分析を阻害する危険性があるだろう。とはいえ本書がここで注目するのは、以下の二つの点である。第一に、ナショナリズムのような集団アイデンティティは、論理必然的に個人を抑圧しているとは言えないということである。集団アイデンティティが抑圧するのは、その集団アイデンティティに反抗する個人の主体性であって、同調する個人の主体性は抑圧されていないのである。第二に、政治的近代化への真摯な欲求が、却って集団アイデンティティの先鋭さを加速させる場合があるということである。つまり異なる集団の間で政治的近代化の進展度合において差異があるとされている状況下では、政治的近代化の情熱的な追求が集団間の関係を緊張させることがあるということである。それではこの二点を、ヴェーバーの事例を振り返って確認してみよう。

そもそもヴェーバーは、ドイツ・ナショナリズムを自発的に支持していたため、自分の主体性を抛棄するというような悲痛な決意とは無縁であった。ヴェーバーがそう思ったのは、ドイツ近代政治史の文脈に照らして見れば、内政的にも外政的にも理解不能なことではない。内政面では、ドイツ・ナショナリズムはヴェーバーの先行世代によって、領邦諸国の旧体制への抵抗の思想として提唱されていた。そして本書が見てきたように、ドイツ・ナショナリズムはドイツ帝国が成立したのちも、単なる体制肯定のイデオロギーへと変容したわけではなく、様々な立場からの体制批判の論拠にもなっていたのだった。外政面では、ドイツ・ナショナリズムは数百年来の外国（特にフランス）からの干渉・侵略への抵抗の思想として発達したのであり、そうした側面は帝国建設によって完全に無意味化したわけではなかったのである。思うに、そもそも集団アイデンティティも政治的近代化の理念も、自己愛から出発し、自我の表出を欲するという思想的形式を前提としている点では、やはり共通の基盤に立っているのであり、それが結合したからといって、即矛盾とすることは出来ないのである。

アングロ＝サクソン圏を強く意識していたドイツ愛国者ヴェーバーは、イギリスやアメリカに対する憧憬を終生懐いていた。ヴェーバーのアングロ＝サクソン圏への溢れんばかりの敬意を表現しているのが、一九〇四年のアメリカ旅行と前後して執筆された「プロテスタンティズムの倫理と資本主義の「精神」」に始まる、一連のプロテスタンティズム研究である。ヴェーバーはドイツ人同胞たちがアメリカを浅薄な個人主義や拝金主義の象徴として嫌悪していることを熟知していたが、にも拘らず彼自身はアメリカにおける人間性の輝きに目を見張り続けた。ヴェーバーは、神経症後に本格化した「市民層の封建化」批判及び「官僚制」批判において、ドイツの現状への警鐘を鳴らし始めた。ヴェーバーが懐いていたドイツ人の理念型は、君主制の伝統とルター派教会の権威主義で萎縮し、あるいはその庇護のもので安逸を貪っている、矮小な人間というものであった。そうした後進的な風土の上に、閉鎖的で官憲国家への追従を助長する学生組合制度や予備役将校制度、市民層の活気を減殺する家族世襲財産制度が生まれたというのが、ヴェーバーの見立てであった。ヴェーバーはとりわけアメリカ旅行によって、禁欲的プロテスタンティズムやその世俗的後身である「クラブ」が、アングロ＝サクソン圏の人間性をいかに鍛錬しているかを実感するようになり、ドイツの実態に赤面するようになっていったのである。またヴェーバーは、近代生活に不可欠の「官僚制」の進展が、プロイセン官僚制であれ、社会主義陣営やカトリック陣営であれ、ドイツ人の人格をますます矮小化させていると考えていた。ヴェーバーはこの「官僚制」化をドイツ固有の現象とはせず、アメリカにも徐々に訪れつつある普遍的現象と見ていたが、その際にもヴェーバーは、それをしばしばドイツ人移民の流入と関連付けていた。

二〇世紀初頭以来のヴェーバーのアングロ＝サクソン圏への敬意には、実は長い前史があった。当時のヴェーバーには、西欧派知識人としての素地が、すでに堅固に出来上がっていたのである。そもそもヴェーバーは、西欧世界に深く根を張った家庭環境で成育し、血統上も精神的にも「西欧人」としてドイツ帝国の言論界に立ち現れた。ヴェーバーは少年時代から、ドイツと（アメリカ合衆国を含めた）西欧とを二項対立として見るのではなく、出来るだけ一つの統一的世界と見る世界観を育んでいた。ヴェーバーは当時、古代ローマの歴史と、その帝国理念を「神聖ローマ帝国」という形で継承したドイツの歴史とを、一つの連続した流れとして理解していた。ヴェーバーが愛読したランケの『ロマンス系・ゲルマン系諸民族の歴史』も、ロマンス系世界とゲルマン系世界とを統一体とする見地に立っていた。長じてローマ法学者となったヴェーバーは、ドイツ法学者ギールケとは異なり、ドイツにおけるローマ法の継受を国辱として批判するという傾向には拒絶反応を示したのである。

ところがヴェーバーは、実際にアングロ＝サクソン圏の人々と対峙するときには、しばしばドイツ人としての焦燥感、劣等感に駆られ、昂然とドイツ人としての主体性を示そうと背伸びした。母の実家ファレンシュタイン家の関係者が、アメリカ・プロテスタンティズムに心酔する余りこれを自分にも押しつけてこようとしたとき、青年ヴェーバーはこれに露骨に不快感を示した。ヴィルヘルム二世の容赦ない批判者であったヴェーバーは、セントルイス講演で共和国民のアメリカ人たちを前に、敢えてドイツの君主制を擁護してみせた。また同じ講演で、ヴェーバーは新大陸で紛争を繰り返す先輩のアングロ＝サクソン系移民と後輩のドイツ系移民とを、「文明」側として一括りにし、これを東欧系移民や黒人たち非「文明」側と対置してみせた。第一次世界戦争におけるヴェーバーは、国際法を振りかざすイギリスが陥った海上封鎖の違法性を批判し、ドイツを、「プロイセン軍国主義」の枠組に押し込むウィルソン大統領の道徳主義的国際政治理解には嫌悪感を示した。ヴェーバーはドイツの政治的近代化を切望してはいたが、対戦中の西欧列強からそれを命令され、押し付けられることは断固拒絶したのである。つまりヴェーバーは、アングロ＝サクソン圏への憧憬で無邪気に舞い上がった単なる英米贔屓だったわけではなく、内に苦悩を孕んだ西欧派ドイツ・ナショナリストだったのである。「プロテスタンティズムの倫理と資本主義の「精神」」末尾の「近代批判」の一節には、こうしたドイツ人ヴェーバーの複雑な心中が投影されているのである。

ヴェーバーにおいてアングロ＝サクソン圏への対応と好対照を為すのが、東方への対応である。西欧的な家庭環境で生育したヴェーバーにとって、ポーランド、ロシヤの世界は元来馴染みの薄い領域であった。ヴェーバーは青年期に旅行や軍務などでプロイセン東部州のポーランド人居住地域に足を踏み入れる機会があり、その都度その「文化」の低さに啞然としていた。ドイツ人ヴェーバーには、人間の成熟を測る普遍的基準に照らして、ポーランド人の生活様式が問題であるように思われたのだった。ヴェーバーのこのような批判的ポーランド人認識は、一八九〇年代になってポーランド人農業労働者排除論として発現することになる。ところが一九〇五年以降のロシヤ政治分析で、ヴェーバーは「ロシヤの脅威」に目覚めるようになっていくと、状況に変化が生じた。いまやヴェーバーはロシヤに、より低い「文化」の象徴を見出すことになるのである。ヴェーバーは「西欧人」としての立場から、ロシヤ政治の後進性と、その「官僚制」的強化を徹底して暴露した。汎スラヴ主義的膨張の危険を感じたヴェーバーは、ここで徐々にポーランド人への態度を軟化させていく。反ロシヤ、親ポーランドという立場が明確化したのは、一九一四年の独露開戦以降である。しかしここでの親ポーランドというのは、ヴェーバーのポーランド人観の根本的変容を意味するものではない。ヴェーバーは戦争中もポーランド人農業労働者への警戒を緩めておらず、戦後には新生ポーランド国家のプロイセン東部州への領土要求を峻拒しているほか、新たなポーランド人労働者の流入にも断固抵抗する姿勢を示していた。ロシヤに関しても姿勢は一貫しており、ヴェーバーは二月革命、一〇月革命によって、ドイツにとってのロシヤの脅威が解消したとは露ほども思っていなかったのである。いずれにしても、ヴェーバーのポーランド人観が一九〇五年ころ、あるいは神経症を契機に、敵対的なものから友好的なものへと変化したという通説、つまりヴェーバーが「サウロ」から「パウロ」へと変容したという「ダマスカス弁護論」は、決して通用しないことをここで再び強調しておく。但しヴェーバーの東方観も、否定一辺倒ではなかったことには注意が必要である。ヴェーバーはロシヤ政治の現状を厳しく評価すればするほど、その革新を目指して英雄的な闘いを続けるロシヤ自由主義知識人たちへの共感を強めていった。またヴェーバーは、ロシヤにおいてプロテスタンティズムないしそれに類似した宗派が拡大することによって、ロシヤ社会に変化が生じる可能性にも期待していた。ポーランド人に関しても、それがポーランド人というだけで、絶対「文化人」になり得ないと断定したわけではなく、環境変化によって合理的な行動をするようにもなるとの認識を有していた。

ヴェーバーの批判的な東方観と同根のものに、彼の批判的なカトリシズム観がある。一九世紀のヨーロッパには、宗教改革やフランス革命ののちもなお残存するカトリック教会に、身分制と並ぶ政治的近代化の障碍を見出し、これを封じ込めようとする反教権主義の大波が押し寄せた。ドイツでは文化闘争と呼ばれたこの潮流に、若い世代として喝采したのがヴェーバーである。ヴェーバーは少年時代からカトリシズムの手厳しい批判者であり、正義の闘いとしての「文化闘争」の熱心な唱導者であった。ヴェーバーはカトリック教徒の愚昧を揶揄し、それは「プロテスタンティズムの倫理と資本主義の「精神」」の一つの源流ともなったのである。

政治評論家ヴェーバーの東方観やカトリシズム観は、社会学者ヴェーバーの宗教社会学とも発想上の連関性を有している。元来ヴェーバーは、世界史を人間精神発達史として把握するという傾向を示しており、その片鱗はすでに少年時代の作文「インド＝ゲルマン諸国民における民族の性格、民族の発展及び民族の歴史についての考察」に現れている。ヴェーバーのポーランド論やロシヤ論に現れた、非西欧的なものを「文化」の低いものとして警戒するという思考様式は、彼の宗教社会学にも明瞭な影を落としている。ヴェーバーの宗教社会学は、世界中で西洋にのみ普遍的妥当性を有する文化が自生したのは何故かという問題意識から発達し、東アジア、南アジア、中近東に、西洋（とりわけ西欧の禁欲的プロテスタンティズム）が辿ったのと同じ歴史過程が見られなかったことを力説している（但しユダヤ教世界には、西洋世界との一定の連続性があるとされている。）。その政治的言動や日常的発言からして、ヴェーバーがそうした西洋文化の普遍的妥当性を基本的に肯定していたことは、明白な事実ではないだろうか。こうしたヴェーバーの西洋中心主義（とりわけ西欧主義）には、すでに多くの人々が着目してきた。丸山眞男や大塚久雄は、ヴェーバーの世界史解釈を傲岸不遜な「欠如理論」と撥ね付けるのではなく、後進国日本の「人間的基礎」を刷新し、「主体性」ある個人を育成するための指針にしようとした[985]。逆にサイードは、ヴェーバーが東西の経済的・宗教的精神構造の間に一種の存在論的差異があると信ずる一九世紀の思想家全てから激励を受けていたとし、とりわけ彼の宗教社会学にオリエンタリズムの匂いを嗅ぎ付けている[986]。更に興味深いのは、イタリアの新自由主義哲学者マルチェロ・ペラが、近年ヴェーバーにヨーロッパ自虐趣味批判の理論的先駆者を見出していることである。シルヴィオ・ベルルスコーニの率いる政党「フォルツァ・イタリア」で副党首を務め、イタリア元老院議長にまで上り詰めたこの政治的学者は、「ポリティカル・コレクトネス」の憐憫感情の告発者であり、その説法師たる無政府主義者ノウム・チョムスキーや「脱構築」論者ジャック・デリダの批判者でもある。サミュエル・ハンティントンの「文明の衝突」論や、教理聖省長官ヨーゼフ・ラッツィンガー（のちの教皇ベネディクトゥス一六世）の「ヨーロッパ＝キリスト教共同体」論にも共感するペラは、「西洋」が反植民地闘争に辟易して、非「西欧」諸文化との批判的対決を躊躇するようになっていることを批判する。ペラはここでヴェーバーの『宗教社会学論集』「序文」を援用し、「西洋」のみが普遍的妥当性を有する文化を生み出したのは厳然たる事実であり、人権やデモクラシーといった「西洋」由来の普遍的価値で世界の諸文化を評価することは可能だとしているのである。(987)

「近代批判」が流行する昨今、ヴェーバー研究界ではこのようなヴェーバーの西洋中心主義（とりわけ西欧主義）への注目を、「近代批判者」ヴェーバーの「近代主義的」誤読とする批判が散見されるが、これは適切なものではない。なるほどヴェーバーの思想には、「近代批判」と呼びうる要素が実際に散見される。「プロテスタンティズムの倫理と資本主義の「精神」」末尾、「世界宗教の経済倫理」中間考察、神経症闘病期の発言は繰り返し引用されているが、それ以外にも我々が「近代」の標識と考えるものに、ヴェーバーが嘆息を漏らしたことは少なくないのである。けれどもヴェーバーは、一般に「近代批判者」として紹介するには、その枠組からの極端な逸脱が余りに多すぎる人物である。政治史研究の観点から評価すれば、ヴェーバーの言動の中核に西洋中心主義（とりわけ西欧主義）が存在するのは否定の仕様がないことであり、丸山や大塚、サイードやペラのような「近代主義」的ヴェーバー理解は、今日のヴェーバー研究から見れば素朴さがあるとはしても、やはり大枠では正鵠を射ているということになるだろう。誠実な「近代批判者」であれば、ヴェーバーを千里眼の未来予見者として偶像化するだけでなく、寧ろ「近代」の体現者として批判しなければならないはずである。

「近代批判」的ヴェーバー研究の問題点のうち最も深刻なものは、ヴェーバーを人種主義者プレーツの人道主義的批判者と解釈したポイケルト的近視眼を踏襲していることである。ヴェーバーはプレーツの徹底した批判者どころか、彼を胎動期のドイツ社会学会に迎え入れた当事者である。一八九〇年代にポーランド人の「文化」の低さに固執していたヴェーバーは、人間集団の「文化」の高低が人種的、つまり遺伝的要素に由来するものなのではないかという問いを懐き、講演「国民国家と経済政策」で断定的な物言いをしたり、アンモンら当時の人種論者の著作を自分の国民経済学講義でも参照したりした。のちアメリカ旅行に際し、黒人やインディアンに触れて再びこの問題領域に開眼したヴェーバーは、同じくアメリカ体験に刺戟されて人種衛生学を展開していた医師プレーツを、自然科学的な社会学者として同学会に勧誘したのである。一九一〇年一一月の第一回社会学者大会でヴェーバーがプレーツ講演に失望したのは確かだが、プレーツの研究に対するヴェーバーの関心や敬意はそこで終ったわけではなかった。プレーツを巡るヴェーバーの言動を見ると、そこには知性主義の二面的な作用が見て取れる。ヴェーバーが知性主義的であるがゆえに、ポーランド人、インディアン、黒人といった特定の人間集団の「文化」水準を問題視し、それが人種問題の探究にも繫がったが、同じく知性主義的であるがゆえに、安易な人種論の展開には禁欲的だったのである。

ドイツ国内においてヴェーバーは、知的指導者たることをもって自認し、絶対的自信をもって同胞の政治教育に邁進した。ヴェーバーは「教壇禁欲」や「価値判断排除」を提唱し、自身なりの努力はしたものの、彼の西欧派ドイツ・ナショナリストとしての情熱は、しばしば政治の世界から学問の世界へと溢れ出した。ヴェーバーの周囲には、彼に信頼を寄せる同年配の同志たちや、彼を神の如く崇拝する信奉者たちが、いつもサロンを形成して、彼の言葉に耳を傾けていた。アングロ＝サクソン圏を模範としてドイツの現状を糾弾するヴェーバー・サークルには、「貴族的」な知的権威主義の雰囲気が支配していた。ヴェーバー・サークルは、その参加者全員が彼の盲目的信奉者だったわけではなかったとしても、そこではヴェーバーの知的権威が承認されており、ヤッフェやイェルク・フォン・カプヘル男爵のような熱狂的な礼讃者や、マリアンネやヤスパースのような「聖マックス」宣教者が中心的な役割を果たしていた(988)。もっともこの「ハイデルベルクのミュトス」を、同時代のドイツ人たちが挙《こぞ》って賞讃していたわけではない。ヘッチュのような保守派の論客から見れば、ヴェーバーの議論は単なる自由主義陣営の党派的見解、アングロ＝サクソン圏の礼讃に過ぎなかった。自由主義陣営内にも、ラーデのようにヴェーバーの突拍子もない性格に辟易し、彼に重要な現実政治的任務を与えようとしない人々がいた。ミュンヘンのボヘミアンたちはヴェーバーの演説に疑問を呈し、復員学生たちはヴェーバーのアルコ死刑論に授業ボイコットで応えた。実務家にも、ヒルガーのようにヴェーバーの提言が現実離れしていると感じるものがいた。

西欧派ドイツ・ナショナリストとしてのヴェーバーの分析の結論は、以前筆者が仮説として提示した「知性主義の逆説」という発想に集約される(989)。政治的近代化とは、なおも残存する身分制の伝統や教会の権威といった旧体制の桎梏から人間たちを解放し、知的に覚醒した自由で自立した、本質的には平等な個人たちの共同生活に見合った政治制度を目指すという解放の過程である。しかし政治的近代化が予定しているような人間の知的覚醒は、その信奉者たちが予想していたのとは異なり、いつでも、どこでも、誰でも同じように達成できるものではないという現実がある。従ってそこにいつの間にか個人間、人間集団間に新たな序列が生まれ、そこに新たな支配従属関係が生じてしまうのである。また覚醒した個人や人間集団は、自我に目覚めてしばしば衝突し、その衝突を調整する仕組みは存在しないため、結局は何らかの序列を構築しないと共存が出来ず、それが構築できない場合には厳しい反目状態に陥ることがある。ヴェーバーがポーランド人、ロシヤ人、イタリア人、アイルランド人、カトリック教徒、（一部の）ユダヤ人に懐いた優越感、アングロ＝サクソン圏の人々に対する劣等感や焦燥感、ドイツ国内におけるヴェーバー周辺の知的権威主義は、こうした「知性主義の逆説」の枠組で理解されるべきものである。

このようにヴェーバーの政治的言動を「知性主義の逆説」として統一的に解釈しようとする筆者の方針は、（とりわけ急進左派の目線でドイツ政治を考察するものから）次のような反論を蒙ることがある。ヴェーバーのような「ブルジョワ知識人」など、そもそも政治的近代化の担い手、左派言論人と呼ぶに値しない。ヴェーバーはナショナリズムに囚われ、君主制を擁護し、プロイセン・ユンカーに対する態度も両義的で、社会主義にも距離を置き、女性解放への態度も曖昧であった。真に徹底した政治的近代化の担い手であったならば、ヴェーバーのような言動には走らないはずである。現代のアメリカでは、ヴェーバーなどトクヴィルと並んで「保守」の始祖に分類されるだろうと。かつて一九九〇年代の日本で、社会主義思想への共感を隠さない論者たちが、崩壊したソヴィエト連邦やドイツ民主共和国といった「現存した社会主義」は、所詮「裏切られた革命」の産物に過ぎず、「真の社会主義」に忠実であれば、あるいは「エコロジー」や「フェミニズム」のような新手の左派思想を追求すれば、輝かしい未来が開かれるはずだと期待したことがあった[990]。同じような論法をヴェーバー研究にも適用して、彼の左派言論人としての不完全さを指摘し、それを彼のナショナリズムの激烈さの原因にしようとする議論は、論理的には構築可能であるかのように見える。

しかしこのような批判は、適当ではないように思われる。第一に、それは「木を見て森を見ず」の議論である。急進左派の社会主義陣営ではなく、穏健左派の自由主義陣営の論客であったにしても、ドイツに残る旧体制の残滓に対するヴェーバーの対決姿勢は明瞭であり、社会主義勢力とも場合に応じて連帯をしている。だからこそ戦後西側世界のドイツ近代史研究では、ヴェーバーの同時代分析が繰り返し援用されてきたのである。こういったヴェーバーの側面は、彼の全く別の側面が見えてきたからといって、忘却してよいはずはないと思われる。それにヴェーバーのプロイセン・ユンカーや女性、君主制や社会主義への両義性すらも、実は彼の知性主義的人間観の現れであることはすでに見てきた。ナショナリズムと政治的近代化とを極力対立物として見ようとする固定観念も、やはり疑問視されるべきである。第二に、それは「時代錯誤」の議論である。政治的近代化というのは、その時代や地域に応じて具体的課題が変容する。今日の急進左派思想を基準とすれば、社会主義思想の理論家マルクスの片言隻語を捉えて、彼の「左派言論人」性を疑問視する余地も生まれよう。イギリス保守思想の論客とされるエドマンド・バークにしても、その本質は名誉革命体制のイギリス国制の擁護であって、チューダー朝や初期ステュアート朝のイギリス人から見れば「保守思想」論者には見えないに相違ない。いずれにしても別な時代、別な地域の基準で過去の人物を審査するというのは、歴史研究には無縁の思考様式である。第三に、より真摯な政治的近代化の追求は、本当に「知性主義の逆説」から自由なのかという問題がある。二〇世紀の社会主義勢力が、野党として理想を高唱するだけでよい立場から実際に政権を運営し、現実に直面しつつ理想を実現する立場へと移行したとき、彼らが未開とされた周辺少数民族を否定的に評価したり、伝統的宗教団体やその信徒をその「後進性」ゆえに攻撃したりしたことは、本当になかっただろうか。現在進行形の現象である、アメリカ合衆国のイラク戦争、フランスの「スカーフ」排撃運動、ドイツの「国籍取得試験」(Einbürgerungstest) 導入は、世界大での政治的近代化の進展とは本当に無縁なのだろうか。それらは特定の政治家、政治勢力、国民の愚昧、偏狭、偽善、陰謀の問題として、手短に片付けられるような現象なのだろうか。

結局のところ我々歴史家は、ナショナリズムや政治的近代化といった潮流から距離を置いて分析するようになれば、二つの潮流がある局面では相互に抑制し、ある局面で相乗効果を発揮するという有様を、より淡々と観察することが出来るのではないだろうか。これが本書の指摘する最も重要なことである。

「知性主義の逆説」の発想は、従来のドイツ・ナショナリズム研究に再考を迫るものである。ヨーロッパ史におけるドイツ・ナショナリズムとは、単なる後進的なドイツの、先進的な西欧への嫉妬、反撥、憤懣に還元できるような、単純な代物ではないのではないだろうか。それは寧ろ――シュミットの表現を借用するならば[991]――「反対物の複合体」(complexio oppositorum) であったと見るべきであろう。カトリシズムがヴェーバーによって、あるときは非合理的な伝統主義ゆえに糾弾され、またあるときは合理主義の極致たる「官僚制」(ないし法秩序) として警戒されたように、現実のドイツ・ナショナリズムも、あるときは後進的地域アイデンティティとして否定され、またあるときは「西欧的傲慢」(westeuropäische Arroganz) の一変種として、いわばイギリス、フランス、アメリカのナショナリズムと同類の相貌を持つものとして迷惑視されてきたのである。この両面性を踏まえるところから、今後のドイツ・ナショナリズム研究は出発しなければならない。そうすれば、ヴェーバー死後のドイツ現代史の描かれ方も、自ずと変化してくるはずである。例えば従来、第三帝国史はドイツ政治史における西欧的発展からの逸脱の終着点として、ドイツ連邦共和国史はそこへの回帰と贖罪の過程として説明され続けている。けれどもそのような明確な区別は、本当に妥当なものであろうか。アングロ＝サクソン圏を憧憬しつつ「文化」の低い東方の人間たちを警戒し続けたヴェーバー、イギリスとの同盟を模索しつつ「下等人間」(Untermensch)の住む東方にドイツ人の「生存圏」を求めたアドルフ・ヒトラー、ラインラントにあってフランスとの連携を重視しつつエルベ以東を軽蔑したコンラート・アデナウアー、西欧史と比較したドイツ史の「特有の道」を批判しつつトルコのヨーロッパ連合加盟に強く反対する現代の長老歴史家たち――過去百年間のこういった人々の精神構造が、どの程度共通していて、またどの程度相違しているのかを丹念に分析することこそ、今後のドイツ・ナショナリズム研究の重要な課題になるはずである。

再統一後ドイツの情勢を見ても、我々はドイツ・ナショナリズムの漸進的擡頭が、かつて警戒されたような反西欧的な方向でというより、寧ろ親西欧的な方向で顕在化してきたということを、やはり確認せざるを得ないのである。ベルリン大学教授ハインリヒ・アウグスト・ヴィンクラー、エルランゲン＝ニュルンベルク大学教授グレゴール・シェルゲン、かつてのヴィリー・ブラントの副官エゴン・バールといった社会民主党系の論客たちが、昨今の論壇で唱える新しいドイツの自己主張は、広義の西欧世界の指導国の一つとしてのドイツの使命を自覚するよう強く要請するものであって、本人たちが意識しているかどうかに拘らず、結果的に百年前の西欧派ドイツ・ナショナリスト、マックス・ヴェーバーの延長線上を歩んでいるのである。「一九四五年にはドイツ・ライヒの反西欧的な意味での特有の道が終ったが、一九九〇年には旧連邦共和国のポスト・ナショナルな意味での特有の道と、ドイツ民主共和国の国際主義的な意味での特有の道が終ったのである。再統一されたドイツは「諸国民国家の狭間のポスト・ナショナルなデモクラシー」ではなく、他の「ヨーロッパ」諸国と同様にデモクラシー的でポスト古典的な国民国家なのである。」(ヴィンクラー)「第二次世界戦争から半世紀を経て、ドイツは再び統一された。そして再び重みのある国民国家への道を、そしてそれと共にヨーロッパの一大国への道を進みつつあるのである。」（シェルゲン）「東西紛争が終焉して初めて、ドイツで権力と政治的利害に関する情熱的な議論が始まった。我々が阻止できなかった戦争が、我が国が追求すべき対外政策や安全保障政策について議論し決断することを怠ってきた、過去十年間の怠慢に終止符を打ったのである。」（バール）[992]

ただ念を押しておくが、「知性主義の逆説」という現象は「ドイツ特有の道」の産物ではない。寧ろそれは、世界史の各所で見られるものなのである。ドイツから遠く離れた日本にしても、ヴェーバーの事例は他人事ではない。「実学」のあるものとないものとの格差を辛辣に描写して、日本人同胞に奮起を促した福澤諭吉、ドイツ留学中は日本ナショナリズムに凝り固まって失笑を買うも、帰国後は子供にドイツ名を付けてドイツ文学の紹介者となった森林太郎（鷗外）、ロンドンでは悶々と日々を過ごしたが、帰国後は英国帰りの自由主義知識人として敬意を集めた夏目金之助（漱石）などは、それぞれ一面においてヴェーバーと重複するところがある。そうした意味で、彼の政治的生涯を扱った本書に対しても、古代ローマ愛好家のヴェーバーならば、ホラティウスの警句をもって次のように答えることであろう。「君はどうして笑っているのかね？　名前のところを書き換えて遣りさえすれば、これは君についての話になってしまうのだよ。」我々の研究の今後は、ヴェーバーの事例をどれだけ相対化し、世界史的な規模で分析を展開することが出来るかに掛かっていると言えよう。

注

（1）Max Weber, Politik als Beruf, in: MWG I/17, S. 240f.

（2）サイード（今沢紀子訳）『オリエンタリズム』。サイードの生涯についてはサイード／アリ『サイード自身が語るサイード』など数多くの文献があり、次々に邦訳されている。

（3）「ポストコロニアル」批評の観念世界を紹介した文献としては、小森陽一『ポストコロニアル』などがある。

（4）石母田正「初版序」（昭和一九年）、同『中世的世界の形成』（第一六刷）（岩波書店、平成六年）、一三頁。但し石母田は続く文章で、一次史料への沈潜と先行業績への敬意とがこの「大胆さ」を単なる学問上の冒険から救うのだとも述べている。

（5）Mommsen, Max Weber und die deutsche Politik, Tübingen 1959（2. Aufl. 1974, 3. Aufl. 2004）. 第二版は大幅な増補版であるが、第三版は出版社側が誤記などの訂正を行っただけのものである。

（6）イギリスに亡命したドイツ人マルクス主義者ペーター・マイヤー（英語読みでメイヤーとも）の『マックス・ヴェーバーとドイツ政治』は、ヴェーバーの政治的見識を賞讃しつつ彼の権力国家志向を批判した点で、モムゼンの博士論文の先駆けであった。モムゼンはしばしばマイヤーを引用し、書名まで踏襲しているが、モムゼンの史料蒐集力、構想力が圧倒的だったために、今日マイヤーの存在はほぼ完全に忘れられている。

（7）Radkau, Max Weber は現代ドイツ歴史学の実証的水準の高さを示す力作だが、モムゼン以来の論争史とは別な文脈で生まれたものである。「ヴェーバー狂」（Weberei）を公言する経済史家ラトカウ（ビーレフェルト大学歴史学教授）は、「ヴェーバーと自然との関係」という問題設定のもと、ヴェーバーの人生全般を扱い、様々な論争点を網羅する勢いを見せている。ベルリン及びミュンヘンのヴェーバー関係文書を含む未公刊・公刊文書を基盤としたこの伝記は、恐らく全てのヴェーバー研究者が対決しなければならないものとなるだろう。とはいえ網羅性を追求した結果、その論旨は必ずしも明確ではなく、また政治に関する叙述には充分でない面もある。例えば筆者の博士論文（ドイツ語版二〇〇四年刊）における成果は活用されておらず、月並みな「ダマスカス弁護論」が繰り返されている。その意味でこの著作も、また批判的検討の対象とされなければならない。ロートはドイツ系アメリカ人の強みを生かし、ヴェーバー一家のアングロ＝サクソン圏への近接性を詳述してきたが、ヴェーバーのアングロ＝サクソン圏への愛憎半ばするところは、なお充分に描ききれていないように思われる。

（8） Lebensbild, S. 580（『ウェーバーⅠ』、四二七頁。).

（9） 今野元「マックス・ヴェーバーとオットー・フォン・ビスマルク――研究企画「マックス・ヴェーバーと同時代人たち・政治史篇」」、『政治思想研究』第七号（風行社、平成一九年）、二六〇―二六一頁；同「「人種的帝国主義者」から「「ヨーロッパ」論者」へ？――肥前榮一氏のマックス・ヴェーバー論を契機として」、『政治思想研究』第六号（風行社、平成一八年）、一九九頁。

（10） Pufendorf, Die Verfassung des deutschen Reiches, S. 181f.

（11） Briefe von und an Hegel 1, S. 120.

（12） Les pages immortalles de Napoléon, pp. 95-96（『ナポレオン言行録』、一一四頁。).

（13） 藤原帰一『デモクラシーの帝国』。

（14） National-Zeitung, No. 189, 24. April 1864, Zweites Beiblatt, S. 3.

（15） Lebensbild, S. 42（『ウェーバーⅠ』、三四頁。).

（16） Max Weber, Deutschland unter den europäischen Weltmächten, in: MWG I/15, S. 193f.

（17） ブレンターノは国民経済学者、政治評論家である。彼はハプスブルク家支配下のミラノからドイツに移住したイタリア系カトリック教徒の一家に、アシャッフェンブルクで生まれた。父は芸術家として挫折したのちにカトリシズムに覚醒し、プロイセンのライン州統治に反対して「教会の自由」を主張した闘士である。ドイツ戦争でエステルライヒ側の敗北を体験したブレンターノは、自由主義陣営でもプロイセン中心のドイツ国民国家を謳歌するヴェーバーらプロテスタント知識人とは異なる穏健派大ドイツ主義の立場からドイツ国民国家を支持した。一八六八年にイギリスへ視察旅行をしたブレンターノは、イギリスをドイツ政治改革の模範と見るようになり、特にその労働組合に強い興味を懐くようになる。またブレンターノはバイエルン貴族（あるいはイタリア貴族）に列する権利を有していたにも拘らず、それを敢えて行使せずに「ザクセン王国枢密顧問官」の称号で満足した、意気軒昂たるドイツ教養市民層の闘士でもあった (Brentano, Mein Leben 参照)。

（18） シェーファーは歴史家、政治評論家である。ブレーメンの港湾労働者の家庭に生まれ、ベルリン大学教授にまで上昇したという珍しい経歴を有する。当初は北欧史を専門としたが、トライチュケの信奉者として急進ナショナリズムを唱導する中で、ドイツ史一般に興味を移していった。第一次世界戦争中はラインホルト・ゼーベルクと「ドイツ的講和のための独立委員会」議長を務め、「ドイツ祖国党」にも参画し、ヴェーバーやベートマン・ホルヴェークらと対峙した (Dietrich Schäfer, in: DBE 8, München 1998, S. 546f.)。

（19） デルブリュックは歴史家、政治家、政治評論家である。独仏戦争で負傷したあと、ビスマルク批判者からその礼讃者に転じ、プロイセンの王子の教育掛も務めた。軍事史研究に邁進し、紆余曲折を経てベルリン大学教授になっている。トライチュケから『プロイセン年報』の編集を引き継ぎ、政治評論活動を展開した。当初は自由保守党に属し帝国議会、プロイセン代議院に議席を有したが、のち左派自由主義の論客として知られるようになっていった（Thimme, Hans Delbrück als Kritiker der Wilhelminischen Epoche 参照）。

（20）フーゲンベルクは近代ドイツ・ナショナリズムの巨頭である。ハノーファー王国の官吏の家庭に生まれ、一八九〇年には早くも「全ドイツ連盟」の前身を組織している。のちポーゼンでポーランド人勢力を封じ込めるドイツ人植民運動に従事し、プロイセン大蔵省勤務を経て一九〇七年にはクルップ商会の総支配人に就任した。ヴァイマール共和国ではドイツ国民的人民党の党首となり、一九三三年一月にはヒトラー内閣の経済・農業・食糧大臣に就任している（Guratzsch, Macht durch Organisation 参照）。

（21）Hildebrand, Das vergangene Reich, S. 15.

（22）Kissinger, Diplomacy, p. 17（キッシンジャー『外交（上）』、三頁）.

（23）久米邦武編『米欧回覧実記（三）』、三二九―三三〇頁。

（24）ベートマン・ホルヴェークは法学者、政治家である。フランクフルトの銀行家の家庭に生まれ、「歴史法学派」のサヴィニーの弟子としてベルリン大学、ボン大学でローマ法を教授した。のちフリードリヒ・ヴィルヘルム四世のサークルに入り、一八四〇年にプロイセン貴族となる。一八五〇年代に予告された反動政策に抗議して『プロイセン週報』を発刊、立憲君主制を目指す「週報党」を結成してゲルラッハ兄弟ら保守派の「十字章新聞党」と対峙した。帝国宰相テオバルトの祖父（Fritz Fischer, Moritz August v. Bethmann Hollweg, in: NDB 2, Berlin-West 1955, S. 187f.）。

（25）ベニクセンは政治家である。ハノーファー貴族に生まれ官吏となったが、一八五九年にミーケルらと「ドイツ国民協会」を設立して世襲帝制を伴うドイツ国民国家の樹立を目指した。ドイツ戦争ではハノーファー王国のエステルライヒ帝国への加担を阻止しようとし、敗北してハノーファーがプロイセン王国に併合されたのちは、（北ドイツ）帝国議会やプロイセン代議院で代議士として活躍した。国民自由党の領袖として小ドイツ主義的国民国家の実現と、ビスマルクとの妥協に基づく議会、連邦の強化に奔走した。一八七七年／七八年のビスマルクとの断絶と国民自由党の分裂とを経て一旦一八八三年に引退するも、「カルテル」議会で再び政界に復帰した。プロイセン王国ハノーファー州の自治拡充にも尽力した（Hans Herzfeld, Rudolf v. Bennigsen, in: NDB 2, Berlin-West 1955, S. 50–52.）。

（26）父マックスの生涯については彼の訃報に概略の説明がある。[Nachruf von Max Weber sen.], in: National-Zeitung, Nr. 474, 11. August 1897（Abend-Ausgabe）, S. 3. また以下の文献も参考になる。Roth, Max Webers deutsch-englische Familiengeschichte, S. 371–445; Haunfelder, Die liberalen Abgeordneten, S. 418.

（27）ミーケルは政治家である。三月革命では共和主義運動に参画し、マルクスとも交流しつつ非合法の共産主義グループで活動したが、のち小ドイツ的国民国家建設を支持して国民自由党に参加した。国民自由党と保守陣営（ドイツ保守党・自由保守党）との連携を進め、一八八七年にビスマルク与党の「カルテル」結成を実現したほか、一八九〇年にはプロイセン大蔵大臣に就任し、農業・工業利益の「結集」政策を提唱した（Rita Aldenhoff, Johannes v. Miquel, in: NDB 17, Berlin 1994, S. 553f.）。

（28）リッケルトは政治家である。西プロイセン州に生まれ、ダンツィヒでの新聞経営を経て政治活動を展開し、一八六六年に国民自由党の共同創立者になり、帝国議会やプロイセン代議院に議席を有した。バンベルガーらと党内左派を形成していたリッケルトは、国民自由党とビスマルクとの断絶後の一八八〇年に離党して新党「自由連合」を結成し、次いで一八八四年にリヒター率いるドイツ進歩党と合同して「ドイツ自由思想家党」を結成した。しかしリヒターらとの協力が成功せず、一八九三年「自由思想連合」を結成し、リヒターらの「自由思想人民党」と分離した（Andreas Thier, Heinrich Rickert, in: NDB 21, Berlin 2003, S. 549f.）。

（29）ホープレヒトは行政官、自由主義陣営の政治家である。司法官、行政官としての経験を踏まえ、ブレスラウ市長、ベルリン市長を歴任、一八七七年プロイセン大蔵大臣に就任するも、翌年ビスマルクとの齟齬で辞任した。のち国民自由党の代議士としてプロイセン代議院、帝国議会に議席を維持した（Ilsedore Rarisch, Arthur Hobrecht, in: NDB 9, Berlin-West 1972, S. 280.）。

（30）エーギディは法学者、政治家、政治評論家である。学生時代はブルシェンシャフトで活躍し、プロイセン官吏となるも「反動期」に辞任、ゲッティンゲン大学などで教鞭を取った。その後「新時代」に再びプロイセン官吏となり、小ドイツ主義的国民国家を目指す言論活動を展開、自由保守党に入党した。帝国建設後は帝国外務省の上奏顧問官、プロイセン代議院議員、ベルリン大学教授などを歴任した（Ludwig Karl James Aegidi, in: DBE 1, München/New Providence/London/Paris 1995, S. 47.）。

（31）シュミットは文学史家、自由主義陣営の政治評論家である。グスタフ・フライタークと共同で政治雑誌『グレンツボーテン』を編集、『プロイセン年報』などでも活躍した（Heinrich Julian（Aurel）Schmidt, in: DBE 9, München 1998, S. 13.）。

（32）ゴルトシュミットは商法学者、国民自由党の政治家である。商法学者としてハイデルベルク大学、ベルリン大学で教鞭を取る傍ら、国民自由党に入党し帝国議会に議席を有した（Rolf Dietz, Levin Goldschmidt, in: NDB 6, Berlin-West 1964, S. 617f.）。

（33）ジーベルは、歴史家、政治評論家である。ランケのもとで学び、マールブルク大学、ミュンヘン大学で教鞭を取りつつ、自由主義運動に傾倒、カトリシズムを攻撃し、プロイセン史学を確立した。ミュンヘン時代に『史学雑誌』を発刊し、ベルリンへ移住してプロイセン枢密国家文書館の館長を務め、またローマにドイツ歴史研究所を設立した（Heinrich（Karl Ludwig）v. Sybel, in: DBE 9, München 1998, S 643.）。

（34）モムゼンは法学者、歴史家である。ローマ法研究の傍ら政治評論に従事し、故郷シュレスヴィヒ＝ホルシュタインに対するデンマークの併合意欲を牽制した。一八六一年から教授資格のないままベルリン大学で授業を持ち、同時にドイツ進歩党の議員としてプロイセン代議院でドイツの自由と統一を唱導、統一後はビスマルク批判、トライチュケ批判を展開し、社会民主党にも接近した。第一回ノーベル文学賞を受賞したことでも知られる（Alexander Demandt, Theodor Mommsen, in: NDB 18, Berlin 1997, S. 27-29.）。

(35) Lebensbild, S. 41f.（『ウェーバーⅠ』、三四頁。）.

(36) Lebensbild, S. 44-48（『ウェーバーⅠ』、三五―三六頁。）.

(37) Brief von Max Weber an Max Weber sen., Straßburg 21. Dezember 1883, in: Nl. Weber（Berlin）, Nr. 2, Bl. 56（Jugendbriefe, S. 85.）.

(38) Lothar Gall, Julius Jolly, in: NDB 10, Berlin-West 1974, S. 589-591.

(39) Brief von Max Weber an Robert Michels, Heidelberg 16. August 1908, in: MWG II/5, S. 641.

(40) [Gervinus], G. F. Fallenstein; Lebensbild, S. 1-14（『ウェーバーⅠ』、一―一一頁。）.

(41) Lebensbild, S. 31（『ウェーバーⅠ』、二四―二五頁。）.

(42) Lebensbild, S. 74（『ウェーバーⅠ』、五七頁。）.

(43) Brief von Max Weber an Emilie Fallenstein, Charlottenburg 20. September 1876, in: Nl. Weber（Berlin）, Nr. 1, Bl. 20（Jugendbriefe, S. 4.）.

(44) Lebensbild, S. 50（『ウェーバーⅠ』、三八頁。）.

(45) Lebensbild, S. 50（『ウェーバーⅠ』、三八頁。）.

(46) Zeugnis im Königlichen Gymnasium zu Charlottenburg. Zeugnis No. I für den Schüler der I. Classe der Vorstufe Max Weber（I. Quartal 1873）, in: Nl. Weber（Berlin）, Nr. 1, Bl. 4. これによると、秀・優・良・可・不可の五段階評価で、「文法」、「正書法」、「地理」は秀、「宗教」、「読解」、「算数」、「図画」、「歌唱」は優、「筆記」（習字あるいは作文）は良であり、「体操」だけは成績の記載がない。授業には緊張して臨んでおり、どの教科でも「勤勉」さを示し、十回「賞讃」されているが、「遅刻」も四回あったとされている。ただ残されたヴェーバーの通知表はこの一枚のみであり、他の生徒の記録は辿れないので、彼がそのギムナジウムで特別の「優等生」であったのかどうかは判断できない。

(47) Lebensbild, S. 48（『ウェーバーⅠ』、三六頁。）. 但し具体的書名は明らかではない。

(48) Brief von Max Weber an Helene Weber, Charlottenburg 21. August 1876, in: Nl. Weber（Berlin）, Nr. 1, Bl. 19（Jugendbriefe, S. 3.）.

(49) Brief von Max Weber an Max Weber sen., Straßburg 21. Dezember 1883, in: Nl. Weber（Berlin）, Nr. 2, Bl. 56（Jugendbriefe, S. 85.）.

(50) Protestantische Ethik, in: Archiv 21, S. 14, GARSI, S. 98（『倫理』、一八七頁）; Ders., Politik als Beruf, in: MWG I/17, S. 248; WG, S. 561.

(51) Max Weber, Vorbemerkung, in: GARSI, S. 2.

(52) Max Weber, Politik als Beruf, in: MWG I/17, S. 250.

(53) Brief von Max Weber an Fritz Baumgarten, Charlottenburg 11. September 1878, in: Nl. Weber（Berlin）, Nr. 8, Bl. 7-11（Jugendbriefe, S. 9-11.）; Brief von Max Weber an Fritz Baumgarten, Charlottenburg 25. Oktober 1878, in: Nl. Weber（Berlin）, Nr. 8, Bl. 13（Jugendbriefe, S. 15.）.

(54) Brief von Max Weber an Fritz Baumgarten, Charlottenburg 9. September 1878, in: Nl. Weber（Berlin）, Nr. 8, Bl. 10（Jugendbriefe, S. 11-14.）.

(55) Brief von Max Weber an Fritz Baumgarten, Charlottenburg 10. August 1879, in: Nl. Weber（Berlin）, Nr. 8, Bl. 30（Jugendbriefe, S. 25f.）; Brief von Max Weber an Max Weber sen., Charlottenburg 9. August 1879, in: Nl. Weber（Berlin）, Nr. 1, Bl. 72（Jugendbriefe, S. 27.）.

(56) Brief von Max Weber an Fritz Baumgarten, Charlottenburg 10. August 1879, in: Nl. Weber（Berlin）, Nr. 8, Bl. 30（Jugendbriefe, S. 25f.）; Brief von Max Weber an Fritz Baumgarten, Charlottenburg 11. Oktober 1879, in: Nl. Weber（Berlin）, Nr. 8, Bl. 33（Jugendbriefe, S. 29.）.

(57) Brief von Max Weber an Fritz Baumgarten, Charlottenburg 29. Dezember 1878, in: Jugendbriefe, S. 17f.; Brief von Max Weber an Fritz Baumgarten, Charlottenburg 19. Januar 1879, in: Nl. Weber（Berlin）, Nr. 8, Bl. 22（Jugendbriefe, S. 21.）; Brief von Max Weber an Fritz Baumgarten, Charlottenburg 4. Februar 1879, in: Nl. Weber（Berlin）, Nr. 8, Bl. 25（Jugendbriefe, S. 19.）.

(58) 中村徳三郎「あとがき」、同訳『オシァン』（第一〇刷）（岩波書店、平成一四年）所収、四四七—四五七頁。高橋哲雄『スコットランド　歴史を歩く』（岩波書店、平成一六年）、九一—一二六頁。

(59) Brief von Max Weber an Fritz Baumgarten, Charlottenburg 19. Dezember 1879, in: Nl. Weber（Berlin）, Nr. 8, Bl. 35f.（Jugendbriefe, S. 31f.）.

(60) Max Weber, Betrachtungen Ueber Völker-Charakter, Völker-Entwicklung und Völker-Geschichte bei den Indogermanischen Nationen, in: Nl. Weber（München 1）, Schachtel 8.

(61) Heinrich v. Treitschke, Deutsche Geschichte im neunzehnten Jahrhundert, Theil 1: Bis zum zweiten Pariser-Frieden, Leipzig 1879;

Ders., Deutsche Geschichte im neunzehnten Jahrhundert, Theil 2: Bis zu den Karlsbader Beschlüssen, Leipzig 1882.

(62) Gustav Freytag, Bilder aus der deutschen Vergangenheit, Leipzig 1859.

(63) Brief von Max Weber an Fritz Baumgarten, Charlottenburg 4. Februar 1879, in: Nl. Weber (Berlin), Nr. 8, Bl. 24 (Jugendbriefe, S. 19.); Brief von Max Weber an Emilie Fallenstein, Charlottenburg 2. April 1879, in: Nl. Weber (Berlin), Nr. 1, Bl. 58. (Jugendbriefe, S. 24.).

(64) Leopold v. Ranke, Geschichten der romanischen und germanischen Völker von 1494 bis 1535, Leipzig 1824.

(65) Leopold v. Ranke, Zur Kritik neuerer Geschichtschreiber. Eine Beylage zu desselben romanischen und germanischen Geschichten, Leipzig 1824.

(66) Brief von Max Weber an Helene Weber, Heidelberg 13. November 1882, in: Nl. Weber (Berlin), Nr. 3, Bl. 36. (Jugendbriefe, S. 63.).

(67) トライチュケ『一九世紀ドイツ史』及びトライチュケ・バウムガルテン論争については、以下の文献が詳細な分析を行っており、本論もこの成果に依拠している。Andreas Biefang, Der Streit um Treitschkes „Deutsche Geschichte“ 1882/83. Zur Spaltung des National-liberalismus und der Etablierung eines national-konservativen Geschichtsbildes, in: Historische Zeitschrift 262 (1996), S. 391-422.

(68) Langer, Heinrich v. Treitschke.

(69) Gervinus, Geschichte des neunzehnten Jahrhunderts seit den Wiener Verträgen (8 Bde.).

(70) Brief von Max Weber an Fritz Baumgarten, Charlottenburg 11. Oktober 1879, in: Nl. Weber (Berlin), Nr. 8, Bl. 1 (Jugendbriefe, S. 33.).

(71) Brief von Max Weber an Helene Weber, Heidelberg 15. Dezember 1882, in: Nl. Weber (Berlin), Nr. 3, Bl. 38. (Jugendbriefe, S. 64.).

(72) Brief von Max Weber an Helene Weber, Heidelberg 14. Januar 1883, in: Nl. Weber (Berlin) Nr. 3, Bl. 42 (Jugendbriefe, S. 66.).

(73) Brief von Max Weber an Max Weber sen., Heidelberg 12. Februar 1883, in; Nl. Weber (Berlin), Nr. 2, Bl. 37 (Jugendbriefe, S. 68.).

(74) Brief von Max Weber an Hermann Baumgarten, Charlottenburg 25. April 1887, in; Nl. Weber (Berlin), Nr. 7, Bl. 19f. (Jugend-briefe, S. 231f.).

(75) ミュンヘンで保管される三つの作文の成立事情は明らかではないが、「ドイツ史の経過一般」及び「インド＝ゲルマン諸国民における民族の性格、民族の発展及び民族の歴史についての考察」には降誕祭の日付があるので、「シュタウフェン家」と同様家庭内で祖母などへの献呈用に作成された可能性が高いと思われる。「ローマ帝制期」には「ベルリン及びシャルロッテンブルク　一八七七年」とあるだけだが、皇帝の肖像画が挿絵として書き込まれ、しかも途中で終っているので、これも私的な契機に執筆されたものと推測される。

(76) Brief von Max Weber an Emilie Fallenstein, Charlottenburg 20. September 1876, in; Nl. Weber (Berlin), Nr. 1, Bl. 20 (Jugendbriefe, S. 3f.).

(77) Max Weber, Die Staufer, in; Nl. Weber (Berlin), Nr. 1, Bl. 22.

(78) Max Weber, Der Hergang der deutschen Geschichte im Allgemeinen, namentlich in Rücksicht auf die Stellung von Kaiser und Papst, in; Nl. Weber (München 1), Schachtel 8.

(79) この台詞は、文化闘争期を象徴するものとしてしばしば引用されてきた。一八七一年秋、ビスマルクは帝国教皇庁駐箚公使に、教皇庁に反抗的で国家に協力的な枢機卿グスタフ・フォン・ホーエンローエ＝シリングスフュルスト侯子（のちの帝国宰相クロートヴィヒの弟）を任命してヨーロッパ中の自由主義者の喝采を浴びたが、教皇庁がホーエンローエの着任を間接的に妨害したので、一八七二年五月一四日の帝国議会で国民自由党の指導者がドイツ帝国の教皇庁駐箚公使の職を廃止するようビスマルクに要求した。ビスマルクはこれに直接回答せずにこう述べたという。「心配しないで下さい。我々はカノッサには行きません——身体的にも精神的にも!」(Gall, Der weiße Revolutionär, S. 491.)

(80) Max Weber, Die Römische Kaiserzeit. Die Zeit der Völkerwanderung, in: Nl. Weber (München 1), Schachtel 8.

(81) ヴェーバーは「ブレンディケ博士」邸で「古銭、石貨」を見たと記している (Brief von Max Weber an Helene Weber, Charlottenburg 21. August 1876, in: Nl. Weber (Berlin), Nr. 1, Bl. 19 (Jugendbriefe, S. 3.).)。

(82) Max Weber, „Römisches“ und „deutsches“ Recht, in: MWG I/4, S. 526-534. 類似の記述として、『支配の社会学Ⅰ』、九五—九六頁も参照のこと。ちなみに親英派自由主義者の法学博士ブレンターノも、ローマ法学習を通じて「公然たる個人主義者」になったことを誇りとしていた (Brentano, Mein Leben, S. 148.)。

(83) Brief von Max Weber an Ferdinand Frensdorff, Charlottenburg 11. Januar 1888, in: Nl. Weber (Berlin), Nr. 10, Bl. 6f. (Jugendbriefe, S. 284.).

(84) Weber, Betrachtungen Ueber Völker-Charakter, in: Nl. Weber (München 1).

(85) „Semitismus“という言葉は、„Semitentum“ „Semitisches Wesen“ „semitische Talente“ „Semitischer Geist“などと同様に、「ユダヤ精神」（あるいは「ユダヤ民族」）を指すものとして普及するようになった概念である。それは丁度ヴェーバーがこの作文を執筆した一八七〇年代の流行概念で、ユダヤ人をそれまでのように宗教の観点からではなく人種の観点から把握するものであり、明確に否定的な含意を込めたものであった（Thomas Nipperdey/Reinhard Rürup, Antisemitismus, in: Otto Brunner/Werner Conze/Reinhart Koselleck（Hrsg.), Geschichtliche Grundbegriffe. Historisches Lexikon zur politisch-sozialen Sprache in Deutschland, Bd. 1, Stuttgart 1972, S. 129-153, u. a. S. 130-137.)。

(86)『経済と社会』には類似の記述がある（WG, S. 246, 314（『宗教社会学』、五、一七七頁。).）。

(87) これまで我々がこの分野で得た唯一の研究成果は、ブルシェンシャフト・アレマニア・ハイデルベルク団員（一九六八年）で、一九九九年当時はハイデルベルク大学裏に居住しシュパイエルで医師をしていたヴォルフ＝ディードリヒ・ラインバッハの未公刊の研究『マックス・ヴェーバーとブルシェンシャフト・アレマニア・ハイデルベルク』（Wolf-Diedrich Reinbach, Max Weber und die Burschenschaft Allemannia Heidelberg, Heidelberg 1999.）である。本論も背景知識はラインバッハの研究に負う所が大きい。なお学生組合研究は数多いが、近年では Heither et al., Blut und Paukboden が西欧主義的ブルシェンシャフト像を表現している。

(88) 学生組合には、二一世紀初頭の今日に到るまで「剣術」（Mensur）を行う風習がある。これはゴーグルで眼球を保護し、双方が一定の位置に起立し、立会人の合図に従って片手で剣を用いて行うという儀式的なものだが、出血を伴うことも稀ではない。また剣術で生じた顔面の傷を、勇敢さの証明として尊重するという習慣もある。剣術は学生組合団員の根性を鍛える通過儀礼であるが、ときには「名誉毀損」（Beleidigung）を契機に「決闘」（Duell）として実施されることもある。

時代の経過とともにドイツでは流血を伴う剣術を野蛮と見る考え方が広まり、「剣術を義務化する」（schlagend）学生組合と、「剣術を義務化しない」（nichtschlagend）学生組合とが反目しあうようになった。二一世紀初頭の今日では一般に、コールは「剣術を義務化する」ものが、ブルシェンシャフトは「剣術を義務化しない」ものが多いと言われている。ちなみにヴェーバーの属したブルシェンシャフト・アレマニア・ハイデルベルクは、二一世紀初頭の今日まで一貫して「剣術を義務化する」学生組合の一つである。

(89) 二〇世紀初頭に女子学生が登場するようになると、女性だけの学生組合が出現し、のちには男女混合の学生組合も登場した。ただブルシェンシャフト・アレマニア・ハイデルベルクは、二一世紀初頭の今日でも女子学生の加入を認めない学生組合である。

(90) Grewenig（Hrsg.), Das Hambacher Schloß; Bismarck, Gedanken und Erinnerungen, S. 20.

(91) 学生組合は通常、アレマニア、トイトニア、ボルッシア、ハンノヴェラ、ゲルマニア、スエヴィア、フランコニア、レナニアなど、ラテン語の（ドイツの）地名を名称に採用している。これは学生組合が元来同郷出身学生の集まりであったことの名残である（例えばアレマニアであれば西南ドイツ出身の学生集団、レナニアであればライン地方出身の学生集団といったように）。しかしこのような原則はすでにヴェーバーの時代には空文化しており、例えばベルリン（プロイセン）出身のヴェーバーがブルシェンシャフト・アレマニア・ハイデルベルクの団員になるということが全く問題なくなっていた。このため同じラテン語名を名乗る別な大学町の学生組合同士が連携することもなく、例えばブルシェンシャフト・フランコニア・フライブルクやブルシェンシャフト・フランコニア・ベルリンとは無関係か対立関係にあり、寧ろブルシェンシャフト・レナニア・フライブルクやブルシェンシャフト・ボルッシア・ベルリンと友好関係を結んでいるというようなことがあっても不思議ではなかったのである。

(92) 村山雅人『反ユダヤ主義』、一〇八頁；Dvorak, Biographisches Lexikon der Deutschen Burschenschaft I, S. 5, 45, 104, 134, 228.

(93) Brief von Helene Weber, zitiert in: Lebensbild, S. 38（『ヴェーバーI』、三〇頁。）. この書簡には日付がないが、そこでヘレーネは末娘リリ（一八八〇年生まれ）に二時間おきに食事を与えていると記しており、また「学生の卵」であるマックスが同年輩の仲間と自宅で交流していると書いているので、彼のギムナジウム時代末期のものと思われる。

(94) Brief von Max Weber an Helene Weber, Paulinzella 11. August 1878, in: Jugendbriefe, S. 6.

(95) Brief von Max Weber an Max Weber sen., Heidelberg 24. April 1882, in: Nl. Weber（Berlin）, Nr. 2, Bl. 24（Jugendbrife, S. 37.）.

(96) 父マックスはブルシェンシャフト・アレマニア・ハイデルベルク団員であったというマリアンネの説（Jugendbriefe, S. 43（Anmerkung).）は、正確ではない。

(97) ヴェーバーは結局「南ドイツ・カルテル」所属のブルシェンシャフト・アレマニア・ハイデルベルクに加入することになるが、にも拘らず父の属する「緑白赤カルテル」系のブルシェンシャフトとも一定の友好関係を維持したようである。ベルリン大学に通学していた一八八七年、ヴェーバーは父マックス及び「ケーニヒ枢密顧問官」と共にブルシェンシャフトの「大宴会」に参加し、そのことをゲッティンゲン大学の恩師で、父マックスのブルシェンシャフト・ハンノヴェラ・ゲッティンゲンの同輩であるフェルディナント・フレンスドルフに報告している。更にヴェーバーはその際、ゲッティンゲンの同類の催しにも是非参加したいとの意志を表明しているのである（Brief von Max Weber an Ferdinand Frensdorff, Charlottenburg 22. Januar 1887, in: Nl. Weber（Berlin）, Nr. 10, Bl. 3.）。

(98) Brief von Max Weber an Max Weber sen., Heidelberg 24. April 1882, in: Nl. Weber（Berlin）, Nr. 2, Bl. 25（Jugendbrife, S. 38.）.

(99) Brief von Max Weber an Helene Weber, Heidelberg 2. Mai 1882, in: Nl. Weber（Berlin）, Nr. 3, Bl. 3f.（Jugendbriefe, S. 43）usw.

(100) Brief von Max Weber an Helene Weber, Heidelberg 16. Mai 1882, in: Nl. Weber（Berlin）, Nr. 3, Bl. 8（Jugendbriefe, S. 47.）.

(101) アレマニアの台帳によれば一一月一日に「新米団員」（Fuchs）として加入したとあるが、ヴェーバー本人の書簡には一〇月三一日に「準団員」（Conkneipant）として加入したと記載されている（Brief von Max Weber an Helene Weber, Heidelberg 4. November 1882, in: Nl. Weber（Berlin）, Nr. 3, Bl. 33（Jugendbriefe, S. 60.）.）。

(102) Brief von Max Weber an Helene Weber, Heidelberg 18. Januar 1883, in: Nl. Weber（Berlin）, Nr. 3, Bl. 46（Jugendbriefe, S. 66.）;

Brief von Max Weber an Helene Weber, Heidelberg 7. März 1883, in: Nl. Weber（Berlin）, Nr. 3, Bl. 52（Jugendbriefe, S. 72f.）.

(103) Brief von Max Weber an Helene Weber, Heidelberg 26. Mai 1883, in: Jugendbriefe, S. 49f.

(104) Lebensbild, S. 74f.（『ウェーバーI』、五七頁。）.

(105) Stolberg-Wernigerode, Die unentschiedene Generation, S. 304.

(106) Schoeps/Bildarchiv Preußischer Kulturbesitz（Hrsg.）, Preußen, S. 7.

(107) カール・シュミット（服部平治・宮本盛太郎訳）「ファシスト国家の本質と生成」、古賀敬太・佐野誠編『カール・シュミット時事論文集』、九〇頁（文面は服部・宮本訳）。

(108) Meinecke, Das Leben des Generalfeldmarschalls Hermann von Boyen; Delbrück, Das Leben des Feldmarschalls Grafen Neithardt von Gneisenau; Scharnhorst der Schöpfer der Volksbewaffnung; Lange（Hrsg.）, Neithardt von Gneisenau; http://www.50-jahre-bundeswehr.de（二〇〇七年一〇月一一日）.

(109) Handbuch zur deutschen Militärgeschichte IV, S. 87-103; Huber, Deutsche Verfassungsgeschichte I, S. 247f.

(110) 「予備役」（Reserve）とは、三年間（のち二年間）の徴兵期間が経過して「現役」を退いた兵士が四年間経験する任務である。「予備役」のものは、日常はそれぞれの職業に従事しているが、有事の際には「現役」の兵士と同様に出動することになる。この「予備役」が終了すると次は五年間の「後備役」（Landwehr）となり、有事の際は主として国内の守備を担当することになる。なお一般に「予備役将校」（Reserveoffizier）というときは、「予備役」の状態の将校だけでなく「後備役」の将校も含まれる。

(111) Personalbogen, in: GLA 456/13719 Königliches Bezirkskommando Heidelberg, Personal-Akten: Hauptmann d. Landwehr Max Weber.

(112) Brief von Max Weber an Helene Weber, Straßburg 19. Januar 1884, in: Nl. Weber（Berlin）, Nr. 3, Bl. 63（Jugendbriege, S. 89f.）.

(113) Demm, Ein Liberaler in Kaiserreich und Republik, S. 20.

(114) Lebensbild, S. 533f.（『ウェーバーII』、三九九一四〇〇頁。）.

(115) Brief von Max Weber an Max Weber sen., Straßburg 28. Februar 1884, in: Nl. Weber（Berlin）, Nr. 2, Bl. 65（Jugendbriefe, S. 102.）.

(116) Brief von Max Weber an Helene Weber, Straßburg 2. Mai 1884, in: Nl. Weber（Berlin）, Nr. 3, Bl. 73（Jugendbriefe, S. 108.）.

(117) Brief von Max Weber an Helene Weber, Straßburg 8. Juli 1884, in: Nl. Weber（Berlin）, Nr. 3, Bl. 80（Jugendbriefe, S. 119f.）.

(118) Brief von Max Weber an Helene Weber, Straßburg 29. März 1885, in: Nl. Weber（Berlin）, Nr. 3, Bl. 94f.（Jugendbriefe, S. 158.）.

(119) Brief von Max Weber, Empfänger unbekannt, 15. September 1915, in: Nl. Weber (Berlin), Nr. 30, Bd. 10, Bl. 159.

(120) 『回想』、一〇〇頁（文面は一部改訳）; Interviews , S. 603.

(121) Lebensbild, S. 531（『ウェーバーII』、三九八頁。）.

(122) 『回想』、八五―八六頁（文面は一部改訳）.

(123) Protestantische Ethik, in: Archiv 21, S. 29, 95; GARSI, S. 117, 186（『倫理』、二二二、三三一頁。）.

(124) Lepsius, Parteiensystem und Sozialstruktur. Zum Problem der Demokratisierung der deutschen Gesellschaft, in: Ders., Demokratie in Deutschland, S. 25-50. ライナー・レプシウスは、一九四五年以前のドイツで西欧（特にアングロ＝サクソン圏）よりもデモクラシーの発展に遅滞が見られたのは、帝制期よりヴァイマール共和国期まで一貫して継続したこの四つの「社会倫理的」な「環境」間の対立のためだったと考えている。レプシウスはこの「社会倫理的環境」論によって、「階級対立」がドイツにおけるデモクラシーの進展を阻止したという説と対決しようとしたのである。この「社会倫理的環境」論を巡る論争については、Frie, Das Deutsche Kaiserreich, S. 94-108 を参照のこと。なおドイツ自由主義陣営の歴史については多くの文献があるが、とりわけ Langewiesche, Liberalismus in Deutschland は要領よくまとめられている。より専門的な研究としては、Gall, Bürgertum, liberale Bewegung und Nation が秀逸である。

(125) Brief von Max Weber an Helene Weber, Göttingen 12. Januar 1886, in: Nl. Weber (Berlin), Nr. 3, Bl. 112f. (Jugendbriefe, S. 198.).

(126) Brief von Max Weber an Helene Weber, Heidelberg 16. Mai 1882, in: Nl. Weber (Berlin), Nr. 3, Bl. 7 (Jugendbriefe, S. 46.).

(127) 但しドイツ自由主義陣営に明らかに感情移入している若きヴェーバーも、時として自由主義陣営の主張から距離を置き、これを批判的に見るゆとりを完全に失うことはなかった。彼が距離を置いたのは、自由主義陣営が右派を理不尽な手法で攻撃していると認識したときである。一八八七年三月、彼はシュトラスブルクの兵営から、自由思想家党の機関誌が選挙のために戦争の噂が流されていると煽動していることを、「ナンセンス」で「卑劣」だとして厳しく退けている（Brief von Max Weber an Helene Weber, Charlottenburg 16. März 1887, in: Nl. Weber (Berlin), Nr. 3, Bl. 122f. (Jugendbriefe, S. 217.).）。

(128) Brief von Max Weber an Hermann Baumgarten, Charlottenburg 8. November 1884, in: Nl. Weber (Berlin), Nr. 7, Bl. 8f. (Jugendbriefe, S. 145f.).

(129) Horst Dippel, Friedrich Kapp, in: NDB 11, Berlin-West 1977, S. 134f.; ズッカー編『アメリカのドイツ人』、七八―七九頁。

(130) Brief von Max Weber an Hermann Baumgarten, Charlottenburg 8. November 1884, in: Nl. Weber (Berlin), Nr. 7, Bl. 8

(Jugendbriefe, S. 145f.).

(131) リヒターは、左派自由主義陣営の指導的政治家である。ロベルト・フォン・モールやヘルマン・シュルツェ＝デーリッチュの影響を受け、プロイセン官吏試補でありながら保守陣営の批判を行い、本格的な任官を断念した。ドイツでも先駆的な（兼業ではない）職業政治家を目指したリヒターは、北ドイツ連邦帝国議会に進歩党議員として当選し、同時に大規模な言論活動を展開して左派自由主義陣営の指導者となっていく。国民自由党分離派（自由連合）と合同してドイツ自由思想家党を結成するも、同党は結局また左右に分裂したので、リヒターは左派の自由思想人民党を指導した。リヒターは同時に社会民主党をも批判し、社会主義が国家独裁に陥る危険性について警鐘を鳴らした（Andreas Thier, Eugen Richter, in: NDB 21, Berlin 2003, S. 526-528.）。

(132) バンベルガーは政治家である。マインツのユダヤ教徒銀行家の家に生まれたバンベルガーは三月革命に参加し、死刑宣告を受けてイギリスなどで亡命生活を送るも、パリでビスマルクの推進する小ドイツ主義的ドイツ統一支持を表明し、それまでの革命の同志たちと袂を分かって帰国した。ビスマルクのフランス問題顧問を務めた彼は、帝国議会で国民自由党議員として活躍したが、自由放任主義を信奉していたためビスマルクの保護貿易・社会保障政策に反対して国民自由党を離れ、自由連合、及びドイツ自由思想家党に所属したほか、皇太子フリードリヒ・ヴィルヘルムのサークルに属した（Theodor Heuss, Ludwig Bamberger, in: NDB 1, Berlin-West 1953, S. 572-574.）。

(133) Brief von Max Weber an Hermann Baumgarten, Charlottenburg 8. November 1884, in: Nl. Weber (Berlin), Nr. 7, Bl. 7 (Jugendbriefe, S. 142.).

(134) ヴェーバーは一八八七年春、シュトラスブルクの兵営での訓練中に、「ヘッセ嬢」を名乗る社会主義者と遭遇しており、その様子を書簡で詳細に記している（Brief von Max Weber an Emmy Baumgarten, Charlottenburg Ostern 1887, S. 228f.）。

(135) Brief von Max Weber an Hermann Baumgarten, Charlottenburg 8. November 1884, in: Nl. Weber (Berlin), Nr. 7, Bl. 7 (Jugendbriefe, S. 143.).

(136) Brentano, Mein Leben, S. 209.

(137) 帝国議会の選挙法に依拠したビスマルクの大衆煽動的政治手法を「カエサル主義」とする見方は、『経済と社会』でも再現されている（WG, S. 862.）。

(138) Brief von Max Weber an Hermann Baumgarten, Charlottenburg 8. November 1884, in: Nl. Weber (Berlin), Nr. 7, Bl. 7 (Jugendbriefe, S. 143.).

(139) Brief von Max Weber an Hermann Baumgarten, Charlottenburg 14. Juli 1885, in: Nl. Weber (Berlin), Nr. 7, Bl. 16 (Jugendbriefe,

S. 170.).

(140) Brief von Max Weber an Hermann Baumgarten, Charlottenburg 28. April 1892, in: Nl. Weber (Berlin), Nr. 7, Bl. 62 (Jugendbriefe, S. 346.).

(141) Weber, Grundriss zu den Vorlesungen über Allgemeine („theoretische“) Nationalökonomie, u. a. S. 11, 16;『回想』、八一九頁; Interviews, S. 598.

(142) Brief von Max Weber an Hermann Baumgarten, Charlottenburg 8. November 1884, in: Nl. Weber (Berlin), Nr. 7, Bl. 6-9 (Jugendbriefe, S. 145.).

(143) Adolf Stoecker, in: DBE 9, München 1998, S. 541.

(144) Brief von Max Weber an Hermann Baumgarten, Charlottenburg 14. Juli 1885, in: Nl. Weber (Berlin), Nr. 7, Bl. 15 (Jugendbriefe, S. 168.).

(145) アイネルンは、国民自由党の指導的政治家である。商業活動の傍ら市民層の有力者として地域政治に参画し、やがて一八七九年より一九〇六年までプロイセン代議院に議席を有した。国民自由党内でも昇進が速く、一八八六年には幹事長に就任している。進歩党、社会民主党、中央党との対決姿勢で知られ、文化闘争でも活躍した。一八九四年に貴族となった (Wolfgang Köllmann, Ernst v. Eynern, in: NDB 4, Berlin-West 1959, S. 710f.)。

(146) エンネクツェールスは法学者、国民自由党の指導的政治家である。ローマ法学者となり、マールブルク大学教授などを歴任。国民自由党に所属し、一八八二年よりプロイセン代議院で、一八八七年からは帝国議会でも代議士として活躍した (Siegfried Heyer, Karl Martin Ludwig Enneccerus, in: NDB 4, Berlin-West 1959, S. 536f.)。

(147) ベンダは騎士領主、国民自由党の政治家である。一八六八年から一八九八年まで帝国議会議員を務めた (Schwarz, MdR, S. 266.)。

(148) フォルケンベックは、自由主義陣営の政治家である。カトリック系帝国騎士の家系に生まれ、三月革命に参加したあと法律家として活躍し、ブラスラウ市長となる。国民自由党内ではビスマルクとの妥協を推進するベニクセンと対立し、一八八〇年にリッケルトと共に離党の上「自由連合」を形成、一八八四年に「ドイツ自由思想家党」の結成に参画した。一八七八年にはホーブレヒトの跡を継いでベルリン市長を務めた (Erich Angermann, Maximilian Franz August v. Forckenbeck, in: NDB 5, Berlin-West 1961, S. 296-298.)。

(149) Brief von Max Weber an Hermann Baumgarten, Charlottenburg 14. Juli 1885, in: Nl. Weber (Berlin), Nr. 7, Bl. 16 (Jugendbriefe, S. 170f.).

(150) Brief von Max Weber an Hermann Baumgarten, Charlottenburg 29. Juni 1887, in: Nl. Weber (Berlin), Nr. 7, Bl. 24 (Jugend-

briefe, S. 248f.).

(151) Brief von Max Weber an Hermann Baumgarten, Charlottenburg 31. Dezember 1889, in: Nl. Weber (Berlin), Nr. 7, Bl. 48 (Jugendbriefe, S. 323.).

(152) ちなみに第一次世界戦争後の一九二一年に行われたオーバーシュレジエン地方の国家帰属を決定する住民投票に際して、ドイツ語系住民は勿論のことポーランド語系住民も必ずしも新生ポーランド国家への帰属を希望せず、寧ろドイツ国家に残留することを希望するものが出たという現象はよく知られているが、これはより西欧寄りの国家に帰属を希望したという点でエルザス＝ロートリンゲン住民の態度に類似したものであると言えよう。つまり西欧的な魅力を発散したという意味では、エルザス＝ロートリンゲン住民にとってのフランスも、オーバーシュレジエン住民にとってのドイツも同様だということである。

(153) 第一次世界戦争前後におけるフランスのドイツ政策については、Steinmeyer, Die Grundlagen der franzosischen Deutschlandpolitik が参考になる。

(154) ヴェーバーは、毎年パリに赴くというフランス志向の牧師リフについて紹介し、またエルザスの教会文化がドイツの他地域のものと相違している点にも注目している (Brief von Max Weber an Helene Weber, Heidelberg 17. Juni 1882, in: Nl. Weber (Berlin), Nr. 3, Bl. 19f. (Jugendbriefe, S. 53-55.).)。

(155) Max Weber, Diskussionsrede zum Vortrag von Paul Barth, in: Verhandlungen des Zweiten Deutschen Soziologentages, S. 50. なおマティアス・グリューネヴァルト（一四七五年ころ―一五二八年）の傑作「イーゼンハイム祭壇」（一五〇六年―一五一五年）は、コルマールのウンターリンデン博物館に展示されている（ヴェーバーの時代もそこにあった）。

(156) Aufzeichnung über die Verhandlungen im Reichsamt des Innern über die Grundsätze des der verfassungsgebenden deutschen Nationalversammlung vorzulegenden Verfassungsentwurfs, vom 9. bis 12. Dezember 1918, in: MWG I/16, S. 72.

(157) Wittich, Deutsche und französische Kultur im Elsaß.

(158) Brief von Max Weber an Helene Weber, Heidelberg 17. Juni 1882, in: Nl. Weber (Berlin), Nr. 3, Bl. 20 (Jugendbriefe, 55.).

(159) Brief von Max Weber an Alfred Weber, Straßburg 8. August 1884, in: Nl. Weber (Berlin), Nr. 4, Bl. 3 (Jugendbriefe, S. 128.).

(160) Brief von Max Weber an Alfred Weber, Straßburg 8. August 1884, in: Nl. Weber (Berlin), Nr. 4, Bl. 2f. (Jugendbriefe, S. 127.).

(161) Stefan Hartmann, Edwin Freiherr v. Manteuffel, in: NDB 6, Berlin-West 1990, S. 86-88.

(162) マントイフェルのこの命令は、依然としてフランス志向の強い一部住民を刺戟しないためだったという説もある (Schultheß' Europäischer Geschichtskalender 1885, S. 70.)。

(163) [Hermann Baumgarten], Die deutsche Politik in Elsaß-Lothringen, in: Allgemeine Zeitung (München), No. 108, 19. April 1885, S. 1f.

(164) Brief von Max Weber an Helene Weber, Straßburg 29. März (1. April) 1885, in: Nl. Weber (Berlin), Nr. 3, Bl. 95 (Jugendbriefe, S. 158f.).

(165) Brief von Max Weber an Hermann Baumgarten, Charlottenburg 14. Juli 1885, in: Nl. Weber (Berlin), Nr. 7, Bl. 14 (Jugendbriefe, S. 166.).

(166) Brief von Max Weber an Hermann Baumgarten, Charlottenburg 29. Juni 1887, in: Nl. Weber (Berlin), Nr. 7, Bl. 1 (Jugendbriefe, S. 248.).

(167) Brief von Max Weber an Hermann Baumgarten, Charlottenburg 25. April 1887, in: Nl. Weber (Berlin), Nr. 7, Bl. 21 (Jugendbriefe, S. 233f.).

(168) Weber, Die Staufer, in: Nl. Weber (Berlin), Nr. 1, Bl. 22.

(169) Weber, Der Hergang der deutschen Geschichte, in: Nl. Weber (München 1).

(170) Brief von Max Weber an Max Weber sen., Schneekoppe/Riesengebirge 21. Juli 1880, in: Nl. Weber (Berlin), Nr. 2, Bl. 7.

(171) Brief von Max Weber an Max Weber sen., Schneekoppe/Riesengebirge 21. Juli 1880, in: Nl. Weber (Berlin), Nr. 2, Bl. 7.

(172) Voigt, Deutschlands Heere bis 1918 II, S. 505-515.

(173) Brief von Max Weber an Helene Weber, Straßburg 6. Februar 1884, in: Nl. Weber (Berlin), Nr. 3, Bl. 68 (Jugendbriefe, S. 96.).

(174) Brief von Max Weber an Helene Weber, Straßburg 2. Mai 1884, in: Nl. Weber (Berlin), Nr. 3, Bl. 73 (Jugendbriefe, S. 108.).

(175) Hugo Sommer, Die Stadt Posen als preußischer Truppenstandort von 1815 bis 1918. Sonder-Abdruck aus Heft 12 der Deutschen Wissenschaftlichen Zeitschrift für Posen, S. 21.

(176) Brief von Max Weber an Helene Weber, Posen 25. Juli 1888, in: Nl. Weber (Berlin), Nr. 3, Bl. 129f. (Jugendbriefe, S. 302f.).

(177) Brief von Max Weber an Hermann Baumgarten, Charlottenburg 25. Juni 1888, in: Nl. Weber (Berlin), Nr. 7, Bl. 42.

(178) Brief von Max Weber an Helene Weber, Posen 15. August 1888, in: Nl. Weber (Berlin), Nr. 3, Bl. 133 (Jugendbriefe, S. 306.).

(179) Brief von Max Weber an Helene Weber, Posen 15. August 1888, in: Nl. Weber (Berlin), Nr. 3, S. 134 (Jugendbriefe, S. 306.).

(180) Anlagen zu den Stenographischen Berichten über die Verhandlungen des Hauses der Abgeordneten, 1. Session der 16. Legislaturperiode 1886, Berlin 1886, Bd. 2, S. 914. もっとも彼は一八八六年一月三〇日にこの動議が採決された際、共同提案者の一人でありなが

ら何故か事前に届出をして議場を後にしていた（Stenographische Berichte über die Verhandlungen des Hauses der Abgeordneten, 1. Session der 16. Legislaturperiode 1886, Bd. 1, Berlin 1886, S. 276.）。

(181) Anlagen zu den Stenographischen Berichten über die Verhandlungen des Hauses der Abgeordneten, 1. Session der 16. Legislaturperiode 1886, Bd. 3, Berlin 1886, S. 1309; Stenographische Berichte über die Verhandlungen des Hauses der Abgeordneten, 1. Session der 16. Legislaturperiode 1886, Bd. 3, Berlin 1886, S. 1742.

(182) ツェドリッツは、プロイセンの官僚政治家である。オペルン県知事、王立植民委員会総裁、ポーゼン州総督を経て一八九一年―一八九二年にカプリヴィ首相のもとでプロイセン文部大臣を務めた。その後ヘッセン＝ナッサウ州総督なども歴任している（(Karl Eduard) Robert Graf v. Zedlitz-Trützschler, in: DBE 10, München 1999, S. 628.）。

(183) Brief von Max Weber an Hermann Baumgarten, Charlottenburg 28. April 1892, in: Nl. Weber（Berlin）, Nr. 7, Bl. 60（Jugendbriefe, S. 344.）.

(184) Brief von Max Weber an Helene Weber, Kosten 9. September 1888, in: Nl. Weber（Berlin）, Nr. 3, Bl. 139f. なおベンドレヴォの地主ボグスワフ・フォン・ポトツキが、一八九七年に家族世襲財産となった二千八百二十四ヘクタールの土地を所有していたとの記録がある（Wegener, Der wirtschaftliche Kampf, vollständige Aufl., Posen 1903, S. 306.）。

(185) Max Weber, Agrarpolitik. Fünfter Vortragsabend, in: MWG I/4, S. 786.

(186) 安藤英治『ウェーバー紀行』、二八頁；Brief von Max Weber an Emilie Fallenstein, Charlottenburg 2. April 1879, in: Nl. Weber（Berlin）, Nr. 1, Bl. 58（Jugendbriefe, S. 24.）.

(187) Hübinger, Kulturprotestantismus und Politik, S. 1.

(188) ハルナックはロシヤ帝国のドルパートに生まれ、ドルパート大学を経てライプツィヒ大学で博士号、教授資格を取得し、教義史、古代教会史の分野で業績を挙げた。ハンス・デルブリュックと義理の兄弟関係にあり、弟子にマルティン・ラーデがいる。プロイセン文部省は高名なハルナックを獲得しようとまずマールブルク大学に、次いでベルリン大学に招聘したが、その自由主義的傾向を危険視した福音最高評議会（合同教会の指導部）や保守陣営が難色を示し、一八八八年に漸く実現した。ベルリン大学教授、プロイセン学士院会員、ヴィルヘルム皇帝協会（マックス・プランク協会の前身）総裁として帝制期・ヴァイマール共和国期のドイツ学界で重きを成し、また政治評論の世界でも活躍した（Nottmeier, Adolf v. Harnack und die deutsche Politik 参照。）。

(189) Brief von Max Weber an Ferdinand Tönnies, Heidelberg 19. Februar 1909, in: MWG II/6, S. 63 usw.

(190) Brief von Max Weber an Alfred Weber, Straßburg 25. März 1884, in: Nl. Weber（Berlin）, Nr. 2, Bl. 71f.（Jugendbriefe, S. 105

-108.).

(191) Brief von Max Weber an Helene Weber, Göttingen 12. Januar 1886, in: Nl. Weber (Berlin), Nr. 3, Bl. 112 (Jugendbriefe, S. 197f.).

(192) Brief von Max Weber an Hermann Baumgarten, Charlottenburg 25. April 1887, in: Nl. Weber (Berlin), Nr. 7, Bl. 21f. (Jugendbriefe, S. 234f.).

(193) Julius Jolly, Der Kirchenstreit in Preußen, in: PJ 50 (1882), S. 107-164.

(194) Brief von Max Weber an Helene Weber, Straßburg 22. Oktober 1883, in: Nl. Weber (Berlin), Nr. 3, Bl. 58 (Jugendbriefe, S. 78.) 「プロテスタンティズムの倫理と資本主義の「精神」」にも、「伝統主義的な惰性的振舞」(der traditionalistische Schlendrian) という言い回しが見られる。Protestantische Ethik, in: Archiv 20, S. 24, GARSI, S. 47 (『倫理』、一一二頁。).

(195) Lebensbild, S. 228 (『ヴェーバーI』、一七三頁。).

(196) Protestantische Ethik, in: Archiv 20, S. 44f., GARSI, S. 73f. (『倫理』、一五三—一五四頁。).

(197) [Erklärungen gegen die Zulassung von Männerorden in Baden], in: MWG I/8, S. 410-413.

(198) Brief (Abschrift) von Max Weber an Marianne Weber, Verchelli 18. April 1902, in: Nl. Weber (Berlin), Nr. 30, Bd. 1, Bl. 78.

(199) Protestantische Ethik, in: Archiv 20, S. 1f. なおこの論文は、一九二〇年に『宗教社会学論集I』へ転載された時にヴェーバーによって改訂されたが、ここで挙げる部分は僅かな変更のみで、本質的にはそのまま残された (GARSI, S. 17f. (『倫理』、六九頁。))。

(200) Schell, Der Katholicismus als Prinzip des Fortschrittes; Hertling, Das Prinzip des Katholicismus und die Wissenschaft. なおシェルを巡る当時の論争については、以下の文献が参考になる。Karl Josef Rivinius, Integralismus und Reformkatholizismus. Die Kontroverse um Hermann Schell, in: Loth (Hrsg.), Deutscher Katholizismus im Umbruch zur Moderne, S. 199-218.

(201) Offenbacher, Konfession und soziale Schichtung, S. 68. ヴェーバーは引用に際し、原文の「バーデンの」という限定を削除し、その結論をカトリック教徒一般に敷衍しようとしている (Protestantische Ethik, in: Archiv 20, S. 6f., GARSI, S. 24 (『倫理』、七八頁。).)。

(202) ブレンターノは自分について、超保守的なカトリック家庭に生まれたものの、そこから脱却していったと述べている。確かにブレンターノはカトリック教徒でありながらシューパン事件で署名活動の先頭に立つなど、カトリック陣営ではなく左派自由主義陣営の論客として行動した人物である。だがそれは（彼自身も指摘するように）彼の生れ落ちた「社会倫理的環境」への正面からの抵抗を意味するものではなかった。ブレンターノは兄弟でオーバーアマガウの有名な「受難劇」を見に行くなどカトリシズムの伝統を愛好し、リーバーやヴィントホルストら中央党の指導者とも交流があった。親英派自由主義者であったブレンターノは、ドイツ、フランス、ベルギーでのように自由主義が反教権主義を唱導してカトリシズムを攻撃するのではなく、自由主義とカトリシズムとが協調関係にある（ように見えた）

カトリック解放後のイギリスに理想を見出していたのである（Brentano, Mein Leben, S. 55, 62, 64-66, 68, 99-106, 114-117.）。こうしたブレンターノにとって、ヴェーバーのカトリシズム理解は、違和感なしには読めないものだったに違いない。

(203) Lebensbild, S. 202（『ウェーバーI』、一五三頁。）.

(204) プロイセン・ユンカーの生活世界については、シュトルベルク＝ヴェルニゲローデ伯爵の研究『未決定の世代』が繊細に描き出している。また冷戦終焉後には、特定家門の回顧録や研究なども多く出版されるようになってきた。なかでもピタらの「最後のプロイセン人」ヴェスタルプ伯爵の研究は注目される。

(205) Helmuth Plessner, In Heidelberg 1913, in: König/Winckelmann (Hrsg.), Max Weber zum Gedächtnis, S. 34; Interviews, S. 606;『回想』、一一〇、一一九、一二一頁；Max Weber, Deutschland unter den europäischen Weltmächten, in: MWG I/15, S. 161.

(206) 帝国建設に対するプロイセン・ユンカーの見解の諸相を詳細に描写したものとしては、Ritter, Die preussischen Konservativen und Bismarcks deutsche Politik が参考になる。ただヴェーバーは、ドイツ統一前後のプロイセン・ユンカーについてこう述べたことがある。「プロイセンの傑出した男たちは、最高位のものに到るまで帝国のより大規模な統一に向かっていくことに反対したが、それは視野の狭隘ではなく、そののちに来ざるを得ないものに対する漠然たる感覚だったのである。」（Weber, Die Verhältnisse der Landarbeiter im ostelbischen Deutschland, in: MWG I/3, S. 927.）

(207) Brief von Max Weber an Hermann Baumgarten, Charlottenburg 14. Juli 1885, in: Nl. Weber (Berlin), Nr. 7, Bl. 16 (Jugendbriefe, S. 171f.).

(208) Brief von Max Weber an Hermann Baumgarten, Charlottenburg 14. Juli 1885, in: Nl. Weber (Berlin), Nr. 7, Bl. 15 (Jugendbriefe, S. 168f.).

(209) Brief von Max Weber an Hermann Baumgarten, Charlottenburg 30. April 1888, in: Nl. Weber (Berlin), Nr. 7, Bl. 38 (Jugendbriefe, S. 297.).

(210) Brief von Max Weber an Hermann Baumgarten, Charlottenburg 3. Januar 1891, in: Nl. Weber (Berlin), Nr. 7, Bl. 53 (Jugendbriefe, S. 328.).

(211) マリアンネは夫ヴェーバーが、姑ヘレーネ、イダ及びオットー・バウムガルテンの傾向を引き継いで「社会的正義」の理念に目覚め、下層民を含め全てのドイツ人が人間に相応しい健康や幸福を享受できるよう願っていたと信じている。そしてこの文脈で、ヴェーバーが、一八八〇年代から社会政策学会に所属し、一八九〇年／九一年に農業労働者の研究を引き受けたと記している（Lebensbild, S. 133-136『ウェーバーI』、一〇一―一〇四頁。）。しかしこうした記述は再検討されるべきである。ヴェーバーが社会政策に興味を懐いたのは、それがドイツ内政の重要な課題であると認識したからではあっても、社会的公正の理念に覚醒したからではない。ヴェーバーが一八八〇年代に社会政策学会に加入した記録もなく、同会の帳簿では一八九二年前半までは会費を納入しておらず、一八九二年後半から継続して納入した形跡がある（Mitgliederlisten des Vereins für Sozialpolitik 1890-1893, in: GStA PK, I. HA, Rep. 196 Verein für Sozialpolitik, Nr. 15, Bl. 34f., 73f. sowie 53f.）。またヴェーバーがこの農業労働者調査に企画段階から関与した形跡はなく、一八九二年初頭の分析段階からの関与しか確認できないのである（Brief von Hugo Thiel an Gustav Schmoller, 11. Februar 1892, in: GStA PK I. HA, Rep. 196 Verein für Sozialpolitik, Nr. 67, Bl. 167（MWG I/3, Einleitung, S. 22f. の示唆による）; Bericht über die Sitzung des Ausschusses des Vereins für Sozialpolitik, Berlin 13. März 1892, in: GStA PK I. HA, Rep. 196 Verein für Sozialpolitik, Nr. 66, Bl. 2（MWG I/3, Einleitung, S. 20 の示唆による).)。

(212) Hugo Thiel, Einleitung, in: Karl Kaerger u. a., Die Verhältnisse der Landarbeiter in Nordwestdeutschland, Würtemberg, Baden und in den Reichslanden, Leipzig 1892, S. VII-XIII.

(213) Brief vom Ausschuß des Vereins für Sozialpolitik an die beantwortenden Landwirte, Berlin Dezember 1891, in: Ebenda, S. VIII.

(214) Brief von Max Weber an Hermann Baumgarten, Charlottenburg 31. Dezember 1889, in: Nl. Weber（Berlin), Nr. 7, Bl. 46（Jugendbriefe, S. 323.).

(215) Max Weber, Die römische Agrargeschichte in ihrer Bedeutung für das Staats- und Privatrecht, in: MWG I/2, S. 92.

(216) Meitzen, Siedlung und Agrarwesen, Bd. 1, Vorwort.

(217) [Aufruf zur Gründung des DOV], in: GStA PK, XVI. HA, Rep. 30, Nr. 679, Bl. 7.

(218) Max Weber, Die Verhältnisse der Landarbeiter im ostelbischen Deutschland, in: MWG I/3.

(219) Max Weber, Die Verhältnisse der Landarbeiter im ostelbischen Deutschland, in: MWG I/3, S. 915.

(220) Max Weber, Die ländliche Arbeitsverfassung, in: MWG I/4, S. 169.

(221) Brief von Max Weber an Lujo Brentano, Charlottenburg 20. Februar 1893, in: BArch N 1001/67, Bl. 178f.（Jugendbriefe, S. 365.).

(222) Der Bund der Landwirthe, in: National-Zeitung, 21. Februar 1893（MorgenBlatt), S. 1.

(223) Deutschland: Berlin, Frankfurter Zeitung, Nr. 51, 20. Februar 1893（Abendblatt), S. 1 .

(224) Praktisches Agrarierthum, in: Vorwärts, Nr. 46, 23. Februar 1893, S. 1.

(225) Max Weber, Das Referat, in: Verhandlungen der am 20. und 21. März 1893 in Berlin abgehaltenen Generalversammlung des Vereins für Sozialpolitik über die ländliche Arbeiterfrage und über die Bodenbesitzverteilung und die Sicherung des Klein-

grundbesitzes, Leipzig 1893 [unten: Verhandlungen des VfS 1893], S. 62.

(226) Ebenda, S. 72.

(227) Ebenda, S. 73.

(228) Ebenda, S. 73.

(229) Die Stellung des Allgemeinen Deutschen Verbandes zu anderen nationalen Vereinigungen, in: Mittheilungen des Allgemeinen Deutschen Verbandes, No. 1, 1. Juni 1891, S. 1.

(230) Der erste All-Deutsche Verbandstag, in: Alldeutsche Blätter, No. 38, 16. September 1894, S. 153f.

(231) All-Deutscher Verband (Hrsg.), Die deutsche Ostmark. Aktenstücke und Beiträge zur Polenfrage, Berlin 1894.

(232) [Adolf Lehr], Innere Kolonisation im deutschen Osten I, in: Mitteilungen des A. D. V., No. 11, 15. Oktober 1893, S. 106.

(233) Max Weber, [Zur Polenfrage], in: Alldeutscher Verband (Hrsg.), Die deutsche Ostmark, S. 28f.

(234) Max Weber, Das Polentum in den deutschen Ostmarken [Bericht der Freiburger Zeitung], MWG I/4, S. 822.

(235) Petzet, Der Kampf um das Deutschtum, S. 52.

(236) Max Weber, Die ländliche Arbeiterverfassung, in: MWG I/4, S. 179.

(237) Brief (Abschrift) von Max Weber, Heidelberg 22. April 1899, in: Nl. Weber (Berlin), Nr. 30, Bd. 4, Bl. 75. この書簡には宛先の記載がないが，のちに引用するハッセの返信より，恐らくハッセに宛てて書かれたものであろうことが推測される。

(238) Stenographischer Bericht über die Verhandlungen der Landwirtschaftskammer für die Provinz Ostpreußen vom 10. März 1898, in: Verhandlungen der Landwirtschaftskammer für die Provinz Ostpreußen. Dritte Sitzungsperiode am 9., 10. und 11. März 1898, S. 62-73; Brief von Adolf Lehr an Ernst Hasse, Berlin 5. August 1898, in: BArch R 8048/181/2, Bl. 713; Zur Polenpolitik, in: Alldeutsche Blätter, 14. August 1898, S. 158; Anlagen zu den Stenographischen Berichten über die Verhandlungen des Hauses der Abgeordneten 1897/ 98, Bd. 2, S. 1434; Stenographische Berichte über die Verhandlungen des Hauses der Abgeordneten 1897/98, Bd. 3, Berlin 1898, S. 2098.

(239) カーニッツ伯爵は東プロイセン州のユンカーで，ドイツ保守党の政治家である。シュレジエン州の郡長を経て短期間北ドイツ連邦帝国議会議員を経験したあと，官職を辞して農業家となり，プロイセン代議院議員としてドイツ農業利益を代表した（Günter Richter, Hans Graf v. Kanitz, in: NDB 11, Berlin-West 1977, S. 102f.）。

(240) Max Weber, Die Börse I. Zweck und äußere Organisation der Börsen, in: MWG I/5, S. 135-174（マックス・ヴェーバー「第1部

取引所の目的と組織」、同（中村貞二・柴田固弘訳）『取引所』（未來社、昭和四五年）所収、五一―五〇頁。）.

(241) Max Weber, Rezension von: Wilhelm Kaufmann, Das internationale Recht der ägyptischen Staatsschuld, Berlin 1891, in: MWG I/5, S. 117–120; Ders., Rezension von: Otto Thorsch, Materialien zu einer Geschichte der österreichischen Staatsschulden vor dem 18. Jahrhundert, Berlin 1891, in: MWG I/5, S. 123f.

(242) 『取引所Ｉ』の成立事情については、以下を参照のこと。Editorischer Bericht von: Die Börse I, in: MWG I/5, S. 127–134.

(243) „Bundesrat" は従来日本では「連邦参議院」と訳されてきたが、筆者はここで「連邦評議会」という新しい訳語を提案する。そもそも「連邦参議院」という訳語は、戦後日本の「参議院」を念頭に置いて考案されたものと推測されるが、そうであれば二つの意味で問題がある。第一に、戦後日本の「参議院」とは異なり、ドイツの „Bundesrat" は議会の一部ではない。ドイツの議会（Parlament/Volksvertretung）は „Reichstag" あるいは „Bundestag" のみの一院制であり、„Bundesrat" は議会外の、連邦制を担保するための機関とされている。従って „Bundesrat" を「連邦参議院」と訳すことは、それが議会の一院（「上院」）であるかのような誤解を惹起すると思われる。第二に、そもそも戦後日本の参議院という機関には、その存在理由を巡って争いがある。それは二院制に固執する日本側が、一院制を主張するアメリカ占領軍の意向を押して設けたもので、その選挙法は時期によって変動し、無用論もある。そのように曖昧さが目立つ機関の名称を、連邦制維持という明確な機能を持つドイツの „Bundesrat" に当てるわけにはいかないのである。

(244) MWG I/5, S. 657.

(245) レクシス（一八三七年―一九一四年）は、国民経済学者である。数学教師として出発するも国民経済学に転向し、一八八七年からゲッティンゲン大学に落ち着いた。限界効用学派の批判者で、シュトラスブルク大学時代の同僚フリードリヒ・アルトホフの協力者としても知られる（Peter Koch, Wilhelm Lexis, in: NDB 14, Berlin-West 1985, S. 421f.）。

(246) これは恐らくハンス・フォン・シュヴェリーン伯爵（一八四七年―一九一八年）ではないかと思われる。この人物はドイツ保守党の帝国議会議員、プロイセン代議院議員で、プロイセン軍勤務のあとポンメルン州で農業経営に従事し、ポンメルン州農業会議所会頭、農業家同盟幹部など農業利益の代表者として知られた。一九一〇年から一九一二年までは帝国議会議長を務めている（Schwarz, MdR, S. 461; Biographisches Handbuch für das Preußische Abgeordnetenhaus, S. 2157.）。

(247) この人物についての詳細は不明である。

(248) ガンプ（一八四六年―一九一八年）は自由保守党の指導的政治家である。プロイセン王立鉄道やプロイセン商務省などで勤務する傍ら、帝国議会やプロイセン代議院に議席（西プロイセン州マリーエンヴェルダー選出）を有し、全ドイツ連盟の共同創立者の一人にもなる。一九〇七年にプロイセン貴族となりカール・フォン・ガンプ男爵となった（Karl Freiherr v. Gamp, in: DBE 3, München/New Provi-

dence/London/Paris 1996, S. 566f.)。

(249) Brief (Abschrift) von Max Weber an Marianne Weber, Berlin 20. November 1896, in: Nl. Weber (Berlin), Nr. 30, Bd. 1, Bl. 55.

(250) Brief (Abschrift) von Max Weber an Marianne Weber, Berlin 22. November 1896, in: Nl. Weber (Berlin), Nr. 30, Bd. 1, Bl. 55f.

(251) Max Weber, Die Börse II. Der Börsenverkehr, in: MWG I/5, S. 655.

(252) Brief von Max Weber an Fritz Baumgarten, Charlottenburg 11. Oktober 1879, in: Nl. Weber (Berlin), Nr. 8, Bl. 1 (Jugendbriefe, S. 28.).

(253) Max Weber, [Diskussionsbeitrag zum Vortrag von Hans Delbrück: „Die Arbeitslosigkeit und das Recht auf Arbeit“], in: MWG I/4, S. 610.

(254) Max Weber, Kollegheft „Die deutsche Arbeiterfrage in Stadt und Land“, in: Nl. Weber (München 1), Schachtel 1.

(255) Wolfgang J. Mommsen, Vorwort, in: MWG I/4, S. XVI.

(256) Die Ergebnisse der von der Allgemeinen Zeitung veranstalteten Flotten-Umfrage, in: Außerordentliche Beilage zur Allgemeinen Zeitung, Nr. 1 (11. Januar 1898) - Nr. 23 (6. März 1898).

(257) Lebensbild, S. 141 (『ウェーバー』、一〇六頁。).

(258) Lebensbild, S. 31, 39, 60, 101 (『ウェーバー』、二四、三一、四六、七七頁。).

(259) Brief von Max Weber an Fritz Baumgarten, Charlottenburg 19. Januar 1879, in: Nl. Weber (Berlin), Nr. 8, Bl. 21 (Jugendbriefe, S. 20.).

(260) Brief von Max Weber an Emmy Baumgarten, Charlottenburg Ostern 1887, in: Jugendbriefe, S. 223.

(261) Max Weber, „Privatenquêten“ über die Lage der Landarbeiter, in: MWG I/4, S. 74-105.

(262) Max Weber, [Diskussionsbeitrag in der Debatte über das allgemeine Programm des Nationalsozialen Vereins], in: MWG I/4, S. 619.

(263) Heuss, Friedrich Naumann, S. 139.

(264) Friedrich Naumann, Was heißt Christlich-Sozial?, 2. Aufl., Leipzig 1896.

(265) Max Weber, [Rezension von:] Was heißt Christlich-Sozial? Gesammelte Aufsätze von Fr [iedrich] Naumann, in: MWG I/4, S. 350-361.

(266) Friedrich Naumann, Wochenschau, in: Die Hilfe, Nr. 28, 14. Juli 1895, S. 1f.

(267) Brief (Abschrift) von Max Weber an Adolf Hausrath, Freiburg 15. Oktober 1896, in: Nl. Weber (Berlin), Nr. 30, Bd. 4, Bl. 4f.

(268) ゲルラッハは、政治家である。シュレジエン州のプロイセン・ユンカーの息子に生まれプロイセン官吏となったが、社会問題への関心から「社会保守主義」のシュテッカーやオイレンブルクの傘下に入って経済的反ユダヤ主義運動に加担するも、やがて限界を感じてナウマンら「社会自由主義」と合流した。国民社会協会で唯一の帝国議会議員となるが、同協会が解散し自由思想連合に合流したのち、ビューロ・ブロック維持のため帝国結社法に賛成票を投じたナウマンらに反抗して、テオドル・バルト、ルドルフ・ブライトシャイトらと独自の「民主連合」を旗揚げしたが、一九一二年の帝国議会議員選挙で落選した。一九一八年末に人民委員評議会政府のプロイセン内務次官を務めるも、ドイツ側のポーランド側への挑発行為に抗議して辞任し、以後政治評論家として平和主義運動（特に独仏和解）に邁進した。ヒトラー内閣成立時にはパリに亡命して、亡命ドイツ人の長を務めた（Adrien Robinet de Clery, Helmut v. Gerlach, in: NDB 6, Berlin-West 1964, S. 301f.）。

(269) Protokoll über die Vertreter-Versammlung aller National-Sozialen in Erfurt vom 23. bis 25. November 1896, Berlin o. D., S. 49.

(270) Brief von „Zduński“ an Max Weber, o. O. 13. Juli 1895, in: Nl. Weber (Berlin), Nr. 23, Bl. 36.

(271) Brief von Max Weber an Friedrich Naumann, Freiburg 9. Dezember 1896, in: BArch N 3001/106, Bl. 111f.

(272) Protokoll über die Vertreter-Versammlung aller National-Sozialen in Erfurt vom 23. bis 25. November 1896, Berlin o. D., S. 43; H. v. G. [Hellmut v. Gerlach], Die Lehre von Opalenitza, in: Die Zeit, No. 29, 3. November 1896, S. 1 (MWG I/4, S. 622 の示唆による。).

(273) Max Weber, Zum Preßstreit über den Evangelisch-sozialen Kongreß, in: MWG I/4, S. 467-479.

(274) Max Weber, Agrarpolitik [Vortragsreihe am 15., 22. und 29. Februar, 7. und 14. März 1896 in Frankfurt am Main], in: MWG I/4, S. 748-790; Ders., Die Zukunft der deutschen Bodenverteilung, in: MWG I/4, S. 794-798.

(275) Max Weber, [Erklärung gegen die Umsturzvorlage], in: MWG I/4, S. 879-884.

(276) シュトゥムは、ザール地方の大鉄鋼業者である。自由保守党の指導者でもある彼は、プロイセン代議院、帝国議会の議員として活躍したあと、プロイセン貴族院議員、男爵となった。ビスマルク社会政策を支持する彼は、労働者の福利厚生を図りつつその私生活にも介入するという家父長的「シュトゥム体制」を自企業内に構築し、労働運動に好意的だった即位当初のヴィルヘルム二世が方針転換する際にも一役買った（Karl (Ferdinand) Freiherr v. Stumm-Halberg, in: DBE 9, München 1998, S. 613.）。

(277) Max Weber, Die Kampfesweise des Freiherrn v. Stumm, in: MWG I/4, S. 517-519.

(278) Editorischer Bericht von: Max Weber, Die Kampfesweise des Freiherrn v. Stumm, in: MWG I/4, S. 514.

(279) Max Weber, Die bürgerliche Entwickelung Deutschlands und ihre Bedeutung für die Bevölkerungs-Bewegung [Rede am 9. Januar 1897 in Saarbrücken], in: MWG I/4, S. 814-818.

(280) Lebensbild, S. 236f.（『ウェーバーI』，一七九頁）．ヴェーバーのハイデルベルク大学への招聘は，すでに一八九七年一月一四日には正式決定している（Fügen, Max Weber, S. 64.）。

(281) Offenbacher, Konfession und soziale Schichtung（1901）, S. 30.

(282) Lebensbild, S. 212（『ウェーバーI』，一六一頁）．ヴェーバーはフライブルクへの赴任を考慮するに際して，「引退して年金生活に入るような感じがする」と大いに気にしていた（Brief von Max Weber an Marianne Weber, o. O. [Posen] 5. April 1894, in: Nl. Weber（Berlin）, Nr. 30, Bd. 1, Bl. 45.）。

(283) Max Weber, Der Nationalstaat und die Volkswirtschaftspolitik, in: MWG I/4, S. 543.

(284) Weber, Der Nationalstaat und die Volkswirtschaftspolitik, in: MWG I/4, S. 543.

(285) Brief von Max Weber an Johann Plange, 5. Juni 1909, in: MWG II/6, S. 140.

(286) Max Weber, Wissenschaft als Beruf, in: MWG I/17, S. 102f.

(287) Max Weber, Kollegheft „Die deutsche Arbeiterfrage in Stadt und Land“, in: Nl. Weber（München 1）, Schachtel 1.

(288) Weber, Der Nationalstaat und die Volkswirtschaftspolitik, in: MWG I/4, S. 571. ヴェーバーはこの「倫理的文化」派を「人道主義的社会改革綱領及び文化理念の信奉者」と言い換え，「世俗内禁欲」を自己目的化する禁欲的プロテスタンティズムとは区別している。Weber, Protestantische Ethik, in: Archiv 20, S. 53, GARSI, S. 82（『倫理』，一六六頁）．

(289) Brief（Abschrift）von Max Weber an Alfred Weber, Freiburg 17. Mai 1895, in: Nl. Weber（Berlin）, Nr. 30, Bd. 4, Bl. 15.

(290) F. [Friedrich Wilhelm Foerster], Streiflichter: Noch Einiges von den National-Sozialen, in: Ethische Kultur, Nr. 52, 26. Dezember 1896, S. 416.

(291) Weber, Der Nationalstaat und die Volkswirtschaftspolitik, in: MWG I/4, S. 548.

(292) Ebenda, S. 553.

(293) Ebenda, S. 560.

(294) Ebenda, S. 558.

(295) Ebenda, S. 560.

(296) Ebenda, S. 567.

(297) Ebenda, S. 568-570.

(298) Ebenda, S. 570f.

(299) 「メルトン財団」の創設者ヴィルヘルム・メルトン（一八四八年―一九一六年）は、鉄鋼業者である。父はロンドンから当時独立した都市国家であったフランクフルト・アム・マインに移住し、ユダヤ教からカルヴァン派に改宗している。若いころはイギリス国籍であり、ウィリアム・モーゼスを名乗っていた。鉄鋼業者として成功を収める傍ら社会問題に興味を懐いたメルトンは、社会問題を研究する機関を数多く設立・運営したが、中でも「社会・商業科学アカデミー」（本文でいう「社会科学研究所」）はフランクフルト大学の前身となった（Ursula Ratz, Wilhelm Merton, in: NDB 7, Berlin 1994, S. 184-187.）。

(300) Lebensbild, S. 239（『ウェーバーⅠ』、一八一頁。）. ちなみに一九一一年、ヴェーバーはフライブルク大学の教授たちの振舞を「小都市的」（kleinstädtisch）な感じがすると批判している（Brief von Max Weber an Heinrich Simon, o. O. Herbst 1911, in: Lebensbild, S. 413（『ウェーバーⅡ』、三一三頁。）.）。

(301) ただヴェーバーはハイデルベルク大学への赴任を決定した一八九六年一〇月の伯父アドルフ・ハウスラートへの書簡で、フライブルクからハイデルベルクへの移住が政治など他の分野での活動を諦めて学問に専念することになるという解釈を提示している。その際ヴェーバーが「諦める」政治活動として具体的に念頭に置いていたものは、翌月の一八九六年一一月に旗揚げすることになっていた国民社会協会の援助であった。この運動を「全く見込みのないナウマンの企画」と看做していたヴェーバーは、ハイデルベルク大学でカール・クニースの名門講座を引き受けると同時に、ナウマンの運動と縁を切るつもりでいたのである（Brief（Abschrift）von Max Weber an Adolf Hausrath, Freiburg 15. Oktober 1896, in: Nl. Weber（Berlin）, Nr. 30, Bd. 4, Bl. 4f.）。

とはいえフライブルクからハイデルベルクへの移住が政治など他の分野での活動を諦めて学問に専念することを意味するというヴェーバーの論理展開は、誇張された一面的なものだったと思われる。何故ならナウマンの運動との絶縁（これも現実には起こらなかったのだが）が即時に全政治活動（を中心とする非学問的活動）の停止を意味するわけでは全然ないからである。前述のようにヴェーバーはこの書簡の半年後の一八九七年三月にフライブルクで全ドイツ連盟の支部の旗揚げに関与することになるが、このような全ドイツ連盟での活動も充分に政治活動に入るのであり、実際ヴェーバーはハイデルベルクへの移住後も一八九九年四月まで連盟に所属し続けていたのである。更にヴェーバーはハイデルベルク時代に、恩師エルトマンスデルファーをハイデルベルク支部長とし、同僚のシェーファーなども参加していたドイツ・オストマルク協会に加入し、少なくとも一九〇七年ころまでは有力会員であった。加えてこれも前述のように、ヴェーバーはこの書簡を書いた一箇月後の一一月後半にベルリンで取引所委員会に参加しているが、こうしたドイツ現実政治の表舞台であるベルリンでの仕事もハイデルベルク行きで地理的に容易となるはずである。要するにハイデルベルク行きを学問への専心と同視するこ

でのヴェーバーの見方は、実際には彼を取り巻く政治的環境の現実には相応しないものだったのである。

(302) Brief von Max Weber an Ferdinand Tönnies, Heidelberg 2. März 1909, in: MWG II/6, S. 69; Honigsheim, On Max Weber, pp. 43-44（ホーニヒスハイム『マックス・ウェーバーの思い出』、七三―七四頁）.

(303) [Nachruf von Max Weber sen.], in: National-Zeitung, Nr. 474, 11. August 1897 (Abend-Ausgabe), S. 3; Lebensbild, S. 243-245（『ウェーバーⅠ』、一八四―一八六頁）.

(304) Lebensbild, S. 246-276（『ウェーバーⅠ』、一八六―二二〇頁）. なお「嘱託教授」(Honorarprofessor) という職位については以下で詳解されている。野﨑敏郎「マックス・ヴェーバーとハイデルベルク大学――人事案件・教育活動・同僚たち――（5）」、『社会学部論集』（佛教大学）、第四三号（平成一八年）、五〇―五一頁。

(305) ヘンリク・イプセンの戯曲『ジョン・ガブリエル・ボルクマン』で、自分の成功のために愛する女を棄てた銀行家ボルクマンが、心臓発作で最期を迎えたとき、金儲けに夢中だった自分を回顧し、「氷の手」、すなわち「金の手」が自分の心臓を掴んだと述べている（森林太郎訳『ジョン・ガブリエル・ボルクマン』、三五六頁）。つまりここでヴェーバーは、ボルクマンの台詞を幾分変形して引用しつつ、金儲けに邁進したボルクマンの人生に、学問的作業に没頭した自分の半生を重ねているのである。

(306) Lebensbild, S. 249（『ウェーバーⅠ』、一八九頁）.

(307) Lebensbild, S. 360（『ウェーバーⅡ』、二七三頁）.

(308) Lebensbild, S. 474f.（『ウェーバーⅡ』、三五二―三五三頁）.

(309) Lebensbild, S. 533（『ウェーバーⅡ』、三九九―四〇〇頁）.

(310) 大野忠男「付録4　シュムペーターとウェーバーの会見の記」、同『自由・公正・市場』、三〇六頁。

(311) Lebensbild, S. 618f.（『ウェーバーⅡ』、四五四頁）.

(312) Lebensbild, S. 703（『ウェーバーⅡ』、五一七頁）.

(313) Dirk Käsler, Chronologisches Verzeichnis der Originalpublikationen Max Webers 1889-1920, in: Ders., Max Weber, S. 273-275.

(314) Baumgarten, Max Weber, S. 301.

(315) Max Weber, Agrarpolitik [Vortragsreihe vom 4. bis 8. Oktober 1897 in Karlsruhe], in: MWG I/4, S. 830-841. マリアンネはこの講習会を福音社会会議の主催したものと考えているが（Lebensbild, S. 247（『ウェーバーⅠ』、一八七頁）.）、正確にはバーデン福音社会協会及びヴュルテンベルク福音社会会議である（MWG I/4, S. 826.）。

(316) Max Weber, Der Gang der wirthschaftlichen Entwicklung [Vortragsreihe vom 19. und 26. November, 3. und 10. Dezember 1897

in Mannheim], in: MWG I/4, S. 846-852.

(317) Max Weber, Bodenverteilung und Bevölkerungsbewegung [Vortrag vom 7. Dezember 1897 in Straßburg], in: MWG I/4, S. 855.

(318) Lebensbild, S. 247（『ウェーバーⅠ』，一八七頁）．この他マリアンネはヴェーバーがフランクフルトでも講演したとしているが，これは現在のところまだ確認されていない。

(319) Max Weber, Agrarpolitik, in: MWG I/4, S. 833.「ポーランド人」と並んで「イタリア人」が挙げられているのは，低賃金のイタリア人労働者の流入を意識したものであろう。

(320) Max Weber, [Stellungnahme zu der von der Allgemeinen Zeitung im Dezember 1897 veranstalteten Flottenumfrage], in: MWG I/4, S. 671.

(321) Brief (Abschrift) von Max Weber, Heidelberg 22. April 1899, in: Nl. Weber (Berlin), Nr. 30, Bd. 4, Bl. 75.

(322) Lebensbild, S. 289（『ウェーバーⅡ』，二三〇頁）．

(323) Lebensbild, S. 362, 366f., 507（『ウェーバーⅡ』，二七四，二七七―二七八，三七八頁）; Brief (Abschrift) von Max Weber an Marianne Weber, Ascona 26. März 1913, in: Nl. Weber (Berlin), Nr. 30, Bd. 2, Bl. 5.

(324) Heß, Junker und bürgerliche Großgrundbesitzer, S. 101-214. 一九一九年のヴァイマール共和国憲法は，一五五条二項で家族世襲財産の解体を打ち出したが，各邦に委任された解体作業は遅々として進展しなかった。家族世襲財産の解体は第三帝国期や戦後期にも続行されたものの，大土地所有解体が強行されたドイツ民主共和国とは違い，ドイツ連邦共和国ではなおも家族世襲財産が残存することとなった（Ebenda, S. 104-106.）。

(325) Max Weber, Agrarstatistische und sozialpolitische Betrachtungen zur Fideikommißfrage in Preußen, in: MWG I/8, S. 92-188.

(326) Max Weber, Landwirtschaft und Agrarpolitik. Grundriß zu 8 Vorlesungen im Evangelisch-sozialen Kursus zu Berlin. Oktober 1893, in: MWG I/4, S. 265.

(327) Max Weber, Das Anerbenrecht auf der preußischen Agrarkonferenz, in: MWG I/4, S. 502-511; Brentano, Mein Leben, S. 228-249.

(328)「私にとって主たる観点は古い歴史的貴族の生活環境にある古い家族世襲財産と，現代の資本主義的成金の家族世襲財産との区別にあります。双方はあらゆる面で異なる作用を齎します。」(Brief (Abschrift) von Max Weber an Georg v. Below, 19. Juli 1904, in: Nl. Weber (Berlin), Nr. 30, Bd. 4, Bl. 96f.)

(329) Wegener, Der wirtschaftliche Kampf der Deutschen.

(330) Weber, Fideikommißfrage in Preußen, in: MWG I/8, S. 176, Anmerkung 62.

(331) Brief (Abschrift) von Max Weber an Alfred Weber, Heidelberg 8. März 1904, in: Nl. Weber (Berlin), Nr. 30, Bd. 4, Bl. 101f.

(332) Brief von Max Weber an Helene Weber, Straßburg 8. Juli 1884, in: Nl. Weber (Berlin), Nr. 3, Bl. 80 (Jugendbriefe, S. 120.).「コール」団員である軍隊の戦友たちとの微妙な関係については、一年間の兵役終了間際にも示唆されている (Brief von Max Weber an Max Weber sen., Straßburg 29. September 1884, in: Nl. Weber (Berlin), Nr. 2, Bl. 80 (Jugendbriefe, S. 135.))。

(333) Max Weber, Die Verhältnisse der Landarbeiter im ostelbischen Deutschland, in: MWG I/3, S. 918.

(334) Max Weber, [Über Burschenschaft und Corps], in: MWG I/4, S. 731. この講演の背景についてはEditorischer Bericht (MWG I/4, S. 729f.) を参照のこと。なおブルシェンシャフト・アレマニア・フライブルクは、ブルシェンシャフト・アレマニア・ハイデルベルクと名称が類似しているが、両者の間には特別な関係は存在しない。「アレマニア」の綴りにしても、前者は„Alemannia“、後者は„Allemannia“であった。何故ヴェーバーがフライブルクのこのブルシェンシャフトで講演したのかは、いまのところ不明である。

ちなみにヴェーバーは、一八九七年にもブルシェンシャフト・アレマニア・ボン (Burschenschaft Alemannia Bonn) から講演依頼を受けているが、彼がそれに応じたかどうかは不明である (Brief von Burschenschaft Alemannia Bonn an Max Weber, Bonn 14. Juli 1897, in: Nl. Weber (München 1), Schachtel 6.)。

(335) Max Weber, [Die Couleurschicksale des Fürsten Bismarck], in: MWG I/4, S. 577f. この講演の背景についてはEditorischer Bericht (MWG I/4, S. 575f.) を参照のこと。

(336) Weber, Fideikommißfrage in Preußen, in: MWG I/8, S. 183f.

(337) Max Weber, [Diskussionsbeiträgen], in: Verhandlungen des IV. Deutschen Hochschullehrertages zu Dresden am 12. und 13. Oktober 1911, S. 66f., 69f.

(338) Berliner Tageblatt und Handels-Zeitung, Nr. 528, 16. Oktober 1911, Abend-Blatt, S. 4; Berliner Tageblatt und Handels-Zeitung, Nr. 530, 17. Oktober 1911, Abend-Blatt, S. 3.

(339) Max Weber, Die Handelshochschulen. Eine Entgegnung, in: Berliner Tageblatt und Handels-Zeitung, Nr. 548, 27. Oktober 1911, Morgen-Ausgabe, Nr. 543, S. 1. 報道機関への責任転嫁は、ビンツやエルツバッハーへの書簡や、各商科大学への弁明でも行われていた。Brief von Max Weber an Arthur Binz, Heidelberg 18. Oktober 1911, in: MWG II/7, S. 298; Brief von Max Weber an Paul Eltzbacher, Heidelberg 18. Oktober 1911, in: MWG II/7, S. 299f.; Brief von Max Weber an die Haldelshochschulen Berlin/Köln/Mannheim/München, Heidelberg 7. November 1911, in: MWG II/7, S. 327f.

(340) Ebenda, S. 55f.

なお『ヴェーバー全集』編集部は、ヴェーバーのアレマニア退団を「一九一八年一一月一七日」としているが、判断の理由は以下の通りである。（一）「一〇月一八日」と日付のあるヴェーバーの書簡はアレマニアの内部報に転載されたもので、原版が発見されていない。（二）マリアンネがヴェーバーのアレマニア退団を一九一九年一月と推測している（Lebensbild, S. 644（『ウェーバーII』、四七二頁。）.）。（三）書簡の文面に「戦争のあとには」という言葉がある。（四）学生組合団員がヴェーバー邸前で抗議行動をしたのは一九一九年一月である（MWG I/16, S. 191f., Anmerkung 3.）。

しかしこの説明は、ヴェーバーの退団日を「一九一八年一一月一七日」と変更する論拠としては不充分なため、本書では一応アレマニア側の記録に従い「一九一八年一〇月一七日」を脱退日としている。（一）ヴェーバーの書簡には複写のみのものも多く、ここで特別に疑問を呈する理由がない。（二）マリアンネの説明は推測に過ぎず、しかも「一月」としているので、何故「一一月」という日付が登場するのか不明である。（三）一九一八年一〇月にはすでに敗戦が目前に迫っていたので、戦後のことを予想して「戦争のあとには」と記すことはあり得る。（四）ヴェーバー邸前での学生組合の抗議行動は、彼のアレマニア脱退に対してのものとは限らず、それに続く彼の学生組合批判に対するものかもしれない。しかも抗議行動は「一一月」ではなく「一月」の事件である。

(341) Reinbach, Max Weber und die Burschenschaft Allemannia Heidelberg, S. 27 und S. 55.
(342) Max Weber,［Deutschlands Wiederaufrichtung］, in: MWG I/16, S. 419.
(343) Lebensbild, S. 644（『ウェーバーII』、四七二頁。）.
(344) Heidelberger Tageblatt, Nr. 17 vom 21. Januar 1919, zitiert nach: MWG I/16, S. 192.　この宣言を掲載したのは、アレマニアを含むハイデルベルクの十一の学生組合（ブルシェンシャフト、体操協会、合唱団など）であった（MWG I/16, S. 192f.）。
(345) Max Weber,［Zu einer Erklärung der Heidelberger Couleurstudenten］, in: MWG I/16, S. 194f.; Ders., Student und Politik, in: MWG I/16, S. 484; Brief von Max Weber an Friedrich Crusius, Frankfurt (M) 24. November 1918, in: GPS, S. 483.
(346) WG, S. 128（『支配の諸類型』、二六―二八頁。）;『支配の社会学I』、三三―三四頁。
(347) Brief von Max Weber an Wilhelm Liebknecht, 6. November 1892, in: Archiv der sozialen Demokratie der Friedrich-Ebert-Stiftung (Bonn), Moskauer Film, Fonds 200（Nl. Wilhelm Liebknecht）, opis. 4, Nr. 3523.
(348) Max Weber, Die ländliche Arbeitsverfassung, in: MWG I/4, S. 200.
(349) Max Weber, Diskussionsbeitrag in der Debatte über das allgemeine Programm des Nationalsozialen Vereins, in: MWG I/4, S. 619.
(350) Protestantische Ethik, in: Archiv 20, S. 18（『倫理』、九八頁。）（GARSI では削除）.
(351) Brentano, Mein Leben, S. 151, 153; Verhandlungen der Vereins für Socialpolitik 1905, S. 215f.

(352) Verhandlungen des Vereins für Socialpolitik 1905, S. 217.

(353) Brief von Max Weber an Robert Michels, Heidelberg 3. Juni 1906, in: MWG II/5, S. 99; Brief von Max Weber an Robert Michels, Heidelberg 4. August 1908, in: MWG II/5, S. 615f.

(354) Lebensbild, S. 361（『ウェーバーII』、二七三—二七四頁）; Brief von Max Weber an Robert Michels, Heidelberg 27. November 1906, in: MWG II/5, S. 185; Brief von Max Weber an Robert Michels, Heidelberg 24. Januar 1907, in: MWG II/5, S. 221-224 usw.

(355) Dirk Käsler, Robert Michels, in: NDB 17, Berlin 1994, S. 451f.; Brief von Max Weber an Achille Loria, Heidelberg 1. Januar 1907, in: MWG II/5, S. 207.

(356) Max Weber, [Diskussionsbeitrag], in: Verhandlungen des Vereins für Sozialpolitik 1907, S. 298.

(357) Max Weber, Sozialismus, in: MWG I/15, S. 599-633（マックス・ウェーバー（濱島朗訳・解説）『社会主義』（第二〇刷）（講談社、平成七年）、二七—五四頁）.

(358) WG, S. 127（『支配の諸類型』、三二、二四頁）;『支配の社会学I』、一一〇頁 ; Max Weber, Parlament und Regierung im neugeordneten Deutschland, in: MWG I/15, S. 451, 459; MWG I/19, S. 313（『儒教と道教』、二二二—二二三頁）.

(359) Schmitt, Römischer Katholizismus, S. 23（シュミット（長尾龍一ほか訳）『政治神学再論』、一四〇頁）.

(360) Brief von Max Weber an Elisabeth Gnauck-Kühne, Heidelberg 15. Juni 1909, in: MWG II/6, S. 176f.

(361) Max Weber, Die Landarbeiter in den evangelischen Gebieten Norddeutschlands, in: MWG I/4, S. 707f.

(362) [Max Weber], Eine katholische Universität in Salzburg, in: Frankfurter Zeitung, Nr. 128, 10. Mai 1917, 1. Morgen-Blatt.

(363) WG, S. 340, 342（『宗教社会学』、二四〇、二四五頁）.

(364) Max Weber, Die Lehren der deutschen Kanzlerkrisis, in: MWG I/15, S. 303; Ders., Parlament und Regierung, in: MWG I/15, S. 480.

(365) Horst Betz, Gustav Schmoller, in: DBE 9, München 1998, S. 39f.; 田村信一『グスタフ・シュモラー研究』。

(366) Brentano, Mein Leben, S. 144-149.

(367) Brief von Max Weber an Max Weber sen., Charlottenburg 3. September 1883, in: Nl. Weber (Berlin), Nr. 2, Bl. 51 (Jugendbriefe, S. 75.).

(368) Brief von Max Weber, o. O. u. J., in: GStA PK I. HA, Rep. 196 Verein für Sozialpolitik, Nr. 67, Bl. 170f. ここでヴェーバーは謙虚に受諾の意志を伝え、相手のもとに相談に行くと述べている。この書簡には宛先の記載がないが、シュモラーと同学会関係者との書簡集の中に保存されているので、シュモラー宛のものである可能性が高いだろう。

(369) 『回想』、一〇頁；Interviews. S. 599.

(370) Brief von Max Weber an Helene Weber, Charlottenburg 26. Juli 1893, in: Nl. Weber（Berlin）, Nr. 3, Bl. 160（Jugendbriefe, S. 373.）.

(371) Max Weber, Die „Objektivität" sozialwissenschaftlicher und sozialpolitischer Erkenntnis, in: GAWL, S. 146-214（マックス・ヴェーバー「社会科学的および社会政策的認識の「客観性」」、同（祇園寺信彦／祇園寺則夫訳）『社会科学の方法』（講談社、平成一〇年）所収。）.

(372) Heinrich Braun, in: DBE 2, München/New Providence/London/Paris 1995, S. 81.

(373) Bernhard v. Brocke, Werner Sombart, in: DBE 9, München 1998, S. 367f.

(374) Hans Jaeger, Edgar Jaffé, in: NDB 10, Berlin-West 1974, S. 290f.

(375) Editorischer Bericht von: Max Weber, Zur Lage der bürgerlichen Demokratie in Rußland, in: MWG I/10, S. 71-80.

(376) Verhandlungen des Vereins für Socialpolitik 1905, S. 360-369, 420f., 432-435; Brentano, Mein Leben, S. 323.

(377) Boese, Geschichte, S. 147f.; Max Weber, Der Sinn der „Wertfreiheit" der soziologischen und ökonomischen Wissenschaften, in: GAWL, S. 489-540; Max Weber, Gutachten zur Werturteilsdiskussion im Ausschuß des Vereins für Sozialpolitik 1913, in: Baumgarten, Max Weber, S. 102-139.

(378) Max Weber, [Diskussionsbeitrag], Verhandlungen des Vereins für Socialpolitik 1909, S. 286.

(379) Verhandlungen des Ersten Deutschen Soziologentages vom 19.-22. Oktober 1910 in Frankfurt a. M., Tübingen 1911; Brief von Max Weber an Hermann Beck, Heidelberg（Charlottenburg）22. Oktober 1912, in: MWG II/7, S. 709.

(380) Reden und Aussprache bei der Feier von G. Schmollers 70 Geburtstag, S. 67f.

(381) Leo Wegener, Erinnerungen an Professor Ludwig Bernhard, in: Aus Leo Wegeners Lebensarbeit, S. 89-102.

(382) BArch N 1231/41, Bl. 83.

(383) Bernhard, Die Polenfrage.

(384) Brief（Abschrift）von Max Weber an Karl Neumann, 3. November 1906, in: Nl. Weber（Berlin）, Nr. 30, Bd. 4, Bl. 180（MWG II/5, S. 176）. ヴェーバーとベルンハルトとは一九〇五年九月二六日の社会政策学会大会で同席しており、面識があったものと推測される（Verhandlungen des Vereins für Socialpolitik 1905, S. 132-235.）。

(385) [Max Weber], Der Fall Bernhard, in: Frankfurter Zeitung, Nr. 168, 18. Juni 1908, 1. Morgenblatt. しかしヴェーバーは、ベルンハルトのこのポーランド論を第一次世界戦争中には自分の議論を補強する意味で援用している（但しベルンハルトの名「ルートヴィヒ」を「ヴォルク」と誤記しているが）（Max Weber, Deutschlands äußere und Preußens innere Politik, in: MWG I/15, S. 199.）。

(386) Brief von Leo Wegener an Alfred Hugenberg, Posen 2. Juni 1912, in: BArch N 1231/68, Bl. 79.

(387) Leo Wegener, Erinnerungen an Professor Ludwig Bernhard, in: Swart（Hrsg.）, Aus Leo Wegeners Lebensarbeit, S. 94-96.

(388) Schultheß' Europäischer Geschichtskalender 1911, München 1912, S. 28f.

(389) Schultheß' Europäischer Geschichtskalender 1911, München 1912, S. 77-82.

(390) [Max Weber], Der Fall Bernhard, in: Frankfurter Zeitung, Nr. 168, 18. Juni 1908, 1. Morgenblatt. なおマリアンネはヴェーバー伝第二版で、ヴェーバーの鉄槌によってベルンハルトが「国家学部」への就職を思い直し、辞表を提出して自分に否があったことを認め、人を介してヴェーバーに連絡してきたと書き加えているが（『ヴェーバーII』、三〇〇頁。）、これは甚だ疑わしい記述である。ベルンハルトの罪責告白は史料で確認できず、また彼は実際には一九三五年に死去するまでベルリン大学正教授の地位に留まったからである。

(391) Lebensbild, S. 276（『ヴェーバーII』、二〇九頁。）.

(392) Lebensbild, S. 396（『ヴェーバーII』、三〇〇頁。）.

(393) 前者の代表例は Sachse, Friedrich Althoff und sein Werk（ヴェーバー関連は S. 111-114.）であり、潮木守一『ドイツ近代科学を支えた官僚』が概ねこの路線を継承している。後者の代表例には、上山安敏『ヴェーバーとその社会』がある。ドイツ官憲国家への反撥、ヴェーバー周辺への感情移入から出発する上山は、アルトホフ批判以外にもヴェーバーの「官僚制」批判全般を追跡している。なお旧東西ドイツの共同研究の成果である Wissenschaftsgeschichte und Wissenschaftspolitik im Industriezeitalter は、非常に大規模で多角的な歴史研究として注目に値する。

(394) Verhandlungen des ersten deutschen Hochschullehrer-Tages, S. III-V; Brentano, Mein Leben, S. 354.

(395) Brief von Max Weber an Klara Mommsen, Charlottenburg 28. März 1893, in: Nl. Weber（Berlin）, Nr. 23, Bl. 28（Jugendbriefe, S. 369.）; Brief von Max Weber an Klara Mommsen, Charlottenburg 15. Juli 1893, in: Nl. Weber（Berlin）, Nr. 23, Bl. 30f.（Jugendbriefe, S. 370f.）; Brief von Max Weber an Helene Weber, Charlottenburg 26. Juli 1893, in: Nl. Weber（Berlin）, Nr. 3, Bl. 160（Jugendbriefe, S. 373.）; Brief von Max Weber an Klara Mommsen, Charlottenburg 27. Juli 1893, in: Nl. Weber（Berlin）, Nr. 23, Bl. 32f.（Jugendbriefe, S. 371f.）.

(396) Brief von Max Weber an Friedrich Althoff, o. O. 5. August 1893, in: MWG II/7, S. 38f.（Anmerkung 14）（Sachse, S. 112.）; Brief

von Friedrich Althoff an Max Weber, o. O. 6. August 1893, in: MWG II/7, S. 38 (Anmerkung 13) (Sachse, S. 113.); Bestallung für den bisher Privatdozenten Dr. Max Weber als außerordentlichen Professor in der juristischen Fakultät der Königl. Friedrich-Wilhelms Universität daselbst, Berlin 25. November 1893, in: GStA PK, I. HA Rep. 76 Kultusministerium, Va Sekt. 2 Tit. IV Nr. 45 Bd. 5, Bl. 144-146; Brief von Max Weber an Friedrich Althoff, Posen 3. April 1894, in: Ebenda, Bl. 154f.; Brief von Friedrich Althoff an Max Weber, o. O. 4. April, in: Sachse, S. 113.

(397) Weber, [Diskussionsbeitrag], in: Verhandlungen des IV. Deutschen Hochschullehrertages, S. 71-77, 87; Lebensbild, S. 211f.

(398) Verhandlungen des IV. Deutschen Hochschullehrertages, S. 77.

(399) Editorischer Bericht von Brief von Max Weber an Franz Böhm, Heidelberg 17. Oktober 1911, in: MWG II/7, S. 284-286.

(400) Brief von Max Weber an Franz Böhm, Heidelberg 17. Oktober 1911, in: MWG II/7, S. 287-296; Brief von Max Weber an Franz Böhm, Heidelberg 19. Oktober 1911, in: MWG II/7, S. 306-311; Brief von Max Weber an Franz Böhm, Heidelberg 20. Oktober 1911, in: MWG II/7, S. 315-318; Max Weber und das „System Althoff", in: Frankfurter Zeitung, Nr. 304, 2. November 1911, 1. Morgenblatt; Max Weber, Nochmals das „System Althoff", in: Frankfurter Zeitung, Nr. 312, 10. November 1911, 3. Morgenblatt usw.

(401) Sachse, S. 114.

(402) ミュンスターベルクはダンツィヒに生まれ、哲学博士号、医学博士号取得ののち哲学で教授資格を取得した。一八八七年フライブルク大学私講師となり、心理学の研究室を設立し、一八九一年に員外教授に昇進した。一八九二年から一八九五年までハーヴァード大学で心理学講義を経験して帰国し、ヴェーバーの同僚となる。しかし元々ユダヤ教徒であったため、プロテスタンティズムへの改宗にも拘らず正教授への昇進が困難と判断した彼は、一八九七年にハーヴァード大学教授としてのアメリカ永住を決意する。だが第一次世界戦争が勃発すると、アメリカで祖国ドイツを擁護しアメリカ参戦を阻止するべく言論活動を展開し、「ミュンスターベルギズム」と揶揄された。一九一六年講義中に突然の死を遂げた (Helmut E. Lück, Hugo Münsterberg, in: NDB 18 (Berlin 1997), S. 542f.)。

(403) フーゴー・ミュンスターベルク（海老原宏訳）「アメリカの特質」（抄）、『ヨーロッパ人のアメリカ論』、二三二―二五八頁。

(404) Protestantische Ethik, in: Archiv 20, S. 14, GARSI, S. 32 (『倫理』、九一頁)。

(405) Roth, Max Webers deutsch-englische Familiengeschichte, u. a. S. 475-489; Zwirner/Roesler, Ahnentafel des Soziologen und Nationalökonomen Max Weber, S. 7; Döhner, Das Hugenottengeschlecht Souchay, S. 272-343.

(406) Brief von Max Weber an Helene Weber, Straßburg 3. Mai 1884, in: Nl. Weber (Berlin), Nr. 3, Bl. 75f. (Jugendbriefe, S. 111-113); Brief von Max Weber an Helene Weber, Straßburg 8. Juli 1884, in: Nl. Weber (Berlin), Nr. 3, Bl. 80f. (Jugendbriefe, S. 120f.); Brief

von Max Weber an Helene Weber, Göttingen 6. Dezember 1885, in: Nl. Weber（Berlin）, Nr. 3, Bl. 103f.（Jugendbriefe, S. 191-193.）.

(407) ヴェーバーは母ヘレーネへの書簡の中で、自分たち夫妻がロンドンで「ウェストミンスター大聖堂、大英博物館、セント・ポール寺院、ナショナル・ギャラリー、ロンドン塔、フリーツストリート・レストラン」を「地下鉄、汽船、二頭立て馬車、バス」で回ったと述べている。また宿泊した「チャリングクロス・ホテル」を非常に高額だが素晴らしいとし、ウィンザーやリッチモンドなども好天に恵まれて楽しんだという。しかし新婚旅行であるからか、あるいはエールリングハウゼンで引いた風邪が禍してか、ヴェーバーの滞在記には普段のような鋭利な現地人観察の記述が見当たらない。同じことは、ヴェーバー一行がロンドンのあとに訪れたパリの滞在記についても言える。ヴェーバーは「ルーヴル美術館、ノートル・ダム寺院、全く狂ったエッフェル塔」「美しいドームとひどい石棺のある廃兵院」を訪れ、オペラ（ヴァルキューレ）を堪能し、「サン・ドゥニやヴェルサイユ」を訪問したいと述べるなど、愉快な観光に専念している観がある（Brief（Abschrift）von Max Weber an Helene Weber, Paris 8. September 1893, in: Nl. Weber（Berlin）, Nr. 30, Bd. 4, Bl. 22; Brief（Abschrift）von Max Weber an Helene Weber, Paris 29. September 1893, in: Nl. Weber（Berlin）, Nr. 30, Bd. 4, Bl. 23f.; Brief（Abschrift）von Max Weber an Helene Weber, Paris 2. Oktober 1893, in: Nl. Weber（Berlin）, Nr. 30, Bd. 4, Bl. 25f.）。

(408) Brief von Max Weber an Klara Weber, Charlottenburg 26. November 1892, in: Nl. Weber（Berlin）, Nr. 23, Bl. 11.（Jugendbriefe, S. 355）; Roth, Max Webers deutsch-englische Familiengeschichte, S. 486.

(409) 「私は非常に苦しみながらともかく少なくとも六月号に掲載する私の分厚い論文（プロテスタンティズムの倫理と資本主義）を完成させた。いま口述してタイプライターで書き取ってもらっているのだが、これが大変な難行なのだ。夏の暑さがやってきたら、恐らく再び海に行くだろう。［……］「プロテスタンティズム」を一冊の本にする作業は並行して徐々に進むことになるに違いない。そのために私はもう一度イギリスへ、そして合衆国へ行かなければならないだろう。そしてそれが可能になるまでには、しばらく時間がかかりそうだ。」（Brief（Abschrift）von Max Weber an Alfred Weber, Heidelberg 8. März 1904, in: Nl. Weber（Berlin）, Nr. 30, Bd. 4, Bl. 101f.）

(410) Brief von Marianne Weber an Helene Weber, Bremer Lloyd 24. August 1904, in: Nl. Weber（Berlin）, Nr. 6, Bl. 3; Lebensbild, S. 292f.（『ウェーバーⅠ』、二三二一二三三頁）。なおこの書簡でマリアンネが航海四日目だと述べているので、出航は二一日であったものと推測される。

(411) Brief von Marianne Weber an Helene Weber, Bremer Lloyd 24. August 1904, in: Nl. Weber（Berlin）, Nr. 6, Bl. 2f.

(412) マリアンネはニューヨーク滞在中にアメリカ黒人に遭遇し、黒人や混血者の肌の色について熱心に記している（Brief von Marianne Weber an Helene Weber, New York 2. September 1904, in: Nl. Weber（Berlin）, Nr. 6, Bl. 13.）。

(413) もっともマリアンネはブロードウェイのアスター・ハウスというホテルの便箋を用いており、そこにある挿絵によるとこのホテルは五階建である（Brief von Marianne Weber an Helene Weber, New York 2. September 1904, in: Nl. Weber（Berlin）, Nr. 6, Bl. 9.）。

(414) Brief von Marianne Weber an Helene Weber, New York 2. September 1904, in: Nl. Weber（Berlin）, Nr. 6, Bl. 9-14; Brief von Max Weber an Helene Weber, New York 2. September 1904, in: Nl. Weber（Berlin）, Nr. 6, Bl. 7f.; Lebensbild, S. 293-295（『ウェーバーI』、二二三―二二四頁）。

(415) ノーストナワンダはナイアガラ瀑布とバッファローとの間の小都市で、エリー運河が開通した一八二五年に工業化が始まり、当初は製材業が、のちには鉄鋼業、製紙業、化学工業、娯楽産業が興隆し、イタリア、ポーランド、ドイツ、ハンガリーなどからの移民が労働に従事したという（http://www.northtonawanda.org/History_NT.htm）。なおマリアンネはこの「ハウプト牧師」及びコンラートと共に、「セツルメント」見学のためバッファローに赴いたという（Brief von Max und Marianne Weber an Helene Weber, Niagarafalls 8. September 1904, in: Nl. Weber（Berlin）, Nr. 6, Bl. 16.）。

(416) Brief von Max Weber an Helene Weber, Niagarafalls 8. September 1904, in: Nl. Weber（Berlin）, Nr. 6, Bl. 16-19; Lebensbild, S. 296-298（『ウェーバーI』、二二五―二二六頁）。

(417) Brief von Max Weber an Marianne Weber, St. Louis 19./20. September 1904, in: Nl. Weber（Berlin）, Nr. 6, Bl. 27-35; Lebensbild, S. 298-300（『ウェーバーI』、二二六―二二八頁）; Brief von Marianne Weber an Helene Weber, Philadelphia 27. Oktober 1904, in: Nl. Weber（Berlin）, Nr. 6, Bl. 78. ヴェーバーはまた多様な移民たちを見て、出身国により清潔さに差異があることに興味を懐いている。例えばイタリア人が最も不潔な労働者であるという具合にである。

(418) Brief von Max Weber an Helene Weber, St. Louis 20./21. September 1904, in: Nl. Weber（Berlin）, Nr. 6, Bl. 26-35; Lebensbild, S. 301f.（『ウェーバーI』、二二九頁）。

(419) Lebensbild, S. 301（『ウェーバーI』、二二八頁）。

(420) フィラデルフィアのハヴァーフォード・コレッジ（Haverford College）は、一八三三年にクウェイカーの団体 "Religious Society of Friends" によって設立された大学である。この大学のクリケット熱は顕著なもので、イギリスにも遠征してイートン校などと対戦したと言われる（http://www.haverford.edu/info/hcinfo.html）。

(421) Brief von Max Weber an Helene Weber, Boston o. D., in: Nl. Weber（Berlin）, Nr. 6, Bl. 84（Lebensbild, S. 301（『ウェーバーI』、二二九頁）.）.

(422) Brief von Max Weber an Helene Weber, St. Louis 20. September 1904, in: Nl. Weber（Berlin）, Nr. 6, Bl. 31.（Lebensbild, S. 302

(『ヴェーバーI』、二二九頁）にも引用されているが不正確）．ちなみにシカゴ郊外エヴァンストンのノースウェスタン大学（Northwestern University）は、一八五五年にメソジスト教会の庇護下で開学した大学である（http://www.northwestern.edu/about/history/timeline1.html)。ヴェーバーはこの大学について、のちに「プロテスタンティズムの倫理と資本主義の「精神」」の中でも、図書館の充実した大学として言及している。Protestantische Ethik, in: Archiv 20, S. 57, GARSI, S. 145f.（『倫理』、二六八頁。）.

(423) Brief von Max Weber an Helene Weber, New York 2. September 1904, in: Nl. Weber（Berlin), Nr. 6, Bl. 7f.　またナイアガラ瀑布見学の際には、明らかにドイツ系と思われるホテル（Hotel Kaltenbach）に宿泊している（Brief von Max und Marianne Weber an Helene Weber, Niagarafalls 8. September 1904, in: Nl. Weber（Berlin), Nr. 6, Bl. 16.)。更にシカゴでは、当地における「ドイツ人の役割」が「重要なものではない」と述べ、ドイツ人が「ヤンキー」の給仕を務めていると慨嘆している（Brief von Max Weber an Helene Weber, St. Louis 19. September 1904, in: Nl. Weber（Berlin), Nr. 6, Bl. 29.)。フィラデルフィアでは、ヴェーバー一行はアメリカのドイツ式大学の草分けとして知られるジョンズ・ホプキンズ大学を見学している（Brief von Marianne Weber an Helene Weber, Philadelphia 27. Oktober 1904, in: Nl. Weber（Berlin), Nr. 6, Bl. 75.)。ワイオミング州でローラ・ファレンシュタインに再会したヴェーバーは、その夫オットー・フォン・クロックが、周囲のドイツ系移民がビールを愛飲する様子を軽蔑していると記している（Brief von Max Weber an Helene Weber, Boston o. D., in: Nl. Weber（Berlin), Nr. 6, Bl. 81.)。

(424) Lebensbild, S. 303（『ヴェーバーI』、二三〇頁。）.

(425) Lebensbild, S. 303（『ヴェーバーI』、二三〇頁。）.

(426) Editorischer Bericht von: Max Weber, The Relations of the Rural Community to Other Branches of Social Science, in: MWG I/8, S. 200-211.

(427) Max Weber, The Relations of the Rural Community to Other Branches of Social Science, in: MWG I/8, S. 241f.

(428) Weber, Der Nationalstaat und die Volkswirtschaftspolitik, in: MWG I/4, S. 554.

(429) ヘーガン『アメリカ・インディアン史』、九九—一〇一頁；ビーラー『そして名前だけが残った』、五五—五六頁。

(430) Brief von Max Weber an Helene Weber, „Auf der Reise nach Memphis“, in: Nl. Weber（Berlin), Nr. 6, Bl. 47（Lebensbild, S. 307（『ヴェーバーI』、二三三頁。).).

(431) Brief von Max Weber an Helene Weber, „Auf der Reise nach Memphis“, in: Nl. Weber（Berlin), Nr. 6, Bl. 47（Lebensbild, S. 306（『ヴェーバーI』、二三二—二三三頁。).).

(432) タスキーギ黒人尋常学校（Negro Normal School in Tuskegee）は、地元有力者であった解放黒人奴隷ルイス・アダムズが、黒人票のとりまとめの見返りに元老院議員W・F・フォスターの協力を引き出し、一八八一年に黒人教育の目的で設立されたものである。ワシントンはその初代校長で、一九一五年までその任にあった。現在はタスキーギ大学へと昇格している（http://www.tuskegee.edu/Global/story.asp?S=1070392&nav=PBo8PBpC）。

(433) Brief von Max Weber an Helene Weber, Asheville 13. Oktober 1904, in: Nl. Weber（Berlin), Nr. 6, Bl. 53f.（Lebensbild, S. 308f.（『ウェーバーI』、二三四―二三五頁。).).

(434) マリアンネのタスキーギ評にも同じ傾向がある。「黒人学校は本当に何日もかけて行くだけの価値があります。それは一片の生存競争及び理想的努力を見せてくれます。我々はそれについて恐らく本か何かでは読んだことがあっても、実際に見て生き生きと分かったのです。そこでの印象は私にとって非常に強烈なものでした。我たちは高度の教養を積んだ有色の婦人を多く目にしました。ブッカー・ワシントン夫人や学校の女教師たちです。彼らの一部はほとんど私と同じくらい白いのです。彼らは外見も愛らしく、若く、美しく、教養が高く、そして上品です。彼らはコレッジ卒業資格を有し、はっきりとした意識をもって彼らの人種の教育という、あのように筆舌に尽くしがたい困難な仕事に献身しているのです。彼らの人種??: ぞっとするような唇を持ち、額が引っ込んで、平べったい鼻をしている黒い純血黒人たちと彼らとを同じ範疇に入れるなどということは、全くグロテスクであるように思われます。純血黒人は実際、人間というより寧ろ猿を思わせます。」等々――マリアンネは自分が評価する混血者たちが、ごく僅かに黒人と混血しているというだけで純血白人から差別されているという事態に憤慨している（Brief von Marianne Weber an Helene Weber, o. O. 12. Oktober 1904, in: Nl. Weber (Berlin), Nr. 6, Bl. 56.)。

(435) Brief von Max Weber an Helene Weber, Washington, D. C. 19. Oktober 1904, in: Nl. Weber（Berlin), Nr. 6, Bl. 66f.（Lebensbild, S. 311f.（『ウェーバーI』、二三六―二三七頁。).

(436) Brief von Max Weber an Helene Weber, Washington, D. C. 19. Oktober 1904, in: Nl. Weber（Berlin), Nr. 6, Bl. 67（Lebensbild, S. 312（『ウェーバーI』、二三七頁。).).

(437) Brief von Marianne Weber an Helene Weber, Boston o. D., in: Nl. Weber（Berlin), Nr. 6, Bl. 83f.（Lebensbild, S. 313f.（『ウェーバーI』、二三八頁。).).

(438) Brief von Marianne Weber an Helene Weber, Boston o. D., in: Nl. Weber（Berlin), Nr. 6, Bl. 85（Lebensbild, S. 314（『ウェーバーI』、二三九頁。).).

(439) Brief von Max Weber an Helene Weber, New York 6. November 1904, in: Nl. Weber（Berlin), Nr. 6, Bl. 88f.; Brief von Marianne Weber an Helene Weber, New York 11. November 1904, in: Nl. Weber（Berlin), Nr. 6, Bl. 97.

(440) 大辻千恵子「台頭する消費者運動——全米消費者連盟」，綾部恒雄監修・編『クラブが創った国アメリカ』，二二三—二二七頁。

(441) Brief von Max Weber an Helene Weber, New York 16. November 1904, in: Nl. Weber（Berlin）, Nr. 6, Bl. 101f.（Lebensbild, S. 315（『ウェーバーⅠ』，二四〇頁）.）.

(442) Brief von Max Weber an Helene Weber, An Bord des Dampfers Hamburg, in: Nl. Weber（Berlin）, Nr. 6, Bl. 110（Lebensbild, S. 315-317（『ウェーバーⅠ』，二四〇—二四一頁）.）.

(443) Brief von Max Weber an Helene Weber, New York 16. November 1904, in: Nl. Weber（Berlin）, Nr. 6, Bl. 102（Lebensbild, S. 315（『ウェーバーⅠ』，二四〇頁）.）.

(444) Brief von Max Weber an Helene Weber, An Bord des Dampfers Hamburg, in: Nl. Weber（Berlin）, Nr. 6, Bl. 111. マリアンネはこの文章をタスキーギでの体験にまつわるものとして紹介しているが（Lebensbild, S. 312（『ウェーバーⅠ』，二三七頁）），これは正確ではない。

(445) Lebensbild, S. 317（『ウェーバーⅠ』，二四一頁）.

(446) Lebensbild, S. 358（『ウェーバーⅡ』，二七一頁）.

(447) アドルフ・ダイスマンは聖書文献学者である。当時はハイデルベルク大学教授であり，のちベルリン大学に転じた（一九三〇年—一九三一年総長）。第一次世界戦争からヴァイマール共和国期にかけて世界中が，特にアメリカ合衆国やイギリスがドイツの国際的立場を理解し，相互和解が進むよう宣伝活動に努め，同時に世界教会統一運動にも参画した（Hermann Strathmann, Adolf Deißmann, in: NDB 3, Berlin-West 1957, S. 571f.）。

(448) Max Weber,［Das politische Leben in Amerika］, in: MWG I/8, S. 385. この討論の背景についてはEditorischer Bericht（S. 381-384.）を参照のこと。なおこの時期のマリアンネのアメリカ旅行記としては，以下のものがある。Marianne Weber, Was Amerika den Frauen bietet. Reiseeindrücke, in: Centralblatt des Bundes deutscher Frauenvereine. 6, Nr. 22, 23, 24, 15. Februar 1905, 1. März 1905, 15. März 1905.

(449) Johannes Leo, Erinnerungen an Max Weber, in: Winkelmann/König（Hrsg.）, Max Weber zum Gedächtnis, S. 17f.

(450) WG, S. 313（『宗教社会学』，一七二—一七三頁）.

(451) Lebensbild, S. 359（『ウェーバーⅡ』，二七一—二七二頁）.

(452) Protestantische Ethik, in: Archiv 20, S. 12-20. 一九二〇年版ではこの部分が本文，脚注とも（特に後者が）著しく加筆されている（GARSI, S. 31-43（『倫理』，八七—一〇八頁）.）。

(453) Brief von Max Weber an Adolf Harnack, Heidelberg 5. Februar 1906, in: MWG II/5, S. 32f. 一九〇七年にオットー・グロスを批判する文脈で使用した「英雄倫理」（「平均倫理」の反対）という概念も、ヴェーバーの観念世界を反映していると言える（Lebensbild, S. 382（『ヴェーバーII』、二八九頁）。

(454) Protestantische Ethik, in: Archiv 21, S. 11f., 15, 29, 38f., GARSI, S. 93-96, 99, 117, 127（『倫理』、一八四—一八五、一九四—一九五、二一五、二三四、二三七頁）.

(455) Protestantische Ethik, in: Archiv 21, S. 108f. 一九二〇年版では、「支那的」（chinesisch）が「機械化した」（mechanisiert）に変わるなどの変動はあるが、本質的にはそのままである（GARSI, S. 204（『倫理』、三五七頁）.）。

(456) Max Weber, „Kirchen“ und „Sekten“ , in: Frankfurter Zeitung, Nr. 102, 13. April 1906, 4. Morgen-Blatt sowie Nr. 104, 15. April 1906, 6. Morgen-Blatt.

(457) Max Weber, „Kirchen“ und „Sekten“ in Nordamerika. Eine kirchen- und sozialpolitische Skizze, in: Die Christliche Welt, Nr. 24, 14. Juni 1906, Sp. 558-562 sowie Nr. 25, 21. Juni 1906, Sp. 577-583（安藤英治訳「アメリカ合衆国における〝教会〟と〝ゼクテ〟——教会政治的・社会政治的な一つのスケッチ」、安藤英治編・梶山力（・安藤）訳『プロテスタンティズムの倫理と資本主義の《精神》』、三六六—三八六頁）.

(458) Weber, „Kirchen“ und „Sekten“ in Nordamerika, Sp. 580f.

(459) Ebenda, Sp. 580.

(460) Max Weber, Sozialismus, in: MWG I/15, S. 599-633（マックス・ヴェーバー（濱島朗訳・解説）『社会主義』（第二〇刷）（講談社、平成七年）、二七—五四頁）.

(461) Harnack, Was wir schon gewonnen haben, S. 9.

(462) Roth, Max Webers deutsch-englische Familiengeschichte, S. 483-485.

(463) Brief von Max Weber an Robert Michels, Heidelberg 26. März 1906, in: MWG II/5, S. 57; Brief von Max Weber an Robert Michels, Heidelberg 3. Juni 1906, in: MWG II/5, S. 99; Brief von Max Weber an Robert Michels, Heidelberg 4. August 1908, in: MWG II/5, S. 617f.; Brief von Max Weber an Robert Michels, o. O. [21. Dezember 1910], in: MWG II/6, S. 716.

(464) ジェイムズ・ブライス（岩野一郎訳）「アメリカの民主政治」（抄）、『ヨーロッパ人のアメリカ論』、一三四頁。

(465) MWG I/8 Ergänzungsheft.

(466) Brief von Max Weber an Georg Jellinek, Heidelberg 15. Juli 1909, in: MWG II/6, S. 180f.; Brief von Max Weber an Georg Jellinek,

Heideelberg 16. Juli 1909, in: MWG II/6, S. 189f.; Brief von Max Weber an Georg Jellinek, Heidelberg 25. Juli 1909, in: MWG II/6, S. 198-201 usw.

(467) WG, S. 529.

(468) Weber, Grundriss zu den Vorlesungen über Allgemeine（„theoretische“）Nationalökonomie, S. 5f.

(469) Protestantische Ethik, in: Archiv 20, S. 5f., 9, GARSI, S. 23, 27（『倫理』、七五―七六頁）. 加えてヴェーバーは、ピューリタニズムの肯定的世俗観を安易にイギリス人の国民性に還元することを誡めている（Archiv 20, S. 52, GARSI, S. 81（『倫理』、一六五頁）.）。

(470) Ploetz, Die Tüchtigkeit unsrer Rasse, S. V; Hans-Peter Kröner, Alfred Ploetz, in: NDB 20, Berlin 2001, S. 549. なお米独の人種研究との共鳴関係については、キュール『ナチ・コネクション』が解説している。

(471) Brief von Max Weber an Hermann Beck, Heidelberg 8. November 1909, in: MWG II/6, S. 304（本文及び注３）; Brief von Max Weber an Hermann Beck, Heidelberg 8. März 1910, in: MWG II/6, S. 423.

(472) Alfred Ploetz, Rasse und Gesellschaft und einige damit zusammenhängende Probleme, in: Verhandlungen des Ersten Deutschen Soziologentages, S. 111-136.

(473) Max Weber, Diskussionsrede zum Vortrag von Alfred Ploetz, in: Ebenda, S. 151f.

(474) Ebenda, S. 152.

(475) Ebenda, S. 153f.

(476) Ebenda, S. 154f.

(477) Ebenda, S. 155-157.

(478) デュ・ボイスは、混血児としてマサチューセッツ州に生まれ、ハーヴァード大学で博士号を取得し、政治学者として黒人問題に取り組む傍ら、黒人解放運動にも邁進したという人物である。この間一八九二年から二年間ベルリン大学に留学し、ヴァーグナー、シュモラー、トライチュケらの指導を受けると同時に、当時法学部私講師、員外教授であったヴェーバーの講義を聴いていた。ヴェーバーのデュ・ボイスとの接触はセントルイスが初めてではなく、師弟としての親近感もあったものと推測される（千葉則夫『W・E・B・デュボイス』、二九―三一頁）。

(479) Weber, Diskussionsrede zum Vortrag von Alfred Ploetz, S. 157-165.

(480) オイレンブルクは国民経済学者である。グスタフ・シュモラーのもとで博士号を取得したあと、商業の経験を経て教授資格を取得し、この時期にはライプツィヒ大学員外教授であった。ただ彼の専門は統計研究で、人種問題において「事情通」であった形跡はない

(Georg Jahn, Franz Eulenburg, in: NDB 4, Berlin-West 1959, S. 684.)。

(481) Brief von Max Weber an Franz Eulenburg, o. O. 27. Oktober 1910, in: MWG II/6, S. 655.

(482) Brief von Max Weber an Hermann Beck, Le Lavandou 13. März 1912, in: MWG II/7, S. 466.

(483) Max Weber, Diskussionsrede zum Vortrag von Paul Barth: Die Nationalität in ihrer soziologischen Bedeutung, in: Verhandlungen des Zweiten Deutschen Soziologentages, S. 49-52; Ders., Diskussionsrede zum Vortrag von Ferdinand Schmid: Das Recht der Nationalitäten, in: Ebenda, S. 72f. sowie 74f.; Ders., Diskussionsrede zum Vortrag von Franz Oppenheimer: Die rassentheoretische Geschichtsphilosophie usw., in: Ebenda, S. 188-191; Ders., Ethnische Gemeinschaftsbeziehungen, in: WG, S. 234f.

(484) Max Weber, Vorbemerkung, in: GARSI, S. 15.

(485) 「ポストモダン」思想の旗手でもあった歴史家デートレフ・ポイケルトは、ヴェーバーのプレーツとの戦いぶりに感激し、ヴェーバーの「人種」概念への興味やプレーツへの期待を看過したまま、両者の対決を「知的誠実」対「学者の慢心」の闘争と解釈している。ポイケルトによれば、ヴェーバーのプレーツ批判は「黒人にたいする白人の支配であれ、いうところの劣等人種にたいする優等人種の支配であれ、凡そ人種主義的な人間支配を肯定する思想の非人間性にたいする断乎とした拒絶の姿勢」を示したものであり、反人種支配というヴェーバー個人の価値判断の毅然たる表明なのだという（Peukert, Max Webers Diagnose der Moderne, S. 92-101（ポイカート（雀部幸隆／小野清美訳）『マックス・ヴェーバー――近代への診断』、一七六頁―一九五頁。）.）。

(486) Max Weber, Rußlands Übergang zur Scheindemokratie, in: MWG I/15, S. 259; Ders., Die siebente deutsche Kriegsanleihe, in: MWG I/15, S. 318; Ders., Parlament und Regierung, in: MWG I/15, S. 433.

(487) 「ロシアの脅威」を巡る一九世紀ドイツの思想的諸相については、Kopelew（Hrsg.）, Russen und Rußland aus deutscher Sicht. 19. Jahrhundert が多角的な分析を行っている。またその先駆的なものには、Jahn, Russophilie und Konservatismus がある。

(488) Brief von Max Weber an Hermann Baumgarten, Charlottenburg 29. Juni 1887, in: Nl. Weber（Berlin）, Nr. 7, Bl. 24f.

(489) Max Weber, Die ländliche Arbeiterverfassung. Referat, in: MWG I/4, S. 196.

(490) Brief（Abschrift）von Max Weber, Heidelberg 22. April 1899, in: Nl. Weber（Berlin）, Nr. 30, Bd. 4, Bl. 75.

(491) Weber, Fideikommißfrage in Preußen, in: MWG I/8, S. 186.

(492) Brentano, Mein Leben, S. 328-331.

(493) Schulze-Gaevernitz, Volkswirtschaftliche Studien aus Rußland, S. 1f.

(494) Пироговъ（Николай Ивановичъ）, Энциклопедическiй Словарь, томъ 46, Санкт-Петербург 1898, стр. 651-653.

(495) 大学町ハイデルベルクに滞在したロシヤ人については、Birkenmaier, Das russische Heidelberg が基本文献である。

(496) 杉浦秀一訳「法の擁護のために」、長縄光一ほか監訳『道標』、一四一—一七一頁。

(497) Editorischer Bericht von: Max Weber, [Zur Rede Alfred Hettners über „Das europäische Rußland. Volk, Staat und Kultur“], in: MWG I/10, S. 695-697.

(498) Editorischer Bericht von: Max Weber, Zur Lage der bürgerlichen Demokratie in Rußland, in: MWG I/10, S. 71-80; Brief von Max Weber an Lujo Brentano, Heidelberg 28. Februar 1906, in: MWG II/5, S. 42.

(499) Editorischer Bericht von: Max Weber, Rußlands Übergang zum Scheinkonstitutionalismus, in: MWG I/10, S. 281-292.

(500) Hoetzsch, Rußland, S. V, S. 241, S. 521-527 sowie S. 534f. しかしヘッチュは、ヴェーバーの論文「ロシヤにおける市民的デモクラシーの状況について」の表題を誤って引用している。なおヘッチュの生涯については、Voigt, Otto Hoetzsch 及び Liszkowski, Osteuropaforschung und Politik が基本文献であるが、近年日本でも研究が進められている（前川陽祐「オットー・ヘッチュの東方政策論——ヴィルヘルム期ドイツにおける東方観の一例」、『西洋史論叢』（早稲田大学）二八号（平成一八年）、五一—六三頁）。

(501) Max Weber, Rußlands Übergang zur Scheindemokratie, in: MWG I/15, S. 242.

(502) Brief von Max Weber an Lujo Brentano, Heidelberg 6. Februar 1907, in: MWG II/5, S. 254.

(503) Brief von Max Weber an Friedrich Naumann, Heidelberg 5. Juni 1908, in: MWG II/5, S. 587f.

(504) Brief (Abschrift) von Max Weber an Helene Weber, Heidelberg 16. März 1906, in: Nl. Weber (Berlin), Nr. 30, Bd. 1, Bl. 229 (MWG II/5, S. 53.); Brief von Max Weber an Hermann Graf v. Keyserling, Heidelberg 21. Juni 1911, in: MWG II/7, S. 238.

(505) 『ロシア革命論II』、巻末一四頁。

(506) Brief von Max Weber an Paul Siebeck, Heidelberg 9. Juni 1911, in: MWG II/7, S. 229; Brief von Max Weber an Aleksandr A. Kaufmann, o. O. [nach dem 5. Juli 1911], in: MWG II/7, S. 246 usw.; Brief von Max Weber an Oskar Siebeck, Heidelberg 21. Februar [1912], in: MWG II/7, S. 425 usw. Brief von Max Weber an Leo Wegener, Heidelberg 17. Mai 1912, in: MWG II/7, S. 540; Brief von Max Weber an Edgar Jaffé, Heidelberg 11. November 1912, in: MWG II/7, S. 747. このようにロシア人知識人と交流のあったヴェーバーだが、その頭目ストルーヴェと交信については未だ不明であり、少なくともストルーヴェ関係文書にはその痕跡は見出せなかった（ГАРФ, Фонды личного происхождения: Струве Петр Бернгардович (Ф. 604, оп. 1).）。

(507) Max Weber, [Kaiser und Reichsverfassung] (Bericht von der Heidelberger Tageblatt vom 2. Dezember 1908), in: MWG I/8, S. 395.

(508) Телеграммы из Берлина, «Русския Ведомости», 3 марта 1909 г.（MWG I/8, S. 395 の示唆による）.

(509) Max Weber, [Über die Erneuerung Rußlands], in: MWG I/10, S. 691f.

(510) A. C., Die Ausländer auf deutschen Hochschulen, in: Heidelberger Tageblatt, Nr. 300, 21. Dezember 1912, S. 1.

(511) Birkenmaier, Das russische Heidelberg, S. 143-153; Max Weber, [Zum 50jährigen Jubiläum der Heidelberger Russischen Lesehalle] [Bericht des Heidelberger Tageblatts und Russkija Vedomosti], in: MWG I/10, S. 704f.; Brief von Max Weber an Gustav Radbruch, Basel 20. April 1914, in: MWG II/8, S. 632. 講演開催の経緯については、Heidelberger Neueste Nachrichten, 21. Dezember 1912, S. 4 などにも報道がある。

(512) Honigsheim, On Max Weber, p. 10（ホーニヒスハイム『マックス・ウェーバーの思い出』、一三三頁）.

(513) Max Weber, Zur Lage der bürgerlichen Demokratie in Rußland, in: MWG I/10, S. 164f., 269-273（『ロシア革命論Ⅰ』、四八、一三三、一三五―一三九頁）.

(514) Weber, Zur Lage der bürgerlichen Demokratie, in: MWG I/10, S. 87, 104-107, 111, 186f., 269, 272f.（『ロシア革命論Ⅰ』、三、八―一〇、一三、六一―六二、一三七頁）.

(515) Weber, Zur Lage der bürgerlichen Demokratie, in: MWG I/10, S. 252（『ロシア革命論Ⅰ』、一二〇頁）.

(516) Weber, Zur Lage der bürgerlichen Demokratie, in: MWG I/10, S. 109f.（『ロシア革命論Ⅰ』、一二―一三頁）.

(517) Weber, Zur Lage der bürgerlichen Demokratie, in: MWG I/10, S. 101f., 109f., 267（『ロシア革命論Ⅰ』、六―七、一二―一三、一三一頁）; Max Weber, Rußlands Übergang zum Scheinkonstitutionalismus, in: MWG I/10, S. 305, 408f.（『ロシア革命論Ⅱ』、一〇、七九頁）など。

(518) Weber, Zur Lage der bürgerlichen Demokratie, in: MWG I/10, S. 153-164（『ロシア革命論Ⅰ』、四二―四七頁）; Weber, Scheinkonstitutionalismus, in: MWG I/10, S. 325-327, 343-355（『ロシア革命論Ⅱ』、二四―二五、三五―四二頁）.

(519) Weber, Zur Lage der bürgerlichen Demokratie, in: MWG I/10, S. 164（『ロシア革命論Ⅰ』、四七―四八頁）; Weber, Scheinkonstitutionalismus, in: MWG I/10, S. 679（『ロシア革命論Ⅱ』、二五―三三頁）; ニコリスキー『ロシア教会史』、一一五―一四四、二五七―二九八、四三七―四五一頁。

(520) Weber, Scheinkonstitutionalismus, in: MWG I/10, S. 340-343（『ロシア革命論Ⅱ』、三三―三五頁）.

(521) Weber, Zur Lage der bürgerlichen Demokratie, in: MWG I/10, S. 116-124, 229, 252（『ロシア革命論Ⅰ』、一六―二三、一〇一、一一九―一二〇頁）.

(522) Weber, Zur Lage der bürgerlichen Demokratie, in: MWG I/10, S. 108, 123f.（『ロシア革命論Ⅰ』一一、四八—五四頁）.

(523) Weber, Zur Lage der bürgerlichen Demokratie, in: MWG I/10, S. 87（『ロシア革命論Ⅰ』三三頁）; Weber, Scheinkonstitutionalismus, in: MWG I/10, S. 679（『ロシア革命論Ⅱ』二四九—二五〇頁）.

(524) Weber, Zur Lage der bürgerlichen Demokratie, in: MWG I/10, S. 87-89 sowie S. 93f.（『ロシア革命論Ⅰ』四、一八六—一八七頁）; Weber, Scheinkonstitutionalismus, in: MWG I/10, S. 678f.（『ロシア革命論Ⅱ』二四九—二五〇頁）.

(525) 丸山敬一編『民族問題』一二五—一九六頁。

(526) Weber, Zur Lage der bürgerlichen Demokratie, in: MWG I/10, S. 146（『ロシア革命論Ⅰ』二〇三頁）.

(527) Weber, Zur Lage der bürgerlichen Demokratie, in: MWG I/10, S. 139-144（『ロシア革命論Ⅰ』三四—三八頁）.

(528) Weber, Zur Lage der bürgerlichen Demokratie, in: MWG I/10, S. 131f.（『ロシア革命論Ⅰ』二七—二八頁）.

(529) Weber, Scheindemokratie, in: MWG I/15, S. 241（『ロシア革命論Ⅰ』一四九頁）.

(530) Weber, Zur Lage der bürgerlichen Demokratie, in: MWG I/10, S. 132f., 150（『ロシア革命論Ⅰ』二八、四二頁）.

(531) Weber, Zur Lage der bürgerlichen Demokratie, in: MWG I/10, S. 134f., 142（『ロシア革命論Ⅰ』二九、三六頁）.

(532) Weber, Zur Lage der bürgerlichen Demokratie, in: MWG I/10, S. 144-146（『ロシア革命論Ⅰ』三八—三九頁）.

(533) Friedrich Naumann, Das Vereinsgesetz, in: Die Hilfe, Nr. 13, 29. März 1908, S. 218f.

(534) Brief von Max Weber an Friedrich Naumann, Florenz 26. April 1908, in: BArch N 3001/106, Bl. 91（MWG II/5, S. 548.）.

(535) Hellmut v. Gerlach, Die Nationalitätenfrage, in: Die Hilfe, Nr. 17, 26. April 1908, S. 272f.; Gerhart v. Schulze-Gävernitz, Ein Wort zur Ansiedlungsnovelle, in: Ebenda, Nr. 2, 12. Januar 1908, S. 22.

(536) Brief von Max Weber an Lujo Brentano, Heidelberg 3. Juni 1908, in: BArch N 1001/67, Bl. 73（MWG II/5, S. 581.）. このころブレンターノは収用法にも帝国結社法の言語条項にも反対していたので、言語条例に参加したナウマンとは憤激の余り一九一五年まで文通をしなかったという（Brentano, Mein Leben, S. 351f.）。もっともブレンターノは、収用法について意見を異にしたヴェーバーとは交流を中止した形跡がない。ブレンターノのナウマンに対する峻厳さは、個別的異論より根深い失望に由来するものと思われる。

(537) Gerhart v. Schulze-Gävernitz, Ein Wort zur Ansiedlungsnovelle（und Naumanns Bemerkung）, in: Ebenda, Nr. 2, 12. Januar 1908, S. 20-22; Lujo Brentano, Bevölkerungsbewegung und Polenfrage, in: Frankfurter Zeitung, Nr. 357, 25. Dezember 1907（Erstes Morgenblatt）, S. 1f.

(538) Paul Honigsheim, Max Weber in Heidelberg, in: René König/Johannes Winckelmann（Hrsg.）, Max Weber zum Gedächtnis.

Materialien und Dokumente zur Bewertung von Werk und Persönlichkeit, 2. Aufl., München 1985, S. 170.

(539) Universitätsarchiv Heidelberg, Akademische Quästur Max Weber, Rep. 27, 1409.

(540) Ferdinand Tönnies, Ladislaus v. Bortkiewicz (1868-1931), in: Kölner Vierjahrshefte für Soziologie 10 (1931/32), S. 433-436.

(541) Mitzman, The Iron Cage, p. 283.

(542) Brief (Abschrift) von Max Weber an Helene Weber, Heidelberg 16. März 1906, in: Nl. Weber (Berlin), Nr. 30, Bd. 1, Bl. 229; Brief von Max Weber an Paul Siebeck, Heidelberg 5. Mai 1913, in: MWG II/8, S. 228; Brief von Max Weber an Paul Siebeck, Heidelberg 11. November 1913, in: MWG II/8, S. 375 usw.

(543) WG, S. 522.

(544) WG, S. 529f.

(545) 『回想』、九四頁；Interviews, S. 601.

(546) Lebensbild, S. 525f.（『ウェーバーⅡ』、三九三頁。）.

(547) Lebensbild, S. 526（『ウェーバーⅡ』、三九四頁。）.

(548) Brief von Max Weber an Ferdinand Tönnies, Heidelberg 15. Oktober 1914, in: MWG II/8, S. 799 (GPS, S. 458.).

(549) Brief von Max Weber an Helene Weber, Heidelberg 13. April 1915, in: GPS, S. 458.

(550) Brief (Abschrift) von Max Weber an Frieda Groß, Heidelberg 14. März 1915, in: Nl. Weber (Berlin), Nr. 30, Bd. 14, Bl. 1.

(551) Brief (Abschrift) von Max Weber an Robert Michels, Heidelberg 20. Juni 1915, in: Nl. Weber (Berlin), Nr. 30, Bd. 14, Bl. 13f.

(552) Brief (Abschrift) von Max Weber an Robert Michels, Heidelberg 9. September 1915, in: Nl. Weber (Berlin), Nr. 30, Bd. 14, Bl. 15f.

(553) Brief (Abschrift) von Max Weber an Robert Michels, Heidelberg 21. Oktober 1915, in: Nl. Weber (Berlin), Nr. 30, Bd. 14, Bl. 24.

(554) Lebensbild, S. 463-472（『ウェーバーⅡ』、三四三―三五一頁。）; Paul Gerhard Klussmann, Stefan George, in: NDB 6, Berlin-West 1964, S. 236-241.

(555) Lebensbild, S. 533f.（『ウェーバーⅡ』、三九九―四〇〇頁。）.

(556) Lebensbild, S. 527（『ウェーバーⅡ』、三九四―三九五頁。）.

(557) Lebensbild, S. 527, 543（『ウェーバーⅡ』、三九五、四〇八頁。）; Brief von Max Weber an Karl Oldenberg, Heidelberg 28. August

1914, in: MWG II/8, S. 782; Brief von Max Weber an Paul Siebeck, Heidelberg 28. August 1914, in: MWG II/8, S. 783.

(558) Lebensbild, S. 528（『ウェーバーII』、三九五頁）.

(559) Schultheß' Europäischer Geschichtskalender 1918, S. 484f.

(560) Max Weber, Deutschlands künftige Staatsform, in: MWG I/16, S. 99.

(561) もっともヴェーバーのバーデン大公妃行啓への冷淡な態度は、単なる刹那的な行動ではなく、より深い背景を有するものだったのかもしれない。というのも一八九一年に、当時のバーデン大公妃ルイーゼ（大公フリードリヒ一世の妃・ドイツ皇帝ヴィルヘルム一世の娘）が自由主義的なハイデルベルク大学神学部に、保守派の神学者ルートヴィヒ・レンメを強引に教義史担当の教授として（いわば「懲罰教授」として）就任させたという事件があったからである（Honigsheim, On Max Weber, p. 98（ホーニヒスハイム『マックス・ウェーバーの思い出』、一五五―一五六頁）.）。但しヴェーバー自身がその事件に直接言及した形跡はなく、また一九一四年／一五年時点の大公妃はこのルイーゼではなく次代のヒルダ（大公フリードリヒ二世の妃）であった。但し元大公妃ルイーゼも当時まだ存命していたので、このとき訪問しようとしたのはやはりルイーゼで、マリアンネが「前大公妃」とするべきところを誤って「大公妃」と書いたという可能性も捨てきれない。

(562) Lebensbild, S. 543（『ウェーバーII』、四〇七頁）; Personalbogen von Max Weber, in: GLA 456/13719 Königliches Bezirkskommando Heidelberg, Personal-Akten: Hauptmann d. Landwehr Max Weber.

(563) Lebensbild, S. 550f.（『ウェーバーII』、四一〇―四一一頁）.

(564) Lebensbild, S. 535（『ウェーバーII』、四〇一頁）.

(565) Brief（Abschrift）von Max Weber an Frieda Groß, Heidelberg 14. März 1915, in: Nl. Weber（Berlin）, Nr. 30, Bd. 14, Bl. 1

(566) Max Weber, [Abschließender Erfahrungsbericht über die Lazarettverwaltung], in: MWG I/15, S. 32-43.

(567) Lebensbild, S. 536f.（『ウェーバーII』、四〇一―四〇二頁）. ヴェーバーは一九一六年初頭に、妻と子供三人を残して死んだ義弟ヘルマン・シェーファーの墓参をするべく、東プロイセン州へと赴いている（Ebenda, S. 542（『ウェーバーII』、四〇七頁）.）。

(568) Brief（Abschrift）von Max Weber an Bertha Jacobsohn（Emil Lasks Schwester）, Heidelberg 17. Juni 1915, in: Nl. Weber（Berlin）, Nr. 30, Bd. 14, Bl. 12.

(569) Lebensbild, S. 540（『ウェーバーII』、四〇五頁）.

(570) リヒトホーフェン男爵はプロイセン陸軍の騎兵将校で、第一次世界戦争では創成期のドイツ軍飛行隊の英雄として一世を風靡したが、一九一八年四月に戦死した（Wolfgang Schmidt, Manfred Albrecht Frhr. v. Richthofen, in: NDB 21, Berlin 2003, S. 544f.）。

(571) Brief（Abschrift）von Max Weber an Bertha Jacobsohn, Heidelberg 17. Juni 1915, in: Nl. Weber（Berlin）, Nr. 30, Bd. 14, Bl. 12.

(572) Lebensbild, S. 532（『ウェーバーII』、三九八頁）.

(573) Brief（Abschrift）von Max Weber an Marianne Weber, Heidelberg 28. August 1915, in: Nl. Weber（Berlin）, Nr. 30, Bd. 2, Bl. 42.

(574) Lebensbild, S. 543（『ウェーバーII』、四〇七頁）. ベルリンのヴェーバー関係文書には、ベルギー招聘を断る彼のヤッフェ宛書簡（謄本）が保存されている（Brief von Max Weber an Edgar Jaffé, Heidelberg 9. Mai 1915, in: Nl. Weber（Berlin）, Nr. 30, Bd. 4, Bl. 20f.）。ヴェーバーはここでハイデルベルクでの軍務のためベルギーへ行くために休暇を取るのが困難なこと、不眠症などのため前線勤務が困難で、軍の命令ないし同意を得て赴任するならともかく、自ら応募する意図はないと述べ、代わりにハインリヒ・ヘルクナーを推薦している。だが実際にはヴェーバーは、六月に一度ベルギーに赴いたのである。

(575) すでに六月／七月のベルギー訪問に際し、ヴェーバーは現地での就職の見通しが厳しいことをマリアンネに報告していた（Brief（Abschrift）von Max Weber an Marianne Weber, o. O. 24. Juni 1915, in: Nl. Weber（Berlin）, Nr. 30, Bd. 2, Bl. 41f.）。

(576) Lebensbild, S. 544（『ウェーバーII』、四〇八頁）.

(577) Editorischer Bericht von: Max Weber,［Zur Frage des Friedenschließens］, in: MWG I/15, S. 50.

(578) Lebensbild, S. 561（『ウェーバーII』、四一二頁）.

(579) Lebensbild, S. 581（『ウェーバーI』、四二七頁）.

(580) Schultheß' Europäischer Geschichtskalender 1914, S. 382, 396.

(581) ドイツ戦争目的論争研究としては、Schwabe, Wissenschaft und Kriegsmoral. が重要である。また論争の全体構造は、フィッシャー論争での問題提起を踏まえて執筆された Huber, Deutsche Verfassungsgeschichte V, S. 217-258. がよく整理している。

(582) Lebensbild, S. 417（『ウェーバーII』、三一四頁）.

(583) Brief（Abschrift）von Max Weber an Frieda Groß, Heidelberg 14. März 1915, in: Nl. Weber（Berlin）, Nr. 30, Bd. 14, Bl. 1; Brief von Max Weber an Edgar Jaffé, Heidelberg 10. Dezember 1914, in: MWG II/8, S. 803.

(584) Lebensbild, S. 530, 534f.（『ウェーバーII』、三九六、四〇〇頁）.

(585) Honigsheim, On Max Weber, p. 13（ホーニヒスハイム『マックス・ウェーバーの思い出』、二八頁）.

(586) Editorischer Bericht von: Max Weber,［Zwischen zwei Gesetzen］, in: MWG I/15, S. 93.

(587) Max Weber,［Zwischen zwei Gesetzen］, in: MWG I/15, S. 95-98.

(588) Lebensbild, S. 613f.(『ウェーバーII』, 四五〇頁).

(589) Brief von Max Weber an Heinrich Simon, Heidelberg 11. November 1911, in: MWG II/7, S. 338-341 (Editorische Bemerkung S. 337f.); Lebensbild, S. 415-417 (『ウェーバーII』, 三一四―三一五頁). ちなみに「副総長」とはバーデン大公国の場合, 事実上大学の長を意味する(「総長」は大公が兼任する名誉職)。

(590) Weber, [Zwischen zwei Gesetzen], in: MWG I/15, S. 95f.; Ders., Deutschland unter den europäischen Weltmächten, in: MWG I/15, S. 192f.

(591) Weber, [Zwischen zwei Gesetzen], in: MWG I/15, S. 96.

(592) Weber, [Zwischen zwei Gesetzen], in: MWG I/15, S. 95f.; Ders., Deutschland unter den europäischen Weltmächten, in: MWG I/15, S. 190-192.

(593) Brief von Max Weber an Emilie Fallenstein, Charlottenburg 20. September 1876, in: Nl. Weber (Berlin), Nr.1, Bl. 20 (Jugendbriefe, S. 4.).

(594) Weber, Parlament und Regierung, in: MWG I/15, S. 512f. なお一九一八年夏に, ヴェーバーは北京生活の長かったハプスブルク帝国の中華民国駐箚大使アルトゥール・フォン・ロストホルン(一八六二年―一九四五年)の中国に関する講演を聴きに行くと述べている(Lebensbild, S. 626 (『ウェーバーII』, 四五九頁).) が, ロストホルンはヴェーバーが『儒教と道教』で再三依拠した中国学者の一人であるから, ヴェーバーの関心は専ら社会学的なものだったと推測される。

(595) Brief von Max Weber an Heinrich Simon, Heidelberg 11. November 1911, in: MWG II/7, S. 340f.; Lebensbild, S. 414 (『ウェーバーII』, 三一三頁).

(596) Brief von Max Weber an Frieda Groß, Heidelberg 18. Mai [1913], in: MWG II/8, S. 235. 加えてヴェーバーはここで, 軍拡法案の成立は職業軍人である末弟アルトゥールの出世には大変好都合だとも述べている(Brief von Max Weber an Helene Weber, Ascona 13. Mai [1913], in: MWG II/8, S. 178.)。

(597) [Max Weber], Der Berliner Professoren-Aufruf, in: MWG I/15, S. 133.

(598) Brief (Abschrift) von Max Weber an Helene Weber, Heidelberg 8. September 1916, in: Nl. Weber (Berlin), Nr. 30, Bd. 10, Bl. 1.

(599) Max Weber, Vaterland und Vaterlandspartei, in: MWG I/15, S. 322-326; Ders., Gegen die alldeutsche Gefahr, in: MWG I/15, S. 724f., 730.

(600) Alldeutsche Blätter, Nr. 51, 16. Dezember 1916.

(601) ランケ『強国論』、五〇頁。

(602) Weber, [Zur Frage des Friedensschlusses], in: MWG I/15, S. 54 usw.

(603) Max Weber, Wahlrecht und Demokratie in Deutschland, in: MWG I/15, S. 383f.

(604) Weber, Deutschland unter den europäischen Weltmächten, in: MWG I/15, S. 193.

(605) Weber, [Zur Frage des Friedensschlusses], in: MWG I/15, S. 55.

(606) イギリス貴族の領地経営への関心はすでに一八九五年のイングランド・スコットランド・アイルランド旅行で表明されたが（Lebensbild, S. 219（『ヴェーバーI』、一六六頁。).)、一九一〇年のイギリス紀行に際してヴェーバーは、更にイギリスの寺院建築にも注目している。ドイツのように一般家屋と並んで建っているのではなく、平坦な芝地に厳然と建っているイギリスの大伽藍（具体的にはカンタベリー大聖堂）に、ヴェーバーの心は高揚したのだという（Lebensbild, S. 502（『ヴェーバーII』、三七五頁。).）。

(607) Protestantische Ethik, in: Archiv 20, S. 8, 11, Archiv 21, S. 43, GARSI, S. 26, 29（『倫理』、八〇、八三、二四五—二四六頁。). もっとも『経済と社会』には、個人的繋がりに基づく名望家支配を絶縁し党官僚機構に根差した支配として「グラッドストーン＝チェンバレンのコーカス民主制」なるものが登場する（『支配の社会学I』、一〇七—一〇八頁。）。

(608) Weber, [Zur Frage des Friedensschlusses], in: MWG I/15, S. 64.

(609) Weber, Deutschland unter den europäischen Weltmächten, in: MWG I/15, S. 164f., 182f.; Ders., [Zur Frage des Friedensschlusses], S. 57f.

(610) Weber, Parlament und Regierung, in: MWG I/15, S. 472; Lebensbild, S. 599（『ヴェーバーII』、四四〇頁。）; Weber, Parlament und Regierung, in: MWG I/15, S. 490f. ドイツ（プロイセン）貴族が「政治によって生きる」こと、つまり農業企業家になり下がっていることを批判する傾向にあったヴェーバーは、イギリスの貴族階級がそうした傾向を免れていると強く信じていた。またヴェーバーは、世界で最も貴族的な団体である「イギリス上院」が、大国間で最もデモクラシー的な選挙法を「あっさり」可決したとも述べている（Max Weber, Innere Lage und Außenpolitik, in: MWG I/15, S. 406.）。

(611) Weber, Deutschland unter den europäischen Weltmächten, in: MWG I/15, S. 175.

(612) Weber, [Zur Frage des Friedensschlusses], S. 57; Ders., Deutschlands weltpolitische Lage, in: MWG I/15, S. 694.

(613) Weber, [Zur Frage des Friedensschlusses], in: MWG I/15, S. 57; Ders., Deutschlands weltpolitische Lage, in: MWG I/15, S. 694; Ders., Deutschland unter den europäischen Weltmächten, in: MWG I/15, S. 166; Brief（Abschrift）von Max Weber,（Empfänger

unbekannt), o. O. u. J., in: Nl. Weber (Berlin), Nr. 30, Bd. 10, Bl. 158.

(614) Brief von Max Weber (Empfänger unbekannt), Wien 5. Juni 1916, in: Nl. Weber (Berlin), Nr. 30, Bd. 10, Bl. 70.

(615) Brief von Max Weber an Friedrich Naumann, Heidelberg 7. Februar 1916, in: GPS, S. 461.

(616) Weber, Deutschland unter den europäischen Weltmächten, in: MWG I/15, S. 162.

(617) Lebensbild, S. 220f. (『ウェーバーⅠ』、一六七−一六八頁。).

(618) Sombart, Händler und Helden. Patriotische Besinnungen.

(619) Max Weber, Bismarcks Außenpolitik und die Gegenwart, in: MWG I/15, S. 77.

(620) Troeltsch, Kulturkrieg, S. 4.

(621) Meinecke, Deutsche Kultur und Machtpolitik im englischen Urteil, S. 1-7.

(622) Lebensbild, S. 507-509 (『ウェーバーⅡ』、三七八−三八〇頁。).

(623) Weber, Wahlrecht und Demokratie in Deutschland, in: MWG I/15, S. 352f.; Ders., [Zur Frage des Friedensschlusses], in: MWG I/15, S. 67; Ders., Wahlrecht und Demokratie in Deutschland, in: MWG I/15, S. 353.

(624) Weber, Der Hergang der deutschen Geschichte, in: Nl. Weber (München 1), Schachtel 8; Jellinek, Die Erklärung der Menschen- und Bürgerrechte (初宿正典訳『人権宣言論争』。); Protestantische Ethik, in: Archiv 21, S. 43 (『倫理』、二四六頁。).

(625) Weber, Deutschland unter den europäischen Weltmächten, in: MWG I/15, S. 173f.

(626) Weber, [Zur Frage des Friedensschlusses], in: MWG I/15, S. 55; Ders., Bismarcks Außenpolitik und die Gegenwart, in: MWG I/15, S. 78.

(627) Brief (Abschrift) von Max Weber an Konrad Haussman, Heidelberg 29. August 1918, in: Nl. Weber (Berlin), Nr. 30, Bd. 8, Bl. 51f.; Weber, Deutschland unter den europäischen Weltmächten, in: MWG I/15, S. 174.

(628) Weber, Bismarcks Außenpolitik und die Gegenwart, in: MWG I/15, S. 79f.; Ders. Deutschland unter den europäischen Weltmächten, in: MWG I/15, S. 177.

(629) Weber, Bismarcks Außenpolitik und die Gegenwart, in: MWG I/15, S. 82; Weber, Deutschland unter den europäischen Weltmächten, in: MWG I/15, S. 178.

(630) Weber, Deutschland unter den europäischen Weltmächten, in: MWG I/15, S. 178.

(631) Weber, [Zur Frage des Friedensschlusses], in: MWG I/15, S. 55.

(632) Weber, [Zur Frage des Friedensschlusses], in: MWG I/15, S. 62. ちなみに『経済と社会』では、ルクセンブルク人は「国民」理念に全く関心のない人間集団として描かれている（WG, S. XXXII.）。

(633) Brief（Abschrift）von Max Weber an Marianne Weber, o. O. 24. Juni 1915, in: Nl. Weber（Berlin）, Nr. 30, Bd. 2, Bl. 41f.

(634) Max Weber, Die Lehren der deutschen Kanzlerkrise, in: MWG I/15, S. 302. ゲーテの戯曲『鉄腕のゲッツ・フォン・ベルリヒンゲン』には該当箇所が見当らないが、ゲッツは熱烈な帝国愛国主義、皇帝への忠誠心を表明し、「自由万歳」を叫んでいる（Goethe, Götz v. Berlichingen, S. 75-77（『ゲーテ全集３』（井上正蔵訳）、一四六―一四八頁。).）。

(635) マウレンブレヒャーはプロテスタント神学者、政治評論家である。ニーチェやマルクス、自然科学の影響下で社会主義とナショナリズム、ドイツ精神とキリスト教の融和を目指してナウマンの国民社会協会に参加し、急速に昇進して事務総長となるが、同協会の解散（一九〇三年）で社会民主党に入党し、プロイセン王家や領邦教会の批判を繰り返した挙句一九〇六年に領邦教会を脱退した。軍事・植民問題における意見の不一致で一九一三年に社会民主党を脱退した彼は、第一次世界戦争中は急進ナショナリズムの論客として活躍し、ドイツ祖国党や全ドイツ連盟に加入した。戦後はザクセン邦議会でドイツ国民的人民党の議員となり、再び領邦教会に加入して牧師を務めた（Gangolf Hübinger, Max Maurenbrecher, in: NDB 16, Berlin-West 1990, S. 434f.）。

(636) Max Weber, [Geistesaristokratie und Parlamentarismus. Entgegnung auf Max Maurenbrecher], in: MWG I/15, S, 707. 前述のように、これはギールケの「ドイツ法」煽動に抗してローマ法を擁護したときのヴェーバーの論法と全く同類のものである。

(637) W・モムゼンはヨーロッパ左派の内部にもウィルソン外交の理念を受容する内発的な契機が存在したことを強調する。Wolfgang J. Mommsen, Die europäische Reaktion auf Woodrow Wilsons „New Diplomacy“, in: Ders., Der Erste Weltkrieg. Anfang vom Ende des bürgerlichen Zeitalters, Frankfurt（M）2004, S. 181-199.

(638) Thomas Woodrow Wilson, The Mexican problem again: An interview, in: Thomas Woodrow Wilson, Selected Literary and Political Papers and Addresses of Woodrow Wilson, Vol. II, New York: 1926/27, pp. 212-217; Thomas Woodrow Wilson, Be Worthy of the Men of 1776, in: op. cit., pp. 58-69.

(639) Bruch, Wissenschaft, Politik und öffentliche Meinung, S. 92; Schultheß' Europäischer Geschichtskalender 1902, München 1903, S. 8.

(640) Schultheß' Europäischer Geschichtskalender 1914, S. 397f., 398b. なおウィルソンの理想主義外交については、以下で好意的回顧が為されている。アーサー・S・リンク（草間秀三郎訳）『ウッドロー・ウィルソン伝』（第三刷）（南窓社、昭和五五年）。五十嵐武士「三度目の世界戦争後――冷戦後の覇権国への転換」、同『覇権国アメリカの再編――冷戦後の変革と政治的伝統』（東京大学出版会、平成一三年)、三五一七一頁。

(641) Howard B. Furer, The Germans in America 1607-1970. A Chronology & Fact Book, New York: Oceana Publications, 1973, pp. 70-73；志邨晃佑『アメリカ史2』、一五四一一八二頁。

(642) Brief (Abschrift) von Max Weber, ohne Empfängername, o. O. 10. Mai 1916, in: Nl. Weber (Berlin), Nr. 30, Bd. 10, Bl. 65.

(643) Weber, [Zur Frage des Friedensschlusses], in: MWG I/15, S. 56; Ders., Deutschland unter den europäischen Weltmächten, in: MWG I/15, S. 180.

(644) Weber, Deutschland unter den europäischen Weltmächten, in: MWG I/15, S. 180.

(645) Weber, Bismarcks Außenpolitik und die Gegenwart, in: MWG I/15, S. 87.

(646) Schultheß' Europäischer Geschichtskalender 1914, S. 372c; Ebenda, S. 678; Weber, Deutschland unter den europäischen Weltmächten, in: MWG I/15, S. 179.

(647) Weber, Bismarcks Außenpolitik und die Gegenwart, in: MWG I/15, in: MWG I/15, S. 88; Weber, Deutschland unter den europäischen Weltmächten, in: MWG I/15, S. 181; Ders., Parlament und Regierung, in: MWG I/15, S. 452.

(648) Weber, Deutschland unter den europäischen Weltmächten, in: MWG I/15, S. 173. なお Leuthner, Russischer Volksimperialismus という、エステルライヒ社会民主主義者のロシア帝国主義思想批判があるが、ヴェーバーの「民衆帝国主義」論はこの著作より、彼自身の農業経済分析に依拠したものと見るべきであろう。

(649) Max Weber, Die siebente deutsche Kriegsanleihe, in: MWG I/15, S. 318.

(650) Weber, Deutschland unter den europäischen Weltmächten, in: MWG I/15, S. 179.

(651) 一九〇六年のヴェーバーのロシヤ政治分析ではストルーヴェの陰に隠れていたミリュコーフだが、彼の戦時のロシヤ論では中心的な役割を演じている。ドイツでは「ロシヤのディートリヒ・シェーファー」と呼ばれたミリュコーフの膨張主義的傾向に、ヴェーバーも厳しい批判を向けていた。「ミリュコーフは一九一四年七月以来、ニコライ・ニコラエヴィチと固く了解し合う関係にあったことが知られている。『レーチ』は当時出し抜けに三日間、有名な二人の会談を公表したものである。ケレンスキイはミリュコーフの闘争宣言を耐え忍んでいる状態で、自分自身はミリュコーフとは別の声明を出している。チヘイゼは絶えず反対の見解を述べている。」(Brief (Abschrift) von Max Weber an Friedrich Naumann, 12. April 1916, in: Nl. Weber (Berlin), Nr. 30, Bd. 10, Bl. 78f.)

(652) Max Weber, Die russische Revolution und der Friede, in: MWG I/15, S. 291-293; Ders., Das Preußische Wahlrecht, in: MWG I/15, S. 224: Ders., Rußlands Übergang zur Scheindemokratie, in: MWG I/15, S. 241f. ちなみにヴェーバーは、一九一七年七月に妻マ

リアンネの実家エールリングハウゼンで、雨天に際して再びロシア語文献を少し読み始めたが、多くの語彙を忘れてしまっているのでうまくいかないと告白している（Brief（Abschrift）von Max Weber an Marianne Weber, Oerlinghausen 30. Juli 1917, in: Nl. Weber（Berlin）, Nr. 30, Bd. 2, Bl. 108.）。

なお戦前のロシア自由主義者の帝国主義思想に関しては Liszkowski, Zwischen Liberalismus und Imperialismus が詳述している。

(653) Brief（Abschrift）von Max Weber an Friedrich Naumann, 12. April 1916, in: Nl. Weber（Berlin）, Nr. 30, Bd. 10, Bl. 78f.

(654) Brief（Abschrift）von Max Weber an Friedrich Naumann, o. O. 12. April 1917, in: Nl. Weber（Berlin）, Nr. 30, Bd. 10, Bl. 78f.; Max Weber, Innere Lage und Außenpolitik, in: MWG I/15, S. 404-406. ヴェーバーはヘルマン・オンケン宛の書簡の中で、自分はボリシェヴィキ政権を意図的に否定的に描いたのだと自己弁解しつつ、なおそれを警戒する必要があることを強調している（Brief（Abschrift）von Max Weber an Hermann Oncken, o. O. 7. Februar 1918, in: Nl. Weber（Berlin）, Nr. 30, Bd. 8, Bl. 115.）。

(655) Brief（Abschrift）von Max Weber an Friedrich Naumann, 12. April 1916, in: Nl. Weber（Berlin）, Nr. 30, Bd. 10, Bl. 78f.; Max Weber, Die russische Revolution und der Friede, in: MWG I/15, S. 291.

(656) Brief（Abschrift）von Max Weber（Empfänger unbekannt）, o. O. 19. Dezember 1915, in: Nl. Weber（Berlin）, Nr. 30, Bd. 10, Bl. 46; Brief（Abschrift）von Max Weber（Empfänger unbekannt）, o. O. 17. März 1916, in: Nl. Weber（Berlin）, Nr. 30, Bd. 10, Bl. 47.

(657) Brief（Abschrift）von Max Weber an Marianne Weber, Charlottenburg 12. Mai 1916, in: Nl. Weber（Berlin）, Nr. 30, Bd. 2, Bl. 88.

(658) 第一次世界戦争中のロシア領ポーランドを巡る東方三帝国の攻防については、Conze, Polnische Nation und deutsche Politik im Ersten Weltkrieg が詳解している。

(659) Brief（Abschrift）von Max Weber an Marianne Weber, Heidelberg 28. August 1915, in: Nl. Weber（Berlin）, Nr. 30, Bd. 2, Bl. 43 .

(660) Brief von Max Weber an die Redaktion der Frankfurter Zeitung, o. O. u. J. [Ende 1915], in: GPS, S. 459.

(661) Brief（Abschrift）von Max Weber an Marianne Weber, o. O. u. J., in: Nl. Weber（Berlin）, Nr. 30, Bd. 10, Bl. 44.

(662) Brief（Abschrift）von Max Weber an Franz Eulenberg, Charlottenburg 9. März 1916, in: Nl. Weber（Berlin）, Nr. 30, Bd. 9, Bl. 35; Brief（Abschrift）von Max Weber an Franz Eulenberg, Charlottenburg 14. Juli 1916, in: Nl. Weber（Berlin）, Nr. 30, Bd. 9, Bl. 37.

(663) Weber, Bismarcks Außenpolitik und die Gegenwart, in: MWG I/15, S. 91f.

(664) Weber, Deutschland unter den europäischen Weltmächten, in: MWG I/15, S. 179-190.

(665) Ebenda, S. 182.

(666) Brief (Abschrift) von Max Weber an Marianne Weber, Charlottenburg 18. August 1916, in: Nl. Weber (Berlin), Nr. 30, Bd. 2, Bl. 100.

(667) Lebenbild, S. 567 (『ヴェーバーII』, 四一六頁).

(668) Brief von Max Weber an Gerhart v. Schulze-Gävernitz, Heidelberg 21. Oktober 1916, in: GPS, S. 465.

(669) Max Weber, Deutschlands äußere und Preußens innere Politik. I. Polenpolitik, in: MWG I/15, S. 197.

(670) Weber, Parlament und Regierung, in: MWG I/15, S. 584f. 同様の発言として以下も参照のこと。Brief (Abschrift) von Max Weber an Franz Eulenburg, o. O. 23. Juni 1917, in: Nl. Weber (Berlin), Nr. 30, Bd. 9, Bl. 38.

(671) Brief (Abschrift) von Max Weber an Friedrich Naumann, Heidelberg 12. April 1917, in: Nl. Weber (Berlin), Nr. 30, Bd. 10, Bl. 78f. これとほぼ同じ内容の記述として以下を参照のこと。Max Weber, Rußlands Übergang zur Scheindemokratie, in: MWG I/15, S. 256.

(672) Weber, Rußlands Übergang zur Scheindemokratie, in: MWG I/15, S. 241f.

(673) Bericht über Gründung der deutsch-polnischen Gesellschaft in Berlin. Berlin, 24. Oktober 1917, in: PAAA R 21594, Bl. 93.

(674) Brief von Max Weber an Friedrich Naumann, Heidelberg 2. November 1915, in: Nl. Weber (Berlin), Nr. 30, Bd. 8, Bl. 97.

(675) ナウマンとは違い、ヴェーバーはハプスブルク帝国との連携それ自身に興味があったわけではない。ハプスブルク帝国との連携は、飽くまでポーランド問題がドイツを蝕むことのないようにするための解決の道具に過ぎなかった。「政治的には何も新しいことがない。新しいのはポーランドが、いずれにしても我々が占領している地域は、エステルライヒに引き渡されないということ（外務省の通知）くらいだろうか。そうなれば関税同盟の必要性も減退するというものだ。」(Brief von Max Weber an Marianne Weber, Charlottenburg 9. April 1916, in: Nl. Weber (Berlin), Nr. 30, Bd. 2, Bl. 81.)

(676) Brief von Max Weber an Marianne Weber, Charlottenburg 3. Dezember 1915, in: Nl. Weber (Berlin), Nr. 30, Bd. 2, Bl. 64.

(677) Brief von Max Weber an Marianne Weber, Charlottenburg 9. Dezember 1915, in: Nl. Weber (Berlin), Nr. 30, Bd. 2, Bl. 66. もっともこの訪問は期待したほどの成果を挙げることなく終った。ヴェーバーが「まさしく成り上がりの大親方で、滑稽で賢い本物のベルリン人」と評したデルンブルクはもはや政府への影響力がなく、ゼーリングはクールラントへのドイツ人植民を主張してヴェーバーの失望を買ったのである（Brief von Max Weber an Marianne Weber, o. O. u. J., in: Nl. Weber (Berlin), Nr. 30, Bd. 2, Bl. 66.）。

(678) Protokoll über die erste Sitzung des Arbeitsausschusses für Mitteleuropa vom 22. Februar 1916 in Berlin, BArch N 3001/29, Bl. 65f.

(679) Protokoll über die zweite Sitzung des Arbeitsausschusses für Mitteleuropa vom 28. Februar 1916 in Berlin, BArch N 3001/29, Bl. 60.

(680) Protokoll der dritten Sitzung des Arbeitsausschusses für Mitteleuropa vom 14. März 1916, in: BArch N 3001/29, Bl. 53–55.

(681) Max Weber, [Über Mitteleuropa und die polnische Frage], in: MWG I/15, S. 140–150.

(682) Brief（Abschrift）von Max Weber an Marianne Weber, Charlottenburg 10. Mai 1916, in: Nl. Weber（Berlin), Nr. 30, Bd. 2, Bl. 86.

(683) ヴェーバーがこのとき訪れたブダペストの町並みを酷評していたという事実は、彼の人格を窺わせる出来事の一つである。「ブダペストは醜悪な建築物によってひどく堕落した町だ。こういったユーゲント・シュティールの建築物を見ているうちに、古典主義的建築物はやはり本当に上品なものだと評価することが出来るようになってくる。素晴らしいのは戴冠教会のある古い山城だ。ほとんど全てが新しくて、ひどい成金趣味だ。」(Brief von Max Weber an Marianne Weber, Wien 25. Mai 1916, in: Nl. Weber（Berlin), Nr. 30, Bd. 2, Bl. 94.）この記述によると、ヴェーバーはユーゲント・シュティールの建築物を「成金趣味」と呼んだが、古典主義的建築（国会議事堂などのことか）をそれなりに肯定的に評価し、「戴冠教会のある古い山城」（マーチャーシュ教会が近隣にあるブダ王宮のことか）を激賞したということになりそうである。

(684) ブダペストを酷評したのとは対照的に、ヴェーバーはヴィーン（で宿泊したルド・モーリッツ・ハルトマン家）には好意的であった。「ヴィーンについて私は語ることがまだ多くある。公開される［つまり戦時の検閲が入る］書簡ではそれほど書けるものではないが。私は今回ハルトマン夫人が本当に気に入った。とはいえ彼女は私の趣味からいうと余りに保守的傾向があるけれども。しかし彼女は「有能」で、しかも賢明さや（輝くばかりの）優雅さもさることながら「よく」見えるし、彼の方は一つの「魂」だ。――これに対してブダペストは極端にひどい。かの地の人々は虚飾で飾り立てた野蛮人だ。何もかもがヴィーンの上品な美しさに対して「げんなり」である。」(Brief（Abschrift）von Max Weber an Marianne Weber, Charlottenburg 7. Juni 1916, in: Nl. Weber（Berlin), Nr. 30, Bd. 2, Bl. 99 sowie Nr. 30, Bd. 10, Bl. 70.）

(685) Brief（Abschrift）von Max Weber an Marianne Weber, Charlottenburg 7. Juni 1916, in: Nl. Weber（Berlin), Nr. 30, Bd. 2, Bl. 99.

(686) Brief（Abschrift）von Max Weber an Helene Weber, o. O. Mai 1916, in: Nl. Weber（Berlin), Nr. 30, Bd. 8, Bl. 33.

(687) Protokoll der vierten Sitzung des Arbeitsausschusses für Mitteleuropa vom 30. Mai 1916 in Berlin, BArch N 3001/29, Bl. 49.
(688) Protokoll der fünften Sitzung des Arbeitsausschusses für Mitteleuropa vom 2. Oktober 1916 in Berlin, BArch N 3001/29, Bl. 31-39.
(689) Brief (Abschrift) von Max Weber an Franz Eulenburg, o. O. 23. Juni 1917, in: Nl. Weber (Berlin), Nr. 30, Bd. 9, Bl. 38.
(690) Weber, Rußlands Übergang zur Scheindemokratie, in: MWG I/15, S. 256f.
(691) Ebenda, S. 256.
(692) Weber, Bismarcks Außenpolitik und die Gegenwart, in: MWG I/15, S. 85.
(693) Weber, Deutschland unter den europäischen Weltmächten, in: MWG I/15, S. 188.
(694) Ebenda, S. 189.
(695) Weber, Deutschlands äußere und Preußens innere Politik. I. Die Polenpolitik, in: MWG I/15, S. 198.
(696) Ebenda, S. 199f.
(697) Max Weber, Deutschlands äußere und Preußens innere Politik. II. Die Nobilitierung der Kriegsgewinne, in: MWG I/15, S. 209. なおこの論文でヴェーバーは、クールラントへの入植者は戦時には最初に「野蛮人」(Barbaren) と激突することになってしまうという表現も見せている (S. 212.)。
(698) Brief (Abschrift) von Max Weber an Hermann Oncken, Heidelberg 20. Februar 1918, in: Nl. Weber (Berlin), Nr. 30, Bd. 8, Bl. 92. 同様のものとして以下も参照のこと。Weber, Das preußische Wahlrecht, in: MWG I/15, S. 229.
(699) ヴェーバーはそれまでルーマニアを対戦相手として意識してこなかったので、いつものように軍隊の質に関心を懐いている。「ルーマニアの参戦が何を意味するのか、まだ分かりません。軍隊の質は知られておらず、また試されてもいません。」(Brief (Abschrift) von Max Weber an Helene Weber, Heidelberg 8. September 1916, in: Nl. Weber (Berlin), Nr. 30, Bd. 10, Bl. 1.)
(700) Huber, Deutsche Verfassungsgeschichte V, S. 258-279.
(701) Brief (Abschrift) von Max Weber an Friedrich Naumann, Heidelberg 8. Mai 1917, in: Nl. Weber (Berlin), Nr. 30, Bd. 10, Bl. 82 (zitiert in: Lebensbild, S. 593 (『ウェーバーII』、四三六頁。).).
(702) Brief von Max Weber an Friedrich Naumann, Heidelberg 7. Februar 1916, in: GPS, S. 460f.
(703) Schultheß' Europäischer Geschichtskalender 1916, München 1921, S. 35.
(704) Brief von Max Weber an Friedrich Naumann, Heidelberg 7. Februar 1916, in: GPS, S. 461.

(705) Brief von Max Weber (Empfänger unbekannt), o. O. 20. Februar 1916, in: Lebensbild, S. 570f. (『ウェーバーII』, 四一九頁)。

(706) Brief von Max Weber an Marianne Weber, Berlin [23. Februar 1916], in: MWG I/15, S. 101 (Bestand Eduard Baumgarten). In veränderter Form gedruckt in: Lebensbild, S. 571 (『ウェーバーII』, 四一九頁)。

(707) Brief von Max Weber an Marianne Weber, Berlin [27. Februar 1916], in: MWG I/15, S. 101 (Bestand Eduard Baumgarten). In veränderter Form gedruckt in: Lebensbild, S. 571 (『ウェーバーII』, 四一九—四二〇頁)。

(708) Brief (Abschrift) von Max Weber an Marianne Weber, Charlottenburg 5. März 1916, in: Nl. Weber (Berlin), Nr. 30, Bd. 2, Bl. 72f.

(709) Brief (Abschrift) von Max Weber (Empfänger), o. O. 13. Mai 1916, in: Nl. Weber (Berlin), Nr. 30, Bd. 10, Bl. 57.

(710) Editorischer Bericht von: Max Weber, Die verschärfte U-Boot-Krieg, in: MWG I/ 15, S. 99-107.

(711) Max Weber, Die verschärfte U-Boot-Krieg, in: MWG I/15, S. 115-125.

(712) Johanna Schellenberg, Deutsche Gesellschaft 1914, in: Dieter Fricke/Werner Fritsch/Herbert Gottwald/Siegfried Schmidt/Manfred Weißbecker (Hrsg.), Lexikon zur Parteiengeschichte. Die bürgerlichen und kleinbürgerlichen Parteien und Verbände in Deutschland (1789-1945), Bd. 1, Leipzig/Köln 1983, S. 700-703.

(713) Brief (Abschrift) von Max Weber an Franz Eulenburg, o. O. 2. Januar 1916, in: Nl. Weber (Berlin), Nr. 30, Bd. 9, Bl. 33f.; Brief (Abschrift) von Max Weber an Marianne Weber, Charlottenburg 23. August 1916, in: Nl. Weber (Berlin), Nr. 30, Bd. 2, Bl. 101f.; Brief (Abschrift) von Max Weber (Empfänger unbekannt), o. O. 25. November 1916, in: Nl. Weber (Berlin), Nr. 30, Bd. 10, Bl. 44.

(714) Brief (Abschrift) von Max Weber (Empfänger unbekannt), o. O. 11. März 1916, in: Nl. Weber (Berlin), Nr. 30, Bd. 10, Bl. 57.

(715) Editorischer Bericht von: Max Weber, Demokratie im amerikanischen Leben, in: MWG I/15, S. 777f.

(716) Brief von Max Weber (Empfänger unbekannt), o. O. 16. März 1916, in: Lebensbild, S. 575 (『ウェーバーII』, 四二二—四二三頁)。; Brief von Max Weber (Empfänger unbekannt), o. O. 17. März 1916, in: Lebensbild, S. 575f. (『ウェーバーII』, 四二二—四二三頁)。ちなみにヴェーバーは一九一八年二月、指導的立場の政治家同士が公然と非難し合う事態になったことを「前代未聞」と慨嘆する文脈で、「残念ながらその責任はフォン・ティルピッツ海軍元帥に帰せられる」と記しているが、この「残念ながら」(leider) という部分にはヴェーバーのティルピッツへの期待が現れているように思われる (Weber, Innere Lage und Außenpolitik, in: MWG I/15, S. 409.)。

(717) Brief von Max Weber (Empfänger unbekannt), o. O. 2. Mai 1916, in: Lebensbild, S. 578 (『ウェーバーII』, 四二五頁)。

(718) Brief von Max Weber (Empfänger unbekannt), o. O. 7. Mai 1916, in: Lebensbild, S. 578（『ウェーバーII』、四二五頁）.

(719) Brief von Max Weber (Empfänger unbekannt), o. O. 10. Mai 1916, in: Nl. Weber (Berlin), Nr. 30, Bd. 10, Bl. 65.

(720) Brief von Max Weber an Friedrich Naumann, Heidelberg 18. September 1916, in: GPS, S. 464f.

(721) Editorischer Bericht von: Kundgebung [Heidelberger Bürger], in: MWG I/15, S. 765.

(722) Schultheß' Europäischer Geschichtskalender 1916, München 1921, S. 177.

(723) Brief von Max Weber an Gerhart v. Schulze-Gaevernitz, Heidelberg 2. Oktober 1916, in: Nl. Weber (Berlin), Nr. 30, Bd. 10, Bl. 74f.

(724) Brief von Max Weber an Friedrich Naumann, Heidelberg 3. Februar 1917, in: GPS, S. 466.

(725) Brief von Max Weber an Karl Löwenstein, Heidelberg 10. Februar 1917, in: GPS, S. 466f.

(726) Max Weber, Die „Bedrohung" der Reichsverfassung, in: MWG I/8, S. 76–80; Brief von Max Weber an Georg Jellinek, Heidelberg 27. August 1906, in: MWG I/5, S. 149–152.

(727) ハウスマンは、左派自由主義陣営の指導的政治家である。弁護士経営を経てヴュルテンベルク領邦議会で議席を獲得し、またヴュルテンベルク王の知遇をも得る。所属していた南ドイツ人民党を超える幅広い交友関係（オイゲン・リヒター、テオドル・バルト、アウグスト・ベーベル、テオバルト・フォン・ベートマン・ホルヴェーク、マックス大公子など）を有した。英独和解、独仏和解の先兵としても活躍し、一九一四年春にジャン・ジョレス、ルートヴィヒ・フランク（マンハイムの社会民主党政治家）らと独仏議員の交流運動を行っていた。第一次世界戦争中は「和解の平和」路線を追求し、バーデン大公子の帝国指導部には無任所国務長官として参加している。戦後はヴェーバーと同様にドイツ単独戦争責任説を拒否して「正義の政治のための作業共同体」に参加し、ヴェルサイユ講和拒否の姿勢を打ち出したほか、新しく発足したドイツ民主党にも属した（Lothar Albertin, Konrad Haussmann, in: NDB 8, Berlin-West 1969, S. 130f.）。

(728) 「エルツベルガー議員がこの件を扱った遣り方は犯罪だ。まず帝国議会でセンセーションがあって、それから議会主義こそが平和を齎す！ という謳い文句が来た――まさに前代未聞だ。一体誰がそんなことを知りたいだろう？ 外国は我々が力尽きたという印象を持つだろうし、国内では将来的に「外国が我々にデモクラシーを強制した」という声があがるだろう。惨めな話だ。我々の国制に関して少なくとも何か行儀のよいものが出てくることを希望しなければなるまい。」(Brief von Max Weber an Marianne Weber, Oerlinghausen 13. Juli 1917, in: Nl. Weber (Berlin), Nr. 30, Bd. 2, Bl. 106. ほぼ同様のものとして以下も参照のこと。Brief von Max Weber an Marianne Weber, Oerlinghausen 19. Juli 1917, in: Nl. Weber (Berlin), Nr. 30, Bd. 2, Bl. 107.)

(729) フランクは社会民主党の指導的政治家である。ギムナジウム時代に労働運動の理念に目覚めたフランクは、マンハイムで弁護士業を開業すると同時に社会民主党に加入し、党内で頭角を現した。革命的言辞を高唱しゼネストに訴えるという「決まり文句の政治」を批判し、現存する国家内で具体的成果を追求する「行動の政治」を目指したフランクは、バーデン大公国で社会民主党・進歩人民党・国民自由党「大ブロック」政権を支持し、バーデン領邦議会議員から帝国議会議員へと昇進した。独仏和解に尽力していたフランクであったが、一九一四年にドイツが開戦すると、社会民主党が八月四日に帝国議会で第一次戦時公債に賛成票を投じた直後に、志願兵として西部戦線に向かい、ほぼ一箇月後の九月三日には戦死している。これは社会民主党がゼネストではなく、寧ろ戦争に積極的に参加することで初めてプロイセン三級選挙法改革が可能になるとの発想による出陣であった（Erich Matthias, Ludwig Frank, in: NDB 5, Berlin-West 1961, S. 343.）。

（730）Huber, Deutsche Verfassungsgeschichte V, S. 128-135.

（731）プロイセン貴族院については、Spenkuch, Das preußische Herrenhaus が多角的な分析を試みている。

（732）Huber, Deutsche Verfassungsgeschichte V, S. 151-161.

（733）Weber, Sozialismus, in: MWG I/15, S. 600（『社会主義』、二三二―二三三頁。）.

（734）Heß, Junker und bürgerliche Großgrundbesitzer im Kaiserreich, S. 141.

（735）Weber, Fideikommißfrage in Preußen, in: MWG I/8, S. 92-188.

（736）Weber, Deutschlands äußere und Preußens innere Politik. II. Die Nobilitierung der Kriegsgewinne, in: MWG I/15, S. 206-214.

（737）Max Weber, Ein Wahlrechtsnotgesetz des Reichs. Das Recht der heimkehrenden Krieger, in: MWG I/15, S. 217-221.

（738）もっともヴェーバーはここでも、「そもそも現存する中で最上級の選挙法」という表現を使用してもいる（Weber, Das preußische Wahlrecht, in: MWG I/15, S. 233.）。

（739）Weber, Das preußische Wahlrecht, in: MWG I/15, S. 226f.

（740）Ebenda, S. 229.

（741）Ebenda, S. 229-233. しかし興味深いのはヴェーバーがプロイセン代議院の三級選挙法に対してこうした平等主義的な批判を高らかに掲げていながら、プロイセン貴族院については微妙な姿勢を示していることである（S. 233.）。プロイセン代議院は、不平等・公開・間接とはいえ男子普通選挙で構成されるが、プロイセン貴族院はそもそも公選制議会ですらない。それどころかプロイセン貴族院は、ヴェーバーが憎悪して止まない家族世襲財産を強化しようとする声が挙がる機関でもある。ところがヴェーバーはこのプロイセン貴族院を批判の俎上に上げようとはしていない。それどころか、職能制議会というのも貴族院ならありうるだろう、「中間層」に特権を与えるというのも貴族院ならありうるだろうという具合に、実質的に貴族院の存置を前提とした仮定を展開しているのである。ヴェーバーのプロイセンン貴族院への微妙な態度の背後には、市民階級とは異なるプロイセン・ユンカーの「政治的本能」に期待した一八九〇年代以来の彼の期待があったのではないかと推測される。

(742) Weber, Das preußische Wahlrecht, in: MWG I/15, S. 234.

(743) Brief (Abschrift) von Max Weber an Marianne Weber, Charlottenburg 7. April 1916, in: Nl. Weber (Berlin), Nr. 30, Bd. 2, Bl. 80f.

(744) Brief (Abschrift) von Max Weber an Marianne Weber, Charlottenburg 18. August 1916, in: Nl. Weber (Berlin), Nr. 30, Bd. 2, Bl. 100.

(745) Brief (Abschrift) von Max Weber (Empfänger), o. O. 22. August 1916, in: Nl. Weber (Berlin), Nr. 30, Bd. 10, Bl. 72. なおヘルムート・フォン・モルトケ（一八四八年―一九一六年）は、ビスマルク時代に活躍した同名のプロイセン陸軍参謀総長の甥で、開戦時にはプロイセン陸軍参謀総長の任にあった。「シュリーフェン計画」通りの迅速なフランス打倒を実現しようとしたが、一九一四年九月九日のマルヌの戦いで頓挫し、神経衰弱に陥ってエーリヒ・フォン・ファルケンハインと交代した（Heinrich Walle, Helmuth v. Moltke, in: NDB 18, Berlin 1997, S. 17f.）。

(746) Brief (Abschrift) von Max Weber an Franz Eulenberg, Charlottenburg 14. Juli 1916, in: Nl. Weber (Berlin), Nr. 30, Bd. 9, Bl. 37.

(747) ゲオルク・ミヒャエリスはプロイセンの官僚政治家である。ドイツ東部の法曹一家に生まれ、ベルリン駐箚公使青木周蔵の後押しで論文提出のないまま法学博士号を取得、東京の「獨逸學協會」で一八八五年から一八八九年までドイツ法講師を務めた。帰国後はプロイセン官吏として昇進し、戦争勃発に際してはプロイセン大蔵省で穀物流通の統制を行い、やがて帝国全体の食糧分配を担当するに到った。ベートマン・ホルヴェークの辞任で一九一七年七月一四日に突然帝国宰相、そしてプロイセン首相に任命されたが、些事に拘る「非政治的官僚」と非難されて就任当初から困難に直面し、同年一〇月三一日に辞表を提出した。のちポンメルン州総督となったが革命で免職となり、ドイツ国民的人民党に入党した（Rudolf Morsey, Georg Michaelis, in: NDB 17, Berlin 1994, S. 432-434.）。

(748) Brief von Max Weber an Marianne Weber, Oerlinghausen 19. Juli 1917, in: Nl. Weber (Berlin), Nr. 30, Bd. 2, Bl. 107.

(749) Brief von Max Weber an Marianne Weber, Oerlinghausen 30. Juli 1917, in: Nl. Weber (Berlin), Nr. 30, Bd. 2, Bl. 108f.

(750) Lebensbild, S. 582（『ウェーバーII』、四二八頁）。

(751) Brief (Abschrift) von Max Weber (Empfänger), o. O. 22. August 1916, in: Nl. Weber (Berlin), Nr. 30, Bd. 10, Bl. 72.

(752) Max Weber, [Eine Unterredung mit Erich Ludendorff am 30. Mai 1919], in: MWG I/16, S. 550, 551, 553.

(753) Max Weber, Schwert und Parteikampf, in: MWG I/15, S. 399f.
(754) Brief von Max Weber an Marianne Weber, Berlin 13. Januar 1918, in: Nl. Weber (Berlin), Nr. 30, Bd. 2, Bl. 111.
(755) Weber, Wahlrecht und Demokratie in Deutschland, in: MWG I/15, S. 388.
(756) Weber, Das preußische Wahlrecht, in: MWG I/15, S. 235.
(757) Weber, Parlament und Regierung, in: MWG I/15, S. 481.
(758) Max Weber, [Vorschläge zur Reform der Verfassung des Deutschen Reiches], in: MWG I/15, S. 268-288.
(759) Max Weber, Die Abänderung des Artikels 9 der Reichsverfassung, in: MWG I/15, S. 310-313.
(760) Weber, Wahlrecht und Demokratie in Deutschland, in: MWG I/15, S. 347-396.
(761) Editorischer Bericht von: Weber, Parlament und Regierung, in: MWG I/15, S. 426f.
(762) Weber, Parlament und Regierung, in: MWG I/15, S. 432-596.
(763) Verfassung des Deutschen Reichs, in: Bundes-Gesetzblatt des Deutschen Bundes, No. 16, S. 68.
(764) Lebensbild, S. 598(『ヴェーバーII』、四三九頁。); WG, S. 573(『支配の社会学I』、一一三頁。).
(765) Max Weber, Bayern und die Parlamentarisierung im Reich, in: MWG I/15, S. 331-338.
(766) Max Weber, Was erwartet das deutsche Volk vom Verfassungs-Ausschuß des deutschen Reichstages?, in: MWG I/15, S. 710.
(767) Lebensbild, S. 595(『ヴェーバーII』、四三八頁。).
(768) Max Weber, Betrachtungen Ueber Völker-Charakter, Völker-Entwicklung und Völker-Geschichte bei den Indogermanischen Nationen, in: BSB München, Nachlässe Max und Marianne Weber, Ana 446, Depot: Weber-Schäfer, Schachtel 8.
(769) Max Weber, The Relations of Rural Community to Other Branches of Social Science, in: MWG I/8, S. 222.
(770) Weber, Deutschlands äußere und Preußens innere Politik I, in: MWG I/15, S. 197.
ちなみにヴェーバーは君主制を擁護するとき、一貫して通常国家運営技術の観点から議論を展開しているように見えるが、だからといってヴェーバーが純粋に技術的観点からのみ君主制を肯定していたと一概に断定することは早計である。すでに引用したように、ヴェーバーは君主制が崩壊した一九一八年年末の段階で、君主制を支持する「我々」の「生き生きとした」心情について語っていたからである(Max Weber, Deutschlands künftige Staatsform, in: MWG I/16, S. 99.)。また前述のヴィルヘルム一世死去の記述、あるいは最初期のヴィルヘルム二世の記述などを見てみると、ヴェーバーにも君主個人への親愛の情が深く存在していたことが見て取れる。一般に輿論を説得しようとする政治評論で国家運営技術上の考慮が前面に出てくるのは当然のことであって、そこには表現されないヴェーバーの心情にも我々は配慮する必要があると思われる。

(771) Weber, Parlament und Regierung, in: MWG I/15, S. 472; WG, S. 174（『支配の諸類型』、一九七頁）.

(772) WG, S. 573（『支配の社会学I』、一二四頁）.

(773) Brief von Max Weber an Friedrich Naumann, Heidelberg 14. Dezember 1906, in: MWG II/5, S. 202 (Lebensbild, S. 403（『ウェーバーII』、三〇六頁）.).

(774) Brief von Max Weber an Heinrich Rickert, o. O. 21. November 1908, in: Lebensbild, S. 413（『ウェーバーII』、三一二—三一三頁）.

(775) WG, S. 144（『支配の諸類型』、五三頁）；『支配の社会学I』、三五、五三—五四頁。

(776) Brief von Max Weber an Hermann Baumgarten, Charlottenburg 14. Juli 1885, in: Nl. Weber (Berlin), Nr. 7, Bl. 14 (Jugendbriefe, S. 172.); Brief von Max Weber an Hermann Baumgarten, Charlottenburg 13. März 1888, in: Nl. Weber (Berlin), Nr. 7, Bl. 31-33 (Jugendbriefe, S. 287-290).

(777) Brief von Max Weber an Hermann Baumgarten, Charlottenburg 14. Juli 1885, in: Nl. Weber (Berlin), Nr. 7, Bl. 14 (Jugendbriefe, S. 172.); Brief von Max Weber an Hermann Baumgarten, Charlottenburg 25. April 1887, in: Nl. Weber (Berlin), Nr. 7, Bl. 22f. (Jugendbriefe, S. 235.); Brief von Max Weber an Hermann Baumgarten, Charlottenburg 29. Juni 1887, in: Nl. Weber (Berlin), Nr. 7, Bl. 24 (Jugendbriefe, S. 249f.); Brief von Max Weber an Hermann Baumgarten, Charlottenburg 13. März 1888, in: Nl. Weber (Berlin), Nr. 7, Bl. 33-35 (Jugendbriefe, S. 290-292); Brief von Max Weber an Hermann Baumgarten, Charlottenburg 30. April 1888, in: Nl. Weber (Berin), Nr. 7, Bl. 36 (Jugendbriefe, S. 293f.).

(778) Brief von Max Weber an Emmy Baumgarten, Charlottenburg 14. Juli 1885, in: Jugendbriefe, S. 172.

(779) Brief von Max Weber an Hermann Baumgarten, Charlottenburg 13. März 1888, in: Nl. Weber (Berlin), Nr. 7, Bl. 35 (Jugendbriefe, S. 291f.); Brief von Max Weber an Hermann Baumgarten, Charlottenburg 30. April 1888, in: Nl. Weber (Berlin), Nr. 7, Bl. 36f. (Jugendbriefe, S. 294f.); Brief von Max Weber an Helene Weber, Kosten 9. September 1888, in: Nl. Weber (Berlin), Nr. 3, Bl. 140 (Jugendbriefe, S. 309.).

(780) Brief von Max Weber an Hermann Baumgarten, Charlottenburg 31. Dezember 1889, in: Nl. Weber (Berlin), Nr. 7, Bl. 48 (Jugendbriefe, S. 323f.).

(781) Brief von Max Weber an Hermann Baumgarten, Charlottenburg 3. Januar 1891, in: Nl. Weber (Berlin), Nr. 7, Bl. 53 (Jugendbriefe, S. 328.).

(782) Brief von Max Weber an Alfred Weber, Schrimm/Posen 7. Juli 1891, in: Nl. Weber（Berlin), Nr. 4, Bl. 31（Jugendbriefe, S. 336.).

(783) Brief von Max Weber an Hermann Baumgarten, Charlottenburg 18. April 1892, in: Nl. Weber（Berlin), Nr. 7, Bl. 61（Jugendbriefe, S. 345f.).

(784) Brief von Max Weber an Friedrich Naumann, Heidelberg 12. November 1908, in: MWG II/5, S. 693f.

(785) ヴィルヘルム二世に対する批判はすでにその在位中から提起されてきたが、近年のドイツ政治史研究でこれを熱心に展開しているのは、ドイツ系イギリス人のジョン・レールである（Röhl, Kaiser, Hof und Staat.）。綿密な文書館作業に基づいて、レールはヴィルヘルム二世の齎した政治的混乱を詳細に描写し、その人間性に強い疑問を提起している。更にレールはヴィルヘルム二世の伝記にも取り組んでいるが、これは現在一九〇〇年までの部分が刊行されている（Röhl, Wilhelm II 1859-1888; Ders., Wilhelm II 1888-1900.）。これに対してヴェーラーは社会構造史の立場から、個人の意義ばかりを強調するレールの「君主中心主義」(Monarchozentrismus）に疑問を呈し（Wehler, Deutsche Gesellschaftsgeschichte 3, S. 1016-1020.）、またモムゼンもヴィルヘルム二世を集中的に糾弾するレールを批判している（Mommsen, War der Kaiser an allem schuld?）。

(786) Brief von Max Weber an Friedrich Naumann, Heidelberg 14. Dezember 1906, in: MWG II/5, S. 203f.（Lebensbild, S. 404（『ウェーバーII』、三〇六頁。).).

(787) Brief von Max Weber an Friedrich Naumann, Heidelberg 12. November 1908, in: MWG II/5, S. 693.

(788) Huber, Deutsche Verfassungsgeschichte IV, S. 312. 但しドイツ保守党の実質的指導者エルンスト・フォン・ハイデブラント・ウント・デル・ラーザ（一八五一年―一九二四年）は、同じ帝国議会の討議でドイツ君主制の将来を憂慮する立場からヴィルヘルム二世に苦言を呈していた（Ebenda, S. 308. 更に以下も参照のこと。Ernst v. Heydebrand und der Lasa, Beiträge zu einer Geschichte der konservativen Partei in den letzten 30 Jahren（1888-1919), in: Konservative Monatsschrift 1920, 16. Heft, S. 540f.）。

(789) Brief（Abschrift）von Max Weber an Marianne Weber, Charlottenburg 7. April 1916, in: Nl. Weber（Berlin), Nr. 30, Bd. 2, Bl. 80f.

(790) Brief von Max Weber an Friedrich Naumann, Heidelberg 12. Dezember 1908, in: MWG II/5, S. 695f.

(791) Max Weber, [Vorschläge zur Reform der Verfassung des Deutschen Reiches], in: MWG I/15, S. 278-288.

(792) Lebensbild, S. 602f.（『ウェーバーII』、四四二頁。).

(793) Lebensbild, S. 610（『ウェーバーII』、四四七頁。).

(794) Weber, Parlament und Regierung, in: MWG I/15, S. 469-472.

(795) Lebensbild, S. 574（『ウェーバーII』、四三三頁。）.

(796) Brief von Max Weber an Gerhart v. Schulze-Gaevernitz, Heidelberg 21. Oktober 1916, in: GPS, S. 465.

(797) Huber, Deutsche Verfassungsgeschichte V, S. 406-467；木村靖二『ドイツ史3』、一〇五―一〇八頁；石井規衛『ロシア史3』、六一―六四頁。

(798) キュールマンは外交官である。バグダッド鉄道建設に関与する父のもとでコンスタンティノープルに生まれたキュールマンは、ワシントン、ロンドンなどでの外交経験から挑発的なドイツ建艦政策に疑問を懐き、対英協調によってアフリカ、トルコにおけるドイツの権益を確保するよう尽力したが、第一次世界戦争勃発で水泡に帰した。開戦後はトルコの参戦に貢献し、一九一六年にコンスタンティノープル駐箚大使に就任したが、一九一七年八月七日に帝国外務長官に任命され、ミヒャエリス、ヘルトリング両政権下でドイツ外交を担った（Ralf Berg, Richard v. Kühlmann, in: NDB 13, Berlin-West 1982, S. 189f.）。

(799) Huber, Deutsche Verfassungsgeschichte V, S. 406-432.

(800) Brief（Abschrift）von Max Weber an Marianne Weber, Berlin 8. Januar 1918, in: Nl. Weber（Berlin）, Nr. 30, Bd. 2, Bl. 110.

(801) Lebensbild, S. 631（『ウェーバーII』、四六三頁。）.

(802) Lebensbild, S. 631（『ウェーバーII』、四六三頁。）.

(803) Brief（Abschrift）von Max Weber an Alwine Müller, Heidelberg 10. Oktober 1918, in; Nl. Weber（Berlin）, Nr. 30, Bd. 8, Bl. 57.

(804) Weber, Sozialismus, in: MWG I/15, S. 599-633（『社会主義』、二七―五四頁。）.

(805) Öffentliche Vorlesungen an der K. K. Universität zu Wien im Sommer-Semester 1918, Wien 1918, S. 10（Universitätsarchiv Wien）.

(806) Brief von Max Weber an das k. u. k. Ministerium des Unterrichts, Wien 5. Juni 1918, in: Nl. Weber（Berlin）, Nr. 30, Bd. 13, Bl. 24-26.

(807) 保守党政治家ランズダウンは外相在任中、ドイツと協力してロシヤの南進を阻止し、ペルシャ湾におけるイギリスの地位を強化するために、ドイツのバグダッド鉄道事業への参加を主張していた（ジョル『第一次世界大戦の起原』、二四八頁）。

(808) Prinz Max von Baden, Erinnerungen und Dokumente, S. 188-234; Ferguson, Der falsche Krieg, S. 308.

(809) MWG I/16, Einleitung, S. 3（Brief von Marianne Weber an Helene Weber, 5. November 1918, Bestand Max Weber-Schäfer）.

(810) Lebensbild, S. 633f.（『ウェーバーII』、四六五頁。）

(811) Max Weber, Die nächste innerpolitische Aufgabe, in: MWG I/15, S. 636-639.

(812) Huber, Deutsche Verfassungsgeschichte V, S. 544-551, 584-597.

(813) Ebenda, S. 551-563.

(814) Brief (Abschrift) von Max Weber an Alwine Müller, Heidelberg 10. Oktober 1918, in; Nl. Weber (Berlin), Nr. 30, Bd. 8, Bl. 57. マックス・フォン・ガルヴィッツ（一八五二年―一九三七年）はプロイセン軍人で、ブレスラウ出身のカトリック教徒である。ガルヴィッツは独仏戦争、第一次世界戦争に従軍して戦功を上げ、一九一三年プロイセン貴族に列している。ガルヴィッツはベートマン・ホルヴェーク退陣時及び戦争末期に、枢密軍事内府長官マルシャル男爵から独裁によって君主制を救うよう委嘱されるなど、ヒンデンブルクの後継者と看做されていた（Hanns Möller, Max Karl Wilhelm v. Gallwitz, in: NDB 6, Berlin-West 1964, S. 56f.）。

(815) Huber, Deutsche Verfassungsgeschichte V, S. 566-576.

(816) Brief (Abschrift) von Max Weber an Gerhart v. Schulze-Gaevernitz, Heidelberg 11. Oktober 1918, in: Nl. Weber (Berlin), Nr. 30, Bd. 10, Bl. 98.

(817) Brief von Max Weber an Friedrich Naumann, Heidelberg 17. Oktober, in: Nl. Weber (Berlin), Nr. 30, Bd. 10, Bl. 17.

(818) Brief (Abschrift) von Max Weber an Friedrich Naumann, 18. Oktober 1918, in: Nl. Weber (Berlin), Nr. 30, Bd. 10, Bl. 18.

(819) Brief (Abschrift) von Max Weber an Friedrich Naumann, Heidelberg 12. Oktober 1918, in: Nl. Weber (Berlin), Nr. 30, Bd. 10, Bl. 16.

(820) Huber, Deutsche Verfassungsgeschichte V, S. 622-625, 632.

(821) Ebenda, S. 576-584.

(822) Ebenda, S. 633: Brief (Abschrift) von Max Weber (Empfänger unbekannt), 6. Oktober 1918, in: Nl. Weber (Berlin), Nr. 30, Bd. 8, Bl. 102f.

(823) Max Weber, Waffenstillstand und Friede, in: MWG I/15, S. 642. 類似のものとして以下も参照のこと。Brief von Max Weber (Empfänger unbekannt), o. O. u. J., in: Lebensbild, S. 637（『ウェーバーII』、四六七―四六八頁）.

(824) 水兵叛乱に端を発するドイツ革命の過程とその背景については、木村靖二『兵士の革命』が詳細に明らかにしている。

(825) Max Weber, Deutschlands politische Neuordnung, in: MWG I/16, S. 363-369.

(826) バイエルン社会民主党の特殊性には、鍋谷郁太郎『ドイツ社会民主党と地方の論理』が注目している。

(827) Brief (Abschrift) von Max Weber (Empfänger unbekannt), 6. Oktober 1918, in: Nl. Weber (Berlin), Nr. 30, Bd. 8, Bl. 102f.

(828) Lebensbild, S. 494-497（『ウェーバーII』、三六八頁）.

(829) Lebensbild, S. 639（『ウェーバーII』、四六九頁）.

(830) Huber, Deutsche Verfassungsgeschichte V, S. 1014-1018.

(831) Ebenda, S. 666-706.

(832) Lebensbild, S. 642（『ウェーバーII』、四七一頁）.

(833) MWG I/16, Einleitung, S. 3f.（Brief von Max Weber an Else Jaffé, 12. November 1918, Bestand Eduard Baumgarten）.

(834) Aufzeichnung des Vorsitzenden des Heidelberger Arbeiter- und Soldatenrates Christian Stock, zitiert in: MWG I/16, S. 91.

(835) Lebensbild, S. 644（『ウェーバーII』、四七二頁）.

(836) Max Weber, [Die zukünftige Staatsform Deutschlands], in: MWG I/16, S. 372-374.

(837) Wolff, Tagebücher 1914-1919, S. 665.

(838) Weber, Wahlrecht und Demokratie in Deutschland, in: MWG I/15, S. 383f.

(839) ヴァンダーフォーゲル運動についてはラカー『ドイツ青年運動』を参照のこと。

(840) Brief von Max Weber an Friedrich Crusius, Frankfurt 24. November 1918., in: Nl. Weber（Berlin）, Nr. 30, Bd. 10, Bl. 107（GPS, S. 483f.）.

(841) Brief von Max Weber an Friedrich Crusius, o. O. 26. Dezember 1918., in: Lebensbild, S. 649（『ウェーバーII』、四七七頁）.

(842) ドイツで分邦がしばしば用いる国号「自由国」（Freistaat）は、「共和国」（Republik）、つまり非君主制国家を意味するものである。そのため「自由国」という訳語を用いることなく、「Freistaat」を即「共和国」と訳しても構わない。ただドイツ連邦共和国ではバイエルンやザクセンなど大規模州が「Freistaat」を自称しているため、それが連邦政府に対する州政府の「自由」を求める意志表示であるかのように解釈（誤解）されることもある。

(843) Brief von Max Weber an Anna Edinger, Heidelberg 18. März 1918?, in: GPS, S. 475.

(844) Brief（Abschrift）von Max Weber an Julius Goldstein, Heidelberg 13. November 1918, in: Nl. Weber（Berlin）, Nr. 30, Bd. 10, Bl. 125f.

(845) Max Weber, [Das neue Deutschland] [Erster Bericht der Frankfurter Zeitung vom 1. Dezember 1918], in: MWG I/16, S. 380; Ders., [Das neue Deutschland] [Zweiter Bericht der Frankfurter Zeitung vom 2. Dezember 1918], in: MWG I/16, S. 384.

(846) Max Weber, Zum Thema der „Kriegsschuld", in: MWG I/16, S. 179.

(847) Weber, „Kriegsschuld", in: MWG I/16, S. 184; Ders., [Das neue Deutschland] [Erster Bericht der Frankfurter Zeitung vom 1. Dezember 1918], in: MWG I/16, S. 379. 但しヴェーバーは、西欧戦勝国がドイツに対ソヴィエト・ロシヤの封鎖に参加するよう要求し

てきたときには、これに参加を拒否するドイツ政府を支援する「正義の政治のための作業共同体」の共同声明に署名している。この声明は、第一次世界戦争で西欧列強の封鎖に苦しめられてきたばかりのドイツが、ロシヤの女子供を苦しめるような政策に参加するわけにはいかないという趣旨のものであった。ヴェーバーがこの時点でロシヤへの姿勢を一変させたとは考えにくいので、この声明への署名は、西欧列強の強引さへの反撥の表現と解釈されるべきであろう（Gegen die russische Blockade Ruslands, in: MWG I/16, S. 536.）。

(848) Gerhart v. Schulze-Gaevernitz, LETTRE OUVERTE aux monirités de sentiments équitables dans pays alliés et associés/AN OPEN LETTER adressed to the minority in the allied and associated countries, who stand for justice（second edition）.

(849) Lebensbild, S. 659（『ウェーバーII』、四八四頁）。

(850) [Die Anzeige des Umzugs], Weimar 26. Juni 1919, in: GStA PK, VI. HA Familienarchive und Nachlässe, Nl. Friedrich Meinecke, Nr. 170, Bl. 4206.

(851) Brief（Abschrift）von Max Weber an Hermann Oncken, Heidelberg 9. Februar 1919, in: Nl. Weber（Berlin）, Nr. 30, Bd. 8, Bl. 109f.

(852) Max Weber, Politik als Beruf, in: MWG I/17, S. 231.

(853) Lebensbild, S. 656f.（『ウェーバーII』、四八五—四八六頁）。

(854) Brief von Max Weber（Empfänger unbekannt）, o. O. u. J., in: Lebensbild, S. 660f.（『ウェーバーII』、四八六頁）。

(855) Brief von Max Weber an den Grafen Johann v. Bernstorff, o. O. u. J. [Mai 1919?], in: Nl. Weber（Berlin）, Nr. 28, Bl. 9.

(856) MWG I/16, Einleitung, S. 26f.

(857) Huber, Deutsche Verfassungsgeschichte V, S. 1152-1165.

(858) Hans Delbrück, Max Weber, Max Graf Montgelas, Albrecht Mendelssohn Barthold, Bemerkungen zum Bericht der Kommission der alliierten und assoziierten Regierungen über die Verantwortlichkeiten der Urheber des Krieges, in: MWG I/16, S. 324-351.

(859) MWG I/16, Einleitung, S. 31. こうした厳しい空気の中で、ヴェーバーは戦勝国日本の代表団との和やかな出会いをも経験していた。戦争中に在華ドイツ、エステルライヒ国民を現地の日本人外交官がイギリスの迫害から庇護したということで、この会談はヴェーバーらドイツ側が日本側に謝意を表明する友好的なものであったと言われる（『回想』、一五九頁）。

(860) Lebensbild, S. 663（『ウェーバーII』、四八七頁）。

(861) Lebensbild, S. 656f.（『ウェーバーII』、四八五—四八六頁）。

(862) Brief（Abschrift）von Max Weber an Friedrich Naumann, Berlin 10. Oktober 1918, in; Nl. Weber（Berlin）, Nr. 30, Bd. 8, Bl. 100.

(863) この発言は、社会学者ヴェーバーの「カリスマ的正統性」及びその「反権威主義的解釈変え」の議論に符合する（『支配の社会学Ⅰ』、五四一五五頁）。

(864) Lebensbild, S. 664f.（『ヴェーバーⅡ』、四八八頁）.

(865) Schultheß' Europäischer Geschichtskalender 1919, München 1923, 2. Teil, S. 31. この事件を題材とした表現主義の戯曲に Ruge, Scapa Flow 1919 がある。

(866) Lebensbild, S. 669（『ヴェーバーⅡ』、四九一一四九二頁）

(867) Huber, Deutsche Verfassungsgeschichte V, S. 1152-1178.

(868) Brief（Abschrift）von Max Weber, Empfänger unbekannt, München 20. Juni 1919, in: Nl. Weber（Berlin）, Nr. 30, Bd. 8, Bl. 1.

(869) Brief（Abschrift）von Max Weber an Marianne Weber, München 28. Juni 1919, in: Nl. Weber（Berlin）, Nr. 30, Bd. 8, Bl. 2.

(870) Aufzeichnung der Münchner Reden Max Webers（Verfasser unbekannt）, o. O. u. J., in: Nl. Weber（Berlin）, Nr. 30, Bd. 5, Bl. 10.

(871) Max Weber, Das neue Deutschland, in : MWG I/16, S. 390; Ders., Deutschlands künftige Staatsform, in: MWG I/16, S. 110.

(872) Brief（Abschrift）von Max Weber an Else Jaffé, Heidelberg Mitte November 1918, in: Nl. Weber（Berlin）, Nr. 30, Bd. 10, Bl. 20; Aufzeichnung über die Verhandlungen im Reichsamt des Innern über die Grundsätze des der verfassungsgebenden deutschen Nationalversammlung vorzulegenden Verfassungsentwurfs, vom 9. bis 12. Dezember 1918, in: MWG I/16, S. 72.

(873) Max Weber, Die wirtschaftliche Zugehorigkeit des Saargebiets zu Deutschland, in: MWG I/16, S. 236-242.

(874) Max Weber, Deutschlands künftige Staatsform, in: MWG I/16, S. 110.

(875) Brief（Abschrift）von Max Weber an Else Jaffé, Heidelberg Mitte November 1918, in: Nl. Weber（Berlin）, Nr. 30, Bd. 10, Bl. 20.

(876) Brief（Abschrift）von Max Weber an Julius Goldstein, Heidelberg 13. November 1918, in: Nl. Weber（Berlin）, Nr. 30, Bd. 10, Bl. 125f.

(877) Pilsudski und der polnische Bolschewismus, in: Neue Preußische Zeitung, Nr. 650, 21. Dezember 1918（Abend-Ausgabe）, S. 1; Die großpolnischen Bestrebungen, in: Germania, Nr. 548, 23. November 1918（Abend-Ausgabe）, S. 1; Die Polengefahr, in: Ebenda, Nr. 592, 19. Dezember 1918（Abend-Ausgabe）, S. 1; Das deutsche Posen gegen die deutsche Anmaßung, in: Rheinisch-Westfälische Zeitung, Nr. 1015, 13. Dezember 1918（III. Ausgabe）, S. 1; Die bedrohte Ostfront, in: Ebenda, Nr. 1033, 20. Dezember 1918（I. Ausgabe）, S. 1; Die Vorgänge in Schlesien und Posen, Berliner Tageblatt, Nr. 662, 28. Dezember 1918（Abend-Ausgabe）, S. 5; Die

polnische Gewaltherrschaft in Posen, Ebenda, Nr. 667, 31. Dezember 1918 (Abend-Ausgabe), S. 1; Der slawische Machthunger, Frankfurter Zeitung, Nr. 361, 30. Dezember 1918 (Morgenblatt), S. 2.

(878) Ordnung und Ruhe in Deutsch-Polen, in: Vorwärts, Nr. 322, 23. November 1918, S. 1.

(879) Danzig soll deutsch bleiben!, in: Vorwärts, Nr. 350, 21. Dezember 1918 (Morgen- Ausgabe), S. 1; Die Gefahr für Oberschlesien, in: Ebenda, Nr. 358a, 30. Dezember 1918 (Abend-Ausgabe), S. 1 usw.

(880) Polnische Ansprüche, in: Freiheit, Nr. 60, 17. Dezember 1918 (Abend-Ausgabe), S. 1f.; Zur Lage in Posen. Proteste gegen die antipolnische Hetze, in: Ebenda, Nr. 12, 21. November 1918 (Abend-Ausgabe), S. 2; Georg Ledebour, Zum Ausgleich zwischen Deutschen und Polen, in: Ebenda, Nr. 17, 24. November 1918 (Morgen-Ausgabe), S. 2 usw.

(881) Die Ebert-Regierung für Krieg gegen Polen, in: Die Rote Fahne, Nr. 45, 31. Dezember 1918, S. 1.

(882) Gerlach, Der Zusammenbruch der deutschen Polenpolitik.

(883) Gegen die Abtretung deutscher Gebiete im Osten. Leitsätze zur Beratung der militärisch-politischen Fragen des Friedensvertrages hinsichtlich der Ostmarken, in: MWG I/16, S. 289–292; Zur Frage von Volksabstimmungen im Osten. Erklärung der Ostsachverständigen der Friedensdelegation vom 22. Mai 1919, in: MWG I/16, S. 297.

(884) Die Beratungen im Auswärtigen Amt zur Vorbereitung der Friedensverhandlungen, 29. März und 2. April 1919: Zur Frage von Oberschlesien und Polen, Sitzung vom 29. März 1919, nachmittags, in: PAAA, R 23154, Bl. 51–68 (MWG I/16, S. 257 の示唆による).

(885) Ebenda, Bl. 64.

(886) Ebenda, Bl. 65.

(887) Ebenda, Bl. 68.

(888) Brief von Max Weber (Empfänger unbekannt), o. O. 30. März 1919, in: Lebensbild, S. 661 (『ウェーバー』, 四八六頁).

(889) MWG I/16, Einleitung, S. 26. この作業部会の正式名称は以下の通りであった。„Kommission zur Beratung der militärisch-politischen Bestimmungen, Gruppe Ostfragen I D Polen/Westpreußen“

(890) Lebensbild, S. 651 (『ウェーバー』, 四七八頁).

(891) Max Weber, [Aufzeichnung über die Verhandlungen im Reichsamt des Innern vom 9. bis 12. Dezember 1918], in: MWG I/16, S. 57.

(892) MWG I/16, Einleitung, S. 4 (Brief von Max Weber an Else Jaffé, 9. November 1918, Bestand Eduard Baumgarten).

（893）Weber, Deutschlands künftige Staatsform, in: MWG I/16, S. 99.

（894）MWG I/16, Einleitung, S. 4.

（895）フーゴー・プロイスは法学者、左派自由主義陣営の政治家である。ベルリン西部の富裕な家庭に生まれたプロイスは、グナイストやギールケのもとで地方自治体こそ自由の牙城と主張して高い評価を受けたが、ユダヤ教徒にして左派自由主義陣営のベルリン市会議員でもあった彼は、ベルリン大学法学部で私講師以上に昇進することが出来ず、四十六歳になった一九〇六年にベルリン商科大学正教授に就任した（一九一八年同学長）。一九一〇年には社会民主党の支援でベルリン市幹部会に選出されている。敗戦後はドイツ内務長官（のち内務大臣と改称）となり、一九一九年六月二〇日のシャイデマン内閣崩壊まで在任した。またドイツ民主党に参加し、その死までプロイセン邦議会に議席を有した（ドイツ国会は落選）（Manfred Friedrich, Hugo Preuß, in: NDB 20, Berlin 2001, S. 708-710.）。

（896）Wolff, Tagebücher 1914-1919, S. 654.

（897）Editorischer Bericht von: Max Weber, ［Deutschlands künftige Staatsform］, in: MWG I/16, S. 95f.

（898）Editorischer Bericht von: Max Weber, ［Beiträge zur Verfassungsfrage anläßlich der Verhandlungen im Reichsamt des Innern vom 9. bis 12. Dezember 1918］, in: MWG I/16, S. 52.

（899）Huber, Deutsche Verfassungsgeschichte V, S. 1178-1205.

（900）Max Weber, Deutschlands Vergangenheit und Zukunft, in: MWG I/16, S. 443, 446.

（901）Max Weber, ［Der freie Volksstaat］, in: MWG I/16, S. 461.

（902）Weber, ［Aufzeichnung über die Verhandlungen im Reichsamt des Innern］, in: MWG I/16, S. 67, 72.

（903）Weber, ［Die zukünftige Staatsform Deutschlands］, in: MWG I/16, S. 372f.

（904）Weber, Deutschlands künftige Staatsform, in: MWG I/16, S. 99f.

（905）Lebensbild, S. 653（『ウェーバーⅡ』、四七九―四八〇頁）。

（906）Weber, Deutschlands künftige Staatsform, in: MWG I/16, S. 99-103.

（907）Ebenda, S. 109.

（908）Honigsheim, On Max Weber, p. 13（ホーニヒスハイム『マックス・ウェーバーの思い出』、二七頁）。

（909）Weber, Deutschlands künftige Staatsform, in: MWG I/16, S. 106f.

（910）Brief von Max Weber an Friedrich Crusius, Frankfurt (M) 24. November 1918, in: GPS, S. 482-484.

（911）Lebensbild, S. 562（『ウェーバーⅡ』、四一二頁）。

(912) [Kundgebung gegen die Sprachenverordnungen in Österreich], in: MWG I/4, S. 899. この署名運動の経緯は、Schäfer, Mein Leben, S. 129f. に記されている。

(913) Lebensbild, S. 583f.（『ウェーバーⅡ』、四二九頁）.

(914) WG, S. 234-244, 527-531.

(915) Weber, Deutschlands künftige Staatsform, in: MWG I/16, S. 110f.

(916) Max Weber, Bayern und die Parlamentarisierung im Reich, in: MWG I/15, S. 331-338.

(917) Weber, Deutschlands künftige Staatsform, in: MWG I/16, S. 111, 117.

(918) Weber, Deutschlands künftige Staatsform, in: MWG I/16, S. 118.

(919) Huber, Deutsche Verfassungsgeschichte V, S. 1180-1184.

(920) Weber, Deutschlands künftige Staatsform, in: MWG I/16, S. 111.

(921) Ebenda, S. 111.

(922) Weber, [Aufzeichnung über die Verhandlungen im Reichsamt des Innern], in: MWG I/16, S. 57f.

(923) Weber, Deutschlands künftige Staatsform, in: MWG I/16, S. 120-127.

(924) Weber, [Reichsamt des Innern], in: MWG I/16, S. 74.

(925) Ebenda, S. 82.

(926) Ebenda, S. 88.

(927) Ebenda, S. 77, 79, 81.

(928) Birnbaum, Achtzig Jahre Dabeigewesen, S. 80;『回想』、一三三頁。

(929) Editorischer Bericht von: Max Weber, [Erklärung zum Scheitern der Kandidatur für die Wahlen zur Nationalversammlung im Wahlkreis 19（Hessen-Nassau)], in: MWG I/16, S. 152-155; Lebensbild, S. 654-656（『ウェーバーⅡ』、四八一―四八二頁）; WG, S. 174（『支配の諸類型』、一九九頁）.

(930) Amtliche Berichte über die Verhandlungen der verfassungsgebenden badischen National-Versammlung, Karlsruhe 1919, No. 1（18. Januar 1919), Sp. 17f.; Ebenda, No. 9（22. März 1919), Sp. 285-288; Ebenda, No. 12（28. März 1919), Sp. 472-475; Amtliche Berichte über die Verhandlungen des badischen Landtags, Karlsruhe 1919, No. 35（12. Juli 1919), Sp. 1345-1350 sowie Sp. 1355f.

(931) Brief（Abschrift）von Max Weber an Martha Riegel, München 29. Januar 1919, in: Nl. Weber（Berlin), Nr. 30, Bd. 8, Bl. 3.

(932) Lebensbild, S. 118f.（『ヴェーバーI』、九〇頁）.

(933) Lebensbild, S. 197（『ヴェーバーI』、一四九頁）.

(934) Lebensbild, S. 215（『ヴェーバーI』、一六三頁）; Brief von Max Weber an Robert Michels, Heidelberg 11. Januar 1907, in: MWG II/5, S. 210f.

(935) Marie Baum/Max Weber, Die badische Fabrikinspektion, in: Frankfurter Zeitung, Nr. 24, 24. Januar 1907, Abendblatt, S. 1f.; Brief von Max Weber an Marie Baum, Heidelberg 6. Juli 1906, in: MWG II/5, S. 106f.

(936) Brief von Max Weber an Helene Weber, Heidelberg 16. März 1909, in: MWG II/6, S. 77f.

(937) Arnold Ruge, An X. X.!, in: Heidelberger Tageblatt, Nr. 283, 3. Dez. 1910（GLA N Arnold Ruge 18）.

(938) Brief von Marianne Weber an Arnold Ruge, Heidelberg 6. Dezember 1910, in: GLA N Arnold Ruge 18.

(939) Brief（Abschrift）von Max Weber an Arnold Ruge, Heidelberg 13. Dezember 1910, in: GLA N Arnold Ruge 18（MWG II/6, S. 717.）.

(940) Lebensbild, S. 117f.（『ヴェーバーI』、九〇頁）.

(941) Lebensbild, S. 198（『ヴェーバーI』、一五〇頁）.

(942) Weber, Der Nationalstaat und die Volkswirtschaftspolitik, S. 562.

(943) Weber, Protestantische Ethik, in: Archiv 20, S. 24., GARSI, S. 47（『倫理』、一一一頁）.

(944) Brief von Max Weber an Friedrich Blanck, Heidelberg 1. Februar 1911, in: MWG II/7, S. 72.

(945) Weber, [Zwischen zwei Gesetzen], in: MWG I/15, S. 97.

(946) Lebensbild, S. 505f.（『ヴェーバーII』、三七七頁）.

(947) Liszkowsky, Zwischen Liberalismus und Imperialismus, S. 13.

(948) Tegtmeyer, Mitgliederverzeichnis der Burschenschaft Hannovera Göttingen, S. 23; Karl Siegfried Bader, Ferdinand Frensdorf, in: NDB 5, Berlin-West 1961, S. 402.

(949) Brief von Max Weber an Paul Siebeck, Heidelberg 25. Januar 1913, in: MWG II/8, S. 55. なお『ヴェーバー全集』は、この法律事務所の経営者をアウグスト・フォン・ジムゾンであると特定しているが（S. 55, Anmerkung 6）、一八七三年生まれのアウグストはヴェーバーの学生時代にはまだ子供であるから（S. 862.）、経営者では有り得ない。

(950) Brief von Max Weber an Oskar Siebeck, Heidelberg 5. Juli [1911], in: MWG II/7, S. 224.

(951) Lebensbild, S. 476（『ウェーバーII』、三五四頁）.

(952) Honigsheim, On Max Weber, p. 13（ホーニヒスハイム『マックス・ウェーバーの思い出』、二七頁）. ちなみにブレンターノも、自分が大学で民族差別をしなかったために、「ユダヤ人」、「ポーランド人」、「ロシヤ人」、「南スラヴ人」が多くミュンヘン大学を訪れたことを誇りとしている（Brentano, Mein Leben, S. 328.）。

(953) Brief von Max Weber an Richard Graf Du Moulin-Eckart, Heidelberg 4. Mai 1907, in: MWG II/5, S. 289; Brief von Max Weber an Richard Graf Du Moulin-Eckart, Heidelberg 4. Mai 1907, in: MWG II/5, S. 289-290; Brief von Max Weber an Lujo Brentano, Heidelberg 18. August 1908, in: MWG II/5, S. 644.

(954) Protestantische Ethik, in: Archiv 21, S. 91, GARSI, S. 181（『倫理』、三二三頁）.

(955) Ernst Lesser, Aufzeichnungen über den Zionismus 1912-1913, Mannheim 12. Juni 1922, in: Nl. Weber (Berlin), Nr. 29, Bl. 6-9.

(956) Brief von Max Weber an Ernst J. Lesser, Heidelberg 18. August 1913, in: MWG II/8, S. 313-315; Lebensbild, S. 477f.（『ウェーバーII』、三五四―三五五頁）.

(957) Herzl, Der Judenstaat, S. 111f.（佐藤康彦訳『ユダヤ人国家』、九五―九七頁）.

(958) Erklärung gegen antisemitische Propaganda, in: MWG I/16, S. 512.

(959) 『回想』、三七頁。

(960) Lebensbild, S. 660（『ウェーバーII』、四八五頁）.

(961) Roth, Max Webers deutsch-englische Familiengeschichte, S. 447-450, 459.

(962) Honigsheim, On Max Weber, p. 12（ホーニヒスハイム『マックス・ウェーバーの思い出』、二五頁）. ただホーニヒスハイムはこの発言を紹介したあと、「それにも拘らず、彼は全体としてはやはり深い感銘を受けたのである」と記して均衡を取っている。

(963) ヴェーバーは「プロテスタンティズムの倫理と資本主義の「精神」」で、オッフェンバッハーに依拠しつつバーデンのカトリック教徒、プロテスタント教徒、ユダヤ教徒の資産を比較し、ユダヤ教徒が他二者を圧倒している事実を紹介する際に、「勿論」(freilich) という副詞を付している（Protestantische Ethik, in: Archiv 20, S. 6f., GARSI, S. 19（『倫理』、七二頁）.）。

(964) Max Weber, Das antike Judentum, in: MWG I/21, u. a. S. 234-241（内田芳明訳『古代ユダヤ教』全三巻。特に第一章序文（第一巻））.

(965) Herzl, Der Judenstaat, S. 40f.（佐藤康彦訳『ユダヤ人国家』、三三―三四頁）.

(966) MWG I/16, Einleitung, S. 19 (Brief von Max Weber an Else Jaffé, 18. März 1919, Bestand Eduard Baumgarten); Professor Max

Weber, in: Münchner Zeitung, Nr. 67, 14. März 1919, S. 2.

（967）MWG I/16, Einleitung, S. 19（Brief von Max Weber an Mina Tobler, 3. August 1919, Bestand Eduard Baumgarten）.

（968）Lebensbild, S. 671, 679f.（『ウェーバーII』、四九二、四九八―五〇〇頁。）.

（969）Birnbaum, Achtzig Jahre Dabeigewesen, S. 80; 『回想』、一三三―一三四頁；Weber, Politik als Beruf, in: MWG I/17, 157-252.

（970）MWG I/16, Einleitung, S. 19（Brief von Max Weber an Mina Tobler, 17. Januar 1919, Bestand Eduard Baumgarten）.

（971）Schultheß' Europäischer Geschichtskalender 1920, S. 1-21.

（972）Aufzeichnung der Münchner Reden Max Webers（Verfasser unbekannt）, o. O. u. J., in: Nl. Weber（Berlin）, Nr. 30, Bd. 5, Bl. 11f.

（973）Editorischer Bericht von: Max Weber,［Erklärung zum Fall Arco am 23. Januar 1920］, in: MWG I/16, S. 274f.; 安藤英治『ウェーバー紀行』、一八〇―一八一頁。

（974）Schultheß' Europäischer Geschichtskalender 1920, S. 44-56.

（975）Brief（Abschrift）von Max Weber an Clara Mommsen, München Ende April 1920, in: Nl. Weber（Berlin）, Nr. 30, Bd. 8, Bl. 104f.

（976）Lebensbild, S. 699, 702f.（『ウェーバーII』、五一四、五一七頁。）. マリアンネの引用は、厳密には原典と若干の差異がある（Herweghs Werke, S. 26.）。

（977）グスタフ・リッター・フォン・カールはバイエルン自由国が独自の民兵組織を保有することを要求しドイツ政府と対立していたので、ヴェーバーの分離主義への危惧は杞憂ではなかったと思われる（Gustav Ritter v. Kahr, in: DBE 5, München 1997, S. 403f.）。

（978）Lebensbild, S. 701f.（『ウェーバーII』、五一六頁。）.

（979）Brief（Abschrift）von Max Weber an Clara Mommsen, München Ende April 1920, in: Nl. Weber（Berlin）, Nr. 30, Bd. 8, Bl. 104f. ヴェーバーは一九一八年一〇月にも「私の内なる「職業」は学術的作業と学問的専門教育である」と発言している（Brief（Abschrift）von Max Weber an Alwine Müller, 10. Oktober 1918, in: Nl. Weber（Berlin）, Nr. 30, Bd. 8, Bl. 57.）。

（980）Weber, Deutschlands künftige Staatsform, in: MWG I/16, S. 112.

（981）ほぼ同じ時期のものとして、ヴェーバーには次のような発言もある。「政治家は妥協するべきだし、妥協しなければなりません。しかし私は、職業でいうと学者なのです。」（Brief von Max Weber an Carl Petersen, o. O. 14. April［1920］, in: MWG I/15, Einleitung, S. 1（HStA Hamburg, Nl. Carl Petersen.）.）

（982）Lebensbild, S. 708（『ウェーバーII』、五二一頁。）；『回想』、五四頁。

（983）Lebensbild, S. 709-712（『ウェーバーII』、五二二―五二五頁。）.

(984) Frankfurter Zeitung, Nr. 435, 16. Juni 1920, Erstes Morgenblatt, S. 1f.

(985) 丸山眞男「近世儒教の発展における徂徠学の特質並にその国学との関連」、同『日本政治思想史研究』、一二六―一二七頁、一三二―一三三頁：大塚久雄『近代化の人間的基礎』。

(986) サイード『オリエンタリズム　下』、一三九頁。

(987) Ratzinger/Pera, Ohne Wurzeln, S. 10. 但しペラはここで、自分が「プロテスタンティズムの倫理と資本主義の「精神」」から引用していると誤解している。

(988) ヴェーバー・サークルの常連であったヤッフェ、シュティヒヴェー、ザリーン、プレスナーの証言、熱狂的信奉者カプヘルの弔辞を参照のこと（『回想』、五一一六、五三―八二、八九―一〇四、一〇七―一二九、一七三―一七六頁）。

(989) 今野元「『回想のマックス・ウェーバー』の意義」、『回想』、二三四―二三五頁。

(990) この現象は塩川伸明が鋭利に指摘している（『ペレストロイカの終焉と社会主義の運命』、四六―六〇頁。）。

(991) Schmitt, Römischer Katholizismus, S. 11（『政治神学再論』、一三一頁。）.

(992) Winkler, Der lange Weg nach Westen I, S. 655; Schöllgen, Der Auftritt, S. 19; Bahr, Der deutsche Weg, S. 9.

あとがき

「知性主義の逆説」という発想は、著者が世界史に取り組み始めた中学生時代から懐いていたものである。元来フランス革命史に魅了されていた著者は、革命家たちの言動が知性主義的優越感に満たされているという感覚を覚えた。革命の理念は無知蒙昧なる旧体制の世界から人類を救い出す光輝なる理想であり、その唱道者には新しい支配者たるべき権利と義務とがあるという発想である。そうした歴史認識は、同じ時代をエミグレの立場から、あるいはドイツやロシヤの立場から見詰め直すことで、一層強いものとなった。またキリスト教史にも興味があった著者は、カトリック教会がプロテスタント教会に、あるいは東方正教会が西欧キリスト教諸教会に、いかに屈折した感情を懐いているかということを痛切に知ることとなった。当時の著者には、教会史がほとんどプロテスタンティズムの論理で書かれているように思われたので、そうでない歴史理解に触れて世界史の見方が変わっていったのである。蓋し知性主義は、一見すると万人に平等に開かれたものであるようだが、現実の人間は地域アイデンティティ、宗教、身分、職業、性別、経済力、その他様々な要素に左右されているため、世界中の誰もが同じように容易に、知性主義的政治秩序に馴染めるわけではない。従ってそこに序列が生じ、新たな支配従属関係が生まれ、それがまた優越感や劣等感、慢心や憎悪の原因になるのは至極当然であるように思われたのである。こうした「知性主義の逆説」という現象がナショナリズムとどのように関連するのかということを、実証史学の手法で地道に探究するというのが、学部生時代の著者が国際政治史研究を志したときの、ごく漠然たる意図であった。

　しかし本格的な研究生活が始まると、著者はその研究構想を展開する余地が限定されていることに気付いた。そもそも当時のナショナリズム研究は、知性主義的価値観を自明の前提としており、それを対象化するという視点は許容されていなかったのである。そこではナショナリズムや宗教などの思想的要素が、「政治以前」(vorpolitisch)の情念として否定され、未成熟な人々の単なる妄想として門前払いされていた。ベネディクト・アンダーソン、エリック・ホブズボーム、アーネスト・ゲルナーのナショナリズム「脱構築」が一世を風靡していた当時、ナショナリズム研究とは「ネイション」が「近代の産物」であり、「想像」、「創造」、「虚構」、「欺瞞」、「架空」の代物であることを暴露する啓蒙活動に他ならないという暗黙の前提が存在していた。またドイツ政治研究という分野は、そうした傾向が格別に強く、しかも強烈な「西欧主義」と結び付いている。通常政治的近代化の推奨者は、それが世界史的に「西欧」起源であるのは事実としても、その意義はまさしく全人類的であり、決して非「西欧」世界に馴染まないものではないということを強調する「普遍主義」の立場を採る。何故ならそれが「西欧」起源であることを強調すると、特殊「西欧」の政治文化を非「西欧」世界に強引に押し付けることは許されるのかという「文化相対主義」の反論を惹起してしまうからである。ところがドイツ連邦共和国では、「西欧的」(westlich)なるものは総じて尊重されるべきであるという手放しの「西欧主義」が、言論界で盛んに鼓吹《こすい》されてきた。政治に直接関連する領域だけでなく、学問的な領域などでも、「西欧主義」の風潮は顕著であった。例えば政治的・学問的エリートは争ってアングロ＝サクソン圏に留学して自分の英会話能力を誇り、アメリカ「社会科学」を模範としてドイツの「国家学」や「歴史主義」の伝統を顧みないという具合に、何がしか「ドイツ伝来」と思われるものは「西欧的」なるものに席を譲るべきだとされたのである。アングロ＝サクソン圏や日本の社会科学ではすでに知られていた西洋中心主義批判という議論は、ヨーロッパ統合に邁進するドイツの言論界では一向に盛り上がらなかった。そうしたドイツ連邦共和国の強烈な西欧主義は、第三帝国の過去や東西冷戦の現実を踏まえての動向であるが、ドイツが戦後の反植民地運動の標的にならなかったという事情も作用していたことだろう。著者が研究を始めた一九九〇年代の日本のドイツ政治研究界では、ドイツの事例を参考に日本政治の「後進性」を批判するという政治的関心が強烈だったので、ユルゲン・ハーバーマス、カール・ディートリヒ・ブラッハー、ハンス＝ウルリヒ・ヴェーラー、ハインリヒ・アウグスト・ヴィンクラー、ディーター・ゼングハース、ジョージ・ハルガルテンといった西欧＝普遍主義者の著作が次々に紹介され、これとは異なる系譜に属する論客たちが真剣に検討されることは稀であった。このような研究動向のため、「政治以前」として打ち捨てられている人間の様々な情念にメスを入れるという研究構想の著者が、対話の相手を見付けるのは困難なことであった。

平成一〇年七月から平成一四年三月までのドイツ留学は、著者にとっては貴重な人間観察の機会となった。この時期は、統一を成し遂げたヘルムート・コール政権が慢性的経済不振の責任を問われて退陣し、連邦共和国史上初めての純粋な左派政権であるゲルハルト・シュレーダー「赤緑」政権が成立した時期であった。このシュレーダー政権期は、「ベルリン共和国」、つまり西欧的な相貌をしたドイツ国民国家の輪郭が明確化していく時代として理解できる。ドイツ帝国末期以来の人種主義原則を緩和した新国籍法が制定されると同時に、ハーバーマスも支持するコソヴォ戦争への参加が敢行され、ヴィンクラーの『長かった西欧への道』が統一後の国民的教科書として持て囃《はや》された。顕著に擡頭する新しいドイツ・ナショナリズムは、周辺諸国やドイツ政治研究者によってしばしば「戦前的なもの」の復活ではないかと警戒されたが、こうした状況認識には大いに留保が必要である。というのも「ベルリン共和国」のドイツ・ナショナリズムは、ヨーロッパ統合と手を携えて進むものであり、反西欧的ではなく親西欧的なものであって、遠くヴェーバーの西欧派ナショナリズムにも連なるものなのである。留学先のベルリン大学（Humboldt-Universität zu Berlin）は、旧東独時代のエリート大学であり、再統一後はとりわけ大胆に西独式に改組され、連邦政府の関連行事も催される「ベルリン共和国」の学界の象徴であった。そこには旧西独系、旧東独系の人材が対峙し、双方の学問的雰囲気の違いや、相互の不信感は、外国人の目にも著しいものであった。またベルリン大学には、中東からも多くの技術系留学生が来ていたが、ドイツ語やドイツの食文化、個人主義的な行動様式に不満を募らせ、周囲の住人との紛争を繰り返すという有様を、リヒテンベルク（東ベルリン）の学生寮では日常的に目撃することになった。そうした中、留学が残り半年を迎えたときに突如勃発したアメリカ同時多発テロに際しては、民主的社会主義党を除く連邦議会の全ての左右党派が情熱的にアメリカとの連帯を宣言し、直ちにアフガニスタンに連邦軍が派兵され、国内では非欧米系居留民への不信感が異様に高揚して、きわめて険悪な雰囲気が生まれることとなった。

三年半の留学の末に帰国すると、日本のナショナリズム研究の雰囲気には若干の変化が生じていた。アメリカ合衆国のアフガニスタン戦争やイラク戦争への反撥から、ナショナリズム研究の「普遍主義」一辺倒の雰囲気に若干の変化が生まれていたのである。多文化主義やオリエンタリズムの議論は一九九〇年代にも存在していたが、それが「ポストコロニアル批評」という新しい表題のもとで、より一層の展開を見せていた。そこではアメリカのブッシュ政権によるイラクへの「デモクラシーの押し付け」が糾弾され、フランスにおける非欧米系移民の暴動が「共和国理念の押し付け」への反動であると告発されるようになっていた。歴史研究では非欧米世界に対する好意的評価が相次ぎ、近世ヨーロッパで脅威とされたオスマン帝国などは、多民族共生の理想郷、後進的ヨーロッパが憧憬する先進地域であったかのように礼讃されるまでになっている。こうした潮流の中で平成一五年に刊行された著者の第一作『マックス・ヴェーバーとポーランド問題――ヴィルヘルム期ドイツ・ナショナリズム研究序説』（東京大学出版会・ドイツ語原版は平成一六年刊行）は、幸い多様な研究領域からの反響を得ることが出来た。但しそうした反響に感謝しつつも、それらに著者がしばしば違和感を覚えたことが、本書の執筆動機になっているという事情については、すでに序論で述べた通りである。

蓋し政治学とは、時代の雰囲気に翻弄されやすい危うい学問であり、その遂行は容易なことではない。かつてマキアヴェッリの『君主論』は教皇庁の禁書目録に入れられ、ホッブズの『リヴァイアサン』は母校オクスフォード大学で焚書にされたというが、のちに繰り返し読まれることになるような古典的作品が、同時代の常識には合わずに否定されたという事例は多い。周囲に附和雷同することなく、自分自身で主体的に設定した研究計画を着実に遂行していくためには、研究者の強靭な意志が必要となることだろう。と同時に、研究者には明確な手法的自覚も求められるようにも思われる。何故なら政治学には、統一的な「政治学的手法」なるものが一切存在せず、自分の問題関心に合った手法を自分自身で編み出さなければ、血の通った研究など出来ようはずもないからである。政治史家である著者の場合、自分の研究の原点は、やはり文書館や図書館で、蒐集した一次史料に地道に取り組むことにあると考えている。留学以来ドイツを中心に、エステルライヒ、イタリア、ポーランド、ロシヤ、フランスと各国の文書館を回った著者は、どこでも一次史料に埋もれる歴史家たちに出会い、また多種多様な文書を丹念に整理、保存する文書館員たちと語り合って、実証史学の最前線というものを肌で実感した。風格を感じさせる古い文書館の閲覧室で、埃だらけの文書を積み上げ、仲間たちと対話しながら解読作業をする日々を送るなかで、堅実な歴史研究の強靭さを体験し、国際的な規模で行われているそうした共同作業に、自分も聊かなりとも参加したいという意欲を、強く懐かずにはいられなかった。そうした思いが、いまでも著者の研究における心の支えとなっている。従来日本のヨーロッパ政治研究では、「日本人研究者には現地の歴史研究との正面対決は無理である」という諦念が、いわゆる「最新の理論」に基づく「比較政治」研究への移行を正当化する論拠の一つとして説かれてきたが、そうした懸念は今後は徐々に無用になるだろう。というのもこの「グローバル化」の時代に、ますます多くの日本人歴史研究者が、二〇代のうちに果敢に各国の文書館に入って現地研究家と直接対話し、その成果を博士論文として総括するようになってきているからである。著者は本書がそうした来るべき政治史研究興隆の時代の、一つの露払いとなることを希望するものである。

著者は従来のマックス・ヴェーバー研究を、知的階層構造に注目した著者なりの国際政治史研究の第一歩であると位置付けている。これまで国際政治における階層構造分析と言えば、経済的階層構造が圧倒的な関心の的であり、次いで軍事的階層秩序に注目が集まってきた。しかし知的階層構造については、ハンティントンやサイードを巡る賛否両論があるものの、いずれも現実政治を強く意識した政治評論である場合が多い。実証史学的な堅実さを維持しつつ、今後どのように視野を拡大していけるかが、著者にとっての重要な課題になると考えている。

本書『マックス・ヴェーバー――ある西欧派ドイツ・ナショナリストの生涯』は、平成一七年三月三一日に東京大学大学院法学政治学研究科に提出され、同年一〇月二〇日に博士（法学）号を授与された著者の博士論文「マックス・ヴェーバーとドイツ国民国家——ドイツ・ナショナリズムに関する一試論」を加筆、修正したものである。同論文は著者の日本学術振興会特別研究員（PD）時代（平成一五年度—平成一七年度）に執筆されたものであり、科学研究費補助金（特別研究員奨励費）（日本学術振興会）による研究成果の一部である。また本書の刊行に当っては、新たに「平成一九年度科学研究費補助金（研究成果公開促進費）」（日本学術振興会）の給付を受けた。更に最終調整のための史料蒐集（平成一九年八月）には、「平成一九年度学長特別教員研究費」（愛知県立大学）の支給を受けた。本書の構想、執筆、刊行に当り御指導、御尽力頂いた全ての先生方、関係者各位に御礼申し上げたい。とりわけ東京大学出版会の山田秀樹氏には、故福田有広助教授による紹介以来、五年間に亙って辛抱強く著者の研究にお付き合い頂き、本書の刊行に際しても格別の御尽力を賜ったことに、衷心より感謝申し上げたい。また同会の竹中英俊常務理事・編集局長には、前作以来著者の研究を常に温かく見守って頂いており、感謝の念に堪えない。最後に東京、ベルリンでの十一年間の修業時代、公私に渉り著者の話し相手となってくれた同世代の友人たちに、心からの感謝を込めて本書を献呈したいと考えている。

平成一八年四月以来、著者は愛知県立大学外国語学部ドイツ学科に奉職している。ここ愛知県愛知郡長久手町は、「小牧・長久手の戦い」（天正一二年）の古戦場であり、「愛・地球博」（平成一七年）の開催地であって、一人静かに歴史に思いを馳せるには最適の地である。東京の喧騒を遠く離れ、東尾張・西三河の田園や山野を見晴らす自然豊かな校地で、理解ある同僚の教職員各位との会話を楽しみ、真面目な学生諸君を相手に教育に邁進する日々は、著者にとって新しい活力源となっている。このような新しい環境に恵まれた幸運に感謝しつつ、ここに筆を擱くこととしたい。

平成一九年七月一七日　尾張・長久手

著　者　識

著者略歴
1973年　出生（東京都立川市）
1995年　東京大学法学部第三類（政治コース）卒業
2002年　Dr. phil. 号取得（ベルリン大学第一哲学部歴史学科）
2005年　博士（法学）号取得（東京大学大学院法学政治学研究科）
2006年　愛知県立大学外国語学部ドイツ学科講師（政治担当）
現　在　同准教授
専　攻　政治学（ヨーロッパ国際政治史・ドイツ政治思想）

主要編著作

『マックス・ヴェーバーとポーランド問題——ヴィルヘルム期ドイツ・ナショナリズム研究序説』（東京大学出版会　2003年）.

Max Weber und die polnische Frage - Eine Betrachtung zum liberalen Nationalismus im wilhelminischen Deutschland (Nomos Verlagsgesellschaft 2004).

『回想のマックス・ウェーバー——同時代人の証言』（共編訳：岩波書店　2005年）.

連絡先
〒480-1198　愛知県愛知郡長久手町大字熊張字茨ヶ廻間1522番地 3
愛知県立大学外国語学部ドイツ学科

マックス・ヴェーバー
ある西欧派ドイツ・ナショナリストの生涯

2007 年 12 月 7 日　初　版
2008 年 2 月 29 日　第 2 刷

［検印廃止］

著　者　今野《こんの》　元《はじめ》

発行所　財団法人　東京大学出版会
代 表 者　岡本和夫
113-8654 東京都文京区本郷 7-3-1 東大構内
電話 03-3811-8814・振替00160-6-59964

印刷所　株式会社暁印刷
製本所　矢嶋製本株式会社

ISBN 978-4-13-036230-6　Printed in Japan

人名索引

あ　行

アイスナー (Kurt Eisner)　307, 313f., 347, 352, 354
アクサコーフ (Сергей Тимофеевич Аксаков)　211
アルコ＝ヴァレイ (Anton Graf v. Arco-Valley)　354f., 447
アルトホフ (Friedrich Althoff)　133, 142f., 149-155, 394, 405f.
アルンホルト (Adolf Arnhold)　326
アロンス (Leo Arons)　136
アンダーソン (Benedict Anderson)　450
イェリネック (カミラ) (Camilla Jellinek)　341
イェリネック (ゲオルク) (Georg Jellinek)　181f., 200, 237, 334, 344, 412f., 423, 431
ヴァーグナー (Adolph Wagner)　80, 106, 140f., 146, 148, 231
ヴィヒェルン (Johann Hinrich Wichern)　98, 101
ウィルソン (Thomas Woodrow Wilson)　240-243, 259, 265, 269, 300-306, 314, 317, 363, 424
ヴィルヘルム一世 (Wilhelm I., Deutscher Kaiser, König v. Preußen)　30, 58f., 286, 288, 419, 434
ヴィルヘルム二世 (Wilhelm II., Deutscher Kaiser, König v. Preußen)　39, 66, 76, 102, 106, 136, 205, 209, 226, 230f., 242, 248, 253, 259-262, 266, 273, 276, 286-291, 295, 303-306, 308, 332, 354, 363, 396, 434, 436
ヴィンクラー (Heinrich August Winkler)　371, 448
ヴィンデルバント (Wilhelm Windelband)　196, 341, 345
ヴェーゲナー (Leo Wegener)　2, 78, 90, 125, 199, 215, 327, 389, 400, 404f., 415
ヴェスタルプ (Kuno Graf v. Westarp)　295, 391
ヴェーバー (アルフレート) (Alfred Weber)　20, 45, 67, 98, 221, 311, 315, 332, 387, 389, 397, 401, 407, 436
ヴェーバー (カール) (Karl Weber)　20, 221, 224
ヴェーバー (ヘレーネ) (Helene Weber, geb. Fallenstein)　15, 22f., 98f., 100, 102, 114f., 151, 156f., 165, 199, 299, 340f., 377, 379f., 382-384, 387-391, 401, 404-411, 415, 418, 421, 428, 435, 437, 445
ヴェーバー (父マックス) (Maximilian Wilhelm Weber)　15, 19f., 30, 39f., 44, 48-50, 52, 54, 59, 62, 67, 74, 99f., 115, 152-154, 156f., 181, 340, 343f., 377-379, 382f., 388, 399, 401, 403
ヴェーバー (マリアンネ) (Marianne Weber)　40f., 114-116, 120, 158-160, 169, 171-173, 218, 222f., 228, 249f., 332, 340-342, 352, 357, 367, 382, 390f., 395, 397, 399f., 402, 405, 407-411, 419f., 424, 426-428, 430f., 434, 436f., 441, 445, 447
ヴェーラー (Hans-Ulrich Wehler)　10, 436
エーベルト (Friedrich Ebert)　308, 313, 321, 325, 330, 337, 353, 355, 402, 442
エルツベルガー (Matthias Erzberger)　227, 267, 271, 299, 305, 321f., 353f., 431
エルトマンスデルファー (Bernhard Erdmannsdörffer)　30, 398
エンゲルス (Friedrich Engels)　53, 171, 192
オイレンブルク (Franz Eulenburg)　189, 345, 413f., 427, 429f.
大塚久雄　365, 448
オッフェンバッハー (Martin Offenbacher)　71, 344, 390, 397, 446

オンケン（Hermann Oncken）　324, 426, 429, 440

か　行

カウツキー（Karl Kautsky）　53, 184, 317
カトコーフ（Михаил Никифорович Катков）　211f.
カーニッツ（Hans Graf v. Kanitz-Podangen）　91-93, 393
カプリヴィ（Leo Graf v. Caprivi de Caprera de Montecuccoli）　63, 77, 85-87, 89, 389
キスチャコーフスキイ（Богдан Александрович Кистяковский）　195f.
ギールケ（Otto v. Gierke）　34, 231, 236, 363, 424, 443
クヴァルク（Max Quarck）　134
クヴィッデ（Ludwing Quidde）　227f.
グナイゼナウ（August Wilhelm Anton Neidhardt Graf v. Gneisenau）　42f., 383
クラース（Heinrich Claß）　227
クルップ・フォン・ボーレン・ウント・ハルバッハ（Gustav Krupp v. Bohlen und Halbach）　267
クレーマー（Hermann Cremer）　98
グロス（Otto Groß）　412
ケルガー（Karl Kaerger）　89, 392
ゲルナー（Ernest Gellner）　6, 450
ゲルラッハ（ヘルムート）（Hellmut v. Gerlach）　105, 213, 325, 396, 417, 442
ゲルラッハ（ルートヴィヒ）（Ernst Ludwig v. Gerlach）　15, 192, 375
ゲルラッハ（レオポルト）（Leopold v. Gerlach）　192, 375
ゲーレ（Paul Göhre）　92, 98f., 101, 106, 138, 158
コッツェブー（August v. Kotzebue）　192
コップ（Kardinal Georg v. Kopp, Fürstbischof v. Breslau）　48
コッホ（Adolf Koch）　342
コルファンティ（Adalbert v. Korfanty）　255
コーン（Hans Kohn）　2, 4
コンラート（Johannes Conrad）　408

さ　行

サイード（Edward W. Said）　1, 5f., 365f., 373, 448
サゾーノフ（Сергей Дмитриевич Сазонов）　247
ザリーン（Edgar Salin）　46, 448
ザント（Karl Ludwig Sand）　192
シェーファー（ディートリヒ）（Dietrich Schäfer）　17, 115, 227, 231f., 261, 334, 345, 374, 425, 444
シェーファー（ヘルマン）（Hermann Schäfer）　224, 356, 419
シェル（Hermann Schell）　71, 390
シェルゲン（Gregor Schöllgen）　11, 371f., 448
シェーンランク（Bruno Schoenlank）　134
ジーベル（Heinrich v. Sybel）　19f., 32, 376
シャイデマン（Philipp Scheidemann）　246, 299, 308, 317, 321, 443
シャルンホルスト（Georg Johann David v. Scharnhorst）　42f., 383
シュテッカー（Adolf Stoecker）　39, 53f., 72, 80, 98, 100, 102, 106, 170, 287, 344, 348, 396
シュトレーゼマン（Gustav Stresemann）　227, 318
シュモラー（Gustav v. Schmoller）　29, 53, 78, 80f., 116, 135, 139 - 146, 148f., 151, 154, 392, 403f., 413
シュルツェ＝ゲーヴェルニッツ（Gerhart v. Schulze - Gaevernitz）　9, 194, 213f., 250, 270, 315, 414, 417, 427, 431, 437f., 440
ジンメル（Georg Simmel）　334f.
スタブレフスキ（Florian Oksza v. Stablewski, Erzbischof v. Gnesen-Posen）　89
ズドゥンスキ（Zduński）　4, 105, 396
ストルィピン（Петр Аркадьевич Столыпин）　197
ストルーヴェ（Петр Бернгардович Струве）　196, 204, 211f., 415, 425
ゼーリング（Max Sering）　125, 141, 148, 253, 267, 427
ソロヴィヨーフ（Владимир Сергеевич Соловьев）　208, 212
ゾンバルト（Werner Sombart）　142-145, 149, 236, 404, 423

た　行

チチェーリン（Борис Николаевич Чичерин） 211
デルブリュック（Hans Delbrück）　9, 17, 267, 318, 325, 336, 374f., 389
トライチュケ（Heinrich v. Treitschke）　20, 28－31, 109, 140, 236, 243, 344, 348, 374, 376, 378f., 413
ドラホマーノフ（Mikhail Petrovich Drahomanov）　195f., 212, 250, 252
トルストイ（Граф Лев Николаевич Толстой） 99, 204, 208, 229, 307, 314
トルプ（Cornelius Torp）　11
トレルチュ（Ernst Troeltsch）　9, 11, 158f., 163, 173, 180, 224, 236, 267, 423
トロツキイ（Лев Давидович Толстой）　293－296

な　行

ニコライ二世（Николай II. Александрович） 205f., 304
ニーチェ（Friedrich Wilhelm Nietzsche）　39, 333, 424

は　行

ハイデブラント・ウント・デル・ラーザ（Ernst v. Heydebrand und der Lasa）　436
ハインリヒ獅子公（Heinrich der Löwe）　32, 59
バウアー（オットー）（Otto Bauer）　210
バウアー（グスタフ）（Gustav Bauer）　321, 355
ハウスラート（Adolph Hausrath）　30, 39, 104, 396, 398
バウムガルテン（イダ）（Ida Baumgarten, geb. Fallenstein）　22, 157, 391
バウムガルテン（エドゥアルト）（Eduard Baumgarten）　46, 117, 399, 404, 430, 439, 442, 446f.
バウムガルテン（オットー）（Otto Baumgarten）　9, 66, 71f., 99, 157, 391
バウムガルテン（ヘルマン）（Hermann Baumgarten）　19–21, 25, 29–31, 39, 44, 56, 58, 66, 100, 193, 287, 379, 384–392, 414, 435f.
ハッセ（Ernst Hasse）　77, 88, 101, 393
バーデン大公子（Maximilian Prinz und Markgraf v. Baden）　9, 298－301, 304f., 308, 313, 315–317, 437
ハーバーマス（Jürgen Habermas）　11, 450
ハラー（Johannes Haller）　198, 245
ハルナック（Adolf v. Harnack）　9, 66, 71, 98f., 146, 148, 162f., 175, 181, 267, 389, 412
ビーサム（David Beetham）　11, 450
ヒトラー（Adolf Hitler）　358, 371
ピョートル一世（Петр I. Алексеевич） 205f.
ヒルガー（Ewald Hilger）　326, 368
ファレンシュタイン（Georg Friedrich Fallenstein）　16, 21f., 348
フィリポヴィッチ・フォン・フィリップスベルク（Eugen Freiherr Philippovich v. Philippsberg） 151
フェルスター（Friedrich Wilhelm Foerster） i, 110, 227, 307, 311, 313f., 352, 397
フーゲンベルク（Alfred Hugenberg）　17, 133, 267, 282, 405
ブラッハー（Karl Dietrich Bracher）　450
フランツ・フェルディナント大公（Erzherzog Franz Ferdinand v. Österreich）　218
フリードリヒ二世（大王）（Friedrich II., König in（のち von）Preußen）　25, 30, 43, 232, 236
プレスナー（Helmuth Plessner）　74, 344, 391, 448
ブレンターノ（Lujo Brentano）　9, 17, 52, 71, 80, 86, 101, 116, 124, 135, 140f., 144, 146f., 150, 194, 214, 315, 318, 322, 374, 380, 385, 390－392, 400, 402－404, 417, 446
ブロックドルフ＝ランツァウ（Ulrich Graf v. Brockdorff-Rantzau）　317f., 321
ベーゼラー（Hans Hardwig v. Beseler）　249
ヘッチュ（Otto Hoetzsch）　197f., 245, 327, 368, 415
ベートマン・ホルヴェーク（テオバルト）（Theobald v. Bethmann Hollweg）　227, 232, 239, 248, 259–262, 267, 271–274,

276, 279–281, 290, 319, 347, 361, 374f., 431, 433, 438
ベートマン・ホルヴェーク（モーリッツ・アウグスト）(Moritz August v. Bethmann Hollweg) 19, 375
ヘルトリング（Georg Graf v. Hertling） 71, 266, 281, 283, 295, 298, 313, 390, 437
ベルンシュタイン（Eduard Bernstein） 53, 327
ベルンハルト（Ludwig Bernhard） 145–150, 404f.
ボイエン（Hermann v. Boyen） 42f., 383
ポイケルト（Detlev Peukert） 367, 414
ホーエンローエ＝シリングスフュルスト（Chlodwig Fürst zu Hohenlohe - Schillingsfürst） 48, 58f., 380
ホーブレヒト（Artur Hobrecht） 19, 54, 376, 386
ボルトキエヴィッチ（Ladislaus v. Bortkiewitsch） 214, 418

ま 行

マイツェン（August Meitzen） 81, 392
マイネッケ（Friedrich Meinecke） 9, 11, 56, 229, 236, 267, 383, 423, 440
マウレンブレッヒャー（Max Maurenbrecher） 66, 241
マクラコーフ（Николай Андреевич Маклаков） 247
マルクス（Karl Marx） 11, 35, 39, 52f., 134, 143f., 171, 192, 196, 199, 203, 209f., 297f., 307, 369, 373, 375, 424
マン（Thomas Mann） 9
ミーケル（Johannes v. Miquel） 19, 102, 152, 375f.
ミリュコーフ（Павел Николаевич Милюков） 205, 245, 343, 425
メッテルニヒ（Clemens Wenzel Fürst Metternich-Winneburg） 18, 29, 38
メンデルスゾーン・バルトルディ（Albrecht Mendelssohn Bartholdy） 315, 318
モムゼン（ヴォルフガング）（Wolfgang J. Mommsen） 10–12, 360, 373, 424, 436
モムゼン（テオドル）（Theodor Mommsen） 20, 29, 77, 81, 376
モンジュラ（Maximilian Graf Montgelas） 315, 318

や 行

ヤッフェ（エドガール）（Edgar Jaffé） 142f., 225, 277, 307, 347, 404, 415, 420
ヤッフェ（エルゼ）（Elisabeth（Else）Jaffé, geb. Freiin v. Richthofen） 141, 214, 340, 367, 439, 441f., 446

ら 行

ラスク（Emil Lask） 224, 344, 419
ラーデ（Martin Rade） 9, 66, 71f., 98f., 101, 339, 368, 389
リコフスキ（Edward Likowski） 248
リッケルト（Heinrich Rickert）（父） 19, 54, 376, 386
リッケルト（Heinrich Rickert）（子） 110, 220, 229f., 435
リープクネヒト（ヴィルヘルム）（Wilhelm Liebknecht） 134, 402
リープクネヒト（カール）（Karl Liebknecht） 308, 331
ルクセンブルク（Rosa Luxenburg） 171, 211, 331
ルーゲ（Arnold Ruge） 341f., 445
ルーデンドルフ（Erich Ludendorff） 251, 262, 268, 281, 295, 298, 301f., 304f., 319–321, 332, 347, 354f., 356, 433
レーヴェンシュタイン（Karl Loewenstein） 11, 344
レオンチェフ（Константин Николаевич Леонтьев） 212
レッヒェンベルク（Albrecht Freiherr v. Rechenberg） 252, 254
レーベル（Friedrich Wilhelm v. Loebell） 248, 273, 276
レルヒェンフェルト＝ケーフェリング（Hugo Graf v. Lerchenfeld-Koefering） 226, 313
レンナー（Karl Renner） 210

事項索引

あ　行

アイルランド　69, 158, 243, 259, 368, 422
アジア　36, 56, 63, 96, 190-192, 230f., 323, 350f., 365
アスコナ　120, 307, 421
アフリカ　190f., 198, 232, 323
アラビア／アラビア人／アラブ系　1, 5, 34, 36, 59, 346
イェルサレム　1, 346
イタリア　15, 32, 35, 65, 69, 116, 118, 120, 122, 136f., 160, 184, 186, 219, 230, 235, 262, 265, 270, 286, 317, 334, 345, 359, 365f., 368, 374, 400, 408
ヴァティカン　65, 138
ヴィーン　14, 18, 29, 38f., 117, 137, 144, 151, 235, 251f., 254, 297f., 318, 334f., 344, 379, 423, 428, 437
ヴェルサイユ　316-319, 322, 327, 353, 407, 431
ウクライナ（小ロシヤ）　195, 206, 212, 246f., 251f., 294f.
影響力の王制　205, 234, 285, 289, 331
エストラント　293f.
エルザス／エルザス＝ロートリンゲン　21, 44, 55 - 59, 92, 127, 149, 219, 224, 237, 301, 323f., 329, 334f., 387
エールリングハウゼン　72, 407, 426
オイペン＝マルメディ　323f.
オスマン帝国　16, 231, 345f.
オーバーシュレジエン　253, 323, 326f., 387
オランダ　116, 156, 230, 270, 286, 308
オリエンタリズム　1-5, 365, 373, 448

か　行

解放同盟　196, 205, 208, 210
家族世襲財産／世襲財産　120, 121-125, 127, 194, 257, 272, 276f., 362, 389, 400, 432
ガリツィア　184, 224, 248, 250
カルヴァン派／カルヴィニズム　65, 98, 176, 186, 189, 398
教皇　22, 25, 32f., 48, 64f., 68, 138f., 193, 205f., 219, 346, 366, 380
教壇禁欲　108f., 353, 367
キリスト教社会派　53, 92, 97, 100, 104, 106, 118, 206
クールラント　267, 293f., 427, 429
『経済と社会』　173, 182, 190, 215, 286, 350, 385, 402f., 411, 413, 418, 422, 424, 434f., 441, 444
啓蒙　3, 16, 42, 44, 64, 78, 173, 176, 195, 267
黒人　160, 164-170, 172f., 182f., 187-189, 191, 218, 363, 367, 410, 413f., 414
「国民国家と経済政策」　78, 103, 107f., 367, 397f., 409, 445
国民社会協会／国民社会派　48, 80, 100, 102 - 104, 106, 119, 134, 173, 396, 398, 424
国民社会主義（Nationalsozialismus）　341
国民自由党　15, 19, 29, 48-51, 53f., 67, 86, 123, 152, 177, 198, 200, 227, 261, 267, 275, 289, 295, 299, 303, 309, 348, 375f., 380, 385f., 432
国民民主党　212
コンゴ　238

さ　行

ザクセン　29, 41, 99, 101, 152, 194, 220, 299, 321, 374, 424, 439
ザリエル朝　32, 59
ザール　106, 323f., 353, 396f., 441
サンクトペテルブルク　214, 245, 414
ザンジバル　87f.
自由思想家党　48-51, 54, 74, 287, 384-

386
自由思想人民党　48, 198, 385
自由思想連合　48, 119, 198, 213, 396
自由帝国主義　97
自由保守党　15, 47, 58, 123, 227, 272, 275, 303, 375f., 394, 396
収用法／土地収用措置　213f., 246, 273, 417
城内平和　226, 231f., 255, 267, 271-273
「職業としての学問」　79, 109, 339, 352f. 397
「職業としての政治」　i, 22, 25, 316, 339, 352, 373, 378, 440, 447
植民法　62, 255, 273
神聖ローマ帝国　13f., 34, 55, 59, 64, 363, 374
スイス　202, 224, 229f., 289, 301, 307, 335, 337
スウェーデン　13, 230, 343
スカーゲラク海戦　235, 262
スペイン　35, 115, 118, 122, 215
スラヴ／スラヴ人／スラヴ系　34, 164f., 202, 211f., 245, 248, 250, 324, 364, 446
正義の政治のための作業共同体（ハイデルベルク連合）　315, 440
正教／（ロシヤ）正教会　199, 205-207
西洋　25, 32, 36, 67, 190, 203, 350, 365f., 415
世界政策　88, 91, 96f., 102f., 110, 118, 145, 212, 233, 267, 286, 289, 312, 359, 422
ゼムストヴォ　199, 203-205, 208, 210
セルビア　16, 24, 202, 231, 248
「一九一四年の理念」　9
全ドイツ連盟／全ドイツ派　2, 77-80, 87-90, 107, 118f., 194, 227, 232, 241, 261, 265, 281, 311, 322f., 326, 375, 393f., 398, 421f., 424
賤民民族　233, 322, 349f.
祖国党　232, 355, 374, 421, 424

た　行

大権の王制　205, 286, 288
多神教　36f.
タタール人／タタール的　4, 62, 204
ダマスカス弁護論　364, 373
チェック人／チェック化　15, 119, 201, 324f., 334, 353
中央党　15, 48, 50, 100, 102, 123, 138f., 193, 198, 207, 227, 252, 261, 263, 267, 275, 280, 283, 289, 299, 303, 318, 321, 325, 330, 353, 386, 390
中国／支那的　138, 160, 175, 177f., 231, 412, 421
ツァーリズム　197, 204, 209, 245, 271, 298, 314f., 426
帝国結社法　198, 213, 255, 273, 396, 417
ディレッタンティズム／ディレッタント　8, 102, 205, 230, 286, 288-290
伝統主義　69, 71, 83, 174, 179, 184, 286, 342, 390
デンマーク　13, 15, 119, 230, 270, 289, 323, 376
ドイツ・オストマルク協会　2, 77-81, 87, 90, 255, 398
ドイツ共産党　325, 328, 330f.
ドイツ国民的人民党　317, 321, 328-330, 341, 375, 424, 433
ドイツ戦争（普墺戦争）　15, 21, 32, 126, 374f.
「ドイツ特有の道」　10, 372
ドイツ保守党　15, 47, 50, 74, 80, 85f., 91, 98, 100, 123, 140, 198, 227, 245, 261, 272, 275f., 288f., 295, 300, 375, 393f., 436
ドイツ・ポーランド協会　252
ドイツ民主党　48, 90, 267, 309, 314, 318, 321, 330f., 334, 339f., 352, 356, 431, 443
ドイツ連邦　14f.
ドイツ連邦共和国　3, 10, 43, 371, 400
道義的征服　16, 211
独仏戦争（普仏戦争）　13, 16, 21, 374, 438
トルコ／トルコ人　4, 24, 34, 231, 319, 346, 351, 371

な　行

日本　12, 18, 163, 195, 231, 304, 365,

369, 372, 394, 415, 440
ニューヨーク　94, 159f., 160, 170f., 173, 241, 345, 349, 407
ノルウェー　230, 341

は　行

バイエルン　58, 69, 71, 107, 143, 220, 226, 237, 266, 280, 283f., 306－308, 318, 321, 324, 335, 337, 353, 356f., 374, 438f., 447
ハノーファー　76, 126f., 153, 224, 375
バルカン　231
バルト　198f., 293, 334f.
ハンガリー　15, 61, 248, 408
反教権主義　21, 63, 65, 365, 390
ビーレフェルト　27, 156, 280, 373
フィレンツェ　25, 213, 417
フィンランド　246, 294
福音社会会議　80, 96, 98–100, 102f., 105, 180, 399
ブダペスト　254, 428
フライブルク　4, 41, 45, 78, 89, 93, 103, 106f., 110, 113f., 119, 126, 142, 146, 150－155, 158, 165, 183, 194, 213, 220, 229f., 340, 342, 344, 382, 397f., 406
プラハ　334
フラマン人　238
ブルシェンシャフト・アレマニア・ハイデルベルク　39–41, 126, 129, 381f., 401
ブルジョワ／ブルジョワジー　11, 73f., 104, 121, 203, 246, 297, 368f.
ブレスト＝リトフスク　293–296
「プロテスタンティズムの倫理と資本主義の「精神」」　7, 25, 46, 70, 100, 135, 158, 174, 178, 183, 234, 237, 342, 362f., 365f., 378, 384, 390, 397, 402, 406, 409, 411–413, 422f., 446, 448
フロマダ　195
プロレタリア／プロレタリアート　246, 258, 278, 297
文化的プロテスタンティズム　64–67, 70, 72, 98f., 161, 174f., 181, 206f., 389
文化闘争　21–23, 65–69, 72, 139, 265, 380, 386
文明／文明化　4, 35, 120, 164, 192, 217, 233, 242, 244, 285, 310, 363, 366
平和主義／平和運動／平和愛好家　110f., 204, 227－230, 270, 307, 311, 314, 331, 342f., 396
ベルギー　116, 228, 230, 238, 243, 249, 285f., 323, 390, 420
ヘルゴランド　87
保守陣営　47, 50, 53, 66, 74, 105f., 135, 140, 197, 210, 272, 325, 328, 333, 375, 385, 389
ポーゼン　44f., 60–63, 80, 89, 125, 146f., 152, 193, 197, 199, 215, 248, 287f., 323, 326, 340, 375, 389
ボヘミア　59, 87, 200f.
ボリシェヴィキ　208, 246, 293–298, 426

ま　行

民衆帝国主義　244f., 425
蒙古　244
モスクワ　194, 199, 204–206, 294
モンテネグロ　16, 24, 231
文盲　244

や　行

野蛮／野蛮人　56, 63, 86, 110, 186, 191f., 217, 224, 233, 239, 244, 351, 381, 428f.
ユグノー　156, 237

ら・わ　行

ラトヴィア／ラトヴィア人　34, 212
リガ　113, 294f.
立憲民主党／カデット　196f., 199, 205, 245, 343
リトアニア　207, 247, 293f.
リーフラント　293f.
倫理的文化協会　95, 110, 160, 171, 307, 397
ルクセンブルク　230, 238, 424
ローマ法　34, 122, 141, 150f., 350, 363, 375f., 380, 386, 424
ロマンス人／ロマンス系　28, 34, 224, 238, 363

ワルシャワ　249f., 254

史料・文献一覧

1) 未公刊史料

Ⅰ) Geheimes Staatsarchiv Preußischer Kulturbesitz (GStA PK: Berlin)

Nachlässe

Nachlaß Max Weber

Nachlaß Gustav v. Schmoller

Nachlaß Friedrich Meinecke

Königl. Preußisches Ministerium der geistlichen, Unterrichts- und Medizinalangelegenheiten

Königl. Preußisches Ministerium des Innern

Königl. Preußisches Ministerium für Landwirtschaft, Domänen und Forsten

Preußisches Herrenhaus

Königl. Ansiedlungskommission für die Provinzen Westpreußen und Posen

Deutscher Ostmarkenverein

Verein für Sozialpolitik

Ⅱ) Bayerische Staatsbibliothek München (BSB)

Ana 446 Depot: Weber-Schäfer

Nachlaß Max Weber

Nachlaß Marianne Weber

Ana 446 Depot: Bayerische Akademie der Wissenschaften München

Nachlaß Max Weber

Ⅲ) Archivio della Fondazione Luigi Einaudi (Turin/Italien)

Fondo Roberto Michels-Max Weber, busta 2

Fondo Roberto/Giesela Michels-Marianne Weber, busta 23

Corrispondenza Roberto Michels-Lujo Brentano

Corrispondenza Roberto Michels-Theodor Barth

Corrispondenza Roberto Michels-Hans Delbrück

Corrispondenza Roberto Michels-Deutsche Gesellschaft für Soziologie

Corrispondenza Roberto Michels-Wilhelm Förster

Corrispondenza Roberto Michels-Hellmut v. Gerlach

Corrispondenza Roberto Michels-Friedrich Naumann

Corrispondenza Roberto Michels-Hermann Oncken

Corrispondenza Roberto Michels-Alfred Ploetz

Corrispondenza Roberto Michels-Martin Rade

Corrispondenza Roberto Michels-Alfred Weber

Ⅳ) Bundesarchiv Berlin (BArch)

Nachlaß Hermann Baumgarten

Nachlaß Bogdan Graf v. Hutten-Czapski

Nachlaß Kuno Graf v. Westarp

Nachlaß Friedrich Naumann

Fortschrittliche Volkspartei

Alldeutscher Verband

Ⅴ) Bundesarchiv Koblenz (BArch)

Nachlaß Lujo Brentano

Nachlaß Leo Wegener

Nachlaß Alexander Erbprinz zu Hohenlohe-Schillingsfürst

Nachlaß Bernhard Fürst v. Bülow

Nachlaß Hans Delbrück

Nachlaß Georg Jellinek

Nachlaß Alfred Weber

Nachlaß Max Sering

Nachlaß Alfred Hugenberg

Nachlaß Marianne Weber

Nachlaß Georg Gothein

Ⅵ) Bundesarchiv-Militärarchiv Freiburg (BArch)

Generalgouvernement Belgien

Verzeichnis der Militärpersonen und Angestellten im Bereich des Gouvernements Belgien 1914-1918

Generalgouvernement Warschau

Ausbildung polnischer Truppenteile

Aussprache des Generalgouverneurs v. Beseler vom 15. Dezember 1916 in Warschau, Tätigkeit beim Generalgouvernement Warschau in den Jahren 1916 und 1917 (Persönliches Kriegstagebuch des Majors a. D. Erik v. Poncet) 1925

Verordnungsblatt für das Generalgouvernement Warschau. Ausgegeben in Warschau am 13. November 1916

Ⅶ) Politisches Archiv des Auswärtigen Amtes (PAAA: Berlin)

Der Erste Weltkrieg: Polen

Geschäftsstelle für Friedensverhandlungen

Ⅷ) Österreichisches Staatsarchiv: Kriegsarchiv (Wien)

Nachlaß Ludo Moritz Hartmann

Ⅸ) Österreichisches Staatsarchiv: Haus-, Hof- und Staatsarchiv (Wien)

K. u. K. Ministerium des Hauses und des Äußern

Polenangelegenheiten

Ⅹ) **Государственный Архив Российской Федерации** [Staatsarchiv der Russischen Föderation] (**ГАРФ**: Moskau/Rußland)

Фонды личного происхождения:

Струве Петр Бернгардович

Ⅺ) Universitätsarchiv der Humboldt-Universität zu Berlin

Personalakten Hans Delbrück

Personalakten Gustav v. Schmoller

Personalakten Max Sering

Personalakten Heinrich v. Treitschke

Personalakten Ludwig Aegidi

Personalakten Max Weber

Personalakten Dietrich Schäfer

Personalakten Otto Hoetzsch

Personalakten August Meitzen

XII) Universitätsarchiv Freiburg i. Breisgau

Akademische Quästur

WS 1893/94 SS 1894 WS 1894/95 SS 1895 WS 1895/96

Personalakten

Hugo Münsterberg:

Gerhart v. Schulze-Gävernitz:

Max Weber

Habilitation: Hugo Münsterberg/Gerhart v. Schulze-Gävernitz

Philosophische Fakultät

1886-1907

XIII) Universitätsarchiv Heidelberg

Akademische Quästur

Max Weber

Personalakten

Berhard Erdmannsdörffer/Dietrich Schäfer/Max Weber/Eberhard Gothein/Alfred Hettner/Alfred Weber

Studien- und Sittenzeugnis

Max Weber/Leo Wegener/Kiheiji Onozuka/Martin Offenbacher/Soichi Sasaki

Philosophische Fakultät

1898/99 (1899/1900 fehlt.) 1900/01 1901/02 1902/03 1903/04

Studien- und Prüfungsangelegenheiten

757 Einzelne Promotionen, Doktordiplome

XIV) Universitätsarchiv Wien

Rechts- und Staatswissenschaftliche Fakultät

Personalakten Eugen Philippovich v. Philippsberg

XV) Universitätsarchiv München (UAM)

Dissertationen

Protokoll: M-II-42p

Protokoll: M-II-43p

Protokoll: M-II-44p

Personalakten

Max Weber/Lujo Brentano/Friedrich v. Müller

XVI) Universitätsbibliothek Marburg

Nachlaß Martin Rade

Korrespondenz Martin Rade-Max Weber

Korrespondenz Martin Rade-Marianne Weber

Korrespondenz Dora Rade-Marianne Weber

Korrespondenz Martin Rade-Friedrich Naumann

Korrespondenz Martin Rade-Hans Delbrück

Konvolut: Polenfrage

Interimsmappe aus dem Nachlaß Martin Rade

XVII) Archives du Bas-Rhin (Straßburg/Frankreich)

Die Akten der Kaiser-Wilhelms-Universität Straßburg

Personalakten Hermann Baumgarten

Personalakten Georg Friedrich Knapp
Personalakten Lujo Brentano
Personalakten Gustav Schmoller
Immatrikulationsliste 1883/84

XVIII) Archiv des Deutschen Liberalismus der Friedrich-Naumann-Stiftung (Gummersbach)

Nachlaß Friedrich Naumann

XIX) Archiv der sozialen Demokratie der Friedrich-Ebert-Stiftung (Bonn)

Nachlaß Max Quarck
Nachlaß Paul Göhre
Nachlaß Bruno Schoenlank
Moskauer Film
Nachlaß Wilhelm Liebknecht

XX) Staatsbibliothek zu Berlin Preußischer Kulturbesitz (SBB/PK)

Nachlaß Hans Delbrück
Nachlaß Adolf v. Harnack

XXI) Generallandesarchiv Karlsruhe (GLA)

Großherzogl. Badisches Ministerium des Kultus und Unterrichts
Personalakten Max Weber
XIV. Armeekorps
Sanitätsangelegenheiten
Personalakten: Hauptmann d. Landwehr Max Weber
Feldlazarette, Reserve-Feldlazarette und Landwehr-Feldlazarette
Nachlässe
Nachlaß Arnold Ruge
Nachlaß Wilhelm Hellpach

XXII) Bayerisches Hauptstaatsarchiv München

Staatsministerium für Unterricht und Kultus
Personalakten Max Weber

XXIII) Stadtarchiv Oerlinghausen

Muesmann, Susanne, Marianne Weber: ihr Leben und Wirken. Vortrag im Bürgerhaus der Stadt Oerlinghausen am 20. September 1992 (unveröffentlicht).

XXIV) Stadtarchiv Freiburg im Breisgau

Verein für das Deutschtum im Ausland
Deutscher Ostmarken-Verein
Allgemeiner deutscher Sprachverein
Hilfsverein Deutscher Reichs-Angehöriger in Prag

XXV) Stadtarchiv und Landesgeschichtliche Bibliothek Bielefeld

Ältere Akten Nr. 1480 (1836-1851)

XXVI) Burschenschaft Allemannia Heidelberg

Reinbach, Wolf-Diedrich, Max Weber und die Burschenschaft Allemannia Heidelberg, Heidelberg 1999 (Privatarbeit).

XXVII) Burschenschaft Hannovera Göttingen

Tegtmeyer, Henning, Mitgliedverzeichnis der Burschenschaft Hannovera Göttingen 1848-1998, o. O. u. J. [Düsseldorf 1998].
Kurzgeschichte der Burschenschaft Hannovera, o. O. u. J.

Geschichte der Universitäten, o. O. u. J.

XXVIII) Seikei Universität（Tokio）

安藤英治関係文書

カセットテープ「安藤英治によるインタヴュー」

なお，以下の文書館の協力も得ることが出来た.

XXIX）Archiwum Państwowe w Poznaniu［Staatsarchiv Posen］（Poznań）

XXX）Stadtarchiv Heidelberg

XXXI）**Российский Государственный Архив Социально-Политической Истории**［Staatsarchiv der sozialpolitischen Geschichte］（Moskau）

XXXII）Archiwum Uniwersyteta Warszawskiego［Universitätsarchiv Warschau］（Warschau）

XXXIII）Landesarchiv Berlin

XXXIV）Archiv und Bibliothek der Raiffeisen-Genossenschaft（Bonn）

2) 主要公刊史料

I）新聞・雑誌等

<u>網羅的に閲覧したもの</u>

Alldeutsche Blätter（Mitteilungen des Allgemeinen Deutschen Verbandes）1891-1921

Archiv für Sozialwissenschaft und Sozialpolitik 1904-1921

Die Christliche Welt 1887-1921

Die Hilfe 1895-1921

(Schmollers) Jahrbuch für Gesetzgebung, Verwaltung und Volkswirtschaft im Deutschen Reich 1886-1920

Korrespondenz des Bundes der Landwirte 1895-1900; Die Nation 1890-1907

Die Ostmark 1896-1921

Polnische Blätter 1915-1918

Preußische Jahrbücher 1885-1921

<u>必要に応じて閲覧したもの</u>

Akademische Blätter/Allgemeine Zeitung（München）/An die Freunde. Vertrauliche d. i. nicht für die Öffentlichkeit bestimmte Mitteilungen [der Freunde der Christlichen Welt]/ Berliner Neueste Nachrichten/Berliner Tageblatt/Conservative Correspondenz/Deutsche Tageszeitung/Deutscher Ostmarken-Kalender/Dziennik Poznański/Ethische Kultur/ Frankfurter Zeitung und Handelsblatt/Germania/Grenzbote/Hessische Landeszeitung/ Hochland/Jahrbücher für Nationalökonomie und Statistik/Konservative Monatsschrift/ Kuryer Warszawski/Молва/Московския Ведомости/National-Zeitung/Neue Preußische (Kreuz-) Zeitung/Новое Время/Oberhessische Zeitung/Ostland/Освобождение/Patria/ Posener Bote/Post/Право/Preußisches Wochenblatt/Przegląd Sociologiczny/Речь/Русския Ведомости/Schultheß' Europäischer Geschichtskalender/Der Tag/Tägliche Rundschau/Vorwärts/Vossische Zeitung/Die Zeit

Öffentliche Vorlesungen an der K. K. Universität zu Wien im Sommer-Semester 1918, Wien 1918.

Stenographische Berichte über die Verhandlungen des Deutschen Reichstages.

Stenographische Berichte über die Verhandlungen des preußischen Herrenhauses

Stenographische Berichte über die Verhandlungen des preußischen Haus der Abgeordneten

Sitzungsberichte der verfassungsgebenden preußischen Landesversammlung

Amtliche Berichte über die Verhandlungen der verfassungsgebenden badischen National-Versammlung (später: Amtliche Berichte über die Verhandlungen des badischen Landtags).

Stenographischer Bericht über den Allgemeinen konservativen Parteitag, abgehalten am 8. Dezember 1892 zu Berlin, Berlin 1893.

Stenographischer Bericht über die konstituierende Versammlung des Bundes der Landwirte am 18. Februar 1893 im Saale der Tivoli-Brauerei zu Berlin, Berlin o. J.

Verhandlungen der am 20. und 21. März 1893 in Berlin abgehaltenen Generalversammlung des Vereins für Socialpolitik über die ländliche Arbeiterfrage und über die Bodenbesitzverteilung und die Sicherung des Kleingrundbesitzes, Leipzig: Duncker & Humblot 1893.

Bericht über die Verhandlungen des Fünften Evangelisch-sozialen Kongresses, abgehalten zu Frankfurt am Main am 16. und 17. Mai 1894, Berlin: Verl. v. Rehtwisch & Langewort 1893.

Protokoll über die Vertreter-Versammlung aller National-Sozialen in Erfurt vom 23. bis 25. November 1896, Berlin: Verl. der „Zeit" o. J.

Verhandlungen des Vereins für Socialpolitik über die finanzielle Behandlung der Binnenwasserstraßen, über das Arbeitsverhältnis in den privaten Riesenbetrieben und das Verhältnis der Kartelle zum Staate, Leipzig: Duncker & Humblot 1906.

Verhandlungen des Vereins für Socialpolitik über die berufsmäßige Vorbildung der volkswirtschaftlichen Beamten mit einem Referat von K. Bücher und einem Korreferat von M. Behrend und über Verfassung und Verwaltungsorganisation der Städte mit Referaten von E. Loening, E. Walz und K. Flesch, Leipzig: Dun- cker & Humblot 1908.

Verhandlungen des Vereins für Socialpolitik in Wien 1909, Leipzig: Duncker & Humblot 1910.

Verhandlungen des Ersten Deutschen Soziologentages vom 19.-22. Oktober 1910 in Frankfurt a. M., Tübingen: J. C. B. Mohr (Paul Siebeck) 1911.

Verhandlungen des ersten deutschen Hochschullehrer-Tages zu Salzburg im September 1907, Straßburg: Verl. v. Karl J. Trübner 1908.

Verhandlungen des IV. Deutschen Hochschullehrertages zu Dresden am 12. und 13. Oktober 1911, Leipzig: Verl. des Literarischen Zentralblattes für Deutschland o. J.

Ⅱ) マックス・ヴェーバーの著作

MWG: 『ヴェーバー全集』MWG: Max Weber-Gesamtausgabe. Im Auftrag der Kommission für Sozial- und Wirtschaftsgeschichte der Bayerischen Akademie der Wissenschaften. Hrsg. v. Horst Baier, M. Rainer Lepsius, Wolfgang J. Mommsen, Wolfgang Schluchter, Johannes Winckelmann.

Abteilung I: Schriften und Reden

MWG I/2: Die römische Agrargeschichte in ihrer Bedeutung für das Staats- und Privatrecht 1891, hrsg. v. Jürgen Deininger, Tübingen: J. C. B. Mohr (Paul Siebeck) 1986.

MWG I/3: Die Lage der Landarbeiter im ostelbischen Deutschland, 1892, hrsg. v. Martin Riesebrodt, 2 Halbbde., Tübingen: J. C. B. Mohr (Paul Siebeck) 1984.

MWG I/4: Landarbeiterfrage, Nationalstaat und Volkswirtschaftspolitik. Schriften und Reden 1892-1899, hrsg. v. Wolfgang J. Mommsen in Zusammenarbeit mit Rita Aldenhoff, 2 Halbbde., Tübingen: J. C. B. Mohr (Paul Siebeck) 1993.

MWG I/5: Börsenwesen. Schriften und Reden 1893-1897, hrsg. v. Knut Borchardt in Zusammenarbeit mit Cornelia Meyer-Stoll, 2 Bde., Tübingen: J. C. B. Mohr (Paul Siebeck) 1999/2000.

MWG I/7: Zur Psychophysik der industriellen Arbeit. Schriften und Reden 1908-1912, hrsg. v. Wolfgang Schluchter in Zusammenarbeit mit Sabine Frommer, Tübingen: J. C. B. Mohr (Paul Siebeck) 1995.

MWG I/8: Wirtschaft, Staat und Sozialpolitik. Schriften und Reden 1900-1912: Ergänzungsheft, hrsg. v. Wolfgang Schluchter, Tübingen: J. C. B. Mohr (Paul Siebeck) 1998.

MWG I/10: Zur Russischen Revolution von 1905. Schriften und Reden 1905-1912, hrsg. v. Wolfgang J. Mommsen in Zusammenarbeit mit Dittmar Dahlmann, Tübingen: J. C. B. Mohr (Paul Siebeck) 1989.

MWG I/14: Zur Musiksoziologie: Nachlaß 1921, hrsg. v. Christoph Braun und Ludwig Finscher, Tübingen: J. C. B. Mohr (Paul Siebeck) 2004.

MWG I/15: Zur Politik im Weltkrieg: Schriften und Reden 1914-1918, hrsg. v. Wolfgang J. Mommsen in Zusammenarbeit mit Gangolf Hübinger, Tübingen: J. C. B. Mohr (Paul Siebeck) 1984.

MWG I/16: Zur Neuordnung Deutschlands: Schriften und Reden 1918-1920, hrsg. v. Wolfgang J. Mommsen in Zusammenarbeit mit Wolfgang Schwentker, Tübingen: J. C. B. Mohr (Paul Siebeck) 1988.

MWG I/17: Wissenschaft als Beruf. 1917/1919. — Politik als Beruf. 1919, hrsg. v. Wolfgang J. Mommsen und Wolfgang Schluchter in Zusammenarbeit mit Birgitt Morgenbrod, Tübingen: J. C. B. Mohr (Paul Siebeck) 1992.

MWG I/19: Die Wirtschaftsethik der Weltreligion. Konfuzianismus und Taoismus. Schriften 1915-1920, hrsg. v. Helwig Schmidt-Glintzer in Zusammenarbeit mit Petra Kolonko, Tübingen: J. C. B. Mohr (Paul Siebeck) 1989.

MWG I/20: Die Wirtschaftsethik der Weltreligion. Hinduismus und Buddhismus. 1916-1920, hrsg. v. Helwig Schmidt-Glintzer in Zusammenarbeit mit Karl-Heinz Golzio, Tübingen: J. C. B. Mohr (Paul Siebeck) 1996.

MWG I/21: Die Wirtschaftsethik der Weltreligion. Das antike Judentum. Schriften und Reden 1911-1920, hrsg. v. Eckart Otto unter Mitwirkung von Julia Offermann, 2 Halbbde., Tübingen: J. C. B. Mohr (Paul Siebeck) 2005.

MWG I/22-1: Wirtschaft und Gesellschaft. Die Wirtschaft und die gesellschaftlichen Ordnungen und Mächte. Nachlaß. Gemeinschaften, hrsg. v. Wolfgang J. Mommsen in Zusammenarbeit mit Michael Meyer, Tübingen: J. C. B. Mohr (Paul Siebeck) 2001.

MWG I/22-2: Wirtschaft und Gesellschaft. Die Wirtschaft und die gesellschaftlichen Ordnungen und Mächte. Nachlaß. Religiöse Gemeinschaft, hrsg. v. Hans G. Kippenberg in Zusammenarbeit mit Petra Schilm unter Mitwirkung von Jutta Niemeier, Tübingen: J. C. B. Mohr (Paul Siebeck) 2001.

MWG I/22-4: Wirtschaft und Gesellschaft. Die Wirtschaft und die gesellschaftlichen Ordnungen und Mächte. Nachlaß. Herrschaft, hrsg. v. Edith Hanke in Zusammenarbeit mit Thomas Kroll, Tübingen: J. C. B. Mohr (Paul Siebeck) 2005.

MWG I/22-5: Wirtschaft und Gesellschaft. Die Wirtschaft und die gesellschaftlichen Ordnungen und Mächte. Nachlaß. Die Stadt, hrsg. v. Wilfried Nippel, Tübingen: J. C. B. Mohr (Paul Siebeck) 1999.

Grundriss zu den Vorlesungen über Allgemeine („theoretische") Nationalökonomie (1898), Tübingen: J. C. B. Mohr (Paul Siebeck) 1990.

Abteilung II: Briefe

MWG II/5: Briefe 1906-1908, hrsg. v. M. Rainer Lepsius und Wolfgang J. Mommsen in

Zusammenarbeit mit Birgit Rudhard und Manfred Schön, Tübingen: J. C. B. Mohr（Paul Siebeck）1990.

MWG II/6: Briefe 1909-1910, hrsg. v. M. Rainer Lepsius und Wolfgang J. Mommsen in Zusammenarbeit mit Birgit Rudhard und Manfred Schön, Tübingen: J. C. B. Mohr（Paul Siebeck）1994.

MWG II/7: Briefe 1911-1912, 2 Bde., hrsg. v. M. Rainer Lepsius und Wolfgang J. Mommsen in Zusammen- arbeit mit Birgit Rudhard und Manfred Schön, Tübingen: J. C. B. Mohr（Paul Siebeck）1998.

MWG II/8: Briefe 1913-1914, hrsg. von M. Rainer Lepsius und Wolfgang J. Mommsen in Zusammenarbeit mit Birgit Rudhard und Manfred Schön, Tübingen: J. C. B. Mohr（Paul Siebeck）2003.

『全集』以外の論文集

GPS: Gesammelte politische Schriften, München: Drei Maske Verl. 1921.

Jugendbriefe: Max Weber Jugendbriefe, Tübingen: J. C. B. Mohr（Paul Siebeck）1936.

WG: Wirtschaft und Gesellschaft: Grundriß der verstehenden Soziologie, besorgt v. Johannes Winckelmann, 5., rev. Aufl., Studienausgabe, Tübingen: J. C. B. Mohr（Paul Siebeck）1980.

GASS: Gesammelte Aufsätze zur Soziologie und Sozialpolitik, Taschenbuchausgabe, 2. Aufl., Tübingen: J. C. B. Mohr（Paul Siebeck）1988.

GASW: Gesammelte Aufsätze zur Sozial-, und Wirtschaftsgeschichte, Taschenbuchausgabe, 2. Aufl., Tübingen: J. C. B. Mohr（Paul Siebeck）1988.

GARSI: Gesammelte Aufsätze zur Religionssoziologie I, Taschenbuchausgabe, 9. Aufl., Tübingen: J. C. B. Mohr（Paul Siebeck）1988.

GAWL: Gesammelte Aufsätze zur Wissenschaftslehre, Taschenbuchausgabe, 7. Aufl., Tübingen: J. C. B. Mohr（Paul Siebeck） 1988.

Die protestantische Ethik I. Eine Aufsatzsammlung, hrsg. v. Johannes Winckelmann, 9. Aufl., Gütersloh: Gütersloher Verlagshaus 2000.

Die protestantische Ethik. Kritiken und Antikritiken, hrsg. v. Johannes Winckelmann, 6. Aufl., Gütersloh: Gütersloher Verlagshaus 1978.

Die protestantische Ethik und der Geist des Kapitalismus, vollständige Ausgabe, hrsg. und eingeleitet von Dirk Käsler, München: C. H. Beck 2004.

邦　訳

世良晃志郎訳『支配の社会学 I』（創文社，昭和 35 年）.

世良晃志郎訳『支配の社会学 II』（創文社，昭和 37 年）.

世良晃志郎訳『都市の諸類型』（創文社，昭和 39 年）.

世良晃志郎訳『支配の諸類型』（創文社，昭和 45 年）.

世良晃志郎訳『法社会学』（創文社，昭和 49 年）.

武藤一雄／薗田宗人／薗田坦訳『宗教社会学』（創文社，昭和 51 年）.

木全徳雄訳『儒教と道教』（第 10 刷）（創文社，平成 9 年）.

深沢宏訳『ヒンドゥー教と仏教——世界諸宗教の経済倫理 II』（東洋経済新報社，平成 14 年）.

内田芳明訳『古代ユダヤ教（上）』（第 2 刷）（岩波書店，平成 9 年）.

内田芳明訳『古代ユダヤ教（中）』（岩波書店，平成 8 年）.

内田芳明訳『古代ユダヤ教（下）』（岩波書店，平成 8 年）.

大塚久雄訳『プロテスタンティズムの倫理と資本主義の精神』（改訳第 8 刷）（岩波書店，平成 2 年）.

梶山力訳・安藤英治編『プロテスタンティズムの倫理と資本主義の《精神》』（第2刷）（未來社，平成10年）.
祇園寺信彦／祇園寺則夫訳『社会科学の方法』（第7刷）（講談社，平成10年）.
祇園寺信彦／祇園寺則夫訳『歴史学の方法』（講談社，平成10年）.
松井秀親訳『ロッシャーとクニース』（復刊）（未來社，平成13年）.
中村貞二／柴田固弘訳『取引所』（未來社，昭和45年）.
上山安敏／三吉敏博／西村稔編訳『ウェーバーの大学論』（木鐸社，昭和54年）.
尾高邦雄訳『職業としての学問』（第69刷）（岩波書店，平成6年）.
脇圭平訳『職業としての政治』（第23刷）（岩波書店，平成4年）.
濱島朗訳『社会主義』（第20刷）（講談社，平成7年）.
雀部幸隆／小島定訳『ロシア革命論Ｉ』（名古屋大学出版会，平成9年）.
肥前榮一／鈴木健夫／小島修一／佐藤芳行訳『ロシア革命論II』（名古屋大学出版会，平成10年）.

Ⅲ）同時代人の著作（主要な単行本のみ）

Alldeutscher Verband (Hrsg.), Die deutsche Ostmark. Aktenstücke und Beiträge zur Polenfrage, Berlin: Priber 1894.
Baden, Prinz Max v., Erinnerungen und Dokumente, neue Aufl., Stuttgart: Ernst Klett Verl. 1968.
Baumgarten, Eduard, Max Weber. Werk und Person, Tübingen: J. C. B. Mohr (Paul Siebeck) 1964.
Baumgarten, Hermann, Historische und politische Aufsätze und Reden. Straßburg: Verl. V. Karl J. Trübner 1894.
Baumgarten, Hermann, Der deutsche Liberalismus. Eine Selbstkritik, hrsg. und eingeleitet von Adolf M. Birke, Frankfurt (M)/Berlin/Wien: Ullstein 1974.
Baumgarten, Otto, Der Krieg und die Bergpredigt, Berlin: Carl Heymanns Verl. 1915.
Baumgarten, Otto, Meine Lebensgeschichte, Tübingen: J. C. B. Mohr (Paul Siebeck) 1929.
Bernhard, Ludwig, Die Polenfrage. Das polnische Gemeinwesen im preußischen Staat, Leipzig: Duncker & Humblot 1907.
Bernhard, Ludwig, Die politische Kultur der Deutschen, Berlin: Verlag v. Julius Springer 1913.
Birbaum, Immanuel, Achtzig Jahre Dabeigewesen. Erinnerungen eines Journalisten, 2. Aufl., München: Süddeutscher Verl. 1974.
Bismarck, Otto Fürst v., Gedanken und Erinnerungen, Volksausgabe, Stuttgart/Berlin: Cotta 1911.
Boese, Franz, Geschichte des Vereins für Sozialpolitik 1872-1932, Berlin: Duncker & Humblot 1939.
Bonhard, Otto, Geschichte des Alldeutschen Verbandes, Berlin: Weicher 1920.
Bonaparte, Napoléon, Les pages immortalles de Napoléon, choisies et expliquees par Octave Aubry, Paris: Éditions corrêa 1941.
ボナパルト，ナポレオン／オクターヴ・オブリ編（大塚幸男訳）『ナポレオン言行録』（第9刷）（岩波書店，昭和63年）.
Brentano, Lujo, Elsässer Erinnerungen, Berlin: Erich Reiß Verl. 1917.
Brentano, Lujo, Mein Leben im Kampf um die soziale Entwicklung Deutschlands, kommentierte Ausgabe, Marburg: Metropolis 2004.
ブルガーコフ，ベルジャーエフ，ストルーヴェほか（長縄光一／御子柴道夫監訳）『道標――ロシア革命批判論文集1』（現代企画室，平成3年）.

Claß, Heinrich, Zum deutschen Kriegsziel, München: Lehmann 1917.

Claß, Heinrich, Wider den Strom. Vom Werden und Wachsen der nationalen Opposition im alten Reich, Leipzig: Koehler 1932.

Conrad, Johannes, Lebenserinnerungen. Aus seinem Nachlaß hrsg. v. Else Kesten-Conrad u. Herbert Conrad, [Naumburg: Pätz 1917].

Delbrück, Hans, Das Leben des Feldmarschalls Grafen Neithardt von Gneisenau, 2 Bde., Berlin: G. Reimer 1882.

Delbrück, Hans, Die Polenfrage, Berlin: Verl. v. Hermann Walther 1894.

Delbrück, Hans, Errinnerungen, Aufsätze, Reden, Berlin: Stilke 1905.

Eisner, Kurt, Die halbe Macht den Räten. Ausgewählte Aufsätze und Reden, Köln: Hegner 1969.

Erdmannsdörffer, Bernhard, Kleinere historische Schriften, Bd. 1, Berlin : Deutsche Bucherei, O. Koobs [1911].

Ernst v. Ernsthausen, August, Erinnerungen eines Preußischen Beamten, Bielefeld/Leipzig: Verl. v. Velhagen & Klasing 1894.

Gerlach, Hellmut v., Der Zusammenbruch der deutschen Polenpolitik, Berlin: Neues Deutschland 1919.

[Gervinus, Georg Gottfried], Georg Friedrich Fallenstein. Erinnerungs-Blätter für Verwandte und Freunde, Heidelberg 1854.

Gierke, Otto v., Krieg und Kultur, Berlin: Carl Heymanns Verl. 1914.

Göhre, Paul, Drei Monate Fabrikarbeiter und Handwerkerbursche. Eine praktische Studie, Leipzig: Fr. Wilh. Grunow 1891.

Göhre, Paul, Die agrarische Gefahr. Eine Darstellung ihrer Entstehung, ihrer Macht und letzten Ziele, Berlin: Expedition der Buchhandlung Vorwärts 1902.

Haller, Johannes, Die russische Gefahr im deutschen Hause, Stuttgart: Engelhorn 1917.

Harnack, Adolf v., Was wir schon gewonnen haben und was wir noch gewinnen müssen, Berlin: Carl Heymanns Verl. 1914.

Hegel, Georg Wilhelm Friedrich, Briefe von und an Hegel, 3. Aufl., Hamburg: Felix Meiner Verl. 1969.

Hertling, Georg Freiherr v., Das Prinzip des Katholicismus und die Wissenschaft. Grundsätzliche Erörterungen aus Anlaß einer Tagesfrage, 2. u. 3., unveränderte Aufl., Freiburg: Herder 1899.

Herwegh, Georg, Herweghs Werke in einem Band, Berlin (Ost)/Weimar: Aufbau Verl. 1967.

Herzl, Theodor, Der Judenstaat. Versuch einer modernen Lösung der Judenfrage, Zürich: Manesse Verl. 1988.

ヘルツル，テオドール（佐藤康彦訳）『ユダヤ人国家――ユダヤ人問題の現代的解決の試み』（法政大学出版局，平成 3 年）.

Heuß, Theodor, Friedrich Naumann. Der Mann, das Werk, die Zeit, Stuttgart/Berlin: Deutsche VerlagsAnstalt 1937.

Hoetzsch, Otto, Die dringendste Aufgabe der Polenpolitik, München: J. F. Lehmann 1907.

Hoetzsch, Otto, Rußland. Eine Enführung auf Grund seiner Geschichte von 1914 bis 1912, Berlin: G. Leimer 1913.

Hoetzsch, Otto, Rußland als Gegner Deutschlands, Leipzig: Hirzel 1914.

Hoetzsch, Otto, Der deutsche Kampf im Osten, Berlin: Heymann 1915.

Hoetzsch, Otto, Polen in Vergangenheit und Gegenwart, Berlin: Siegismund 1917.

Hoetzsch, Otto, Russische Probleme. Eine Entgegnung auf J. Hallers Schrift ,,Die russische Gefahr im deutschen Hause“, Berlin: G. Reimer 1917.

Hoetzsch, Otto, Die polnische Frage in der preußischen Landesversammlung. Rede, Berlin: Greve 1919.

Honigsheim, Paul (translated by Joan Rytia), On Max Weber, New York/London: The Free Press/Collier Macmillan Limited 1968.

ホーニヒスハイム，パウル（大林信治訳）『マックス・ウェーバーの思い出』（みすず書房，昭和47年）.

Hugenberg, Alfred, Streiflichter aus Vergangenheit und Gegenwart, Berlin: Scherl 1927.

イプセン，ヘンリク（森林太郎訳）『ジョン・ガブリエル・ボルクマン』（書報社，明治42年）.

Jaspers, Karl, Max Weber. Gesammelte Schriften, München/Zürich: Piper 1988.

Jellinek, Georg, Die Erklärung der Menschen- und Bürgerrechte, 4. Aufl., München/Leipzig: Duncker & Humblot 1927.

イェリネック，ゲオルク／ブトミー，エミール（初宿正典編訳）『イェリネック対ブトミー　人権宣言論争』（みすず書房，平成7年）.

Kaerger, Karl, Die Sachsengängerei. Auf Grund persönlicher Ermittelung und statistischer Erhebung dargestellt, Berlin: Paul Parey 1890.

Kaerger, Karl, Die Arbeiterpacht. Ein Mittel zur Lösung der ländlichen Arbeiterfrage, Berlin: Gergonne 1893.

Knapp, Georg Friedrich, Die Landarbeiter in Knechtschaft und Freiheit, Leipzig: Duncker & Humblot 1891.

Knapp, Georg Friedrich, Grundherrschaft und Rittergut. Vorträge, nebst biographischen Beilagen, Leipzig: Duncker & Humblot 1897.

Knapp, Georg Friedrich, Einführung in einige Hauptgebiete der Nationalökonomie. Siebenundzwanzig Beiträge zur Sozialwissenschaft, München/Leipzig: Duncker & Humblot 1925.

Knapp, Georg Friedrich, Aus der Jugend eines deutschen Gelehrten, Stuttgart/Berlin/Leipzig: Deutscher Verlags-Anstalt 1927.

Knapp, Georg Friedrich, Die Bauernbefreiung und der Ursprung der Landarbeiter in den älteren Theilen Preußens, München/Leipzig: Duncker & Humblot 1927.

König, René/Winckelmann, Johannes (Hrsg.), Max Weber zum Gedächtnis. Materialien und Dokumente zur Bewertung von Werk und Persönlichkeit, Köln/Opladen: Westdeutscher Verl. 1963.

Leuthner, Karl, Russischer Volksimperialismus, Berlin: S. Fischer 1915.

Ludendorff, Erich, Meine Kriegserinnerungen 1914-1918, Berlin: Mittler 1921.

Meinecke, Friedrich, Deutsche Kultur und Machtpolitik im englischen Urteil, Berlin: Carl Heymanns Verl. 1915.

Meitzen, August, Ueber die Culturzustände der Slaven in Schlesien vor der deutschen Colonisation, Breslau: Bei Josef Max und Komp. 1864.

Meitzen, August, Die deutschen Dörfer nach der Form ihrer Anlage und deren nationaler Bedeutung. Vortrag, Berlin 1872.

Meitzen, August, Die Ausbreitung der Deutschen in Deutschland und ihre Besiedelung der Slawengebiete, Jena: Frommann 1879.

Meitzen, August, Siedlung und Agrarwesen der Westgermanen und Ostgermanen, der Kelten, Römer, Finnen und Slawen, Berlin: Verl. v. Wilhelm Hertz 1895.

Mommsen, Theodor, Reden und Aufsätze, Berlin: Weidmannsche Buchhandlung 1905.

Naumann, Friedrich, Werke, 6 Bde., Köln: Westdeutscher Verl. 1964-1969.

Offenbacher, Martin, Konfession und soziale Schichtung. Eine Studie über die wirtschaftliche Lage der Katholiken und Protestanten in Baden, Tübingen/Leipzig: J. C. B. Mohr (Paul Siebeck) 1900.

Offenbacher, Martin, Konfession und soziale Schichtung. Eine Studie über die wirtschaftliche Lage der Katholiken und Protestanten in Baden, Tübingen: H. Laupp jr. 1901.

Petzet, Christian, Der Kampf um das Deutschtum. Die preußischen Ostmarken, München: Lehmann 1898.

Ploetz, Alfred, Die Tüchtigkeit unsrer Rasse und der Schutz der Schwachen. Ein Versuch über Rassenhygiene und ihr Verhältniss zu den humanen Idealen, besonders zum Socialismus, Berlin: S. Fischer 1895.

Pufendorf, Samuel Freiherr v., Die Verfassung des deutschen Reiches, Frankfurt (M)/Leipzig: Insel Verlag 1994.

Rade, Martin, Unsre Pflicht zur Politik, Marburg: Verlag der Christlichen Welt 1913.

Reden und Ansprachen gehalten am 24. Juni 1908 bei der Feier von Gustav Schmollers 70. Geburtstag. Nach stenographischer Aufnahme. Als Handschrift gedruckt, Altenburg: Piererschc Hofbuchdruckerei Stephan Geibel & Co. 1908.

Richthofen, Elisabeth v., Ueber die historischen Wandlungen in der Stellung der autoritären Parteien zur Arbeiterschutzgesetzgebung und die Motive dieser Wandlungen, Heidelberg: K. Rößler 1901.

Schäfer, Dietrich, Mein Leben, Berlin/Leipzig: Verl. v. K. F. Koehler 1926.

Schell, Hermann, Der Katholicismus als Prinzip des Fortschrittes, Würzburg: Göbel 1897.

Schmitt, Carl, Römischer Katholizismus und politische Form, 2. Aufl., Stuttgart: Klett-Cotta 1984.

シュミット，カール（長尾龍一／小林公／新正幸／森田寛二訳）『政治神学再論』（福村出版，昭和50年）.

シュミット，カール（古賀敬太／佐野誠編）『カール・シュミット時事論文集――ヴァイマール・ナチズム期の憲法・政治論議』（風行社，平成12年）.

Schulze-Gaevernitz, Gerhart v., Zum socialen Frieden. Eine Darstellung der socialpolitischen Erziehungen des englischen Volkes im neunzehnten Jahrhundert, 2 Bde., Leipzig: Duncker & Humblot 1890.

Schulze-Gaevernitz, Gerhart v., Carlyles Stellung zu Christentum und Revolution, Leipzig: Verl. v. Carl Marquart 1891.

Schulze-Gaevernitz, Gerhart v., Die englische Genossenschaftsbewegung, Altenburg: Piererschc Hofdr. 1891.

Schulze-Gaevernitz, Gerhart v., Volkswirtschaftliche Studien aus Rußland, Leipzig: Duncker & Humblot 1899.

Schulze-Gaevernitz, Gerhard v., England und Deutschland, 3. u. 4. Aufl., Berlin: Fortschritt 1911.

Schulze-Gaevernitz, Gerhart v., Der Wendepunkt des Weltkrieges, Berlin: Verl. v. Reimar Hobbing 1920.

Sering, Max, Die innere Kolonisation im östlichen Deutschland, Leipzig: Duncker & Humblot 1893.

Sering, Max, Die Verteilung des Grundbesitzes und die Abwanderung vom Lande. Rede,

gehalten im Königlich Preussischen Landes-Ökonomie-Kollegium am 11. Februar 1910, Berlin: Verlagsbuchhandlung Paul Parey 1910.

Sering, Max, Bericht über die eroberten Gebiete des Nordostens. Auf Grund einer zweimonatigen Studienreise, o. O. u. D.

Sering, Max, Die Ursachen und die weltgeschichtliche Bedeutung des Krieges, Berlin: C. Heymanns 1914.

Sering, Max, Das Friedensdiktat von Versailles und Deutschlands wirtschaftliche Lage, Berlin: E. S. Mittler 1920.

Sombart, Werner, Händler und Helden. Patriotische Besinnungen, München/Leipzig: Duncker & Humblot 1915.

Swart, Friedrich (Hrsg.), Aus Leo Wegeners Lebensarbeit, Poznań: Verband deutscher Genossenschaften in Polen 1938.

Swart, Friedrich, Diesseits und jenseits der Grenze. Das deutsche Genossenschaftswesen im Posener Land uud das deutsch-polnische Verhältnis bis zum Ende des 2. Weltkrieges, Leer (Ostfriesl.): Rautenberg & Möckel 1954.

トクヴィル，アレクシス・ド／シュヴァリエ，ミシェル／マーティノー，ハリエット／ブライス，ジェイムズ／アーノルド，マシュー／ミュンステルベルク，フーゴー／サンタヤナ，ジョージ（岩永健吉郎／松本礼二／宇田佳正／岩野一郎／海老原宏訳・本間長世解説）『ヨーロッパ人のアメリカ論』第3版（研究社，昭和62年）.

Treitschke, Heinrich v., Das deutsche Ordensland Preußen, Leipzig: Insel Verl. 1862.

Troeltsch, Ernst, Der Kulturkrieg, Berlin: Carl Heymanns Verl. 1915.

Weber, Marianne, Max Weber. Ein Lebensbild, München: J. C. B. Mohr (Paul Siebeck) 1926.

Weber, Marianne, Lebenserinnerungen, Bremen: J. Storm 1948.

Wegener, Leo, Der wirtschaftliche Kampf der Deutschen mit den Polen um die Provinz Posen, Posen: J. Jolowicz 1903.

Wegener, Leo, Meine Reise durch Polen. Vortrag gehalten am 19. November 1915, Posen: Ostdeutsche Buchdr. & Verlagsanst. o. J. [1915].

Westarp, Kuno Graf v., Konservative Politik, 2 Bde., Berlin: Deutsche Verlagsgesellschaft 1935.

Winkelmann, Johannes/König, René (Hrsg.), Max Weber zum Gedächtnis. Materialien und Dokumente zur Bewertung von Werk und Persönlichkeit, Köln/Opladen: Westdeutscher Verl. 1963.

Wittich, Werner, Deutsche und französische Kultur im Elsaß, Straßburg: Schlesier & Schweikhardt 1900.

Wolff, Theodor, Tagebücher 1914-1919. Der Erste Weltkrieg und die Entstehung der Weimarer Republik in b Tagebuchern, Leitartikeln und Briefen des Chefredakteurs am „Berliner Tageblatt“ und Mitbegründers der „Deutschen Demokratischen Partei“, eingeleitet und herausgegeben von Bernd Sosemann, 2 Bde., Boppard am Rhein: H. Boldt 1984.

Zwanzig Jahre deutscher Kulturarbeit : Tatigkeit und Aufgaben neupreußischer Kolonisation in Westpreußen und Posen, Berlin: W. Moeser 1907.

3） 主要文献（単行本のみ）

Abraham, Gary A., Max Weber and the Jewish Question. A study of the social outlook of his sociology, Urbana/Chicago: Univ. of Illinois Press 1992.

安藤英治『ウェーバー紀行』（岩波書店，昭和 47 年）.

安藤英治『新装版・マックス・ウェーバー研究――エートス問題としての方法論研究』（未來社，平成 6 年）.

安藤英治『ウェーバー歴史社会学の出立――歴史認識と価値意識』（第 2 刷）（未來社，平成 9 年）.

安藤英治『マックス・ウェーバー』（講談社，平成 15 年）.

安藤英治（聞き手）／亀嶋庸一（編）／今野元（訳）『回想のマックス・ウェーバー――同時代人の証言』（岩波書店，平成 17 年）.

青山秀夫『マックス・ウェーバー――基督教的ヒューマニズムと現代』（岩波書店，昭和 29 年）.

新井政美『オスマン vs. ヨーロッパ――〈トルコの脅威〉とは何だったのか』（講談社，平成 14 年）。

有賀貞／木下尚一／志邨晃佑／平野孝編『アメリカ史 2　1877 年-1992 年』（第 3 刷）（山川出版社，平成 12 年）.

Aretin, Karl Otmar Freiherr v., Das Alte Reich 1648-1806, Bd. 3: Das Reich und der österreichisch-preußische Dualismus (1745-1806), Stuttgart: Klett-Cotta 1997.

Armin Müller-Dreier, Konfession in Politik, Gesellschaft und Kultur des Kaiserreichs. Der Evangelische Bund 1886-1914, Gütersloh: Chr. Kaiser/Gütersloher Verlagshaus 1998.

Ay, Karl-Ludwig/Borchardt, Knut (Hrsg.), Das Faszinosum Max Weber. Die Geschichte seiner Geltung, Konstanz: UVK Verlagsgesellschaft 2006.

綾部恒雄監修・編『クラブが創った国アメリカ』（山川出版社，平成 17 年）.

Bade, Klaus, Ausländer, Aussiedler, Asyl. Eine Bestandsaufnahme, München: C. H. Beck 1994.

Bahr, Egon, Der deutsche Weg. Selbstverständlich und normal, München: Karl Blessing 2003.

Balzer, Brigitte, Die preußische Polenpolitik 1894-1908 und die Haltung der deutschen konservativen und liberalen Parteien (unter besonderer Berücksichtigung der Provinz Posen), Frankfurt (M)/Bern/New York/ Paris: Peter Lang 1990.

Baumeister, Martin, Parität und katholische Inferiorität. Untersuchungen zur Stellung des Katholizsmus im Deutschen Kaiserreich, Paderborn/München/Wien/Zürich: F. Schoningh 1987.

ビーラー，アレックス・W（片岡しのぶ訳）『そして名前だけが残った――チェロキー・インディアン涙の旅路』（あすなろ書房，平成 10 年）.

ベック，ウルリッヒ／ギデンズ，アンソニー／ラッシュ，スコット（松尾精文／小幡正敏／叶堂隆三訳）『再帰的近代化――近現代の社会秩序における政治，伝統，美的原理』（第 2 刷）（而立書房，平成 12 年）.

Beetham, David, Max Weber and the Theory of Modern Politics, London: Allen and Unwin 1974.

ビーサム，デーヴィド（住谷一彦／小林純訳）『マックス・ヴェーバーと近代政治理論』（未來社，昭和 63 年）.

Bendix, Reinhard, Max Weber. An Intellectual Portrait, Berkeley/Los Angels/London: University of California Press 1977.

ベンディクス，ラインハルト（折原浩訳）『マックス・ウェーバー――その学問の全体像』（三一書房，昭和 41 年）.

Biefang, Andreas (Hrsg.), Der Deutsche Nationalverein 1859-1867. Vorstands- und Ausschußprotokolle, Düsseldorf: Droste 1995.

Birkenmaier, Willy, Das russische Heidelberg. Zur Geschichte der deutsch-russischen Beziehungen im 19. Jahrhundert, Heidelberg: Wunderhorn 1995.

Blackbourn, David/Eley, Geoff, The Peculiarities of German History. bourgeois society and

politics in nineteenth-century Germany, Oxford/New York: Oxford UP 1984.
ブラックボーン，デイヴィッド／イリー，ジェフ／エヴァンズ，リチャード（望田幸男／川越修／工藤章男／小林聡人訳）『イギリス社会史派のドイツ史論』（晃洋書房，平成 4 年）．
Blanke, Richard, Prussian Poland in the German Empire 1871-1900, New York: Columbia UP 1981.
Blobaum, Robert E., Rewolucja. Russian Poland, 1904-1907, Ithaca/London: Cornell UP 1995.
Bohnsack, Kurt, Projekt Nr. OZ 30940-15 Forschungsthema: Nachbarschaften. Forschungsbericht (Universität Bielefeld), Bielefeld 2000.
Booms, Hans, Die Deutschkonservative Partei. preussischer Charakter, Reichsauffassung, Nationalbegriff, Düsseldorf 1954.
Brocke, Bernhard vom (Hrsg.), Wissenschaftsgeschichte und Wissenschaftspolitik im Industriezeitalter. Das „System-Althoff" in historischer Perspektive, Hildesheim: Lax 1991.
Broszat, Martin, Zweihundert Jahre deutsche Polenpolitik, Frankfurt (M): Suhrkamp 1972.
Bruch, Rüdiger vom, Wissenschaft, Politik und öffentliche Meinung. Gelehrtenpolitik im Wihelminischen Deutschland (1890-1914), Husum: Matthiesen 1980.
Bruch, Rüdiger vom (Hrsg.), Friedrich Naumann in seiner Zeit, Berlin: W. de Gruyter 2000.
Brunner, Otto/Conze, Werner/Koselleck, Reinhart (Hrsg.), Geschichtliche Grundbegriffe. Historisches Lexikon zur politisch-sozialen Sprache in Deutschland, 9 Bde., Stuttgart: Klett-Cotta 1972-1997.
Burleigh, Micheal, Germany turns Eastwards. A study of Ostforschung in the Third Reich, Cambridge/New York Cambridge UP 1988.
Carsten, Francis L., Geschichte der preußischen Junker, Frankfurt (M): Suhrkamp 1988.
千葉則夫『W・E・B・デュボイス――人種平等獲得のための闘い』（近代文芸社，平成 15 年）．
Chickering, Roger, We Men Who Feel Most German. A Cultural Study of the Pan-German League, 1886-1914, Boston: Allen & Unwin 1984.
Conze, Werner, Polnische Nation und deutsche Politik im Ersten Weltkrieg, Köln/Graz: Böhlau 1958.
Davydov, Jurij N./Gajdenko, Piama P., Rußland und der Westen. Heidelberger Max-Weber-Vorlesungen 1992, Frankfurt (M): Suhrkamp 1995.
Demm, Eberhard, Alfred Weber als Politiker und Gelehrter. Die Referate des ersten Alfred Weber-Kongresses in Heidelberg (28.-29. Oktober 1984), Stuttgart: F. Steiner Verl. Wiesbaden 1986.
Demm, Eberhard, Ein Liberaler in Kaiserreich und Republik. Der politische Weg Alfred Webers bis 1920, Boppard (Rhein): Boldt 1990.
Demm, Eberhard, Von der Weimarer Republik zur Bundesrepublik: der politische Weg Alfred Webers 1920-1958, Düsseldorf: Droste 1999.
Döhner, Otto, Das Hugenottengeschlecht Souchay de la Duboissiére und seine Nachkommen, Neustadt: Deutsches Familienarchiv, Bd. 19, 1961.
Düding, Dieter, Der Nationalsoziale Verein 1896-1903. Der gescheiterte Versuch einer parteipolitischen Synthese von Nationalismus, Sozialismus und Liberalismus, München/Wien: Oldenbourg 1972.
Dvorak, Helge/Hünemörder, Christian, Biographisches Lexikon der Deutschen Burschenschaft, Bd. I, Teilbd. 1, Heidelberg: Winter 1996.
Eley, Geoff, Reshaping the German Right. Radical Nationalism and Political Change after Bismarck, New Haven: Yale UP 1980.

Eley, Geoff, From Unification to the Nazism. Reinterpreting the German Past, 2. ed., Winchester/Mass.: Allen and Unwin 1986.

Eley, Geoff, Wilhelminismus, Nationalismus, Faschismus. Zur historischen Kontinuität in Deutschland, Münster: Westfälisches Dampfboot 1991.

Engisch, Karl/Pfister, Bernhard/Winckelmann, Johannes (Hrsg.), Max Weber. Gedächtnisschrift der Ludwig- Maximilians-Universität München zur 100. Wiederkehr seines Geburtstages 1964, Berlin: Duncker & Humblot 1966.

Epstein, Fritz T., Germany and the East. Selected Essays, Bloomington: Indiana UP 1973.

Evans, Richard J. (ed.), Society and Politics in Wilhelmine Germany, London/New York: Croom Helm/ Barnes & Noble 1978.

エヴァンズ，リチャード・J編（望田幸男／若原憲和訳）『ヴィルヘルム時代のドイツ――「下から」の社会史』（晃洋書房，昭和 63 年）.

Ewald Frie, Das Deutsche Kaiserreich, Darmstadt: Wissenschaftliche Buchgesellschaft 2004.

Ferguson, Niall, Der falsche Krieg. Der Erste Weltkrieg und das 20. Jahrhundert, München: Deutscher Taschenbuch Verlag 2001.

Fischer, Fritz, Krieg der Illusion, Unveränderter Nachdruck der 2. Aufl. 1970, Düsseldorf: Droste 1998.

Fischer, Fritz, Griff nach der Weltmacht, Nachdruck der Sonderausgabe 1967, Düsseldorf: Droste 2000.

Fitzi, Gregor, Max Webers politisches Denken, Konstanz: UVK Verlagsgesellschaft 2004.

藤原帰一『デモクラシーの帝国――アメリカ・戦争・現代世界』（岩波書店，平成 14 年）.

藤原帰一『平和のリアリズム』（岩波書店，平成 16 年）.

Fügen, Hans Norbert, Max Weber, 5. Aufl., Reinbek bei Hamburg: Rowohlt 1997.

Gall, Lothar, Bismarck. Der weiße Revolutionär. Biographie, unveränderte Aufl., Berlin/München: Propyläen 2001.

Gall, Lothar, Bürgertum, liberale Bewegung und Nation. Ausgewählte Aufsätze, München: Oldenbourg 1996.

Galos, Adam/Gentzen, Felix-Heinrich/Jakóbczyk, Witold, Die Hakatisten. Der Deutsche Ostmarkenverein (1894-1934), Berlin (Ost): Deutsch 1966.

Gane, Nicholas, Max Weber and Postmodern Theory. Rationalization versus Re-enchantment, Hampshire/New York: Palgrave 2004.

Geiss, Imanuel, Der polnische Grenzstreifen 1914-1918. ein Beitrag zur deutschen Kriegszielpolitik im Ersten Weltkrieg, Lübeck/Hamburg: Matthiesen 1960.

Göggelmann, Walter, Christliche Weltverantwortung zwischen Sozialer Frage und Nationalstaat. Zur Entwicklung Friedrich Naumanns 1860-1903, Baden-Baden: Nomos Verlagsgesellschaft 1987.

『ゲーテ全集　第 3 巻』（人文書院，昭和 35 年）.

Goethe, Johann Wolfgang, Götz von Berlichingen mit der eisernen Hand, Stuttgart: Philipp Reclam jun. 1999.

Grabowski, Sabine, Deutscher und polnischer Nationalismus. Der deutsche Ostmarken-Verein und die polnische Straż 1894-1914, Marburg: Verl. Herder-Institut 1998.

グラーフ，フリードリヒ・ヴィルヘルム（近藤正臣／深井智朗訳）『ハルナックとトレルチ』（聖学院大学出版会，平成 19 年）.

Green, Martin, The von Richthofen Sisters. The triumphant and the tragic modes of love : Else and Frieda von Richthofen, Otto Gross, Max Weber, and D.H. Lawrence, in the years

1870–1970, London: Weidenfeld and Nicolson 1974.

Grewenig, Meinrad M. (Hrsg.), Das Hambacher Schloß. Ein Fest für die Freiheit, Ostfildern-Ruit: Hatje 1998.

Guratzsch, Dankwart, Macht durch Organisation. Die Grundlegung des Hugenbergschen Presseimperialismus, Düsseldorf: Bertelsmann Universitatsverlag 1974.

ヘーガン，ウィリアム・T（西村頼男／野田研一／島川雅史訳）『アメリカ・インディアン史』第3版，平成10年.

Hagenlücke, Heinz, Deutsche Vaterlandspartei. Die nationale Rechte am Ende des Kaiserreiches, Düsseldorf: Droste Verl. 1997.

濱島朗『ウェーバーと社会主義』（有斐閣，昭和55年）.

Hanke, Edith, Prophet des Unmodernen. Leo N. Tolstoi als Kulturkritiker in der deutschen Diskussion der Jahrhundertwende, Tübingen: Niemeyer 1993.

Hanke, Edith/Mommsen, Wolfgang J. (Hrsg.), Max Webers Herrschaftssoziologie, Tübingen: Mohr Siebeck 2001.

Hardtwig, Wolfgang, Nationalismus und Bürgerkultur in Deutschland. 1500–1914: ausgewählte Aufsätze, Göttingen: Vandenhoeck & Ruprecht 1994.

橋本努『社会科学の人間学――自由主義のプロジェクト』（勁草書房，平成11年）.

Haunfelder, Bernd, Die liberalen Abgeordneten des Deutschen Reichstags 1871–1918. Ein Biographisches Handbuch, Münster: Aschendorff 2004.

Heins, Volker, Max Weber zur Einführung, Hamburg: Junius Verlag 1990.

Heither, Dietrich/Gehler, Michael/Kurth, Alexandra/Schäfer, Gerhard, Blut und Paukboden. Eine Geschichte der Burschenschaften, Frankfurt (M): Fischer 1996.

Hennis, Wilhelm, Max Webers Fragestellung. Studien zur Biographie des Werks, Tübingen: J. C. B. Mohr (Paul Siebeck) 1987.

ヘニス，ヴィルヘルム（雀部幸隆／嘉目克彦／豊田謙二／勝又正直訳）『マックス・ヴェーバーの問題設定』（恒星社厚生閣，平成3年）.

Hennis, Wilhelm, Max Webers Wissenschaft vom Menschen, Tübingen: J. C. B. Mohr (Paul Siebeck) 1996.

ハーフ，ジェフリー（中村幹雄／谷口健治／姫岡とし子訳）『保守革命とモダニズム――ワイマール・第三帝国のテクノロジー・文化・政治』（岩波書店，平成3年）.

Heuman, Susan, Kistiakovsky. The Struggle for National and Constitutional Rights in the Last Years of Tsarism, Cambridge/Mass.: Harvard UP 1998.

Heß, Klaus, Junker und bürgerliche Großgrundbesitzer im Kaiserreich. Landwirtschaftlicher Großbetrieb, Großgrundbesitz und Familienfideikommiß in Preußen (1867/71–1914), Stuttgart: Steiner 1990.

樋口辰雄『逆説の歴史社会学――ニーチェとヴェーバーへ』（尚学社，平成10年）.

Hildebrand, Klaus, Das vergangene Reich. Deutsche Außenpolitik von Bismarck bis Hitler, durchgesehene Ausgabe, Stuttgart: Deutsche Verlags-Anstalt 1999.

廣岡正久『ロシア正教の千年――聖と俗のはざまで』（日本放送出版協会，平成5年）.

Historische Kommission bei der Bayerischen Akademie der Wissenschaften (Hrsg.), Neue deutsche Biographie (NDB), Berlin (-West): Duncker & Humblot, 1953–.

Hoensch, Jörg K., Geschichte Polens, 3. Aufl., Stuttgart: E. Ulmer 1998.

Hohls, Rüdiger/Jarausch, Konrad (Hrsg.), Versäumte Fragen. Deutsche Historiker im Schatten des Nationalsozialismus, Stuttgart/München: DVA 2000.

ホールトン，ロバート／ターナー，ブライアン（小口信吉／井上博二／泉田渡訳）『マックス・ウ

ェーバー――自由主義とモダニズム』（文化書房博文社，平成 7 年）.

Honigsheim, Paul, On Max Weber, New York/London: Free Press 1968.

ホーニヒスハイム，パウル（大林信治訳）『マックス・ウェーバーの思い出』（みすず書房，昭和 47 年）.

Huber, Ernst Rudolf, Deutsche Verfassungsgeschichte seit 1789, Bd. 4: Struktur und Krisen des Kaiserreichs, Stuttgart/Berlin/Köln/Mainz: W. Kohlhammer 1969.

Huber, Ernst Rudolf, Deutsche Verfassungsgeschichte seit 1789, Bd. 1: Reform und Restauration 1789 bis 1830, Nachdruck der 2., verbesserten Aufl., Stuttgart: W. Kohlhammer 1975.

Huber, Ernst Rudolf, Deutsche Verfassungsgeschichte seit 1789, Bd. 3: Bismarck und das Reich, Nachdruck der 2., verbesserten Aufl., Stuttgart: W. Kohlhammer 1978.

Huber, Ernst Rudolf, Deutsche Verfassungsgeschichte seit 1789, Bd. 5: Weltkrieg, Revolution und Reichserneuerung 1914-1919, Stuttgart/Berlin/Köln/Mainz: W. Kohlhammer 1978.

Hübinger, Gangolf/Mommsen, Wolfgang J. (Hrsg.), Intellektuelle im Deutschen Kaiserreich Frankfurt (M): Fischer 1993.

Hübinger, Gangolf, Kulturprotestantismus und Politik. Zum Verhältnis von Liberalismus und Protestantismus im wilhelminischen Deutschland, Tübingen: J. C. B. Mohr (Paul Siebeck) 1994.

井上達夫『普遍の再生』（岩波書店，平成 14 年）.

石母田正『中世的世界の形成』（第 16 刷）（岩波書店，平成 6 年）.

伊藤定良『異郷と故郷――ドイツ帝国主義とルール・ポーランド人』（東京大学出版会，昭和 62 年）.

伊藤定良『ドイツの長い 19 世紀――ドイツ人・ポーランド人・ユダヤ人』（青木書店，平成 14 年）.

岩佐健吉郎ほか訳・本間長世解説『ヨーロッパ人のアメリカ論』（研究社出版，昭和 51 年）.

Jahn, Peter, Russophilie und Konservatismus. Die russophile Literatur in der deutschen Öffentlichkeit 1831-1852, Stuttgart: Klett-Cotta 1980.

ジョル，ジェームズ（池田清訳）『第一次世界大戦の起原』（改訂新版）（みすず書房，平成 9 年）.

Jones, Larry Eugene/Pyta, Wolfram (Hrsg.), „Ich bin der letzte Preuße". Der politische Lebensweg des konservativen Politikers Kuno Graf von Westarp (1864-1945), Köln/Weimar/Wien: Böhlau 2006.

Kalberg, Stephen (ed.), Max Weber. Readings and Commentary on Modernity, Malden/Oxford/Victoria: Blackwell 2005.

Kalberg, Stephen, Max Weber lesen, Bielefeld: transcript Verlag 2006.

姜尚中『ヴェーバーと近代――合理化論のプロブレマティーク』（御茶の水書房，昭和 61 年）.

姜尚中『マックス・ヴェーバーと近代』（第 3 刷）（岩波書店，平成 16 年）.

Käsler, Dirk, Max Weber. Eine Einführung in Leben, Werk und Wirkung, 3., aktualisierte Aufl., Frankfurt (M)/New York: Campus 2003.

川合全弘『再統一ドイツのナショナリズム――西側結合と過去の克服をめぐって』（ミネルヴァ書房，平成 15 年）.

Killy, Walther (Hrsg.), Deutsche biographische Enzyklopädie (DBE), 13 Bde., München: K. G. Saur, 1995-2003.

木村靖二『兵士の革命―― 1918 年ドイツ』（東京大学出版会，昭和 63 年）.

Kissinger, Henry, Diplomacy, New York: Touchstone 1994.

キッシンジャー，ヘンリー・A（岡崎久彦監訳）『外交（上）』（第 11 刷）（日本経済新聞社，平成 15 年）.

Kocka, Jürgen (Hrsg.), Max Weber, der Historiker, Göttingen: Vandenhoeck & Ruprecht

1986.

Kocka, Jürgen/Gneuss, Christian (Hrsg.), Max Weber: Ein Symposium, München: Deutscher Taschenbuch Verl. 1988.

コッカ，ユルゲン（住谷一彦／小林純訳）『(新版) ヴェーバー論争』（未來社，平成 6 年）.

Kocka, Jürgen, Das lange 19. Jahrhundert. Arbeit, Nation und bürgerliche Gesellschaft, 10., völlig neu bearbeitete Aufl., Stuttgart: Klett-Cotta 2001.

Kohn, Hans, The Mind of Germany. The Education of a Nation, New York: Scribner 1960.

Kohn, Hans, The Idea of Nationalism, New Brunswick/London: Transaction 2005.

小森陽一『ポストコロニアル』（第 3 刷）（岩波書店，平成 13 年）.

今野元『マックス・ヴェーバーとポーランド問題――ヴィルヘルム期ドイツ・ナショナリズム研究序説』（東京大学出版会，平成 15 年）.

Konno, Hajime, Max Weber und die polnische Frage (1892-1920). Eine Betrachtung zum liberalen Nationalismus in wilhelminischen Deutschland, Baden-Baden: Nomos Verlagsgesellschaft 2004.

Kopelew, Lew (Hrsg.), Russen und Rußland aus deutscher Sicht. 19. Jahrhundert: Von der Jahrhundertwende bis zur Reichsgründung, München: Wilhelm Fink Verlag 1992.

Koshul, Basit Bilal, The Postmodern Significance of Max Weber's Legacy. Disenchanting Disenchantment, New York: Palgrave Macmillan 2005.

Kozyr-Kowalski, Stanisław, Max Weber a Karol Marks. Socjologia Maxa Webera jako „Pozytywna Krytyka Materializmu Historycznego“, Warszawa: Książka i Wiedza 1967.

Krasnodębski, Zdzisław, M. Weber, Warszawa 1999.

Kraus, Hans-Christof (Hrsg.), Konservative Politiker in Deutschland. Eine Auswahl biographischer Porträts aus zwei Jahrhunderten, Berlin: Duncker & Humblot 1995.

Kraus, Hans-Christof (Hrsg.), Das Ende des alten Deutschland: Krise und Auflösung des Heiligen Römischen Reiches Deutscher Nation, 1806, Berlin: Duncker & Humblot 2006.

Kruck, Alfred, Geschichte des Alldeutschen Verbandes 1890-1939, Wiesbaden: F. Steiner 1954.

Krüger, Christa, Max & Marianne Weber. Tag- und Nachtansichten einer Ehe, Zürich: Pendo Verl. 2001.

キュール，シュテファン（麻生九美訳）『ナチ・コネクション――アメリカの優生学とナチ優生思想』（明石書店，平成 11 年）.

久米邦武編（田中彰校注）『米欧回覧実記（3）』（第 11 刷）（岩波書店，平成 8 年）.

Lange, Fritz (Hrsg.), Neithardt von Gneisenau. Schriften von und über Gneisenau, Berlin (Ost): Rutten & Loening 1954.

Langer, Ulrich, Heinrich v. Treitschke. Politische Biographie eines deutschen Nationalisten, Düsseldorf: Droste 1998.

Langewiesche, Dieter, Liberalismus in Deutschland, Frankfurt (M): Suhrkamp 1989.

Langewiesche, Dieter, Nation, Nationalismus, Nationalstaat in Deutschland und Europa, München: C. H. Beck 2000.

ラカー，ウォルター（西村稔訳）『ドイツ青年運動――ワンダーフォーゲルからナチズムへ』（人文書院，昭和 60 年）.

Lehman, Hartmut/Roth Guenther (ed.), Weber's Protestant Ethic. Origins, Evidences, Contexts, Washington, D. C.: German Historical Institute 1993.

Leppien, Joern Peter, Martin Rade und die deutsch-dänischen Beziehungen, 1909-1929, Neumünster: Wachholtz 1981.

Lepsius, M. Rainer, Demokratie in Deutschland. Soziologisch-historische Konstellations-

analysen. Ausgewählte Aufsätze, Göttingen: Vandenhoeck & Ruprecht 1993.

Liebeschütz, Hans, Das Judentum im deutschen Geschichtsbild von Hegel bis Max Weber, Tübingen: J. C. B. Mohr (Paul Siebeck) 1967.

Liszkowski, Uwe, Zwischen Liberalismus und Imperialismus. Die zaristische Außenpolitik vor dem Ersten Weltkrieg im Urteil Miljukovs und der Kadettenpartei 1905-1914, Stuttgart: Klett 1974.

Liszkowski, Uwe, Osteuropaforschung und Politik: ein Beitrag zum historisch-politischen Denken und Wirken von Otto Hoetzsch, 2 Bde., Berlin (West): Berlin-Verl. Spitz 1988.

Lönne, Karl-Egon, Politischer Katholizismus im 19. und 20. Jahrhundert, Frankfurt (M): Suhrkamp 1986.

Loewenstein, Karl, Max Webers staatspolitische Auffassung in der Sicht unserer Zeit, Frankfurt (M)/Bonn: Athenaum 1965.

レーベンシュタイン，カール（得永新太郎訳）『マックス・ウェーバーと現代政治』（未來社，昭和42年）．

Lorenz, Friedebert, Die Parteien und die preußische Polenpolitik 1885-1886. Ein Beitrag zur Parteigeschichte des Bismarck-Reiches, Halle/Saale: Akademischer Verl. 1938.

Loth, Wilfried (Hrsg.), Deutscher Katholizismus im Umbruch zur Moderne, Stuttgart/Berlim/Köln: W. Kohlhammer 1991.

前川輝光『マックス・ヴェーバーとインド――甦るクシャトリヤ』（未來社，平成4年）．

Mai, Joachim, Die preußisch-deutsche Polenpolitik 1885/87. Eine Studie zur Herausbildung des Imperialismus in Deutschland, Berlin (Ost): Rutten & Loening 1962.

牧野雅彦『ウェーバーの政治理論』（日本評論社，平成5年）．

牧野雅彦『責任倫理の系譜学――ウェーバーにおける政治と学問』（日本評論社，平成12年）．

牧野雅彦『歴史主義の再建――ウェーバーにおける歴史と社会科学』（日本評論社，平成15年）．

牧野雅彦『マックス・ウェーバー入門』（平凡社，平成18年）．

Mann, Bernhard (Hrsg.), Biographisches Handbuch für das Preußische Abgeordnetenhaus 1867-1918, Düsseldorf: Droste 1988.

丸山敬一編『民族問題――現代のアポリア』（ナカニシヤ出版，平成9年）．

丸山眞男『日本政治思想史研究』（新装第7刷）（東京大学出版会，平成5年）．

Mayer, J. P., Max Weber and German Politics. A Study in Political Sociology, 2. revised and enlarged ed., London: Faber and Faber 1955.

メイヤー，J・P（五十嵐豊作／鈴木寛訳）『マックス・ウェーバーの政治社会学――マックス・ウェーバーとドイツの政治構造』（勁草書房，昭和41年）．

Meinecke, Friedrich, Die Idee der Staatsräson in der neueren Geschichte, München: Oldenbourg 1924.

Meinecke, Friedrich, Die deutsche Katastrophe. Betrachtungen und Erinnerungen, Zürich/Wiesbaden: Aero Verl./E. Brockhaus 1949.

Meinecke, Friedrich, Weltbürgertum und Nationalstaat, München: Oldenbourg 1962.

Meurer Bärbel (Hrsg.), Marianne Weber. Beiträge zu Werk und Person, Tübingen: Mohr Siebeck 2004.

ミッツマン，アーサー（安藤英治訳）『鉄の檻――マックス・ウェーバー　一つの人間劇』（創文社，昭和50年）．

Mitzman, Arthur, The Iron cage. A historical interpretation on Max Weber, New Brunswick, N. J.: Transaction Books 1985.

望田幸男『軍服を着る市民たち――ドイツ軍国主義の社会史』（有斐閣，昭和58年）．

望田幸男『二つの近代――ドイツと日本はどう違うか』（第 4 刷）（朝日新聞社，平成 5 年）.
Mommsen, Wolfgang J., Max Weber und die deutsche Politik 1890-1920, 2. Aufl., Tübingen: J. C. B. Mohr (Paul Siebeck) 1974.
Mommsen, Wolfgang J., The Age of Bureaucracy. Perspectives on the political sociology of Max Weber, Oxford: Basil Blackwell 1974.
Mommsen, Wolfgang J., Max Weber. Gesellschaft, Politik und Geschichte, 2. Aufl., Frankfurt (M): Suhrkamp 1982.
Mommsen, Wolfgang J., Imperialismustheorien. Eine Überblick über der neueren Imperialismusinterpretationen , 3., erw. Aufl., Göttingen 1987.
Mommsen, Wolfgang J./Schwentker, Wolfgang (Hrsg.), Max Weber und seine Zeitgenossen, Göttingen/ Zürich: Vandenhoeck & Ruprecht 1988.
Mommsen, Wolfgang J., Nation und Geschichte. Über die Deutschen und deutsche Geschichte, München/ Zürich 1990.
Mommsen, Wolfgang J., Der autoritäre Nationalstaat. Verfassung, Gesellschaft und Kultur des deutschen Kaiserreiches, Frankfurt (M): Fischer 1990.
Mommsen, Wolfgang J., Großmachtstellung und Weltpolitik. Die Aussenpolitik des Deutschen Reiches 1870 bis 1914, Frankfurt (M): Propyläen 1993.
モムゼン，ヴォルフガング・J（安世舟／五十嵐一郎／田中浩訳）『マックス・ヴェーバーとドイツ政治　1890-1920 I』（未來社，平成 5 年）.
Mommsen, Wolfgang J., Bürgerliche Kultur und künstlerische Avantgarde 1870-1918. Kultur und Politik im deutschen Kaiserreich 1870 bis 1918, Frankfurt (M) /Berlin: Propyläen 1994.
モムゼン，ヴォルフガング・J（安世舟／五十嵐一郎／小林純／牧野雅彦訳）『マックス・ヴェーバーとドイツ政治　1890-1920 II』（未來社，平成 6 年）.
Mommsen, Wolfgang J., Max Weber und die deutsche Revolution 1918/19, Heidelberg: Stiftung Reichspräsident-Friedrich-Ebert-Gedenkstätte 1994.
Mommsen, Wolfgang J., Das Ringen um den nationalen Staat. 2 Teile, Berlin: Propyläen 1993/1995.
Mommsen, Wolfgang J. (Hrsg.), Kultur und Krieg. Die Rolle der Intellektuellen, Kunstler und Schriftsteller im Ersten Weltkrieg, München: Oldenbourg 1996.
Mommsen, Wolfgang J., Bürgerliche Kultur und politische Ordnung. Kunstler, Schriftsteller und Intellektuelle in der deutschen Geschichte 1830-1933, Frankfurt (M): Fischer 2000.
モムゼン，ヴォルフガング・J（得永新太郎訳）『官僚制の時代――マックス・ヴェーバーの政治社会学』（復刊第 1 刷）（未來社，平成 13 年）.
Mommsen, Wolfgang J., War der Kaiser an allem schuld? Wilhelm II. und die preussisch-deutschen Machteliten, München: Propyläen 2002.
Mommsen, Wolfgang J., Max Weber und die deutsche Politik 1890-1920, 3., verbesserte Aufl., Tübingen: J. C. B. Mohr (Paul Siebeck) 2004.
Mommsen, Wolfgang J., Der Erste Weltkrieg. Anfang vom Ende des bürgerlichen Zeitalters, Frankfurt (M): Fischer 2004.
村上淳一『ゲルマン法史における自由と誠実』（東京大学出版会，昭和 55 年）.
村山雅人『反ユダヤ主義――世紀末ウィーンの政治と文化』（講談社，平成 7 年）.
鍋谷郁太郎『ドイツ社会民主党と地方の論理――バイエルン社会民主党 1890-1906』（東海大学出版会，平成 15 年）.
Nagel, Anne Christine, Martin Rade. Theologe und Politiker des Sozialen Liberalismus. Eine

politische Biographie, Gütersloh: Chr. Kaiser 1996.
内藤正典『ヨーロッパとイスラーム――共生は可能か』(岩波書店，平成 16 年).
成瀬治／山田欣吾／木村靖二編『ドイツ史 2　1648 年-1890 年』(山川出版社，平成 8 年).
成瀬治／山田欣吾／木村靖二編『ドイツ史 3　1890 年-現在』(山川出版社，平成 9 年).
Neubach, Helmut, Die Ausweisungen von Polen und Juden aus Preußen 1885/1886. Ein Beitrag zu Bismarcks Polenpolitik und zur Geschichte des deutsch-polnischen Verhältnisses, Wiesbaden: Otto Harrassowitz 1967.
Nichtweiss, Johannes, Die ausländischen Saisonarbeiter in der Landwirtschaft der östlichen und mittleren Gebiete des Deutschen Reiches. Ein Beitrag zur Geschichte der preussisch-deutschen Politik von 1890 bis 1914, Berlin (Ost): Rutten & Loening 1959.
ニコリスキー，ニコライ・ミハイロヴィッチ（宮本延治訳）『ロシア教会史』(恒文社，平成 2 年).
Nipperdey, Thomas, Nachdenken über die deutsche Geschichte. Essays, München: C. H. Beck 1986.
Nipperdey, Thomas, Deutsche Geschichte 1866-1918, Bd. I: Bürgerwelt und starker Staat, 5., durchges. Aufl. München: C. H. Beck 1991.
Nipperdey, Thomas, Deutsche Geschichte 1866-1918, Bd. II: Machtstaat vor der Demokratie, 3., durchges. Aufl., München: C. H. Beck 1995.
西川正雄『現代史の読み方』(平凡社，平成 9 年).
野田宣雄『ドイツ教養市民層の歴史』(講談社，平成 9 年).
Noguchi, Masahiro, Kampf und Kultur. Max Webers Theorie der Politik aus der Sicht seiner Kultursoziologie, Berlin: Duncker & Humblot 2005.
Nottmeier, Christian, Adolf v. Harnack und die deutsche Politik 1890-1930. Eine biographische Studie zum Verhältnis von Protestantismus, Wissenschaft und Politik, Tübingen: Mohr Siebeck 2004.
Nowak, Kurt, Geschichte des Christentums in Deutschland. Religion, Politik und Gesellschaft vom Ende der Aufklärung bis zur Mitte des 20. Jahrhunderts, München: C. H. Beck 1995.
大林信治『マックス・ウェーバーと同時代人たち――ドラマとしての思想史』(岩波書店，平成 5 年).
Offe, Claus, Selbstbetrachtung aus der Ferne. Tocqueville, Weber und Adorno in den Vereinigten Staaten, Frankfurt (M): Suhrkamp 2004.
大野忠男『自由・公正・市場――経済思想史論考』(創文社，平成 6 年).
大沼保昭『人権，国家，文明――普遍主義的人権観から文際的人権観へ』(筑摩書房，平成 10 年).
折原浩『危機における人間と学問――マージナル・マンの理論とウェーバー像の変容』(未來社，昭和 44 年).
折原浩『ヴェーバー『経済と社会』の再構築』(東京大学出版会，平成 8 年).
折原浩『ヴェーバーとともに 40 年――社会科学の古典を学ぶ』(弘文堂，平成 8 年).
長部日出雄『二十世紀を見抜いた男――マックス・ヴェーバー物語』(新潮社，平成 12 年).
大塚久雄編『マックス・ヴェーバー研究』(東京大学出版会，昭和 40 年).
大塚久雄『近代化の人間的基礎』(初版第 5 刷)(筑摩書房，昭和 45 年).
Panzer, Michael, Der Einfluß Max Webers auf Friedrich Naumann. Ein Bild der liberalen Gesellschaft in der Wilhelminischen und Nachwilhelminischen Ära, Würzburg: Creator-Verlag 1986.
Paprotny, Thorsten, Politik als Pflicht? Zur politischen Philosophie von Max Weber und Karl Jaspers, Frankfurt (M): Peter Lang 1996.
Peukert, Detlev J. K., Max Webers Diagnose der Moderne, Göttingen: Vandenhoeck &

Ruprecht 1989.
ポイカート，デートレフ（雀部幸隆／小野清美訳）『マックス・ウェーバー――近代への診断』（名古屋大学出版会，平成 6 年）.
Plessner, Helmuth, Die verspätete Nation. Über die politische Verführbarkeit bürgerlichen Geistes, 6. Aufl., Frankfurt (M): Suhrkamp 1998.
プレスナー，ヘルムート（松本道介訳）『ドイツロマン主義とナチズム――遅れてきた国民』（講談社，平成 7 年）.
Puhle, Hans-Jürgen, Agrarische Interessenpolitik und preußischer Konservatismus im wilhelminischen Reich (1893-1914). Ein Beitrag zur Analyse des Nationalismus in Deutschland am Beispiel des Bundes der Landwirte und der Deutsch-Konservativen Partei, Hannover: Verlag für Literatur u. Zeitgeschehen 1967.
Radkau, Joachim, Max Weber. Die Leidenschaft des Denkens, München/Wien: Carl Hanser Verlag 2005.
ランケ，レオポルト・フォン（相原信作訳）『強国論』（第 6 刷）（岩波書店，平成 7 年）.
Ratzinger, Joseph Kardinal/Pera, Marcello, Ohne Wurzeln. Der Relativismus und die Krise der europäischen Kultur, Augsburg: Sankt Ulrich Verl. 2005.
Ringer, Fritz, Max Weber. An Intellectual Biography, Chicago/London: University of Chicago Press 2004.
Ritter, Gerhard, Die preussischen Konservativen und Bismarcks deutsche Politik 1858 bis 1876, Heidelberg: C. Winter's Universitatsbuchhandlung 1913.
Röhl, John C. G., Kaiser, Hof und Staat. Wilhelm II. und die deutsche Politik, München: C. H. Beck 1987.
Röhl, John C. G., Wilhelm II. Die Jugend des Kaisers 1859-1888, München: C. H. Beck 1993.
Röhl, John C. G., Wilhelm II. Der Aufbau der personlichen Monarchie 1888-1900, München: C. H. Beck 2001.
Roth, Guenther, Max Webers deutsch-englische Familiengeschichte 1800-1950 mit Briefen und Dokumenten, Tübingen: Mohr Siebeck 2001.
Rothfels, Hans, Bismarck und der Osten. Eine Studie zum Problem des deutschen Nationalstaats, Leipzig: J. C. Hinrichs'sche Buchhandlung 1934.
Ruge, Friedrich, Scapa Flow 1919. Das Ende der deutschen Flotte, Oldenburg: Stalling 1969.
Sachse, Arnold, Friedrich Althoff und sein Werk, Berlin: Mittler 1928.
サイード，エドワード・W（板垣雄三／杉田英明監修・今沢紀子訳）『オリエンタリズム』（上下巻）第 3 刷（平凡社，平成 7 年）.
サイード，エドワード・W（中野真紀子訳）『遠い場所の記憶 ――自伝』（みすず書房，平成 13 年）.
サイード，エドワード・W／アリ，タリク（大橋洋一訳）『サイード自身が語るサイード』（紀伊國屋書店，平成 18 年）.
佐野誠『ヴェーバーとナチズムの間――近代ドイツの法・国家・宗教』（第 3 刷）（名古屋大学出版会，平成 7 年）.
佐野誠『近代啓蒙批判とナチズムの病理――カール・シュミットにおける法・国家・ユダヤ人』（創文社，平成 15 年）.
雀部幸隆『ウェーバーと政治の世界』（恒星社厚生閣，平成 11 年）.
雀部幸隆『ウェーバーとワイマール――政治思想史的考察』（ミネルヴァ書房，平成 13 年）.
Scaff, Lawrence A., Fleeing the iron cage: Culture, politics, and modernity in the thought of Max Weber, Berkeley/Los Angeles/London: University of California Press 1989.

Scharnhorst der Schopfer der Volksbewaffnung. Schriften von und über Scharnhorst, Berlin (Ost): Rutten & Loening 1953.

Schieder, Theodor, Nationalismus und Nationalstaat. Studien zum nationalen Problem im modernen Europa, 2. Aufl., Göttingen: Vandenhoeck & Ruprecht 1992.

Schluchter, Wolfgang/Graf, Friedrich Wilhelm (Hrsg.), Asketischer Protestantismus und der, Geist' des modernen Kapitalismus. Max Weber und Ernst Troeltsch, Tübingen: Mohr Siebeck 2005.

Schöllgen, Gregor, Die Macht in der Mitte Europas. Stationen deutscher Außenpolitik von Friedrich dem Großen bis zur Gegenwart, München: C. H. Beck 1992.

Schöllgen, Gregor, Max Weber, München: C. H. Beck 1998.

Schöllgen, Gregor, Der Auftritt. Deutschlands Rückkehr auf die Weltbühne, München: Propyläen 2003.

Schoeps, Julius H./Bildarchiv Preußischer Kulturbesitz (Hrsg.), Preußen. Geschichte eines Mythos, Berlin: be.bra Verl. 2000.

Schroeder, Ralph (ed.), Max Weber, democracy and modernization, London/New York: Macmillan 1998.

Schulze, Hagen, Freikorps und Republik 1918-1920, Boppard (Rhein): H. Boldt 1969.

Schwabe, Klaus, Wissenschaft und Kriegsmoral. Die deutschen Hochschullehrer und die politischen Grundlage des Ersten Weltkrieges, Göttingen: Musterschmidt-Verl. 1969.

Schwarz, Max, MdR. Biographisches Handbuch der Reichstage, Hannover: Verl. für Literatur und Zeitgeschehen 1965.

Schwentker, Wolfgang, Max Weber in Japan. Eine Untersuchung zur Wirkungsgeschichte 1905-1995, Tübingen: Mohr Siebeck 1998.

ゼンクハース，ディーター（宮田光雄／星野修／本田逸夫訳）『諸文明の内なる衝突』（岩波書店，平成 18 年）．

Sheehan, James J., Der deutsche Liberalismus Von der Anfangen im 18. Jahrhundert bis zum Ersten Weltkrieg, 1770-1914, München: C. H. Beck 1983.

椎名重明『プロテスタンティズムと資本主義――ウェーバー・テーゼの宗教史的批判』（東京大学出版会，平成 8 年）．

篠原一『ヨーロッパの政治 ［歴史政治学試論］』（第 7 刷）（東京大学出版会，平成 4 年）．

塩川伸明『ペレストロイカの終焉と社会主義の運命』（岩波書店，平成 4 年）．

曽田長人『人文主義と国民形成―― 19 世紀ドイツの古典教養』（知泉書館，平成 17 年）．

Sontheimer, Kurt, Antidemokratisches Denken in der Weimarer Republik, 4. Aufl., München: Nymphenburger Verlagsbuchhandlung 1994.

Spenkuch, Hartwin, Das Preußische Herrenhaus. Adel und Burgertum in der Ersten Kammer des Landtages 1854-1918, Düsseldorf: Droste Verlag 1998.

Spöttel, Michael, Max Weber und die jüdische Ethik. Die Beziehung zwischen politischer Philosophie und Interpretation der jüdischen Kultur, Frankfurt (Main): Peter Lang 1997.

Stammer, Otto (Hrsg.), Max Weber und die Soziologie heute, Tübingen: J. C. B. Mohr (Paul Siebeck) 1965.

Steinmeyer, Gitta, Die Grundlagen der franzosischen Deutschlandpolitik 1917-1919, Stuttgart: Klett-Cotta 1979.

Sterbling, Anton/Zipprian, Heinz (Hrsg.), Max Weber und Osteuropa, Hamburg: Krämer 1997.

Stolberg-Wernigerode, Otto Graf zu, Die unentschiedene Generation. Deutschlands konser-

vative Führungsschichten am Vorabend des Ersten Weltkrieges, München/Wien: R. Oldenbourg 1968.

住谷一彦『マックス・ヴェーバー——現代への思想的視座』(日本放送出版協会，昭和 45 年).

住谷一彦／小林純／山田正範『マックス＝ヴェーバー』(第 5 刷) (清水書院，平成 8 年).

Swedberg, Richard, The Max Weber Dictionary. Key Words and Central Concepts, Stanford (California): Stanford University Press 2005.

田村信一『グスタフ・シュモラー研究』(御茶の水書房，平成 5 年).

田中真晴『ウェーバー研究の諸論点——経済学史との関連で』(未來社，平成 13 年).

田中陽兒／倉持俊一／和田春樹編『ロシア史 3　20 世紀』(山川出版社，平成 9 年).

テンブルック，フリードリヒ・H (住谷一彦／小林純／山田正範訳)『マックス・ヴェーバーの業績』(未來社，平成 9 年).

Theiner, Peter, Sozialer Liberalismus und deutsche Weltpolitik. Friedrich Naumann im Wilhelminischen Deutschland 1860-1919, Baden-Baden: Nomos Verlagsgesellschaft 1983.

Thimme, Annelise, Hans Delbrück als Kritiker der Wilhelminischen Epoche, Düsseldorf: Droste 1955.

徳永恂／厚東洋輔編『人間ウェーバー——人と政治と学問』(第 2 刷) (有斐閣，平成 14 年).

富永健一『マックス・ヴェーバーとアジアの近代化』(第 3 刷) (講談社，平成 15 年).

Torp, Cornelius, Max Weber und die preußischen Junker, Tübingen: Mohr Siebeck 1998.

内田芳明『ヴェーバーとマルクス——日本社会科学の思想構造』(岩波書店，昭和 47 年).

内田芳明『ヴェーバーの射程——現代文化と社会科学の課題』(勁草書房，昭和 52 年).

内田芳明『ヴェーバー——歴史の意味をめぐる闘争』(岩波書店，平成 12 年).

上山安敏『ウェーバーとその社会』(ミネルヴァ書房，昭和 53 年).

潮木守一『ドイツ近代科学を支えた官僚 ——影の文部大臣アルトホーフ』(中央公論社，平成 5 年).

潮木守一『ドイツの大学——文化史的考察』(第 6 刷) (講談社，平成 9 年).

Vagts, Alfred, A History of Militarism. Civilian and Military, Revised ed., London: Hollis & Carter 1959.

Voigt, Gerd, Otto Hoetzsch 1876-1946. Wissenschaft und Politik im Leben eines deutschen Historikers, Berlin (Ost): Akademie Verl. 1978.

Voigt, Gerd, Rußland in der deutschen Geschichtsschreibung 1843-1945, Berlin: Akademie Verl. 1994.

Voigt, Günther, Deutschlands Heere bis 1918. Ursprung und Entwicklung der einzelnen Formationen, Bd. 2, Osnabrück: Biblio-Verl. 1981.

Weber-Fas, Rudolf (Hrsg.), Staatsdenker der Moderne. Klassikertexte von Machiavelli bis Max Weber, Tübingen: Mohr Siebeck 2003.

Wegner, Konstanze, Theodor Barth und die Freisinnige Vereinigung. Studien zur Geschichte des Linksliberalismus im wilhelminischen Deutschland (1893-1910), Tübingen: J. C. B. Mohr (Paul Siebeck) 1968.

Wehler, Hans-Ulrich, Krisenherde des Kaiserreiches 1871-1918. Studien zur deutschen Sozial- und Verfassungsgeschichte, Göttingen: Vandenhoeck & Ruprecht 1970.

Wehler, Hans-Ulrich, Sozialdemokratie und Nationalstaat. Nationalitätenfragen in Deutschland 1840-1914, Göttingen: Vandenhoeck & Ruprecht 1971.

Wehler, Hans-Ulrich, Das Deutsche Kaiserreich 1871-1918, Göttingen: Vandenhoeck & Ruprecht 1973.

Wehler, Hans-Ulrich, Deutsche Gesellschaftsgeschichte, Bd. 3: Von der„ Deutschen Doppelre-

volution“ bis zum Beginn des Ersten Weltkrieges: 1849–1914, München: C. H. Beck 1995.
Wehler, Hans-Ulrich, Deutsche Gesellschaftsgeschichte. Bd.4: Vom Beginn des Ersten Weltkriegs bis zur Gründung der beiden deutschen Staaten: 1914–1949, 2., durchgesehene Aufl., München: C. H. Beck 2003.
Weiß, Johannes (Hrsg.), Max Weber heute. Erträge und Probleme der Forschung, Frankfurt (M): Suhrkamp 1989.
Winkler, Heinrich August, Preußischer Liberalismus und deutscher Nationalstaat. Studien zur Geschichte der Deutschen Fortschrittspartei, Tübingen: J. C. B. Mohr (Paul Siebeck) 1964.
Winkler, Heinrich August, Liberalismus und Antiliberalismus. Studien zur politischen Sozialgeschichte des 19. und 20. Jahrhunderts, Göttingen: Vandenhoeck & Ruprecht 1979.
Winkler, Heinrich August (Hrsg.), Nationalismus, 2., erweiterte Aufl., Königstein/Ts: Athenäum 1985.
Winkler, Heinrich August, Der lange Weg nach Westen. Deutsche Geschichte vom Ende des Alten Reiches bis zum Untergang der Weimarer Republik, München: C. H. Beck 2000.
Winkler, Heinrich August, Der lange Weg nach Westen. Deutsche Geschichte vom „Dritten Reich“ bis zur Wiedervereinigung, München: C. H. Beck 2000.
Wippermann, Wolfgang, Der „deutsche Drang nach Osten“. Ideologie und Wirklichkeit eines politischen Schlagwortes, Darmstadt: Wissenschaftliche Buchgesellschaft 1981.
山之内靖『ニーチェとヴェーバー』(第2刷)(未來社，平成6年).
山之内靖『マックス・ヴェーバー入門』(岩波書店，平成9年).
山之内靖『日本の社会科学とヴェーバー体験』(筑摩書房，平成11年).
嘉目克彦『マックス・ヴェーバーの批判理論』(恒星社厚生閣，平成6年).
嘉目克彦『ヴェーバーと近代文化人の悲劇』(恒星社厚生閣，平成13年).
和仁陽『教会・公法学・国家——初期カール＝シュミットの公法学』(東京大学出版会，平成2年).

年　　譜

1862年9月23日	オットー・フォン・ビスマルク，プロイセン首相に就任
1864年2月1日	ドイツ・デンマーク戦争（シュレスヴィヒ＝ホルシュタイン戦争）開始
1864年4月21日	生誕（プロイセン王国ザクセン州エルフルト）
5月19日	プロテスタンティズムの幼児洗礼
1866年6月15日	ドイツ戦争（普墺戦争）開始
1868年	ヴェーバー家のエルフルトからベルリンへの移住（のち更にシャルロッテンブルクへ移住）
1869年8月9日	ドイツ社会民主主義労働者党結成（アイゼナハ）
1871年1月18日	ドイツ諸侯が独仏戦争（普仏戦争）での勝利を受けて，ヴェルサイユ宮殿で「皇帝宣言」の式典挙行
1872年10月6・7日	社会政策学会第一回大会（アイゼナハ）
1876年8月	マキアヴェッリやルターの鑑賞
12月	作文「シュタウフェン家」の執筆
1877年	作文「ドイツ史の経過一般」の執筆
1月1日	作文「ローマ帝制期――民族大移動の時代」の執筆開始
1878年10月19日	帝国議会，「社会主義者鎮圧法」可決
1879年春	プロテスタンティズムの堅信礼
10月	トライチュケ『一九世紀ドイツ史』に感激
12月	スコットランド・ロマン主義文学『オシアン』に耽溺
12月末	作文「インド＝ゲルマン諸国民における民族の性格，民族の発展及び民族の歴史についての考察」完成
1882年4月22日	ハイデルベルク大学での学生生活開始のため現地到着
11月1日	ブルシェンシャフト・アレマニア・ハイデルベルクに正式参加（1883年夏学期まで）
12月6日	トライチュケ・バウムガルテン論争勃発
1883年10月1日	シュトラスブルクの第四七ニーダーシュレジエン歩兵連隊で兵役開始（翌年9月30日まで）
1884年10月	ベルリン大学での学生生活開始
10月28日	父マックス（国民自由党）が帝国議会選挙で落選
1885年秋	ゲッティンゲン大学に登録（一学期のみ）
1886年4月26日	「西プロイセン州及びポーゼン州におけるドイツ人植民促進に関する法律」成立
1888年3月9日	ドイツ皇帝・プロイセン王ヴィルヘルム一世死去，フリードリヒ三世即位
6月15日	ドイツ皇帝・プロイセン王フリードリヒ三世死去，ヴィルヘルム二世即位
夏	ポーゼンで軍事演習に参加
1889年8月1日	法学博士号取得（ベルリン大学），論文「中世商事会社史考」出版
1890年3月20日	レオ・フォン・カプリヴィ，帝国宰相・プロイセン首相に就任
1891年	『ローマ農業史』を刊行し，教授資格論文としてベルリン大学法学部に提出
1892年2月1日	ベルリン大学法学部私講師に就任，商法などの講義開始
2月前半	社会政策学会の農業労働者調査の分析（エルベ川以東部分）を受諾
3月23日	プロイセン首相カプリヴィ伯爵退陣，後任にボート・フォン・オイレンブルク伯爵
12月8日	ドイツ保守党ベルリン大会（経済的反ユダヤ主義提唱，農業利益強調）
12月	社会政策学会の調査報告『エルベ川以東ドイツの農業労働者の状況』を刊行
1893年2月18日	農業家同盟結成（ベルリン）

3月20日	社会政策学会ベルリン大会で報告「ドイツ農業構造」
10月15日	全ドイツ連盟の機関誌にヴェーバーのポーランド農業労働者論の引用が登場
11月25日	同年10月1日付けでベルリン大学法学部員外教授に昇進
1894年5月16日	第五回福音社会会議で報告「ドイツ農業労働者」
9月9日	全ドイツ連盟ベルリン大会で登壇，その直後フライブルク大学に経済学正教授として赴任
10月26日	帝国宰相カプリヴィ，プロイセン首相オイレンブルク退陣
10月29日	クロートヴィヒ・ツー・ホーエンローエ＝シリングスフェルスト侯爵，帝国宰相・プロイセン首相に就任
11月	『取引所Ｉ――取引所の目的と外的組織』刊行
11月3日	ドイツ・オストマルク協会結成（ポーゼン）
1895年5月13日	フライブルク大学正教授就任講演「経済学における民族性」（のち『国民国家と経済政策』として刊行）
7月	ポーランド人学生ズドゥンスキから「豚野郎」と罵倒する書簡を受領
1896年	講演「古代文化没落の社会的原因」
4月15日	農業家同盟，機関誌でヴェーバーを「市民的ショーヴィニズムの教授」と非難
6月22日	帝国議会・連邦評議会での議決を経て成立した「取引所法」をヴィルヘルム二世が裁可
秋	『取引所II――取引所への出入』刊行
11月7日	帝国内務省の臨時取引所委員会への参加受諾を打電
11月19-26日	帝国内務省の臨時取引所委員会に参加
11月23日	国民社会協会結成大会
1897年3月13日	全ドイツ連盟フライブルク支部でポーランド演説
4月5日	エステルライヒでバデニ言語令発布，ドイツ人・チェック人対立激化
春	ハイデルベルク大学哲学部国民経済学正教授として赴任
6月5日	アルフレート・フォン・ティルピッツ，帝国海軍長官に就任
10月20日	ベルンハルト・フォン・ビューロ，帝国外務長官に就任
晩夏	神経症の発生
1898年1月	『ミュンヘン一般新聞』の艦隊アンケートでドイツの「世界政策」遂行を要求
1898年	全ドイツ連盟のパンフレットにヴェーバーのポーランド農業労働者論の引用が登場
3月28日	第一次艦隊法成立
1899年4月22日	全ドイツ連盟のポーランド人攻撃を不充分として脱退表明
4月27日	全ドイツ連盟会長エルンスト・ハッセ，ヴェーバーの批判に私信で反論
1900年10月17日	ベルンハルト・フォン・ビューロ伯爵，帝国宰相・プロイセン首相に就任
1903年	嘱託正教授としてハイデルベルク大学を事実上退官，論文「ロッシャーとクニース」発表開始
1904年前半	「市民層の封建化」批判開始，論文「社会科学的・社会政策的認識における「客観性」」発表
8月末	アメリカ旅行開始（ハンブルクからニューヨークへ出航）
9月初頭	ニューヨーク港へ入港
9月21日	セントルイス万国博覧会の国際学術会議で講演
後半・05年前半	論文「プロテスタンティズムの倫理と資本主義の「精神」」発表
1905年	論文「最近十年間のドイツ文献に現れた古ゲルマンの社会組織の性格を巡る論争」発表
1月22日	血の日曜日事件（サンクトペテルブルク）
9月27・28日	社会政策学会マンハイム大会でシュモラーと対決
1906年初頭	論文「ロシヤにおける市民的デモクラシーの状況について」発表
4月13・15日	論文「「教会」と「ゼクテ」」発表

6月14・21日	論文「北アメリカにおける「教会」と「ゼクテ」」発表
夏	論文「ロシヤの表見的立憲君主制への移行」発表
1907年1月26日	エステルライヒで男子普通選挙導入
1908年3月14日	プロイセン収用法成立
春	ベルンハルト事件
4月19日	帝国結社法成立
6月18日	匿名論文「ベルンハルト事件」発表
10月28日	デイリー・テレグラフ事件
1909年	拡大版「古代農業事情」発表
3月16日	ロシヤ自由主義系新聞『ロシヤ報知』がヴェーバーのロシヤ脅威論を批判（露3日）
3月30日	『ロシヤ報知』に弁明を掲載（露17日）
7月14日	テオバルト・フォン・ベートマン・ホルヴェーク，帝国宰相・プロイセン首相に就任
1910年3月6日	進歩人民党結成
11月21日	第一回社会学者大会でプレーツ人種論を批判
1911年	『経済と社会』執筆開始
10月13日	第四回大学教官会議（ドレスデン）で商科大学・アルトホフ批判の展開
1912年1月12日	帝国議会議員選挙で社会民主党が第一党に躍進
12月30日	ロシヤ読書室設立五〇周年記念大会で演説
1913年12月1日	「価値判断論議についての所見」配布
1914年6月28日	エステルライヒ帝位継承者フランツ・フェルディナント大公夫妻暗殺
8月1日	ドイツの対露宣戦布告
8月2日	プロイセン陸軍後備役中尉として奉仕志願，ハイデルベルクで野戦病院勤務開始
8月3日	フランスの対独宣戦布告
8月4日	イギリスの対独宣戦布告・ドイツの第一次戦時公債可決
8月26日	タンネンベルクの戦い
9月6日	マルヌの戦い
9月14日	ファルケンハインの第二次最高軍司令部成立
10月20日	バーデン大公より勲一等ツェーリンゲン獅子章拝受
1915年1月27日	陸軍後備役大尉に昇進
2月18日	イギリスのドイツ海上封鎖作戦開始
5月7日	ルシタニア号撃沈事件
8月19日	アラビック号撃沈事件
9月30日	陸軍野戦病院委員会を退官
11月17日	ベルリンを訪問し約一箇月間『ヒンドゥー教と仏教』の推敲及び政治的地位の模索
12月25日	「ビスマルクの対外政策と現代」発表
1916年	「儒教と道教」，「ヒンドゥー教と仏教」を発表
2月22日	ナウマン主宰の「中欧委員会」の第一回会議に出席
2月28日	「中欧委員会」の第二回会議に出席
3月上旬	フェリクス・ゾマリーと作成した潜水艦作戦批判書を各所に配布
3月14日	「中欧委員会」の第三回会議に出席（司会）
3月16日	ティルピッツ帝国海軍長官辞任
3月24日	サセックス号撃沈事件
4月3日	「一九一四年ドイツ協会」で講演「アメリカの生活におけるデモクラシー」
4月6日	社会政策学会の研究会でドイツ・エステルライヒ同盟強化を要求
5月30日	「中欧委員会」の第四回会議を欠席，以降委員会を脱退
5月31日	スカーゲラクの海戦
5・6月	ハプスブルク帝国（ブダペスト・ヴィーン）旅行

7月6日　「名誉ある講和のためのドイツ国民委員会」結成（議長ヴェーデル）
7月28日　「ベルリン教授声明」発表
8月1日　「名誉ある講和のための国民委」ニュルンベルク集会で講演「戦争三年目を迎えて」
8月26日　イタリアの対独宣戦布告
8月29日　ヒンデンブルク，ルーデンドルフの第三次最高軍司令部成立
9月28日　ロイド・ジョージ英陸相の「ノックアウト・インタヴュー」
10月27日　進歩人民党ミュンヘン集会で講演「ドイツの世界政策的状況」
11月5日　独墺両皇帝によるポーランド立憲王国設立宣言
11月9日　ミュンヘン講演の刊行版「ヨーロッパ世界列強の中のドイツ」発表
11月25日　反潜水艦作戦声明公表（ヴェーバーも署名）
1917年　「古代ユダヤ教」発表開始，論文「社会学及び経済学における「価値判断排除」の意味」発表
1月31日　ドイツの無制限潜水艦作戦開始宣言
2月25日　「ドイツの外政とプロイセンの内政Ⅰ　ポーランド問題」を発表
3月1日　「ドイツの外政とプロイセンの内政Ⅱ　戦時利得の貴族化」を発表
3月8日　ロシヤ二月革命勃発（サンクトペテルブルク）（露2月23日）
3月14日　ロシヤでリヴォフ公首班の臨時政府樹立（ミリュコーフ外相・ケレンスキイ法相・グチコフ陸海相）（露1日）
3月28日　「帝国の選挙権緊急法　復員兵士の権利」を発表
3月30日　帝国議会が憲法委員会設立を議決（国民自由党・進歩人民党・社会民主党の賛成）
4月6日　アメリカ合衆国の対独宣戦布告・独立社会民主党結成
4月7日　プロイセン王ヴィルヘルム二世の「復活祭勅書」
4月16日　レーニンが帰国し「四月テーゼ」発表，ソヴィエトによる社会主義要求（露3日）
4月21日　「プロイセン選挙法」を発表
4月26日　「ロシヤの表見的デモクラシーへの移行」を発表
4月29日　憲法委員会委員コンラート・ハウスマンの要請で改憲提案策定を承諾
5月12日　戦争継続派のロシヤ陸海相グチコフ，ソヴィエトとの対立で退陣（露4月29日）
5月12日　「ロシヤ革命と講和」を発表
5月16日　戦争継続派のロシヤ外相ミリュコーフ，ソヴィエトとの対立で退陣（露3日）
5月18日　第二次臨時政府成立（露5日）
5月30日　ラウエンシュタイン文化会議で第一講演
6月8日　進歩人民党ミュンヘン集会で講演「ドイツ人民は帝国議会憲法委に何を期待するか」
7月6日　マティアス・エルツベルガー（中央党）が「和解の平和」を提唱，党派間委員会（社民・進人・中央・一部国自）結成
7月14日　プロイセン大蔵省次官ゲオルク・ミヒャエリスが帝国宰相・プロイセン首相に就任
7月19日　「和解の平和」を求める党派間委員会の「七月決議」が帝国議会で採択
8月23日　「ドイツ祖国党」結成
9月3日　コンラート・ハウスマンがヴェーバーに帝国憲法九条問題での発言を要請
9月7日　「ドイツ宰相危機の教訓」を発表
9月8日　「帝国憲法第九条の変更」を発表
9月18日　「第七回ドイツ戦時公債」を発表
9月29日　ラウエンシュタイン文化会議で第二講演
9月30日　「祖国と祖国党」を発表
10月15・17日　「バイエルンと帝国の議会主義化」を発表
10月21日　「ドイツ祖国党」ハイデルベルク支部結成
10月22日　「ドイツ祖国党」ハイデルベルク支部結成に抗議するヴェーバーらの声明公表
10月28日　「「帝国憲法におけるビスマルクの遺産」」を発表
11月1日　ゲオルク・フォン・ヘルトリング伯爵，帝国宰相，プロイセン首相に就任

11月7日	超党派反全ドイツ派集会で講演「全ドイツ派の脅威に抗して」，講演「職業としての学問」
11月ころ	ハイレ／ショッテ編『ドイツ人民国家』叢書に『ドイツの選挙法とデモクラシー』を発表
12月1日	進歩人民党ハイデルベルク集会で議論
12月4日	「自由と祖国のための人民同盟」設立総会
12月10日	「剣と党争」を発表
1918年1月8日	「ウィルソンの十四箇条」発表
1月12日	講演「西洋の市民層」
1月15日	「ベルリン商工業家協会」で講演「ドイツにおける貴族とデモクラシー」
2月3・5・7日	「国内情勢と対外政策」を発表
3月3日	ブレスト＝リトフスク講和条約締結
3月21日	ドイツ軍の西部大攻勢開始
3月23日	ハイデルベルクで講演「アメリカの生活におけるデモクラシーと貴族」
5月初旬	前年初夏発表の論説を冊子『新秩序ドイツの議会と政府』として刊行
6月13日	ハプスブルク帝国軍将校団を前にヴィーン講演「社会主義」を実施
10月3日	マクシミリアン・フォン・バーデン大公子，帝国宰相・プロイセン首相に就任
10月8日	ウィルソン第一次回答の到着
10月9日	ヴァルター・ラーテナウ，ドイツの「生存圏」防衛のための「大衆蜂起」を提唱
10月14日	ウィルソン第二次回答の提示
10月17日	「次の内政上の課題」を発表
10月24日	ウィルソン第三次回答の到着
10月27日	「休戦と講和」を発表
11月4日	ミュンヘン講演「ドイツの政治的新秩序」
11月4日	キール軍港で水兵叛乱
11月8日	バイエルン王国で君主制崩壊
11月9日	ベルリンでフィリップ・シャイデマンの共和国宣言・カール・リープクネヒトの社会主義共和国宣言
11月11日	コンピエーニュで休戦協定調印
11月13日	私信で戦争の道徳主義的解釈を否定，ポーランド人勢力拡大への対抗を主張
11月16日	ドイツ民主党設立
11月23日	バイエルン首相クルト・アイスナー，ドイツ開戦責任説を提起
11月28日	テオドル・ヴォルフの提案でドイツ民主党の臨時幹部会員に選出
12月1日	ドイツ民主党フランクフルト集会で講演「新しいドイツ」
12月7日	ドイツ内務省での憲法草案起草のためベルリン入り
12月9-12日	ドイツ内務省で憲法草案起草に従事
12月20日	中央地方関係についての憲法条文案をドイツ内務省に送付
12月30日	ドイツ共産党結成（1919年1月5-11日蜂起）
1919年1月5日	ドイツ国民議会議員選挙への立候補取りやめ
1月17日	「「戦争の罪」について」を発表しドイツの開戦責任を否定
1月19日	憲法制定国民議会選挙：ヴァイマール連合（社会民主党，民主党，中央党）が過半数
1月28日	講演「職業としての政治」
2月3・4日	私邸で「正義の政治のための作業共同体」会議を開催（同年6月まで事務局を担当）
2月6日	ヴァイマールで憲法制定国民議会開会
2月11日	憲法制定国民議会でエーベルト大統領，シャイデマン首相選出
3月29日	外務省の講和準備会議でポーランド人労働者排除を要求
5月13日	ヘッチュやヴェーゲナーらと東部国境問題に関するドイツ内務省の作業部会に参加

5月14日	ヴェーバーにブロックドルフ＝ランツァウ外相が電報で即時ヴェルサイユ入り要求
5月16日	早朝にヴェルサイユ入り，即時に東部国境問題に従事
5月28日	ヴェーバー帰国，同時にブロックドルフ＝ランツァウがクレマンソーに「教授文書」を提出
6月	ミュンヘン大学国家学部での教育活動を開始
6月21日	グスタフ・バウアー内閣成立（民主党の政権離脱）
6月22日	国民議会のヴェルサイユ講和条約承認
6月28日	ヴェルサイユ講和条約調印
8月11日	ヴァイマール共和国憲法成立
1920年1月21日	ヴェーバーのミュンヘン大学での講義がアルコ赦免支持派学生の妨害に遭遇
2月24日	国民社会主義ドイツ労働者党の「二十五箇条綱領」発表
3月13日	カップ＝リュトヴィッツ一揆勃発（17日敗北）
3月27日	第一次ヘルマン・ミュラー内閣成立
6月2日	総選挙：ヴァイマール連合敗北・第一次ヘルマン・ミュラー内閣退陣
6月14日	急性肺炎にて死去（ミュンヘン）
1922年	『経済と社会』合本初版刊行